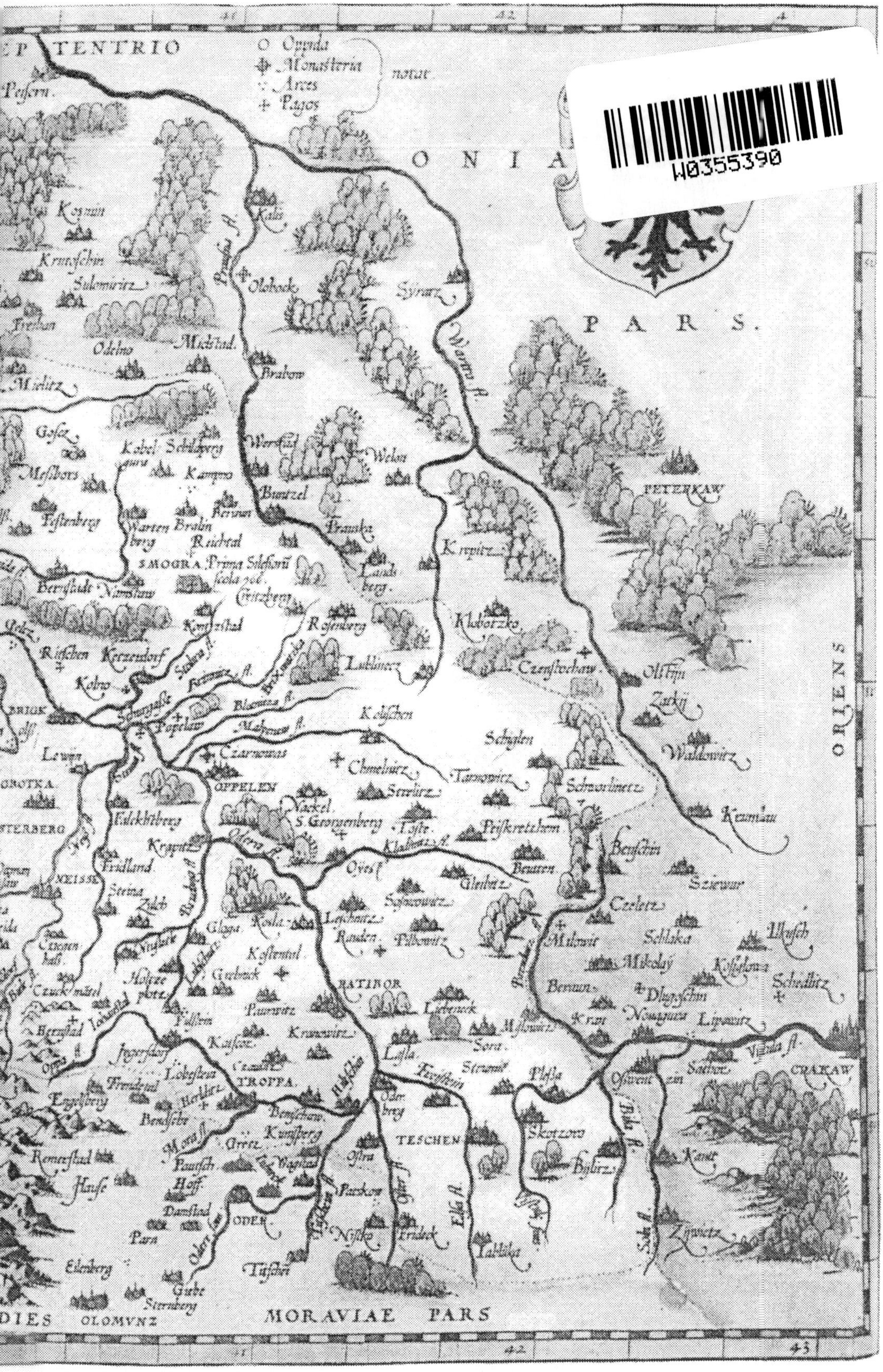

SEPTENTRIO
Oppida
Monasteria
Arces
Pagos
notat.
ONIA
PARS.
PETERKAW
ORIENS
CRAKAW
BRIGK
OPPELEN
RATIBOR
TROPPA.
TESCHEN
ODER
SMOGRA
MORAVIAE PARS
OLOMVNZ
Kalis
Olobock
Syrarz
Brabow
Welon
Buntzel
Krepitz
Kloborzko
Czenstochaw
Lublinetz
Rosenberg
Kolschen
Chmelnitz
Strelitz
Tarnowitz
Beuthen
Gleiwitz
Oder
Weicksel
Vistula fl.
Pless
Biala fl.

Joachim Bahlcke

SCHLESIEN UND DIE SCHLESIER

Joachim Bahlcke

SCHLESIEN UND DIE SCHLESIER

Mit 119 Abbildungen, Karten und Statistiken

Mit Beiträgen von

Joachim Rogall
Reinhard Krämer
Brigitte Bönisch-Brednich
Matthias Weber
Andrea Langer

Langen Müller

Besuchen Sie uns im Internet unter
http://www.langen-mueller-verlag.de

3. Auflage 2004 – Sonderproduktion

Durchgesehene und aktualisierte Neuauflage des 1996 in der
Studienbuchreihe der Stiftung Ostdeutscher Kulturrat
bei Langen Müller erschienenen Bandes 7

Umschlagentwurf: Wolfgang Heinzel
Umschlagmotiv: akg-images, Berlin
(Rathaus mit Blick in die Ohlauer Straße, Breslau)
Herstellung: VerlagsService Dr. Helmut Neuberger
& Karl Schaumann GmbH, Heimstetten
Satz: Filmsatz Schröter GmbH, München
Gesetzt aus der 9/10,5 Punkt Century expanded
auf Linotronic 300
Druck : Jos. C. Huber GmbH, Garching
Binden: Oldenbourg Buchmanufaktur
Printed in Germany
ISBN 3-7844-2781-2

Inhalt

Teil II:
Krieg, Vertreibung und Neuanfang. Die Entwicklung Schlesiens und das Schicksal seiner Bewohner von 1939–1995
(Joachim Rogall)

Teil III:
Die schlesische Wirtschaft von ihren Anfängen bis zur Industrialisierung im 19. und 20. Jahrhundert
(Reinhard Krämer)

Teil IV: Schlesische Alltagskultur und Lebenswelt. Ein volkskundlicher Überblick (Brigitte Bönisch-Brednich)

Teil V: Schlesische Literatur von den Anfängen bis zum Jahr 1945 (Matthias Weber)

Teil VI:
Die Kunst Schlesiens von der Romanik bis zur Breslauer Moderne
(Andrea Langer)

Anhang

Vorwort

»Wir wissen nichts mehr von Mitteleuropa, dafür um so mehr vom Ostblock. Schon der Terminus hat einen Vorteil: er ist präzise und ungenau zugleich. Präzise, weil er ein Territorium bezeichnet, das eindeutiger kaum abgesteckt werden könnte. Ungenau, weil er es mit der Mitte nicht mehr so genau nehmen muß. Selbst die andere Hälfte Deutschlands paßt hinein. Mitteleuropa ist Terra abscondita, der Ostblock ist real«[1]. Diese heute so anachronistisch anmutenden Sätze entstammen einem bemerkenswerten Essay, den Karl Schlögel, damals freier Publizist im Westen Berlins, im Jahre 1986 publizierte. Sein Werk »Die Mitte liegt ostwärts. Die Deutschen, der verlorene Osten und Mitteleuropa« war der erste deutsche Beitrag zu einer in Budapest, Prag und Warschau angestoßenen Diskussion unter Intellektuellen, in der es um die historische Identität des mitteleuropäischen Raumes ging. Daß diese historische Identität heute, ein Jahrzehnt nach dem Zusammenbruch des sowjetischen Systems, wieder gelebte Gegenwart sein kann, erscheint fast wie ein Wunder. In Deutschland selbst und in der Mitte Europas werden über Jahrzehnte unterbrochene Nachbarschaften neu gefestigt, frühere regionale und kommunale Bindungen mit neuem Leben erfüllt und vergessene Gemeinsamkeiten wiederentdeckt. Seitdem sich Polen und Deutschland an Oder und Neiße als demokratische Staaten begegnen, wird auch wieder neu über Schlesien gesprochen, debattiert und geschrieben – offen, unverkrampft und mit Blick auf die Zukunft, ohne das für lange Jahrzehnte vorherrschende Mißtrauen auf der einen und den ständigen Legitimierungsdruck auf der anderen Seite[2].

»Przełomy w historii«, Umbrüche in der Geschichte, lautete das Motto des XVI. polnischen Historikertages, der im September 1999 unter großer öffentlicher Resonanz in der schlesischen Landeshauptstadt stattfand. Breslau als Veranstaltungsort lud zu einem neuen Blick auf die Geschichte Schlesiens ein, die als Forschungsgegenstand nach dem Zweiten Weltkrieg zu einer Domäne der polnischen Geschichtswissenschaft geworden ist. Es ist bezeichnend, daß die erste und bis 1989/90 einzige deutschsprachige Gesamtgeschichte der schlesischen Territorien überhaupt, die in den dreißiger Jahren in Breslau von Hermann Aubin initiiert worden war, erst Ende des 20. Jahrhunderts mit einem dritten Band bis zum Jahr 1945 abgeschlossen werden konnte. Die Epochenwende mit all ihren noch nicht zu überblikkenden politischen, gesellschaftlichen und mentalen Veränderungen ermöglicht aber nicht nur einen unverstellten Blick auf Schlesien als einen Raum mit mehrfacher kultureller und historischer Identität; sie nimmt der wechselvollen Geschichte dieses Raumes auch viel von ihrer Politisierung. Die von Polen, Deutschen und Tschechen gemeinsam gestaltete Sektion auf dem Breslauer Historikertag 1999 über »Umbrüche in der schlesischen Geschichte« zeigte eindrucksvoll, daß Historiker heute diesseits und jenseits von Oder und Neiße neue, gemeinsame Fragen an die schlesische Geschichte stellen, die nicht das Trennende betonen, sondern das Verbindende suchen[3].

Der in diesem Buch auf die historische Region Schlesien gerichtete Forschungsansatz sucht nicht nach der deutschen, polnischen oder tschechischen, nicht nach der österreichischen oder preußischen, der katholischen oder protestantischen Dimension in der Geschichte und Kultur. Eine historiographisch-ideologiekritische Analyse über die schlesische Forschungsgeschichte der vergangenen beiden Jahrhunderte sowie eine Überprüfung älterer Geschichtsbilder und wissenschaftlicher Traditionen gibt es bisher zwar nicht – in keinem der drei Länder, die die Geschichte Schlesiens als Teil der eigenen Geschichte verstehen. Die Grundlagen für eine solche Neubewertung sind jedoch unterdessen in allen drei Nationalhistoriographien gelegt worden[4]. Vor diesem Hintergrund entstand auch das vorliegende Buch, das von Wissenschaftlern der jüngeren Generation geschrieben wurde, deren Forschungsschwerpunkte in der Geschichte, Volkskunde, Kunst- und Kulturgeschichte des östlichen Mitteleuropa liegen.

Für viele, selbst grundsätzliche Fragen der schlesischen Geschichte besteht allerdings – und dies hängt unmittelbar mit der problematischen Fachgeschichte der Ostmitteleuropahistorie im 20. Jahrhundert zusammen[5] – trotz einer großen Zahl polnischer, deutscher und tschechischer Fachstudien unverändert eine offene Forschungssituation. In mehrfacher Hinsicht betraten die Autoren daher mit dem vorliegenden Band Neuland. Erstmals wird hier in einer deutschsprachigen Geschichte die Entwicklung ganz Schlesiens und das Schicksal seiner Bewohner nicht nur bis zum Jahr 1945, sondern auch während der Nachkriegszeit bis in die unmittelbare Gegenwart hinein nachgezeichnet. Für die Zeit seit dem Ende des Zweiten Weltkrieges mußte sowohl die Geschichte der aus ihrer Heimat vertriebenen Schlesier als auch die Geschichte Schlesiens ohne den Großteil seiner angestammten Bevölkerung bzw. mit einer neu zugewanderten Bevölkerung berücksichtigt werden. Aber auch in der älteren Landes-, Wirtschafts-, Literatur- und Kunstgeschichte sowie in der Volkskunde wird jedem, der sich mit dem schlesischen Raum beschäftigt, rasch die Vielzahl unbearbeiteter Fragen und Probleme bewußt.

In seinem einfühlsam geschriebenen, im Jahr 1950 in neuer Gestalt publizierten Werk »Schlesien. Biographie einer Landschaft« sprach Will-Erich Peuckert von den »zwei Schlesien«, die es nun nach dem Zweiten Weltkrieg und der Vertreibung der Schlesier aus ihrer angestammten Heimat gebe. Das eine Schlesien, der schlesische Mensch und der schlesische Stamm, sei heute über die deutschen Landschaften verstreut, während das andere Schlesien, das Land beidseitig der Oder, unerreichbar hinter einem Eisernen Vorhang liege[6]. Auch wenn dieser Deutschland und Europa teilende Vorhang nicht mehr besteht, so behält das Urteil des in Niederschlesien geborenen Volkskundlers doch Gültigkeit, daß es nur begrenzt sinnvoll sei, von den »Grenzen« Schlesiens zu sprechen, da diese im Bewußtsein seiner Menschen verwischt und verloren seien. Diese Ambivalenz versucht das vorliegende Buch über die Geschichte und Kultur dieses Landes, über eine früher wie heute zentrale Region Mitteleuropas, über »Schlesien und die Schlesier« zu berücksichtigen.

Joachim Bahlcke

Leipzig, im März 2000

Teil I:
Die Geschichte der schlesischen Territorien von den Anfängen bis zum Ausbruch des Zweiten Weltkrieges

(Joachim Bahlcke)

1. Naturräumliche Gegebenheiten und historische Voraussetzungen

a) Landschaftsgliederung, Siedlungsentwicklung, Verkehrserschließung

Eine naturräumliche Einheit haben die schlesischen Territorien nie gebildet. Anders als das benachbarte Böhmen, dessen breite Mittelgebirgsschwellen als natürliche Grenzwälle für Jahrhunderte die Landesgrenze bildeten, besitzt Schlesien nur im Südwesten mit dem parallel zur Oder verlaufenden Gebirgszug der Sudeten eine schützende Grenze. Diesen Gebirgslandschaften vom Hohen Iser- und Riesengebirge bis zum Reichensteiner- und Glatzer Schneegebirge, denen sich im Südosten mit den Beskiden der westliche Teil der Karpaten anschließt, ist ein mit Löß- und Geschiebelehm bedecktes fruchtbares Berg- und

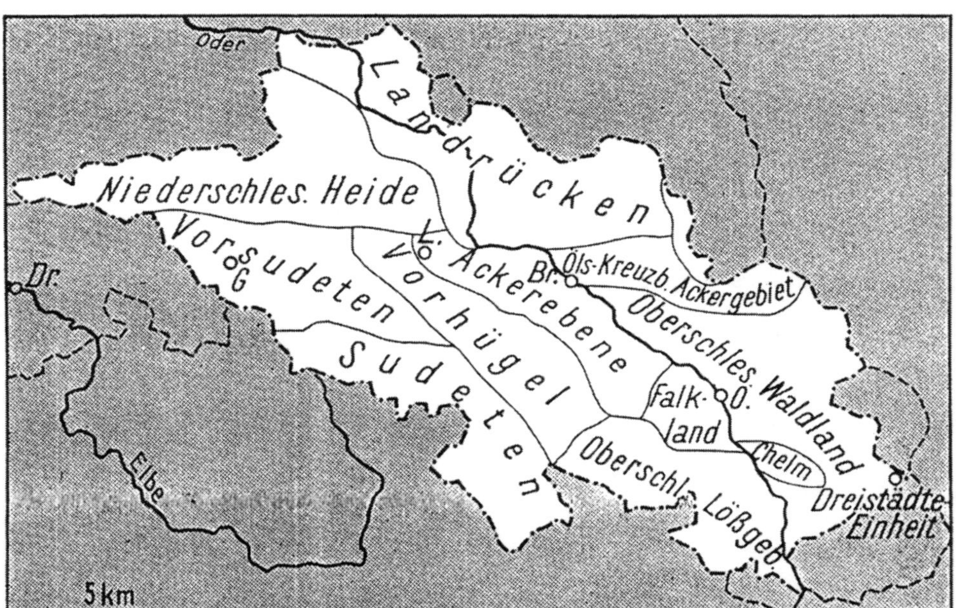

Abb. 1: Die Einzellandschaften Schlesiens.
Schlesien bildete nie eine naturräumliche Einheit. Nur im Südwesten bildet der parallel zur Oder verlaufende Gebirgszug der Sudeten eine schützende Grenze.

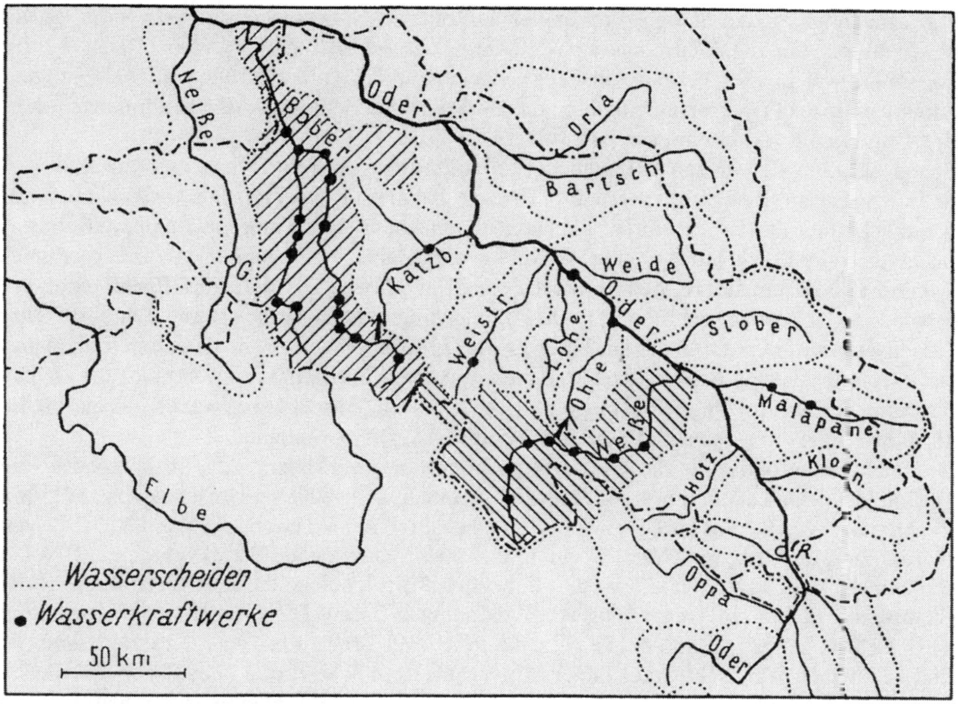

Abb. 2: Die Flußgebiete Schlesiens.
Die Flußgebiete des Bober und der Glatzer Neiße sind schraffiert. Die Pfeile zeigen an, daß früher der obere Bober und die obere Glatzer Neiße der Katzbach bzw. der Ohle zuflossen.

Hügelland vorgelagert. Dem Gebiet um den Zobtenberg, der mit 718 m höchsten Erhebung dieses Gebirgsvorlandes, kommt dabei für die Siedlungsgeschichte und für die Entwicklung des Landesnamens erhebliche Bedeutung zu.

Das anschließende Flachland wird nur durch den Schlesischen Landrücken unterbrochen sowie durch den Oberschlesischen Muschelkalkrücken (Chelm), der in seinem westlichsten Teil, am Annaberg, mit 413 m am deutlichsten aus der Ebene heraustritt[7]. Nach Nordwesten und nach Osten hin, wo Schlesien in die Norddeutsche Tiefebene bzw. in die nahezu ebenen Flußlandschaften der Obra und der Prosna übergeht, ist das Land damit offen und nur durch Waldgürtel von seinen Nachbarn abgeschlossen.

Eine natürliche Achse des sich gleichfalls von Südosten nach Nordwesten erstreckenden schlesischen Raumes bildet die im Mährischen Gesenke (634 m) entspringende Oder. Sie fließt zunächst bis Leubus im Breslau-Magdeburger Urstromtal und dann, nachdem sie den Schlesischen Landrücken durchbrochen hat, im Glogau-Baruther Urstromtal. Die Oder ist die Hauptsammelader eines symmetrisch aufgebauten Flußnetzes, das sich im Osten eng mit den oberen Nebenflüssen der Weichsel verzahnt, mit dem Stromsystem der Elbe im Westen jedoch kaum Verbindungen hat. Während die größeren rechten Oderzuflüsse der Malapane, Stober, Weide und Bartsch ebenso wie der Hauptstrom selbst den Urstromtälern folgen, suchen die linken, den Sudeten entspringenden Nebenflüsse, die Oppa, Glatzer Neiße, Weistritz, Bober mit Queis und die Lausitzer Neiße ihren Weg zur Oder quer zum Gebirge.

Aufgrund der klimatischen Verhältnisse folgten den sehr niedrigen Wasserständen des stark mäandrierenden Stromes mit seinen zahlreichen Nebenarmen immer wieder starke Hochwasser, die die Schiffahrt auf der Oder beträchtlich erschwerten. Recht häufig begegnen wir in der Vergangenheit Forderungen, die Oderschiffahrt zu beleben und handelspolitische Sperren aufzuheben, da das Grenzland Schlesien auf einen funktionierenden Durchgangsverkehr angewiesen sei.

Schon 1211, in der ersten urkundlichen Erwähnung von Schiffsverkehr, wurde diesen Schwierigkeiten Rechnung getragen: Herzog Heinrich I. verlieh den Ordensleuten im Kloster Leubus das Recht, »ut semel in anno duabus navibus in Pomeraniam pro allecibus et bis in anno similiter duabus navibus in Gubin vel in Lubus sine teloneo per totam terram et dominium nostrum libere vadant pro sale scilicet afferendo«, d. h. das Recht einer beschränkten zollfreien Schiffahrt nach Pommern und nach Guben bzw. Leubus[8]. Den Leubuser Schiffen mußten damals Knechte voranreiten, um das Fahrwasser zu suchen und mit Strohmarkierungen abzustecken. Eine wirksame Flußregulierung, der sich die Urbarmachung der Sumpfgebiete und ein neuer Landesausbau anschlossen, wurde jedoch erst im 18. Jahrhundert unter preußischer Herrschaft in Angriff genommen[9].

Ungleich bedeutender als die Wasserwege waren in der Frühzeit und im Mittelalter die großen Handelsstraßen, durch die Schlesien zu einem bedeutenden Umschlagsplatz für den Fernhandel wurde. Sie verliehen ihm den Charakter eines Durchgangslandes[10]. Die von Norden her, aus Danzig, Thorn, Posen und Stettin, kommenden Straßen liefen in Breslau zusammen. Dort kreuzten sie die am deutschen Mittelgebirge entlang verlaufende Hohe Straße, die wichtigste Verbindung von Westen nach Osten. Diese führte vom Unterrhein über Erfurt, Leipzig, Bautzen, Görlitz, Liegnitz und Breslau bis nach Krakau, Lemberg und schließlich zum Schwarzen Meer. Unverarbeitete Waren aus dem Osten wie Pelze, Wachs, Honig und Salz, westliche Gewerbeerzeugnisse wie Tuche und Eisenwaren sowie eigene Landesprodukte und Orientwaren wurden auf diesen Handelsstraßen gewinnbringend umgeschlagen.

Die Wege über die vielfach in gegeneinanderstehende Einzelzüge aufgelösten Sudeten und Beskiden nach Böhmen, Mähren und Oberungarn nutzten die vorhandenen Gebirgspässe, vor denen in späteren Zeiten Festungsstädte wie Schweidnitz und Silberberg errichtet wurden. An diesen Übergängen, der Lausitzer und der Landeshuter Pforte, dem Wartha-Paß, der Mährischen Pforte und dem Jablunka-Paß, entstanden – wie auch entlang der Hohen Straße – seit Mitte des 13. Jahrhunderts ansehnliche Kaufmannssiedlungen und Städte. Über das Landstraßennetz knüpfte die spätere Hauptstadt Breslau ihre weitreichenden wirtschaftlichen Beziehungen zu den Nachbarländern. Sie bildete nicht nur einen zentralen Knotenpunkt der einzelnen Verkehrswege, sondern bot auch günstige Bedingungen für die Oderüberquerung.

Das Zusammenwirken von naturräumlichen Voraussetzungen, Bodenbeschaffenheit, Bodenschätzen, Hydrographie und Klima war zwar durch die Eingriffe des Menschen immer neuen Veränderungen unterworfen, doch erweisen sich für Schlesien bestimmte Landschaftsfaktoren als Konstanten von frühester Zeit bis in die Gegenwart[11]. Als ein Gebiet früher Besiedlung in Schlesien läßt sich die fruchtbare Lößzone, die sich vom Norden Frankreichs bis zum Schwarzen Meer erstreckt, nachweisen. Ihr gehört das Oderland in seinem Mittelstück an. Zu diesen jeweils von dichten Grenzwäldern umgebenen Siedlungsgebieten zählen das Ackerbaugebiet südlich von Glogau, das Lößhügelland bei Trebnitz, die Oderniederung bei Oppeln und die Leobschützer Lößhochfläche. Der alte Besiedlungskern lag in dem Schwarzerdegebiet beiderseits der Lohe südlich von Breslau, das über den ertragreichsten Naturboden verfügt. Die übrigen Gebiete, das Waldland zwischen Ruda und Klodnitz, Malapane und unterer Weide, der nördliche Landrücken, die Niederschlesisch-Lausitzer Heide und das Falkenberger Land wiesen dagegen für eine Besiedlung

ungünstige nährstoffarme Geschiebe- und Talsande auf, die von ausgedehnten Kiefern-, Erlen- und Birkenwäldern bedeckt waren.
Klimatisch liegt Schlesien in der Übergangszone zwischen dem atlantisch bestimmten westlichen und dem kontinental beeinflußten östlichen Europa. Die klimatische Grenzlage ist zugleich Ursache für die zum Teil erheblichen Klimaschwankungen, die sich sowohl in übergroßen Niederschlagsmengen als auch in langen Dürreperioden auswirken. Die mittleren jährlichen Niederschläge von 500 bis 700 mm waren jedoch für einen intensiven Ackerbau durchaus geeignet.
Bedeutenden Einfluß auf die mittelalterliche Besiedlung des schlesischen Raumes und die spätere Entwicklung von Ballungszentren hatten die Zusammensetzung und die räumliche Verteilung der in reichem Maße vorhandenen Bodenschätze, vor allem von Gold, Silber und Kupfer sowie den reichen Eisenvorkommen. Gerade die wertvollen Edelmetalle, die sich in Städtenamen wie Goldberg und Silberberg widerspiegeln, bildeten im Hochmittelalter einen wichtigen Anreiz für die Kolonisten. Sie wurden zur wirtschaftlichen Grundlage zahlreicher Bergbausiedlungen. Das sich bis in das benachbarte Mähren und nach Polen erstreckende oberschlesische Steinkohlerevier mit seinen reichen Bodenschätzen gewann seine Bedeutung erst in der Neuzeit, als mit dem Bau der Eisenbahnen die Steinkohle für den häuslichen Herd und Ofen verfügbar wurde und die Holzfeuerung ersetzte.

b) Schlesien als Brückenlandschaft in Ostmitteleuropa

In der literarisch-historischen Überlieferung erschienen die schlesischen Landesteile, die im Mittelalter keine geschlossene und gleichbleibende territoriale Größe darstellten, erstmals um das Jahr 1000 n. Chr. als politische Einheit. Während des Mittelalters verschob sich der Grenzverlauf besonders im Osten, wo es zu etlichen Gebietsverlusten und -abtretungen kam. Auf der anderen Seite gab es Verschiebungen zugunsten Schlesiens. Die wichtigste Erwerbung war das Herzogtum Troppau, das zuvor zu Mähren gehört hatte und im Laufe des 14. Jahrhunderts allmählich in den schlesischen Territorialverband eingegliedert wurde. Die gegen Ende des 15. Jahrhunderts erreichten Grenzen erwiesen sich nahezu zweieinhalb Jahrhunderte lang als beständig[12].
Das Herzogtum Schlesien setzte sich in dieser Zeit aus knapp zwei Dutzend einzelner Fürstentümer und Standesherrschaften zusammen – ein landschaftlich unübersichtliches Gebilde, in dem sich die Besitzverhältnisse durch wechselnde politische und dynastische Verbindungen unablässig änderten. Die in den Jahren 1740 bis 1763 in drei gegen das Haus Habsburg geführten Kriegen erzwungene Teilung des Oderlandes und der Übergang des größeren Teils unter preußische Herrschaft markieren den wichtigsten Einschnitt in der neuzeitlichen Geschichte Schlesiens. Nach der im Hubertusburger Frieden 1763 bestätigten Teilungsgrenze verblieben Österreich lediglich das Fürstentum Teschen sowie die südlichen Teile der Fürstentümer Neisse-Grottkau und Troppau-Jägerndorf, die als »Österreichisch-Schlesien« eine eigene, weiterhin mit der böhmischen Geschichte verbundene Entwicklung nahmen.
Das preußische Schlesien wurde nach dem Wiener Kongreß 1815/25 noch um den von Sachsen an Preußen abgetretenen Teil der Oberlausitz erweitert. Neben den beiden preußischen Provinzen Nieder- und Oberschlesien, die 1938 erneut zu einer Provinz zusammengelegt wurden, begegnet uns der Name »Schlesien« zu jener Zeit auch im benachbarten polnischen und tschechischen Umfeld. Die polnische Wojewodschaft Schlesien, die sich aus dem zuvor preußischen Ostoberschlesien und dem östlichen Teil des Teschener Schlesiens zusammensetzte, entstand durch die östlichen Gebietsabtretungen

Deutschlands nach dem Ersten Weltkrieg; der in der Tschechoslowakei liegende Teil Schlesiens wurde 1928 mit Mähren zu einem einzigen Land zusammengefaßt. Die Schicksale Schlesiens im und nach dem Zweiten Weltkrieg führten schließlich ganz zum Verschwinden des Namens »Schlesien« als Verwaltungseinheit.

Die geographischen Gegebenheiten des schlesischen Raumes, seine fehlende naturräumliche Einheit und sein durch die Fernhandelswege geprägter Charakter als Durchgangsland führten dazu, daß das Oderland als »Brückenlandschaft« und »Begegnungslandschaft« charakterisiert wurde, um damit auch auf geschichtlichem Feld das Wesen der Entwicklung Schlesiens und seiner nicht immer einfachen Mittellage zu bestimmen[13]. Es ist durchaus berechtigt, unter geographischen Aspekten nach Zusammenhängen und Wechselbeziehungen zwischen der inneren und äußeren Gestaltung einer historischen Landschaft im Laufe der Jahrhunderte zu fragen. Man wird diese Begrifflichkeit freilich nicht überdehnen dürfen, denn nicht nur Schlesien wurde zu einer vielfältigen Begegnungszone: Das Neben- und Miteinander unterschiedlicher ethnischer Gruppierungen, kultureller Ausprägungen und politisch-rechtlicher Ordnungsprinzipien kennzeichnet die gesamte historische Großregion Ostmitteleuropa, die sich zwischen Ostsee und Adriatischem Meer erstreckt.

Seit dem 19. Jahrhundert wurde das Bild der Brückenlandschaft vielfach um eine Kulturträgerfunktion erweitert, die Schlesien eine historische Vermittlerrolle zwischen dem Westen und dem Osten Europas zuwies. Diese Sicht fußt auf einem älteren Geschichtsverständnis, das von einem »west-östlichen Kulturgefälle« ausgeht und dementsprechend den mittelalterlichen Landesausbau als nationale Leistung interpretiert. Die ideologische Überhöhung dieser Kulturträgerfunktion führte dazu, die schlesische Landschaft als »Ausfallstor deutscher Kultur nach dem Osten« zu werten und als Grenzland, das »ganz besondere Funktionen im deutschen und mitteleuropäischen Leben«[14] habe wahrnehmen müssen.

Sie fand ihr Pendant in einer Gegenpropaganda, die nicht weniger einseitig das nationale Element mit umgekehrtem Vorzeichen betonte und von einem deutschen »Drang nach Osten« sprach[15]. Tatsächlich ist jedoch, wie es Werner Conze zutreffend formulierte, »die Leistung des Landesausbaus und der Kulturvermittlung durch die Deutschen weniger ›deutsch-national‹ als unter dem Gesichtspunkt der west-östlichen Kulturströmung im zeitlichen Nacheinander – vom römischen Gallien über das deutsch besiedelte Mitteleuropa nach Osten in die ungarischen und slavischen Territorien bis an die Grenze des orthodoxen Osteuropa hin – zu verstehen«[16]. Die historisch-räumlich vorgegebenen Vermittler der gesamteuropäischen Gesellschaftsentwicklung nach Osten waren deutsche Adelige, Geistliche, Bürger und Bauern.

Angesichts der wechselseitigen Ideologisierung dieses Kulturaustausches war es nur konsequent, daß der Begriff »Brückenlandschaft« für Schlesien in den dreißiger Jahren des 20. Jahrhunderts ganz aufgegeben wurde. Vielfach durch Bezeichnungen wie »Grenzmark des Deutschtums« oder »Bollwerk gegen den Osten« ersetzt, wurde nun das ursprünglich vermittelnde und ausgleichende zum trennenden Element[17]. Erst in der Gegenwart, nach dem Zusammenbruch des sowjetischen Systems Ende der achtziger Jahre und dem Ende der Teilung Deutschlands, ist der Begriff der »Brücke« zwischen West und Ost mit neuen Inhalten belebt worden[18]. In der Mitte Europas werden nun vergessene Gemeinsamkeiten wieder entdeckt und alte regionale Bindungen neu geknüpft. In dieser Mitte lag und liegt Schlesien, dem trotz aller geschichtlichen Brüche und der wechselvollen Schicksale seiner Bewohner gerade in der Gegenwart eine neue, zwischen den Völkern Mitteleuropas vermittelnde und die Spannungen einer konfliktreichen gemeinsamen Geschichte lösende Rolle zukommt.

Anmerkungen

1 Karl Schlögel, Die Mitte liegt ostwärts. Die Deutschen, der verlorene Osten und Mitteleuropa, Berlin ^{2}1989 [^{1}1986], S. 31.

2 Joachim Bahlcke, Schlesien im Dialog. Zum Kolloquium deutscher und polnischer Historiker zur Geschichte Schlesiens, in: Der Augenblick ist mein. Hrsg. v. Samuel Beer und Franz Peter Künzel, Esslingen am Neckar 1977 (= Schriftenreihe der Künstlergilde, Bd. 35), S. 102–106.

3 Przełomy w historii. XVI Powszechny Zjazd Historyków Polskich we Wrocławiu 15–18 września 1999. Hrsg. v. Krzysztof Kawalec u. a., Wrocław 1999, S. 68–70.

4 Dazu jetzt grundlegend Matthias Weber, Über die Notwendigkeit einer Standortbestimmung der historischen Schlesienforschung in Deutschland, in: Silesiographia. Stand und Perspektiven der historischen Schlesienforschung. Hrsg. v. Matthias Weber und Carsten Rabe, Würzburg 1998, S. 13–25.

5 Klaus Zernack, Der historische Begriff »Ostdeutschland« und die deutsche Landesgeschichte, in: Nordost-Archiv N. F. 1 (1992), S. 157–173; Wolfgang Kessler, Aspekte ostdeutscher Landesgeschichte, Lüneburg 1989 (= Lüneburger Vorträge zur Geschichte Ostdeutschlands und der Deutschen in Osteuropa, Bd. 1); Joachim Bahlcke, Ostmitteleuropa, in: Studienhandbuch Östliches Europa, Bd. 1. Hrsg. v. Harald Roth, Köln–Weimar–Wien 1999, S. 59–72.

6 Will-Erich Peuckert, Schlesien. Biographie einer Landschaft, Hamburg 1950 [erschien zuerst u. d. T. Schwarzer Adler unterm Silbermond. Biographie einer Landschaft, Hamburg 1940], S. 7–14, 385–392.

7 Zur naturräumlichen Gliederung Herbert Roensch, Die Landesnatur Schlesiens, Dortmund 1971, S. 76–105.

8 Die schlesische Oderschifffahrt in vorpreussischer Zeit. Urkunden und Aktenstücke. Hrsg. v. Konrad Wutke, Breslau 1896 (= Codex diplomaticus Silesiae, Bd. 17), S. 1 (11.4.1211).

9 Über die Oder als Verkehrsweg im Mittelalter Wolfgang Kehn, Der Handel im Oderraum im 13. und 14. Jahrhundert, Köln/Graz 1968 (= Veröffentlichungen der Historischen Kommission für Pommern, Bd. V/16), S. 198–226.

10 Marian Wolański, Schlesiens Stellung im Osthandel vom 15. bis zum 17. Jahrhundert, in: Der Aussenhandel Ostmitteleuropas 1450–1650. Die ostmitteleuropäischen Volkswirtschaften in ihren Beziehungen zu Mitteleuropa. Hrsg. v. Ingomar Bog, Köln/Wien 1971, S. 120–138.

11 Nach wie vor heranzuziehen ist die materialreiche Schlesische Landeskunde, Bd. 1: Naturwissenschaftliche Abteilung. Hrsg. v. Fritz Frech, Leipzig 1913.

12 Hans-Jürgen Karp, Grenzen in Ostmitteleuropa während des Mittelalters. Ein Beitrag zur Entstehungsgeschichte der Grenzlinie aus dem Grenzsaum, Köln/Wien 1972 (= Forschungen und Quellen zur Kirchen- und Kulturgeschichte Ostdeutschlands, Bd. 9), S. 65–91; Kazimierz Orzechowski, Terytorialne podziały na Śląsku, in: Kwartalnik Opolski 17 (1971), S. 53–69, 74–91, 83—105; 18 (1972), S. 5–21, 28–44, 5–22; einen zuverlässigen Überblick liefert Hugo Weczerka, Geschichtliche Einführung, in: Handbuch der historischen Stätten: Schlesien. Hrsg. v. dems., Stuttgart 1977, S. XVI–XCIII, hier S. XVI–XXI.

13 Ludwig Petry, Brückenlandschaften – Begegnungslandschaften [1981], jetzt in: ders.: Dem Osten zugewandt. Gesammelte Aufsätze zur schlesischen und ostdeutschen Geschichte. Hrsg. v. Norbert Conrads u. Josef Joachim Menzel, Sigmaringen 1983, S. 203–208; ders.: Mittelrhein und Schlesien als Brückenlandschaften [1950], jetzt in: ebd., S. 149–160.

14 Hermann Aubin, Schlesien als Ausfallstor deutscher Kultur nach dem Osten im Mittelalter, Breslau ^{2}1942 [^{1}1937], S. 5.

15 Hans Lemberg, Der »Drang nach Osten« – Schlagwort und Wirklichkeit, in: Deutsche im europäischen Osten. Verständnis und Mißverständnis. Hrsg. v. Friedhelm Berthold Krause u. Bernhard Stasiewski, Köln/Wien 1977 (= Studien zum Deutschtum im Osten, Bd. 13), S. 1–17.

16 Werner Conze, Ostmitteleuropa. Von der Spätantike bis zum 18. Jahrhundert. Hrsg. v. Klaus Zernack, München 1992, S. 9 f.

17 Arnold Oskar Meyer, Schlesien in der deutschen Geschichte, in: Historische Zeitschrift 155 (1936), S. 278–295.

18 Schlesien heute. Eine Brücke zwischen Deutschen und Polen. Hrsg. v. Heinrich Trierenberg, Leer 1991.

2. Territoriale Vielfalt und politische Ohnmacht: Die schlesischen Landesteile von der Frühgeschichte bis zum Spätmittelalter

a) Schlesien in vor- und frühgeschichtlicher Zeit

In einzelnen, untereinander zum Teil verbundenen Siedlungskammern sind seit der Mittleren Steinzeit verschiedene Bevölkerungsgruppen in Schlesien nachgewiesen worden. Die archäologischen Funde lassen jedoch weder zeitlich noch kulturell einen Zusammenhang erkennen. Festere Formen zeigen sich erst in der Jüngeren Steinzeit, in der mit der bäuerlichen Wirtschaftsweise in den fruchtbaren Löß- und Schwarzerdegebieten im südlichen und mittleren Schlesien eine dorfartige Siedlung und örtliche Gemeinschaftsbildung entstand. Seit der Bronze- und Eisenzeit können die jeweiligen Kultur- und Siedlungsgemeinschaften mit ethnischen Gruppen in Verbindung gebracht werden. Insbesondere Fluß- und Gewässernamen wie Aupa, Mettau, Zieder oder Oppa und die Namen einiger Siedlungsplätze werden dem illyrischen und dem venetischen Sprachschatz zugeschrieben[1].
Die Beutezüge der aus Südrußland über den Karpatenbogen nach Schlesien einfallenden Skythen führten um 500 v. Chr. zur Aufgabe zahlreicher Siedlungsanlagen und damit zu einem Bruch in der bisherigen Entwicklung. Den Skythen folgten ein Jahrhundert später die Kelten, die über Böhmen und Mähren in den südschlesischen Raum einwanderten. Mit ihrer ausgebildeten Wirtschaftsform und Gebietsorganisation begründeten sie eine feste Macht, die zunächst den germanischen Vorstößen der Kimbern und Teutonen zu trotzen vermochte.
Doch schon am Ende des letzten vorchristlichen Jahrhunderts hatten sich die Germanen – jene in den antiken Quellen als Lugier oder allgemein als Wandalen (»Wandilier«) bezeichnete Großgruppe – mit Ausnahme kleinerer südlicher Gebiete in ganz Schlesien festgesetzt. Obwohl sich einzelne germanische Stämme voneinander unterscheiden lassen, können diese doch wegen der Unstetigkeit ihrer Siedlungen nur schwer bestimmten Regionen zugeordnet werden. In der Mitte des 3. Jahrhunderts beginnt sich der Name der Silingen, eines ursprünglich zu den Wandalen gehörenden Stammes, durchzusetzen. In der jüngeren römischen Kaiserzeit zeigt sich nicht nur ein starker Anstieg der Bevölkerungszahl und ein an der Waffentechnik, dem Schmuckhandwerk sowie dem Gewerbe- und Handelsbetrieb ablesbarer kultureller Aufschwung, sondern auch die Ausbildung einer Adelsschicht und einer nahezu ganz Schlesien erfassenden silingischen Königsherrschaft. Sie bestand vermutlich bis zum Anfang des 6. Jahrhunderts und überdauerte damit fast den Hunneneinbruch und die germanische Völkerwanderung[2].
Vermutlich verblieben Reste der Silingen in der alten Siedlungslandschaft östlich des Zobtengebirges und in den aufgrund ihrer natürlichen Voraussetzungen geschützten

Gebirgsrandgebieten, als am Ende des 6. Jahrhunderts mit den Slawen neue Bevölkerungsgruppen von Osten und Süden her nach Schlesien eingesickert waren. Als deren Ursprungsheimat kann der Raum nördlich der Karpaten zwischen oberer Weichsel, mittlerem Dnjepr und Desna gelten[3]. Für ein anfängliches Nebeneinander von Slawen und Alteinwohnern spricht eine Reihe geographischer Namen, aus denen deutlich wird, daß die Slawen einheimische Traditionen und Kultplätze ebenso wie bestehende Handelsrouten und Verkehrswege übernahmen.

An erster Stelle ist hier der Name des Zobtenberges zu nennen, der in den ältesten Belegen als »mons Silensi« (1017), »mons Silencii« (1108), »Zlenz« (1242) und »Slenz« (1247) bezeichnet wurde. Er wird von deutschen Namenkundlern ebenso wie der Name Lohe, des am Zobtenberg vorüberfließenden Nebenflusses der Oder – »Selenza« (1155), »Slenza« (1203) – auf die Silingen zurückgeführt, deren Name über die heidnische Kultstätte zuerst von dem slawischen Stamm der »Sleenzane« und schließlich für das gesamte Territorium Schlesien (poln. Śląsk, tschech. Slezsko, lat. Silesia) übernommen worden sei. Von polnischer Seite wird ein solcher Zusammenhang dagegen abgelehnt: Hier erscheint der Gewässername, der auf slawische, in verwandten Sprachen freilich nicht nachgewiesene Wurzeln zurückgeführt wird, als der ursprünglichere, der erst dann auf den Berg und den Slawenstamm übertragen worden sei[4].

In der Regensburger Völkertafel des sogenannten Bayerischen Geographen, einem der ältesten Berichte über die Völker nördlich der Donau aus der zweiten Hälfte des 9. Jahr-

Abb. 3: In der Regensburger Völkertafel des sogenannten Bayerischen Geographen finden sich die Namen der vier schlesischen Stammesgaue, die sich mit den altüberlieferten Siedlungslandschaften decken dürften: die Dedosize, die Slensane, die Opolane und die Golensize. Die Stammesgaue wurden zur Grundlage der späteren Einheit des Landes.

hunderts, finden sich unter den insgesamt 57 Namen der südlich von den Dänen siedelnden Stämme auch die von vier schlesischen Stammesgauen. Diese Stammesgaue, die zur Grundlage der späteren Einheit des Landes wurden, dürften sich mit den altüberlieferten Siedlungslandschaften decken: die »Sleenzane« (Slensane) im mittleren, die »Dadosesani« (Dedosize) im nordwestlichen, die »Opolini« (Opolane) im östlichen und die »Golensizi« (Golensize) im südlichen Schlesien[5].

Ein Jahrhundert später werden noch die Boborane und Trebowane erwähnt. Ihre Abgrenzung untereinander und nach außen läßt sich an den Waldgürteln (»Preseka«), die dem Schutz vor Angriffen dienten, vergleichsweise gut verfolgen. Der Verlauf der Preseka scheint auch die spätere Sonderstellung des Oppelner Gebietes gegenüber den mittel- und niederschlesischen Stämmen bereits anzudeuten. Einzelne personale oder territoriale Kleinstämme mit einer Burg als Zentrum sind Beleg für selbständig handelnde Gruppen, die noch nicht als politische und kulturelle Einheit auftreten. Bevor sich jedoch eine großräumigere Gebietsorganisation in Schlesien bilden konnte, setzten langwierige und heftige Auseinandersetzungen mit den Nachbarmächten Böhmen und Polen ein, die sich im 10. Jahrhundert auf dem Weg zur Staatsbildung befanden[6].

b) Territoriale Anfänge zwischen böhmischer und polnischer Herrschaft

Der Přemyslide Vratislav I. schuf die Grundlagen für die politisch, wirtschaftlich und kulturell führende Stellung Böhmens im 10. Jahrhundert im ostmitteleuropäischen Raum. Es gelang ihm, die noch unabhängigen Stammesgebiete in Böhmen zu unterwerfen, Teile Mährens zu kontrollieren und gleichzeitig in das südliche Mittelschlesien vorzustoßen. Breslau (1214 »Wratislavia«) soll in dieser Zeit als Grenzfestung an der Oder gegründet worden sein. Sein Sohn Boleslav I., auf den der Name Bunzlau (1202 »Bolezslawcz«) zurückgeführt wird, festigte und erweiterte die schlesischen Erwerbungen und knüpfte gleichzeitig enge Beziehungen zu dem sich um die politischen Zentren Posen und Gnesen ausbildenden polnischen Staatswesen unter Mieszko I. Doch schon in den achtziger und neunziger Jahren des 10. Jahrhunderts kam es zu einem ernsten Konflikt, als der Piastenherzog und dessen Sohn, Bolesław I. Chrobry (der Tapfere), große Teile Schlesiens eroberten und diese verwaltungsmäßig eng mit dem polnischen Kerngebiet verbanden. Das Glatzer Gebiet blieb unverändert bei Böhmen[7].

Die Einrichtung einer selbständigen polnischen Kirchenprovinz im Jahre 1000, die dem politischen Selbständigkeitsstreben Bolesławs I. Chrobry gegenüber Kaiser und Reich entgegenkam, bezog sich daher auf die bereits ausgedehnten Grenzen des polnischen Staatswesens: Neben Kolberg und Krakau – das Bistum Posen bestand schon seit 968 – zählte das erst 1051 wieder in den Quellen erscheinende Bistum Breslau zu den neu begründeten Suffraganbistümern von Gnesen. Die kirchliche Zusammenfassung der schlesischen Territorien in der Breslauer Diözese begünstigte in hohem Maße auch deren politische Einheit.

Mit dem Tode Bolesławs I. Chrobry im Jahre 1025 setzte in Polen ein äußerer und innerer Machtverfall ein, der es dem politisch begabten und militärisch durchsetzungsfähigen Böhmenherzog Břetislav I. seit 1038 ermöglichte, erneut nach Schlesien auszugreifen und die Herrschaft über das Oderland zu beanspruchen. Sein gewagtes Unterfangen, an der Süd- und Ostgrenze des römisch-deutschen Reiches eine slawische Großmacht zu begründen, stieß sowohl auf den Widerstand Polens, das 1050 abermals große Teile Schlesiens eroberte, als auch Kaiser Heinrichs III., der die außenpolitische Handlungsfreiheit des ehrgeizigen Böhmenherzogs einzuschränken suchte. Heinrich III. erwirkte 1054 auf dem

Hoftag in Quedlinburg einen Kompromißfrieden, der Polen die besetzten Teile Schlesiens gegen eine jährliche Tributzahlung an Böhmen beließ[8].
Die folgenden Jahrzehnte waren von immer wieder aufkeimenden böhmisch-polnischen Zusammenstößen gekennzeichnet, die von innerschlesischen Bruderkriegen begleitet waren und keinem Land ein dauerhaftes Übergewicht ermöglichten. Schlesien war als begehrliches Objekt zwischen den rivalisierenden Nachbarmächten unablässiger Kriegsschauplatz. Erst nach und nach konnte unter den schlesischen Landesfürsten eine selbständige, die Interessen des Landes berücksichtigende Orientierung einsetzen. Ein Ende der Kämpfe zeichnete sich mit dem vom deutschen König Lothar 1135 während des Hoftags zu Merseburg vermittelten Waffenstillstand ab, der zwei Jahre später in den Pfingstfrieden von Glatz mündete. Dieser legte neben dem Verzicht Böhmens auf die Oberhoheit über Schlesien auch einen eindeutigen Grenzverlauf fest. Einzig das Glatzer Land, Leobschütz, Jägerndorf und Troppau wurden Böhmen zugeschlagen.

c) Innerschlesische Machtkämpfe und staatliche Zersplitterung

Von großer Bedeutung für die weitere Entwicklung Schlesiens wurde die beim Tode Bolesławs III. Krzywousty (Schiefmund) 1138 testamentarisch festgelegte Senioratsverfassung. Sie sollte die einzelnen Teilgebiete des polnischen Staatswesens zusammenhalten, wurde aber bei Lichte besehen zum Ausgangspunkt langwieriger Erbstreitigkeiten. Der Kampf der Teilfürsten um das Seniorat führte zu schweren inneren Auseinandersetzungen, und mit dem Erlöschen der Senioratsverfassung beim Tode Mieszkos III. des Alten fand die Einheit des polnischen Staates schließlich ihr Ende[9]. Schon unter Wladislaus II., dem Stammvater der schlesischen Piasten, zeichnete sich ab, daß Schlesien als eines der piastischen Teilgebiete gegenüber Groß- und Kleinpolen sowie Masowien und Kujawien einen eigenen Weg einschlagen würde[10]. Dieser führte zwei Jahrhunderte später schließlich zur vollständigen Lösung des Landes aus dem polnischen Staatswesen.
Als heftig umstrittenes Kampffeld zwischen Polen und Böhmen hatte Schlesien bis in die Mitte des 12. Jahrhunderts keine Möglichkeit, größere politische Unabhängigkeit und ein eigenständiges Gewicht im östlichen Mitteleuropa zu erlangen. Die anschließende Periode bis zur Mitte des 14. Jahrhunderts war nach außen durch die Trennung Schlesiens von Polen und den Anschluß an Böhmen und nach innen durch die deutschrechtliche Siedlungsbewegung und das Entstehen des ostdeutschen Neustammes der Schlesier gekennzeichnet. Obwohl auf wirtschaftlicher, rechtlicher und gesellschaftlicher Ebene zahlreiche Fortschritte zu beobachten sind, blieb die politische Ohnmacht und Abhängigkeit des Oderlandes doch in hohem Maße erhalten. Erst nach der mit dem Tode des letzten Großfürsten von Krakau 1202 erloschenen Senioratsverfassung, durch die Schlesien zu einem staatsrechtlich unabhängigen Herzogtum wurde, zeichnete sich der Weg für eine eigenständige Politik ab. Doch schon im gleichen Jahr führten neue innerschlesische Machtkämpfe unter den Nachfolgern Wladislaus II. zu einem Teilungsvertrag, der das Erbrecht zwischen der Breslauer und der Ratiborer Fürstenlinie aufhob. Der Vertrag legte den Grundstein für eine eigenständige Entwicklung des oberschlesischen Raumes. Seine Fürsten, die sich bis in das 14. Jahrhundert hinein Herzöge von Oppeln (»ducatus Opoloniensis«) nannten, entwickelten ein eigenes Zusammengehörigkeitsgefühl. Von den in Mittel- und Niederschlesien regierenden Piasten, die den Titel Herzöge von Schlesien (»ducatus Slesiae«) führten, grenzten sie sich deutlich ab.
Die Einheit des niederschlesischen Gebietes und dessen innere Umgestaltung in der ersten Hälfte des 13. Jahrhunderts waren eng an Herzog Heinrich I. den Bärtigen und dessen Sohn

Heinrich II. den Frommen gebunden. Beide waren ausgesprochen willensstarke und durchsetzungsfähige Persönlichkeiten. Es gelang ihnen, in Schlesien ein politisches Kraftzentrum aufzubauen und über ihre schlesischen Erblande hinaus ein ausgedehntes, weite Teile Polens, der Lausitz und der angrenzenden Gebiete oderabwärts umfassendes Herrschaftsgebiet zu erringen. Der Vorstoß der Mongolen nach Mitteleuropa und ihr Sieg in der Schlacht bei Wahlstatt vor Liegnitz im Frühjahr 1241 bewirkten jedoch einen spürbaren Rückschlag. In der späteren Geschichtsschreibung wurde der Kampf der schlesischen Heere vielfach zur heldenhaften Abwehr des asiatischen Heidentums und zur Rettung der christlich-abendländischen Kultur verklärt[11]. Tatsächlich hatte der mongolische Hauptangriff jedoch Ungarn gegolten. Das über Krakau nach Schlesien eingedrungene Reiterheer diente lediglich als Flankenschutz. Trotzdem steckten die Bürger Breslaus Teile ihrer Stadt selbst in Brand, um die Mongolen zum Weiterziehen zu veranlassen. Auch wenn der Mongolensturm weite Landstriche Schlesiens verwüstete, so dürfen die längerfristigen Auswirkungen doch nicht überschätzt werden.
Politisch dagegen hatte die Mongolenschlacht 1241, bei der Heinrich II. den Tod fand, einen Einschnitt von größter Tragweite für die schlesische Geschichte zur Folge. Der Herzog hinterließ nur minderjährige Söhne. Durch die nachfolgenden schweren Erbauseinandersetzungen zerfiel die Machtstellung der schlesischen Piasten mehr und mehr. In den Jahren 1248 bis 1251 kam es zu einer Erbteilung unter den Söhnen Heinrichs II., der innerhalb weniger Generationen weitere Teilungen folgten. Konrad I. und Boleslaus II. der Kahle zum Beispiel – sie begründeten das Herzogtum Glogau bzw. das Herzogtum Liegnitz – hinterließen bei ihrem Tode je drei Söhne, die dann als Herzöge von Sagan, Glogau, Steinau und Sprottau, Jauer, Liegnitz und als Herren von Löwenberg urkundeten.
Die Schuld an den innerschlesischen Bruderkämpfen Mitte des 13. Jahrhunderts, die die spätere, im 14. Jahrhundert ihren Höhepunkt erreichende staatliche Zersplitterung Schlesiens einleiteten, wird dabei kaum allein in der Person Boleslaus II., des ältesten Sohnes Heinrichs II., gesucht werden dürfen. Sie erklärt sich vielmehr aus dem Fehlen einer starken Zentralgewalt überhaupt. Teile des Adels und der Geistlichkeit nutzten dies, um ihre Besitztümer und Machtanteile zu erweitern[12]. Im bisher ungeteilten Herzogtum Oppeln setzte 1281, etwa eine Generation später als in Niederschlesien, mit dem Tode Wladislaus I. ein machtpolitischer Zerfall ein, der zur Aufspaltung des Landes in die Fürstentümer Oppeln, Ratibor, Teschen und Cosel-Beuthen führte.
Der Prozeß der allmählichen Trennung Schlesiens von Polen und des Anschlusses an Böhmen, der mit der Erbteilung 1138 eingesetzt hatte und mit dem Erlöschen der Senioratsverfassung 1202 weiter fortgeschritten war, trat gegen Ende des 13. Jahrhunderts in seine letzte Phase[13]. Die enge Verflechtung der Herzöge von Breslau mit dem Prager Königshof zeigt anschaulich die zunehmende Orientierung der schlesischen Herzöge nach Böhmen. Heinrichs II. Sohn Wladislaus stieg zum Propst von Wyschehrad und zum böhmischen Kanzler auf, sein Neffe, Heinrich IV., wurde in Prag unter der zeitweiligen Vormundschaft des böhmischen Königs Otakar II. erzogen. Herzog Kasimir II. von Cosel-Beuthen nahm 1289 als erster schlesischer Herzog die böhmische Lehenshoheit an. Seinem Beispiel folgten wenige Jahre später auch andere Oppelner Herzöge. Wegen des Aussterbens der Přemysliden 1306 und der daran anknüpfenden Thronwirren verzögerte sich jedoch die Wiederaufnahme der böhmischen Schlesienpolitik durch die Luxemburger, die seit 1311 die Wenzelskrone trugen.
Konfrontiert mit neuerlichen Ansprüchen des 1320 durch Władysław Łokietek dauerhaft wiederbegründeten Königreichs Polen, begaben sich 1329 alle oberschlesischen Herzöge sowie die vergleichsweise schwachen niederschlesischen Herzöge von Sagan, Oels, Steinau und Liegnitz-Brieg – nicht zuletzt wegen des größeren Schutzes und wirtschaftlicher

Abb. 4: Am 9. April 1241 stellte sich Herzog Heinrich II. von Schlesien mit seinem Kriegsvolk, Johanniter- und Deutschordensrittern sowie groß- und kleinpolnischen Hilfstruppen bei Liegnitz den zahlenmäßig überlegenen Mongolen entgegen, die von Krakau her nordwestwärts gezogen waren. Der Schlacht von Wahlstatt und dem Tod des Herzogs ist ein Feld der aus dem ersten Drittel des 15. Jahrhunderts stammenden Hedwigstafeln gewidmet, die Leben und Wirken der hl. Hedwig, der Mutter Heinrichs II., darstellen.

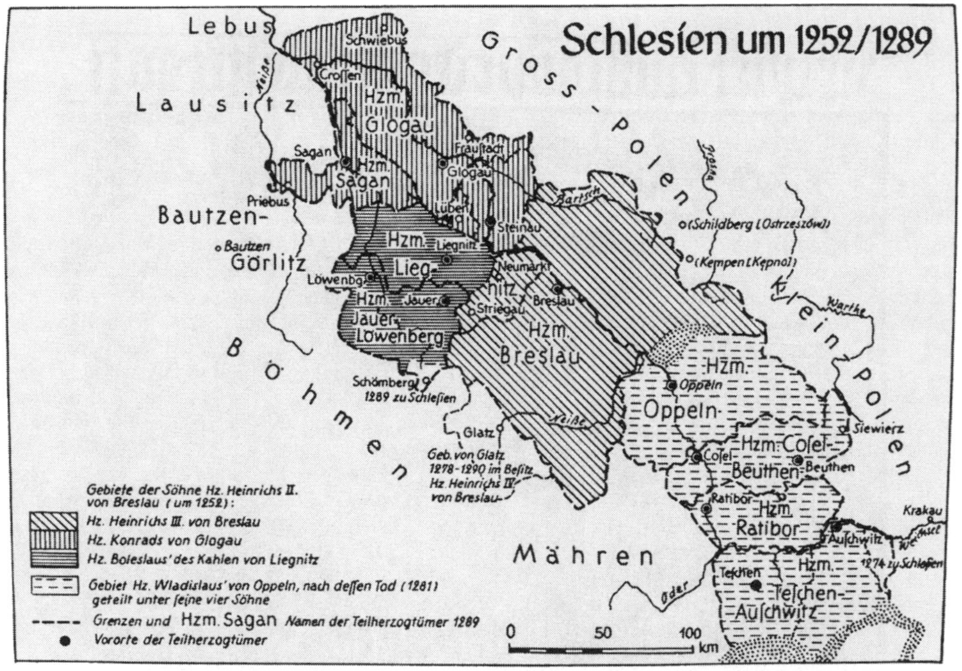

Abb. 5: Die Zersplitterung Schlesiens nahm ihren Anfang mit dem Tod Herzog Heinrichs II. – er hinterließ nur minderjährige Söhne – in der Schlacht von Wahlstatt 1241. Durch die schweren Erbauseinandersetzungen seit der Mitte des 13. Jahrhunderts zerfiel die Machtstellung der schlesischen Piasten.

Vorteile – endgültig in böhmische Lehensabhängigkeit. Nach anfänglichen Meinungsverschiedenheiten bei der Huldigung in Glogau, Münsterberg und Neisse-Grottkau wurde als letztes Fürstentum Schweidnitz-Jauer, das auch später immer wieder eine unabhängige Stellung innerhalb Schlesiens anstrebte, durch Heirat für Böhmen gewonnen[14]. Andere Widerstände wie die der Gnesener Kirche und der päpstlichen Kurie in Avignon, die auf den ihr aus Schlesien zufließenden Peterspfennig nicht verzichten wollten, erwiesen sich als ungleich zählebiger.

In dem 1335 abgeschlossenen, vier Jahre später ratifizierten Vertrag von Trentschin erkannte der polnische König Kasimir III. der Große die bestehenden Verhältnisse an. Notgedrungen gab er alle Ansprüche Polens auf die schlesischen Territorien auf. Gleichzeitig gewann er dadurch neuen politischen Spielraum für andere drängende Aufgaben[15]. Die Verzichtserklärung wurde 1372 von seinem Nachfolger, Ludwig I. dem Großen, nochmals bestätigt. Im Gegenzug verzichteten die Luxemburger Könige Johann von Böhmen und sein Sohn Karl auf ihren von den Přemysliden ererbten Anspruch auf den polnischen Königstitel. Als Vermittler wirkte König Karl Robert von Ungarn, ein Schwager des polnischen Königs, der zugleich die nahe an der schlesischen, böhmischen und polnischen Grenze gelegene Burg Trentschin an der Waag als Ort für die Ausgleichsverhandlungen zur Verfügung gestellt hatte. Die Trentschiner Vereinbarungen, die am Anfang einer Reihe polnischer Verzichtserklärungen standen, bestätigten die politische Trennung Schlesiens von Polen. Sie wurden damit zur Grundlage der im Prinzip bis in die erste Hälfte des 20. Jahrhunderts bestehenden schlesisch-polnischen Grenzen.

DOKUMENT 1: Der Vertrag von Trentschin vom 24. August 1335 (Original lateinisch)[16]:

»Im Namen des Herrn, Amen. Im Jahre 1335, am Feste des heiligen Apostels Bartholomäus. Wir Spitko Kastellan, Sbignew Krakauer Propst, Peter Kastellan von Sandomir, Thomas von Zaiunczko und Nimissa Mandrossa, vom erlauchten Fürsten und Herrn Kasimir von Polen vollgültig eingesetzte und bestellte Prokuratoren in der nachfolgenden Angelegenheit, geben allen öffentlich durch den Wortlaut dieser Urkunde zur Kenntnis, daß der erhabene Fürst und Herr König Johann von Böhmen und sein Erstgeborener, der erlauchte Herr Karl, Markgraf von Mähren, für sich und ihre Erben, im Streben nach Wohlfahrt und Frieden für die Königreiche Böhmen und Polen und ihre Bewohner sowie im Hinblick auf die erlauchten Fürsten, Herrn König Karl von Ungarn und den bereits genannten König Kasimir von Polen, beseelt von dem Wunsche, für ihre Königreiche und deren Menschen heilsame Vorsorge zu treffen, damit weitsichtig den Gefahren der Seele und des Leibes gesteuert wird, [daß sie] frei und ungezwungen entsagt haben allem Recht, Handlung, Ausnahme, Eigentum, Herrschaft und Rechtstitel auf das Königreich Polen, die ihnen daran zustanden, bei Strafe der Exkommunikation. Sie versprechen für sich und ihre Erben, diesem Verzicht und dieser Zession bei keiner Gelegenheit mit Willen, Taten oder Worten zuwiderzuhandeln, so wie das in anderen Urkunden genauer festgelegt ist. Sie nahmen dabei aber aus und nehmen aus die edlen Fürsten, die unten genannten Herren Herzöge, ihre Vasallen mit ihren Herzogtümern, Ländern, Gütern, Herrschaften und allem Zubehör, die sie zur Zeit der Lehnseidleistung besaßen, und zwar in der Weise und Form, in der die genannten Herren Herzöge sich dem Herrn König von Böhmen und dem Herrn Markgrafen von Mähren und ihren Erben bzw. ihrer Herrschaft unterstellt haben, so werden die nachfolgenden Herzöge und ihre Herzogtümer und Herrschaften mit allem Zubehör ihrer und ihrer Erben Herrschaft völlig vorbehalten. Sie nahmen auch aus die Länder Breslau und Glogau mit allen zugehörigen Gebieten und allen zugehörigen Herrschaftsrechten. Die Herren Herzöge und die erwähnten Herzogtümer sind diese: Herzog Boleslaus von Liegnitz und Brieg, Heinrich von Sagan und Crossen, Konrad von Oels, Johann von Steinau, als schlesische Herzöge, Bolko von Oppeln, Bolko von Balkenberg, Albert von Groß-Strehlitz, Wladislaus von Cosel und Beuthen, [Wenzel Fürst von Masowien und Herr von Płock], Leszko von Ratibor, Johann von Auschwitz und Wladislaus von Teschen.
Da wir ebenfalls wollen, daß Gunst und eine unlösbare Freundschaft in Liebe die genannten Herren, den König von Böhmen, den Markgrafen von Mähren und [den König] von Polen in allseitigem Wohlwollen umschließt, versprechen wir für unseren Herrn, den König von Polen, daß ebenderselbe König von Polen dem Herrn König von Böhmen und dem Herrn Markgrafen von Mähren aufs höchste wohlgesonnen sein wird in bezug auf alles Recht, alle Herrschaft und alles Eigentum, das sie haben oder zu haben versichern an den vorgenannten Herrschaften, Herzögen und Herzogtümern. Er wird sie zu keiner Zeit deswegen bedrängen, noch wird er die Herzöge und Herzogtümer selbst zurückfordern, beanspruchen oder annehmen zum Präjudiz der genannten Herren, des Königs, des Markgrafen und ihrer Erben, und er wird ihnen deswegen in keiner Weise selbst oder durch seine Erben irgendwelche Schwierigkeiten bereiten, bei automatischem Verfall der strengen Strafe der Exkommunikation bei Zuwiderhandlung. Überdies verzichten wir für den König von Polen und seine Erben auf jede Handlung, Ausnahme und jeden Einwand auf Grund des Gewohnheits- oder faktischen Rechtes, wenn etwas davon dem König von Polen oder seinen Erben an den oft genannten Herrschaften, Herzögen oder ihren Herzogtümern zustehen oder in irgendeiner Weise zukommen sollte, wobei dem nicht entgegenstehen sollen irgendwelche Dokumente, Briefe, Schriften, Verträge, Abmachungen, Statuten, Neuordnungen oder irgendwelche andere Regelungen, in welcher schriftlichen Form sie auch immer abgefaßt seien, auch wenn sie von der Art wären, daß wortwörtlich eine besondere und ausdrückliche Erwähnung geschähe: Dieses alles insgesamt und jedes einzelne davon wollen wir bei klarem Bewußtsein, daß es nichtig sei und als nichtig angesehen werden soll. Wir versprechen unter dem geleisteten Treueid, daß der oft genannte Herr König von Polen das Vorstehende als Ganzes und in den Einzelheiten bis zum nächsten Gallustag ratifizieren, seine Zustimmung erklären und mit öffentlicher Urkunde anerkennen und als richtig, recht und feststehend in jeder Hinsicht beobachten wird. All dem zum Zeugnis und zur Sicherheit haben wir die vorliegende Urkunde schreiben und mit der Autorität unserer Siegel bekräftigen lassen. Gegeben und verhandelt in Trentschin im Jahre und am Tage wie oben angegeben.«

Ähnlich wie in Polen und Ungarn herrschte auch in Böhmen im 14. Jahrhundert mit den Luxemburgern eine starke Königsmacht, die, vom Knotenpunkt Prag aus, ihre territorialpolitischen Ziele im ostmitteleuropäischen Raum planvoll verfolgte[17]. Besonders König Karl IV. ging umsichtig an die schwierige Aufgabe, das Konglomerat seiner unterschiedlich gefestigten, das böhmische Kernland umgebenden Territorien stärker zusammenzuschließen. Dies gelang ihm 1348 und 1355 durch eine Reihe von Inkorporationen, die den Staatsaufbau der Böhmischen Krone für die kommenden Jahrhunderte prägen sollten, die einzelnen Landesteile miteinander verbanden und mit dem Begriff der »corona Bohemiae« einer neuen Staatsidee zum Durchbruch verhalfen[18]. Die schlesischen Einzelterritorien wurden – zunächst mit Ausnahme des Herzogtums Schweidnitz-Jauer – der Böhmischen Krone am 7. April 1348 mit einer einzigen Urkunde inkorporiert. Das Herzogtum Schlesien wurde damit neben der Markgrafschaft Mähren und der Lausitz zum gleichberechtigten Nebenland der Böhmischen Krone. Die regionalen Besonderheiten innerhalb Schlesiens und die Hoheitsrechte der schlesischen Fürsten wurden hiervon nicht berührt[19]. Die politische Stabilität, der wirtschaftliche Aufschwung und die kulturelle Blüte für die schlesischen Fürstentümer unter der Herrschaft Karls IV. erfuhren schon bald nach dem Tode des Königs im Jahre 1378 einen jähen Umschwung[20]. Karls Sohn Wenzel IV. zeigte sich weder den wachsenden innerschlesischen Konflikten noch der böhmischen religiös-sozialpolitischen Bewegung gewachsen, die sich nach der Verbrennung von Jan Hus 1415 in Konstanz gebildet hatte und die zunehmend revolutionäre Züge annahm. Der Tod Wenzels IV. Mitte August 1419 und die Weigerung der böhmischen Stände, dessen Halbbruder Sigismund als König anzuerkennen, bildeten den Auftakt der Hussitenkriege und des anschließenden Kampfes um die Krone Böhmens. Stand Schlesien als Nebenland auch nicht im Zentrum dieses Ringens, so verfestigte sich in jener Zeitspanne doch das Eigenleben der Territorien. Es entstand ein politischer Regionalismus, der das Land später trotz seiner immensen Ausdehnung, Wirtschafts- und Steuerkraft nur einen nachgeordneten Platz unter den böhmischen Kronländern einnehmen ließ.

d) Die deutschrechtliche Siedlungsbewegung

Die Kolonisation zu deutschem Recht – ein Begriff, der sich für den Landesausbau in den Gebieten östlich von Elbe und Saale gegenüber Bezeichnungen wie »deutsche Ostkolonisation«, »deutsche Ostsiedlung« oder »deutsche Ostbewegung« in den vergangenen Jahrzehnten zunehmend durchgesetzt hat – begann in Schlesien im ausgehenden 12. Jahrhundert; um 1300 war sie im wesentlichen abgeschlossen[21]. Von allen Ländern des slawischen Ostens wurde Schlesien durch den deutschrechtlichen Siedlungsvorgang vermutlich am stärksten geprägt. Dieser wurde in hohem Maße durch die Söhne von Wladislaus II. gefördert, die im Jahre 1163 nach langjährigem Exil in Thüringen an die Oder zurückkehrten und dort das Erbe ihres inzwischen gestorbenen Vaters antraten. Die schlesischen Piasten hatten im Mittelelbegebiet die Erfolge eines neuartigen Landesausbaus, ein voll entwickeltes Stadtmodell und den Einsatz bisher unbekannter rechtlicher Siedelformen kennengelernt. Mit Unterstützung ihres Vetters Kaiser Friedrich Barbarossa führten sie diese in dem um 1200 noch dünn besiedelten und kaum erschlossenen Oderland ein[22].

Das 1175 gegründete Kloster Leubus an der Oder hatte der heimgekehrte Herzog Boleslaus I. mit einem deutschen Zisterzienserkonvent aus Pforta an der Saale besetzt, dem er im Stiftungsbrief ausdrücklich erlaubte, deutsche Bauern anzusiedeln. Nur wenige Jahrzehnte später setzte unter Herzog Heinrich I. eine systematische Ansiedlung von Deutschen vor

allem aus den Ostmarken des Reichs, aus Thüringen, Meißen, Sachsen, der Oberpfalz und Bayern, ein. Sie wurde für die gesamte Wirtschafts-, Rechts- und Verfassungsentwicklung Schlesiens prägend. Die Breslauer Herzöge, die eng mit dem deutschen Adel verwandt waren und die sich gern mit deutschen Rittern umgaben, förderten am tatkräftigsten den Landesausbau. Noch lange spiegelten die Personennamen und die verschiedenen Mundarten die Herkunftsländer der Siedler wider. Aus den eingewanderten deutschen, in kleinerer Zahl auch wallonischen und flämischen Bauern und Bürgern sowie den eingesessenen Slawen bildete sich Schritt für Schritt der ostdeutsche Neustamm der Schlesier[23].
Die zahlreichen, Anfang des 13. Jahrhunderts in den ausgedehnten Waldzonen im Westen und Südwesten Schlesiens angelegten deutschen Bauerndörfer dienten der Sicherung der Grenzen. 1226 beschwerte sich Herzog Heinrich I. beim Papst, daß der Bischof von Breslau durch seine überhöhten Zehntforderungen die Siedler abschrecke und dadurch die Gefahr entstehe, daß die Grenzwälder von Westen her besiedelt würden und für Schlesien verlorengingen[24]. Die ländliche Siedlung wurde durch die Anlage von Bergbauorten wie Goldberg an der Katzbach (1211) und Löwenberg (wohl 1217) ergänzt, deren Gründung nach Magdeburger Recht als frühestes Zeugnis für deutsche Städte in Schlesien gelten kann. Die fortschrittlichen Abbaumethoden der deutschen Bergleute versprachen eine deutlich bessere Nutzung der Bodenschätze als bisher[25]. Nationale Gesichtspunkte oder die ethnische Zugehörigkeit der Siedler spielten dabei allerdings keine erkennbare Rolle Rodung, Landerschließung und Siedlung waren um 1200 in ganz Europa das Ziel verbesserter wirtschaftlicher Grundlagen.
In die Zeitspanne zwischen dem zweiten und vierten Jahrzehnt des 13. Jahrhunderts fielen die Anfänge der Städte Neumarkt, Neisse, Ohlau, Crossen, Zobten, Ziegenhals, Ujest, Zülz, Freiburg, Naumburg am Queis, Reichenbach, Sagan, Bolkenhain, Haynau und Schönau. Anders als in Polen und in Böhmen, wo vor allem der Adel bei Stadtgründungen hervortrat, erfolgten diese in Schlesien bis zur Mongolenschlacht vorwiegend auf Betreiben der piastischen Landesherren[26]. Dazu zählten überdies mit Breslau, Oppeln, Brieg, Liegnitz, Schweidnitz, Glogau, Sagan, Crossen, Cosel, Ratibor und Teschen alle großen und wirtschaftlich bedeutenden vorkolonialen Städte. Zwar machten sich Klöster und Stifte um die Besiedlung verdient, doch wußte der Landesherr in gleichem Maße seine politischen und finanziellen Interessen zu wahren.
Nach dem Tode Herzog Heinrichs II. 1241, als die Zentralgewalt an Autorität verlor und die staatliche Zersplitterung zunahm, waren die Landesherren vielfach zur Veräußerung von Grund und Boden gezwungen. Erst in dieser Zeit gewannen adelige und geistliche Grundherren – bürgerliche traten erst spät und überhaupt nur vereinzelt auf – eine stärkere Rolle bei der Besiedlung. Doch auch jetzt blieb ihr Anteil am Landesausbau und an der Umgestaltung des Landes im Vergleich zur Landesherrschaft gering: Von den gut 130 Stadtgründungen zwischen 1210 und 1300 im piastischen Schlesien, also ohne die přemyslidischen Gebiete von Troppau, Jägerndorf, Leobschütz und Glatz, gingen rund 80% auf die Initiative der Landesherren, 9% auf die von Klöstern und Ritterorden, 7% auf die des Bischofs von Breslau und nur 4% auf die von Adeligen zurück[27].
Besaß in Oberschlesien früher nur Oppeln als wichtigstes vorkoloniales Zentrum größeres Gewicht, so entstanden im Laufe des 13. Jahrhunderts 36 Neugründungen, in denen ein Fünftel der Gesamtbevölkerung lebte. Von einigen kleinen und eher unbedeutenden Orten abgesehen, befand sich damit nahezu das gesamte schlesische Städtenetz, das sich nach 1300 nur noch unwesentlich erweitern sollte, in der Hand der piastischen Landesherren. Auch in späteren Jahrhunderten hat sich diese mittelalterliche Städtelandschaft, sieht man vom Ausbau des oberschlesischen Industriegebietes im 19. Jahrhundert ab, nicht mehr entscheidend verändert[28].

Abb. 6: Die am Fuße des Reichensteiner Gebirges am rechten Ufer der Glatzer Neiße gelegene Stadt Patschkau wurde Mitte des 13. Jahrhunderts im Auftrag von Bischof Thomas I. von Breslau gegründet, der sich um die Ansiedlung deutscher Siedler im Bistumsland besondere Verdienste erwarb. Die ovale Stadtanlage zeigt das für die deutschrechtliche Siedlung typische Gitterstraßennetz mit einem großzügig bemessenen rechteckigen Marktplatz (»Ring«) in der Mitte. Die Stadtmauer mit ihren zahlreichen Mauertürmen und drei Tortürmen des Spätmittelalters ist noch fast in ihrer ganzen Länge erhalten.

Abb. 7: Die den Hirschberger Ring umgebenden Häuser, bei deren Fassaden Barock- und Rokokoformen überwiegen, sind auf einem den gesamten Marktplatz umziehenden Laubengang geöffnet. Die Lauben dienten kaufmännischen Zwecken. Das erst im 16. Jahrhundert in die Mitte des Marktplatzes verlegte Rathaus wurde 1747–49 durch den preußischen Baudirektor Christian Gottlieb Hedemann neu gestaltet.

Abb. 8: Langenbielau bei Reichenbach (Flugbild).
Die Siedlung ist in Form eines lang ausgedehnten Bandes angelegt. Die Ackerfläche ist in schmale, parallel zueinander verlaufende Hufenstreifen aufgeteilt. Das Eindringen der Industrie (Leinenweberei) in das ursprünglich rein agrarische Waldhufendorf ist im Bild an den Fabriken und an den zahlreichen Geschäfts- und Arbeiterhäusern zu erkennen, die die Lücken zwischen den Bauernhöfen schließen.

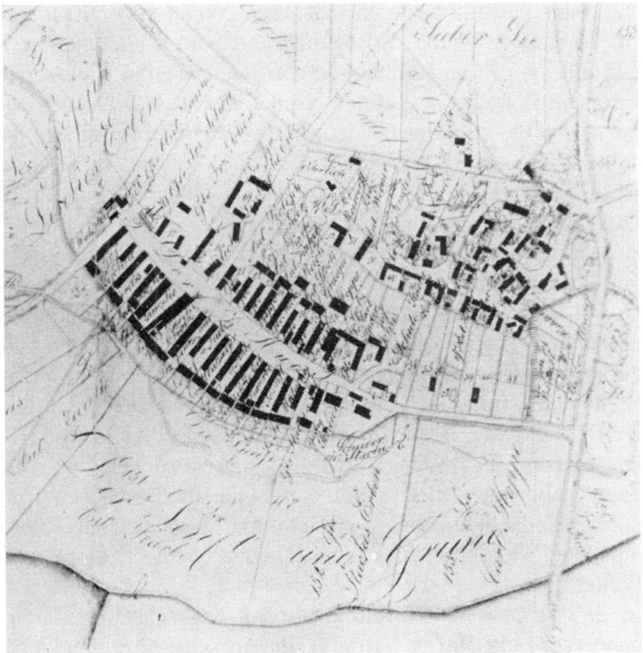

Abb. 9: Tschopitz bei Glogau (Ausschnitt aus Flugkarte). Die Lage des Angerdorfes besteht aus zwei Teilen: dem regelmäßig angelegten Oberdorf mit 12 Bauern (zu je 60–90 Morgen Land) und 13 Gärtnerstellen (zu je 30 Morgen) und dem unregelmäßigen Unterdorf mit 24 Kutschnerstellen (zu je 18–23 Morgen). Das Unterdorf, das vielleicht den ältesten Teil der Dorflage darstellt, ist oft dem Oderhochwasser ausgesetzt.

Verliefen dörfliche und städtische Siedlung anfänglich noch unabhängig voneinander, so wurden sie schon bald in Stadtgerichtsbezirken, den sogenannten Weichbildern (»Wikbilede«), miteinander verknüpft. Bei diesem dem Warenaustausch förderlichen Ordnungssystem entstanden zu gleicher Zeit ein städtischer Zentralort und diesem zugeordnete neue Bauerndörfer im Umland. Die Landeseinteilung in Weichbilder, die sich zu fast autarken Wirtschafts- und Lebenseinheiten entwickelten, löste – in Niederschlesien früher als in Oberschlesien – zugleich die ältere Kastellaneiverfassung polnischen Rechts ab[29]. Beauftragt mit der Stadtgründung und der Weichbildsiedlung wurden Lokatoren, erfahrene Unternehmer, die an den Einkünften beteiligt wurden, eine Anzahl an Freihufen bekamen und bestimmte Rechte wie die städtische Erbvogtei erhielten. Sie ließen sich vom Grundherrn Lokationsurkunden ausstellen, in denen die Ansiedlungsbedingungen im einzelnen erläutert wurden.

Den zu flämischem oder fränkischem Recht angesetzten Siedlern winkte neben dem wirtschaftlichen Gewinn und einer Anzahl abgabefreier Jahre vor allem eine gesicherte Rechtsstellung. Überdies waren sie im Gegensatz zu den nach polnischem Recht wirtschaftenden Bauern von der Viehabgabe und von Pflugdiensten befreit; der bisherige Garbenzehnt wurde durch den Geldzehnt ersetzt[30]. Der siedlungsmäßige Umgestaltungsprozeß, der in den Oppelner Fürstentümern später als in Niederschlesien einsetzte, hat das Siedlungsbild Schlesiens vollständig verändert. Manche Gegenden, so um Herrnstadt, Winzig und Militsch, wiesen dabei nur wenige Spuren einer Kolonisation nach deutschem Recht auf, während auf der anderen Seite bisher polnische Dörfer zu deutschem Recht umgesetzt wurden; Dörfer mit deutschem Recht mußten also nicht zwangsläufig Dörfer mit deutschen Siedlern sein.

Um 1300 läßt sich jedoch, von einigen Grenzregionen im östlichen Oberschlesien abgesehen, für ganz Schlesien eine einheitliche Erfassung von der Kolonisation zu deutschem Recht beobachten. Mit ihr ging nicht nur eine weitflächige Rodungstätigkeit und wirksame Bodenverbesserung, sondern auch eine spürbare Bevölkerungsvermehrung und folgenreiche Assimilierung der polnischsprachigen an die deutschsprachigen Einwohner einher. In Oberschlesien, wo die bisher menschenleeren Waldgebiete besonders im Inneren gerodet und mit dem Pflug erschlossen wurden, stieg die Einwohnerzahl in kürzester Zeit auf das Fünf- bis Zehnfache. Auf den bischöflichen Ländereien von Ottmachau und Neisse vergrößerte sich die Zahl der bewirtschafteten Hufen vom Beginn des 13. bis zum Beginn des 14. Jahrhunderts von 620 auf 5520. Ähnliche Zuwachsraten lassen sich auf den Ländereien der Abtei Kamenz und im Gebiet südlich von Gleiwitz beobachten.

Die Folgen der Kolonisation zu deutschem Recht zeigen sich mit besonderer Anschaulichkeit in den veränderten Siedlungsformen, den Grundrissen der planmäßig angeordneten Dorfsiedlungen und in den Stadtanlagen. Auf Rodungsland längs der Gebirge im Süden und im Gebirgsvorland, wo Waldböden bezwungen werden mußten, wurden sogenannte Waldhufendörfer angelegt. Dabei handelt es sich um Reihendörfer, bei denen die Dorfzeile entlang Hufe an Hufe gereiht wurde. Diese Dorfform hatte den Vorteil, daß sie entsprechend dem Eintreffen neuer Siedler ohne größere Schwierigkeiten immer weiter ausgebaut werden konnte. Auf dem älteren Kulturboden in den Ebenen herrschte dagegen die geschlossene Form der Straßen- und Angerdörfer vor. Diese Dörfer, die in einem Zuge angelegt wurden, machten eine gemeinsame Bewirtschaftung nach einem für alle Bewohner verbindlichen Anbauplan notwendig. Auch in Oberschlesien traten die großen Regelformen der Waldhufen- und Angerdörfer an die Stelle der kleinen, formlosen slawischen Weiler[31].

In den schlesischen Städten wurden das schachbrettartige Straßennetz und der alles beherrschende Markt (»Ring«), der in seiner großangelegten rechteckigen bis quadratischen Anlage die wichtigsten Verkaufseinrichtungen beherbergte, zu den beherrschenden Elementen des Stadtbildes. Der mit dem Wiederaufbau nach 1241 zum Muster ähnlicher Marktanlagen gewordene Breslauer Ring, der Dutzende von Tuchkammern, Kaufhäuser für unterschiedlichste Waren sowie zahlreiche Stände und Bauden von Handwerkern nebeneinander versammelte, nahm eine Fläche von nahezu vier Hektar ein.

Im Zuge der Siedelbewegung wurden gleichzeitig zahlreiche Klöster und Kirchen errichtet, die das Erscheinungsbild und die Stellung des etwa seit dem Jahr 1000 als Glied der polnischen Kirchenprovinz Gnesen bestehenden und in seinen Grenzen mit dem gesamtschlesischen Territorium weitgehend deckungsgleichen Bistums Breslau stark veränderten. Hatte der Streubesitz des Bistums – er muß vom Grundbesitz insbesondere im Ottmachauer und im Militscher Land getrennt werden – noch 1155 nur 50 Güter ausgemacht, so konnte er knapp ein Jahrhundert später durch Schenkungen weltlicher und geistlicher Adeliger bereits nahezu verdreifacht werden. Den ersten Klostergründungen der Benediktiner in St. Vinzenz in Breslau und der Augustiner-Chorherren auf dem Zobten aus dem 12. Jahrhundert folgten nun weitere Ordensgeistliche der Johanniter, Templer, Prämonstratenser und Deutschordensritter, die sich in der Folgezeit bei der Kolonisation verdient machten.

Die führende Stellung in der Siedlungstätigkeit nahmen die Zisterzienser ein, wobei das 1175 von Boleslaus I. gegründete Kloster Leubus an der Oder im 13. Jahrhundert zum Mutterkloster weiterer schlesischer Zisterzienserklöster wurde[32]. Eine besondere Bedeutung erlangte das 1202/03 von Herzog Heinrich I. und dessen Gemahlin, Hedwig von Andechs-Meranien, in Trebnitz mit Zisterzienserinnen aus Bamberg gegründete erste Nonnenkloster Schlesiens. Die in Trebnitz beigesetzte Hedwig, die ihrer Frömmigkeit und ihres vorbildlichen Lebens wegen 1267 durch Papst Klemens IV. heiliggesprochen wurde, wird in Schlesien – neben dem 1594 heiliggesprochenen Hyazinth und dem seligen Ceslaus – als Landespatronin verehrt. Die in der von einem unbekannten Ordensbruder verfaßten »Legenda maior de beata Hedwigi« (1300) enthaltenen Wunderberichte aus den Jahren 1249 bis 1267 zeigen, welchen Eindruck Hedwig bei ihren Zeitgenossen, Deutschen wie Polen, hinterließ. Die Hedwigsverehrung breitete sich schließlich über Schlesien hinaus auch über ganz Polen und Böhmen aus und drang bis Süddeutschland, Köln und Antwerpen vor[33].

DOKUMENT 2: Herzog Heinrich I. der Bärtige von Schlesien gewährt im Jahre 1228 den Siedlern des Benediktinerklosters St. Vinzenz in Breslau deutsches Recht sowie Befreiung von polnischen Diensten und Abgaben (Original lateinisch)[34]:

»Im Namen des Vaters und des Sohnes und des heiligen Geistes. Amen. Es möge allen kund sein, daß ich, Heinrich, von Gottes Gnaden Herzog von Schlesien, auf Bitten Alberts, des Abtes von St. Vinzenz in Breslau, und seiner Brüder das deutsche Recht den Gastsiedlern, die in Polsnitz wohnen, gewährt habe, daß sie frei sind von den Dienstleistungen, die von den Polen nach dem Herkommen des Landes gewöhnlich geleistet werden und die in der Volkssprache folgendermaßen heißen: povoz, prevod, slad, preseka, sowie von den Abgaben, die eingefordert werden, nämlich stroza, podvorove und dergleichen, jedoch unter der Abmachung, daß Wir von jeder Hufe, die dem Abt zinst, zwei Scheffel [Getreide] erhalten, einen Weizen und den anderen Hafer; diese Scheffel sollen sie selbst nach Lissa zum Hof des Herzogs liefern. Beim Burgenbau sollen sie in großem Notstand helfen. Auf Heerfahrt sollen sie so wie die anderen Deutschen gehen. Schwere Rechtssachen, d. h. Kapitalverbrechen, werden Wir selbst richten oder durch einen Unserer Barone. Wenn aber zwischen einem Mann dieses Dorfes und einem Mann eines anderen Dorfes Unserer Herrschaft ein Streit entsteht, so sollen sie vor Uns oder vor dem Kastellan, in dessen Kastellanei es geschieht, ihren Streit austragen. Andere Eingaben soll der Schulze

richten und dabei den Klägern Genugtuung verschaffen. Wenn er jedoch ungerecht richtet, so soll er sich vor Uns verantworten.
Damit sich aber keiner herausnimmt, in freventlichem Unterfangen die Freiheit dieses Unseres Erlasses zu zerbrechen, haben Wir zur Sicherung Unser Siegel an diese Urkunde gehängt. Geschehen im Jahre 1228.«

Der rasche Ausbau des Seelsorge- und Kirchennetzes im 13. Jahrhundert machte es notwendig, die Diözese in fest umrissene Kirchspiele abzugrenzen und diese in Archidiakonate einzuteilen. Dem bis dahin einzigen Archidiakon zu Breslau traten um 1228 zwei weitere in Glogau und Oppeln zur Seite; 1262 folgte noch ein Archidiakon in Liegnitz[35]. Seit der zweiten Hälfte des 13. Jahrhunderts berief der Bischof von Breslau Diözesansynoden ein, um den Geistlichen die zuvor mit dem Domkapitel abgestimmten Verordnungen zu verkünden. Das Domkapitel besaß wahrscheinlich schon am Ende des 13. Jahrhunderts eine Sammlung geschriebener Satzungen, die später um 1480 vervollständigt und von Bischof Rudolf von Rüdesheim als Kapitelsrecht bestätigt wurde. Der Eigenbesitz des Domkapitels, die »ad usum fratrum ecclesiae s. Johannis« bestimmte Kastellanei von Militsch, wurde erstmals in der Schutzurkunde Papst Hadrians IV. vom Jahre 1155 bezeugt[36].
Der auf der Breslauer Dominsel residierende Bischof zählte nicht nur als Inhaber des Neisser Bistumslandes zu den wohlhabendsten Fürsten Schlesiens, sondern nahm auch politisch eine einflußreiche Stellung unter den Großen des Landes ein. Anfang des Jahres 1302 wählten die mehrheitlich deutschen Breslauer Domherren erstmals einen Deutschen zum Bischof. Heinrich I. von Würben, unter dem der Breslauer Dombau nahezu vollendet wurde, ließ das Gründungsbuch des Breslauer Bistums (»Liber fundationis episcopatus Vratislaviensis«) aufzeichnen – eine heute bedeutende Quelle für den Umfang und die Art des mittelalterlichen Siedelwerkes[37].
Unter Heinrich I. von Würben kam es in der Frage des in der Breslauer Diözese geforderten Peterspfennigs zum Konflikt, als dieser 1318 erstmals in der neuen Form einer Kopfsteuer – statt wie bisher als Zins von der Familie – geleistet werden sollte. An der Frage des Peterspfennigs, der in Schlesien nur mit Widerwillen gezahlt wurde, scheiterte auch der Versuch des böhmischen Königs Karl IV., das Breslauer Bistum dem 1344 zum Erzbistum erhobenen Prag zu unterstellen. Der König von Polen und der Erzbischof von Gnesen setzten sich letztlich bei der römischen Kurie durch, die allein aus fiskalischen Gründen an der Beibehaltung der alten Ordnung und dem Verbleiben Breslaus in der polnischen Kirchenprovinz interessiert war. Das Scheitern seiner Bistumspläne lastete Karl IV. nicht zuletzt dem Breslauer Bischof Preczlaus von Pogarell an, dessen Schwanken die Position des Gegners zusätzlich gestärkt habe. Während die politischen Bindungen Schlesiens an Polen vollständig abgerissen waren, blieb die Zugehörigkeit des Bistums Breslau zur altpolnischen Kirchenprovinz faktisch bis 1641, formalrechtlich sogar bis zum Erlaß der päpstlichen Bulle »De salute animarum« im Jahre 1821 bestehen.

e) Schlesien und die hussitische Revolution

In die bald nach dem Märtyrertod von Jan Hus 1415 ausbrechenden innerböhmischen Unruhen, die das Staatswesen in religiöser und sozialer Hinsicht umgestalten sollten, wurde Schlesien frühzeitig verwickelt[38]. Zur Sicherung seiner Nachfolge als König von Böhmen konnte sich Sigismund 1419, nach dem Tode seines Halbbruders Wenzel, weder in das von Aufständischen besetzte Prag wagen noch im mährischen Brünn behaupten. Er wich daher nach Schlesien aus und berief im Januar 1420 einen Reichstag nach Breslau ein. Der einzige Reichstag, der östlich von Elbe und Saale abgehalten wurde und auf dem

Abb. 10: In Trebnitz stiftete Herzog Heinrich I. im Jahre 1202 auf Bitten seiner Gemahlin Hedwig von Andechs-Meranien das erste Frauenkloster von Schlesien, das er mit Zisterzienserinnen aus Bamberg besetzte. Eine der insgesamt 60 nicht kolorierten Federzeichnungen über das Leben Hedwigs, die 1451 im Auftrag des Breslauer Ratsherrn Anton Hornig von dem schlesischen Kalligraphen Peter Freytag angefertigt wurden, zeigt den Bau des Klosters und den Einzug der Nonnen.

Sigismund 18 schlesische Fürsten huldigten, diente in erster Linie der Vorbereitung eines Feldzugs gegen die böhmischen Rebellen[39].
Die von Breslau aus organisierten militärischen Maßnahmen Sigismunds scheiterten jedoch nicht nur kläglich, sondern führten auch zu Gegenschlägen der Hussiten, bei denen große Gebiete Schlesiens verwüstet und mehr als 30 Städte und Klöster geplündert wurden. Den Hussiten, die ihre Raubzüge zwischen 1428 und 1433 nach Österreich, Ungarn, Bayern, Franken, Thüringen, Brandenburg und Polen bis vor die Tore Danzigs ausdehnten, gelang es sogar, sich in einigen schlesischen Städten wie Nimptsch, Ottmachau, Kreuzburg und Gleiwitz dauerhaft festzusetzen. Eine allmähliche Entspannung setzte erst ein, als sich im Mai 1434 bei Lipan in Nordostböhmen die gemäßigten Kräfte gegen die radikalen militärisch durchzusetzen vermochten. Sigismund wurde als König von Böhmen wiedereingesetzt, und durch den Landfrieden aller schlesischen Herzöge und Erbfürstentümer im September 1435 konnten die Grundlagen für die innere Befriedung Schlesiens geschaffen werden.
Doch schon der Tod Sigismunds im Dezember 1437 – er starb ohne männlichen Erben – verwickelte Schlesien erneut in böhmische Thronstreitigkeiten. Gegen Sigismunds Schwiegersohn Herzog Albrecht V. von Österreich trat nun der von einer einflußreichen Adelsgruppe gestützte König Władysław III. von Polen auf, der mit der böhmischen Königskrone zugleich das Ziel verfolgte, Schlesien zurückzugewinnen und die Jagiellonenherrschaft auf Ungarn auszuweiten. Tatsächlich wurde dessen jüngerer Bruder Kasimir 1438 zum König von Böhmen gewählt, doch unterlag er wenig später Albrecht, der damit erstmals die drei Länderkomplexe Österreich, Böhmen und Ungarn in einer Hand vereinigte. Erst vier Monate nach dem Tode Albrechts 1439 gebar dessen Witwe mit Ladislaus Posthumus einen Thronfolger, dessen Erbrecht jedoch nur in den Nebenländern Mähren, Schlesien und den Lausitzen anerkannt wurde. In Böhmen zeichnete sich während der dreizehnjährigen Thronvakanz nach 1440 der langsame Aufstieg Georgs von Podiebrad, des einflußreichsten Beraters des 1453 im Prager St. Veitsdom zum König von Böhmen gekrönten Ladislaus Posthumus, ab, der diesem fünf Jahre später selbst auf den Thron folgte.
Gegen den »Hussitenkönig«, der schon als Gubernator Böhmens die in den vergangenen Jahrzehnten gelockerten Bindungen der Nebenländer an die Krone gefestigt hatte und nun seine Söhne mit Münsterberg und Troppau belehnte, regte sich in Schlesien massiver Widerstand. Während einzelne Herzöge in Oberschlesien, wo der Hussitismus durchaus Widerhall gefunden hatte, mit dem utraquistischen Georg von Podiebrad sympathisierten, lehnten Bischof und Kapitel von Breslau, die Erbfürstentümer Breslau und Schweidnitz-Jauer, die Herzöge von Oels, Glogau und Liegnitz das böhmische Wahlkönigtum ab und forderten einen »rechtgläubigen« König. Als sich der schlesische Bund bereits ein Jahr später auflöste, hielt nur das unterdessen isolierte Breslau den Widerstand aufrecht. Als einziges Territorium verweigerte die Hauptstadt den Lehenseid. In bemerkenswertem Ausmaß setzte Breslau seine Interessenpolitik gegen Georg von Podiebrad in den kommenden Jahren fort, so wie es schon während der Hussitenkriege einmal das Zentrum des schlesischen Abwehrkampfes gewesen war[40].
Auch innerhalb Böhmens wurde allmählich eine Abfallbewegung von Georg von Podiebrad unübersehbar, die sich zu einem neuen Machtkampf zwischen dem Hussitenkönig und dessen ungarischem Gegner, Matthias Corvinus, entwickelte. Während Matthias, der den größten Teil Mährens und Schlesiens unter seine Kontrolle gebracht hatte, in Olmütz Anfang Mai 1469 zum böhmischen König gewählt wurde, bestätigte ein böhmischer Landtag den Jagiellonen Wladislaw als Nachfolger Georgs. Da sich keine der beiden Parteien militärisch durchzusetzen vermochte, einigte man sich im Juli 1479 auf einen politischen Kompromiß. Im Frieden von Olmütz, der die bisherige Doppelherrschaft in der Böhmischen

Krone nun auch formal legalisierte, wurden dem Ungarnkönig die böhmischen Nebenländer Mähren, Schlesien und beide Lausitzen zugesprochen[41]. Obwohl damit zunächst eine getrennte politische Entwicklung einsetzte, hielten Wladislaw und Matthias, die beide den Titel »König von Böhmen« annahmen, doch an der Einheit der Böhmischen Krone fest.
Mit der Herrschaft von Matthias Corvinus in der Zeit von 1469 bis 1490 setzte in Schlesien eine politische Konzentration ein, die zu einer ersten Gesamtverfassung der Einzelterritorien führte. Anders als in Mähren und selbst in den Lausitzen konnte der Ungarnkönig im weniger gefestigten Schlesien nahezu ungehindert seine ganze Autorität dazu nutzen, den neuen Einflußbereich zu vereinheitlichen und eine effektive Landesverwaltung aufzubauen. Nach gut zwei Jahrzehnten hatte Matthias große Teile des Landes unmittelbar unter seine Herrschaft gebracht oder loyalen Anhängern übertragen.
Die gemeinsame Regierung über die Nebenländer der Böhmischen Krone stärkte zugleich deren Zusammenhalt untereinander. Anfang Juni 1490, wenige Monate nach dem Tode von Matthias, waren die Stände Mährens und Schlesiens übereingekommen, »das alle inwoner yczt des benannten marcgraffthumbs zu Merhern und der genannten furstenthumer in der Slezie eintrechtiglich stehen sollen beym offnehmen eines hern kunigs der lande«[42]. Der Verlust an Gewicht und Prestige nach außen setzte sich allerdings unter den beiden Jagiellonenkönigen, Wladislaw und Ludwig II., fort. Erst mit den Habsburgern begann 1526 erneut eine starke Königsherrschaft, die für das Schicksal Schlesiens in den kommenden zwei Jahrhunderten von entscheidender Bedeutung werden sollte.

f) Das Schwanken zwischen Landesbewußtsein und Regionalismus

In seiner inneren Entwicklung war das Jahrhundert zwischen Hussitenkriegen und Beginn der Habsburgerherrschaft in Schlesien von einem schleichenden Machtverlust und von zahlreichen Rivalitäten einzelner Landesfürsten untereinander gekennzeichnet. Zu dem Besiedlungsrückgang und den wirtschaftlichen Einbußen während der wechselvollen politischen Entwicklung kamen empfindliche Gebietsverluste, die auf die Kurzsichtigkeit einzelner Fürstenhäuser, aber auch auf die kaum noch zu überschauende Vernetzung dynastischer Interessen zurückzuführen sind. Von den ostoberschlesischen Randgebieten, die im 12. Jahrhundert durch Schenkung an Schlesien gelangt waren, wurden Auschwitz und Zator an den polnischen König verkauft. 1442 fiel Sewerien an den Bischof von Krakau. Im Nordwesten wurde Crossen mit Bobersberg, Züllichau und Sommerfeld an Brandenburg abgetreten, wodurch das Weichbild Schwiebus zu einer schlesischen Exklave in brandenburgischer Umgebung wurde. Zumindest zeitweise drohte auch die vollständige Entfremdung des Herzogtums Sagan, das 1472 an die sächsischen Wettiner veräußert wurde. Die Jahrzehnte nach 1420 waren eine Zeit des Niedergangs der Piasten: In Münsterberg erlosch deren Linie 1428 mit Herzog Johannes; in Oels, Liegnitz, Glogau und Teschen kam es ebenfalls zu dynastischen Krisen; bei den Piasten in Teschen-Auschwitz und den Přemysliden in Troppau und Ratibor erwies sich dagegen die hohe Zahl der Familienmitglieder als nachteilig, da nun zähe Verteilungskämpfe um die vergleichsweise kleinen Besitztümer auftraten.
Die oberschlesischen Territorien, die sich Anfang des 14. Jahrhunderts als erste in böhmische Lehensabhängigkeit begeben hatten, wahrten auch später ihre Sonderstellung innerhalb Gesamtschlesiens. Im Gegensatz zu Niederschlesien fanden sich in diesem Gebiet, das kirchenrechtlich zum Teil dem Bischof von Krakau bzw. dem Bischof von Olmütz unterstand, vielerorts an Böhmen und Mähren angelehnte Rechtsgewohnheiten[43]. Dies zeigte sich insbesondere bei einer Reihe von Landesordnungen, die – ebenso wie

amtliche Schriftwechsel mit der Böhmischen Kanzlei in Prag – in tschechischer Sprache abgefaßt wurden und damit für die polnisch sprechende Bevölkerung noch gut verständlich waren[44].
Die kirchenpolitisch, gesellschaftlich und rechtlich engen Wechselbeziehungen Oberschlesiens mit dem polnischen und mährischen Nachbarn wurden auch in der Bevölkerungszusammensetzung deutlich. War Niederschlesien am Ende des 15. Jahrhunderts – mit Ausnahme kleinerer Sprachinseln sowie einzelner Gebiete im Nordwesten und in der altbesiedelten mittelschlesischen Ackerebene – weitgehend deutsch, so sahen die Verhältnisse in Oberschlesien völlig anders aus. Bis auf Troppau, Katscher, Bielitz und die in geschlossenem deutschen Sprachgebiet liegenden Städte sowie einzelne Dörfer um Cosel, Kreuzburg, Gleiwitz, Sohrau und Teschen waren nahezu alle deutschen Siedlungen slawisiert[45]. Für den östlichen Teil Oberschlesiens prägte der aus Brieg stammende Humanist und Topograph Barthel Stein den bis in das 18. Jahrhundert hinein verbreiteten Begriff »Polonica Silesia«. Steins 1512 handschriftlich verfaßte »Descripcio tocius Silesie et civitatis regie Vratislaviensis«, in der er die Grenzen des polnischen und des deutschen Schlesiens abzustecken versuchte, war der früheste Gesamtentwurf einer Geschichte des Oderlands; in gedruckter Form wurde eine solche Darstellung erstmals 1571 durch den Glogauer Stadtphysikus Joachim Cureus unter dem Titel »Gentis Silesiae Annales« vorgelegt[46].
Durch die sprachliche und ethnische Vermischung der verschiedenen Bevölkerungsteile entstand eine besondere oberschlesische Mischgruppe, die deutsche und polnische Sprach- und Kulturformen miteinander verband. Hatte Oberschlesien noch im 14. Jahrhundert eine Niederschlesien vergleichbare Entwicklung genommen, so setzte ein Jahrhundert später eine Wende ein. Anders als im Westen Schlesiens hatten bis 1500 sämtliche nicht zum deutschen Sprachgebiet gehörenden Städte Oberschlesiens – mit wenigen Ausnahmen – ihre deutsche Bevölkerungsmehrheit verloren. Die Slawisierung erklärt sich weniger durch fremde Zuwanderung als vielmehr durch den Sprachenwechsel der Altansässigen. Dieser vollzog sich besonders rasch bei dem politisch führenden Stand des Adels und wurde durch Heiraten und gemeinsame Neukolonisationen vertieft.
Nur größere Städte wie Oppeln, Ratibor, Oberglogau und Teschen sowie mittlere Städte wie Gleiwitz, Beuthen, Pleß, Zülz und Falkenberg bewahrten vor allem unter der städtischen Führungsschicht stärkere deutsche Minderheiten. Überhaupt kann der Sprachenwechsel in den Städten am deutlichsten beobachtet werden. Ähnlich wie in Oppeln und Kreuzburg zeigte sich auch in Beuthen, das Anfang des 15. Jahrhunderts noch eine weitgehend deutsche Stadt war, gegen Ende des Jahrhunderts ein starkes Absinken des deutschen Anteils[47]. Durch die Slawisierung der Deutschen wurde in Oppeln die polnische, in Troppau und Jägerndorf die mährisch-tschechische Sprache begünstigt. Mit den Bevölkerungsgruppen begannen sich auch alte deutsche und neue polnische Familiennamen zu mischen. Eine volle sprachliche Gemeinschaft mit den Polen entstand jedoch unter den

Tabelle 1: Die ethnische Zusammensetzung der Bevölkerung im oberschlesischen Beuthen (1315–1500)[49]:

Zeit	zusammen	unbestimmbar	bestimmbar	deutsch	polnisch	% deutsch
1315–1350	23	7	16	16	–	100
1351–1400	41	18	23	18	5	78
1401–1450	58	19	39	27	12	69
1451–1500	62	26	36	19	17	53

Oberschlesiern, die als Mischgruppe ein eigenständiges Zusammengehörigkeitsgefühl entwickelt hatten, nicht. Für die oberschlesische Mundart ist vermutlich durch die zahlreichen oderabwärts fahrenden Flößer im 17. Jahrhundert die Bezeichnung wasserpolnisch (»aquatico-polonicum«) überliefert worden[48].
Die innere Gestalt Schlesiens wich auch nach den Inkorporationen Karls IV., die ältere historische Strukturen unberührt gelassen hatten, deutlich von der der anderen böhmischen Kronländer ab. Wichtiger als die zentrale Ebene war in Schlesien die mittlere der einzelnen Fürstentümer. Nur langsam fanden diese über Landfrieden und Fürsteneinungen zu einer gemeinsamen politischen Linie. Eine Reihe von Erbteilungen hatte immer kleinere Territorien entstehen lassen, die das Zusammengehörigkeitsgefühl und das politische Gewicht des Herzogtums schwächten. Gleichzeitig gefährdeten sie seine innere Unabhängigkeit. Erst im Laufe des 15. Jahrhunderts, als sich die oberschlesischen Piasten ebenfalls »in Slesien herczoge« nannten, deutete sich allmählich ein einheitliches Landesbewußtsein an. Dennoch zieht sich ein ausgeprägter Regionalismus, der unter den schlesischen Fürsten und Ständen wichtige Kräfte band, wie ein roter Faden durch die frühneuzeitliche Geschichte. Immerhin stärkten die Abwehrmaßnahmen gegen die Hussiten das Gefühl für die Gemeinsamkeit der schlesischen Interessen. Dies kam besonders in Bündnissen und überregionalen Einrichtungen zum Ausdruck[50]. Im April 1422 ernannte König Sigismund mit dem Breslauer Bischof Konrad von Oels einen Oberlandeshauptmann für Nieder- und Oberschlesien, und Mitte Februar 1427 entstand mit der Einung der Fürsten und Stände zu Strehlen erstmals eine ganz Schlesien umfassende politische und militärische Organisation.

DOKUMENT 3: Die Strehlener Einung vom 14. Februar 1427[51]:

»Wir hernoch geschreben etc. bekennen in disem unsirm brive allen den, die In sehen, horen adir lezen, das wir uns mit eyntrechtigem rote unser eldisten und rethe dem almechtigen gote czu lobe, der christenheit und dem heiligen cristen glawben czu sterkunge und troste unsirm gnedigen hern dem romischen etc. konige czu eren und unsirn landen und lewten czu fromen, nucz und bestin voreynet, vorwillet und vorbunden haben, voreynen, vorwillen und vorbinden in craft dis brifes uff czehen gancze jar, di sich von data dis brifes ane mittel nochenandir irfolgen werden, unschedlichen und usgenomen unsirn gnedigen herrn den romischen etc. konig vorgenanten mit den ediln strengen erbern und weizen manschaften der lande und stete der ffurstenthumer Sweidnicz und Jawer, Bresslaw, Namsla und Newmargt, das wir eynandir getrewlich helfen, roten und beysteen wollen und sullen myt unsir ganczen macht wider di boessen snoden undit und ketczer und dorczu wider alle geweldige hant, also ap uns ymand mit gewalt und mit macht vorgeweldigen und vorunrechten, angreifen adir dryngen wolde uber unser vorwillunge, dowider süllen wir sein eyntrechticlich und eynandir helfen mit leibe und mit gute und ganczer macht, auch ap ymand under uns, der mit uns in dem bunde stunde, vor ymande vergeweldiget adir vorunrecht würde von anheben des bundes bis czum ende und her den bund anrüffin würde, gleich vor yn czu bieten, vor den sullen wir gleich bieten, wer denne eyn sulchs vorslüge von ym und ausginge, und nicht welde gleich noch recht nemen noch tun noch des bundes dirkenthnisse, wider den sullen wir alle sein und helfen, und dem, der ym an des bundes dirkentnisse wil losen genugen, dem selben sullen und wellen seynes gleichen und rechten helfen wir alle mittenandir mit dreyhundirt pherden uff unser eygene koste, czerunge und schaden.
Were is denne, das her grösir macht und hulfe bedorfen würde, di sal man im tun noch des bundes dirkenthnise aber uff unsir eigene koste, czerunge und schaden, und czu sulchem dirkenthnisse und czu andirn sachen, die den bund antreffen wurden, haben wir ffürsten czwene us uns gegeben und gekoren, die vorgenanten unsirn hern den bisschoff czu Bressla und herczog Ludwigen czum Brige, und wenne die czwene ffürsten di vorgenanten land und stete Sweidnicz, Jauwer, Bressla von sulcher sachen wegen besenten, so sullin yn di von der Sweidnicz und Jawir czwene, und dy Bressler mit den iren auch czwene von mannen und steten senden, di sullen denne gancze macht haben mit den ffürsten czu

dirkennen noch des bundes ausweizunge, wurden denne di czwene ffürsten mit den viren von den mannen und steten czu rote, das manne adir ffursten mer und auch mer von den mannen und steten bedürften czu sulchen sachen und dirkenthnisse und denne hiczu di ffürsten und dy lande besenten, so sullen di ffursten, di man also besenden würde, unvorczogenlich und an alle widerrede komen, wo man yn hin bescheiden würde an eyne gelegene stat, und di von der Sweidnicz und Jawir sullen czu den czweyen, die si vor gesant haben, noch vire und di Bresslawer mit den iren auch noch vire senden an alle widerrede, was denne di ffursten mit denselben also dirkennen, undirweizen und aussprechen würden, doran sullen in sulche teil lasin genugen und das stete und gancz halden und volfuren an allis wedirsprechin; auch was sachen an den bund komen würden, den mit sulchen sachin sal man vorbescheiden in eynem monden, und dornoch noch schulde und noch antwert sal man des eynen ussproch tun in dreyen monden, auch sal einer den andern vor den bund nicht heischen noch vorclagen, ym konne denne vor seyme erphern in den gerichten, do her inne siczt, nicht recht widerfaren, auch sullin wir egenanten ffürsten 5 hundirt pherde an die grenicze legen, drey hundirt an di grenicze an der Sweidniczer land, und di Bresslawer ffumfczig und czwey hundirt an di grenicz an herczog Przemken land, adir wo is not sein würde noch der ffursten und der gekorn dirkenthnise.
Auch wurde undir uns yma[n]de, der in dem bunde stet, czweitrechtik umb schelunge und bröche, welchirley di weren, di si undereynandir hetten, der czweytracht und schelunge sullen si bey dem bunde bleiben und eyner dem andirn gleich tun noch des bundes dirkenthnise und ausweizunge, als oben geschrieben stet. Auch do got noch lange vor sey, ab der vorgenante unsir gnediger herre der koenig von todis wegen abeginge und uns denne ymand vorgeweldigen und vorunrechtin welde, so haben wir uns des gancz voreynet, vorwillet, vorleibet und vorbunden, das wir wider den sein wollen, und sullen under eynandir getrewlichen helfen, roten und beysteen eyntrechticlich mit ganczer macht, und globen des bey treuwen und eren, disen bund stete, gancz und festiclich und unvorbruchlich czu halden und von eynandir nicht czu treten, so lange bis das wir mittenandir und eyn iczlicher besunder bey seynen gnadungen, rechten und freiheiten bleiben, als di von aldirs gewest sein und eyn yderman gehabt hot und begnadit ist, und tun, ab got wil, doran wir recht tun. Alle und igliche hirinne geschrebene stucke, punck und artikel globen wir alle mittenandir und eyn iczlicher besunder bey unsirn guten trewen und eren feste, stete, gancz, unvorbrüchlich und unvorserlich czu halden und czu folfüren, und des czu stete haldunge haben wir unser iczlichen seyn ingesegil mit gutem willen und rechtir wissen an disen briff losen hengen. Geben czu Strelen in die sancti Valentini anno etc. XXVII$^{mo.}$.«

g) Die Grundlagen des schlesischen Ständestaates

Einschneidende Änderungen in der inneren Struktur Schlesiens vollzogen sich unter der Herrschaft von Matthias Corvinus in der zweiten Hälfte des 15. Jahrhunderts. Seine straffe Landesverwaltung veränderte nachhaltig das Bild des mittelalterlichen, zersplitterten Schlesien. Seine Integrationspolitik wurde durch das Erlöschen der piastischen Linien in Oels, Glogau, Sagan, Teschen-Auschwitz und der Přemysliden in Troppau, Jägerndorf und Ratibor sehr begünstigt. Anders als bisher wurden die Beschlüsse der gesamtschlesischen Ständeversammlungen für alle Einzelterritorien bindend. Statt der zuvor spontanen Zusammenkünfte traten die Stände nun regelmäßig jedes Jahr, gelegentlich sogar mehrmals im Jahr, zusammen. Es gelang Matthias, die politische Selbständigkeit der Fürsten Zug um Zug zurückzudrängen. Den Versammlungen stand künftig ein königlicher Vertreter vor, der die Interessen des Landesherrn mit Nachdruck zur Sprache brachte. Für diese Aufgabe wurde ein Oberlandeshauptmann berufen, dem die Landeshauptleute Nieder- und Oberschlesiens sowie die Hauptleute der Erbfürstentümer unterstanden. Der Oberlandeshauptmann und der Fürstentag, die das innere Zusammenwachsen und die äußere Interessenvertretung des Landes förderten, wurden zu den tragenden Säulen des schlesischen Ständestaates[52].
Der Fürstentag, der später in habsburgischer Zeit meist nach Breslau einberufen wurde, setzte sich aus drei Kurien zusammen: der Fürsten-, der Rittertums- und der Städtekurie. In der ersten Kurie saßen die Fürsten, die jeweils eine Virilstimme besaßen, sowie seit der

Wende zum 16. Jahrhundert die freien Standesherren. In der zweiten Kurie folgte der Adel aus den Erbfürstentümern, während die Städte der unmittelbar der Böhmischen Krone unterstehenden Territorien in der dritten Kurie vereint waren. Eine besondere Rolle nahm die um 1500 etwa 20000 Einwohner zählende Stadt Breslau ein, die die Landeshauptmannschaft im gleichnamigen Fürstentum innehatte. Sie stieß im ersten Viertel des 16. Jahrhunderts zur zweiten Kurie und gewann damit an politischem Gewicht. Die Prälaten besaßen mit Ausnahme des Bischofs von Breslau, der seinen Platz als Landesherr von Neisse-Grottkau in der Fürstenkurie einnahm, keine Standschaft in dieser gesamtschlesischen Institution[53]. Der nur etwa 40 Teilnehmer umfassende Fürstentag tat sich jedoch schwer, eine feste Form zu gewinnen, da sich durch das Erlöschen von Dynastien, Verkauf oder Vergabe von Herrschaften die Vertretung dieser Territorien und damit ihre Zugehörigkeit zu einer der drei Kurien immer wieder ändern mußte.

In den einzelnen Mediat- und Erbfürstentümern sowie in den Standesherrschaften bestanden mehrere historisch gewachsene Institutionen unverändert fort, die den Ständen näherlagen und in denen sie darüber hinaus stärker repräsentiert waren. Das 1254 entstandene Fürstentum Glogau etwa, das sich der wechselvollen Landesgeschichte wegen erst um die Wende zum 16. Jahrhundert territorial zu festigen vermochte, kannte Weichbildtage, Städtetage, Landtage, Landesältestenzusammenkünfte und ein Landeskollegium. Unter den Ständen des Fürstentums, das seiner Größe und Einwohnerzahl nach hinter Oppeln-Ratibor und Schweidnitz-Jauer den dritten Platz einnahm, fanden sich nebeneinander Adel, Städte und Geistlichkeit. Keine der Ständeversammlungen, auf denen die Korporationen auch einzeln auftraten, verdrängte die jeweils anderen Zusammenkünfte[54]. Diese Tatsache macht deutlich, warum der mittleren Fürstentumsebene ein so bedeutendes Gewicht zukam und warum die Möglichkeiten einer gesamtschlesischen Politik auch nach 1500 begrenzt blieben.

Eine geschriebene Landesverfassung besaßen die schlesischen Territorien im Gegensatz zu Böhmen und Mähren nicht, doch hatten Fürsten und Stände 1498 von König Wladislaw ein für ihr Selbstbewußtsein wichtiges Privileg erlangen können. Neben den ständischen Freiheiten wurden dort vor allem die Oberlandeshauptmannschaft sowie ein zentrales Ober- oder Fürstenrecht als dauerhafte Institutionen bestätigt. Der König versicherte, den schlesischen Landen »kainen anndern obristen hawbtmann nicht setzen noch geben [zu] wellen denn aleyne einen aus unnsern Slesischen fursten«[55]. Mit diesem sogenannten Großen Landesprivileg von 1498 verbanden sich im 16. und 17. Jahrhundert immer wieder verbissene Reibereien zwischen Schlesiern und Böhmen.

Schlesien war seit der Inkorporation seiner einzelnen Fürstentümer in die Krone Böhmen unter der Herrschaft Karls IV. rechtlich mittelbar, d. h. über das unmittelbare Reichslehen Böhmen, mit dem römisch-deutschen Reich verbunden[56]. Unabhängig von dieser rechtlich lockeren Beziehung, die erst mit der Annexion Schlesiens durch Preußen ein Ende fand, bestanden enge Beziehungen zwischen einzelnen schlesischen Herzögen und Fürstenhäusern im Reich. Die wichtigste Rolle innerhalb dieser dynastischen Verflechtungen kam im gesamten Zeitraum zwischen dem 15. und 17. Jahrhundert den brandenburgischen und den fränkischen Hohenzollern zu, die ihrerseits nahe mit Sachsen, Anhalt und den pfälzischen Fürstenhäusern verwandt waren. Besonders die Hohenzollernfürsten strebten danach, durch gezielte Familienverbindungen schlesische Gebiete unter ihren Einfluß zu bringen. Am Ende der Jagiellonenherrschaft konnten drei reichsfürstliche Familien in Schlesien Besitztümer vorweisen: die brandenburgischen Hohenzollern das Fürstentum Crossen, die fränkischen Hohenzollern das Fürstentum Jägerndorf und die sächsischen Wettiner das Fürstentum Sagan.

Seit der Reformation wurden diese Verbindungen von seiten schlesischer Herzöge vor

allem aus konfessionellen Motiven verstärkt. In dieser Zeit waren es besonders die Piastenherzöge von Liegnitz, Brieg und Wohlau, die die Reichsstandschaft anstrebten. Sie wollten über ihre Beziehungen zu reichsfürstlichen protestantischen Familien nicht nur ihre politische Handlungsfreiheit erweitern, sondern auch auf religiösem Feld Rückhalt gegen die katholischen Habsburger gewinnen. Derartige dynastische Verbindungen versprachen zugleich einen beachtlichen Prestigegewinn gegenüber dem selbstbewußten böhmischen Herrenadel, der formalrechtlich nach der ältesten böhmischen Herrenstandsordnung vom Jahre 1501 dem schlesischen Fürstenstand untergeordnet war[57].
Deutlich abgeschwächter war dieses reichsfürstliche Selbstverständnis, das erst nach dem Ende des Dreißigjährigen Krieges voll zum Tragen kam, bei den Oppelner und Teschener Piasten sowie bei den schlesischen Podiebrad. Einzig diese Nachkommen aus der einstigen Königsfamilie Georgs von Podiebrad, die seit Mitte des 15. Jahrhunderts in Münsterberg und Oels regierten, erlangten unter den schlesischen Ständen den Reichsfürstentitel. Sitz und Stimme auf den Reichstagen besaßen aber auch sie ebensowenig wie andere schlesische Fürsten. In ihrer politischen Ausrichtung unterschieden sich diese Territorien damit deutlich von den Erbfürstentümern Breslau, Schweidnitz-Jauer, Troppau und Glogau, die im Jahre 1526 bei der Herrschaftsübernahme der Habsburger unmittelbar der Böhmischen Krone unterstanden.

Anmerkungen

1 Konrad Jażdżewski, Stosunki etniczne na Śląsku w I tysiącleciu przed n. E. i w I tysiącleciu n. E., Katowice 1960 (= Śląski Instytut Naukowy. Biblioteczka wiedzy o Śląsku. Seria archeologiczna, Bd. 2), S. 5–32.

2 Otto Kleemann, Die Anfänge der Geschichte Schlesiens. Konzept einer landeskundlichen Vorgeschichte, Köln-Braunsfeld 1959 (= Osteuropa und der deutsche Osten, Bd. I/5), S. 13–28.

3 Bohumila Zástěrová, Les débuts de l'établissement définitif des Slaves en Europe Méridionale, in: Vznik a počátky Slovanů 6 (1966), S. 33–52; Ernst Schwarz, Das Vordringen der Slawen nach Westen, in: Südost-Forschungen 15 (1956), S. 86–108.

4 Wacław Korta, Spór o nazwę Śląska, in: Śląski Kwartalnik Historiczny Sobótka 41 (1986), S. 165–186; Stanisław Rospond, Ślęza i jej derywaty, in: Onomastica 1 (1955), S. 7–40; Max Vasmer, Der Name Schlesiens [1935/36], jetzt in: ders., Schriften zur slavischen Altertumskunde und Namenkunde, Bde. 1–2. Hrsg. v. Herbert Bräuer, Berlin 1971 (= Veröffentlichungen der Abteilung für Slavische Sprachen und Literaturen des Osteuropa-Instituts an der Freien Universität Berlin, Bd. 38), hier Bd. 2, S. 617–630.

5 Bohuslav Horák/Dušan Trávníček, Descriptio civitatum ad septentrionalem plagam Danubii (t. zv. Bavorský geograf), Praha 1956 (= Rozpravy Československé akademie věd. Řada společesnkých věd, Bd. 66/2).

6 Jiří Sláma, K česko-polským stykům v 10. a 11. století, in: Vznik a počátky Slovanů 4 (1963), S. 221–269.

7 Piotr Bogdanowicz, Przynależność polityczna Śląska w X wieku. Dzieje problemu oraz próba jego rozwiązania, Wrocław/Warszawa/Kraków 1968 (= Monografie Śląskie Ossolineum, Bd. 15); kritisch dazu Andrzej Feliks Grabski, Wyprawa Bolesława II na Polskę (990) a przynależność polityczna Śląska w X wieku. W związku k książką Piotra Bogdanowicza, in: Śląski Kwartalnik Historyczny Sobótka 24 (1969), S. 419–435.

8 Barbara Krzemieńska, Boj knížete Břetislava I. o upevnění českého státu (1039–1041), Praha 1979 (= Rozpravy Československé akademie věd. Řada společenských věd, Bd. 89/5).

9 Tadeusz Grudziński, The Beginnings of Feudal Disintegration in Poland, in: Acta Poloniae Historica 30 (1974), S. 5–31.

10 Georg Jaeckel, Die schlesischen Piasten (1138–1675). Ein Fürstenhaus zwischen West und Ost, in: Jahrbuch für Schlesische Kirchengeschichte N. F. 65 (1986), S. 54–83.

11 Wahlstatt 1241. Beiträge zur Mongolenschlacht bei Liegnitz und zu ihren Nachwirkungen. Hrsg. v. Ulrich Schmilewski, Würzburg 1991 (= Beiträge zur Liegnitzer Geschichte, Bd. 21).

12 Winfried Irgang, Der Beginn der staatlichen Zersplitterung Schlesiens (1248–1251), in: Schlesien 20 (1975), S. 139–146.

13 Josef Joachim Menzel, Schlesiens Trennung von Polen und Anschluß an Böhmen im Mittelalter, in: Zeitschrift für Ostforschung 27 (1978), S. 262–274.

14 Joseph Gottschalk, Anna von Schweidnitz, die einzige Schlesierin mit der Kaiserinnenkrone, in: Jahrbuch der Schlesischen Friedrich-Wilhelms-Universität zu Breslau 17 (1972), S. 25–42.

15 Josef Joachim Menzel, Der Vertrag von Trentschin aus dem Jahre 1335 und seine epochale Bedeutung für die Geschichte Schlesiens, in: Für unser Schlesien. Festschrift für Herbert Hupka. Hrsg. v. Helmut Neubach u. Hans-Ludwig Abmeier, München 1985, S. 225–239.

16 Menzel, Der Vertrag von Trentschin (wie Anm. 15), S. 237–239.

17 Horst Glassl, Ungarn im Mächtedreieck Ostmitteleuropas und der Kampf um das Zwischenland Schlesien, in: Ungarn-Jahrbuch 5 (1973), S. 16–49.

18 Joachim Prochno, Terra Bohemiae, Regnum Bohemiae, Corona Bohemiae [1945], jetzt in: Corona Regni. Studien über die Krone als Symbol des Staates im späteren Mittelalter. Hrsg. v. Manfred Hellmann, Darmstadt 1961 (= Wege der Forschung, Bd. 3), S. 198–224.

19 František Čáda, Právní začlenění Slezska do zemí českých, in: Slezsko, český stát a česká kultura, Opava 1946 (= Slezská knihovna, Bd. 1), S. 65–74.

20 Peter Moraw, Schlesien und die mittelalterlichen Universitäten in Prag, in: Jahrbuch der Schlesischen Friedrich-Wilhelms-Universität zu Breslau 34 (1993), S. 55–72; Franz Machilek, Die Schlesier an der Universität Prag vor 1409. Ein Forschungsbericht, in: Archiv für schlesische Kirchengeschichte 32 (1974), S. 81–102.

21 Klaus Zernack, Die hochmittelalterliche Kolonisation in Ostmitteleuropa und ihre Stellung in der europäischen Geschichte, in: Die deutsche Ostsiedlung des Mittelalters als Problem der europäischen Geschichte. Hrsg. v. Walter Schlesinger, Sigmaringen 1975 (= Vorträge und Forschungen, Bd. 18), S. 783–804.

22 Jan M. Piskorski, Die deutsche Ostsiedlung des Mittelalters in der Entwicklung des östlichen Mitteleuropa. Zum Stand der Forschung aus polnischer Sicht, in: Jahrbuch für die Geschichte Mittel- und Ostdeutschlands 40 (1991), S. 27–84; Zdzisław Kaczmarczyk, German Colonization in Mediaeval Poland in the Light of the Historiography of Both Nations, in: Polish Western Affairs 11 (1970), S. 3–40; Stanisław Trawkowski, Zur Erforschung der deutschen Kolonisation auf polnischem Boden im 13. Jahrhundert, in: Acta Poloniae Historica 7 (1962), S. 79–95.

23 Charles Higounet, Die deutsche Ostsiedlung im Mittelalter, Berlin 1986, S. 169–188, 355 ff.; Heinrich Appelt, Die mittelalterliche deutsche Siedlung in Schlesien, in: Deutsche Ostsiedlung in Mittelalter und Neuzeit, Köln/Wien 1971 (= Studien zum Deutschtum im Osten, Bd. 8), S. 1–19.

24 Walter Kuhn, Der Löwenberger Hag und die Besiedlung der schlesischen Grenzwälder, in: ders., Beiträge zur schlesischen Siedlungsgeschichte, München 1971 (= Silesia, Bd. 8), S. 32–62.

25 Karol Maleczyński, Aus der Geschichte des schlesischen Bergbaus in der Epoche des Feudalismus, in: Beiträge zur Geschichte Schlesiens. Hrsg. v. Ewa Maleczyńska, Berlin (Ost) 1958, S. 236–283.

26 Walter Kuhn, Die Städtegründungspolitik der schlesischen Piasten im 13. Jahrhundert, vor allem gegenüber Kirche und Adel, in: Archiv für schlesische Kirchengeschichte 29 (1971), S. 32–67; 30 (1972), S. 33–69; 31 (1973), S. 1–35; 32 (1974), S. 1–20.

27 Josef Joachim Menzel, Die Entstehung der mittelalterlichen Städtelandschaft Schlesiens, in: Stadt und Landschaft im deutschen Osten und in Ostmitteleuropa. Hrsg. v. Friedhelm Berthold Kaiser u. Bernhard Stasiewski, Köln/Wien 1982 (= Studien zum Deutschtum im Osten, Bd. 17), S. 45–65.

28 Hugo Weczerka, Stadt- und Marktgründungen und Stadtabgänge in Schlesien 1450–1800, in: Zeitschrift für Ostforschung 23 (1974), S. 193–261.

29 Josef Joachim Menzel, Stadt und Land in der schlesischen Weichbildverfassung, in: Die mittelalterliche Städtebildung im südöstlichen Europa. Hrsg. v. Heinz Stoob, Köln/Wien 1977 (= Städteforschung. Veröffentlichungen des Instituts für vergleichende Städtegeschichte in Münster, Bd. A/4), S. 19–38.

30 Zur Verfassung Schlesiens im Mittelalter: Heinrich von Loesch, Beiträge zur schlesischen Rechts- und Verfassungsgeschichte, Konstanz/Stuttgart 1964 (= Schriften des Kopernikuskreises, Bd. 6), S. 99–170.

31 Rainer Krüger, Typologie des Waldhufendorfes nach Einzelformen und deren Verbreitungsmustern, Göttingen 1967 (= Göttinger geographische Abhandlungen, Bd. 42); Herbert Schlenger,

Formen ländlicher Siedlungen in Schlesien. Beiträge zur Morphologie der schlesischen Kulturlandschaft, Breslau 1930 (= Veröffentlichungen der Schlesischen Gesellschaft für Erdkunde und des Geographischen Instituts der Universität Breslau, Bd. 10).

32 Joseph Gottschalk, Die Bedeutung der Zisterzienser für die Ostsiedlung, besonders in Schlesien. Ein Literaturbericht, in: Zeitschrift für Ostforschung 15 (1966), S. 67–106.

33 Joseph Gottschalk, St. Hedwig, Herzogin von Schlesien, Köln/Graz 1964 (= Forschungen und Quellen zur Kirchen- und Kulturgeschichte Ostdeutschlands, Bd. 2), S. 271–315.

34 Urkunden und erzählende Quellen zur deutschen Ostsiedlung im Mittelalter, Bd. 2. Hrsg. v. Herbert Helbig u. Lorenz Weinrich, Darmstadt 1970 (= Ausgewählte Quellen zur deutschen Geschichte des Mittelalters. Freiherr vom Stein-Gedächtnisausgabe, Bd. 26b), Nr. 12, S. 92f.

35 Bernhard Panzram, Der Einfluß der deutschen Besiedlung auf die Entwicklung des schlesischen Pfarrsystems, in: Beiträge zur schlesischen Kirchengeschichte. Gedenkschrift für Kurt Engelbert. Hrsg. v. Bernhard Stasiewski, Köln/Wien 1969 (= Forschungen und Quellen zur Kirchen- und Kulturgeschichte Ostdeutschlands, Bd. 6), S. 1–35.

36 Kazimierz Dola, Wrocławska kapituła katedralna w XV wieku. Ustrój – skład osobowy – działalność, Lublin 1983 (= Katolicki Uniwersytet Lubelski. Rozprawa habilitacyjna. Wydział Teologiczny), S. 435f.

30 Liber fundationis episcopatus vratislaviensis. Hrsg. v. Hermann Markgraf u. Josef Wilhelm Schulte, Breslau 1889 (= Codex diplomaticus Silesiae, Bd. 14), S. 1–174.

38 Franz Machilek, Böhmen, Polen und die hussitische Revolution, in: Zeitschrift für Ostforschung 23 (1974), S. 401–430.

39 Heinrich Wendt, Der deutsche Reichstag unter König Sigmund bis zum Ende der Reichskriege gegen die Hussiten. 1410–1431, Breslau 1889 (= Untersuchungen zur deutschen Staats- und Rechtsgeschichte, Bd. 30).

40 Alfred A. Strnad, Die Breslauer Bürgerschaft und das Königtum Georg Poděbrads. Förderer und Freunde städtischer Politik an der päpstlichen Kurie, in: Zeitschrift für Ostforschung 14 (1965), S. 401–435, 601–640.

41 Ludwik Bazylow, Śląsk a Czechy w II poł. XV w., in: Śląski Kwartalnik Historyczny Sobótka 2 (1947), S. 110–140; Lehns- und Besitzurkunden Schlesiens und seiner einzelnen Fürstenthümer im Mittelalter, Bde. 1–2. Hrsg. v. Colmar Grünhagen u. Hermann Markgraf, Leipzig 1881–1883 (= Publicationen aus den k. preußischen Staatsarchiven, Bde. 7, 16), hier Bd. 1, Nr. 13, S. 21–29 (21. 1. 1479).

42 Lehns- und Besitzurkunden Schlesiens und seiner einzelnen Fürstenthümer (wie Anm. 41), Bd. 1, Nr. 22, S. 36–38 (4. 6. 1490).

43 Jan Kapras, Právo hornoslezské, in: Księga pamiątkowa ku czci Oswalda Balzera, Bd. 2. Hrsg. v. Władysław Abraham, Leon Piniński u. Przemysław Dąbkowski, Lwów 1925, S. 13–20; Alois Knop, Spisovná čeština ve Slezsku v XVI. století, Praha 1965 (= Spisy Pedagogické fakulty v Ostravě, Bd. 1); Alois Knop/Arnošt Lamprecht/Ladislav Pallas, Dějiny českého jazyka ve Slezsku a na Ostravsku, Ostrava 1967 (= Ostravsko, Bd. 3/I), S. 3–17.

44 Władysław Dziewulski, Rola języka czeskiego na polskich obszarach Górnego Śląska w XV–XVIII wieku i proces zastępowania go językiem polskim, in: Kwartalnik Opolski 20 (1974), S. 59–77.

45 Winfried Irgang, Oberschlesien im Mittelalter: Einführung in Raum und Zeit, in: Oberschlesien im späten Mittelalter. Eine Region im Spannungsfeld zwischen Polen, Böhmen-Mähren und dem Reich vom 13. bis zum Beginn des 16. Jahrhunderts. Hrsg. v. Thomas Wünsch, Berlin 1993 (= Tagungsreihe der Stiftung Haus Oberschlesien, Bd. 1), S. 11–32; Walter Kuhn, Geschichte Oberschlesiens im Mittelalter, in: Jahrbuch der Schlesischen Friedrich-Wilhelms-Universität zu Breslau 24 (1983), S. 1–50.

46 Westyna Gładkiewicz, Dziejopisarstwo śląskie okresu odrodzenia i wczesnego baroku, in: Dawna historiografia Śląska. Materiały sesji naukowej odbytej w Brzegu w dniach 26–27 listopada 1977 r. Hrsg. v. Krystyna Gajda, Opole 1980, S. 116–134, hier S. 122.

47 Walter Kuhn, Siedlungsgeschichte Oberschlesiens, Würzburg 1954 (= Veröffentlichung der Oberschlesischen Studienhilfe, Bd. 4), S. 145–152, 274–278.

48 Norbert Reiter, Die polnisch-deutschen Sprachbeziehungen in Oberschlesien, Wiesbaden 1960 (= Veröffentlichungen der Abteilung für slavische Sprachen und Literaturen des Osteuropa-Instituts an der Freien Universität Berlin, Bd. 23), S. 14–31.

49 Kuhn, Siedlungsgeschichte Oberschlesiens (wie Anm. 47), S. 147.

50 Colmar Grünhagen, Die Hussitenkämpfe der Schlesier 1420–1435, Breslau 1872, S. 280–292.

[51] Geschichtsquellen der Hussitenkriege. Hrsg. v. Colmar Grünhagen, Breslau 1871 (= Scriptores rerum Silesiacarum, Bd. 6), Nr. 72, S. 51–52.

[52] Felix Rachfahl, Die Organisation der Gesamtstaatsverwaltung Schlesiens vor dem dreißigjährigen Kriege, Leipzig 1894 (= Staats- und socialwissenschaftliche Forschungen, Bd. 13/1), S. 82–130.

[53] Norbert Conrads, Die schlesische Ständeverfassung im Umbruch – Vom altständischen Herzogtum zur preußischen Provinz, in: Ständetum und Staatsbildung in Brandenburg-Preussen. Hrsg. v. Peter Baumgart unter Mitarbeit v. Jürgen Schmädeke, Berlin/New York 1983 (= Veröffentlichungen der Historischen Kommission zu Berlin, Bd. 55: Forschungen zur preussischen Geschichte), S. 335–364, hier S. 335–341.

[54] Marian Ptak, Zgromadzenia i urzędy stanowe księstwa głogowskiego od początku XIV w. do 1742 r., Wrocław 1991 (= Serie uniwersytetu Wrocławskiego. Prawo, Bd. 210), S. 29–47.

[55] Lehns- und Besitzurkunden Schlesiens und seiner einzelnen Fürstenthümer (wie Anm. 41), Bd. 1, Nr. 29, S. 49–53, hier S. 50.

[56] Gernot von Grawert-May, Das staatsrechtliche Verhältnis Schlesiens zu Polen, Böhmen und dem Reich während des Mittelalters, Aalen 1971 (= Untersuchungen zur deutschen Staats- und Rechtsgeschichte, N. F. Bd. 15).

[57] Matthias Weber, Das Verhältnis Schlesiens zum Alten Reich in der Frühen Neuzeit, Köln/Weimar/Wien 1992 (= Neue Forschungen zur Schlesischen Geschichte, Bd. 1), S. 36–41, 89–105, 118–145.

3. Der Dualismus zwischen Ständeherrschaft und Königsmacht: Schlesien unter dem Hause Habsburg (1526–1740)

a) Monarchisierungsdruck und Einbindung in das Habsburgerreich

Unter der schwachen Herrschaft der Jagiellonen hatten sich die Bande der böhmischen Kronländer immer mehr gelockert. Die Wahl des Habsburgers Ferdinand I. auf den böhmischen Thron im Jahre 1526 erfolgte in der Absicht, das Gleichgewicht zwischen königlicher und ständischer Macht wiederherzustellen und die Auflösungstendenzen des Länderverbands einzudämmen. Das staatliche Argument einer starken Königsherrschaft ließ auch Herzog Friedrich II. von Liegnitz, Brieg und Wohlau, der wegen seiner Orientierung auf das römisch-deutsche Reich in den kommenden zwei Jahrzehnten wiederholt mit Ferdinand I. zusammenstoßen sollte, mit seiner eigenen Thronkandidatur scheitern. Besonders im territorial unübersichtlichen Schlesien fanden die Habsburger ein Gemenge lehens- und landesherrlicher Rechte vor, das ihnen nur begrenzte Einflußmöglichkeiten auf Finanzpolitik und Gesetzgebung bot. Die fehlende Rechtsangleichung unter den schlesischen Einzelterritorien erschwerte dabei das königliche Vorgehen. Die Durchsetzung der wirtschaftlichen und politischen Ansprüche des Königtums sowie das Zurückdrängen der Stände und besonders der Fürsten, die den Spielraum einer selbständigen Innen- und Außenpolitik besaßen, wurden kennzeichnend für das erste Jahrhundert der habsburgischen Schlesienpolitik[1].

Gegen die Eingriffe Ferdinands I., der die Mediatfürsten genau beaufsichtigte und ihnen Zug um Zug die freie Verfügungsgewalt über ihre Ländereien und Kammergüter nahm, setzten sich Fürsten und Stände meist erfolglos zur Wehr. Von »viel eingriff und schmellerung an unsern gemaynen und sonderlichen privilegionen« und »vorkleinerung des loblichen furstenstands«[2] war in ihren Beschwerdeschriften, den sogenannten Gravamina, immer öfter die Rede. Daneben waren die Habsburger bemüht, eine von den Ständen unabhängige landesherrliche Verwaltungsorganisation aufzubauen, die zwar auf dem Gebiet des Gerichtswesens weniger, doch im Hinblick auf die finanzrechtliche Neuordnung vollständig gelang. Über die von Ferdinand I. geschaffene Behördenorganisation vollzog sich nicht nur die Integration Schlesiens in den böhmischen Staat, sondern auch die der böhmischen Länder in die habsburgische Monarchie.

Im Jahre 1558 wurde für Schlesien eine eigene, de facto der Wiener Hofkammer unterstellte Kammer eingerichtet. Denn es erschien fraglich, ob der Bischof von Breslau, der politisch an die anderen schlesischen Fürsten gebunden war, tatsächlich die Finanzen in voller Unabhängigkeit zu verwalten vermochte. Die Prioritäten der Habsburger, die – anders als im Kernland Böhmen – in den Nebenländern der Krone die Religionspolitik eindeutig der

Konsolidierung ihres Königtums unterordneten, wurden auch bei der Besetzung der Schlesischen Kammer deutlich. Sogar Anhänger der verfolgten Schwenckfeldischen Lehre fanden hier eine Stellung[3]. Die oberste königliche Gerichtsbarkeit kam in dem 1548 auf dem Prager Schloß eingerichteten Appellationsgericht zum Ausdruck. Dieses erstreckte sich zwar formalrechtlich nur über die Stadtgerichte, doch wurde mehrfach versucht, dem königlichen Gericht auch das schlesische Ober- oder Fürstenrecht unterzuordnen.

Das konsequent umgesetzte Regierungsprogramm der Habsburger zwang die Stände, sich ganz auf die Landespolitik zu konzentrieren. Sie wichen damit in die engräumigen Regionen aus, wo ihnen die Autorität von Landrecht und Landesordnung einen ungleich stärkeren Rückhalt bot als bei der gesamtstaatlichen Politik. Bis 1600 entwickelten die böhmischen Kronländer, die untereinander über die Person des Herrschers hinaus nur durch den Generallandtag und die Böhmische Kanzlei verbunden waren, nur begrenzt eine Interessengemeinschaft. Dies hing auch damit zusammen, daß sich der Führungsanspruch der böhmischen Stände zum Teil kaum vom Monarchisierungsdruck der Landesherrschaft unterschied. In Schlesien blieben darüber hinaus ältere Partikularismen übermächtig, die eine klare Linie des Fürstentags nahezu unmöglich machten.

Im März 1542 berichtete der böhmische Oberstkanzler, Heinrich IV. d. Ä. von Plauen, von

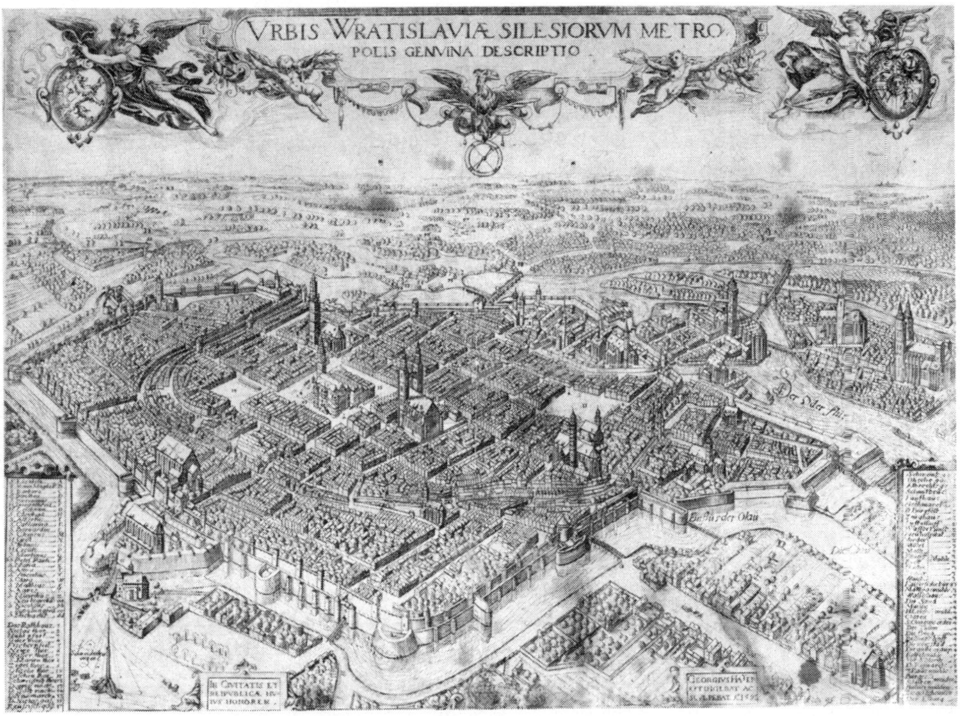

Abb. 11: Die von Georg Hayer (1559–1614) im Jahre 1591 entworfene Breslauer Stadtansicht zeigt die »Metropolis Silesiorum«, deren Befestigungsanlagen im 16. Jahrhundert erweitert und durch Bastionen im neuen italienischen Stil modernisiert worden waren, von Südosten aus. Der Rat hatte die Arbeit in Auftrag gegeben, um damit Selbstbewußtsein, Reichtum und Führungsrolle der schlesischen Hauptstadt zu betonen. Unterstützt wurde Hayer durch den aus Böhmen stammenden Stadtbaumeister Friedrich Groß, der bereits 1578 einen detaillierten Stadtplan Breslaus angefertigt hatte.

einer erneuten Klage der schlesischen Stände, nach der sich das Fürstentum Schweidnitz-Jauer nun gänzlich von ihnen getrennt und zum Königreich Böhmen geschlagen habe. Ein 1567 eigens nach Troppau einberufener Fürstentag forderte mit Nachdruck vom König, daß er die Distanzierungspolitik des Troppauer Adels unterbinde, der sich nicht nach Mähren zu wenden, sondern alle Lasten und Verpflichtungen in Schlesien mitzutragen habe[4]. Andere Konflikte entstanden im Rahmen der Landesdefension, da in Schlesien noch Reste der älteren Lehensordnung bestanden, die eine rasche Mobilisierung erschweren mußten. Resigniert schrieb der Bischof von Breslau 1593 in seiner Funktion als Oberlandeshauptmann dem König von seinen fruchtlosen Verhandlungen mit den Herzögen von Münsterberg-Oels und Liegnitz-Brieg-Wohlau, die sich zusammen mit den Ständen der Fürstentümer Sagan und Oppeln sowie denen des Weichbilds Frankenstein sogar einer gemeinsamen innerschlesischen Defension entgegenstellten[5].

Der hohen Eigenständigkeit Schlesiens und der anderen Kronländer in allen Bereichen der Gesetzgebung, Verwaltung und Rechtsprechung stand ein auffallender Mangel an gemeinsamen Organen für den böhmischen Staat entgegen. Umfassende Kompetenzen über alle Kronländer gewann außer der Böhmischen Kanzlei später nur noch das Prager Appellationsgericht. Eine tschechische und eine deutsche Expeditur, die eigene Bücher, Register und Protokolle führten, wirkten dort gleichberechtigt und selbständig nebeneinander. Sie waren nicht vorrangig nach territorialen, sondern nach sprachlichen Gesichtspunkten getrennt, so daß sich ihre Zuständigkeiten nicht zwangsläufig mit den Grenzen der Kronländer deckten. Während Schriften aus den deutsch besiedelten Kreisen Böhmens und Mährens in die deutsche Expeditur gelangten, wurden Korrespondenzen mit den Landeshauptmannschaften der schlesischen Fürstentümer Troppau, Oppeln, Ratibor und Teschen von der tschechischen Expeditur erledigt[6].

Die nicht regelmäßig, sondern nur für außergewöhnliche staats-, finanz- und außenpolitische Angelegenheiten einberufenen Generallandtage unterschieden sich zum Teil kaum von böhmischen Landtagen. Unter der Regierung Ferdinands I. wurden sie in der Regel nur einberufen, wenn Steuern zur Türkenabwehr benötigt wurden. Dies belegt schon die Verteilung der meisten Generallandtage auf die Zeitabschnitte des ersten Türkenkrieges der Jahre 1527 bis 1537 (1530, 1531, 1532 und 1537) sowie des darauf folgenden zweiten der Jahre 1541 bis 1545 (1541, 1542, 1543 und 1545). Entsprechend niedrig war die Bereitschaft der Nebenländer, Abgesandte nach Prag zu entsenden. Schon im Vorfeld einer solchen Zusammenkunft gingen sie häufig auf Distanz, und auch später versuchten sie verbindliche Zusagen zu vermeiden.

Die schlesischen Fürsten und Stände nutzten in Defensions- und Steuerfragen die ihnen nicht unwillkommene Zurückstellung, bis die »vorstimmenden lande«, Böhmen und Mähren, ihre Beiträge bewilligt hatten. Erst unmittelbar vor der türkischen Belagerung Wiens war im April 1529 auf Initiative des Fürstentags eine erste Landesverteidigungsordnung aufgestellt worden, in der Schlesien in vier Militärkreise aufgeteilt wurde[7]. Als äußeres Symbol der Landeseinheit sollte ein Panier mit dem schlesischen Landeswappen geschaffen werden. Diese schwerfälligen Ansätze einer innerschlesischen Landesdefension wurden zwar in den Jahren 1532, 1541 und 1543 erneut aufgegriffen, doch verfielen sie wieder bis zur neu entflammten türkischen Bedrohung im Jahre 1578. Die Folgen der uneinheitlichen territorialpolitischen Struktur Schlesiens wirkten sich auch auf Defensionsfragen aus, da zunächst nur die Erbfürstentümer dem König zu Ritterdiensten verpflichtet waren. In den Mediatfürstentümern und Standesherrschaften dagegen standen die Ritterdienste den jeweiligen Landesherren zu.

Eng verknüpft mit der Türkenabwehr waren die Bemühungen der Habsburger um die polnische Krone in der zweiten Hälfte des 16. Jahrhunderts. Damit trat Schlesien, wo sich das machtpolitische Streben, aber auch der kulturelle Austausch zwischen Polen und Böhmen in den vergangenen Jahrhunderten am deutlichsten gezeigt hatten, stärker als bisher in das Rampenlicht der Ereignisse. Zuletzt hatte die jagiellonische Schlesienpolitik die böhmischen Stände immer wieder gezwungen, mit Nachdruck die Zugehörigkeit Schlesiens zur Wenzelskrone zu betonen und die drohende Entfremdung einzelner Herrschaften zu unterbinden[8]. Auch jetzt traten neue Irritationen auf, zumal der stark nach Polen tendierende Herzog Heinrich XI. von Liegnitz während des ersten polnischen Interregnums 1572/73 eine eigene Kandidatur erwog. Von polnischer Seite tauchten Traktate und Flugschriften auf, die auf die vermeintlichen Rechte Polens auf Schlesien pochten und für eine erneute Anbindung des Oderlandes an den polnischen Staat eintraten[9]. Der Bischof von Breslau und andere schlesische Adelige, die in engem Kontakt zu böhmischen und mährischen Ständepolitikern standen, übernahmen als Gesandte in königlichen Diensten wichtige Aufgaben. Als es während des dritten polnischen Interregnums im August 1587 abermals zu einer Doppelwahl kam, dieses Mal zwischen Sigismund Wasa und Erzherzog Maximilian, griff der habsburgische Kandidat militärisch ein und zwang damit das unmittelbar bedrohte Schlesien zu raschen Maßnahmen der Landesverteidigung. Die vernichtende Niederlage Erzherzog Maximilians auf schlesischem Boden bei Pitschen im Januar 1588 sicherte endgültig die Herrschaft des Schweden im polnischen Staat[10]. An den langwierigen Friedensverhandlungen bis zum Vertrag von Beuthen-Bendzin im März 1589 war von schlesischer Seite der Breslauer Bischof Andreas von Jerin beteiligt.

Da die Habsburger, sowohl Ferdinand I. als auch seine Nachfolger Maximilian II. und Rudolf II., ihre konfessionspolitischen Ziele in den Nebenländern vergleichsweise pragmatisch durchzusetzen suchten und keinen offenen Widerstand herausforderten, konzentrierte sich der Veränderungsdruck einseitig auf das Hauptland der Böhmischen Krone. Der dortige Ständeaufstand 1546/47 blieb jedoch ohne ernstzunehmenden Widerhall außerhalb Böhmens, wo die innenpolitische Entwicklung bis 1600 ungleich ruhiger verlief. Die schlesische Ständeopposition und deren Anführer, Herzog Friedrich II. von Liegnitz, Brieg und Wohlau und Markgraf Georg von Brandenburg-Ansbach, hatte Ferdinand I. bereits zuvor – ausgerechnet mit Unterstützung der böhmischen Stände – ausgeschaltet.

Markgraf Georg war nicht nur durch seine Heirat mit einer Tochter Karls I. von Münsterberg-Oels mit den schlesischen Herzogsfamilien verschwägert, sondern verfügte auch über politischen Rückhalt im römisch-deutschen Reich. Von seinem schlesischen Fürstentum Jägerndorf aus hatte er systematisch seinen Einfluß in Oberschlesien ausgebaut. Die 1522 mit den Piasten abgeschlossenen Erbverträge Georgs erkannte Ferdinand I. ebensowenig an wie die des Liegnitzer Herzogs aus dem Jahre 1537. Als sich die Lage mit dem Tode Markgraf Georgs im Dezember 1543 verschärfte, ging der Habsburger während seines dritten Schlesienaufenthaltes beim Breslauer Fürstentag 1546 in die Offensive. Mit kluger Absicherung durch zahlreiche oberste Landesoffiziere kassierte er die liegnitz-brandenburgische Erbeinigung und wehrte damit eine ihm gefährliche politische Machtkonzentration unmittelbar vor der bewaffneten Kraftprobe mit den böhmischen Ständen ab[11].

b) Reformation und Gegenreformation

Erst durch die doppelte Herausforderung von Königsgewalt und Gegenreformation sahen sich die Stände aller Kronländer nach 1600 gezwungen, ihr Vorgehen untereinander abzustimmen und geeignete Gegenmaßnahmen zu treffen. In Schlesien und in den Lausitzen war die gesamte religiöse Entwicklung bisher ungleich bedächtiger verlaufen, da diese Länder im 15. Jahrhundert – anders als Böhmen und Mähren – katholisch geblieben waren

Abb. 12 (links): Johannes Heß (1490–1547), Gelehrter, Prediger und Humanist. Der 1513 vom Breslauer Bischof Johannes V. Thurzó von Bethlenfalva in dessen Neisser Kanzlei berufene Theologe, der ein Jahrzehnt später vom Breslauer Rat auf die Kanzel der Stadtkirche St. Maria Magdalena berufen wurde, entwickelte sich zur führenden Autorität der schlesischen Reformation. Eine von ihm verfaßte Landesgeschichte »Silesia Magna« ist nicht erhalten.
Abb. 13 (rechts): Johann Crato von Krafftheim (1519–1585), Arzt, Humanist und Intellektueller. Der in Breslau, Wien und Prag wirkende Gelehrte, der von Ferdinand I., Maximilian II. und Rudolf II. zum Leibarzt berufen wurde, stand mit den Größen seiner Zeit in ganz Europa in engem Austausch. 1583 berief er den ersten reformierten Prediger Schlesiens für die Kirche seines Landgutes Rückers in der Grafschaft Glatz.

und nicht von den Basler Kompaktaten berührt wurden. Bis zum letzten Drittel des 16. Jahrhunderts fehlte in Schlesien eine ernstzunehmende katholische Kraft, welche die Erfolge der deutschen Reformation gefährdet hätte. Zwischen Katholiken und Protestanten bildete sich eine konfessionelle Koexistenz aus, zumal die protestantischen Territorialkirchen auf die altkirchliche Verwaltung und Rechtsprechung angewiesen blieben. Die Trennung zwischen Neisse als bischöflicher Residenz und Breslau als Verwaltungsmittelpunkt für die geistlichen Angelegenheiten – hier hatten Generalvikar, Domkapitel, Offizial und bischöfliche Kanzlei ihren Sitz – kam überdies der Durchsetzung der neuen Lehre entgegen, da der Bischof dadurch im bedeutendsten Zentrum des Landes keine richtungweisende Stellung einnehmen konnte[12].

Zu Hochburgen der Reformation, die sich bis Mitte des 16. Jahrhunderts auch in den Erbfürstentümern durchgesetzt hatte, wurden neben Breslau vor allem Liegnitz mit einer eigenen, schwenckfeldischen Ausrichtung; Jägerndorf und Troppau strahlten auf die oberschlesischen Fürstentümer Oppeln und Ratibor aus[13]. In Breslau fand die neue Lehre über Johannes Heß Eingang, der seit 1519 in enger Verbindung zu Melanchthon und Luther stand und 1523 vom Breslauer Rat – unter Umgehung des bischöflichen Besetzungsrechts – zum Pfarrer von St. Maria Magdalena ernannt worden war. In der Präsentationsurkunde

gab der Rat seiner Hoffnung Ausdruck, daß damit der unwürdige Zustand an dieser Pfarrei ein Ende nehme und das christliche Gemeinwesen neu entstehe.
Im Gegensatz zum Breslauer Bischof Jakob von Salza, der gegenüber den kirchlichen Reformideen durchaus aufgeschlossen war, setzte das Domkapitel alle Hebel in Bewegung, um den Fortgang der Wittenberger Bewegung zu unterbinden. Doch die Reformation machte nicht nur in Breslau rasche Fortschritte[14]. In Liegnitz gründete Herzog Friedrich II. 1526 die erste evangelische Universität Europas, die allerdings schon nach drei Jahren wegen innerer Streitigkeiten um theologische Grundsatzfragen und Geldmangels wieder geschlossen wurde. Bereits zu Beginn des 16. Jahrhunderts hatten Rat und Domkapitel in Breslau die Gründung einer katholischen Universität vorbereitet, die jedoch am Widerstand der Universität Krakau gescheitert war.

DOKUMENT 4: Die Johannes Heß betreffende Präsentationsurkunde des Breslauer Rats vom 19. Oktober 1523[15]*:*

»Deme hochwirdigen fursten in gott vater vndd hern, hern Jacobo Bischoue tzu Brelaw, vnßrem genedigen hern, Aber ihrer F[ürstlichen] G[naden] obersten vnd generalstadthalter in den geystlichen rechten, Entbietten wir der Rath vnd gantz gemaind der stadt tzu Breslaw, vnßer willig vnuerdrossen freunthlich dienst. So als die sorg der gotlichen ding, am furnemlichsten vnd vor allem den Christen menschen gebüren wil, Haben wir vns auß der heyligen schrifft lernen lassenn, das wir schuldig seyn, so vil an vnns gelegenn, dy heylig Christlich kirche, so durch manigfeldig mißbrauch, vnd vnglawben in ein abnemen kommen, widerumb zubawen vnnd aufftzurichtenn. Vnd ßo nue an einem pfarrer wie der sey, gutt aber boße, vnßer selenhail vnd vorderb, am meihsten gelegen, haben wir weitter, den erbarmlichen irthumb vnßer pfarn kirchenn tzu sanct Magdalenen nicht wollen lassen furrauschen, nach durch die finger sehen, das yr etlich vmb die selbe pfarr, das ist die sorg vnßer selenhail, souil iar mittenander vnd vor den gerichten der welt tedingenn. Domitt wir aber in ewigk nicht pleyeben an einen bestendigen hirtten, jrrige vnd verloren schefleyn, Vnd das gott auß vnßern hendern, alls ihrer furgesatzten öbrigkaiten nicht bescheidt noch rechenschafft fordre ires vorderbes, Auch das vnßer selenn hail nicht an end vnter den selbenn gemitteten pfarrernn wangke, Welche vordingte pfarrer, sich alleine befleissigen tzu beschinden, vnd nicht tzu weyden die scheflein Christi Jhesu, Inmassen sie dann dz ewig wort gottes tzu ihrem nutze hin vnd her getzogen, gekrombt, vnd baiget, haben, [haben] wir mit einhelliger stymme vnßer kirchen tzu einem hirtten vnd pfarrer beruffen, Den Achtbarn herrn Joannem hessum, der heylig geschrifft trawen lerer, vnd einen menschen eines Christlichen ordentlichen lebens.
So nue yemands begert zu wissen von wehme wir gewaldt haben, die pfarre zuuergeben, haben wir als Christen zugehoret nichts festers vndd rechters anzutzaigen, Dann dz wir den gotlichen rechten, der leer vnd Exempel der aposteln in diesem vahle noch gefolget, Welchen gotlichen rechtenn vnd lehre pillich weicht, alles das, das von menschen darwider geordnet vnd außgesatzt ist. Dennach das wir durch vnser gotliche gehorsam, nicht dofur geacht werden, als die so gentzlich verschmehen vnd verachten den gehorsam der menschen, haben wir vor pillich angesehen, genanten herrn Doctorem hessum, ewern F[ürstlichen] G[naden] zu presentiren, Vnd anwurten denselben ewern F[ürstlichen] G[naden], hiemit, Vnd biethen vor inen vnd beneben yme, das in ewer F[ürstliche] G[naden] In die pfarre, noch vbung dieses Bischthumbs einsetzen. Vnd ihm die sorg des wort gottes vnd vnßer selen hail beuehlen geruche. Geben vnter vnßerm Stad ingesigel des neuntzehenden tages octobris Anno domini M.D.XXIII.«

König Ferdinand I. ging mit Religionsmandaten vor allem gegen die Schwenckfelder und die aus Südmähren eingewanderten Täufer vor. Die Lutheraner behandelte er dagegen rücksichtsvoller, nicht zuletzt weil er auf die Türkensteuern angewiesen war, welche die Stände ihm bewilligten. Die in Böhmen und Mähren bald nach dem Konzil von Trient (1545–1563) einsetzende Sammlung der katholischen Kräfte wies in Schlesien eine Verspä-

tung von gut zwei Jahrzehnten auf. Am Ende des Episkopats des Breslauer Bischofs Martin von Gerstmann zeigten sich in Oppeln, Ratibor und dem Neisser Bistumsland beim Wiederaufbau des Katholizismus erste Erfolge.
Zu ernsten Spannungen kam es unter Gerstmanns Nachfolger auf dem Breslauer Bischofsstuhl, Andreas von Jerin, dem ersten, vom apostolischen Nuntius ausdrücklich empfohlenen Zögling des Collegium Germanicum in Rom[16]. Dessen Tod im Jahre 1596 folgte eine dreijährige Krise an der Spitze des Bistums, die sich, verstärkt durch die Ambitionen der Breslauer Germaniker und die politischen Interessen der päpstlichen Kurie, zu einer folgenschweren Kraftprobe zwischen Fürsten und Ständen auf der einen, Domkapitel und Landesherrn auf der anderen Seite entwickelte. Welche Auswirkungen diese Querelen um die Neuwahl in den Jahren 1596 bis 1599 für den Katholizismus in Schlesien hatten, zeigt der jähe Rückgang der Anzahl der Katholiken in Neisse, dem Zentrum des Bistumslandes und der Residenz der Breslauer Bischöfe: Hatte sich die Zahl der Katholiken von 1590 bis 1596 beharrlich bei etwa 2000 gehalten, so sank sie nun auf 184 ab[17].

Abb. 14: Epitaph Balthasars von Promnitz, der 1540–62 in der Zeit des Konzils von Trient den Breslauer Bischofsstuhl innehatte. Die hohe Tumba mit lebensgroßer Vollfigur aus Salzburger Marmor steht in der Jakobuskirche in Neisse, dem »schlesischen Rom«, das während der Zeit von Reformation und Gegenreformation den kirchlichen Mittelpunkt der Diözese Breslau bildete.

Nach der Wende zum 17. Jahrhundert ging die Gegenreformation in den Ländern der Wenzelskrone zuerst in den schlesischen Erbfürstentümern Glogau und Troppau in die Offensive. Besonders die militärische Einnahme der königlichen Stadt Troppau durch kaiserliche Truppen im Herbst 1607, das harte Strafgericht und das völlige Auslöschen aller Spuren protestantischen Lebens schlugen weit über Schlesien hinaus Wellen[18]. Es lag auf der Hand, daß eine Schlesien und auch die anderen Kronländer einende Reform der Ständepolitik notwendig war, um die Kräfte gegen die wachsende Herausforderung von Königsgewalt und Gegenreformation erfolgversprechend zu bündeln. Ausgerechnet in diesen Jahren aber fehlte in Schlesien der führende Kopf, der die zu einem solchen Schritt notwendige Umsicht und Gewandtheit besessen hätte: Die Piastenherzöge von Liegnitz, Brieg und Wohlau, Johann Christian und Georg Rudolf, waren minderjährig, ihre Fürstentümer wurden seit 1603 von dem hochbetagten Herzog Karl II. von Münsterberg-Oels verwaltet. Herzog Adam Wenzel von Teschen besaß dagegen zu wenig staatsmännische Erfahrung. Eine klare Linie zeichnete sich erst ab, als Markgraf Johann Georg von Brandenburg, Herzog von Jägerndorf und Pfandherr in Oderberg und Beuthen 1606 die schlesische Politik zu gestalten begann.

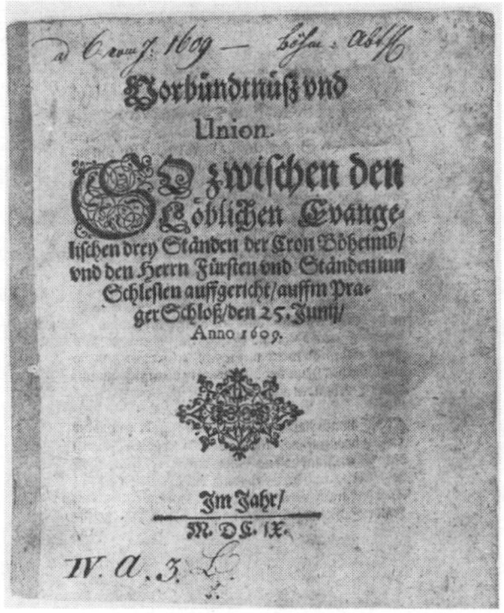
Vorbündtnüß vnd
Union.
So zwischen den
Löblichen Evangelischen drey Ständen der Cron Böheimb/
vnd den Herrn Fürsten vnd Ständen inn
Schlesien auffgericht/ auffm Prager Schloß/ den 25. Junij/
Anno 1609.

Im Jahr/
M. DC. IX.

Abb. 15: Der überraschende Schulterschluß der evangelischen Stände Schlesiens und Böhmens. Titelblatt des am 25. Juni 1609 in Prag geschlossenen Widerstandsbündnisses, das ein Jahrzehnt tiefgreifender Reformen einleitete und zur Grundlage des ständischen Verfassungsmodells von 1619 wurde.

c) Krise und Krieg: Schlesien im Strudel des böhmischen Ständeaufstands

Die Krise der Habsburgerdynastie zu Anfang des 17. Jahrhunderts aufgrund des Bruderzwistes zwischen König Rudolf II. und dessen Bruder Erzherzog Matthias bot den Ständen neuen Spielraum, um freie Religionsausübung ebenso wie ständische Mitspracherechte durchzusetzen. Während sich die Markgrafschaft Mähren im April 1608 einer ungarisch-österreichischen Konföderation unter Erzherzog Matthias angeschlossen hatte, innerhalb des böhmischen Länderverbands zu einem Alleingang ansetzte und sich Zug um Zug aus der Herrschaft Rudolfs II. löste, beschritten Schlesien, Böhmen und die Lausitzen den umgekehrten Weg. Ein Schulterschluß der schlesischen Fürsten und Stände mit der böhmischen protestantischen Ständeopposition hatte sich schon Anfang der achtziger Jahre des 16. Jahrhunderts angekündigt, als mit vereinten Kräften der ehrgeizige Plan des Erzherzogs abgewehrt worden war, die schlesische Oberlandeshauptmannschaft unter Umgehung des Großen Landesprivilegs von 1498 zu erlangen[19]. Als im April 1608 der Breslauer Bischof Johann VI. von Sitsch gestorben war, bot sich überdies eine günstige Aussicht, endgültig die Landesverwaltung aus den Händen des Bischofs zu nehmen und sie einem weltlichen protestantischen Fürsten zu übertragen.

Die Grundlage für das weitere Vorgehen der schlesischen Fürsten und Stände bildete das Widerstandsbündnis vom Juni 1609 mit den böhmischen Protestanten. Mit diesem »Religions defension werck« beschlossen die Stände Schlesiens und Böhmens, die historisch durch eine »Union vnd incorporation… vnd also ein indissolublile vinculum fürohin vnd zu ewigen zeitten« verbunden seien, gemeinsam gegen jeden, notfalls mit militärischer Gewalt »biß auff den letzten Blutstropffen«, vorzugehen, der sie in ihrer Religion bedränge oder angreife[20].

Vor diesem Hintergrund setzten wenig später zuerst die Böhmen, Mitte August 1609 auch die Schlesier einen königlichen Majestätsbrief für freie Religionsausübung durch. Diese wurde auch den Protestanten in den geistlichen Territorien Schlesiens, in den Erbfürstentümern und auf den königlichen Domänen und Kammergütern auf Grundlage der Confessio Augustana zugesichert[21]. Darüber hinaus erlangten die Schlesier am selben Tage einen zweiten königlichen Majestätsbrief von Rudolf II., durch den der Bischof von Breslau von der Oberlandeshauptmannschaft ausgeschlossen wurde. Sie sollte künftig einem weltlichen

schlesischen Fürsten – und das hieß zu jenem Zeitpunkt einem Protestanten – übertragen werden.
Ähnlich wie die Mährer erzwangen 1611 auch die Schlesier, als sie nach einem letzten gescheiterten Restaurationsversuch Rudolfs II. gemeinsam dessen Bruder Erzherzog Matthias huldigten, eine Reihe weiterer Zugeständnisse. Damit stärkten sie ihre Position nicht nur gegenüber der neuen Landesherrschaft, sondern auch gegenüber den böhmischen Ständen: Erstmals rückten diese von ihrem Führungsanspruch innerhalb des Länderverbands ab und kamen den Nebenländern in deren Streben nach politischer Mitsprache und Gleichberechtigung entgegen. Zum einen sollte die Autorität des Breslauer Oberamts als zentralschlesischer Instanz gestärkt werden, insbesondere gegenüber den Erbfürstentümern, deren Landeshauptleute immer wieder Anordnungen aus Breslau ignorierten und Beschlüsse des Fürstentags nicht publizierten. Zum anderen sollte für die besonderen Belange Schlesiens und der Lausitzen, denen darüber hinaus entsprechende Stellen in Appellation und Kammer einzuräumen seien, eine eigene Expeditur in der Böhmischen Kanzlei unter Vorsitz eines deutschen Vizekanzlers eingeräumt werden[22].
Tatsächlich huldigten die Schlesier Matthias im Oktober 1611 erst, nachdem der König in die Errichtung einer eigenständigen schlesisch-lausitzischen Kanzlei eingewilligt hatte. Damit hatten sich die lutherischen Schlesier und Lausitzer zumindest vorläufig – 1616 wurde die Sonderkanzlei wieder aufgehoben – dem Einfluß der Böhmischen Kanzlei entzogen, über die seit der Jahrhundertwende immer mehr Eingriffe in die religiösen und politischen Rechte der Stände erfolgt waren. Die fest in katholischer Hand befindliche Böhmische Kanzlei, die den Schreiben eines mährischen Ständepolitikers an den Landeshauptmann des Fürstentums Jägerndorf zufolge »das einzige fulcrum und sustentaculum ist des Tirannischen Regiments«, war zugleich für den unablässigen »zwispalt zwischen den Ländern«[23] verantwortlich.
Die anfängliche Ruhe währte in Schlesien jedoch nur kurz. Besonders der 1608 zum Bischof von Breslau gewählte Erzherzog Karl unternahm alles, um die Rücknahme der beiden königlichen Majestätsbriefe für Schlesien zu erzwingen. Der neue Bischof war der jüngere Bruder des späteren böhmischen Königs Ferdinand II. und stammte aus der für ihre religiöse Unduldsamkeit bekannten steiermärkischen Linie der Habsburger. Er verweigerte den Protestanten im Bistumsland, eigene Kirchen und Schulen zu errichten, beharrte auf seiner bischöflichen Jurisdiktionsgewalt und brachte das katholische Lager gegen die schlesischen Protestanten in Aufruhr.
Dem Streben des Bischofs kam zugute, daß Herzog Adam Wenzel von Teschen im Frühjahr 1610 zum Katholizismus konvertierte und der Katholik Karl von Liechtenstein im Dezember 1613 das Fürstentum Troppau als Erblehen erhielt. Auf der einen Seite wurden damit die Gewichte auf dem schlesischen Fürstentag zugunsten der Katholiken verschoben. Auf der anderen Seite mußte eine neue Konkurrenz bei der Besetzung der Oberlandeshauptmannschaft entstehen, zumal das lutherische Lager seine bisherige Einheitlichkeit verloren hatte, seit die beiden Piastenherzöge Johann Christian von Brieg und dessen Bruder Georg Rudolf von Liegnitz sowie Markgraf Johann Georg von Jägerndorf zum konfessionsrechtlich nicht anerkannten Calvinismus übergetreten waren. Es wurde immer offensichtlicher, daß die 1609 errungenen Majestätsbriefe auf brüchigen Fundamenten ruhten.
Noch dramatischer hatte sich die Lage in Böhmen zugespitzt, wo im Mai 1618 der Prager Fenstersturz zum Auslöser einer folgenschweren Auseinandersetzung mit dem Hause Habsburg wurde. Sie zog schließlich immer weitere Kreise und weitete sich zu einem ganz Europa erfassenden Dreißigjährigen Krieg aus. Das schlesisch-böhmische Widerstandsbündnis von 1609 sollte nun die Rechtmäßigkeit des ständischen Vorgehens belegen und die militärischen Maßnahmen als legitime Verteidigung interpretieren. Nach anfänglichen

Měſto Oppawa w témž Kniżet=ſtwij geſt Neyhlawněgſſij/ od kteréhož wſſecka Země ta gméno ſwé má. To Měſto geſt doſti nákladně wyſtawené/ a Zdmi y Waly dobře opatřené/ w kterémž před Léthy Knijžata Op=pawſká Stolicy ſwau měli/ nynij giž geſt w držený Králuow Cžeſkých.

LEtha Páně 1124. Měſto Oppawa neyprwé počala ſe ozdobněgi ſtawěti/ yakž o tom paměti některé důwodně wyſwědčugi.

Létha rc. 1443. weliké Země třeſený bylo w tom Měſtě/ takže od vſtawičného třeſený ſamy Zwony zwonili.

Létha rc. 1461. Měſto Oppawa ſkrze oheň k weliké ſſkodě přiſſlo/ takže bez mála do gruntu wſſecko neshořelo.

Létha rc. 1467. neſſtěſtij weliké y neláſka Knijžetcý na Měſſtiany přiſſla/ nebo geſt gich mnoho od Meče zhynulo. Yakž o tom paměti Koſtelný ſwědčij.

Létha rc. 1556. w témž Měſtě Oppawi/ shořelo Domůw oſm=deſáte a dewět.

Létha rc. 1561. wyſſel oheň w témž Měſtě z marſſtale gednoho Mě=ſſtěnína/ kterýmž geſt shořelo dwě Stě a dewatenácte domu.

Téhož Roku Baba gedna založila oheň/ ale wſſak ſkrze něg neweli=ká ſſkoda ſe ſtala/ a tak hnedky od toho čaſu Měſto pořádněgi ſtawě=

Abb. 16: Von den vielfältigen Wechselbeziehungen zwischen dem oberschlesischen Fürstentum Troppau und dessen gleichnamiger Hauptstadt zur Markgrafschaft Mähren zeugt das 1593 in tschechischer Sprache publizierte Werk »Zrdcadlo Slawného Margkrabstwij Morawského« (Spiegel der ruhmreichen Markgrafschaft Mähren) des masowischen Publizisten Bartholomäus Paprocki.

Vermittlungsversuchen unterstützten die Schlesier, die Anfang Oktober 1618 unter militärischer Führung des Herzogs von Jägerndorf eigene Truppen aufstellten, im Gegensatz zu den Mährern schon in der Anfangsphase des Aufstands das Vorgehen der Böhmen[24]. Dem König gegenüber argumentierten sie, daß man seit der Ausstellung des Majestätsbriefs für freie Religionsausübung in Schlesien allein 233 Akten mit Klagen und Beschwerden der Protestanten gefüllt habe.

Eine neue Qualität des Ständeaufstands zeichnete sich im Dezember 1618 ab. In den Korrespondenzen zwischen den schlesischen Fürsten und Ständen mit der Prager Direktorialregierung wurde erstmals eine engere »Confoederation« erwogen, deren Nutzen in der »erlangung einer sicherlichen vnd bestendigen Religionsversicherung« bestehe: »Derwegen ie kein bessers vnd sichreres mittel, einen bestendigen friden zu weg zu bringen, alß die ob Gott will folgende vnd lange zeit gewünschte hochnötige Vniuersal-Coniunction aller dieser Incorporirten vnd Interessirten Landte«[25].

Einen solchen verfassungsrechtlichen, dem Schutz der religiösen und politischen Rechte der protestantischen Stände dienenden Zusammenschluß erreichten die Länder am 31. Juli 1619 mit ihrer »Confoederatio Bohemica«. Das ständisch-föderative Staatsmodell, das die Einheit der Böhmischen Krone gewährleistete und zugleich den einzelnen Ländern eine eigenständige und gleichberechtigte Stellung verbürgte, war der Höhepunkt des Ständeaufstands[26]. Neben den 100 Artikeln der eigentlichen Verfassung, in denen u. a. die künftige Beteiligung Schlesiens wie der anderen Nebenländer an der böhmischen Königswahl, den Generallandtagen und der Kanzlei angesprochen wurden, galten für alle Kronländer besondere »Special-Articul«, die zusätzlich zentrale und regionale Zuständigkeiten genauer abgrenzten.

DOKUMENT 5: Auszug aus den 23 schlesischen »Special-Articul« zur Confoederatio Bohemica vom 4. September 1619[27]:

»1. Demnach fürnemblich dahin vor zusinnen, wie eines jeden habenden Landes leges fundamentales dermassen verfasset werden, damit ins künftig alles disputat und Anlass zu allerhand Misshelligkeit gänzlich abgeschnitten werde, alss bleibt es zwar anfangs wegen des schlesischen Mayestetbriefs in puncto Religionis, welcher zu forderist vnter die Leges fundamentales billich gesezt würdet, allerdings bei deme, was oben die General-Verfassung buchstablichen besaget vnd vermag [...].
2. Was aber die Ersezung der Oberhaubtmanschaft betrifft, soll dieselbe aus vrsachen, dass der Schuz des Maiestatbrieffs wie auch jezige Verfassung dem Oberhauptman anvertrauet, allezeit mit einem evangelischen Fürsten bestellet vnd ersezt werden [...].
4. Ferner so sollen auch im Lande wie alle Stände, also auch vnd fürnemblich die fürstlichen Personen vber ihnen habenden Privilegien die geistliche Stifter, Closter vnd alle Geistlichkeit besagend, vom Könige würcklichen geschüzt, darwider im wenigsten bedrengt, oder ihnen einiger Eintrag vnter wasserlei Schein und praetext es immer geschehen könne, es sei gleich, das sich der König für einen obristen Patron und Schuzherrn aller Gestifft in Schlesien bisher anziehen lassen, gethan noch angefügt werden, Und soll der König solche Stiften wie auch die Städte in den Erbfürstenthümbern für seine Cammergüelder anzuziehen gar nicht befugt sein.
5. Zu mehrer Gewissheit und Sicherung der Religion vnd Landesfreiheiten sollen auch alle Haubtleute, sowol die Canzler in den Erbfürstenthümbern der ewangelischen Religion zugethan sein, weil ihnen der Schuz des Mayestetbrieffs mit anbeuohlen worden, Massen Si dann auch ihre Aydespflicht auf Beschüzung des Mayestetbrieffs vnd dieser Coniunctions Capitulation vnwaigerlich zu laisten schuldig sein sollen [...].
7. Vnd weil auch die Herrn Fürsten vnd Stände wegen vieler ihren, aus der behemischen Canzley entstandenen Beschwerten bewegt worden, auf eine Enderung der Canzley vorzusinnen vnd desswegen anno 1611 einen absonderlichen Recess ausgebracht, vnd aber in jeziger Verfassung zu befinden, das der obriste Canzler hinfüro ein euangelischer Herr sein soll, vnd die Herrn Fürsten vnd Stände das guette Vertrauen inn die löblichen behemischen Ständde sezen, sie werden alzeit auf solche Subiecta bey der Canzley, sowol bey den Appellationen trachten, die eines jeden Landes Privilegia vnd Freyheiten wol in acht nehmen möchten, alss soll es künfftig bey dem alten Modo verbleiben, das nemblich der König die Canzley haltten vnd alle Expeditiones vnter einem obristen Canzler sein sollen. Weil aber vor diesem mehrers theilss wegen der Länder Schlesien vnd Laussniz ein Teutscher vice Canzler vnd ein Teutscher Secretarius gehalten werden, so wird die Nomination dieser beeden Personen nicht vnbillich den obgedachten Ländern anvertrawet [...].
13. Weil auch die Repressalien zwischen den Ständen in Beheimb vnd dem Lande Schlesien der Vnion auch sonsten der guetten Nachbarschafft vnd beeder Länder ordentlichen Rechten zu wider, sollen dieselben hincinde von nun vnd zu ewigen Zeitten noch bleiben vnd beiderseits vnterlassen werden [...].
22. Alle Privilegia, Decreta vnd Resolutiones vor vnd nach dem Mayestetbrieffe, weiln derostellte auf die Vtilitatem et tranquillitatem publicam fundiret, aussbracht, so demselben zuwider lauffen, sollen für nichtig vnd Crafftloss gehalten werden [...].«

Dem Abschluß der Konföderation folgte nach wenigen Wochen eine neue Königswahl, durch die der calvinistische Kurfürst Friedrich V. von der Pfalz auf den böhmischen Thron gelangte. Mitte Februar 1620 nahm er in Breslau die Huldigung der schlesischen Fürsten und Stände entgegen. Nur wenige Monate später, am 8. November 1620, brach mit dem Sieg der Habsburger über das böhmische Ständeheer in der Schlacht am Weißen Berg nicht nur das kurze Königtum des »Winterkönigs«, sondern auch die gesamte verfassungsrechtliche Ordnung zusammen[28]. Ober- und Niederlausitz fielen an das mit dem Kaiser verbündete Kursachsen und schieden aus dem böhmischen Länderverband aus.

d) Der Dreißigjährige Krieg und seine Auswirkungen auf Schlesien

Während die böhmischen und mährischen Stände in den kommenden Jahren neue Landesordnungen erhielten, in denen die königliche Zentralgewalt die alleinige Autorität der Gesetzgebung, der Ernennung und Absetzung der obersten Landesbeamten und der höchsten Gerichtsinstanz beanspruchte, wurde Schlesien wegen außenpolitischer Rücksichten vorerst schonend behandelt. König Ferdinand II. bestätigte den Ende Februar 1621 durch Vermittlung Sachsens zustande gekommenen Dresdener Akkord, der zwar neben der Anerkennung des Habsburgers als rechtmäßigen Landesherrn und der Ächtung des Herzogs von Jägerndorf eine Geldbuße von 300000 Gulden vorsah, ansonsten aber den Rechtszustand von 1618 wiederherstellte und die Freiheiten und Privilegien der Stände sogar neu bestätigte. Selbst der zweite königliche Majestätsbrief von 1609, nach dem nur ein weltlicher Fürst zum schlesischen Oberlandeshauptmann ernannt werden durfte, wurde nicht aufgehoben.

Dennoch festigte sich Zug um Zug das Gewicht des katholisch-kaiserlichen Lagers in Schlesien, wenn auch zunächst nur durch Einzelmaßnahmen und mit Unterbrechungen. Die Einnahme von Glatz im Oktober 1622 ebnete der Gegenreformation in der Grafschaft und in den benachbarten Fürstentümern Neisse, Troppau und Jägerndorf den Weg. Das durch Johann Georgs Ächtung frei gewordene hohenzollerische Jägerndorf fiel 1623 an Karl von Liechtenstein, der schon Troppau besaß und damit sein politisches Gewicht im Fürstentag weiter zu erhöhen vermochte[29]. Der Bischof von Breslau, Erzherzog Karl, erwarb in rascher Folge die Herrschaft Freudenthal, die Grafschaft Glatz und die oberschlesischen Fürstentümer Oppeln und Ratibor, wo er die Rekatholisierung ähnlich wie im Bistumsland vorantrieb[30]. Oppeln und Ratibor fielen nach seinem Tode 1624, vermehrt noch um das Fürstentum Schweidnitz-Jauer, an den Thronfolger Erzherzog Ferdinand, der 1637 die Herrschaft in Böhmen antrat.

Auf der anderen Seite verlor das Breslauer Bistum mit Erzherzog Karl einen zielstrebigen und willensstarken Förderer der katholischen Sache; die entstehende Lücke vermochte sein zum Zeitpunkt der Wahl erst zwölfjähriger Nachfolger, der polnische Prinz Karl Ferdinand aus dem Hause Wasa, in keiner Weise zu erfüllen. Während seines dreißigjährigen Episkopats in Breslau war er überhaupt nur viermal von seinem Bistum in Płock nach Schlesien gekommen[31]. Die Jesuiten, die sich besonders für den Ausbau des katholischen Bildungswesens einsetzten, faßten in den zwanziger Jahren des 17. Jahrhunderts in Schlesien dauerhaft Fuß und gründeten zahlreiche Ordensniederlassungen.

Daß auch in dieser Zeit schon ein härteres Vorgehen gegen die Nichtkatholiken und ein verstärktes Durchsetzen der landesherrlichen Autorität erwogen wurden, belegen zwei Denkschriften für den Wiener Hof, die unmittelbar vor Abschluß des Dresdener Akkordes bzw. im Jahre 1624 erstellt wurden[32]. Die vorgeschlagenen Maßnahmen reichten von der Empfehlung, den königlichen Kammerbesitz erheblich auszudehnen und maßgebliche Landesämter nur an Katholiken zu vergeben, bis zu der Mahnung, alle nichtkatholischen Schulen aufzulösen und die bisher zahlreichen Studienaufenthalte schlesischer Adeliger an calvinistischen Universitäten künftig zu unterbinden. Bereits die erste Denkschrift, die eine Fülle politischer, administrativer, sozialer und wirtschaftlicher Veränderungen als notwendig erachtete, um das Herzogtum Schlesien »wiederumb ad vera fundamenta monarchiae«[33] zu bringen, zeigte, daß die weitere Herrschaftsbeteiligung und Unabhängigkeit der Stände auf schwachen Fußen stehen würden. Die Richtlinien von 1624 (»delineatio«) setzten sich dagegen in der Hauptsache mit kirchenpolitischen Maßnahmen auseinander.

Eine neue, für die ständische Entwicklung Schlesiens wie für die Stellung des Protestantismus folgenschwere Phase leitete 1626 der Kriegszug des Grafen Ernst von Mansfeld durch Schlesien nach Ungarn ein, der eine Verbindung zwischen den Truppen König Christians IV. von Dänemark und des Fürsten von Siebenbürgen, Gabriel Bethlen, herstellen sollte. Ferdinand II. nahm den ungestörten Durchmarsch der habsburgfeindlichen Armee zum Anlaß, den schlesischen Fürsten und Ständen die Vergünstigungen des Dresdener Akkordes wegen vermeintlich fehlender Loyalität zu entziehen.

Schon 1624 war dem Oberlandeshauptmann verboten worden, Fürstentage, deren Beschlüsse seit jener Zeit nur noch durch kaiserliche Patente statt wie bisher durch die Stände bekanntgegeben wurden, ohne ausdrückliche Anordnung aus Wien einzuberufen. 1629 verlor nun auch das Breslauer Oberamt nach dem Rücktritt Herzog Georg Rudolfs von Liegnitz und Wohlau seinen bisherigen ständischen Charakter und wurde in eine allein vom Kaiser abhängige Aufsichts- und Verwaltungsbehörde umgewandelt[34]. Die Leitung des Oberamts übernahm der wenig durchsetzungsfähige Herzog Heinrich Wenzel von Oels-Bernstadt, nachdem ihm die freie Religionsausübung für sein Territorium zugesagt worden war. Als eine weitere Behördenordnung 1639 auch die letzten Reste ständischer Mitwirkung beseitigte, fand es selbst der kaisertreue Karl Eusebius von Liechtenstein, dessen Familie erst vor wenigen Jahren den Fürstenrang erworben hatte, unter seiner Würde, das Amt länger auszuüben, und trat zurück.

Die Ausschaltung der Stände im Oberamt, das für alle politischen und rechtlichen Belange in Schlesien Zuständigkeit erlangte, sowie das gleichzeitige Verbot an den Fürstentag, andere Angelegenheiten als Steuerfragen zu verhandeln, wurden zu den wichtigsten Voraussetzungen für die Beschleunigung der Gegenreformation[35]. Während sich der protestantische Adel in Oberschlesien zunächst lediglich finanzpolitischer Zugriffe von seiten der Landesherrschaft zu erwehren hatte, wurde er in Niederschlesien bereits gewaltsam zum Glaubenswechsel oder zur Auswanderung genötigt.

Das protestantische Lager verlor in diesem Teil Schlesiens weiter an Gewicht, als der kaiserliche Heerführer Albrecht von Wallenstein 1628 mit dem Fürstentum Sagan – hier war anfänglich sogar die Gründung einer katholischen Universität vorgesehen – und 1632 überdies mit Glogau belehnt wurde. Oberschlesien konnte im Rahmen der kriegerischen Auseinandersetzungen jener Jahre seine Neutralität länger wahren und sah sich auch nicht zur Parteinahme gezwungen, als 1632 Truppen der gegen das Haus Habsburg verbündeten Schweden, Brandenburger und Sachsen nach Niederschlesien eindrangen. Es waren daher mit den Piastenherzögen Johann Christian von Brieg und Georg Rudolf von Liegnitz und Wohlau, dem Breslauer Rat und Herzog Karl Friedrich I. von Oels ausschließlich Niederschlesier, die Anfang August 1633 eine »Konjunktion« mit den evangelischen Schutzmächten schlossen. Die Anhänger des Bündnisses, denen sich noch die benachbarten niederschlesischen Erbfürstentümer und Standesherrschaften anschlossen, suchten damit ihre Ausgangslage für die Sicherung des evangelischen Bekenntnisses bei den zu erwartenden Friedensverhandlungen zu verbessern.

Der Versuch, auf diese Weise die Glaubensfreiheit zu behaupten, endete jedoch verhängnisvoll, denn der sächsische Kurfürst, der seit dem Dresdener Akkord am ehesten als Schutzherr der schlesischen Protestanten auftreten konnte, schloß mit Ferdinand II. am 30. Mai 1635 zu Prag einen Sonderfrieden. Nach dem Prager Frieden blieb den schlesischen Ständen keine andere Möglichkeit, als sich dem Kaiser bedingungslos zu unterwerfen. Einzig die Mediatfürstentümer der Piasten von Liegnitz, Brieg und Wohlau und der Podiebrad von Münsterberg, Oels und Bernstadt durften weiterhin über ihre eigene Konfession und die ihrer Untertanen entscheiden. Das gleiche galt für die Stadt Breslau, die allerdings Landeshauptmannschaft und Kanzlei des gleichnamigen Fürstentums verlor[36].

Die Regierungszeit Kaiser Ferdinands III. von 1637 bis 1657 bewirkte keinen Richtungs-

wechsel. Im Gegenteil: Der neue Landesherr begünstigte die Ausbreitung der Jesuiten und anderer Orden. Er belehnte auswärtige kaisertreue Katholiken mit schlesischen Gütern und setzte auch auf verfassungsrechtlicher Ebene das Werk seines Vaters fort, indem er die Rechte der Stände unterhöhlte und die kaiserliche Verwaltung festigte. Die Widerstandskraft des schlesischen Protestantismus war nach dem Prager Frieden endgültig gebrochen, zumal mit Herzog Johann Christian von Brieg die letzte verbleibende Führungspersönlichkeit im evangelischen Lager außer Landes ging. Schlesien geriet damit erneut, wie schon einmal in der Zeit vom Ende des 10. bis in die Mitte des 12. Jahrhunderts, in eine Situation, in der eine aktive Einflußnahme auf das religiös-politische Geschehen nahezu unmöglich wurde.
Im Jahre 1639 kehrte der Krieg nach Schlesien zurück. Schwedische Truppen stießen von Böhmen aus nach Norden vor. Ein weiterer Einfall führte die Schweden im Frühjahr 1642 in die Fürstentümer Glogau, Liegnitz, Jauer, Schweidnitz, Neisse, Troppau und Oppeln. Der Dreißigjährige Krieg konnte erst im Oktober 1648 mit dem Westfälischen Frieden beendet werden, der angesichts der überall zu findenden Verwüstungen, der Bevölkerungsverluste und der wirtschaftlichen Rückschläge begeistert aufgenommen wurde. In seinem auf Schlesien bezogenen Artikel V bestätigte der Vertrag im wesentlichen die Bestimmungen des Prager Friedens von 1635. Die evangelischen Herzöge von Liegnitz, Brieg, Oels und Münsterberg sowie die Stadt Breslau durften das Recht der freien Religonsausübung behalten. Die Protestanten der anderen Immediat- und Mediatfürstentümer erhielten die Erlaubnis, vor den Mauern der Städte Schweidnitz, Jauer und Glogau drei evangelische Gotteshäuser, sogenannte Friedenskirchen, zu errichten. Anders als die Böhmen und Mährer hatten die Schlesier damit doch noch einige Erleichterungen erwirkt, da der Landesherr letztlich keine Handhabe besaß, um eine gewaltsame Bekehrung oder Ausweisung um des Glaubens willen durchzusetzen[37]. Die systematische Unterdrückung der evangelischen Konfession sollte dennoch die zweite Hälfte des 17. Jahrhunderts beherrschen.
Ein halbes Jahrzehnt nach dem Ende des Dreißigjährigen Krieges hatte die Bevölkerung Schlesiens nicht nur bedeutende Menschenverluste durch die Kriegshandlungen, sondern auch durch die Auswanderung aus Glaubensgründen zu beklagen. Mit den Glaubensflüchtlingen verließen zahlreiche Fachleute, Handwerker und Bergleute das Land. Die sich besonders in den Städten nachteilig auf die Wirtschaft auswirkenden Bevölkerungsverluste konnten durch die Zuwanderung von Katholiken nicht ausgeglichen werden und blieben zum Teil bis in das 19. Jahrhundert hinein spürbar. Sie wurden noch durch die nach 1648 einsetzende zweite Fluchtwelle verstärkt, die u. a. an der polnischen Grenze zu Schlesien hin die Gründung einer Reihe von neuen Exulantenstädten wie Bojanowo, Rawitsch, Schlichtingsheim, Fraustadt-Neustadt und Unruhstadt zur Folge hatte. Krieg und Gegenreformation wirkten sich schließlich auch auf die ethnische Zusammensetzung der schlesischen Bevölkerung aus, da vielerorts polnische Katholiken die entstehenden Lücken auffüllten[38]. Anders als in Niederschlesien dürfte in Oberschlesien dagegen der Anteil der sogenannten wüsten Stellen über längere Zeiträume nicht über 10–12% hinausgegangen sein[39].

e) *Katholische Restauration und Landesverwaltung*

Im ersten Jahrhundert der Habsburgerherrschaft hatten wechselvolle Kämpfe zwischen königlichem Machtanspruch und ständischem Selbstbehauptungswillen auf der einen, zwischen katholischer Landesherrschaft und protestantischen Ständen auf der anderen

Seite die innere Entwicklung Schlesiens bestimmt. Nach dem Dreißigjährigen Krieg kam es nun zu einer merklichen Verschiebung der Akzente[40]. Während für den Hof die Glaubensfrage einseitig in den Vordergrund rückte, kam es auf der Ebene des Verfassungs- und Verwaltungslebens zu einem allgemeinen Stillstand. Die Krone brachte nicht mehr die frühere Zielstrebigkeit auf, ihre politische Stellung in Schlesien weiter auszubauen und den vielgliedrigen Verwaltungsapparat der Einzelfürstentümer den Verhältnissen in ihren anderen Erbländern anzugleichen.

Dies lag einerseits an den gewandelten außenpolitischen Rahmenbedingungen. In den Jahrzehnten nach 1648 erforderten die Lage im habsburgischen Teil Ungarns, wo mehrere Adelsaufstände die königliche Autorität auf die Probe stellten, sowie die erneute Türkengefahr die ganze Aufmerksamkeit Wiens. Überdies schien der Besitz Schlesiens nicht mehr gefährdet, da eine entsprechende Machtausdehnung von seiten Polens, Brandenburgs oder Sachsens kaum zu erwarten war. Andererseits hatten sich im Innern Schlesiens die Gewichte verschoben. Weder die schlesischen Piasten noch die Gesamtheit der Stände bildeten wie noch wenige Jahrzehnte zuvor eine ernstzunehmende Widerstandsfront, die ein energischeres Einschreiten des Königs herausgefordert hätte[41].

Im wesentlichen wurde das Vorgehen der Krone durch wirtschaftliche und finanzielle Interessen bestimmt, die jedoch ebenfalls nur halbherzig durchgesetzt wurden. Obwohl sich das Nebeneinander von Schlesischer Kammer und Oberamt für die Steuerbelange des Wiener Hofes hemmend auswirkte und neue Unternehmungen wie der Aufbau eines öffentlichen Postwesens, die Regelung des Maß- und Gewichtswesens oder die Errichtung eines Kommerzkollegs in Breslau dadurch verzögert wurden, konnte sich der Wiener Hof zu keiner durchgreifenden Neuorganisation entschließen. Die Versäumnisse im Ausbau der schlesischen Festungen – sie verfielen nach 1648 in ihrer Mehrheit – sowie der Einrichtung von Garnisonen sollten sich später als besonders folgenschwer erweisen; während einzelne Schritte wie der Ausbau der Festungen von Glogau und Brieg 1652 umgesetzt wurden, mißlangen andere wie die Ausbildung einer einheitlichen Kommandostruktur vollständig[42].

Immerhin wurde die 1608 auf Druck der schlesischen Fürsten und Stände gelöste Verbindung zwischen der Breslauer Bischofswürde und der Oberlandeshauptmannschaft wiederhergestellt, als 1664 mit Herzog Georg III. von Brieg und Liegnitz der bisherige Inhaber starb. Zwar hatte sich das Gewicht des ursprünglich ständischen Oberamts längst auf die kaiserlichen Räte verschoben. Der Hof versprach sich dennoch davon nicht nur eine wirksame Verstärkung seiner kirchenpolitischen Maßnahmen, sondern auch eine höhere Durchsetzungskraft seiner Behörde in allen Verwaltungs-, Steuer- und Zollfragen. Als neuer Oberlandeshauptmann konnte Bischof Sebastian von Rostock, der schon als Generalvikar und Vertreter des Breslauer Domkapitels seit 1656 regelmäßig an den Fürstentagen teilgenommen hatte, die neuen Aufgaben allerdings nur wenige Jahre wahrnehmen[43]. Er starb im Juni 1671. Seinem Nachfolger, Kardinal Friedrich von Hessen-Darmstadt, wurde das Amt erst 1675 und nur unter der Auflage, tatsächlich nach Schlesien überzusiedeln, verliehen[44].

Die Schwäche der letzten selbständigen Fürsten und Standesherren und der Verlust ihres bisherigen landesherrlichen Prestiges minderten zusätzlich den Ehrgeiz der Habsburger, das unmittelbar der Krone unterstehende Kammergut zu vermehren. Auch wenn um 1700 mit den Mediatfürstentümern Neisse-Grottkau, Münsterberg, Oels, Sagan und Troppau-Jägerndorf, den Freien Standesherrschaften Carolath, Trachenberg, Militsch, Groß Wartenberg, Beuthen und Pleß sowie einigen kleinen Minderstandesherrschaften nur noch ein Drittel der Fläche Schlesiens nicht unmittelbar der Krone unterstand, so unternahm diese doch keinerlei Anstrengungen, die Zersplitterung der schlesischen Territorien einzudämmen. Ganz im Gegenteil: Der 1653 nach dem Tode der letzten Teschener Herzogin Lukretia

Abb. 17: Der Titelkupfer des 1685 in Frankfurt am Main gedruckten Werkes »Schlesische Fürsten-Krone / Oder Eigentliche / warhaffte Beschreibung Ober- und Nieder-Schlesiens« von Friedrich Lucae (1644–1708) dokumentiert Anfang und Ende des piastischen Fürstengeschlechts Schlesiens, das im Jahre 1675 mit Herzog Georg Wilhelm von Liegnitz, Brieg und Wohlau ausstarb.

noch um das oberschlesische Fürstentum vergrößerte Kronbesitz wurde nur kurze Zeit später, Ende Juli 1654, durch die Verleihung von Münsterberg an den österreichischen Obersthofmeister und Geheimen Rat Johann Weikhard Fürst Auersperg erneut gemindert[45].

Nach dem Tode Herzog Georg Wilhelms, des letzten Piasten in der Geschichte Schlesiens, im Jahre 1675 fielen auch die reichen Fürstentümer Liegnitz, Brieg und Wohlau an die Krone. Sie verbreiterten den königlichen Grundbesitz erheblich. Dennoch wurden sie nicht in der gleichen Weise wie die älteren Erbfürstentümer genutzt. Sie nahmen ein ähnliches Schicksal wie die Fürstentümer Oppeln und Ratibor, die schon in der Vergangenheit mehrfach als bloße Pfand- und Anleiheobjekte gedient hatten und von 1645 bis 1666 an den König von Polen verpfändet worden waren[46].

Stand die Religionsfrage in den ersten Friedensjahren nach 1648, in denen die Schweden erst nach und nach die von ihnen in Schlesien besetzten Plätze räumten, noch ganz im Schatten des Wiederaufbaus, so mehrten sich schon bald die Zeichen einer verschärften Gegenreformation. Die Rekatholisierung betraf sowohl die Erbfürstentümer als auch die anderen im Westfälischen Frieden nicht bevorrechteten Fürstentümer und Standesherrschaften. Die protestantisch gebliebenen Fürstentümer – sie bemühten sich durch die 1651 in Brieg einsetzende, in Liegnitz und Wohlau fortgesetzte Visitation um eine möglichst feste kirchliche Rechtsordnung – wurden immer mehr zum Rückhalt für die Evangelischen der schlesischen Nachbargebiete, die sich in den Jahren 1653/54 mit der planvoll durchgeführten Gegenreformation konfrontiert sahen.

Seit Anfang Januar 1653, als das Breslauer Oberamt eine Verfügung Kaiser Ferdinands III. über die Kirchenrückgabe in den Erbfürstentümern erhielt, begannen sogenannte kaiserliche Reduktionskommissionen, den Protestanten die ihnen bis dahin noch verbliebenen Kirchen wegzunehmen und in katholischen Besitz zu bringen. Die protestantischen Prediger sollten durch katholische Geistliche ersetzt werden. Im gleichen Jahr fand in Neisse die erste Diözesansynode seit langer Zeit statt. Auf ihr wurde der Geistlichkeit eingeschärft, stärker als in der Vergangenheit die Beschlüsse des Konzils von Trient zu beachten und in die Tat umzusetzen.

Die katholische Restauration erhielt eine neue Qualität, als der 1664 zum Bischof von Breslau gewählte Sebastian von Rostock auch zum Oberlandeshauptmann ernannt wurde. Auf diese Weise war ein enges kirchenpolitisches Zusammenwirken von geistlicher und weltlicher Macht möglich geworden, das sich auch auf die Straffung der katholischen Kirchenorganisation und des Ordenslebens auswirkte, das innerhalb weniger Jahre einen bedeutenden Aufschwung nahm. Rostock, der den habsburgischen Erzherzögen Leopold Wilhelm und Karl Joseph auf dem Bischofsstuhl gefolgt war, hatte bereits in seiner Zeit als Generalvikar die Forderung erhoben, die nach dem königlichen Majestätsbrief von 1609 eingerichteten lutherischen Konsistorien gänzlich aufzulösen[47]. War schon seit 1660 in ganz Oberschlesien keine evangelische Kirche mehr zu finden, so verstärkte sich in den folgenden Jahren der Druck auf die Protestanten, die räumlich und rechtlich in die Enge getrieben wurden.

Im Jahre 1670 wurden die Landeshauptleute der Erbfürstentümer angewiesen, den Ständen nicht weiter zu gestatten, sich in Religionsfragen an den Landesherrn zu wenden. Zwei Jahre später wurden diese genötigt, die katholischen Feiertage einzuhalten. Besonders in der Hauptstadt Breslau konnte die Gegenreformation wichtige Erfolge erringen. Seit 1654 fanden wieder katholische Begräbnisse innerhalb der Stadtmauern öffentlich statt, und 1670 erhielten die Jesuiten die kaiserliche Burg für ihr Kolleg. Den Höhepunkt bildete am 21. Oktober 1702 die Gründung einer Jesuitenuniversität, der Leopoldina, die mit ihren zwei Fakultäten – einer theologischen und einer philosophischen – zum geistigen Mittelpunkt gegenreformatorischer Tätigkeit in Schlesien wurde. Abfällig äußerte sich Karl Theodor Otto Fürst von Salm, Obersthofmeister und ehemaliger Erzieher Josephs I., des Sohnes Kaiser Leopolds I., bei der Gründung über die »Lumperei mit allen Jesuiter-Universitäten, die sie allein inne hätten«[48]. Ähnlich mochten auch der Breslauer Magistrat, die Kaufmannschaft und die Zünfte empfunden haben, als sie vergeblich gegen die Universitätsgründung protestiert hatten.

Doch auch jene Fürstentümer, denen noch 1648 im Westfälischen Frieden das Recht der freien Religionswahl zugesichert worden war, sahen sich seit dem letzten Viertel des 17. Jahrhunderts einer neuen Welle der katholischen Restauration ausgesetzt. Diese beschränkte sich nicht auf die nach dem Tode des letzten schlesischen Piasten 1675 heimgefallenen Fürstentümer Liegnitz, Brieg und Wohlau, sondern erstreckte sich auch auf Oels und Breslau sowie auf andere Landesteile. Immerhin erreichten die um eine Bestätigung ihrer Religionsprivilegien besorgten Stände der letzten piastischen Fürstentümer, die im April 1676 eine neunköpfige Abordnung zum Wiener Hof entsandt hatten, daß ihnen durch kaiserliche Resolution am 15. Juli 1676 eine allgemeine Einhaltung zugesagt wurde.

Im Vorfeld dieser Religionsverhandlungen hatte sich die tiefe Kluft zwischen der mäßigenden Linie der Politiker – sie befürchteten, daß »das landt Schlesien aber bey habender gelegenheit ... durch hienderung Ihres freyen Religions Exercitij depopuliret«[49] werde – und den Scharfmachern unter den Theologen gezeigt, die ein konsequentes Vorgehen gegen die Protestanten forderten. Ihre Linie wurde später durch das unnachgiebige Vorgehen des 1683 zum Bischof von Breslau gewählten Franz Ludwig, Pfalzgraf zu Neuburg, gestärkt, einem Schwager Leopolds I., der zugleich die kaiserlichen Interessen in den Territorien am Oberrhein und in der Reichskirche vertrat[50]. Die Religionsmandate der Jahre 1680/81 verboten schließlich den Protestanten den Besuch der Grenz- und Zufluchtskirchen, trafen Vorkehrungen für die in dieser Zeit vielfach erzwungene Auswanderung und machten die Erziehung der Kinder außerhalb Schlesiens von der Genehmigung durch die Landesherrschaft abhängig.

f) Protestantische Gegenwehr und Gleichberechtigung

Die Verstöße gegen Artikel V des Westfälischen Friedens, an deren Einhaltung Schweden und die evangelischen Kurfürsten von Sachsen und Brandenburg ein lebhaftes Interesse hatten, fanden ihren Widerhall weit über die schlesischen Landesgrenzen hinaus bis zu den Höfen von Stockholm, Dresden und Berlin. Immer häufiger wurden fortan Interventionen dieser Mächte, die sich als auswärtige Fürsprecher des bedrohten schlesischen Protestantismus annahmen, an den kaiserlichen Hof in Wien gerichtet. Die Tatsache, daß der sächsische Kurfürst August II. der Starke im Juli 1697 zum Katholizismus übertrat, um die polnische Königskrone zu erlangen, bedeutete einerseits eine Entlastung für den in der schlesischen Frage unter Druck geratenen Leopold I.; andererseits wurde dadurch Brandenburg als Schutzmacht für die schlesischen Protestanten zwangsläufig aufgewertet.

Außenpolitisch geriet die Habsburgermonarchie um 1700 in eine Reihe kriegerischer Verwicklungen[51]. Während die Türkenkämpfe im Frieden von Karlowitz Ende Januar 1699 mit dem Verzicht des Sultans auf Ungarn, Siebenbürgen sowie weite Teile Kroatiens und Slawoniens soeben ein Ende gefunden hatten, brach 1701 der Spanische Erbfolgekrieg aus, in dem die Dynastie ihre Ansprüche auf die Nachfolge auf den spanischen Thron geltend machte. Nur wenige Jahre später brach in Ungarn ein Aufstand unter Franz II. Rákóczi aus, der bedrohliche Ausmaße annahm und zum Verlust der ungarischen Krone für Habsburg zu führen drohte.

In diesem Mehrfrontenkrieg sah der neue Kaiser Joseph I. seine wichtigste Aufgabe darin, zunächst die Nordflanke gegen Schweden zu sichern. Denn die Gefahr lag nahe, daß der schwedische König Karl XII., der im Zuge der militärischen Auseinandersetzung mit Sachsen seit 1706 bereits Teile Schlesiens besetzt hatte, auf seiten Frankreichs in den Spanischen Erbfolgekrieg eingreifen könnte. Der Habsburger sah sich daher in einer aus zwei Verträgen bestehenden, im schwedischen Hauptquartier von Altranstädt (eigentlich Liebertwolkwitz) bei Leipzig vereinbarten Konvention am 1. September 1707 zu umfangreichen Zugeständnissen an Schweden gezwungen. Sie wurde wegen protokollarischer Schwierigkeiten zunächst nur vom böhmischen Kanzler Johann Wenzel Graf Wratislaw von Mitrowitz unterzeichnet.

Der vier Artikel umfassende Hauptvertrag der Konvention zu Altranstädt widmete sich besonders im ersten Artikel mit seinen elf Paragraphen bis in alle Einzelheiten den umstrittenen Religionsbestimmungen der schlesischen Protestanten. Zusammen mit dem Anfang Februar 1709 in Breslau geschlossenen Ausführungsvertrag markiert er als neue Rechtsgrundlage eine Wende in der Geschichte Schlesiens. »Unter politischem Druck aus politischen Gründen geschlossen, war die Altranstädter Konvention inhaltlich hauptsächlich ein Religionsvertrag zugunsten der schlesischen Protestanten«[52]. Das reformierte Bekenntnis wurde allerdings – trotz der gemeinsamen Fürsprache Englands, Hollands, Schwedens sowie Brandenburg-Preußens – nicht in die österreichisch-schwedische Konvention eingeschlossen.

In den Fürstentümern Liegnitz, Brieg, Wohlau, Münsterberg und Oels – hier hatte es 1648 noch eigene Herzöge gegeben – führte die Altranstädter Konvention zur Rückgabe von mehr als hundert Kirchen an die Protestanten. Diese sollten bei der Vergabe von Landes- und Stadtämtern nicht länger benachteiligt werden. Den Erbfürstentümern wurden allein aus kaiserlicher Gnade, nicht aufgrund des im Westfälischen Frieden niedergelegten schwedischen Interzessionsrechtes sechs weitere Kirchen zugestanden. Um diese sogenannten Gnadenkirchen bewarben sich seit November 1708 ständische Vertreter der einzelnen schlesischen Territorien. Die Gnadenkirchen wurden schließlich den grenznahen, wirtschaftsschwachen Städten Sagan, Militsch, Teschen und Freystadt sowie den gewerbereichen Gebirgsstädten Hirschberg und Landeshut zugesprochen. Niemand sollte mehr zum Glaubenswechsel gezwungen oder an der Emigration gehindert werden. Darüber hinaus wurden die alten evangelischen Konsistorien wiedererrichtet, die Schulen zurückgegeben und neue protestantische Pfarrer eingesetzt.

Eine Reihe weiterer Bestimmungen über die Frage der Ämterverteilung, des Grunderwerbs, der Vormundschaft, der Mischehen und der Hausandacht gab den Protestanten die Garantie, gegenüber den Katholiken künftig nicht mehr benachteiligt zu werden. Während der zweite und dritte Artikel der Altranstädter Konvention jeweils schwedische Interessen im römisch-deutschen Reich behandelte, bekräftigten die schwedischen Separatartikel im zweiten Teil vor allem die gute Beziehung zum Haus Österreich. Darüber hinaus gründete Joseph I. im Zuge der Altranstädter Konvention 1708 nach dem Vorbild Wiens und Berlins eine adelige Ritterakademie in Liegnitz. Sie sollte sowohl dem protestantischen als auch dem katholischen Adel offenstehen. In ihrer Glanzzeit bis zum Jahre 1740 zog die weithin anerkannte Akademie Studenten aus den österreichischen, böhmischen und ungarischen Ländern gleichermaßen wie aus dem Reich, Rußland, Kurland, Litauen, Polen und Irland an.

Abb. 18: Die am 1. September 1707 unterzeichnete Altranstädter Konvention diente dem Ziel, »den wahren Verstand des Oßnabrückischen Frieden-Schlusses« von 1648 wiederherzustellen. Sie war ein Religionsvertrag zugunsten der schlesischen Protestanten. Das zeitgenössische Flugblatt zeigt Kaiser Joseph I. und König Karl XII. von Schweden und dokumentiert die religiöse Begeisterung, die sich am auffallendsten in der Bewegung der »Betenden Kinder« äußerte.

DOKUMENT 6: Die Hauptartikel der Altranstädter Konvention vom 1. September 1707 (Teil I)[53]:

»Von Seiten Ihro Käyserl. Majest. wird versprochen

I. Articul

Daß das freye Religions-Exercitium, welches denen Schlesischen Fürsten/ Grafen/ Freyherren/ von Adel/ und ihren Unterthanen/ wie auch denen der Augspurgischen Confession zugethanen Städten/ Vorstädten und Dörffern in dem Oßnabrückischen Frieden erlaubet worden/ nicht allein ungehindert u. ungekränckt verbleiben/ sondern auch dasjenige/ was wieder den wahren Verstand des Oßnabrückischen Frieden=Schlusses neuerlich anzutreffen/ oder eingeführet worden/ auff nachgesetzte Weise corrigiret werden soll:

§. 1.

Die Kirchen und Schulen in den Fürstenthümern/ Liegnitz/ Brieg/Münsterberg und Oelße/ wie auch in der Stadt Breslau/ und den übrigen Städten/ Vorstädten und Dörffern/ welche nach dem Westphälischen Frieden weggenommen worden/ sie mögen entweder schon denen Catholischen eingeräumet/ oder nur gesperret seyn/ sollen in den Stand/ wie sie zu Zeit ietztgedachten Friedens=Schlusses gewesen/ wieder gesetzet/ und denen Augspurgischen Confessions=Verwandten mit allen darzu gehörigen Rechten/ Freyheiten/ Einkünfften/ liegenden Gründen und anderen Güttern/ binnen 6. Monathen auffs längste/ oder noch ehender/ wieder eingeräumet werden.

§. 2.

Denen Gemeinen/ welche ihre Kirchen bey denen Städten Schweidnitz/ Jauer/ und Glogau haben/ soll nicht allein frey stehen/ so viel Geistliche anzunehmen/ als Sie zu Verrichtung ihres Gottesdienstes nöthig haben/ sondern auch zur Aufferziehung ihrer Kinder bey ihren Kirchen Schulen zu haben und auffzurichten.

§. 3.

In denen Oertern aber/ wo das öffentliche Religions=Exercitium der Augspurgis. Confession verbothen ist/ soll niemanden verwehret werden/ den Gottesdienst friedlich und bescheiden in seinem Hause vor sich/ seine Kinder/ und Haußgenossen zu verrichten/ und auch die Kinder in auswärtigen Schulen seiner Religion/ oder durch Praeceptores zu Hause zu unterweisen: Es soll auch kein Augspurgischer Confessions=Verwandter in Schlesien gezwungen werden/ dem Catholischen Gottes=Dienste beyzuwohnen/ in ihre Schulen zu gehen/ Catholisch zu werden/ oder Catholische Pfarren zu ministerialischen Actibus, als Trauen/ Tauffen/ Begraben/ das Heilige Abendmahl halten/ oder andere dergleichen zu brauchen; sondern es soll iedermann frey stehen/ zu Vollziehung ietzternennter Actuum in die benachtbarten Oerter/ binnen oder ausser Schlesien/ wo das Augspurgische Confessions=Exercitium getrieben wird/ sich zu begeben/ jedoch daß dem ordentlichen Pfarrer des Ortes dasjenige entrichtet werde/ was ihm dessentwegen dem alten Brauche nach zukommet. Es soll auch denen Augspurgischen Confessions=Geistlichen nicht verwehret werden/ auff Erfordern ihre unter Catholischer Jurisdiction wohnende Religions=Verwandten in ihrer Kranckheit zubesuchen/ wie auch denen Gefangenen und zum Tode Verurtheileten mit Reichung des Heil. Abendmahls/ Begleitung und anderm Troste/ beyzustehen.

§. 4.

Die von Adel/ und andere Catholischen/ welche unter Augspurgischen Confessions=Kirchen und Pfarrten wohnen/ oder ihre Güter haben/ sollen dem Pfarren der Augspurgischen Confession die Decimas, und andere Einkünffte/ so unter die Taxam Stolae gehören/ entrichten [...].

§. 6.

Wenn etwas in Religions=Sachen vorfällt/ sollen die Landes=Hauptleute/ und andere Unterrichter eher nicht exequiren/ biß zuvor derjenige/ welcher den Streit hat/ solches dem Köngl. Ober=Ambt/ oder Ihro Käyserl. Majestät selbsten vorgetragen/ und sich daselbst entscheiden lassen: Wie denn auch denen Ständen Augspurgischer Confession frey stehen soll/ dessentwegen gewisse Leute und Mandatarios an dem Käyserlichen Hofe auff ihre Unkosten zu halten und zu unterhalten.

§. 7.

Die Ehe=Sachen/ und was sonst die Religion anbetriefft/ sollen entweder vor das Catholische Consistorium gar nicht gezogen/ oder doch nach denen Rechten der Augspurgischen Confession, judiciret werden: In denen Fürstenthümern aber/ wo zur Zeit des Westphälischen Friedens Consistoria der Augspurgischen Confession gewesen/ sollen Sie wieder auff die alte Art eingeführet/ und von ihnen dergleichen Sachen untersuchet und entschieden werden/ jedoch daß davon an Ihro Käyserl. Majestät zu appelliren frey stehe [...]

§. 9.

Die von Adel/ und andere Augspurgische Religions=Verwandte/ sollen von denen öffentlichen Aemptern/ in so weit Sie dazu geschickt seyn/ nichts ausgeschlossen/ auch ihnen nicht verwehret werden/ ihre Gütter zu verkauffen/ und aus dem Lande nach ihrem Belieben zu ziehen/ nach mehrem Inhalt des Westphälischen Friedens [...].

IV. Articul

Damit aber dieses alles/ was hier versprochen worden/ desto mehr krafft haben/ und alles und iedes hierinnen enthaltene heilig und unverbrüchlich gehalten werden möge wird Ihr. König. Maj. in Schweden zugelassen/ einige guarants zu erwehlen und anzunehmen.

Zu Uhrkund dessen hat der Kays. Abgesandte und Gevollmächtigte diese Convention eigenhändig unterschrieben und besiegelt/ und darbey versprochen/ die ratihabition und das Instrumentum darüber von I. Kays. Maj. binnen/ zwey Wochen von dato an zu rechnen/ zu verschaffen/ u. richtig zu überliefern. Geben zu Alt=Ranstädt den 21. Aug. (1. Sept.) A. 1707.«

Der Altranstädter Religionsvertrag konnte dem gewaltsamen Vorgehen gegen die schlesischen Protestanten – sie bildeten die Hälfte der Anfang des 18. Jahrhunderts etwa eine Million zählenden Schlesier – in den letzten Jahren Kaiser Josephs I. einen Riegel vorschieben. Erst unter dessen Sohn, Karl VI., kam es schon bald zu neuen Klagen. Die neuerrichteten protestantischen Konsistorien in Liegnitz, Brieg und Wohlau, deren Zusammensetzung sich der Kaiser vorbehielt, erhielten ebenso eine katholische Leitung wie die Magistrate in den Städten. Wurden Ämter und Würden in der Landesverwaltung vergeben oder standen Kammergüter zur Verpachtung an, so wurde, mit Ausnahme Breslaus, nahezu durchgängig Katholiken der Vorzug gegeben.

Karl VI. griff damit erneut die älteren Pläne auf, die katholische Glaubenseinheit in Schlesien notfalls gewaltsam zu erzwingen[54]. Die vielfältigen Restriktionen, denen sich die Protestanten in jener Zeit ausgesetzt sahen, erklären, warum große Teile der evangelischen Bevölkerung Schlesiens Friedrich II. von Preußen bei dessen Einfall in das habsburgische Territorium gleichsam als »Befreier« von der religiösen Unterdrückung empfanden. Erst nach 1740 war im preußisch gewordenen Teil Schlesiens die Einhaltung der Altranstädter Konvention wirklich sichergestellt.

g) Religionspolitik und Wirtschaftsinteressen

Ein markantes Beispiel der kirchenpolitischen Praxis Karls VI. bot das rigorose Vorgehen im Fürstentum Teschen, das seit 1722 im Besitz der Herzöge von Lothringen war, in den dreißiger Jahren des 18. Jahrhunderts[55]. Seit die Teschener Gnadenkirche zum Mittelpunkt der Pietisten geworden war, setzten die Jesuiten alle Hebel in Bewegung, um die von Schülern August Hermann Franckes getragene religiöse Bewegung in Oberschlesien zurückzudrängen. Am 28. Januar 1724 berichtete der erste Pfarrer an der Gnadenkirche, Johann Muthmann, in einem Schreiben an den Jenaer Theologieprofessor Johann Franz Buddeus von den »fatalitäten«, von denen die Gemeinde schwer betroffen sei: »Wie denn, da wir keine Taufe, Trauung, Begräbnis (auch nicht wir Prediger selbst vor uns und die Unsrigen) in unsrer Kirch verrichten dürfen, es sei denn, daß der Parochus loci catholicus die taxa stolae zuerst empfangen und einen Lizenzzettel erteilet, fast kein actus ohne allerhand Verhinderungen geschieht; auch kein Kranker weder in der Stadt noch auf dem Lande von uns besuchet werden darf, es sei denn, daß solches zugleich dem Parocho loci angemeldet worden, so daß Lebende und Sterbende immer in Streit, Furcht und Überlauf sein müssen«[56].

Die Anfeindungen gegen die Pietisten erklären sich nicht zuletzt aus der Tatsache, daß sie von Jesuiten und lutherischer Orthodoxie gemeinsam getragen wurden. Die Schärfe des

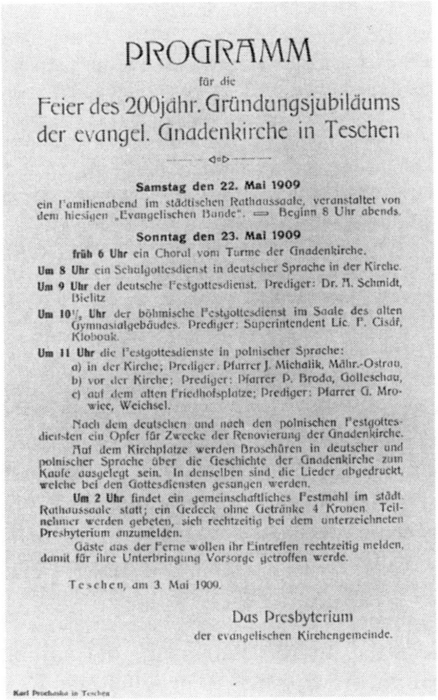

PROGRAMM

für die

Feier des 200jähr. Gründungsjubiläums der evangel. Gnadenkirche in Teschen

Samstag den 22. Mai 1909

ein Familienabend im städtischen Rathaussaale, veranstaltet von dem hiesigen „Evangelischen Bunde". ⟹ Beginn 8 Uhr abends.

Sonntag den 23. Mai 1909

früh 6 Uhr ein Choral vom Turme der Gnadenkirche.

Um 8 Uhr ein Schulgottesdienst in deutscher Sprache in der Kirche.

Um 9 Uhr der deutsche Festgottesdienst. Prediger: Dr. A. Schmidt, Bielitz

Um 10½ Uhr der böhmische Festgottesdienst im Saale des alten Gymnasialgebäudes. Prediger: Superintendent Lic. F. Cisář, Klobouk.

Um 11 Uhr die Festgottesdienste in polnischer Sprache:

a) in der Kirche; Prediger: Pfarrer J. Michalik, Mähr.-Ostrau,
b) vor der Kirche; Prediger: Pfarrer P. Broda, Golleschau,
c) auf dem alten Friedhofsplatze; Prediger: Pfarrer G. Mrowiec, Weichsel.

Nach dem deutschen und nach den polnischen Festgottesdiensten ein Opfer für Zwecke der Renovierung der Gnadenkirche.

Auf dem Kirchplatze werden Broschüren in deutscher und polnischer Sprache über die Geschichte der Gnadenkirche zum Kaufe ausgelegt sein. In denselben sind die Lieder abgedruckt, welche bei den Gottesdiensten gesungen werden.

Um 2 Uhr findet ein gemeinschaftliches Festmahl im städt. Rathaussaale statt; ein Gedeck ohne Getränke 4 Kronen. Teilnehmer werden gebeten, sich rechtzeitig bei dem unterzeichneten Presbyterium anzumelden.

Gäste aus der Ferne wollen ihr Eintreffen rechtzeitig melden, damit für ihre Unterbringung Vorsorge getroffen werde.

Teschen, am 3. Mai 1909.

Das Presbyterium
der evangelischen Kirchengemeinde.

Karl Prochaska in Teschen

Abb. 19: Die Teschener Gnadenkirche – eine der sechs neuen Toleranzkirchen, die der Kaiser den Protestanten nach der Altranstädter Konvention zugebilligt hatte – entwickelte sich zu einem Mittelpunkt des schlesischen Pietismus. Das Programm für die Feier des 200jährigen Gründungsjubiläums, das einen Festgottesdienst in deutscher, tschechischer und polnischer Sprache ankündigt, zeigt die bedeutende Ausstrahlung der Teschener Gnadenkirchengemeinde.

religiösen Konflikts trug auch zur politischen Gärung in Teschen bei, wo sich das Verhältnis zwischen katholischer Obrigkeit und protestantischer Bevölkerung seit Ende der zwanziger Jahre zunehmend verschlechterte. Ein erster Höhepunkt der wachsenden Unzufriedenheit zeichnete sich Ende April 1736 ab, als über hundert Kammeruntertanen beim Teschener Landeshauptmann erschienen und diesem ein Memorial vorlegten, das die vielfältigen Verletzungen der Altranstädter Konvention in den vergangenen Jahren dokumentierte und die Missionsmethoden der Jesuiten verurteilte[57]. Das Versprechen, die Klagen zu prüfen und an die zuständigen Behörden weiterzuleiten, konnte die aufgebrachte Bevölkerung jedoch nicht zufriedenstellen. Sie erschien Anfang Mai erneut in großer Zahl und in Waffen beim Landeshauptmann, um dieses Mal gewaltsam ihre inhaftierten Glaubensbrüder zu befreien.

Der Teschener Bauerntumult im Jahre 1736 blieb nicht die einzige Konsequenz der restriktiven Konfessionspolitik Kaiser Karls VI. Ähnlich lagen die Verhältnisse im Fürstentum Liegnitz, wo in den Jahren nach 1725 einige Hundert dort ansässiger Schwenckfelder rigoros in die Emigration getrieben wurden[58]. Insgesamt bildete sich jedoch zwischen Ober- und Niederschlesien im 17. und frühen 18. Jahrhundert eine ausgeprägte Konfessionsgrenze aus: Im Gegensatz zu Niederschlesien hatte sich in Oberschlesien – dazu trugen die ethnisch-sprachliche Gemengelage und die Einflüsse aus Polen bei – die Reformation nicht vollständig durchsetzen können, so daß sich hier sowohl der Gegenreformation als auch der habsburgischen Landespolitik ungleich geringere Widerstände entgegenstellten. Die Teschener Gnadenkirche bildete in dieser Hinsicht eine Insel in einem ansonsten geschlossen katholischen Umfeld. Die konfessionell abweichende Entwicklung Oberschlesiens in der Zeit des Barock verstärkte die bereits bestehenden politischen, wirtschaftlichen und sozialen Unterschiede zu Niederschlesien[59].

In der Judenpolitik zeigte sich Karl VI. dagegen zurückhaltender, wenn auch nicht aus religiöser Duldsamkeit. Der Habsburger unternahm den ersten umfassenden Vorstoß, um Klarheit in die fiskalische und rechtliche Situation dieser Minderheit zu bringen, die im Jahre 1737 etwa 4000 Personen zählte und damit 0,5% der Bevölkerung ausmachte[60]. Nach dem Dreißigjährigen Krieg waren die Juden, die im benachbarten Polen und in der Ukraine verfolgt wurden, wegen ihrer besonderen Kenntnisse und Fertigkeiten und ihrer ausgedehnten Handelsbeziehungen im wirtschaftlich schwer getroffenen Schlesien sehr willkommen. Stärker als in den Städten hatte sich seit der Mitte des 17. Jahrhunderts die Zahl der Juden in den ländlichen Gebieten vermehrt. Besonders hoch war die jüdische Besiedlung in Oberschlesien, wo im Laufe des 17. Jahrhunderts zahlreiche neue Gemeinden in Myslowitz, Teschen, Pleß, Oppeln, Beuthen, Bielitz, Nikolai und Oberglogau entstanden waren[61].
Als wirtschaftliche Grundlage diente den Juden die Pacht von Zöllen, Mühlen, Schenken, Meiereien und Brauereien. In Oberschlesien waren im Jahre 1660 hundert Branntweinurbare in der Hand jüdischer Pächter, und am Ende des 17. Jahrhunderts gab es dort beinahe kein Dorf ohne jüdischen Schankpächter oder Krämer. Die Wirtschaftskraft der Juden brachte gleichermaßen dem Kaiser, den Fürsten und Ständen sowie den Städten Vorteile. Um nicht nur aus der jüdischen Handelstätigkeit einen unmittelbaren Nutzen für die Krone ziehen zu können, sondern auch indirekt den Ständen die bisherigen Abgaben der Juden zu entziehen, beschloß Karl VI., die Juden zu einer Duldungssteuer zu veranlagen und ihnen dafür im Gegenzug den bisher nur stillschweigend geduldeten Aufenthalt in Schlesien zu gestatten[62].
Von dem am 10. Januar 1713 erlassenen »Toleranzpatent« erhofften sich die Juden ihrerseits eine größere Sicherheit der rechtlichen und wirtschaftlichen Stellung. Der Versuch, durch eine nach Vermögen und Geschlecht gestaffelte Steuer der jüdischen Minderheit den Aufenthalt in Schlesien zu ermöglichen, ist jedoch letztlich am langanhaltenden Widerstand unter den Herrschaften und Städten wie auch unter den traditionell judenfeindlichen Kaufleuten und Zünften gescheitert. 1738 wurden alle nichtprivilegierten Juden aus Schlesien ausgewiesen. Das »Toleranzpatent« Karls VI. war damit faktisch aufgehoben. Im November 1740 wurde der Ausweisungsbefehl von Maria Theresia zwar wiederholt, doch kam er wegen der Besetzung Schlesiens durch die preußischen Truppen schon nicht mehr zur Durchführung.

h) Schlesien in der Wiener Gesamtstaatspolitik

Unter der Herrschaft Karls VI. entstanden die großangelegten Gesetzes- und Privilegiensammlungen von Johann Theodor von Arnold und Johann Jacob von Weingarten, die von der beträchtlichen Anzahl von Eingriffen der Landesherrschaft auch in den schlesischen Fürstentümern Zeugnis ablegen. Doch schon die von Joseph I. eingeleitete Vermessung sämtlicher habsburgischen Erbländer, die 1720 auch auf Schlesien ausgedehnt worden war, wurde bezeichnenderweise – ähnlich wie die Steuerreform – immer wieder hinausgezögert. Mit der Aufgabe war der Militärkartograph Johann Wolfgang Wieland betraut, der gleichzeitig eine schlesische Straßenkarte anfertigen sollte. Die Drucklegung dieser Aufnahme, die er 1732 vollständig vorlegen konnte, wurde durch den Ausbruch des Ersten Schlesischen Krieges mit Preußen 1740 verzögert. Unter dem Titel »Atlas Silesiae« erschien sie schließlich 1752 in Nürnberg[63].
Doch auch der politische Durchsetzungswille des schlesischen Fürstenstandes, dessen Zusammensetzung sich 1722 mit der Verleihung des Fürstentums Teschen an das Haus Lothringen letztmalig nennenswert verschob, hielt sich in Grenzen. Im Grunde besaß

dieser Stand kein echtes Landesbewußtsein mehr. Nur selten zeigten sich vorsichtige Versuche, den vorhandenen Einflußbereich über das Steuerbewilligungsrecht hinaus auszudehnen. Als 1719 das Breslauer Oberamt dem bisherigen Oberlandeshauptmann, Bischof Franz Ludwig von Pfalz-Neuburg, entzogen und nicht wieder mit einem Mitglied der Fürstenkurie besetzt wurde, stieß die kaiserliche Entscheidung nur auf geringen Widerstand. Um die zentrale Entscheidungsinstanz jedoch nicht gänzlich aufzugeben, entschloß sich Karl VI., dem Landeshauptmann von Schweidnitz-Jauer, Johann Anton Graf von Schaffgotsch, als interimistischem Oberamtsdirektor die Leitung der Geschäfte und den Vorsitz bei den Fürstentagen zu übertragen. Ansonsten wahrte Schlesien seine ständische Vielgestaltigkeit auch in den letzten Jahrzehnten der habsburgischen Herrschaft[64].

Seit der letzten Landeshuldigung in Breslau im Jahre 1617 hatte kein Habsburger Schlesien besucht. Ein Jahrhundert später hätte sich, angesichts der außenpolitisch vergleichsweise ruhigen Lage der Gesamtmonarchie, die Gelegenheit geboten, die schlesischen Territorien – ähnlich wie in den vergangenen Jahrzehnten noch in Böhmen und Mähren geschehen – administrativ und gesellschaftlich stärker zu integrieren und zugleich die landesfürstliche Macht umfassender zu verankern. Zwar waren entsprechende Modernisierungsansätze in diese Richtung unter der Herrschaft Karls VI. zu erkennen, doch blieben sie mehrheitlich in den Anfängen stecken. Denn nach 1700, als die Habsburgermonarchie nach dem definitiven Ende der Türkengefahr und der vollständigen Machtübernahme Wiens in den bisher besetzten Teilen der ungarischen Stephanskrone zur dominierenden Macht im südöstlichen Mitteleuropa wurde, zeichnete sich eine neue politische Stoßrichtung ab. Sie führte zu einer Interessenverlagerung in den Donauraum und damit gleichzeitig zu einer weiteren Herauslösung der Habsburgermonarchie aus dem Alten Reich.

Schlesien rückte damit mehr und mehr an die Peripherie und verlor gerade in einer Zeit, in der mit der Pragmatischen Sanktion nicht nur die Sukzession der weiblichen Nachkommenschaft, sondern auch die Unteilbarkeit der habsburgischen Erblande verankert wurde, spürbar an Gewicht für die Wiener Gesamtstaatspolitik. Nur wenige Jahre später stand Schlesien jedoch im Mittelpunkt einer historisch folgenreichen Auseinandersetzung zwischen dem Haus Österreich und dem bislang zweitrangigen Brandenburg-Preußen – einer Auseinandersetzung, die den Grundstein legte für den österreichisch-preußischen Dualismus um die Vorherrschaft im Reich, der letztlich erst im Jahre 1866 entschieden werden sollte.

Anmerkungen

1 Joachim Bahlcke, Das Herzogtum Schlesien im politischen System der Böhmischen Krone, in: Zeitschrift für Ostmitteleuropa-Forschung 44 (1995), S. 27–55.

2 Schlesische Gravamina 1538 und 1557. Rachfahl, Gesamtstaatsverwaltung Schlesiens (wie S. 45, Anm. 52), S. 225, 249.

3 Franz Kürschner, Errichtung der Königlichen Kammer in Schlesien, in: Zeitschrift des Vereins für Geschichte und Alterthum Schlesiens 11 (1871), S. 1–17; Elisabeth Zimmermann, Die Schlesische Kammer und die Reformation in Schlesien, in: Archiv für schlesische Kirchengeschichte 14 (1956), S. 141–152.

4 Joachim Bahlcke, Regionalismus und Staatsintegration im Widerstreit. Die Länder der Böhmischen Krone im ersten Jahrhundert der Habsburgerherrschaft, München 1994 (= Schriften des Bundesinstituts für ostdeutsche Kultur und Geschichte, Bd. 3), S. 68f., 113.

5 Sněmy české od leta 1526 až po naši dobu. Hrsg. v. kgl. böhm. Landesarchive, Bde. 1–11/2 [1526–1607], 15/1–3 [1611], Praha 1877–1954, hier Bd. 8, S. 207ff.

6 Václav Vojtíšek, Vývoj královské české kanceláře [1937], jetzt in: ders., Výbor rozprav a studií, Praha 1953 (= Studie a prameny, Bd. 5), S. 501–517.

7 Hermann Palm, Schlesiens Landesdefension im XV., XVI. und XVII. Jahrhundert, in: Abhandlungen der Schlesischen Gesellschaft für vaterländische Geschichte. Philos.-hist. Abth., Breslau 1869, S. 71–101, hier S. 80–84.

8 Josef Macůrek, Slezsko a jeho úloha ve vývoji česko-polských vztahů na přelomu 15. a 16. století, in: Česko-polský sborník vědeckých prací, Bd. 1. Hrsg. v. Milan Kudělka, Praha 1955 (= Publikace Slezského studijního ústavu v Opavě, Bd. 11), S. 223–269.

9 Władysław Czapliński, Die Schlachta, der Grossadel und die offizielle Schlesienpolitik Polens Ende des 16. und in der ersten Hälfte des 17. Jh., in: Beiträge zur Geschichte Schlesiens. Hrsg. v. Ewa Maleczyńska, Berlin (Ost) 1958, S. 336–355.

10 Włodzimierz Kaczorowski, Bitwa pod Byczyną, Opole 1988.

11 Zygmunt Boras, Hohenzollernowie i ich dążenia do opanowania Śląska w drodze umów o przeżycie (w początkach XVI w.), in: Studia z dziejów Polski, Niemiec i NRD XVI–XX w. Hrsg. v. Antoni Czubiński, Poznań 1974 (= Uniwersytet im. Adama Mickiewicza w Poznaniu. Wydział filozoficzno-historyczny. Seria historia, Bd. 63), S. 53–65.

12 Bahlcke, Regionalismus und Staatsintegration im Widerstreit (wie Anm. 4), S. 127–148.

13 Franz Machilek, Schlesien, in: Die Territorien des Reichs im Zeitalter der Reformation und Konfessionalisierung. Land und Konfession 1500–1650, Bd. 2: Der Nordosten. Hrsg v. Anton Schindling u. Walter Ziegler, Münster 1990 (= Katholisches Leben und Kirchenreform im Zeitalter der Glaubensspaltung, Bd. 50), S. 102–138.

14 Jan Harasimowicz, Śląski luteranizm wieku Reformacji – próba charakterystyki, in: Śląski Kwartalnik Historyczny Sobótka 39 (1984), S. 493–516.

15 Quellenbuch zur Geschichte der evangelischen Kirche in Schlesien. Hrsg. v. Gustav Adolf Benrath, Ulrich Hutter-Wolandt, Dietrich Meyer, Ludwig Petry u. Horst Weigelt, München 1992 (= Schriften des Bundesinstituts für ostdeutsche Kultur und Geschichte, Bd. 1), S. 10f.

16 Joseph Jungnitz, Martin von Gerstmann, Bischof von Breslau. Ein Zeit- und Lebensbild aus der schlesischen Kirchengeschichte des 16. Jahrhunderts, Breslau 1898; Anton Nägele, Der Breslauer Fürstbischof Andreas Jerin von Riedlingen (1540–1596). Bilder aus dem Leben und Wirken eines Schwaben in Schlesien, Mainz 1911, S. 29–42.

17 Hubert Jedin, Die Krone Böhmen und die Breslauer Bischofswahlen 1468–1732 [1939], jetzt in: ders., Kirche des Glaubens – Kirche der Geschichte. Ausgewählte Aufsätze und Vorträge, Bd. 1: Kirchengeschichtsschreibung. Italien und das Papsttum. Deutschland, Abendland und Weltkirche, Freiburg/Basel/Wien 1966, S. 413–453, hier S. 422–431.

18 Jan Tenora/Josef Foltynovský, Bl. Jan Sarkander. Jeho doba, život a blahoslavení. Teil 1: Jan Tenora, Doba zápasů politických a náboženských od roku 1600–1620, Olomouc 1920, S. 139–164.

19 Joachim Bahlcke, Aufbruch und Krise. Die Stände der böhmischen Kronländer unter der Herrschaft Rudolfs II., in: Später Humanismus in der Krone Böhmen 1570–1620. Hrsg. v. Hans-Bernd Harder (†) und Hans Rothe, Dresden 1998, S. 69–95.

20 Bahlcke, Regionalismus und Staatsintegration im Widerstreit (wie Anm. 4), S. 343–360.

21 Jaroslav Goll, O slezském majestátě Rudolfa II. [1874], jetzt in: ders., Vybrané spisy drobné, Bd. 2, Praha 1929, S. 152–168.

22 Joachim Bahlcke, Konföderation und Widerstand. Die politischen Beziehungen der böhmischen und mährischen Ständegemeinde vom Bruderzwist bis zum Aufstand gegen Habsburg (1608–1619), in: Folia Historica Bohemica 13 (1990), S. 235–288.

23 Neue Briefe Karls von Zierotin an Hartwich von Stitten aus den Jahren 1610–1612. Bearb. v. Hans Schulz, in: Zeitschrift des Vereines für die Geschichte Mährens und Schlesiens 3 (1899), S. 121–170, hier S. 154–157 (Rossitz, 30. 9. 1611), S. 138–140 (Prag, 18. 4. 1611).

24 Joachim Bahlcke, Durch »starke Konföderation wohl stabiliert«. Ständische Defension und politisches Denken in der habsburgischen Ländergruppe am Anfang des 17. Jahrhunderts, in: Kontakte und Konflikte. Böhmen, Mähren und Österreich: Aspekte eines Jahrtausends gemeinsamer Geschichte. Hrsg. v. Thomas Winkelbauer, Horn/Waidhofen an der Thaya 1993 (= Schriftenreihe des Waldviertler Heimatbundes, Bd. 36), S. 173–186.

25 Acta Publica. Verhandlungen und Correspondenzen der schlesischen Fürsten und Stände [1618–1629]. Hrsg. v. Hermann Palm (Bde. 1–4) u. Julius Krebs (Bde. 5–8), Breslau 1865–1906, hier Bd. 2, S. 25–30 (17.–18. 12. 1618).

26 Joachim Bahlcke, Die Böhmische Krone zwischen staatsrechtlicher Integrität, monarchischer Union und ständischem Föderalismus. Politische Entwicklungslinien im böhmischen Länderverband vom 15. bis zum 17. Jahrhundert, in: Föderationsmodelle und Unionsstrukturen. Über

Staatenverbindungen in der frühen Neuzeit vom 15. zum 18. Jahrhundert. Hrsg. v. Thomas Fröschl, Wien 1994 (= Wiener Beiträge zur Geschichte der Neuzeit, Bd. 21), S. 83–103.

27 František Kameníček, Zemské sněmy a sjezdy moravské. Jejich složení, obor působnosti a význam. Od nastoupení na trůn krále Ferdinanda I. až po vydání obnoveného zřízení zemského (1526–1628), Bde. 1–3, Brno 1900–1905, hier Bd. 2, S. 680–687.

28 Joachim Bahlcke, Falcko-české království (Motivy a působení zahraničněpolitické orientace Falce od české královské volby po ulmskou smlouvu 1619–1620), in: Časopis Matice moravské 111 (1992), S. 227–251.

29 Josef Zukal, Slezské konfiskace. 1620–1630. Pokutování provinilé šlechty v Krnovsku, Opavsku a Osoblažsku po bitvě Bělohorské a po vpádu Mansfeldově, Praha 1916 (= Historický archiv, Bd. 42).

30 Winfried Irgang, Freudenthal als Herrschaft des Deutschen Ordens 1621–1725, Bonn-Godesberg 1971 (= Quellen und Studien zur Geschichte des Deutschen Ordens, Bd. 25), S. 31–45.

31 Machilek, Schlesien (wie Anm. 13), S. 130–135.

32 Hubert Jedin, Eine Denkschrift über die Gegenreformation in Schlesien aus dem Jahre 1625 [1938], jetzt in: ders., Kirche des Glaubens (wie Anm. 17), Bd. 1, S. 395–412; Kurt Engelbert, Das Bistum Breslau im Dreißigjährigen Kriege [Teil 3], in: Archiv für schlesische Kirchengeschichte 25 (1967), S. 201–251, hier S. 212–216.

33 Denkschrift (wohl) von Otto von Nostitz (1621), in: Acta Publica (wie Anm. 25), Bd. 5 (1622–1625), S. 9–27, hier S. 12.

34 Hans Hübner, Die Gesamtstaatsverfassung Schlesiens in der Zeit des 30jährigen Krieges, phil. Diss. Frankfurt am Main 1922.

35 Jürgen Rainer Wolf, Steuerpolitik im schlesischen Ständestaat. Untersuchungen zur Sozial- und Wirtschaftsstruktur Schlesiens im 17. und 18. Jahrhundert, Marburg/Lahn 1978 (= Wissenschaftliche Beiträge zur Geschichte und Landeskunde Ostmitteleuropas, Bd. 108), S. 1–16.

36 Konrad Repgen, Die römische Kurie und der Westfälische Friede. Idee und Wirklichkeit des Papsttums im 16. und 17. Jahrhundert, Bd. I/1: Papst, Kaiser und Reich 1521–1644, Tübingen 1962 (= Bibliothek des Deutschen Historischen Instituts in Rom, Bd. 24), S. 361–388.

37 Bedřich Šindelář, Slezská otázka na mírovém kongresu vestfálském 1643–1648, in: Sborník prací filosofické fakulty brněnské university [C 8] 10 (1961), S. 266–295.

38 Elmar Sawatzki, Das Vorkommen der polnischen Sprache in Mittel- und Niederschlesien im 17. und 18. Jahrhundert. Unter besonderer Berücksichtigung der Visitationsberichte der Diözese Breslau, phil. Diss. Mainz 1973; Władysław Czapliński, Wpływ reformacji i kontrreformacji na stosunki narodowościowe na Śląsku (XVI–XVII w.), in: Przegląd historyczny 40 (1949), S. 144–155.

39 Dietmar Stutzer (unter Mitarbeit v. Harald Siebenbürger), Die Verwaltungsgeschichte, die wirtschaftlichen und sozialen Verhältnisse in Oberschlesien und im Fürstentum Troppau-Jägerndorf 1620–1820, dargestellt am Beispiel der Familie Eichendorff, Dülmen 1983 (= Stiftung Haus Oberschlesien, Bd. 2), S. 207.

40 Joachim Köhler, Politische, wirtschaftliche und kirchliche Voraussetzungen barocker Kultur und Frömmigkeit, in: Archiv für schlesische Kirchengeschichte 44 (1986), S. 47–65.

41 Werner Bein, Zwischen Ständeherrschaft und habsburgischem Absolutismus. Schlesien im Zeitalter des Barock 1618–1740, in: Deutsche Ostkunde 30 (1984), S. 91–111.

42 Willy Klawitter, Geschichte der schlesischen Festungen in vorpreußischer Zeit, Breslau 1941 (= Darstellungen und Quellen zur schlesischen Geschichte, Bd. 39), S. 98–145.

43 Joseph Jungnitz, Sebastian von Rostock, Bischof von Breslau, Breslau 1891, S. 107ff.

44 Regina Elisabeth Schwerdtfeger, Friedrich von Hessen-Darmstadt. Ein Beitrag zu seinem Persönlichkeitsbild anhand der Quellen im Vatikanischen Archiv, in: Archiv für schlesische Kirchengeschichte 41 (1983), S. 165–240.

45 Grete Mecenseffy, Im Dienste dreier Habsburger. Leben und Wirken des Fürsten Johann Weikhard Auersperg (1615–1677), in: Archiv für österreichische Geschichte 114 (1938), S. 295–509, hier S. 398f.

46 Józef Leszczyński, Władysław IV a Śląsk w latach 1644–1648, Wrocław 1969 (= Prace Wrocławskiego Towarzystwa naukowego, Bd. A/135).

47 Jungnitz, Sebastian von Rostock (wie Anm. 43), S. 38ff.

48 Colmar Grünhagen, Schlesien in den letzten Jahrzehnten österreichischer Herrschaft 1707–1740, in: Zeitschrift des Vereins für Geschichte und Alterthum Schlesiens 15,1 (1880), S. 33–62, hier S. 43.

49 Norbert Conrads, Religionspolitische Überlegungen in Wien nach dem Anheimfall der Fürstentümer Liegnitz, Brieg und Wohlau 1675, in: Schlesische Studien. Hrsg. v. Alfons Hayduk, München 1970 (= Silesia, Bd. 7), S. 49–56, hier S. 53.

50 Ludwig Petry, Das Haus Neuburg und die Ausläufer der Gegenreformation in Schlesien und in der Pfalz [1952], jetzt in: ders., Dem Osten zugewandt (wie S. 19, Anm. 10), S. 338–357; Johannes Kumor, Die Ämter und Würden des Breslauer Bischofs Franz Ludwig von Pfalz-Neuburg (1683–1732) im Lichte der päpstlichen Korrespondenz im Breslauer Diözesanarchiv, in: Archiv für schlesische Kirchengeschichte 41 (1983), S. 241–247.

51 Norbert Conrads, Schlesien und die Türkengefahr 1683, in: Archiv für schlesische Kirchengeschichte 42 (1984), S. 89–112; Maria Konopka, Jan III Sobieski na Śląsku w drodze pod Wiedeń, Katowice 1983.

52 Norbert Conrads, Die Durchführung der Altranstädter Konvention in Schlesien 1707–1709, Köln/Wien 1971 (= Forschungen und Quellen zur Kirchen- und Kulturgeschichte Ostdeutschlands, Bd. 8), S. 44.

53 Conrads, Altranstädter Konvention (wie Anm. 52), Anlage 5a, S. 321–326.

54 Max Lehmann, Staat und Kirche in Schlesien vor der preußischen Besitzergreifung [1883], jetzt in: ders., Historische Aufsätze und Reden, Leipzig 1911, S. 52–82.

55 Norbert Conrads, Der Übergang des Fürstentums Teschen an das Haus Lothringen 1722, in: Oberschlesisches Jahrbuch 1 (1985), S. 1–15.

56 Herbert Patzelt, Der Pietismus im Teschener Schlesien 1709–1730, Göttingen 1969 (= Kirche im Osten, Bd. 8), S. 196–212, hier S. 198.

57 Walter Kuhn, Der Bauerntumult auf den Teschner Kammergütern im Jahre 1736. Beitrag zur schlesischen Religionsgeschichte, in: Deutsche Wissenschaftliche Zeitschrift für Polen 6 (1925), S. 38–64; Patzelt, Pietismus (wie Anm. 56), S. 95–156; Oskar Wagner, Mutterkirche vieler Länder. Geschichte der Evangelischen Kirche im Herzogtum Teschen 1545–1918/20, Wien/Köln/Graz 1978 (= Studien und Texte zur Kirchengeschichte und Geschichte. Erste Reihe, Bd. IV/1–2), S. 60–96.

58 Józef Leszczyński, Emigracja wyznaniowa ze Śląska do Górnych Łużyc w XVII i początkach XVIII wieku, in: Studia z dziejów Kościoła Katolickiego 3 (1963), S. 123–149.

59 Stutzer, Verwaltungsgeschichte (wie Anm. 39), S. 204–208.

60 Janusz Spyra, Juden im Teschener Schlesien unter der Herrschaft Karls VI. (1711–1740), in: Oberschlesisches Jahrbuch 10 (1994), S. 25–49.

61 Peter Maser/Adelheid Weiser, Juden in Oberschlesien, Teil 1: Historischer Überblick. Jüdische Gemeinden (I.), Berlin 1992 (= Schriften der Stiftung Haus Oberschlesien. Landeskundliche Reihe, Bd. 3,1), S. 13–63, bes. S. 22–25.

62 Manfred Agethen, Die Situation der jüdischen Minderheit in Schlesien unter österreichischer und preußischer Herrschaft, in: Kontinuität und Wandel. Schlesien zwischen Österreich und Preußen. Hrsg. v. Peter Baumgart unter Mitwirkung v. Ulrich Schmilewski, Sigmaringen 1990 (= Schlesische Forschungen, Bd. 4), S. 307–331, hier S. 316ff.

63 Atlas Silesiae id est Ducatus Silesiae generaliter Quatuor Mappis nec non specialiter XVI Mappis tot Principatus repraesentantibus geographice exhibitus. Bearb. v. Johann Wolfgang Wieland u. Matthaeus von Schubarth, Norimbergae 1750 [1752].

64 Joachim Freitag, Das schlesische Behördenwesen am Ende der österreichischen und zu Beginn der preussischen Zeit, jur. Diss. Breslau 1937, S. 12–29.

4. Landesteilung und Modernisierung: Die preußische Provinz Schlesien und Österreichisch-Schlesien (1740–1914)

a) Schlesien, Brandenburg-Preußen und das Reich

Am 16. Dezember 1740 überschritten preußische Truppen die Grenze nach Schlesien. Der Einmarsch bedeutete nicht nur einen tiefgreifenden Einschnitt für die Geschichte des Oderlandes, sondern auch eine politische Weichenstellung für die künftige Stellung Preußens in der deutschen und europäischen Geschichte. In dem bisher unter habsburgischer Oberherrschaft stehenden Nebenland der Böhmischen Krone führte er zu einer bis zur Gegenwart bestehenden Zweiteilung des Landes in das etwa sechs Siebentel umfassende Preußisch-Schlesien und das kleinere Österreichisch-Schlesien. Beide Landesteile nahmen fortan eine gänzlich andere Entwicklung, die nur zum Teil an frühere Traditionen anzuknüpfen vermochte. Besonders der Übergang des größeren Teils Schlesiens an das protestantische Preußen brachte eine grundlegende Änderung der Verfassungsstruktur, der Verwaltungsorganisation und des Militärsystems nach preußischem Vorbild mit sich.

Preußen konnte sich nach drei verlustreichen Schlesischen Kriegen 1740–1742, 1744–1745 und 1756–1763 im Frieden von Hubertusburg neben England, Frankreich, Österreich und Rußland als fünfte europäische Großmacht etablieren. Insbesondere die Annexion des geopolitisch und wirtschaftlich wertvollen Schlesien, das neben Ostfriesland und Westpreußen in der sechsundvierzigjährigen Regierungszeit König Friedrichs II., des Großen, von Preußen an die Hohenzollernmonarchie fiel, bildete die Grundlage für den Aufstieg Preußens im 18. Jahrhundert. Erst die Einverleibung Schlesiens machte das bisher zweitrangige Brandenburg-Preußen zu einem anerkannten Glied des europäischen Staatensystems[1].

Bei der Okkupation Schlesiens verfolgte der junge Preußenkönig keine reichspolitischen oder national-deutschen Ziele. Auch die alten, einzig der nachträglichen Rechtfertigung seines Vorgehens dienenden Erbansprüche des Hauses Hohenzollern auf einzelne schlesische Fürstentümer und Herrschaften spielten keine entscheidende Rolle. Diese älteren Streitfragen aus dem 16. und 17. Jahrhundert um die Trennung des Herzogtums Crossen von Schlesien, die Verpfändung der Fürstentümer Oppeln und Ratibor, die lehensrechtliche Stellung des 1523 von der fränkischen Linie der Hohenzollern erworbenen Fürstentums Jägerndorf und insbesondere die vom böhmischen König Ferdinand I. kassierte Erbverbrüderung zwischen den Hohenzollern und den Piasten in Liegnitz, Brieg und Wohlau aus dem Jahre 1537 hatten jedoch einen habsburgisch-hohenzollernschen Gegensatz entstehen lassen, der im Vorfeld der Schlesischen Kriege durchaus berücksichtigt werden muß[2].

Zuletzt hatte Friedrich Wilhelm, der Große Kurfürst, im Umfeld der Friedensverhandlungen im Jahre 1648 einen ernsthaften Vorstoß unternommen, um jene Erbansprüche oder zumindest eine Entschädigung durchzusetzen. In einem späteren Dokument, das etwa in den Sommer 1668 zu datieren ist, legte der brandenburgische Kurfürst einen ersten Entwurf für eine gewaltsame Einnahme Schlesiens vor. Immerhin konnte er 1685/86 eine Kompensation für die Ansprüche auf Liegnitz, Brieg und Wohlau während der Verhandlungen mit der von Kaiser Leopold I. gewünschten Defensivallianz erwirken.

Im politischen Denken Friedrichs II. von Preußen, der Ende Mai 1740 die Regierung antrat, spielten diese unsicheren Erbansprüche eine ganz und gar nebensächliche Rolle[3]. Gerade weil er es verschmähte, die im Zeitalter der absolutistischen Kabinettspolitik im allgemeinen nicht unüblichen Ausdehnungsbestrebungen zumindest vordergründig durch entsprechende Rechtsansprüche zu stützen, unterschied sich sein Vorgehen deutlich von dem anderer europäischer Machtpolitiker. Der Tod Kaiser Karls VI., des letzten männlichen Habsburgers, im Oktober 1740, der Zusammenbruch dessen Politik der Pragmatischen Sanktion und die dadurch ausgelöste europäische Krise erschienen Friedrich als der entscheidende Augenblick für eine Wende im bisherigen Mächtesystem: »L'Empereur est mort«, schrieb er an Voltaire, »c'est le moment du changement total de l'ancien système de politique«[4].

Geleitet durch die preußische Staatsräson, die besonderen Interessen des preußischen Staates, und mit einer hohen Risikobereitschaft, nutzte Friedrich der Große die für seine Ziele ausgesprochen günstige österreichische Erbfolgekrise, die sich nur kurze Zeit später, im Juli 1741, zu einem europäischen Krieg um das habsburgische Erbe ausweitete. Seine Position faßte der Preußenkönig in aller Deutlichkeit am 6. November 1740, gut einen Monat vor seinem Einmarsch in Schlesien, in einer Denkschrift zusammen: »Schlesien ist dasjenige Stück des kaiserlichen Erbes, auf das wir das größte Anrecht haben und das für das Haus Brandenburg auch am günstigsten liegt. Es ist nur gerecht, seine Rechte zu wahren und die Gelegenheit des Todes des Kaisers wahrzunehmen, um sich in den Besitz dieser Rechte zu setzen. Die Überlegenheit unserer Truppen, die Schnelligkeit, mit der wir sie in Bewegung setzen können, insgesamt der klare Vorteil, den wir über unsere Nachbarn haben, gibt uns in dieser unerwarteten Glückslage eine ungeheure Überlegenheit über alle anderen europäischen Mächte«[5].

b) Militärischer Erfolg und Prestigegewinn in Europa: Die Kriege Friedrichs des Großen um Schlesien (1740–1763)

Im Ersten Schlesischen Krieg (1740–1742) konnte das preußische Heer, das schon nach wenigen Wochen bis nach Breslau vorgerückt war, bis Mitte März 1741 nahezu ganz Schlesien ohne nennenswerte Widerstände besetzen. Zur ersten ernsthaften militärischen Konfrontation mit dem österreichischen Heer kam es in der Nähe von Brieg, wo die über Oberschlesien vorgerückten Truppen unter Wilhelm Reinhard Graf von Neipperg am 10. April 1741 den Preußen unter Feldmarschall Kurt Christoph Graf von Schwerin unterlagen. Militärisch war die Schlacht bei Mollwitz zwar nur von untergeordneter Bedeutung, doch förderte sie das Ansehen des jungen Preußenkönigs in Europa. Indem Frankreich angesichts des preußischen Sieges seine Garantie der Pragmatischen Sanktion aufhob und zugunsten der bayerischen bzw. der sächsischen Erbfolgeansprüche in das Geschehen eingriff, wurde die anfängliche Isolierung Friedrichs des Großen durchbrochen. Gleichzeitig weitete sich der zunächst begrenzte österreichisch-preußische Krieg zum Österreichischen Erbfolgekrieg aus[6].

Um den überraschend schnell gewonnenen Territorialzuwachs politisch zu sichern, suchte der Preußenkönig in den nächsten Monaten eine Sonderübereinkunft mit Maria Theresia.

Sie wurde schließlich am 9. Oktober 1741 zu Klein Schnellendorf, südöstlich von Neisse, unter Vermittlung des englischen Gesandten Lord Hyndford geschlossen. Die Geheimkonvention, in deren 18 Artikeln Preußen und Österreich die Einstellung der Feindseligkeiten beschlossen, sah bereits eine dauerhafte territoriale Grenzfestlegung vor[7]. Sie blieb jedoch Episode, da Friedrich der Große erneut an der Seite Frankreichs und Bayerns in den Krieg eingriff.
Eine zweite Konfrontation mit den österreichischen Truppen am 17. Mai 1742 bei Chotusitz in der Nähe des böhmischen Kuttenberg brachte allerdings nicht den erhofften Durchbruch. Zwar konnten sich die Preußen militärisch behaupten, doch hielt Friedrich der Große angesichts des angeschlagenen Heeres die Aufnahme von Friedensverhandlungen für aussichtsreicher. Überdies gab er nunmehr seine ursprüngliche Absicht auf, auch Teile Nordböhmens für Preußen zu beanspruchen, um damit in das Kerngebiet des Habsburgerreiches vorzustoßen. Trotz Meinungsverschiedenheiten auf österreichischer Seite und Warnungen vor einem übereilten Friedensschluß beugte sich Maria Theresia schließlich dem diplomatischen Druck Englands und entschied sich für einen Frieden mit Preußen, um dessen Neutralität in der Auseinandersetzung mit Frankreich zu sichern.
Der am 11. Juni 1742 in Breslau unterzeichnete Präliminarfrieden war zwischen Heinrich Graf von Podewils und dem englischen Gesandten Lord Hyndford ausgehandelt worden, die für Preußen bzw. für Österreich die Verhandlungen geleitet hatten. Er sicherte Preußen mit Ausnahme des Fürstentums Troppau-Jägerndorf, des Fürstentums Teschen und einiger Teile des Bistumslandes ganz Nieder- und Oberschlesien, die Grafschaft Glatz sowie die mährische Exklave Katscher. Darüber hinaus enthielten die Präliminarien, die im Berliner Friedensvertrag vom 28. Juli 1742 mit nur geringfügigen Erweiterungen bestätigt wurden, eine Reihe religiöser, wirtschaftlicher und finanzpolitischer Übereinkünfte. Während Preußen sein Territorium mit dem Gewinn Schlesiens 1742 um fast ein Drittel vergrößern und Österreich sich nunmehr ganz auf die Frontstellung gegen Frankreich konzentrieren konnte, drohte die bevorstehende Grenzziehung in Oberschlesien zwischen Preußisch- und Österreichisch-Schlesien eine jahrhundertealte territoriale Einheit zu zerstören[8]. König Georg II. von England übernahm die Garantie des Vertragswerkes, in das die übrigen am Krieg beteiligten Mächte Dänemark, die Generalstaaten, Rußland, Sachsen und Braunschweig-Wolfenbüttel ebenso wie Hannover einbezogen wurden.

DOKUMENT 7: Der Breslauer Präliminarfrieden zwischen Preußen und Österreich vom 11. Juni 1742[9]*:*

»Art. I.

Zwischen Sr. Königl. Majestät in Preussen eines, dann der Königin von Ungarn und Böhmen Majestät, deren Erben und Nachfolgern, auch sämtlichen Landen und Leuten, andern Theils soll, von nun an, ein ewiger Friede, auch unverbrüchliche und aufrichtige Verbindung und vollkommene Freundschafft seyn, und bleiben, dergestalt, und also, daß forthin beyde paciscirende Puissanzen gegen einander weder Feindseeligkeiten ausüben, noch das dergleichen ausgeübet werden, verstatten wollen, es geschehe solches heimlich oder öffentlich, directe oder indirecte oder auf was Art es sonst geschehen kan, oder mag.

Art. II.

Es versprechen Sich beyde paciscirende Theile, Ihren beyderseitigen Feinden keine Hülfe zu leisten, und sich mit selbigen in keine Allianz einzulassen, die diesen Präliminarien zuwider läufft wie denn auch die von Ihnen etwa vorhin getroffene Verbindlichkeiten, in soferne sie mit denen gegenwärtigen Engagements streiten, keine weitere Krafft und Würckung haben; Zudem wollen hochermeldte Paciscenten, so viel als möglich, und ohne zu denen Waffen zu schreiten, zu bewerckstelligen thunlich

Abb. 20: Plan von Glogau nach einer Handzeichnung des preußischen Königs Friedrich II., die er einem in Herrndorf am 23. Dezember 1740 verfaßten Brief an den in preußischen Diensten stehenden Erbprinzen Leopold I. von Anhalt-Dessau beilegte. Anfang März 1741 gelang dem schon bald legendären »Alten Dessauer« die Eroberung der wichtigen Oderfestung, in der noch während des Ersten Schlesischen Krieges eine der zwei schlesischen Kriegs- und Domänenkammern eingerichtet wurde.

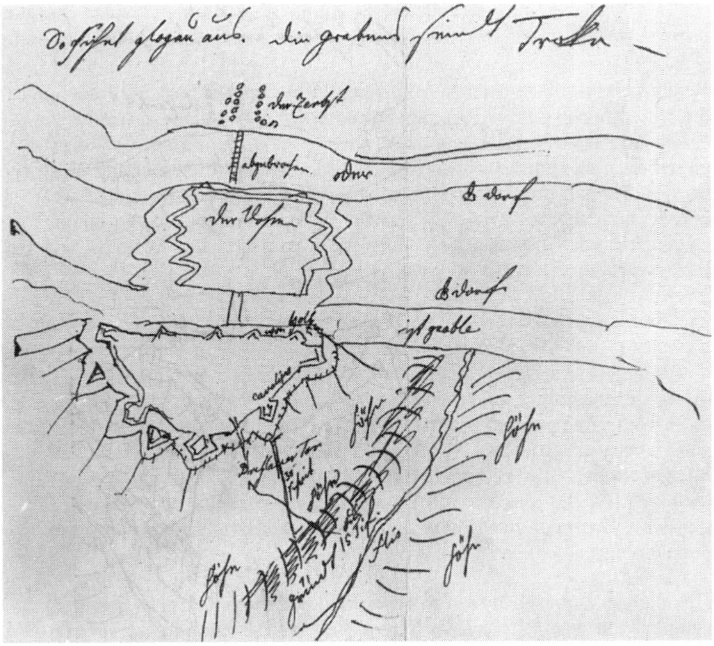

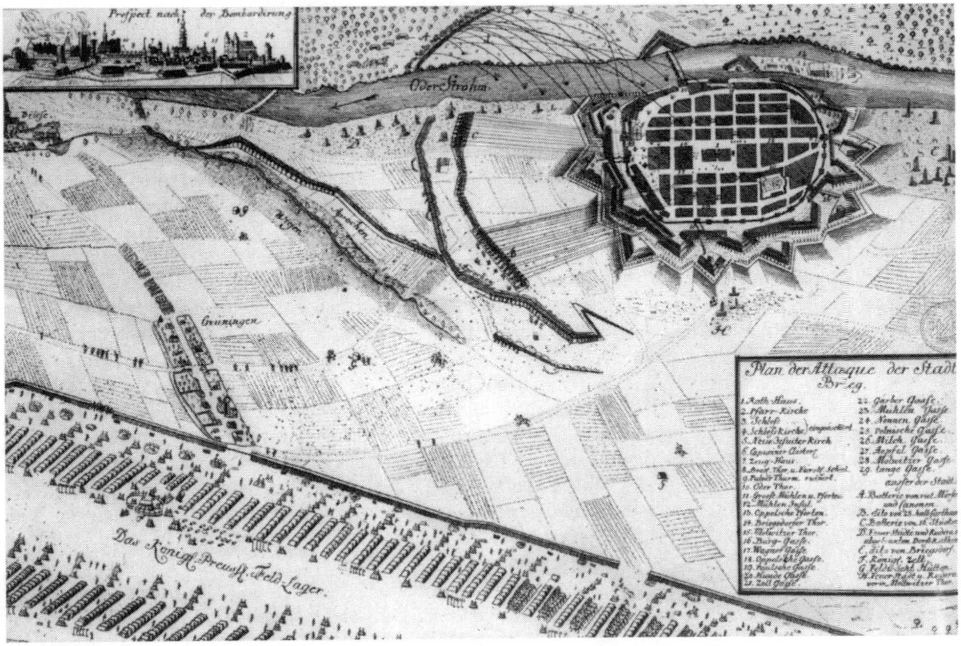

Abb. 21: Belagerung von Brieg 1741.
Die Karte, bei der Norden links oben liegt und deren Maßstab zwischen 1:10 000 und 1:20 000 schwankt, entspricht durch die Verwendung der Kavaliersperspektive den Kriegskarten des 17. Jahrhunderts. Der kolorierte Kupferstich zeigt den Grundriß von Stadt und Festung Brieg mit dem Umland bis Briesen und Grüningen. Südlich von Grüningen ist das preußische Feldlager eingezeichnet, in der Nähe der Festung sind die niedergebrannten Dörfer Briegsdorf und Rathau zu erkennen.

ist, den Schaden und das Nachtheil, womit Sie von einer andern Puissance bedrohet werden, oder ferner bedrohet werden dürfften, abzuwenden bemühet und beflissen seyn.

Art. III.

Beyderseits ist eine generale Amnestie, und Vergessenheit, als dessen, was vorgegangen beliebet, und die Unterthanen der beyden paciscirenden Cronen, welche entweder vor dem Kriege in der einen oder der andern Diensten sich befunden, oder unter denen Kriegs-Troublen sich darein begeben, sollen der gäntzlichen und ohnumschränckten Würckung solcher Amnestie sich zu erfreuen haben, auch der von beyden Theilen publicirten Avocatorien ohngehindert, und unter was vor einem Vorwand es sonst immer seyn mögte, so wenig vor ihre Persohnen, als in Ansehung ihrer Güter, beunruhiget; im Gegentheil aber, und wann sie deren währenden Kriege entsetzet worden wären, zu dem Besitz des ihrigen wieder verstattet werden.

Art. IV.

Von dem Tage an zu rechnen, da diese Präliminarien gezeichnet worden, hören alle Feindseeligkeiten an beyden Seiten auf, und werden die Armeen und Trouppen beyder paciscirenden Puissancen, darüber sofort die erforderliche Ordres erhalten. Ihro Königl. Majest. in Preussen ziehen 16. Tage nach erfolgter Zeichnung gegenwärtiger Präliminarien Ihre Trouppen nach Dero Landen zurück, und, dafern von denjenigen, welchen diese Präliminarien nicht bekannt, noch einige Feindseeligkeiten ausgeübet werden sollten, so bleiben dieselbe noch in ihrer vollkommenen Krafft, und werden die etwa weggenommene Leute und Effecten künfftig, ohne Ausnahme, restituiret. Allen denen, so ihre in denen Sr. Königl. Majest. in Preussen abgetretenen Provinzien gelegene Güther verkauffen wollen, um sich anderwärts zu etabiliren, können solches innerhalb 5. Jahren thun, ohne das geringste dafür zu entrichten.

Art. V.

Um allen an denen Gräntzen zu besorgenden Zwistigkeiten zu begegnen, und die sämmtliche Anforderungen, von was Gattung sie immer sind, zu berichtigen, so cediren Ihro Majest. die Königin von Ungarn und Böhmen, Krafft dieser Präliminarien, so wohl vor sich, als Dero Erben und Nachkommen auf ewig und mit völliger Souverainität und Independenz, von der Cron Böhmen; Ihro Königl. Majestät in Preussen, Dero Successoren und Nachkommen, beyderley Geschlechts, auf ewig, die Nieder- und Ober-Schlesie, ausgenommen das Fürstenthum Teschen, die Stadt Troppau, und was jenseits des Oppau-Strohms, und sonst in denen hohen Gebürgen in der Ober-Schlesie situiret ist, nicht weniger die andern Districte, welche, ob sie schon von denen Ober-Schlesischen Landen eingeschlossen sind, dennoch zu Mähren gehören. Gleichermassen übertragen Ihro Majest. die Königin von Ungarn und Böhmen, vor Sich und Ihre Erben, des Königs von Preussen Majestät und Dero Erben und Nachfolgern, beyderley Geschlechts, auf ewig, die Stadt und Vestung Glatz, samt der gantzen Graffschafft dieses Nahmens, mit völliger Souverainität und Independentz, von der Cron Böhmen. Dahingegen verzeihen und begeben Sich Ihro Königl. Majestät in Preussen, wie es am zurecht beständigstem geschehen kan oder mag, im Nahmen Ihrer und Ihrer Erben und Nachfolger beyderley Geschlechts, und auf ewig, aller alten und neuen Prätensionen und Ansprüche, es beruhen dieselbe worinn sie immer wollen, welche Sie bis hiehin an Ihro Maj. die Königin von Ungarn und Böhmen zu machen gehabt haben.

Art. VI.

Die Catholische Religion wollen Ihro Königliche Majestät in Preussen in der Schlesie in statu quo, auch alle und jede Einwohner solchen Landes, bey dem ruhigen Besitz des ihrigen, und bey dem völligen Genuß ihrer wohl-erworbenen Freyheiten und Privilegien, ohngekränckt lassen, gestalt Sie solches bey Einrückung Ihrer Armee in die Schlesie bereits declariret, jedoch mit gäntzlichem Vorbehalt der denen dasigen Protestanten zu verstattenden ohnumschränckten Gewissens-Freyheit, und der dem Souverain des Landes competirenden Gerechtsame (...).

Art. IX.

Wegen des Commercii und des Handels zwischen beyderseitigen Landen und Unterthanen, und über alles, was dahin einschläget, wird man sich entweder in dem zukünfftigen Haupt-Friedens-Tractat eines gewissen einigen, oder zu dessen Regulierung eine gemeinschafftliche Commißion anordnen, mittlerweile, und bis man sich eines andern verglichen, darunter alles auf dem Fuß bleibet, wie es damit vor dem jetzigen Kriege gewesen.

Art. X.

Nach Maßgebung dieser Präliminarien, soll spätestens in Zeit von 3. bis 4. Wochen ein förmlicher Friedens-Tractat zwischen Sr. Königl. Majestät in Preussen und der Königin von Ungarn und Böhmen Majestät zu Pappier gebracht und gezeichnet werden, worinn man alles, worüber in denen gegenwärtigen Präliminarien nicht conveniret werden können, reguliren wird, da indessen dieselbe eben die Krafft und Würckung behalten, als wann gleich Anfangs ein förmlicher Friedens-Tractat geschlossen und gezeichnet worden wäre.

Art. IX.

Beyde hohe paciscirende Theile haben sich verglichen, Ihro Majestät den König von Groß-Britannien, und zwar beydes als König und als Churfürsten von Hannover, der Rußischen Kayserin Majest. Ihro Königl. Majest. von Dännemarck, die Herren General-Staaten der Vereinigten Niederlande, das Fürstliche Haus Wolffenbüttel, und des Königs von Pohlen Majest. als Chur-Fürsten von Sachsen, in diese Präliminarien mit einzuschliessen, jedoch, soviel letzthocherwehnten König betrifft, mit der Bedingung, daß Ihro Majestät binnen Zeit von 16. Tagen, nachdem Ihnen von derselben geschehenen Vollziehung förmliche Eröffnung geschehen, dero Trouppen von der Frantzösischen Armee absondern, mithin selbige aus Böheim und anderen Ihro Majest. der Königin von Ungarn und Böheim zugehörigen Landen zurück ziehen.

Art. XII.

Die Auswechselung der Ratification über gegenwärtige Präliminar-Articuln geschiehet zu Breßlau, 8. oder 10. Tage nach derselben erfolgten Unterschrifft.«

Ungeachtet der vorübergehenden Entlastung für Österreich durch den Friedensschluß mit Preußen ging das Ringen um das habsburgische Erbe jedoch weiter. Der Wittelsbacher Karl Albrecht, der sich Ende 1741 zum König von Böhmen hatte krönen lassen und wenig später einstimmig als Karl VII. zum Kaiser gewählt worden war, verlor zunehmend an Boden gegen die österreichischen Truppen. Diese setzten sich nach einer Reihe militärischer Erfolge gegen Bayern, Spanien und Savoyen seit 1743 aufgrund massiver Unterstützung Englands und der Generalstaaten auch gegen Frankreich immer mehr durch. Aus Furcht vor der Gefährdung seines schlesischen Neubesitzes griff Friedrich der Große, der sich im Mai 1744 in der Frankfurter Union mit Bayern, der Pfalz und Hessen-Kassel und wenige Wochen später im zweiten Versailler Vertrag auch mit Frankreich in einer Offensivallianz gegen Österreich und England verbündet hatte, erneut in den Krieg ein. Am 24. August 1744 eröffnete er durch den Einmarsch seiner 80 000 Mann starken Truppen in Böhmen den Zweiten Schlesischen Krieg (1744–1745)[10].

Nach zweiwöchiger Belagerung wurde Prag am 18. September 1744 erobert, wenige Wochen später fielen große Teile Südböhmens unter preußische Militärverwaltung. Den von Karl von Lothringen aus dem Elsaß zurückbeorderten österreichischen Einheiten gelang es jedoch, die durch Versorgungsschwierigkeiten und Desertionen geschwächte preußische Armee zur Aufgabe Prags zu nötigen und nach Schlesien abzudrängen. Die Gelegenheit schien dem Wiener Hof ausgesprochen günstig, nun ganz Schlesien zurückzugewinnen und damit zugleich den ernstzunehmenden, die österreichische Führungsrolle im Reich bedrohenden Konkurrenten empfindlich zu treffen. Für Friedrich den Großen verschlechterte sich die politische Lage zusätzlich, als sich Österreich, Sachsen, England und die Generalstaaten am 8. Januar 1745 zur Warschauer Quadrupelallianz gegen Preußen zusammenschlossen und überdies in den kommenden Monaten Bayern und Frankreich aus der Front der Gegner Österreichs ausschieden.

Nach kleineren Gefechten bei Habelschwerdt und Landeshut kam es am 4. Juni 1745 bei Hohenfriedeberg unweit Striegau in Niederschlesien zur ersten großen Entscheidungsschlacht, bei der die preußischen Truppen einen vollständigen Sieg über das österreichisch-sächsische Heer errangen. Der militärische Erfolg des Preußenkönigs blieb zunächst ohne die erwarteten politischen Folgen, da Österreich keine Friedensbereitschaft erkennen ließ. Doch ein erneuter Sieg der zahlenmäßig weit unterlegenen Preußen bei Soor Ende September sowie die vernichtende Niederlage der sächsischen Armee unter Graf Rutowski am 15. Dezember bei Kesselsdorf gegen die preußischen Truppen unter Leopold I. von Anhalt-Dessau, dem »Alten Dessauer«, und die anschließende Kapitulation Dresdens

Abb. 22: Schlesien von der Zweiteilung des Landes bis zum Ende des Ersten Weltkrieges.

zwangen Kaiserin Maria Theresia zum Einlenken. Nur zehn Tage später, am 25. Dezember 1745, wurde in der sächsischen Hauptstadt der Friedensvertrag ausgefertigt. Er garantierte Preußen den Besitz Schlesiens gemäß den drei Jahre zuvor in Breslau und Berlin getroffenen Vereinbarungen und bestätigte es gleichzeitig als neue europäische Großmacht.

Auch der dritte Krieg um Schlesien, dessen Auftakt der preußische Einfall in Kursachsen am 29. August 1756 bildete, änderte nichts mehr an den 1742 geschaffenen Tatsachen, obwohl er das militärisch und wirtschaftlich völlig erschöpfte Preußen an den Rand seiner Existenz brachte. Im Gegensatz zum Zweiten Schlesischen Krieg sah Österreich den gefährlichsten Kontrahenten nicht mehr in Frankreich, sondern in Preußen. Durch den unermüdlichen Einsatz des österreichischen Staatskanzlers Wenzel Anton Graf Kaunitz kam es zu einem »renversement des alliances«, einem Bündnis Österreichs mit Frankreich, dem später auch Rußland beitrat und das die Rückgewinnung Schlesiens ermöglichen sollte[11]. Während des gesamten Siebenjährigen Krieges (1756–1763), der die alten Feindseligkeiten wieder aufleben und erneut alle europäischen Mächte in wechselnden Konstellationen in das Geschehen eingreifen ließ, wurden Schlesien sowie die nördlichen Teile Böhmens und Mährens durch Gefechte, Plünderungen und Einquartierungen schwer in Mitleidenschaft gezogen[12].

Hatten in den ersten Kriegsmonaten besonders Sachsen und Böhmen unter dem Krieg zu leiden, so verlagerten sich die Hauptkampfplätze im Sommer 1757 stärker nach Schlesien. Empfindlichen Niederlagen für die Preußen bei Kolin (18. 6. 1757), Moys (7. 9. 1757) und

Breslau (24. 11. 1757) folgte am 5. Dezember 1757 ein glanzvoller Sieg bei Leuthen, nordwestlich von Breslau, über die zahlenmäßig stark überlegenen österreichischen Einheiten unter Karl von Lothringen und Feldmarschall Leopold Graf von Daun. Bis auf Schweidnitz und einige oberschlesische Gebiete war Schlesien zum Jahresende wieder in preußischer Hand[13]. Die Lage Österreichs, das wider Erwarten keine Friedensbereitschaft zeigte, verbesserte sich jedoch in den folgenden Monaten, so daß Preußen im Mai 1758 erneut in die Offensive ging.
Eine Wende zeichnete sich erst mit dem völligen Zusammenbruch der preußischen Armee am 12. August 1759 in der Schlacht bei Kunersdorf in der Neumark ab, wo Friedrich der Große seine schwerste Niederlage im Siebenjährigen Krieg hinnehmen mußte. Der Preußenkönig, dem zwei Pferde unter dem Sattel weggeschossen wurden und der wiederholt in Lebensgefahr geriet, konnte – wie er selbst berichtete – nur noch über 3000 Soldaten verfügen. Die sofortige Einnahme Preußens scheiterte lediglich an den Differenzen zwischen der österreichischen und der russischen Führung über das weitere Vorgehen. Zu Recht sprach Prinz Heinrich, der jüngere Bruder des Preußenkönigs, vom »Mirakel des Hauses Brandenburg«[14].
Unter Ausschöpfung aller Mittel gelang es Friedrich dem Großen, in kürzester Zeit ein neues Heer aufzustellen und Mitte August 1760 nach dem Sieg über Freiherr von Laudon bei Liegnitz die österreichischen Truppen aus den Kerngebieten Schlesiens hinauszudrängen, ohne daß sich dadurch eine endgültige Entscheidung angebahnt hätte. Nur die Uneinigkeit der Verbündeten verhinderte die völlige Niederlage Preußens. Eine Wende zeichnete sich erst nach dem Herrscherwechsel in Rußland Anfang Januar 1762 ab, als der neue Zar, Peter III., den Krieg gegen Preußen unverzüglich beendete und im Mai in einem Friedensvertrag auf alle bisherigen Erwerbungen verzichtete.
Der Zar wurde zwar wenige Monate später gestürzt, doch verzögerte Friedrich den von Katharina II. angeordneten Rückzug der russischen Hilfstruppen und begann mit einer neuen Offensive. Nach einem Sieg Preußens bei Burkersdorf (21. 7. 1762) gegen die Österreicher sowie Erfolgen im Reich sahen sich die ermatteten, kriegsmüden Gegner zum Einlenken gezwungen, zumal auch England und Frankreich mit dem Pariser Frieden vom 3. November 1762 ihren See- und Kolonialkrieg beendeten. Der am 15. Februar 1763 auf Schloß Hubertusburg bei Leipzig geschlossene Frieden bestätigte den zuvor in Breslau, Berlin und Dresden vereinbarten Gebietsstand. Österreich hatte damit endgültig den größten Teil Schlesiens sowie die Grafschaft Glatz verloren, deren Integration in den preußischen Staat schon im Ersten Schlesischen Krieg konkrete Züge angenommen hatte.

c) Annexion und Integration: Administrative Neuordnung und aufgeklärte Kirchenpolitik

Obwohl erst 1742 in Breslau und Berlin eine friedensvertragliche Regelung mit Österreich getroffen wurde, hatte der Preußenkönig schon unmittelbar nach der Besetzung Schlesiens erste Maßnahmen für eine Neuordnung der inneren Landesverhältnisse getroffen[15]. Anfang Januar 1741 übernahm das General-Feldkriegskommissariat die bisherigen Verwaltungsaufgaben des Breslauer Oberamtes und der Schlesischen Kammer. Aus dieser zunächst militärischen Behörde für die Heeresversorgung gingen ein Jahr später als selbständige Nachfolgebehörden zwei Kriegs- und Domänenkammern hervor, deren Amtssitz in die Zentren der beiden großen Kammerbezirke, Breslau und Glogau, verlegt wurde[16].
Neben der Provinzialverwaltung wurde auch die schlesische Lokalverwaltung nach dem Muster der altpreußischen Landesteile umorganisiert, in denen entsprechend den beiden

wichtigsten Steuerarten, der Akzise und der Kontribution, eine getrennte Administration von Stadt und Land durch Steuerräte bzw. Landräte bestand. Das in 48 Kreisen eingeführte Landratsamt knüpfte zwar an das Amt des Landesältesten in den Weichbildern an, die sogar ihre Titel behielten, doch waren dies nur spärliche Reste der alten schlesischen Ständeverfassung[17]. Innerhalb von nur zwei Jahren ersetzte der Preußenkönig die altständische Konstitution Schlesiens mit ihrer territorialen Vielfalt, ihren zahlreichen Partikularismen und ihrem Nebeneinander schwer durchschaubarer Verhandlungsebenen und Entscheidungskanäle durch ein absolutistisches System mit einer auf die Bedürfnisse einer aufstrebenden Großmacht abgestimmten effektiven Staatsverwaltung[18].
Das weite Aufgabenfeld der beiden Kriegs- und Domänenkammern, die dem König in erster Linie als Instrumente der gesamtstaatlichen Wirtschafts-, Finanz- und Steuerpolitik dienten, erstreckte sich von der Einziehung und Verwaltung der Steuereinkünfte aus Domänen und Zöllen über das militärische Einquartierungs- und Rekrutenwesen bis hin zur Förderung der Landwirtschaft und der Bergwerksangelegenheiten[19]. Zum Präsidenten der Kriegs- und Domänenkammern wurde der jeweilige schlesische Provinzialminister ernannt, der – vergleichbar mit der Regelung in Westpreußen 1772, die sich dort allerdings als kurzlebig erwies – nicht dem Generaldirektorium in Berlin, sondern dem König direkt unterstand.

Abb. 23: Noch während des Ersten Schlesischen Krieges, am 7. November 1741, nahm der preußische König Friedrich II. im Fürstensaal des Breslauer Rathauses die Huldigung der niederschlesischen Stände entgegen. Die Darstellung stammt von dem aus Kamenz gebürtigen Kupferstecher Friedrich Bernhard Werner (1690–1776), der eine beeindruckende Fülle von Ansichten schlesischer Städte, Klöster und Kirchen zeichnete.

Ludwig Wilhelm von Münchow, der dieses Amt als erster 1742–1753 bekleidete, folgten Joachim Ewald von Massow 1753–1755, Ernst Wilhelm von Schlabrendorff 1755–1769 und Carl Georg Heinrich von Hoym 1770–1807. Die Sonderstellung des schlesischen Provinzialministers innerhalb der preußischen Verwaltungshierarchie blieb bis zum Jahre 1807 erhalten. Friedrich der Große hatte sie vermutlich ebenso aus finanzpolitischen Interessen wie aus Sicherheitsgründen eingerichtet, um stets über eine sich möglicherweise verschärfende habsburgische Schlesienpolitik aus erster Hand informiert zu sein.

Anders als in der Steuer- und Finanzverwaltung blieben in der Justizverfassung, die nicht vorrangig für die Konsolidierung der preußischen Herrschaft umgestaltet werden mußte, zunächst noch ältere Rechte und Zuständigkeiten bestehen[20]. Die Veränderungen beschränkten sich weitgehend auf die Einrichtung von zwei Oberamtsregierungen in Breslau und Glogau im Januar 1742 als oberster Gerichtsinstanz in Schlesien. Sie wurden nach dem Berliner Frieden durch eine zusätzliche Oberamtsregierung in Oppeln erweitert, die im Jahre 1756 nach Brieg verlegt wurde. Während Friedrich jedoch bei der Besetzung der Kriegs- und Domänenkammern – die Glogauer Kammer zählte je einen Präsidenten, Direktor und Vizedirektor, sechs Räte, zwei Registratoren, vier Sekretäre, acht Kanzlisten sowie zwei Kanzleidiener – vielfach auf Beamte aus anderen Provinzen zurückgriff, bevorzugte er bei den Obergerichten in erster Linie Einheimische. In Breslau wurde als erster Präsident der Oberamtsregierung Fürst zu Carolath-Beuthen, in Glogau Karl Albrecht Graf von Reder auf Malnitz ernannt[21].

Konnten diese Maßnahmen im zivilen Bereich ohne größere Schwierigkeiten durchgesetzt werden, so stieß die Einführung der preußischen Militärverfassung, bei der ein großer Teil der rund 35000 Soldaten zunächst in privaten Wohnhäusern einquartiert werden mußte, auf massive Widerstände unter der Bevölkerung[22]. Im ersten schlesischen Provinzialetat für das Haushaltsjahr 1743, dessen Volumen sich in Ausgaben und Einnahmen auf rund 3,5 Millionen Taler belief, verschlangen die in Schlesien stationierten Truppen mit insgesamt 2,15 Millionen Talern den mit Abstand größten Betrag. In den hohen Aufwendungen waren auch die Errichtung von Garnisonen und der beschleunigte Ausbau der schlesischen Landesfestungen in Schweidnitz, Neisse, Glatz und Cosel enthalten, deren Zustand der Preußenkönig während seiner zahlreichen Reisen durch Schlesien genau kontrollierte[23]. Besonders dieser Festungsbau imponierte John Quincy Adams, dem späteren Präsidenten der Vereinigten Staaten, der die Eindrücke seiner ausgedehnten Schlesienreise von Juli bis September 1800 zu einem anschaulichen Bild des gesellschaftlichen, religiösen und kulturellen Lebens vereinte. »Du kannst ersehen«, heißt es in einem Brief vom 7. Februar 1801 an den Bruder, »mit welch teurem Aufwand Friedrich der Zweite sein erobertes Land schützte, indem er die Festungen Schweidnitz, Silberberg und Glatz ausbaute. Daneben hielt er ein stehendes Heer von 40000 Soldaten innerhalb der Grenzen Schlesiens. Um diese Kosten aufzubringen, wurden nur Einkünfte aus der Provinz verwandt. Es kann unmöglich ein besserer Beweis für eine gute Verwaltung erbracht werden, als die Tatsache, daß der Preußenkönig alle jene Unkosten aufbrachte, ohne seinen Untertanen irgendwelche neue Bürden aufzuerlegen«[24].

Die Unzufriedenheit bei der schlesischen Bevölkerung verstärkte sich noch, als im August 1743 das preußische Kantonsystem zur Truppenrekrutierung eingeführt wurde. Nur die sechs für die Leinenproduktion wichtigen Gebirgskreise Bunzlau, Löwenberg, Hirschberg, Jauer, Landeshut-Bolkenhain und Schweidnitz sowie die Landeshauptstadt Breslau wurden davon ausgenommen. Schon in den ersten drei Jahren nach Erlaß der Kantonverfassung soll es über 10000 Desertionen nach Sachsen und Böhmen gegeben haben. Die Härte der preußischen Militärverfassung hatte Maria Theresia während des Zweiten Schlesischen Krieges zwar propagandistisch geschickt, letztlich aber ohne nachhaltigen Erfolg in den

Vordergrund zu rücken gewußt, um damit die Schlesier gegen die preußische Herrschaft aufzubringen.

In seiner vom Geist der Aufklärung geprägten Kirchen- und Religionspolitik, die von Beginn an auf eine konfessionelle Befriedung der schlesischen Provinz ausgerichtet war, hielt sich Friedrich der Große strikt an die Bestimmungen des Friedensvertrages. Er hob die Glaubensbeschränkungen der Protestanten, deren Bevölkerungsanteil zum Zeitpunkt der preußischen Annexion leicht über dem der Katholiken lag, auf und erteilte ihnen die Konzession zum Bau eigener »Bethäuser«. Vor allem in den niederschlesischen Fürstentümern Glogau, Sagan, Schweidnitz und Jauer entstanden daraufhin bis zum Jahre 1756 über 200 lutherische Gotteshäuser, meist als schlichte Fachwerk- und Schrotholzkirchen[25].

Weitergehende Forderungen der Protestanten wies der Preußenkönig, der ein eher distanziertes Verhältnis zu beiden Konfessionen entwickelt hatte, dagegen zurück. Die seit dem Dreißigjährigen Krieg entfremdeten Kirchen beließ er im Besitz der Katholiken, deren Rechte er respektierte. Sein Verhältnis zu dem seit 1732 amtierenden Kardinal Graf Sinzendorf hatte sich trotz dessen anfänglicher Zusammenarbeit mit den Österreichern mit der Zeit verbessert, und auch das spätere Zerwürfnis mit dessen Nachfolger Philipp Gotthard von Schaffgotsch, der im Siebenjährigen Krieg auf die Seite Maria Theresias übertrat, bestärkte die katholische Bevölkerung Schlesiens nicht zu einem Parteienwechsel[26].

Dennoch nahm Friedrich der Große im Interesse seiner königlichen Souveränität zahlreiche Eingriffe in die geistliche Gerichtsbarkeit, die Autonomierechte der katholischen Kirche sowie deren Beziehungen zur römischen Kurie und zu den kirchlichen Einrichtungen in den habsburgischen Ländern vor. Trotz mehrfacher Anläufe während seiner Regierungszeit scheiterte ein Gebietsaustausch zwischen den Diözesen Breslau, Olmütz und Prag und damit eine Angleichung der Diözesangrenze an die neue preußisch-österreichische Staatsgrenze[27].

Daß die friderizianische Toleranz durchaus auch im Einklang mit den preußischen Wirtschaftsinteressen stand, zeigte sich in der Siedlungspolitik. Die Steigerung der Bevölkerung, die neue wirtschaftliche Werte schaffen, Steuern zahlen und Soldaten stellen konnte, war im Selbstverständnis des Absolutismus und der Physiokraten eine der vornehmsten Staatsaufgaben[28]. Nationale Motive standen bei dieser »Peuplierung«, in deren Verlauf mehr als 60000 Kolonisten nach Schlesien kamen, nicht im Vordergrund. Sie hat an den sprachlichen und sozialen Verhältnissen des Landes nichts Wesentliches verändert. Nach der ersten Ansetzung Böhmischer Brüder 1732 in Berlin-Rixdorf unter König Friedrich Wilhelm I. von Preußen rief auch Friedrich der Große protestantische Exulanten aus Böhmen nach Schlesien, deren Dorfnamen – Hussinetz, Podiebrad, Friedrichstabor, Tabor – an die böhmische Reformation erinnern. Neben der ländlichen Besiedlung, bei der mit Hilfe von Zuwanderern aus Mittel- und Westdeutschland neue Spinner- und Weber-, Holzfäller- und Eisenhüttenarbeiterkolonien gegründet wurden, entstanden vor allem zahlreiche Industriesiedlungen in Oberschlesien. Dort wurde die Erschließung des Steinkohlen- und Erzbergbaus sowie die Anlage von Eisen- und Glashütten vorangetrieben[29]. Die Errichtung der Gleiwitzer Hütte, des ersten Kokshochofens Deutschlands, im Jahre 1796 markiert den Beginn der oberschlesischen Schwerindustrie und der gleichzeitigen Verschiebung des Bevölkerungsschwerpunktes innerhalb ganz Schlesiens nach Osten.

Der Wechsel von der habsburgischen zur preußischen Oberherrschaft hatte zugleich Auswirkungen auf das staatsrechtliche Verhältnis Schlesiens zum römisch-deutschen Reich. Waren die schlesischen Territorien Mitte des 14. Jahrhunderts über ihre Inkorporation in die Böhmische Krone unter Karl IV. ein mittelbares Reichslehen und damit ein Teil des Alten Reichs geworden, so schieden sie mit der im Berliner Friedensvertrag 1742

Abb. 24: Von Juli bis September 1800 bereiste der amerikanische Diplomat John Quincy Adams (1767–1848), der spätere sechste Präsident der Vereinigten Staaten, mit seiner Frau die preußische Provinz Schlesien, um Auskünfte über Handelsmöglichkeiten zu sammeln. Die 42 an seinen Bruder gerichteten Briefberichte, die zuerst anonym 1801 in der Wochenzeitschrift »Port Folio« in Philadelphia publiziert worden waren, erschienen drei Jahre später unter dem Titel »Letters on Silesia« in Buchform.

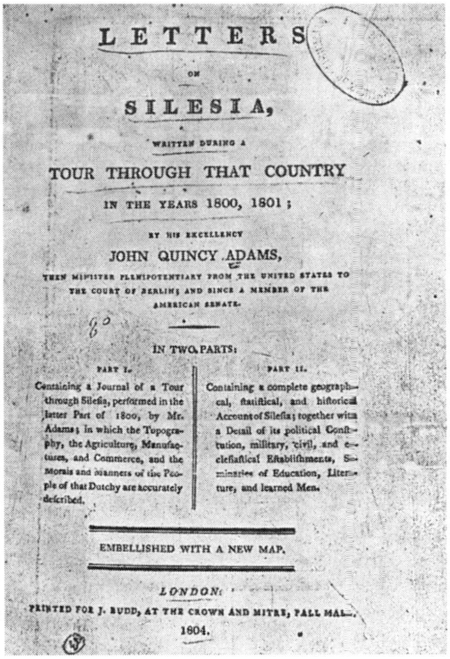

LETTERS

ON

SILESIA,

WRITTEN DURING A

TOUR THROUGH THAT COUNTRY

IN THE YEARS 1800, 1801;

BY HIS EXCELLENCY

JOHN QUINCY ADAMS,

THEN MINISTER PLENIPOTENTIARY FROM THE UNITED STATES TO THE COURT OF BERLIN; AND SINCE A MEMBER OF THE AMERICAN SENATE.

IN TWO PARTS:

PART I.

Containing a Journal of a Tour through Sileſia, performed in the latter Part of 1800, by Mr. Adams; in which the Topography, the Agriculture, Manufactures, and Commerce, and the Morals and Manners of the People of that Dutchy are accurately deſcribed.

PART II.

Containing a complete geographical, ſtatiſtical, and hiſtorical Account of Sileſia; together with a Detail of its political Conſtitution, military, civil, and eccleſiaſtical Eſtabliſhments, Seminaries of Education, Literature, and learned Men.

EMBELLISHED WITH A NEW MAP.

LONDON:

PRINTED FOR J. BUDD, AT THE CROWN AND MITRE, PALL MALL.

1804.

Abb. 25: Die evangelischen »Bethäuser«, deren Errichtung Friedrich II. den schlesischen Lutheranern gewährt hatte, waren zumeist schlichte Fachwerk- und Schrotholzkirchen ohne Turm. Vielfach wurden sie – bis 1756 wurden 212 erbaut – einfach in vorhandenen Scheunen eingerichtet. Der Notgeldschein aus dem Jahre 1921 zur Wiedereinweihung des Bethauses zu Ottendorf im Kreis Sprottau erinnert an die konfessionelle Situation in den ersten Jahren der preußischen Herrschaft.

anerkannten Annexion durch Preußen aus dem Reichsverband aus. Trotz dieser formalrechtlichen Ablösung wuchs Schlesien – abgesehen von den bei Österreich verbliebenen Landesteilen – immer mehr in den preußischen Staat hinein und setzte damit seine Annäherung an das Reich fort, die sich nach dem Westfälischen Frieden 1648 angekündigt und nach der Altranstädter Konvention 1707 noch verstärkt hatte.
In einem Vortrag »Ueber die Lage Schlesiens in verschiedenen Zeitpuncten« drückte der Breslauer Philosoph Christian Garve am Ende des 18. Jahrhunderts das innere Zugehörigkeitsgefühl der Schlesier zu Preußen aus: »Schlesien ist dem Preußischen Staatskörper so völlig einverleibt; und übrigens ist, zwischen den Grundsätzen und Hülfsmitteln der Erziehung, in dieser und in allen übrigen Provinzen des Königreichs, eine so große Aehnlichkeit entstanden; die Mittheilung der Kenntnisse, durch Schriften und durch Umgang, ist, von einem Theile Deutschlands zum andern, noch mehr von einem Theile der brandenburgischen Staaten zum andern, so leicht und so mannigfaltig geworden; Heyrathen und Amtsversetzungen haben die Schlesischen Familien, mit Familien aus andern Provinzen der Monarchie, so vielfach verknüpft: daß nun fast kein National-Unterschied zwischen, den Einwohnern des erstern und der letztern, übrig bleibt; und daß, wenn hierüber anders geurtheilt wird, dies gemeiniglich nur die Folge seichter Beobachtungen ist, welche die individuellen Unterschiede von Personen, die etwa aus dem einen und dem andern Lande herstammen, mit National-Charakteren verwechseln. Wir Schlesier sind etwas mehr soldatisch geworden. Unser Adel findet sich durch die Uniform geehrt. Die Brandenburger und Pommern haben dafür ihren alten, kriegerischen Charakter, durch feinere Sitten und mehrere Kenntnisse, gemildert. Wir sind nunmehro Kinder Einer Familie, die, auf ähnliche Weise erzogen, zu einer ähnlichen Denkungsart gewöhnt, durch dasselbe Beyspiel eines großen Königs begeistert, sich billiger Weise einander, als Gleiche, betrachten, und nur durch die zufälligen Vorzüge des Glücks, oder der angebohrnen Fähigkeiten, von einander zu unterscheiden sind«[30].

d) Die politischen Umwälzungen vom Tode Friedrichs des Großen bis zum Zusammenbruch der napoleonischen Herrschaft

In der Regierungszeit Friedrichs des Großen, der 1786 in seinem Potsdamer Schloß Sanssouci starb, konnte die Hohenzollernmonarchie von 119000 auf 195000 qkm vergrößert werden. Die Bevölkerung wuchs – trotz großer Verluste in drei Schlesischen Kriegen – von 2,2 auf 5,8 Millionen an. Neben den territorial voneinander getrennten westlichen Provinzen erstreckte sich von der Memel bis westlich der Elbe mit den Provinzen Ostpreußen, Westpreußen, Pommern, Schlesien, Neumark, Kurmark und Magdeburg ein zusammenhängendes Staatsgebiet, auf dessen Erhalt und innere Festigung sich der Preußenkönig in seinen letzten 14 Lebensjahren vor allem konzentriert hatte[31].
Sein Bemühen, territoriale Veränderungen – und damit eine der neuen preußischen Großmacht möglicherweise zum Nachteil gereichende Gewichtsverteilung im Reich – nicht nur geradezu ängstlich zu vermeiden, sondern auch bereits deren Entstehen gegenzusteuern, zeigte sich zuletzt im Bayerischen Erbfolgekrieg in den Jahren 1778/79. Als Joseph II. nach dem Erlöschen der bayerisch-wilhelminischen Linie des Hauses Wittelsbach die Gunst der Stunde nutzte, um habsburgische Ansprüche auf Teile Niederbayerns durchzusetzen und damit den Verlust Schlesiens zu kompensieren, erhob sich Friedrich zum Hüter der Reichssicherheit. Er setzte alle diplomatischen Hebel in Bewegung, um die in der Wiener Konvention Anfang Januar 1778 festgeschriebene Abtretung rückgängig zu machen. Mit dem Einmarsch preußischer und sächsischer Truppen in Böhmen am 5. Juli 1778 mündete

der Konflikt in den Bayerischen Erbfolgekrieg, in dessen Verlauf es jedoch nur zu unbedeutenden Gefechten kam. Trotz mangelnder militärischer Erfolge erhöhte der am 13. Mai 1779 unter Vermittlung Frankreichs und Rußlands im oberschlesischen Teschen geschlossene Vergleich, in dem Österreich das bayerische Innviertel und Preußen die Anwartschaft auf die brandenburgischen Markgrafschaften Ansbach und Bayreuth zugesprochen wurden, das Prestige des Preußenkönigs und seine Autorität im Reich um ein weiteres[32].

Die sich wegen der unbefriedigenden Rechtsverhältnisse der schlesischen Landbevölkerung in den letzten Jahrzehnten des 18. Jahrhunderts verschärfenden sozialen Spannungen entluden sich unter der Regierung Friedrich Wilhelms II., dessen reformfeindliche Agrarpolitik sich nach Ausbruch der Französischen Revolution noch verstärkte, in zahlreichen Bauernunruhen. Eine bedeutendere Herausforderung als der innenpolitische Konflikt stellte jedoch für Friedrich Wilhelm II. und dessen Sohn und Nachfolger, Friedrich Wilhelm III., die außenpolitische Auseinandersetzung mit Frankreich dar. In sie wurde Schlesien zunächst durch die preußische und russische Polenpolitik verwickelt. Als nach der Zweiten Teilung Polens 1793, die eine Kompensation der schweren Niederlage gegen das revolutionäre Frankreich darstellte, der polnische Staat nur zwei Jahre später vollständig unter Rußland, Österreich und Preußen aufgeteilt wurde, kam das Gebiet westlich von Krakau als »Neu-Schlesien« zu dem bisherigen schlesischen Territorium[33].

Als Napoleon sein hegemoniales System weiter ausdehnte und sich mit der Gründung des Rheinbundes im Juli 1806, in den 16 Reichsstände Aufnahme fanden, das Heilige Römische Reich de facto aufgelöst hatte, entschloß sich Friedrich Wilhelm III. nach anfänglichem Zögern im August zur Mobilmachung. In einem Ultimatum an Frankreich verlangte er den Rückzug der Truppen von den preußischen Grenzen. Die Folge war der völlige militärische Zusammenbruch Preußens in der Doppelschlacht von Jena und Auerstedt am 14. Oktober 1806. Die Auswirkungen dieses Zusammenbruchs zeigten sich nur wenige Wochen später auch in Schlesien. Die mit Frankreich verbündeten Truppen Bayerns und Württembergs drangen unter Befehl von Napoleons Bruder Jérôme in das Land ein und besetzten binnen weniger Wochen mit Breslau, Brieg, Glogau und Schweidnitz die wichtigsten Festungen. Einzig Cosel, Silberberg und Glatz vermochten sich bis zum Tilsiter Frieden vom 9. Juli 1807 zu halten. Durch ihn gingen Preußen alle Gebiete westlich der Elbe sowie Südpreußen und Neuostpreußen verloren. Neben Stettin und Küstrin blieb auch das schlesische Glogau verpfändet und unter französischer Besatzung.

Die vor dem französischen Heer nach Memel ausgewichene Staatsführungs Preußens blieb zunächst in Königsberg und kehrte erst im Dezember 1809 nach Berlin zurück. Während dieser Jahre, in denen von Ostpreußen aus unter Führung von August Freiherr von Hardenberg und Karl Reichsfreiherr vom und zum Stein die entscheidenden Fundamente für den Neubau des Staates und die Modernisierung seiner Verwaltung gelegt wurden, stand Schlesien eher am Rande des Geschehens. Durch die Umsetzung der Stein-Hardenbergschen Reformgesetze, insbesondere die Agrarverbesserungen, die Städteordnung sowie die Finanz-, Gewerbe- und Zollverordnungen wurde in den folgenden Jahren nicht nur die Mitwirkung weiter Bevölkerungsschichten bei einer Selbstverwaltung der Provinzen, Kreise und Gemeinden, sondern auch die stärkere Angleichung Schlesiens an das übrige Preußen erreicht. Zu den Reformbestrebungen wurden Schlesier wie der aus Rappersdorf gebürtige Christian von Rother, der Schöpfer des modernen preußischen Finanz-, Handels- und Wirtschaftswesens und spätere Staatsminister, herangezogen[34].

Durch den Reichsdeputationshauptschluß von 1803 waren sämtliche geistlichen Reichsstände ausgelöscht und in zahlreichen deutschen Territorien geistliche Institutionen aufgehoben worden. In Schlesien kam es 1810/11 in gleicher Weise zur zwangsweisen Auflösung

der Orden und zu einer Säkularisation des umfangreichen, rund ein Viertel des Grund und Bodens bildenden katholischen Kirchengutes. Nur solche Klöster und Stifte, die sich der Krankenpflege und Erziehung widmeten, blieben von dieser Maßnahme verschont[35]. Einige der eingezogenen Kirchengüter wurden an Mitglieder des Hauses Hohenzollern oder verdiente Generäle, Staatsmänner und Beamte wie Blücher, Yorck von Wartenburg und Wilhelm von Humboldt vergeben. Dadurch gelangte eine preußisch gesinnte, protestantische Führungsschicht nach Schlesien, die die Bindungen zu Preußen um ein weiteres vertiefte.
Die Verstaatlichung kam zum Teil dem Ausbau der Breslauer Friedrich-Wilhelms-Universität zugute. Sie wurde als erste Universität Preußens mit katholischer und evangelischer theologischer Fakultät unter Vereinigung der Reste des alten Jesuitenkollegs und der nach Schlesien verlegten Universität Frankfurt/Oder im Jahre 1811 gegründet[36]. Daneben bestanden eine philosophische, eine juristische sowie eine medizinische Fakultät. Trotz ihrer anfänglich kleinen Hörerschaft verstärkte die Umwandlung der Jesuitenuniversität in eine paritätische in hohem Maße den Charakter Breslaus als geistiger, kultureller und gesellschaftlicher Mittelpunkt Schlesiens.
Zahlreiche herausragende Persönlichkeiten und anerkannte Wissenschaftler wie der tschechische Physiologe Jan Evangelista Purkyně, der in Breslau die mikroskopische Anatomie im Lehrbetrieb des Faches Medizin einführte, konnten das Niveau der Universität in den kommenden Jahren weiter erhöhen. Auch für die politische und nationale Bewußtseinsbildung kam der Universität schon früh eine nicht zu unterschätzende Bedeutung zu. Im Hause des neu nach Breslau berufenen Naturphilosophen Henrik Steffens versammelten sich nur ein Jahr nach der Neugründung 1811 die an der Erneuerung Preußens und seiner Armee arbeitenden Patrioten Scharnhorst, Gneisenau, Clausewitz, Boyen, Blücher und Arndt.
Die Konvention von Tauroggen vom 30. Dezember 1812, die vor dem Hintergrund eines wachsendes Widerstandes im Volk gegen das Bündnis mit Frankreich das Signal für Preußens Abfall von Napoleon gab, markiert einen Wendepunkt in der europäischen Geschichte. Seit Friedrich Wilhelm III. Mitte Januar 1813 mit seinem Hof nach Breslau übergesiedelt war, wurde Schlesien zum Ausgangspunkt des Befreiungskampfes[37]. Von der schlesischen Hauptstadt aus erneuerte der König am 27. Februar die preußisch-russische Militärkonvention, die zugleich England und Schweden zum Eintritt in den Krieg gegen Napoleon veranlaßte. In Breslau stiftete Friedrich Wilhelm III. am 10. März, dem Geburtstag der 1810 gestorbenen, in Schlesien besonders verehrten Königin Luise von Preußen das Eiserne Kreuz als Orden und Ehrenzeichen für alle militärischen Dienstgrade und Nichtkombattanten. Das auf das Kreuz des Deutschen Ordens zurückgehende gußeiserne schwarze Kreuz mit der Königskrone und den Initialen »FW« über drei Eichenblättern sowie der Jahreszahl 1813 auf der Vorderseite, dessen endgültige Form Karl Friedrich Schinkel schuf, wurde später 1870, 1914 und 1939 erneuert und seit 1819 auch als staatliches Symbol verwendet.
In Breslau traten der junge Joseph von Eichendorff, Ernst Moritz Arndt, Theodor Körner und eine Reihe weiterer Studenten und Freiheitsdichter in das hier begründete, seiner Montur nach als »Schwarze Schar« bezeichnete Lützowsche Freikorps ein, das später zeitweise in einer Stärke von 2900 Infanteristen, 600 Kavalleristen und 120 Artilleristen im Rücken des Gegners operierte. Von Breslau aus verkündete der Preußenkönig am 17. März 1813, zwei Tage nach dem Eintreffen des russischen Zaren Alexander I., den berühmten Aufruf »An mein Volk«. Ihm folgten die allgemeine Dienstpflicht, der Befehl zur Bildung von Landwehr und Landsturm und schließlich am 20. März die Kriegserklärung an Frankreich. Die im Jubiläumsjahr 1913 fertiggestellte Jahrhunderthalle in Breslau erinnert an die große Aufbruchsstimmung im Jahre 1813.

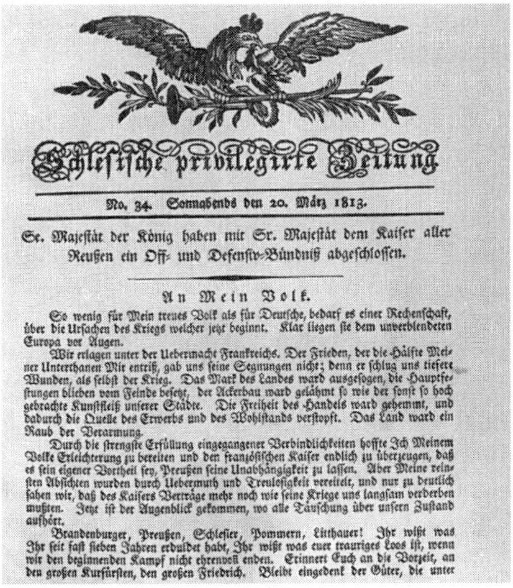

Schlesische privilegirte Zeitung

No. 34. Sonnabends den 20. März 1813.

Se. Majestät der König haben mit Sr. Majestät dem Kaiser aller Reußen ein Off- und Defensiv-Bündniß abgeschlossen.

An Mein Volk.

So wenig für Mein treues Volk als für Deutsche, bedarf es einer Rechenschaft, über die Ursachen des Kriegs welcher jetzt beginnt. Klar liegen sie dem unverblendeten Europa vor Augen.

Wir erlagen unter der Uebermacht Frankreichs. Der Frieden, der die Hälfte Meiner Unterthanen Mir entriß, gab uns seine Segnungen nicht; denn er schlug uns tiefere Wunden, als selbst der Krieg. Das Mark des Landes ward ausgesogen, die Hauptfestungen blieben vom Feinde besetzt, der Ackerbau ward gelähmt so wie der sonst so hoch gebrachte Kunstfleiß unserer Städte. Die Freiheit des Handels ward gehemmt, und dadurch die Quelle des Erwerbs und des Wohlstands verstopft. Das Land ward ein Raub der Verarmung.

Durch die strengste Erfüllung eingegangener Verbindlichkeiten hoffte Ich Meinem Volke Erleichterung zu bereiten und den französischen Kaiser endlich zu überzeugen, daß es sein eigener Vortheil sey, Preußen seine Unabhängigkeit zu lassen. Aber Meine reinsten Absichten wurden durch Uebermuth und Treulosigkeit vereitelt, und nur zu deutlich sahen wir, daß des Kaisers Verträge mehr noch wie seine Kriege uns langsam verderben mußten. Jetzt ist der Augenblick gekommen, wo alle Täuschung über unsern Zustand aufhört.

Brandenburger, Preußen, Schlesier, Pommern, Litthauer! Ihr wißt was Ihr seit fast sieben Jahren erduldet habt, Ihr wißt was euer trauriges Loos ist, wenn wir den beginnenden Kampf nicht ehrenvoll enden. Erinnert Euch an die Vorzeit, an den großen Kurfürsten, den großen Friedrich. Bleibt eingedenk der Güter, die unter

Abb. 26: Am 17. März 1813 erließ König Friedrich Wilhelm III. von Preußen in Breslau den bekannten Aufruf »An mein Volk«, in dem zum ersten Mal in der preußischen Geschichte vor einem Krieg die Einheit von Krone, Staat und Nation beschworen wurde. Der drei Tage später in der *Schlesischen privilegirten Zeitung* gedruckte Aufruf, der für Preußens Zukunft nur einen »ehrenvollen Frieden oder einen ruhmvollen Untergang« sah, markiert den Anfang der Erhebung gegen die napoleonische Fremdherrschaft.

Der Frühjahrsfeldzug verlief zunächst ungünstig für die verbündeten Preußen und Russen[38]. Erst durch den für viele Patrioten enttäuschenden Waffenstillstand vom 4. Juni 1813 in dem für neutral erklärten Dorf Pläswitz bei Striegau konnten Schweden und Österreich als Bündnispartner gewonnen werden. Napoleon bezeichnete später den Waffenstillstand, in den er trotz seiner Erfolge bei Großgörschen (2. 5. 1813) und Bautzen (20./21. 5. 1813) eingewilligt hatte, als die größte Dummheit seines Lebens. Die Kampfpause schuf gleichzeitig die Voraussetzungen für die Reorganisation des preußischen Heeres. Blüchers preußisch-russische »Schlesische Armee« mit Gneisenau als Stabschef hatte durch ihre Siege an der Katzbach (26. 8. 1813), bei Wartenburg (3. 10. 1813) und schließlich vom 16. bis 19. Oktober 1813 in der Völkerschlacht bei Leipzig entscheidenden Anteil an der Epochenwende, die nach dem Abfall der süddeutschen Staaten von Frankreich und der Auflösung des Rheinbundes ihren Höhepunkt in der endgültigen Niederlage Napoleons in der Schlacht bei Waterloo am 18. Juni 1815 fand.

e) Reformansätze und Stagnation

Der Wiener Kongreß, der in der Zeit vom 18. September 1814 bis zum 9. Juni 1815 rund 200 Staaten, Herrschaften, Städte und Körperschaften in der österreichischen Hauptstadt versammelte, erneuerte das durch die napoleonischen Kriege erschütterte europäische Staatensystem. Einer vollständigen Wiederherstellung der politischen Lage von 1792, die zunächst angestrebt worden war, standen jedoch schon bald neue machtpolitische Gegensätze entgegen[39]. Die deutsche Kaiserwürde wurde nicht erneuert, doch schuf die am

8. Juni 1815 von 39 deutschen Staaten angenommene Verfassung einen unauflöslichen, lockeren Staatenbund der »souverainen Fürsten und freyen Städte Deutschlands« (Art. 1). Dem Deutschen Bund gehörten auch Preußen und Österreich an, doch war zunächst unklar, welche ihrer Gebiete im einzelnen aufgenommen werden sollten. Angesichts der stets umstrittenen Stellung Schlesiens zum Reich blieb die Formulierung der Bundesakte, daß beide Mächte für ihre »vormals zum teutschen Reich gehörigen Besitzungen« dem Bund beitreten würden, auslegungsbedürftig. Erst im April und Mai 1818 erklärten Wien und Berlin schließlich, trotz der früheren Nichtzugehörigkeit Schlesiens zum Alten Reich, die formale Zugehörigkeit des österreichischen wie des preußischen Teiles von Schlesien zum Deutschen Bund. Ausdrücklich wurde der österreichische Anteil Schlesiens »mit Inbegriff der Böhmisch-Schlesischen Herzogthümer Auschwitz und Zator« verstanden, eines Gebietes, das schon im 15. Jahrhundert unter polnische Oberhoheit gefallen war[40].

Der territoriale Besitzstand Preußens hatte durch den Wiener Kongreß, an dem neben anderen Schlesiern auch der berühmte Breslauer Publizist Friedrich von Gentz teilnahm, eine Reihe von Veränderungen erfahren. Von besonderer Bedeutung für die weitere Entwicklung Deutschlands war, daß sich Preußen stärker nach Westen wandte. Da von den im Tilsiter Frieden 1807 abgetretenen Gebieten nur ein Teil zurückerstattet werden konnte, wurden Preußen als Ausgleich Kompensationen in Sachsen und im Rheinland zugesprochen. Zu den verlorenen Gebieten im Osten zählte neben dem größten Teil Südpreußens und Neu-Ostpreußens mit Bialystok, die an das zur führenden Kontinentalmacht aufgestiegene, rund 250 km näher an Berlin herangerückte Rußland fielen, auch Neu-Schlesien. Trotz der Abtretung des Kreises Schwiebus im Nordwesten an Brandenburg wurde Schlesien vergrößert, da dem Oderland gleichzeitig der vom Königreich Sachsen an Preußen abgetretene Teil der Oberlausitz mit so bedeutenden Städten wie Görlitz und Lauban zugeteilt wurde.

Die preußische Verwaltungsreform nach 1815 zielte in erster Linie auf die Konsolidierung der Staatsverwaltung in den wiedergewonnenen und neuen Gebieten und auf eine Reform der Behördenorganisation. Die neben neun anderen preußischen Provinzen zum 1. Mai 1816 eingerichtete schlesische Provinz wurde in vier Regierungsbezirke aufgeteilt: einen mittel-, einen nieder- und einen oberschlesischen sowie einen im schlesischen Gebirge zur Milderung der sozialen und wirtschaftlichen Lage des dortigen Textilnotstandsgebietes. Die bald nach ihren Hauptstädten benannten Regierungsbezirke besaßen nach Abschluß der Grenzberichtigungen eine vergleichbare Einwohnerzahl: Breslau 512616, Liegnitz 510091, Oppeln 510497 und Reichenbach 467230. Erst durch die mit der Industriellen Revolution in Oberschlesien einsetzende Bevölkerungsexplosion veränderten sich diese Werte beträchtlich. Sieht man von der aus finanziellen Gründen notwendigen Auflösung des Regierungsbezirkes Reichenbach im Jahre 1820 und der nachträglichen Zuordnung der bisher niederschlesischen Kreise Neisse und Grottkau an den oberschlesischen Regierungsbezirk Oppeln ab, so blieb diese Verwaltungsgliederung der bevölkerungsreichsten preußischen Provinz bis zum Ende des Ersten Weltkriegs bestehen[41].

Noch während der gesamten 36jährigen Amtszeit des Provinzialministers Graf von Hoym hatte Schlesien eine Sonderstellung in der preußischen Monarchie eingenommen. Mit dem Zusammenbruch 1806 und den daran anschließenden Verwaltungsreformen fand diese ihr Ende. An die Stelle des früheren schlesischen Provinzialministers trat nun ein Oberpräsident, der ungleich stärker als bisher der Zentralgewalt verpflichtet war. Dennoch vermochte der von 1816 bis 1820 sowie von 1825 bis 1845 amtierende, im Jahre 1828 geadelte Friedrich Theodor Merckel – er war Ewald Georg von Massow, einem Gegner des Reformwerks, gefolgt – bis in die zwanziger Jahre eine von den königlichen Interessen unabhängige Linie in der Verwaltung aufrechtzuerhalten.

Parallel zu der weltlichen Verwaltungsordnung lief eine Regelung der kirchlichen Verhältnisse, die ihren Abschluß am 16. Juli 1821 mit der päpstlichen Bulle *De salute animarum* fand[42]. Das Bistum Breslau wurde damit aus der formalrechtlich unverändert bestehenden Abhängigkeit von der polnischen Kirchenprovinz Gnesen gelöst und unmittelbar der römischen Kurie unterstellt. Mit Ausnahme der Grafschaft Glatz und des Archipresbyteriats Katscher-Branitz – diese Gebiete blieben bei den Erzbistümern Prag und Olmütz – waren damit die politischen und kirchlichen Grenzen einander weitgehend angeglichen. Im Nordwesten reichte das Bistum allerdings nach Brandenburg hinein; zuletzt waren 1821 mit Neuzelle, Wittichenau, Güntersdorf, Hennersdorf, Pfaffendorf und Ullersdorf die katholischen Pfarreien des 1815 preußisch gewordenen Teils der Lausitzen an Breslau abgetreten worden[43]. Bei der evangelischen Kirchenverwaltung fiel es ungleich leichter, die Errichtung von Provinzialkonsistorien nach 1815 unter dem jeweiligen Oberpräsidenten den Provinzgrenzen anzupassen.

Die Zeit zwischen dem Wiener Kongreß und der Märzrevolution 1848 war für Deutschland eine Epoche äußeren Friedens. Im Innern war sie einerseits durch die Beschränkung von Bürgerrechten, andererseits durch das Entstehen einer demokratischen, liberalen und nationalen Bewegung gekennzeichnet. Der zunächst der Reformgesetzgebung gegenüber aufgeschlossene preußische König Friedrich Wilhelm III. löste das Versprechen von 1815, eine gesamtstaatliche Verfassung und eine *Nationalrepräsentation* zu schaffen, bis zu seinem Tode im Jahre 1840 nicht ein. Als Leiter der preußischen Gesamtpolitik konnte Hardenberg lediglich durchsetzen, daß die in den Reformgesetzen bereits vorgesehenen Kreisständischen Vertretungen 1823 Provinzialstände wählten. Diese konnten in neu errichteten Provinziallandtagen über lokale und regionale Angelegenheiten beraten und damit zumindest ansatzweise zur politischen Gestaltung des öffentlichen Lebens beitragen. Die Abgeordneten der jeweiligen Provinziallandtage, die allerdings weder Gesetze erlassen konnten noch das Budgetrecht besaßen, waren damit keine Volksvertreter, sondern Interessenvertreter[44].

In dem 1824 gebildeten schlesischen Provinziallandtag, der sich aus den Kurien der Fürsten und Standesherren mit zehn Abgeordneten, der Ritterschaft mit 36, der Städte mit 30 und schließlich der Bauern mit 16 Vertretern zusammensetzte, dominierten die Gutsbesitzer und der Hochadel durch ihr ökonomisches und politisches Gewicht. Gegenüber den restaurativen Vorstellungen des Adels konnte sich in Schlesien, anders als in anderen preußischen Provinzen wie im Rheinland oder in Ostpreußen, keine liberale Bewegung behaupten. Der Adel verstand es, die Vorteile der Gewerbereform geschickt zu nutzen. Das auch in der industriellen Entwicklung zurückgedrängte Bürgertum blieb bis in die vierziger Jahre hinein eine unheitliche Gruppe und insgesamt zu schwach, um politisch die Kräfteverhältnisse zu verschieben.

Schon der erste, die preußische Städte- und Landgemeindeordnung beratende Schlesische Provinziallandtag von Oktober bis Dezember 1825 verlief insgesamt enttäuschend, zumal sich der König im Landtagsabschied ausdrücklich die Vorlage von ausgearbeiteten Gesetzesentwürfen verbat. Während auf dem zweiten Schlesischen Provinziallandtag 1828 immerhin noch einzelne bürgerliche Stimmen wie die des Reichenbacher Bürgermeisters Weidinger zu hören waren, der sich scharf gegen die reaktionäre Politik des Königs zur Wehr setzte und damit einen Eklat herbeiführte, war bei den nachfolgenden Provinziallandtagen 1830, 1833 und 1837 von Bürgern und Bauern kaum noch etwas zu vernehmen[45]. Eine noch geringere Resonanz als in Niederschlesien fand die liberale Bewegung des Vormärz in Oberschlesien. Größere Hoffnungen verbanden sich für die politische Opposition erst mit dem Regierungsantritt Friedrich Wilhelms IV. im Jahre 1840, der zunächst eine Wende gegenüber der Politik seines Vaters einzuleiten schien.

f) Die Lage der schlesischen Katholiken, Protestanten und Juden

Von der Säkularisation und der damit verbundenen Auflösung alter kirchlicher Institutionen im Jahre 1810 erholte sich die katholische Kirche in Schlesien nur langsam. Nach 1815 zeichnete sie sich durch einen scharfen Richtungsstreit zwischen den Anhängern der Aufklärung und den Vertretern des Ultramontanismus aus. Anfangs versprachen die im Klerus diskutierten Reformvorschläge, deren Forum das *Diöcesanblatt für den Clerus der Fürstbischöflichen Breslauer Diöces* bildete, durchaus Gehör zu finden[46]. Doch die 1826 von dem Breslauer Theologieprofessor Johann Anton Theiner anonym veröffentlichte radikalaufklärerische Reformschrift *Die katholische Kirche Schlesiens, dargestellt von einem katholischen Geistlichen* gab den Anlaß für römische Gegenbewegungen. Diese drückten sich zum einen in der Besetzung der Lehrstühle an der Katholisch-Theologischen Fakultät während des Pontifikats Gregors XVI. aus, zum anderen im Streit um das theologische Promotionsrecht, das Rom der Universität seit ihrer Umwandlung in eine paritätische vorenthielt und erst im Jahre 1888 wieder zugestand[47].
Eine neue Herausforderung für die katholische Kirche stellte die von Johannes Ronge geführte deutschkatholische Bewegung dar. Der Grottkauer Kaplan war 1843 wegen seines Artikels *Rom und das Breslauer Domkapitel* suspendiert und nach einer Polemik gegen die Wallfahrt zum heiligen Rock in Trier 1844 exkommuniziert worden. Seine religiösen Vorstellungen, in denen Papstprimat, Priesterzölibat, Heiligen- und Reliquienkult, Ablaß sowie Fasten und Wallfahrten verworfen wurden, verbanden sich bald mit liberalen und nationalen Zielen, die den bis 1848 lebhaften Zustrom zu der weit über Schlesien hinaus wirkenden deutschkatholischen Bewegung Ronges erklären[48].
Die schlesischen Lutheraner sahen sich nach 1815 zunächst mit dem Vorhaben des preußischen Königs konfrontiert, eine Vereinigung der seit der Reformation getrennten protestantischen Konfessionen herbeizuführen. Sie war als geistige Klammer zwischen den westlichen und den östlichen Provinzen gedacht. Friedrich Wilhelm III. verstand die Union, die schon 1803 von dem aus Breslau gebürtigen Theologen und Philosophen Friedrich Daniel Ernst Schleiermacher angeregt worden war, zugleich als Abschluß seiner Verwaltungsreformen[49]. Sie wurde 1817, in Erinnerung an die Einführung der lutherischen Reformation vor 300 Jahren, auf freiwilliger Grundlage verwirklicht. »Schon Meine, in Gott ruhende erleuchtete Vorfahren, der Kurfürst Johann Sigismund, der Kurfürst Georg Wilhelm, der große Kurfürst, König Friedrich I. und König Friedrich Wilhelm I. haben, wie die Geschichte ihrer Regierung und ihres Lebens beweiset, mit frommem Ernst es sich angelegen seyn lassen, die beiden getrennten protestantischen Kirchen, die reformierte und lutherische, zu Einer evangelisch-christlichen in Ihrem Lande zu vereinigen«, hieß es im Unionsaufruf König Friedrich Wilhelms III. vom 27. September 1817. »Eine solche wahrhaft religiöse Vereinigung der beiden, nur noch durch äußere Unterschiede getrennten protestantischen Kirchen ist den großen Zwecken des Christenthums gemäß; sie entspricht den ersten Absichten der Reformatoren; sie liegt im Geiste des Protestantismus; sie befördert den kirchlichen Sinn; sie ist heilsam der häuslichen Frömmigkeit; sie wird die Quelle vieler nützlichen, oft nur durch den Unterschied der Confession bisher gehemmten Verbesserungen in Kirchen und Schulen«[50].
Nicht zuletzt die Einführung einer allgemeinen Gottesdienstordnung 1822 und der damit entfachte Agendenstreit lösten unter den Lutheranern Breslaus, das als einzige schlesische Stadt neben Glogau eine größere reformierte Gemeinde besaß, heftige Widerstände aus[51]. Hier ist besonders der Breslauer Theologieprofessor Johann Gottfried Scheibel zu nennen, dem es gelang, die offizielle Zustimmung von Magistrat und Stadtverordneten der Provinzhauptstadt zur Union bis zum Jahre 1830 hinauszuzögern. Unter seiner Führung entstan-

Abb. 27: Die jüdische Gemeinde des oberschlesischen Siedlungskomplexes Königshütte, der seine Entstehung der Industrialisierung verdankte und 1905 bereits mit 66 000 Einwohnern die alten Städte des Montanreviers Gleiwitz und Beuthen überrundet hatte, war im 19. Jahrhundert beträchtlich angewachsen. Am 23. September 1875 wurde in der Kaiserstraße, einer der Hauptgeschäftsstraßen, feierlich die neue Synagoge der Gemeinde eingeweiht. Die einzige erhaltene Aufnahme aus dem Jahre 1928 zeigt den in die gründerzeitliche Häuserfront passend eingegliederten Bau, der vollständig zerstört wurde.

den in Breslau erste kleine, ihr religiöses Leben streng an die lutherischen Bekenntnisschriften anlehnende Gemeinden, die sich zu protestantischen Freikirchen zusammenschlossen[52]. Mehr als 5000 dieser sogenannten Altlutheraner, die über Jahre hinweg verfolgt und ausgegrenzt werden sollten, sahen sich in Preußen seit den dreißiger und vierziger Jahren zur Auswanderung gezwungen, darunter etwa 1200 Schlesier vor allem aus Niederschlesien und der preußischen Oberlausitz. Erst 1845 erlangten sie unter Friedrich Wilhelm IV. das Recht einer selbständigen Kirche.

Dem schlesischen Judentum gelang es, nach dem von Hardenberg ausgearbeiteten Emanzipationsedikt vom 11. März 1812, das die in Preußen ansässigen privilegierten Juden den sonstigen Staatsbürgern gleichstellte und ihnen Freiheit des Wohnsitzes, des Gewerbes und des Ankaufs von Grundstücken zugestand, über die traditionellen Handelsberufe hinaus auch führende Positionen in der Finanz- und Verkehrswirtschaft sowie in der Industrie zu erlangen. Das Judentum, das zur Hälfte im oberschlesischen Regierungsbezirk Oppeln vertreten war, entwickelte vor allem in Breslau – ähnlich wie in Berlin – lebhaften Anteil am kulturellen Leben[53]. Zahlreiche neue Synagogen, Friedhöfe, Hospitäler und Schulen aus dieser Zeit sprechen für die Leistungskraft der jüdischen Gemeinde, die sich im Laufe des 19. Jahrhunderts stark vergrößerte: Im Jahre 1803 wurden in Schlesien 11500 Juden gezählt, 1843 schon 28606 und 1880 als Höchststand 52682; bis zum Jahr 1939 ging ihre Einwohnerzahl auf 15840 zurück[54].

Die Emanzipation der Juden seit dem Ende des 18. Jahrhunderts führte zu inneren Auseinandersetzungen zwischen dem traditionellen orthodoxen Judentum und den an der Aufklärung orientierten Reformjuden, deren soziale und erzieherische Leitbilder in der 1780 gegründeten *Gesellschaft der Brüder* und der 1791 eröffneten Königlichen Wilhelmsschule für Knaben in Breslau erkennbar wurden[55]. Schon in den vierziger Jahren hatte sich der Kaufmann Jonas Fraenckel durch die Gründung eines *Vereins zur Erziehung der Kinder hilfloser Proletarier* in Breslau verdient gemacht. Durch eine testamentarische Verfügung ermöglichte er 1853/54 die Gründung eines jüdisch-theologischen Seminars, zu dessen hoher Anziehungskraft bedeutende Gelehrte wie der Historiker Heinrich Graetz sowie die Talmudisten Israel Levy und Saul Horowitz beitrugen[56]. Die Fraenckelsche Stiftung wuchs in den kommenden Jahrzehnten zum unbestrittenen Mittelpunkt im geistigen Leben des europäischen Judentums heran. Gleichzeitig wurde sie zum Vorbild für spätere Seminargründungen in Berlin, Wien und Budapest[57].

Tabelle 2: Gesamtbevölkerung, Stadtbevölkerung und Konfessionen in Schlesien 1817 und 1849[58]:

1817	Gesamtbevölkerung	davon in den Städten	Katholiken	in % der Gesamtbevölkerung	Protestanten	in % der Gesamtbevölkerung	Juden	in % der Gesamtbevölkerung	davon % in Städten
Reg.-Bez. Breslau	510617	28,62	135642	26,56	368204	72,11	6771	1,33	86,00
Reg.-Bez. Oppeln	516618	14,71	470162	91,01	38848	7,52	7608	1,47	58,45
Reg.-Bez. Reichenbach	465575	17,74	210577	45,23	254550	54,67	448	0,10	92,63
Reg.-Bez. Liegnitz	499788	19,03	68894	13,78	429245	85,89	1649	0,33	99,51
Prov. Schlesien	1992598	20,07	885275	44,43	1090847	54,74	16476	0,83	74,82
1849									
Reg.-Bez. Breslau	1174679	24,33	464178	39,52	698436	59,46	12059	1,03	91,09
Reg.-Bez. Oppeln	965912	15,16	852862	88,30	96372	9,98	16662	1,73	63,30
Reg.-Bez. Liegnitz	921002	20,05	142941	15,52	774440	84,09	3618	0,39	89,17
Prov. Schlesien	3061593	20,15	1459981	47,69	1569248	51,23	32339	1,06	76,55

g) Sozialer Protest und politische Aufbruchsstimmung

Unterhalb der Bühne des Breslauer Provinziallandtages, auf dem sich bis zum Thronwechsel im Jahre 1840 kaum oppositionelle Strömungen zeigten, läßt sich ein vielfältiger sozialer und politischer Protest beobachten. Er ließ Schlesien im Vormärz zur vielleicht unruhigsten Provinz Preußens werden. Größeren Widerhall als der Breslauer Bürgerprotest gegen die Beibehaltung der Landwehr im August 1817 oder die mit der französischen Julirevolution 1830 zusammenhängenden Unruhen in der Provinzhauptstadt fanden die Zusammenstöße im Agrarbereich und besonders in der Leinenweberei[59]. Noch 1843 machte der Freirichter und Gutsbesitzer Eduard Pelz unter dem Pseudonym Treumund Welp in seiner Schrift »Über den Einfluß der Fabriken und Manufakturen in Schlesien« auf die Not der Weber aufmerksam – mit dem Erfolg, daß sein Werk verboten und er selbst Ende Juli 1844 unter dem Vorwurf der Aufwiegelei verhaftet wurde[60].

Der Aufstand der schlesischen Weber Anfang Juni 1844 in Langenbielau und Peterswaldau im Kreis Reichenbach war nicht nur einer der bedeutendsten Eckpunkte der Geschichte Schlesiens im 19. Jahrhundert, sondern auch *das* soziale Ereignis in Deutschland. Durch

Gerhart Hauptmanns Schauspiel *Die Weber* (1892) und den Zyklus *Der Weberaufstand* (1895–98) von Käthe Kollwitz fand er weit über die engeren Grenzen Schlesiens hinaus Beachtung.
Doch auch zu ihrer Zeit riefen die Hungerrevolten bereits ein vielfältiges Echo in der zeitgenössischen Presse hervor, weil die regierende Bürokratie und die bürgerliche Oberschicht erstmals auf die Möglichkeit einer proletarischen Erhebung aufmerksam wurden. In Deutschland gab es kaum eine Zeitung, die nicht über das Elend der schlesischen Spinner und Weber zu berichten wußte. Aber auch in Schlesien fanden sich entsprechende Nachrichten sowohl in den kleinen Lokalblättern – dem *Boten aus dem Katzbachthale*, dem *Boten aus dem Riesengebirge* oder den *Schlesischen Provinzialblättern* – als auch in den bekanntesten Zeitungen, der *Breslauer Zeitung* und der *Privilegirten Schlesischen Zeitung*[61].
Dem Aufstand war eine jahrzehntelange Verelendung der Weber vorausgegangen, die an den dicht bevölkerten Flanken des Sudetengebirges ihr Heimgewerbe betrieben. Diese hing mit den Veränderungen des internationalen Wirtschaftssystems, dem Druck schlechter Zollverhältnisse und der wachsenden Abhängigkeit von den Fabrikanten zusammen. Das krasse Gegenbild zu der unbeschreiblichen Not der Weber, bei denen der Arbeitstag auch für die Kinder bis nach Mitternacht reichte und deren Verdienst kontinuierlich sank, bildete der wachsende und demonstrativ gezeigte Reichtum weniger Unternehmer wie der Zwanziger in Peterswaldau oder der Dierig in Bielau. Diese beherrschten den Markt vollständig.
Selbst das spätere Strafgericht über die Aufständischen gestand zu, daß die unmenschliche Härte des Fabrikanten Zwanziger die Exzesse provoziert habe. Bei ihm hatten die Ausschreitungen, die erst unter Einsatz von Militär nach zwei Tagen blutig niedergeschlagen werden konnten, am 4. Juni ihren Ausgang genommen[62]. Nach der Revolte untersagte Friedrich Wilhelm IV. in einer Kabinettsorder vom 14. Juni 1844 speziell der schlesischen Presse, weiterhin über soziale Mißstände zu berichten. Die offizielle Verlautbarung zu den Hungerrevolten vom 6. Juli, die jede Dramatisierung des Weberelends zurückwies, unterließ es freilich, die unsäglichen Mißstände offen beim Namen zu nennen.

DOKUMENT 8: Privilegirte Schlesische Zeitung vom 6. Juli 1844[63]:

»Bekanntmachung
Sobald der Landrat von Prittwitz-Gaffron, Reichenbacher Kreises, von den Exzessen in Peterswaldau Nachricht erhalten und sich an Ort und Stelle verfügt hatte, requirierte er sofort Militär aus Schweidnitz. Ein Detachement von 200 Mann unter dem Kommando des Majors Rosenberger traf am 5ten d. Mts. mittags zu Peterswaldau ein, wo die Plünderung aber schon erfolgt war. Als er sich demnächst mit 150 Mann nach Langenbielau begab, war das Haus der Kaufleute Hilbert und Andretzky daselbst schon geplündert. Am 6ten d. Mts. trafen des Herrn Ober-Präsidenten Exzellenz und der Herr General-Major v. Staff, welchem das Kommando über die zusammengezogenen und noch heranzuziehenden Truppen übertragen war, in der Gegend des Aufruhrs ein. Auch war die von Schweidnitz herbeigerufene Verstärkung, 6 Kompanien Infanterie mit einer Batterie von 4 Kanonen, angekommen. Schon in der vierten Morgenstunde dieses Tages wurde unter Zurücklassung eines Kommandos in Peterswaldau Langenbielau militärisch besetzt. In dem letztern, sehr ausgedehnten, von mehr als 12 000 Menschen, die sich großenteils von Baumwollenweberei ernähren, bewohnten Dorfe herrschte an diesen und den nächstfolgenden Tagen eine große Aufregung, indem sich fortwährend Haufen sammelten, der größte Teil der Weber und sonstigen Handwerker die Arbeit eingestellt hatte und mit ihren beutelustigen Frauen und Kindern in der Umgegend herumzogen und durch ihre Annäherung Schrecken unter den Fabrikanten verbreiteten, auch alle Achtung vor dem Gesetz und den Behörden aus den Augen setzten.

Es gelang indes in wenigen Tagen, die Ruhe wiederherzustellen, indem die am meisten aufgeregten Ortschaften Langenbielau, Peterswaldau und Leutmannsdorf militärisch besetzt und die ganze Gegend mit Truppen dergestalt überzogen wurde, daß neue Zusammenrottungen nicht unbemerkt bleiben konnten, an den bedrohten Orten schleunige Hilfe eintraf, und die Überzeugung geweckt wurde, daß der Staat auf jede Weise die Unruhen zu unterdrücken entschlossen und bereit wäre. Dabei wurden in den unruhigen Ortschaften starke Sicherheitswachen aus Mitgliedern der Gemeinden organisiert, welche sich möglichst in Verbindung setzten und Tag und Nacht patrouillierten.
Die ermittelten Rädelsführer und strafbarsten Teilnehmer des Aufruhrs sind unter Mitwirkung des Militärs verhaftet und nach Schweidnitz transportiert. Die Zahl der seitens der Polizei Verhafteten beträgt gegen 70. In Gemäßheit der Verordnung über das Verfahren bei Untersuchungen wegen Aufruhrs und Tumultes vom 30sten September 1836, hat das hiesige Königliche Ober-Landesgericht eine Untersuchungs-Kommission ernannt, welche in Schweidnitz seit dem 10ten d. Mts. mit Führung der Untersuchung beschäftigt ist und seinerzeit in betreff der rechtskräftig Verurteilten das Erkenntnis öffentlich bekanntmachen wird.
Neuere Exzesse sind bis heute nicht zu unserer Kenntnis gelangt. Auch liegen uns noch keine sicheren Nachrichten darüber vor, daß die Zahl der infolge des Aufruhrs arbeitslos Gewordenen erheblich wäre. Selbst diejenigen Fabrikanten, welche sehr bedeutende Verluste zu beklagen haben, beschäftigen ihre Arbeiter wieder.
Zur sofortigen Unterdrückung etwaiger fernerer Unruhen befindet sich noch eine angemessene Militärmacht in Reichenbach.
Über die eigentlichen Ursachen der stattgehabten aufrührerischen Bewegungen, Zerstörungen und Plünderungen sowie die ferneren Folgen davon für die Fabrikanten und die seither von ihnen beschäftigten Arbeiter kann man bis jetzt nur Vermutungen haben. Auch läßt sich der bedeutende Wert des vernichteten und geraubten Eigentums mit Sicherheit nicht angeben. Ein allgemeiner Notstand hat sich bei den Webern jener Gegend keineswegs eingefunden; es fehlte ihnen im ganzen nicht an Arbeit, und ihr Lohn reichte zur Bestreitung ihrer notwendigsten Lebensbedürfnisse aus. Insbesondere fanden fleißige und geschickte Weber, bei gutem Betragen und Sparsamkeit, stets ihren Lebensunterhalt, zumal die gewöhnlichen Lebensbedürfnisse bisher keineswegs ungewöhnlich hoch waren. Auch konnten Tagearbeiter bei ländlichen Beschäftigungen in der Regel Verdienst finden. Die Hauptschuldigen sind größtenteils Menschen, die im Rufe der Liederlichkeit standen.
Breslau, den 28. Juni 1844

Königliche Regierung Abteilung des Innern.«

Die Not der Weber, deren Aufstand 1844 ein Dutzend Tote gefordert hatte, wurde trotz einzelner Hilfsmaßnahmen immer größer. Sie führte zu einer verstärkten Abwanderung ins Industrieproletariat. Die sozialen Spannungen wurden in den kommenden Jahren noch durch Mißernten, Überschwemmungen und die 1847 ausbrechende oberschlesische Typhusepidemie – allein an ihr starben in den Kreisen Rybnik und Pleß Tausende von Menschen – verschärft[64]. Wiederholt klagte das *Schlesische Kirchenblatt* die wirtschaftliche Not und die Verelendung der Oberschlesier in dieser Zeit an: »Die Bevölkerung im hiesigen Kreise [Gleiwitz] ist von Leibeskräften, Nahrungsmitteln und von Vieh-, Geld- und Kleidungsstücken entblößt, und was ihnen die gefräßige Industrie noch gelassen oder zugeworfen hat, das verdirbt die wirkliche Schwäche. Wird nicht recht liberal, umsichtig, freigebig und rasch gehandelt, dann geht fast eine ganze Generation zu Grunde und die Gegend, wo man sich nur bücken darf, um einen unterirdischen Schatz zu finden, müßte eine Oede werden«[65]. Am Vorabend der Revolution von 1848 zeigte sich in Schlesien auch in den unteren Bevölkerungsschichten ein breites Konfliktpotential, das die bürgerliche Oppositionsbewegung nicht unbedeutend verstärkte.
Zum Zentrum des politischen Liberalismus entwickelte sich seit 1840 vor allem Breslau. Die Provinzhauptstadt hatte in der ersten Hälfte des 19. Jahrhunderts einen beträchtlichen industriellen Aufschwung genommen und ihre Einwohnerzahl von 66431 (1806) auf 116235 (1852) vergrößert. Das rasante Wachstum ließ jedoch auch das soziale Elend steigen. So hatte Breslau in diesen Jahrzehnten gleichzeitig die höchste Säuglingssterblichkeit aller deutschen Städte.

Tabelle 3: Das Bevölkerungswachstum Breslaus im Vergleich[66]:

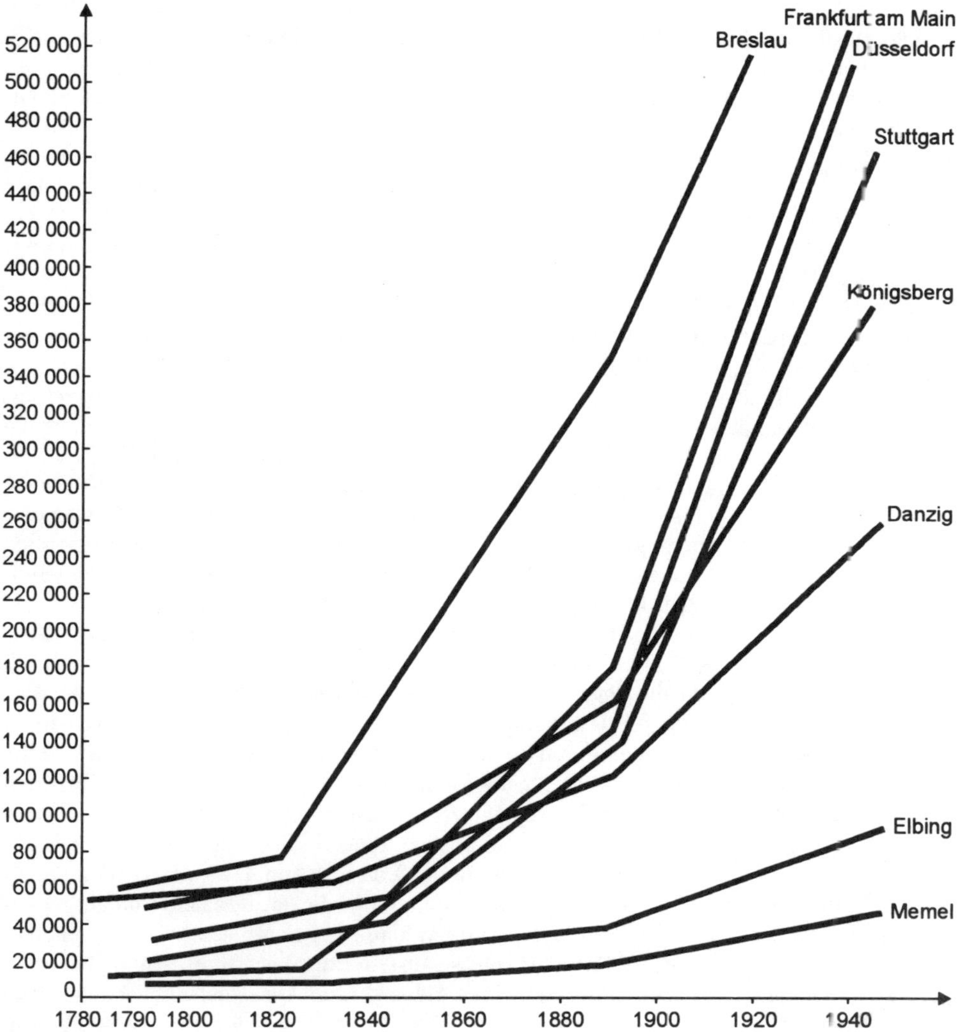

Der Universität war es wieder gelungen, verstärkt in den politischen Auseinandersetzungen Stellung zu beziehen. Größtes Aufsehen erregte August Heinrich Hoffmann von Fallersleben, seit 1823 Kustos der Zentralbibliothek und seit 1830 Professor für deutsche Sprache und Literatur an der Universität, durch seinen 1840/41 im liberalen Hamburg gedruckten Gedichtzyklus *Unpolitische Lieder*. Deren scharfe Angriffe richteten sich sowohl gegen die preußische Zensurpolitik als auch gegen die Demut vor Aristokratie, Militär und Kirche. Die zeitkritische Sammlung, die von der preußischen Regierung wegen der Erregung von »Mißvergnügen über die bestehende Ordnung der Dinge, Verachtung und Haß gegen Landesherren und Obrigkeit« verboten wurde und zur Entlassung Hoffmanns führte, war ebenso wie das gleichzeitig entstandene *Deutschlandlied* von einer unbestimmten Freiheitsbegeisterung getragen[67]. Unterstützt wurde Hoffmann vor allem

von seinem aus dem oberschlesischen Kreuzburg gebürtigen Schüler Gustav Freytag, von 1839 bis 1844 Privatdozent für Literaturgeschichte in Breslau. Freytag baute später die Wochenschrift *Die Grenzboten* zum einflußreichsten Organ des liberalen Bürgertums aus[68].
Die Breslauer Burschenschaft, die nach den Befreiungskriegen zunächst einen gemäßigten Kurs eingeschlagen hatte, trat nach ihrer Reorganisierung 1841 verstärkt in die Öffentlichkeit. Sie erweiterte nun die bisher auf Schlesien und Preußen ausgerichtete politische Aktivität um gesamtdeutsche Fragen[69]. Burschenschafter waren auch unter den Redakteuren des *Kladderadatsch*, einem politisch-kritischen, national ausgerichteten Wochenblatt, das 1848 von den Breslauer Publizisten David Kalisch, Rudolf Löwenstein und Ernst Dohm gegründet wurde. Der *Kladderadatsch* entwickelte sich in den kommenden Jahrzehnten, nicht zuletzt dank seiner hohen Auflage, zum führenden Satire-Blatt Preußens[70].
Die Flut von nahezu 300 Petitionen während der Provinziallandtage 1841, 1843 und 1845 ist ein deutliches Indiz für die stärkere Teilnahme des schlesischen Bürgertums am politischen Leben. Seit der Breslauer Magistrat während des 6. Landtages im Februar 1841 auf Grundlage der Bundesakte von 1815 die Gewährung einer allgemeinen Volksvertretung beantragt und damit das Selbstgefühl des Monarchen tief verletzt hatte, wurden die Breslauer durch das publizistische Aufsehen dieses Ereignisses an vielen Orten Deutschlands als liberale Vorkämpfer gefeiert. Die schlesische Provinzhauptstadt erschien damit zwar schon neben Königsberg und der Rheinprovinz als Eckpfeiler der liberalen Bewegung. Die einzelnen Gruppierungen, die sich eher durch ihre konsequente Gegnerschaft zu allen Formen des absoluten Staates als durch konkrete politische Programme auszeichneten, waren jedoch vor der Revolution noch nicht scharf voneinander zu trennen[71].
Die liberal-demokratischen Positionen vertrat erfolgreich der Breslauer Stadtgerichtsrat Heinrich Simon, der 1842 durch seine Vorschläge für eine Schulreform und 1844 durch seinen Widerstand gegen die sogenannten Disziplinargesetze hervorgetreten war. Der Einsatz für die Unabhängigkeit der Justizbeamten, die er auch in zahlreichen Artikeln in der *Schlesischen Zeitung* forderte, hatte ein Jahr später seinen erzwungenen Rücktritt vom preußischen Staatsdienst zur Folge. Simon konnte sich nun mit aller Kraft der liberalen Bewegung widmen. In einer in Leipzig verlegten Flugschrift mit dem Titel *Annehmen oder Ablehnen* polemisierte er gegen den ersten, aus sämtlichen Mitgliedern der acht preußischen Provinziallandtage bestehenden Vereinigten Landtag von 1847: Der König sei im Grunde keiner der Forderungen nach Mitbestimmung und Volksrepräsentation entgegengekommen. Die Schrift brachte Simon zwar eine Anklage wegen Majestätsbeleidigung ein, erhöhte aber zugleich sein Ansehen in der politischen Öffentlichkeit Deutschlands.
Aus der burschenschaftlichen Bewegung kam Eduard Graf von Reichenbach, der 1835 wegen seiner politischen Agitation zu Festungshaft verurteilt worden war. Er setzte sich besonders für die Interessen der schlesischen Bauern ein. Die soziale Verantwortung für die wirtschaftlich schwachen Bevölkerungsgruppen unterstrich auch der aus Hirschberg stammende Papierfabrikant Friedrich Wilhelm Schlöffel, der 1845 gefährlicher politischer Umtriebe verdächtigt und verhaftet wurde. Die Proteste sowohl der Breslauer Stadtverordnetenversammlung als auch des Oberbürgermeisters und des Oberpräsidenten, die schließlich zum Freispuch Schlöffels führten, wurden als großer Sieg der Liberalen gefeiert. Die preußische Regierung reagierte auf den Vorfall, indem sie den Oberpräsidenten von Merckel durch Kabinettsorder am 16. Mai 1845 entließ. Er wurde durch Wilhelm von Wedell, einen kompromißlosen Vertreter der Restauration, ersetzt[72].
Frühsozialistisches Gedankengut in Schlesien vertrat der ebenfalls in der Breslauer Burschenschaft aktive Wilhelm Wolff, der später in der kommunistischen Bewegung eine bedeutende Rolle spielte. Karl Marx widmete den 1867 erschienenen ersten Band des *Kapitals* seinem »unvergeßlichen Freunde, dem kühnen, treuen, edlen Vorkämpfer des

Proletariats, Wilhelm Wolff«. Mit seiner publizistischen Tätigkeit hatte der aus Tarnau bei Schweidnitz stammende Wolff zunächst in den *Schlesischen Provinzialblättern* begonnen; er erweiterte sie jedoch schon bald auf die Liegnitzer *Silesia* und die Leipziger *Freikugeln*. Seit er 1843 in einem berühmt gewordenen Artikel in der *Breslauer Zeitung* die elenden Notunterkünfte der Proletarier in den Breslauer Kasematten angeprangert hatte, entwickelte er sich immer mehr zum leidenschaftlichen Sozialkritiker der schlesischen Verhältnisse: In aller Offenheit kritisierte Wolff dort das Obdachlosenasyl, wo in 15 Räumen 67 Familien – 96 Erwachsene und 124 Kinder – zusammengepfercht waren, sowie die damit unvermeidlichen Begleiterscheinungen der Trunksucht, Prostitution und Bettelei. Der Kasemattenartikel löste eine tiefgreifende Pressediskussion über die soziale Frage in Schlesien aus[73].

h) Die Revolution von 1848/49 und ihre Nachwirkungen

Nur wenige Wochen nach der Februarrevolution des Jahres 1848 in Paris griffen die Unruhen auf Deutschland über. Auch in Schlesien machte sich die Unzufriedenheit über die unterbliebenen Reformen und die sozialen Gegensätze in Tumulten und Demonstrationen Luft. Nachdem bereits in Wien am 13. März mit dem österreichischen Staatskanzler Metternich eine Symbolfigur reaktionärer Politik gestürzt worden war, sah sich auch Friedrich Wilhelm IV. am 18. März nach Straßen- und Barrikadenkämpfen in Berlin zu dem Versprechen genötigt, Preußen zu einem liberalen Verfassungsstaat auszubauen. Als daraufhin am 19. März in der schlesischen Provinzhauptstadt Oberpräsident von Wedell sowie Polizeipräsident Heinke ihrer Ämter enthoben wurden, konnten die Extrablätter über diese Ereignisse am darauffolgenden Tag als die ersten zensurfreien Druckschriften in Breslau erscheinen.

Die umsichtige Amtsführung des Breslauer Oberbürgermeisters Julius Hermann Pinder, der Ende März als neuer Oberpräsident der Provinz Schlesien eingesetzt wurde, trug dazu bei, daß sich die auch in Liegnitz, Görlitz, Schmiedeberg, Münsterberg und Kreuzburg O. S. entflammten Unruhen sowie die gleichzeitigen Bauernaufstände nicht weiter ausdehnten. Die Bauern, die sich später auch politisch zu organisieren begannen, hatten vielerorts ihre Abgaben und Dienste eingestellt oder waren direkt zu Plünderungen und Zerstörungen übergegangen. »In einzelnen Theilen der Kreise Hirschberg, Landeshut, Löwenberg, Schönau und Bolkenhain sind Gemeinden und einzelne Mitglieder derselben gegen die Gutsherrschaften aufgestanden, haben dieselben zu Verzichtsleistungen auf gutsherrliche Rechte genöthigt, und die öffentliche Ruhe gestört«, hieß es am 25. März 1848 in einem Erlaß der Liegnitzer Regierung, mit dem zur Beruhigung der Bevölkerung hauptsächlich in den Riesengebirgskreisen aufgerufen wurde. »Bedenkt, daß gewaltsame Erpressungen und Aufruhr schwere Verbrechen sind, für welche die durch das Gesetz bestimmte Strafe die Schuldigen erreichen wird! Laßt ab von solchem frevelhaften Beginnen, geht auseinander, und kehre ein Jeder in seine Behausung, zur Ruhe und Pflicht zurück!«[74]

Ähnliche Aufrufe sind auch aus anderen Gegenden überliefert[75]. Die Forderungen der Bauern blieben jedoch unberücksichtigt. Zwar wurden 2000 Patrimonialgerichte in Schlesien aufgehoben und 1849 durch Kreisgerichte ersetzt, doch führte die Gemeindeordnung vom 14. April 1856 de facto die früheren Zustände wieder ein. Die gutsherrliche Polizeigewalt und das Erbschulzenregiment fielen erst mit der Kreisordnung von 1872; eine neue Landgemeindeordnung wurde sogar erst 1891 erlassen.

Das ohne ein direktes Mandat des Volkes gebildete sogenannte Vorparlament, das vom 31. März bis zum 3. April 1848 in der Paulskirche in Frankfurt am Main zusammentrat, beschloß die Einberufung einer konstituierenden Nationalversammlung nach allgemeinem direktem gleichem Wahlrecht. An den Beratungen des Vorparlaments waren unter den Oppositionspolitikern aus Preußen, Bayern, Württemberg, Baden, Hessen und Nassau auch Schlesier vertreten: neben dem offiziellen Breslauer Abgeordneten Regierungsrat Bruno Erhard Abegg noch Heinrich Simon, Eduard Graf von Reichenbach sowie zwei Gutsherren und ein Kaufmann.

Im Hinblick auf die politischen Programme, die angesichts des Fehlens fester Organisationen, Parteien und Fraktionen in hohem Maße von den jeweils führenden Köpfen und deren Autorität und Überzeugungskraft abhängen mußten, lassen sich in Schlesien zwei Grundrichtungen unterscheiden. Als einzige Gruppierung, die ihre politischen Ziele nicht nur auf Preußen, sondern auf ganz Deutschland ausrichtete, traten die Demokraten unter Führung des Verfassungsrechtlers Heinrich Simon auf[76]. Während sich die Demokraten für eine republikanische Staatsform einsetzten, hielten die im *Zentralverein* und im *Vaterländischen Verein* organisierten Konstitutionellen grundsätzlich an der Monarchie fest. Zu dieser Richtung, in der sich Alexander Schneer und die beiden Breslauer Geschichtsprofessoren Gustav Adolf Harald Stenzel und Richard Roepell engagierten, bekannten sich die großbürgerlichen liberalen Schichten. Zu Recht bemerkte jedoch ein zeitgenössischer Beobachter, der schlesische Philosoph, Literaturhistoriker und spätere Begründer der *Preußischen Jahrbücher* Rudolf Haym, in seinem Buch über die deutsche Nationalversammlung, daß nicht die Programme, sondern die Tatsachen die Parteien formiert hätten[77].

Nach einem kurzen Wahlkampf zwischen den noch nicht gefestigten Gruppierungen fanden am 1. Mai 1848 die Wahlen zu den Nationalversammlungen in Frankfurt am Main und Berlin statt, die in den 39 schlesischen Wahlkreisen angesichts des nur geringen Interesses enttäuschend verliefen[78]. Zwar waren in beiden Parlamenten Vertreter unterschiedlicher politischer Lager von der äußersten Rechten bis zur äußersten Linken vertreten, aber die Vertretung der unteren Bevölkerungsgruppen war völlig unzulänglich: Unter den 1848/49 einschließlich aller Nachrücker insgesamt 55 schlesischen Abgeordneten in der Frankfurter Paulskirche, deren Zusammensetzung ohnehin weniger ein Spiegel der sozialen Gliederung Deutschlands als dessen führender Schichten war, befand sich kein einziger Arbeiter und nur ein Bauer[79].

Während von den Demokraten u. a. Simon, Schlöffel und der zur äußersten Linken zählende Arnold Ruge einrückten, waren die Konstitutionellen durch Stenzel, Schneer und den Nationalökonom Johann Ludwig gut vertreten. Die schlesischen Ultramontanen, eine vorwiegend aus Oberschlesiern bestehende klerikale Gruppe, repräsentierte als Abgeordneter des Oppelner Kreises der Breslauer Fürstbischof Melchior Freiherr von Diepenbrock, der sich vor allem für den Abbau der politischen und sozialen Gegensätze zwischen Ober- und Niederschlesien einsetzte. Besondere Berühmtheit erlangte der vom Wahlbezirk Ratibor entsandte, der äußersten Rechten zugesellte oberschlesische Großgrundbesitzer Felix Fürst von Lichnowsky, der am 18. September 1848 zusammen mit Hans von Auerswald in Frankfurt am Main auf offener Straße von aufgebrachtem Pöbel ermordet wurde. In der gleichzeitigen Berliner Nationalversammlung setzte sich Oberpräsident Pinder für die Interessen Schlesiens ein.

Mit Ausnahme eines blutigen Zusammenstoßes zwischen Militär und Bürgerwehr in Schweidnitz, der Ende Juli zahlreiche Tote und Verwundete forderte, blieb die Lage in Schlesien seit Sommer 1848 weitgehend ruhig. Erst als Friedrich Wilhelm IV. Anfang November ein konservatives Ministerium unter Graf von Brandenburg ernannte und die Nationalversammlung vertagte, spitzte sich auch in Breslau die Lage erneut zu. Überraschend wurde Oberpräsident Pinder, der sich für die Steuerverweigerung als politisches Kampfmittel ausgesprochen hatte, entlassen und durch einen energischen Vertreter der

Staatsinteressen, Eduard Freiherr von Schleinitz, ersetzt. Der bisherige Bromberger Regierungspräsident, der anfangs zugleich in Liegnitz die Verwaltung übernahm, prägte als Oberpräsident über zwei Jahrzehnte lang bis 1869 die schlesische Politik. In der Provinzhauptstadt fanden die Unruhen 1849 ihren Höhepunkt im Breslauer Maiaufstand, nach dessen Niederschlagung über hundert Beteiligte verhaftet wurden. Der Belagerungszustand, der am 7. Mai verhängt worden war, wurde erst im August wieder aufgehoben.
Mit der Auflösung der Nationalversammlung fanden auch die ersten Ansätze einer schlesischen Parteienszene ein rasches Ende. Die führenden Persönlichkeiten der demokratischen Bewegung, Heinrich Simon, Johannes Ronge, Wilhelm Wolff und Eduard Pelz, verließen Schlesien und gingen ins Exil, 17 schlesische Mandatsträger wurden insgesamt verurteilt oder ihrer Ämter für verlustig erklärt[80]. Das Scheitern der Frankfurter Verfassungspolitik, der Eindruck der Vergeblichkeit der politischen Reformanstrengungen und die Festigung des alten Systems schufen auch in Schlesien bald wieder Verhältnisse, die denen vor 1848 glichen. Der gesellschaftliche Emanzipationsprozeß wurde jedoch nur verlangsamt, nicht aber aufgehalten. Zwar konnte die staatliche Bürokratie ihren Einfluß noch einmal bedeutend festigen, doch schufen die politische Hochspannung der Revolutionsjahre, die parlamentarischen Erfahrungen in Frankfurt am Main und Berlin sowie die Zusammenarbeit von Oppositionsführern aus allen Teilen Deutschlands wichtige Voraussetzungen für das Entstehen selbständiger parlamentarischer Organisationen.
Das erste Jahrzehnt nach den Ereignissen von 1848/49, das besonders in Preußen im Zeichen der Rückkehr zum vorrevolutionären Recht stand, bildete auch für Schlesien eine lange Reaktionsphase. Diese festigte zugleich das Machtgefühl des Monarchen sowie das der aristokratischen und großagrarischen Führungsschichten. Erst als Prinz Wilhelm (I.) im Januar 1861 die Nachfolge seines schon Jahre zuvor schwer erkrankten Bruders antrat und ein gemäßigt-liberales Ministerium einsetzte, kündigte sich eine »Neue Ära« an. Die ähnlich wie im Jahre 1840 an den Thronwechsel geknüpften Erwartungen wurden noch durch den Verlauf des italienischen Nationalkrieges von 1859 verstärkt, der das Reaktionssystem in den meisten Staaten des Deutschen Bundes aufweichte und der liberalen und nationalen Opposition neuen Auftrieb gab[81]. Mit der Ende Mai 1859 – zunächst anonym, als *Eine Stimme aus der Demokratie* – veröffentlichten Broschüre *Der italienische Krieg und die Aufgabe Preußens* wandte sich der 1825 in Breslau geborene Ferdinand Lassalle, der im Gegensatz zu den Liberalen allerdings sozialistische Gedankengänge vertrat, erneut der Politik zu[82].
Nach dem Vorbild der italienischen *Società Nazionale* von 1856 wurde am 16. September 1859 der *Deutsche Nationalverein* gegründet, dem schon nach wenigen Tagen auch die schlesischen Liberalen beitraten. Vom Wiedererwachen des politischen Lebens in Schlesien, das sich nach dem beschleunigten Ausbau des Eisenbahnnetzes in den vierziger und fünfziger Jahren zu einem der wichtigsten Industriezentren Deutschlands entwickelte, zeugt der nur wenig später, im März 1860, in Breslau gegründete liberale *Wahlverein*.
Wie in anderen westlichen Hauptstädten fand der polnische Aufstand vom Januar 1863 auch in der schlesischen Metropole Sympathie und festigte das Selbstbewußtsein des Bürgertums. War die Entwicklung politischer Parteien zunächst durch das Scheitern der Revolution von 1848/49 ins Stocken geraten, so wurde das Jahrzehnt von 1861 bis 1871 in den deutschen Staaten zur großen Zeit des Zusammenschlusses von Liberalen, Sozialisten, Katholiken und Konservativen zu politischen Organisationen. Von gebürtigen Schlesiern gingen dabei wichtige Impulse in unterschiedliche Richtungen aus.
Der *Allgemeine Deutsche Arbeiterverein* (ADAV), der Vorläufer der sechs Jahre später entstandenen *Sozialdemokratischen Arbeiterpartei* (SDAP), wurde am 23. Mai 1863 als erste sozialistische deutsche Arbeiterpartei von Lassalle gegründet. Allgemeines, gleiches

und direktes Wahlrecht sowie eine Vertretung des Arbeiterstandes in den gesetzgebenden Körperschaften waren die wichtigsten Punkte des von ihm entworfenen Parteiprogramms[83]. Die 1866 im preußischen Abgeordnetenhaus gebildete *Freie konservative Vereinigung*, die unter der Führung des aus Bankau im Kreis Kreuzburg stammenden Eduard Graf von Bethusy-Huc stand, stieß in Schlesien und im Rheinland auf große Resonanz. Unter den Abgeordneten dieser Gruppierung, die während der Wahlen zum Norddeutschen Reichstag 1867 den Namen *Freikonservative Partei* annahm und sich seit 1871 im Reichstag *Deutsche Reichspartei* nannte, dominierten adelige Großagrarier sowie Schwerindustrielle. In Schlesien schlossen sich ihr die ökonomisch führenden Adeligen an: die Fürsten von Lichnowsky, von Pleß, der Herzog von Ratibor und Ujest sowie die Grafen Johann Renard, Hans Ulrich von Schaffgotsch und Friedrich von Frankenberg[84].
Auch am jeweiligen Zusammenschluß von Liberalen und Katholiken hatten Schlesier einen nicht unbedeutenden Anteil: Der aus Grünberg stammende Historiker und Politiker Rudolf Haym entwarf 1865 ein liberales Parteiprogramm, das der 1861 gegründeten *Deutschen Fortschrittspartei* ein schärferes Profil gab; bei der Gründung der *Zentrumspartei* 1870 wirkten der aus Quilitz im Kreis Glogau stammende Missionsvikar Eduard Müller sowie der oberschlesische Großindustrielle Lazarus Graf Henckel von Donnersmarck mit[85]. Im Rahmen der in Deutschland nach den Befreiungskriegen aufkommenden Frauenbewegung, die durch die bedeutsame Veränderung der sozialen Stellung der Frau während der Industrialisierung starken Zulauf erhielt, entstand am 24. Februar 1865 in Leipzig unter Vorsitz von Luise Otto-Peters und der aus Breslau gebürtigen Auguste Schmidt der *Frauenbildungsverein*. Er ging nur wenige Monate später in den *Allgemeinen Deutschen Frauenverein* (ADF) über, der neben einer Reihe sozialer Forderungen auch die allgemeine Gleichberechtigung von Mann und Frau zum Ziel hatte[86].
Im Gegensatz zu der politisch vergleichsweise ruhigen Amtszeit des schlesischen Oberpräsidenten Eduard Freiherr von Schleinitz (1848–1869) erlebten seine oft nur wenige Jahre amtierenden Nachfolger – Eberhard Graf von Stolberg-Wernigerode (1869–1872), Ferdinand Otto Freiherr von Nordenflycht (1873–1874), Adolf Heinrich Graf von Arnim-Boitzenburg (1874–1877), Robert von Puttkamer (1877–1879), Otto von Seydewitz (1879–1894), Hermann Fürst von Hatzfeldt (1894–1903), Robert Graf von Zedlitz-Trützschler (1903–1909), Hans von Dallwitz (1910) sowie Hans von Guenther (1910–1919) – mit dem Kulturkampf und dem sich verschärfenden Sprachen- und Nationalitätenkampf bis zum Ausbruch des Ersten Weltkrieges eine Zeit vielfältiger Spannungen und Konflikte[87]. Vor allem in Oberschlesien, wo sich seit der Industrialisierung gegenüber Niederschlesien eine Sonderstellung herauskristallisierte, kam es zu einer Verknüpfung konfessioneller, sprachlicher und nationaler Probleme.

i) Schlesien nach der Reichsgründung: Kulturkampf und politische Strömungen

Noch 1866 hatte der Krieg zwischen Preußen und Österreich um die Vorherrschaft in Deutschland, bei dem erstmals seit dem ausgehenden 18. Jahrhundert die Abtretung Schlesiens in der Diplomatie wieder als politisches Druckmittel eingesetzt worden war, das gute Verhältnis der Schlesier zum preußischen Staat eindrucksvoll unterstrichen. Als Zeichen der Anerkennung dieser Loyalität hatte Wilhelm I. sogar die erste Parade seiner siegreichen Truppen nicht in Berlin, sondern in Breslau abgenommen. Erst der Kulturkampf, die Auseinandersetzung zwischen dem preußischen Staat und der katholischen Kirche in den Jahren 1871 bis 1887, löste in Schlesien eine ernsthafte Konfrontation aus. Bismarck verfolgte das Ziel, Staat und Kirche schärfer voneinander abzugrenzen, um auf diesem Wege den kirchlichen Einfluß auf die Politik auszuschalten. Darüber hinaus sah der Reichskanzler in der Verbindung des katholischen Zentrums mit Welfen, Polen und Elsässern eine Gefahr für das junge kleindeutsche Reich mit seinem protestantisch-preußischen Kaisertum[88]. Der Kulturkampf wurde besonders für die deutsch- und polnischsprachigen Katholiken im Regierungsbezirk Oppeln, die fast 90% der Bevölkerung stellten, zu einer schweren Belastungsprobe.

Tabelle 4: Die soziale und konfessionelle Zusammensetzung der Bevölkerung im Regierungsbezirk Oppeln (nach der Volkszählung von 1880)[89]:

Wahlkreis	Bevölkerung	städtisch	ländlich	kath. (%)	evang. (%)
1. Kreuzburg O. S.-Rosenberg	90430	15464	74966	57,0	41,5
2. Oppeln	110781	32532	78249	86,6	12,2
3. Groß Strehlitz-Cosel	130908	19351	111557	95,1	3,9
4. Lublinitz-Tost-Gleiwitz	135234	37317	97917	93,0	4,2
5. Beuthen O. S.-Tarnowitz	157901	112251	45650	89,5	7,2
6. Kattowitz-Zabrze	148238	115444	32794	90,2	6,4
7. Pleß-Rybnik	174154	34386	139768	92,1	6,2
8. Ratibor	126555	37093	89462	95,3	3,1
9. Leobschütz	87403	22955	64448	91,3	7,9
10. Neustadt O. S.	93237	29793	63444	91,7	7,8
11. Falkenberg-Grottkau	85532	12816	72716	83,0	16,7
12. Neisse	99581	34375	65206	93,1	6,2

Die wichtigste Stütze Bismarcks in dieser Kontroverse war der Jurist Adalbert Falk, der in den Jahren 1872 bis 1879 an der Spitze des preußischen Kultusministeriums stand. Er stammte ebenso wie sein Vorgänger, Heinrich von Mühler, aus Schlesien[90]. Als erste Maßnahme im Kulturkampf wurde am 8. Juli 1871 die katholische Abteilung im Kultusministerium aufgehoben, die unter Leitung des in Blumenau bei Bolkenhain geborenen Juristen Adalbert Krätzig stand, und mit der evangelischen zu einer Abteilung für geistliche Angelegenheiten vereinigt. Das Schulaufsichtsgesetz vom 11. März 1872, das die geistliche Orts- und Kreisschulinspektion beseitigte, unterstellte alle kommunalen und privaten Schulen der staatlichen Aufsicht. Ende 1873 setzten die ersten Maßregelungen des der Breslauer Diözese seit 1853 vorstehenden Fürstbischofs Heinrich Förster ein, der schon wiederholt wegen seines Widerstandes gegen die preußischen Maigesetze von 1873 zu empfindlichen Geldstrafen verurteilt worden war. Im Januar 1874 wurden seine Bezüge gesperrt, und im Oktober 1875 wurde er – ebenso wie die Oberhirten von Köln, Posen/Gnesen, Paderborn, Münster und Limburg – von der preußischen Regierung für abgesetzt erklärt[91]. Er residierte seither auf Schloß Johannesberg bei Jauernig im österreichischen Teil seiner Diözese, wo er am 20. Oktober 1881 auch starb.

Als 1887 Bischof Georg Kopp – er wurde 1893 Kardinal und 1906 geadelt – zum Nachfolger Försters in Breslau ernannt wurde, hatte der Kulturkampf bereits seinen Höhepunkt überschritten. Der bisherige Bischof von Fulda, der maßgeblich an der Abfassung der zum Ausgleich zwischen dem preußischen Staat und der katholischen Kirche führenden Gesetze von 1886/87 mitgewirkt hatte, trug als Breslauer Oberhirte bis zum Jahre 1914 durch seine vermittelnde Haltung wesentlich zur Wiederherstellung des inneren Friedens bei. Er gilt zu Recht als der bedeutendste geistliche Politiker in Schlesien[92].

Dennoch hinterließ der Kulturkampf insbesondere im mehrsprachigen und fast vollständig katholischen Oberschlesien tiefe Spuren. Zum einen löste er unter den Katholiken, die sich von den preußischen Behörden zurückgesetzt fühlten, eine tiefe Vertrauenskrise aus; zum anderen setzte mit dem Erlaß des Oppelner Regierungspräsidenten von 1872, der die polnische Sprache fast vollständig aus dem Volksschulunterricht verdrängte, die Politisierung des Sprachenproblems ein. Immer mehr fand sowohl die deutsch- als auch die polnischspachige Bevölkerung Oberschlesiens in der katholischen Geistlichkeit einen einflußreichen Anwalt[93]. Politisch kam diese feste Einheitsfront als Folge des Kulturkampfes zunächst der Zentrumspartei zugute. Hatte sie im Regierungsbezirk Oppeln bei der ersten, klar von der Reichspartei für sich entschiedenen Reichstagswahl 1871 mit Eduard Müller nur den Wahlkreis Pleß-Rybnik gewinnen können, so wurden bei den Reichstagswahlen 1881, genau ein Jahrzehnt später, alle zwölf oberschlesischen Wahlkreise durch Abgeordnete des Zentrums vertreten[94].

Tabelle 5: Der Aufstieg der Zentrumspartei im Regierungsbezirk Oppeln während der Reichstagswahlen 1871–1881[95]:

Wahlkreis	1871	1874	1877	1878	1881
1. Kreuzburg O. S.-Rosenberg	RP	RP	RP	RP	Z
2. Oppeln	K	Z	Z	Z	Z
3. Groß Strehlitz-Cosel	RP	RP	Z	Z	Z
4. Lublinitz-Tost-Gleiwitz	RP	RP	Z	Z	Z
5. Beuthen O. S.-Tarnowitz	RP	Z	Z	Z	Z
6. Kattowitz-Zabrze	RP	Z	Z	RP	Z
7. Pleß-Rybnik	Z	Z	Z	Z	Z
8. Ratibor	RP	RP	Z	Z	Z
9. Leobschütz	NL	Z	Z	Z	Z
10. Neustadt O. S.	RP	Z	Z	Z	Z
11. Falkenberg-Grottkau	RP	Z	Z	Z	Z
12. Neisse	RP	Z	Z	Z	Z

(RP = Reichspartei, K = Konservative, NL = Nationalliberale Partei, Z = Zentrumspartei)

Tabelle 6: Die Reichstagswahlen in Schlesien (1871–1912)[98]:

Jahr	Konservative	%	Deutsche Reichspartei	%	Zentrum	%	National-Liberale	%
1871	56096	16,3	128879	37,5	60857	17,7	66768	19,4
1874	38955	9,6	122508	30,3	135910	33,6	56570	14,0
1877	44512	10,1	96763	21,9	168680	38,1	84761	19,2
1878	72275	14,1	156991	30,7	176538	34,5	73506	14,4
1881	67188	15,3	59214	13,5	183729	41,9	27275	6,2
1884	58151	12,5	66323	14,3	181917	39,2	21416	4,6
1887	100778	16,0	127216	20,2	193658	30,7	38254	6,1
1890	61100	10,4	76622	13,1	196547	33,6	28824	4,9
1893	104372	16,8	61535	9,9	209923	33,9	7736	1,2
1898	113621	19,0	36949	6,2	195179	32,6	6941	1,2
1903	131059	18,4	38399	5,4	200676	28,2	9226	1,3
1907	137053	17,0	61818	7,7	159990	19,8	39717	4,9
1912	129222	15,2	52223	6,1	154076	18,2	72980	8,6

Mit dem bei den Wahlen zum 5. Reichstag am 27. Oktober 1881 gewonnenen Wahlkreis Kreuzburg-Rosenberg konnte sich die Zentrumspartei in Oberschlesien auf ganzer Linie durchsetzen. Der Besitz aller Mandate im Regierungsbezirk Oppeln währte allerdings nur kurz, denn schon ein Jahr später ging der Wahlkreis Kreuzburg-Rosenberg erneut an die Konservative Partei verloren. Diese konnte ihn auch bei den folgenden Reichstagswahlen bis 1912 behaupten. Die Tatsache, daß die Deutsche Reichspartei ihren Einfluß in Oberschlesien nahezu vollständig an die Zentrumspartei abtreten mußte, war vor allem eine Folge des Kulturkampfes. Das Bild veränderte sich nach der Jahrhundertwende, als die Polen 1903 zum ersten Mal eigene Kandidaten aufstellten. Zur Überraschung der deutschen Parteien vermochten sie ihren Stimmenanteil von 6,2% (1907) auf 14,3% (1912) zu steigern und damit vier bzw. fünf Wahlkreise für die polnischen Oberschlesier zu gewinnen.

Die Tatsache, daß der Regierungsbezirk Oppeln seit Mitte der siebziger Jahre als »Zentrumsland« gelten konnte, war in erster Linie ein Erfolg des Parteiführers Franz Graf von Ballestrem. Dem aus dem Kreis Gleiwitz stammenden leidenschaftlichen Politiker, der in der Nachwahl 1872 mit überwältigender Mehrheit das Mandat für den wichtigen Wahlkreis Oppeln gewonnen und damit den Aufstieg des Zentrums vorbereitet hatte, gelang es in der Folgezeit, den größten Teil der oberschlesischen Katholiken gegen die preußisch-protestantische Regierung zu mobilisieren. Auch als Reichstagspräsident in den Jahren 1898 bis 1906 setzte sich Ballestrem mit allen Kräften für die besonderen Strukturprobleme Oberschlesiens ein[96]. Die Politik des Zentrums wurde vor allem durch die *Schlesische Volkszeitung* vermittelt, ein seit 1869 bestehendes katholisches Organ, das sich während des Kulturkampfes am stärksten für die Autonomie der katholischen Kirche und deren Rechte ausgesprochen hatte[97].

Ein Blick auf die Gesamtheit der Ergebnisse von 13 Reichstagswahlen zwischen 1871 und 1912 in den einzelnen Regierungsbezirken zeigt die klaren parteipolitischen Trennlinien zwischen Niederschlesien und Oberschlesien. Die Provinz Schlesien bestand in dieser Zeit aus 35 Wahlkreisen, von denen 13 im Regierungsbezirk Breslau, 10 im Regierungsbezirk Liegnitz und 12 im Regierungsbezirk Oppeln lagen. Zum Zeitpunkt der ersten Reichstagswahlen im Jahre 1871 waren von 3707167 Einwohnern 694918 wahlberechtigt, zum Zeitpunkt der letzten Reichstagswahlen vor dem Ersten Weltkrieg 1912 waren es 1052257

Fortschrittliche	%		%	Sozialdemokraten	%	Polen	%
27047	7,9			1989	0,6		
28680	7,1			8720	2,2	8296	2,1
23234	5,3			23449	5,3		
8092	1,6			23368	4,6		
20714	4,7			17334	3,9		
112635	24,3			22542	4,9		
136455	21,6			34566	5,5		
143285	24,5			68577	11,7	73	0,0
Freis. Ver.		Freis. Vp.					
21585	3,5	105696	17,1	102023	16,5		
8396	1,4	95483	15,9	134117	22,4	40	0,0
10074	1,4	98186	13,8	175583	24,6	44175	6,2
6497	0,8	92640	11,5	166029	20,6	115428	14,3
		99211	11,7	235932	27,8	94023	11,1

von 5225919 Einwohnern. Dieses Bild wandelte sich grundlegend, als im Jahre 1919 das Frauenwahlrecht eingeführt wurde.
Während sich Oberschlesien allmählich zu einer Hochburg der Zentrumspartei entwickelte, konnten in Niederschlesien vor allem die Sozialdemokraten starke Gewinne verbuchen. In der gesamten Provinz steigerten sie ihren Anteil von 0,6% (1871) auf 27,8% (1912), wobei sie – betrachtet man die Ergebnisse für einzelne Regierungsbezirke – bei dieser letzten Wahl vor dem Ersten Weltkrieg in Breslau und Liegnitz jeweils über 35% erreichten. 1903 erhielten die Sozialdemokraten in Breslau 90937 (33,8%), in Liegnitz 56897 (29,5%) und in Oppeln 27749 (11,1%) Stimmen. Trotz des bedeutenden Anteils Breslaus an der Arbeiterbewegung entsandte im Jahre 1877 jedoch nicht die industriell aufstrebende Provinzhauptstadt, sondern der Wahlkreis Reichenbach-Neurode, zu dem auch die Weberdörfer des Eulengebirges zählten, den ersten schlesischen Sozialdemokraten in den Reichstag. Die einzelnen liberalen Gruppierungen, die ihre Anhängerschaft vor allem in den Städten besaßen, erreichten nach 27,3% im Jahre 1871 bei der letzten Reichstagswahl 1912 nur noch 21,1% der Stimmen. Die im Regierungsbezirk Oppeln unbedeutenden Konservativen behielten zusammen mit der Reichspartei – diese hatte in Oberschlesien ihre großen Wählerschichten in den siebziger Jahren nach und nach verloren – in den mittel- und niederschlesischen Regierungsbezirken eine starke Stellung. Dennoch fielen auch diese von Großgrundbesitzern und Großindustriellen geprägten, 1871 mit zusammen 53,8% noch über die absolute Mehrheit verfügenden Parteien schließlich bis zum Jahre 1912 auf 21,3% zurück[99].

j) Am Vorabend des Ersten Weltkrieges: Soziale Gegensätze und nationalpolnische Bestrebungen in Oberschlesien

Der gewaltige Aufschwung der oberschlesischen Schwerindustrie in der zweiten Jahrhunderthälfte und die hohe Konzentration von Bergwerken, Hütten und Fabriken auf engstem Raum führten zu einer starken Verdichtung des Siedlungsnetzes[100]. Besonders im Zentrum des oberschlesischen Montanreviers, dem 1873 auf mehrere Kreise aufgeteilten Kreis Beuthen O. S., wurde der Bevölkerungsanstieg überdeutlich: Lebten hier 1781 noch 12319 Einwohner, so waren es 1850 schon 106389 und 1910 schließlich 833576[101].
Zahlreiche der neu emporgewachsenen Industrie- und Arbeitersiedlungen, von denen mit Kattowitz und Königshütte in den sechziger Jahren zwei das Stadtrecht erlangten, entwikkelten sich ähnlich wie im Ruhrgebiet zu mächtigen Großsiedlungen[103]. Zu dem damit verbundenen sozialen Sprengstoff kamen nationale Probleme, da der Bevölkerungsanstieg in den polnischsprachigen Kreisen Oberschlesiens ungleich höher war als in den deutschen Kreisen und im übrigen Schlesien. Bei der Volkszählung von 1910, aus der für ganz Schlesien ein Anteil von 23% polnischsprachiger (zum Teil sogenanntes »Wasserpolnisch«) Bevölkerung hervorging, gaben knapp 53% der Bewohner des Regierungsbezirkes Oppeln als Muttersprache Polnisch an[104].
Dem Zentrum war es bis zum Ende des Kulturkampfes gelungen, durch die Betonung der gemeinsamen Konfession die in Oberschlesien bestehenden sozialen und nationalen Gegensätze weitgehend zurückzudrängen. Alle Versuche seit 1848, die polnischsprachigen Oberschlesier an die Seite der Polen aus Posen und Westpreußen zu ziehen und damit in nationalpolnische Bestrebungen einzubeziehen, waren wegen deren Loyalität zu Preußen gescheitert. Ebenso wie zahlreiche polnische Vereine verschwanden in den fünfziger Jahren auch die polnischsprachigen Zeitungen wie der in Beuthen O. S. erscheinende *Dziennik Górnośląski* (Oberschlesisches Tageblatt), der in Rosenberg herausgegebene

Tabelle 7: Die Bevölkerungsentwicklung in den schlesischen Regierungsbezirken im Vergleich (1816–1910)[102]:

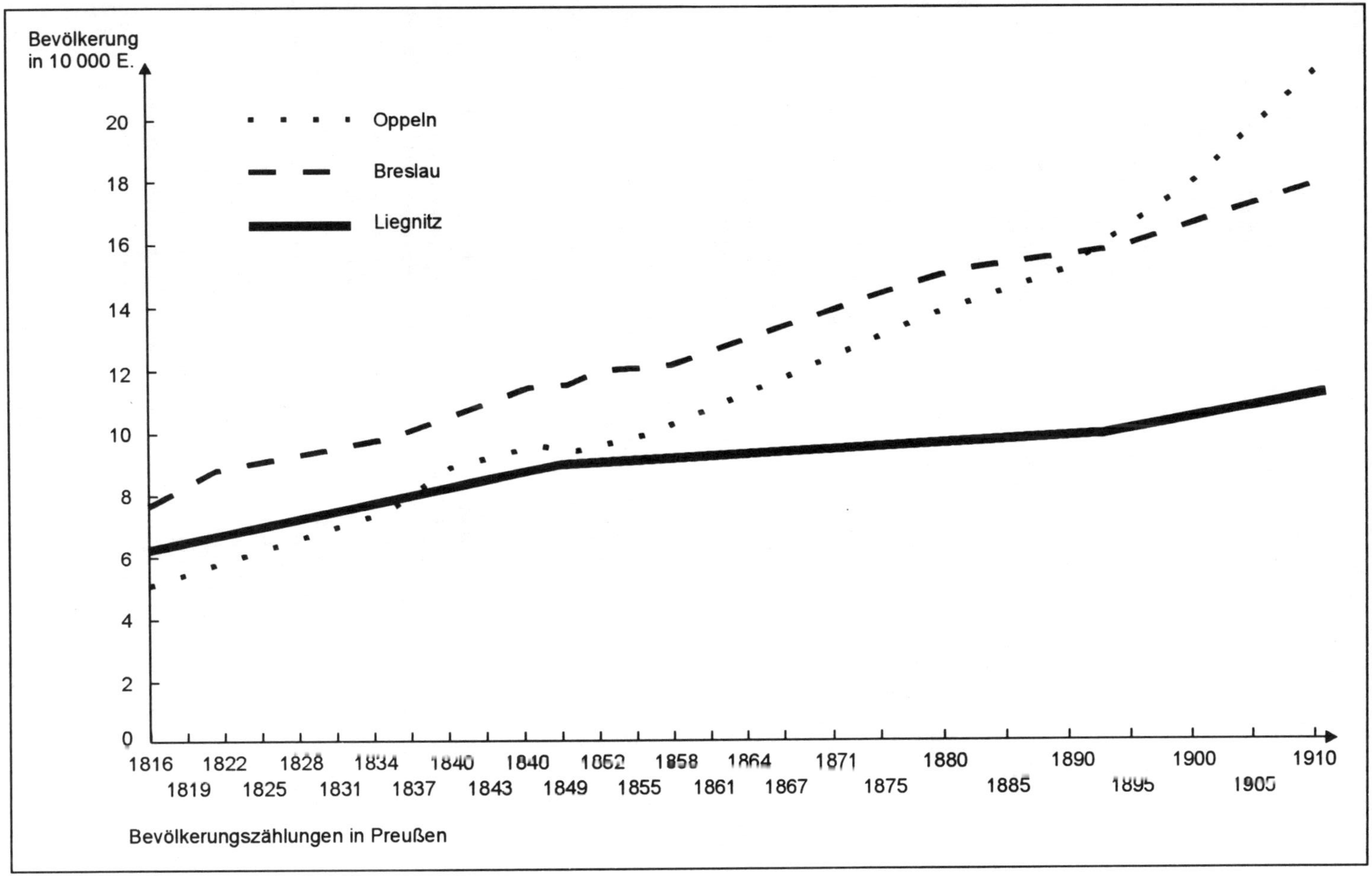

Pleß'er

Kreis= Blatt.

Stück 15. Pleß, den 12. April 1844.

Rozporządzenia Urzędu Królewsko-Landratskiego.

Nro. 9. Podług rozporządzenia Najwyższego od 13go Lutego 1843 r. obowiązany jest każdy, który konia chce przedać, zamienić, lub inaczej pozbyć, swego prawa do tego, na wymaganie Policyi przez Attest urzędowy udowodnić. Jeżeli właściciel konia wykazu takiego nie dowiedzie, wtedy będzie koń jego zaaresztowany. Ten zaś, który od osoby mu nieznajoméj konia bez takowego wykazu nabywa, podlega karze policyjnéj w 5 talarow albo 8 dni więzienia.

Attest wspómniony który od Magistratów i Dominiów wystawiony być musi, powinien zawierać w sobie:

1. Imię i stan właściciela, tak jak tego, któremu poruczył przedać konia.
2. Oznaczenie konia podług rodzaju, koloru, wielkości, liczby lat i znaków osobliwych.
3. Miejsce i Datę wystawienia wypisaną literami.
4. Imię wystawiciela pod stwierdzeniém przyciśnieniém pieczątki.

Udzielenie takowego Attestu, który od stępla i kosztów wolny jest, nie śmie żadnemu być odmówiony, który się wykaże, jako poczciwym sposobem właścicielem tego konia został.

W Pszczynie, dnia 6. Kwietnia 1844.

Landrat Królewski Krysu

v. Hippel.

№ 1.

Cena kwartalna: 2 Śgr. 6 Fen.

Wychodzi każdy piątek.

w Opolu, dnia 19. Stycznia 1849.

Pocztą sprowadzona: 3 Sgr. 2 Fen.

Koszta inseryjne za wiersz 1 Śgr.

GAZETA WIEJSKA dla Górnego Szląska.

Mili wieśniacy.

Otóż w Waszym rodowitym języku Gazeta, albo jak zwyczajnie ją nazywacie Nowina; a poniemiecku mowią Caitung. Ma i wieśniak czas do czytania albo przysłuchiwania się, bo niedzielny dzień nie krótszy do powszedniego, a zimowe wieczory dopiero długie i nudne, aż człowiek i ziewać musi, kiedy nie ma co robić albo gadać. Wierzcie mi też na moje uczciwe słowo, że wiele takich rzeczy jest na świecie, stało się i jeszcze dzieje, które i wieśniakowi potrzebne do wiedzenia.Resztą nikomu nie zawadzi, nauczyć się czegoś pożytecznego: bo choć najzdrowszą strawą zepsuć można żołądek; — to przecie nie słyszałem jeszcze, żeby zdrową nauką kto sobie był zepsuł głowę. — Nie zaszkodzi zatem i chłopkowi, żeby się pożytecznych dowiedział rzeczy.

Alić trzeba Wam też przełożyć, co z téj Gazety wieskiéj potraficie wyczytać.

W świecie, a co większą dla nas rzeczą, w naszéj Pruskiéj ojczyźnie rozmaite zaszły zdarzenia i jeszcze zachodzą, co o nich wiele rozprawiają w gazetach, że to ledwo czasu staje, aby je dzień w dzień przeczytać. Wiele się o tych zdarzeniach gada, szczególnie w karczmach i gospodach; a jeden tak a drugi inaczéj sądzi; co jeden chwali to drugi

Abb. 28 (links): Verordnungen des Königlichen Landratsamtes in Pleß – hier eine Verordnung über die Veräußerung von Pferden – erschienen auch in polnischer Sprache. Im Jahre 1845 wurde in der oberschlesischen Kleinstadt, die bis 1821 kirchlich zum Bistum Krakau gehört hatte, mit dem *Tygodnik Polski Poświęcony Włościanom* (Polnisches Wochenblatt für das Landvolk) die erste polnische Zeitschrift in Oberschlesien herausgegeben.

Abb. 29 (rechts): Die *Gazeta Wiejska dla Górnego Śląska* (Dorfzeitung für Oberschlesien), die erstmals am 19. Januar 1849 in Oppeln erschien, wurde vom Schul- und Kirchenrat der dortigen Bezirksregierung, Bernhard Bogedain (1810–1860), herausgegeben. Der Leitartikel »Liebe Bauern« verdeutlicht die Ziele des Blattes: die Bildung der Landbevölkerung zu heben und ihre Trunksucht zu bekämpfen.

Telegraf Górnośląski (Oberschlesischer Telegraph) oder der *Tygodnik Katolicki* (Katholisches Wochenblatt) wieder, die während der Revolution gegründet worden waren. Während die Oppelner *Gazeta Wiejska dla Górnego Śląska* (Dorfzeitung für Oberschlesien) in erster Linie bildungspolitische Ziele verfolgt hatte, setzte sich die in Beuthen O. S. entstandene Zeitschrift *Poradnik dla Ludu Górnośląskiego* (Ratgeber des oberschlesischen Volkes) für die rechtliche Lage der Landwirtschaft und der Handwerkerschaft ein[105]. In der Zeit vom Herbst 1853, als der Vertrieb dieser Zeitschriften endgültig eingestellt wurde, bis zum Jahre 1868 erschien in Schlesien keine einzige polnische Zeitschrift mehr.

Von einer eigenständigen polnischen Bewegung im Regierungsbezirk Oppeln kann vor 1890 kaum gesprochen werden. Erst in den neunziger Jahren trat die Frage der nationalen Zugehörigkeit – sie sollte in Oberschlesien bis zum Jahre 1921 das beherrschende Thema bleiben – stärker in den Vordergrund[106]. Durch Bismarcks restriktive Polenpolitik seit 1885 hatte sie ebenso an Schärfe gewonnen wie durch den Aktivismus zahlreicher Polen aus Posen, Westpreußen und Galizien, die sich in Oberschlesien niedergelassen hatten. Diese griffen nun neben der nationalen auch die soziale Frage auf[107].

Überdies begann um die Jahrhundertwende die antideutsche Propaganda der 1897 gegründeten polnischen *Nationaldemokratischen Partei* unter Roman Dmowski in Oberschlesien

Abb. 30: Im Jahre 1913 stand Breslau ganz im Zeichen der Jahrhundertfeier zur Erinnerung an die Befreiungskriege. Östlich des Stadtzentrums hatten die Architekten Hans Poelzig (1869–1936) und Max Berg (1870–1947) zu diesem Anlaß im Scheitniger Park ein großzügiges Ausstellungs- und Messegelände geschaffen. Dessen Mittelpunkt bildete die von Berg konstruierte »Jahrhunderthalle«, ein avantgardistischer Bau, bei dem erstmals eine Stahlbetonkonstruktion größeren Ausmaßes bei einem Kuppelbau verwirklicht wurde. Das Titelblatt der Sonderausgabe der Schlesischen Zeitung zur großen vaterländischen Ausstellung zeigt auch die von Poelzig geschaffene elegante Pergola, einen weinbewachsenen Laubengang, der sich um das hufeisenförmig angelegte große Wasserbecken nördlich der Kongreßhalle erstreckt.

wirksam zu werden. Zur beherrschenden Figur in den Nationalitätenkämpfen der kommenden zwei Jahrzehnte wurde der aus Laurahütte stammende Bergmannssohn Adalbert (Wojciech) Korfanty, der 1903 den ersten Wahlkreis, Kattowitz-Zabrze, für die polnischen Oberschlesier gewann und sich im Reichstag der polnischen Fraktion anschloß. Unter der Führung und Organisation Korfantys, der als geistiger und politischer Initiator der polnischen Emanzipationsbewegung in Oberschlesien gilt, standen später die schlesischen Aufstände der Jahre 1919 bis 1921[108].

Als Sprachrohr seiner radikalen nationalpolnischen Forderungen diente Korfanty in erster Linie die Zeitung *Górnoślązak* (Der Oberschlesier), die er von 1902 bis 1905 herausgab. Hier konnte er öffentlichkeitswirksam die soziale, wirtschaftliche und politische Benachteiligung der polnischen Oberschlesier bloßstellen. Seine eingängige Argumentation fand unter der Arbeiterschaft ungleich höheren Anklang als die traditionelle Forderung nach dem seit 1872 verbotenen Gebrauch der polnischen Sprache im Schulunterricht. Nach dem ersten Wahlerfolg 1903 fielen bei der folgenden Wahl im Jahre 1907 sogar fünf der zwölf oberschlesischen Wahlkreise an polnische Kandidaten. Gemeinsam mit dem aus der Provinz Posen stammenden, der einflußreichen polnischen Zeitung *Katolik* vorstehenden Aktivisten Adam Napieralski gründete Korfanty, der unterdessen die Nationaldemokratische Partei verlassen hatte, im Jahre 1911 als Oppositionspartei die *Stronnictwo Polskie na Śląsku* (Polnische Partei in Schlesien)[109].

Bei den letzten Reichstagswahlen 1912 verminderten sich jedoch die polnischen Stimmen von 115030 auf 93629, und dem Zentrum war es zudem gelungen, einen Wahlkreis zurückzuerobern. Damit sprachen sich nur noch 30,8% der oberschlesischen Bevölkerung für polnische Kandidaten aus. Die Zentrumszeitung *Der oberschlesische Kurier* kommentierte das für die deutsche Seite erfreuliche Wahlergebnis mit den Worten: »Der polnische Radikalismus hat den Todesstoß erlitten. Noch einige Jahre unverdrossener Aufklärung, einiger Begeisterung und warmer Liebe für alles, was unserem braven oberschlesischen Volke nottut, und der böse Geist Korfantys ist für immer gebannt«[110].

Tatsächlich hatte die kulturelle Arbeit für die zweisprachigen Oberschlesier, die von der preußischen Regierung seit dem Wahlerfolg Korfantys wesentlich verstärkt worden war, in hohem Maße dazu beigetragen, die Polenbewegung im Regierungsbezirk Oppeln einzudämmen. In den letzten Jahren waren zahlreiche Bildungseinrichtungen, Volksbüchereien, Kindergärten und Sportvereine gegründet worden. Während die Polen zunehmend mit Organisations- und Finanzproblemen zu kämpfen hatten, konnten die deutschen Parteien ihre Zusammenarbeit deutlich verbessern. Darüber hinaus berücksichtigten sie 1912 bei der Auswahl ihrer Reichstagskandidaten die soziale Zusammensetzung der oberschlesischen Bevölkerung. Mit Ausnahme des Rittergutsbesitzers und Fabrikdirektors Hans Freiherr von Schleinitz, der 1912 im Wahlkreis Pleß-Rybnik kandidierte, fanden sich bei der letzten Reichstagswahl in Oberschlesien keine Adeligen mehr unter den Kandidaten. Die sprachlichen und nationalen Auseinandersetzungen im Regierungsbezirk Oppeln verloren mit dieser sozialen Schwerpunktsetzung damit auch viel von ihrer anfänglichen Schärfe.

Am Vorabend des Ersten Weltkrieges konnten die nationalpolitischen und sprachlichen Probleme Schlesiens noch einmal beigelegt werden. Im industrialisierten, katholischen, zweisprachigen östlichen Oberschlesien hatten sich freilich schon um die Wende zum 20. Jahrhundert weitere Konflikte angekündigt. War Schlesien ein Jahrhundert zuvor mit gestärktem Selbstbewußtsein und fester Einbindung in den preußischen Staat aus den Befreiungskriegen hervorgegangen, so hatte der Kulturkampf erstmals tiefe konfessionelle Wunden bei der katholischen Bevölkerung aufgerissen[111].

k) Die politische, gesellschaftliche und religiöse Entwicklung Österreichisch-Schlesiens

Obwohl eine erhebliche soziale und wirtschaftliche Kluft zwischen dem Osten und dem Westen Preußens bis in das 20. Jahrhundert bestehen blieb, war Schlesien seit 1740 doch mehr und mehr in die preußische Monarchie und schließlich in das Deutsche Kaiserreich hineingewachsen. Eine gänzlich andere Entwicklung hatte der nach den Schlesischen Kriegen des 18. Jahrhunderts bei Österreich verbliebene Teil Schlesiens um Troppau und Teschen genommen. In dem am 11. Juni 1742 in Breslau unterzeichneten Präliminarfrieden, der das Ende des Ersten Schlesischen Krieges einleitete, hatte Österreich das Herzogtum Schlesien bis auf die südlichen Teile der Fürstentümer Troppau und Jägerndorf sowie des Bistumslandes und das Fürstentum Teschen an Preußen abtreten müssen. Dieser ohnehin schmale Streifen an der südöstlichen Grenze Schlesiens, der nach dem Ersten Weltkrieg zwischen der Tschechoslowakei und Polen ein weiteres Mal geteilt werden sollte, gliederte sich durch den mährischen Winkel zwischen Oder und Ostrawitza in eine westliche Hälfte mit der Hauptstadt Troppau und eine östliche mit der Hauptstadt Teschen[112].
Die Teilung Schlesiens und der Verlust des nordwestlichen Hinterlandes beeinträchtigte das Wirtschaftsleben Österreichisch-Schlesiens nachhaltig. Erst durch die Erbauung der Kaiserstraße Wien-Brünn-Olmütz-Teschen-Krakau 1787 und durch die Eisenbahnlinie von Wien über Prerau und Oderberg nach Krakau wurde es stärker mit den anderen Kronländern der Habsburgermonarchie verbunden. Das 5148 qkm große Gebiet, das nach 1840 durch die Entdeckung des Ostrau-Karwiner Kohlebeckens einen beachtlichen industriellen Aufschwung nahm, zählte 1760 119248, im Jahre 1846 bereits 466002 und 1921 schließlich 672268 Einwohner. Zwischen 1850 und 1913 stieg die Steinkohleförderung von 225000 t auf 9400000 t an. Das durch den Steinkohlebergbau sowie die Textil- und Eisenindustrie für Österreich wirtschaftlich wichtige Österreichisch-Schlesien war sprachlich und national gemischt: 1846 betrug der Anteil der Deutschen 47,7%, der Polen 31,5% und der Tschechen 20%[113]. Im Gegensatz zur mehrheitlich deutschen Stadtbevölkerung war die Arbeiterschaft größtenteils polnischer und tschechischer Nationalität.
In dem beim Hause Habsburg verbliebenen Teil Schlesiens wurde die ständische Verfassung, anders als im preußischen Anteil Schlesiens, nicht gänzlich aufgehoben. Im Februar 1743 wurde ein erster Fürstentag nach Troppau einberufen, zu dessen Mitgliedern der Bischof von Breslau als Landesherr der österreichischen Teile des Fürstentums Neisse, der Herzog von Troppau und Jägerndorf sowie der Herzog von Teschen zählten[114]. In Troppau richtete Maria Theresia auch als Ersatz für das königliche Oberamt in Breslau das Königliche Amt ein, das einem Patent vom 5. Februar 1743 nach »das Provinciale, Contributionale und alle andere Publica«[115] zu besorgen hatte. An die Spitze des Landesguberniums, dem die fürstlichen Ämter, Regierungen und Minderstandesherrschaften unterstanden, berief die Kaiserin Friedrich Wilhelm Graf von Haugwitz. Als Verfechter des landesherrlichen Absolutismus strebte dieser eine Zusammenlegung der politischen und der Finanzverwaltung, der »publica et cameralia«, in einer obersten Zentralbehörde an. In der Landesverwaltung Österreichisch-Schlesiens entwickelte und erprobte Haugwitz, der sich die Zurückdrängung der ständischen Mitspracherechte in Preußisch-Schlesien zum Vorbild nahm, sein neues Steuer- und Finanzverwaltungssystem, das 1748/49 schließlich auf alle österreichischen und böhmischen Erbländer übertragen wurde.
Im Zuge der Spar- und Rationalisierungspolitik Josephs II. wurde Österreichisch-Schlesien 1782 verwaltungsrechtlich Mähren eingegliedert, der westliche Teil als Troppauer Kreis (bis 1793 mit Sitz in Jägerndorf), der östliche als Teschener Kreis. Das Troppauer Königliche Amt wurde mit dem mährischen Gubernium in Brünn zusammengelegt. Erst im Jahre

1849 konnte Österreichisch-Schlesien seine frühere Eigenständigkeit zurückgewinnen[116]. 85,1% der Bevölkerung des südöstlichen Streifens Schlesiens, der kirchenrechtlich zum Bistum Breslau und zum Bistum Olmütz gehörte, bekannten sich im Jahre 1846 zur römisch-katholischen Kirche. Frühere Überlegungen, im Zuge der Erhebung von Olmütz zum Erzbistum 1776 und der Gründung des Bistums Brünn 1777 aus politischen Gründen auch ein neues Bistum in Troppau zu errichten, wurden später nicht wieder aufgegriffen[117].
Die wenigen Protestanten in Österreichisch-Schlesien dagegen wurden von der evangelischen Kirche in Mittel- und Niederschlesien, mit der sie seit der Reformation verbunden waren, getrennt. 1743 hatte Maria Theresia in Teschen die Lösung vom Konsistorium in Brieg und die Errichtung eines eigenständigen *Consistorium Augustanae Confessionis* in Teschen verordnet. Gleichzeitig wurde die Berufung von Geistlichen und Lehrern aus Preußisch-Schlesien verboten[118].
Diese kirchenpolitische Linie setzte Joseph II., der das Teschener Konsistorium 1784 nach Wien verlegte, fort. Für die Protestanten Österreichisch-Schlesiens, die bisher auf die Gnadenkirche in Teschen als rechtlich anerkanntes Zentrum angewiesen waren, brachte die im Geiste der Aufklärung stehende Religionspolitik Josephs II. jedoch auch eine Reihe von Verbesserungen. Durch das Toleranzpatent vom 13. Oktober 1781 wurde ihnen eine nur geringfügig eingeschränkte Religionsfreiheit gewährt. Darüber hinaus erhielten sie gleiche bürgerliche Rechte wie die Katholiken. Teschen, lange Jahrzehnte die einzige organisierte protestantische Gemeinde Österreichs[119], konnte seine Stellung als kirchlicher Mittelpunkt für die Protestanten auch im Zuge der neuentstehenden Toleranzgemeinden wahren, da es im gleichen Jahr zum Sitz der *Mährisch-schlesisch-galizischen Superintendentur Augsburger Konfession* wurde. Besondere Bedeutung für das evangelische Schulwesen erlangte Bielitz, das im Jahre 1772, als Galizien durch die Erste Teilung Polens an Österreich fiel, mit Biala – einer Siedlung, die im 16. Jahrhundert von Bielitzern in unmittelbarer Nachbarschaft auf dem östlichen, zu Polen gehörigen Ufer der Biala gegründet worden war, um dem Druck der Gegenreformation zu entgehen – wiedervereinigt wurde. Hier wurde 1867 eine Lehrerbildungsanstalt eingerichtet, die den Lehrernachwuchs für die evangelischen Schulen des gesamten österreichischen Staates von Kärnten bis in die Bukowina ausbildete[120]. Als größtes Seniorat der evangelischen Kirche Österreich-Ungarns zählte Österreichisch-Schlesien am Ende des Ersten Weltkriegs insgesamt 25 Kirchengemeinden mit 102 000 Protestanten und 611 000 Katholiken[121].
Nach dem Wiener Kongreß stand Österreichisch-Schlesien für kurze Zeit im Blickfeld der Öffentlichkeit, als sich vom 20. Oktober bis zum 20. Dezember 1820 die Monarchen und Thronfolger von Österreich, Rußland und Preußen sowie zahlreiche Diplomaten europäischer Staaten in der Hauptstadt des westlichen Landesteils versammelten. Der Troppauer Fürstenkongreß war auf Betreiben Metternichs zusammengekommen, der durch die revolutionären Ereignisse in Spanien, Neapel-Sizilien und Portugal und die dort gewaltsam erzwungenen konstitutionellen Zugeständnisse beunruhigt war. Die Gespräche über die Forderung Metternichs nach einer bewaffneten Intervention in allen Ländern, in denen die politischen Verhältnisse von einem Umsturz bedroht waren, wurden 1821 in Laibach und 1822 in Verona fortgesetzt.
Im sprachlich und national gemischten Österreichisch-Schlesien und insbesondere im Fürstentum Teschen nahm die Volkstumsbewegung früher als in Preußisch-Schlesien nationalpolnische Züge an. Zunächst waren es jedoch die dortigen Tschechen, die sich ihrer slawischen Wurzeln bewußt wurden und die Sprach-, Kultur- und Volksgemeinschaft mit Mährern, Slowaken und österreichisch-schlesischen Slawen betonten. Diese Bewegung des sogenannten Panslawismus wurde in erster Linie von lutherischen Theologen getragen, so daß der kirchliche Wiederaufbau in Österreichisch-Schlesien nach dem Erlaß des Toleranz-

patentes und das Erwachen des slawischen Nationalbewußtseins ineinander übergingen[122]. Bis zur Mitte des 19. Jahrhunderts handelte es sich dabei um eine Ideen- und Literaturbewegung, deren Vereinen, Lesekreisen und Gesellschaften keine politischen oder nationalen Motive zugrunde lagen. Sie fand in Teschen seit 1826 vor allem durch Johann Winkler Eingang[123]. Winkler, der einer deutsch-tschechischen Familie entstammte, setzte sich als Pfarrer für den Aufbau von Volksbibliotheken und die Einrichtung von Lesevereinen ein. Er unterstrich dabei stets die Zusammengehörigkeit der verschiedenen Stämme und Mundarten einer einheitlichen slawischen Nation.
Diesem frühen literarisch-kulturellen Panslawismus folgte um die Jahrhundertmitte die Phase einer sprachlichen und nationalen Differenzierung. Zum Erwecker des polnischen Volksgedankens unter der slawischen Bevölkerung des Fürstentums Teschen wurde Paul Stalmach, der wie Winkler Theologe war. In seinen Lebenserinnerungen schrieb Stalmach über die Wurzeln der polnischen Volkstumsbewegung: »Wahr ist..., daß die Anfänge der Erweckung der polnischen Nationalität in Österreichisch-Schlesien dem panslawistischen Gedanken zuzuschreiben sind, der vor dem Jahre 1848 die slawischen Völker in Österreich zur brüderlichen Einheit belebte und verband, und erst durch diesen begannen sich die dem österreichischen Schlesien nächstgelegenen Polen in Galizien für dieses zu interessieren«[124].
Der Aufruf zum Boykott der Frankfurter Nationalversammlung, zu der alle sieben österreichisch-schlesischen Wahlkreise im Mai 1848 Abgeordnete entsandten, hatte keinen Widerhall gefunden[125]. Von den Abgeordneten fand besonders der Jurist Johann Nepomuk Demel Gehör, der im Wahlkreis Teschen fast einstimmig gewählt worden war; ein anderer Schlesier, der aus Lobenstein bei Jägerndorf stammende Hans Kudlich, gehörte als jüngstes Mitglied dem konstituierenden österreichischen Reichstag von 1848 an[126]. Um die Frankfurter politische Orientierung der slawischen Bevölkerung Teschens zu bekämpfen und gleichzeitig für den als Gegenstück geplanten Slawenkongreß in Prag zu werben, arbeiteten Tschechen und Polen zunächst noch Hand in Hand. Das am 6. Mai 1848 ins Leben gerufene erste slawische Presseorgan in Teschen, der *Tygodnik Cieszyński* (Teschener Wochenblatt) erschien zwar in polnischer Sprache, wurde aber von tschechischer Seite finanziert. Stalmach hatte freilich alle Versuche Winklers zu unterbinden gewußt, das slawische Blatt doch in tschechischer Sprache erscheinen zu lassen[127]. Die slawische Einheit zerbrach endgültig, als sich Stalmach während des am 2. Juni 1848 in Prag einberufenen Slawenkongresses nicht der tschechischen, sondern der polnisch-ruthenischen Sektion anschloß.
Während die politischen Ziele der polnischen und tschechischen Panslawisten immer mehr auseinanderliefen, meldeten sich nun auch die Deutschen verstärkt zu Wort, die sich während der Frankfurter Nationalversammlung für die Zugehörigkeit der österreichischen und böhmischen Erbländer zum deutschen Bundesstaat ausgesprochen hatten. Ihre wachsende Besorgnis, die böhmischen Länder könnten sich staatsrechtlich verselbständigen, wurde von dem in Wien als nationale Selbsthilfeorganisation gegründeten *Verein der Deutschen aus Böhmen, Mähren und Schlesien* aufgegriffen. Um dem *Tygodnik Cieszyński* auch publizistisch entgegenzuwirken, wurden am 5. Juli 1848 die *Nowiny dla ludu wiejskiego* (Zeitung für die Dorfbevölkerung) gegründet, in denen es zum Verhältnis von deutscher und slawischer Bevölkerung hieß: »Schlesien gehört zu den deutschen Landen, und immer mehr nimmt das Deutschtum in diesem zu. Dies ist eine unwiderlegbare Wahrheit, die auch die Verbissenheit einiger allslawischer Fanatiker nicht brechen kann. Sieh auf die Städte – sie sind deutsch. Sieh auf das Dorf – der Bauer ist stolz, daß er deutsch sprechen kann, weil die deutsche Kultur ihm Zeichen und Gewähr der Kultur ist«[128].
Nach dem Scheitern der Revolution von 1848/49, die in Österreichisch-Schlesien ebenso wie

in Mähren wegen des Fehlens eines einflußreichen nationalbewußten slawischen Bürgertums ohne allzu große Anteilnahme verfolgt worden war, siegte in Österreich der bürokratische und militärische Absolutismus. Der im mährischen Kremsier tagende Reichstag wurde am 7. März 1849 aufgelöst, und es wurde gleichzeitig eine Verfassung oktroyiert, die jedoch nie wirklich in Kraft trat. Österreichisch-Schlesien wurde ein selbständiges Kronland, erhielt eine neue Landesverfassung und wurde aus der seit 1782 bestehenden administrativen Einheit mit Mähren herausgelöst. Die ursprünglich in Troppau eingerichtete Statthalterei wurde 1853 in eine Landesregierung mit einem Präsidenten an der Spitze umgewandelt. In der 343 Mitglieder zählenden Abgeordnetenkammer des Wiener Reichsrats war Österreichisch-Schlesien in den sechziger Jahren mit sechs Parlamentariern (Böhmen mit 54, Mähren mit 22) vertreten. Die 1861 für alle böhmischen Länder erlassenen Landesordnungen, die die Kompetenz der Landtage auf Agrarfragen, die Sozial- und Wohlfahrtspolitik sowie die Aufsicht über die Landesverwaltung beschränkte, blieben bis 1913 gültig.
Die nationalen Spannungen, die das Bild der zweiten Hälfte des 19. Jahrhunderts bestimmten, verschärften sich mit der Industrialisierung und der damit verbundenen sozialen Dynamik[129]. Die prosperierende Eisenindustrie und der lebhafte Wirtschaftsaufschwung im Ostrau-Karwiner Steinkohlerevier machten es notwendig, zahlreiche tschechische Arbeitskräfte einzusetzen. Während Mähren auch weiterhin stärker landwirtschaftlich geprägt blieb, stieg die Zahl der Arbeiter in Österreichisch-Schlesien im Jahre 1910 auf 39,4% (Böhmen 36,6%) an[130].
Die nationalpolitische Auseinandersetzung griff immer häufiger auf den Landtag über, dessen soziale und nationale Zusammensetzung einer Lösung der kulturellen und sprachlichen Forderungen der tschechischen und polnischen Bevölkerungsteile allerdings im Wege stand. Aber auch zwischen Tschechen und Polen nahmen die erstmals 1848 aufgetretenen Unstimmigkeiten zu. Sie erreichten ihren Höhepunkt während des polnischen Januaraufstands 1863, der von František Palacký und dessen Schwiegersohn František Ladislav Rieger, führenden Repräsentanten der tschechischen Politik, scharf verurteilt wurde. Deren offenes Eintreten für den Erfolg Rußlands als Schutzmacht des Slawentums führte zu einem tiefen Riß innerhalb der Volkstumsbewegung des Teschener Gebietes[131].
Unter Führung des Lehrers und Politikers Josef Koždon bildete sich im Teschener Gebiet die sogenannte Schlonsakenbewegung (poln. ślązak = Schlesier) aus autochthonen Schlesiern, die sich trotz ihrer polnischen Umgangssprache dem deutschen Kulturkreis zurechneten. Die Schlonsaken bemühten sich um eine deutliche Abgrenzung von den Polen und um die Abwehr von radikal-polnischen Bestrebungen[132]. Im Troppauer Landtag, der von deutschen Abgeordneten beherrscht wurde, saßen seit 1890 zwei polnische und ein schlonsakischer Mandatsträger. Als politische Organisationsform und Interessenvertretung der Schlonsaken gründete Koždon im Jahre 1909 in Skotschau die *Śląska partia ludowa* (Schlesische Volkspartei), die er selbst im österreichischen Reichsrat vertrat.

Anmerkungen

1 Peter Baumgart, Schlesien in der Politik Friedrichs des Großen, in: Preußens großer König. Leben und Werk Friedrichs des Großen. Hrsg. v. Wilhelm Treue, Freiburg/Würzburg 1986, S. 161–173; ders., Schlesien, in: Panorama der Fridericianischen Zeit. Friedrich der Große und seine Epoche. Ein Handbuch. Hrsg. v. Jürgen Ziechmann, Bremen 1985 (= Forschungen und Studien zur Fridericianischen Zeit, Bd. 1), S. 705–715.

2 Werner Bein, Schlesien in der habsburgischen Politik. Ein Beitrag zur Entstehung des Dualismus im Alten Reich, Sigmaringen 1994 (= Quellen und Darstellungen zur schlesischen Geschichte, Bd. 26), S. 59–132.

3 Theodor Schieder, Macht und Recht. Der Ursprung der Eroberung Schlesiens durch König Friedrich II. von Preußen, in: Hamburger Jahrbuch für Wirtschafts- und Gesellschaftspolitik 24 (1979), S. 235–251.

4 Oeuvres de Frédéric le Grand, Bd. 22 (Correspondance de Frédéric II Roi de Prusse, Bd. 7; Correspondance de Frédéric avec Voltaire, Bd. 2), Berlin 1853, S. 48–49 (26. 10. 1740).

5 Zit. nach Peter Baumgart, Schlesien im Kalkül Friedrichs II. von Preußen und die europäischen Implikationen der Eroberung des Landes, in: Kontinuität und Wandel (wie S. 73, Anm. 62), S. 3–16, hier S. 8.

6 Bein, Schlesien in der habsburgischen Politik (wie Anm. 2), S. 161–255.

7 Adolf Unzer, Die Convention von Klein-Schnellendorf, Frankfurt am Main 1889.

8 Henryk Batowski, Terytorium Śląska w wiekach XVIII–XX. Zmiany granic i powierzchni, 1740–1950, in: Przegląd Zachodni 9,3 (1953), S. 351–365.

9 Geschichte und Thaten der Allerdurchlauchtigsten und Großmächtigsten Fürstin und Frau Maria Theresia jetzregierenden Königin in Hungarn und Böheim, Bde. 1–3, o. O. 1743–1745, hier Bd. 1, S. 460–466; dort auch der Berliner Frieden, S. 470–481; zu den Vorverhandlungen: Preussen und die katholische Kirche seit 1640. Nach den Acten des Geheimen Staatsarchives, Theil 2: 1740 bis 1747, Leipzig 1881 (= Publicationen aus den K. Preussischen Staatsarchiven, Bd. 10) [ND Osnabrück 1965], Nr. 152, S. 127–130; Nr. 168, S. 142–146.

10 Bein, Schlesien in der habsburgischen Politik (wie Anm. 2), S. 256–322.

11 Lothar Schilling, Kaunitz und das Renversement des alliances. Studien zur außenpolitischen Konzeption Wenzel Antons von Kaunitz, Berlin 1994 (= Historische Forschungen, Bd. 50).

12 Hans Henning, Der Zustand der schlesischen Festungen im Jahre 1756 und ihre Bedeutung für die Frage des Ursprungs des siebenjährigen Krieges, phil. Diss. Jena 1899.

13 Bein, Schlesien in der habsburgischen Politik (wie Anm. 2), S. 325–377.

14 Johannes Kunisch, Das Mirakel des Hauses Brandenburg. Studien zum Verhältnis von Kabinettspolitik und Kriegführung im Zeitalter des Siebenjährigen Krieges, München/Wien 1978.

15 Actenstücke, Berichte und andere Beiträge zur Geschichte Schlesiens seit dem Jahre 1740. Hrsg. v. Gustav Adolf Stenzel, Breslau 1851 (= Scriptores rerum Silesiacarum, Bd. 5).

16 Fred Schädrich, Das Generalfeldkriegskommissariat in Schlesien 1741, Breslau 1913 (= Historische Untersuchungen, Bd. 2), S. 34–53.

17 Peter Baumgart, Die Annexion und Eingliederung Schlesiens in den friderizianischen Staat, in: Expansion und Integration. Zur Eingliederung neugewonnener Gebiete in den preußischen Staat. Hrsg. v. dems., Köln/Wien 1984 (= Neue Forschungen zur brandenburgisch-preussischen Geschichte, Bd. 5), S. 81–118.

18 Harm Klueting, Die politisch-administrative Integration Preußisch-Schlesiens unter Friedrich II., in: Kontinuität und Wandel (wie S. 73, Anm. 62), S. 41–62.

19 Hedwig Nave, Die preußische Behördenorganisation in Schlesien bis zum Jahre 1756, phil. Diss. Breslau 1923; Freitag, Das schlesische Behördenwesen (wie S. 73, Anm. 64), S. 47–81

20 Baumgart, Die Annexion und Eingliederung Schlesiens (wie Anm. 17), S. 102ff.

21 Johannes Ziekursch, Beiträge zur Charakteristik der preußischen Verwaltungsbeamten in Schlesien bis zum Untergang des Friderizianischen Staates, Breslau 1907 [ND Aalen 1981] (= Darstellungen und Quellen zur schlesischen Geschichte, Bd. 4).

22 Immo Franke, Die militärische Eingliederung Schlesiens in den Preußischen Staat seit dem Jahre 1741, in: Jahrbuch der Schlesischen Friedrich-Wilhelms-Universität zu Breslau 9 (1964), S. 106–140.

23 Ernst Pfeiffer, Die Revuereisen Friedrichs des Grossen, besonders die Schlesischen nach 1763, und der Zustand Schlesiens von 1763–1786, Berlin 1904 (= Historische Studien, Bd. 44) [ND Vaduz 1965], S. 19–91.

24 John Quincy Adams, Letters on Silesia, written during a Tour through that Country in the Years 1800, 1801, London 1804. Zit. nach Fritz K. Richter, John Quincy Adams reist durch Schlesien, in: Schlesien 20 (1975), S. 219–226, hier S. 225.

25 Wolfgang Stribrny, Friedrich der Große und seine evangelischen Untertanen, in: Forschungen zur brandenburgischen und preußischen Geschichte N. F. 2 (1992), S. 147–161; Gerhard Hultsch, Der König und die Bethauskirchen, in: Jahrbuch für Schlesische Kirchengeschichte N. F. 65 (1986), S. 123–157; ders., Friedrich der Große und die schlesischen Protestanten, in: Jahrbuch für Schlesische Kirchengeschichte N. F. 58 (1979), S. 84–100.

26 Joachim Bahlcke, Religion und Politik in Schlesien (1650–1800); in: Blätter für deutsche Landesgeschichte 134 (1998), S. 33–57.

27 Bettina Braun, Friedrich der Große und seine Politik gegenüber der katholischen Kirche in Schlesien, in: Zeitschrift der Savigny-Stiftung für Rechtsgeschichte. Kanonistische Abteilung 78 (1992), S. 210–311.

28 Walter Kuhn, Die preußische Kolonisation unter Friedrich dem Großen, in: Deutsche Ostsiedlung in Mittelalter und Neuzeit, Köln/Wien 1971 (= Studien zum Deutschtum im Osten, Bd. 8), S. 182–196; Gerhard Hultsch, Die kolonisatorische Tätigkeit Friedrich d. Gr. in Schlesien und ihre konfessionelle Bedeutung, in: Jahrbuch für Schlesische Kirchengeschichte N. F. 52 (1973), S. 95–120.

29 Henryk Borek, Kolonizacja fryderycjańska na Górnym Śląsku w odbiciu nazewnictwa miejscowego, in: Studia Śląskie 47 (1989), S. 21–52.

30 Christian Garve, Vermischte Aufsätze welche einzeln oder in Zeitschriften erschienen sind, Bde. 1–2, Breslau 1796–1800, Bd. 1, S. 229–262, hier S. 249–250.

31 Walther Hubatsch, Grundlinien preußischer Geschichte. Königtum und Staatsgestaltung 1701–1871, Darmstadt ^{2}1985, S. 43–63.

32 Adolf Unzer, Der Friede von Teschen. Ein Beitrag zur Geschichte des bayrischen Erbfolgestreites, Kiel 1903.

33 Michael G. Müller, Die Teilungen Polens 1772–1793–1795, München 1984.

34 Roman Kamionka, Die Reorganisation der Kreiseinteilung Schlesiens in der Stein-Hardenbergschen Reformperiode, Breslau 1934 (= Einzelschriften zur schlesischen Geschichte, Bd. 11); Erna Breitbarth, Die Durchführung der Verwaltungsreform von 1808 in Schlesien, phil. Diss. Breslau 1916; teilw. überarb. in: dies., Beiträge zur Einführung der Verwaltungsreform von 1808 bei den schlesischen Regierungen, in: Zeitschrift des Vereins für Geschichte Schlesiens 50 (1916), S. 257–291.

35 Uta-Karin Erler, Rechts- und verfassungsgeschichtliche Probleme der Säkularisation durch den preussischen Staat in Schlesien im Jahre 1810, jur. Diss. Frankfurt am Main 1978, S. 112–133.

36 Dietrich Meyer, Zur Geschichte der evangelisch-theologischen Fakultät der Universität Breslau (1811–1945), in: Jahrbuch für Schlesische Kirchengeschichte N. F. 68 (1989), S. 149–174.

37 Victor Loewe, Die Königliche Familie in Breslau 1813. Auszüge aus den Berichten des Polizeipräsidenten Streit, in: Zeitschrift des Vereins für Geschichte Schlesiens 47 (1913), S. 22–48.

38 Magdalena Niedzielska, Prowincja śląska a wojna wyzwoleńcza Prus w 1813, in: Śląski Kwartalnik Historiczny Sobótka 39 (1984), S. 61–74; Immo Franke, Schlesien und der Befreiungskrieg 1813, in: Jahrbuch der Schlesischen Friedrich-Wilhelms-Universität zu Breslau 19 (1978), S. 79–106.

39 Peter Burg, Der Wiener Kongreß. Der Deutsche Bund im europäischen Staatensystem, München 1984.

40 Weber, Das Verhältnis Schlesiens zum Alten Reich (wie S. 45, Anm. 57), S. 381–397.

41 Peter Baumgart, Schlesien als preußische Provinz zwischen Annexion, Reform und Revolution (1741–1848), in: Verwaltungsgeschichte Ostdeutschlands 1815–1945. Organisation – Aufgaben – Leistungen in der Verwaltung. Hrsg. v. Gerd Heinrich, Friedrich-Wilhelm Henning u. Kurt G. A. Jeserich, Stuttgart/Berlin/Köln 1993, S. 833–876, hier S. 873–876.

42 Josef Negwer, Geschichte des Breslauer Domkapitels im Rahmen der Diözesangeschichte vom Beginn des 19. Jahrhunderts bis zum Ende des Zweiten Weltkrieges. Hrsg. v. Kurt Engelbert, Hildesheim 1964, S. 17ff.

43 Hugo Weczerka, Kirchliche Gliederung Ost-Mitteleuropas in der Neuzeit. Überblick und kartographische Probleme, in: Zeitschrift für Ostforschung 9 (1960), S. 275–333, hier S. 280–284.

44 Werner Bein, Politische Geschichte Schlesiens von 1806 bis zum Vorabend der Revolution von 1848, in: Schlesien in der Biedermeierzeit. Kultur und Geschichte Schlesiens in der ersten Hälfte des 19. Jahrhunderts. Bearb. v. Elisabeth Trux, Würzburg 1987, S. 23–28, hier S. 24ff.

45 Werner Bein, Restauration und Revolution. Grundzüge der politischen Geschichte Schlesiens

1815–1848, in: Restauration, Vormärz und Revolution. Schlesien in ersten Hälfte des 19. Jahrhunderts. Hrsg. v. dems., Würzburg 1985 (= Schriften zur Schlesischen Landeskunde, Bd. 16), S. 3–15, hier S. 6ff.

[46] Wincenty Urban, Leopold hr. Sedlnicki, książę biskup wrocławski 1836–1840. Na tle dziejów Kościoła na Śląsku w pierwszej połowie XIX wieku, Varsaviae 1955 (= Studia historico ecclesiastica, Bd. 10).

[47] Joachim Köhler, Aufklärung und Restauration im schlesischen Katholizismus des Vormärz, in: Restauration, Vormärz und Revolution (wie Anm. 45), S. 36–39.

[48] Wolfgang Leesch, Die Geschichte des Deutschkatholizismus in Schlesien (1844–1852) unter besonderer Berücksichtigung seiner politischen Haltung, Breslau 1938 (= Breslauer historische Forschungen, Bd. 8), S. 6–14.

[49] Ulrich Hutter, Friedrich Daniel Ernst Schleiermacher (1768–1834). Ein schlesischer Theologe im Spannungsfeld von Reform und Restauration, in: Berlin – die Hauptstadt und der Osten. Neun Beiträge zur Geschichte einer schwierigen Aufgabe. Hrsg. v. Hans Hecker u. Silke Spieler, Bonn 1986, S. 73–97.

[50] Unionsaufruf v. 27.9.1817, in: Ulrich Hutter, Die Evangelische Kirche in Schlesien 1815–1848. Grundzüge und Quellen, in: Im Dienst der Schlesischen Kirche. Festschrift für Gerhard Hultsch zum 75. Geburtstag. Hrsg. v. Dietrich Meyer u. Ulrich Hutter, Lübeck 1986 (= Beiheft zum Jahrbuch für Schlesische Kirchengeschichte, Bd. 7), S. 95–132, hier S. 110f.

[51] Werner Klän, Die Anfänge der altlutherischen Bewegung in Breslau, in: Kirche im Osten. Studien zur osteuropäischen Kirchengeschichte und Kirchenkunde 21–22 (1978–79), S. 141–169.

[52] Friedrich Wilhelm Kantzenbach, Johann Gottfried Scheibel und der Breslauer Protest gegen die preußische Union, in: Jahrbuch für Schlesische Kirchengeschichte N. F. 41 (1962), S. 94–115.

[53] Peter Maser, Breslauer Judentum im Zeitalter der Emanzipation, in: Jahrbuch der Schlesischen Friedrich-Wilhelms-Universität zu Breslau 29 (1988), S. 157–176.

[54] Bernhard Brilling, Die jüdischen Gemeinden Mittelschlesiens. Entstehung und Geschichte, Stuttgart/Berlin/Köln/Mainz 1972 (= Studia Delitzschiana, Bd. 14), S. 17.

[55] Andreas Reinke, Zwischen Tradition, Aufklärung und Assimilation: Die königliche Wilhelmsschule in Breslau 1791–1848, in: Zeitschrift für Religions- und Geistesgeschichte 43 (1991), S. 193–214.

[56] Konrad Fuchs, Zur Entstehung, Entwicklung und Schließung des Jüdisch-Theologischen Seminars zu Breslau (Fraenckelsche Stiftung) [1990], jetzt in: ders., Gestalten und Ereignisse aus Schlesiens Wirtschaft, Kultur und Politik, Dortmund 1992 (= Veröffentlichungen der Forschungsstelle Ostmitteleuropa an der Universität Dortmund, Bd. A/51), S. 91–96.

[57] Hugo Weczerka, Die Herkunft der Studierenden des Jüdisch-Theologischen Seminars zu Breslau 1854–1938, in: Zeitschrift für Ostforschung 35 (1986), S. 88–139.

[58] Stefi Jersch-Wenzel, Die Juden als Bestandteil der oberschlesischen Bevölkerung in der ersten Hälfte des 19. Jahrhunderts, in: Deutsche – Polen – Juden. Ihre Beziehungen von den Anfängen bis ins 20. Jahrhundert. Hrsg. v. ders., Berlin 1987 (= Einzelveröffentlichungen der Historischen Kommission zu Berlin, Bd. 58) S. 191–209, hier Tabelle 1, S. 194.

[59] Herzig, Die unruhige Provinz. Schlesien zwischen 1806 und 1871, in: Schlesien. Hrsg. v. Norbert Conrads, Berlin 1994, S. 465–552, hier S. 501–509.

[60] Herzig, Die unruhige Provinz (wie Anm. 59), S. 495.

[61] Lutz Kroneberg/Rolf Schloesser, Weber-Revolte 1844. Der schlesische Weberaufstand im Spiegel der zeitgenössischen Publizistik und Literatur, Köln 1979.

[62] Walter Schmidt, Einige Dokumente zum schlesischen Weberaufstand vom Juni 1844, in: Aus der Frühgeschichte der deutschen Arbeiterbewegung, Berlin (Ost) 1964 (= Deutsche Akademie der Wissenschaften zu Berlin. Schriften des Instituts für Geschichte, Bd. I/1), S. 30–64.

[63] Privilegirte Schlesische Zeitung, Nr. 156 v. 6. 7. 1844. Kroneberg/Schloesser, Weber-Revolte 1844 (wie Anm. 61), S. 215–217.

[64] Nikolaus Gussone, Soziale Probleme im Schlesien des Vormärz. Stimmen aus Publizistik und Verwaltung, in: Beiträge zur Geschichte Schlesiens im 19. und 20. Jahrhundert. Hans-Ludwig Abmeier zum 60. Geburtstag. Hrsg. v. Peter Chmiel, Helmut Neubach u. Nikolaus Gussone, Dülmen 1987 (= Schriften der Stiftung Haus Oberschlesien, Bd. 1), S. 18–34.

[65] Schlesisches Kirchenblatt. Beilage, 14/1848, Nr. 11, S. 141f., in: Quellenbuch zur Geschichte der evangelischen Kirche in Schlesien (wie S. 71, Anm. 15), S. 325–329, hier S. 327.

[66] Hartmut Boockmann, Ostpreußen und Westpreußen, Berlin 1992 (= Deutsche Geschichte im Osten Europas, Bd. 1), S. 369.

67 Ingrid Heinrich-Jost, August Heinrich Hoffmann von Fallersleben, Berlin 1982 (= Preußische Köpfe. Literatur, Bd. 10), S. 91ff.

68 Paul Ostwald, Gustav Freytag als Politiker, Berlin 1927.

69 Hans-Joachim Kempe, Die Burschenschaften an der Universität Breslau, in: Jahrbuch der Schlesischen Friedrich-Wilhelms-Universität zu Breslau 6 (1961), S. 138–149.

70 Klaus Schulz, »Kladderadatsch«. Ein bürgerliches Witzblatt von der Märzrevolution bis zum Nationalsozialismus 1848–1944, Bochum 1975 (= Bochumer Studien zur Publizistik- und Kommunikationswissenschaft, Bd. 2).

71 Wolfgang Woidschützke, Beiträge zur Haltung Schlesiens in den Revolutionsjahren 1830/31 und 1848, phil. Diss. Breslau 1913; Bein, Politische Geschichte Schlesiens (wie Anm. 44), S. 26ff.; Herzig, Die unruhige Provinz (wie Anm. 59), S. 480ff.

72 Heinrich Wendt, Oberpräsident von Merckel als Vertrauensmann der Breslauer Bürgerschaft, in: Zeitschrift des Vereins für Geschichte Schlesiens 53 (1919), S. 117*–132*.

73 Kurt Koszyk, Der schlesische Revolutionär Friedrich Wilhelm Wolff (1809–1864), in: Jahrbuch der Schlesischen Friedrich-Wilhelms-Universität zu Breslau 9 (1964), S. 187–206.

74 Ulrich Hutter, Schlesien in den Jahren 1848/49, in: Schlesien in der Biedermeierzeit (wie Anm. 44), S. 37–40, hier S. 38.

75 Marian Tyrowicz, Udział Śląska w ruchu rewolucyjnym 1846–1849, Warszawa 1949 (= Biblioteka historyczna, Bd. 10), S. 190f.

76 Lucia Kusche, Schlesiens Anteil an der national-deutschen Entwicklung von 1840 bis 48 und die schlesischen Abgeordneten im Frankfurter Parlament, in: Zeitschrift des Vereins für Geschichte Schlesiens 53 (1919), S. 29–54; 54 (1920), S. 63–90.

77 Rudolf Haym, Die deutsche Nationalversammlung bis zu den Septemberereignissen. Ein Bericht aus der Partei des rechten Centrum, Frankfurt a. M. 1848, S. 38–46.

78 Karl Obermann, Wähler und Wahlmänner, ihre soziale Herkunft und ihre Beteiligung an den Wahlen 1848 in Schlesien. Eine Studie zur Rolle der Wahlen 1848, in: Jahrbuch für Wirtschaftsgeschichte 1 (1977), S. 73–95.

79 Ursula Schulz, Die Abgeordneten der Provinz Schlesien im Frankfurter Parlament, in: Jahrbuch der Schlesischen Friedrich-Wilhelms-Universität zu Breslau 12 (1967), S. 155–230; Gudrun Lutze, Die Frankfurter Nationalversammlung und die Breslauer Presse, in: ebd. 5 (1960), S. 189–203.

80 Herzig, Die unruhige Provinz (wie Anm. 59), S. 545.

81 Eberhard Naujoks, Die Anfänge der preußischen Pressepolitik und die Entwicklung der Provinzialpresse in Schlesien (1713–1871), in: Jahrbuch der Schlesischen Friedrich-Wilhelms-Universität zu Breslau 24 (1983), S. 193–208.

82 Hans Jürgen Friederici, Ferdinand Lassalle. Eine politische Biographie, Berlin 1985, S. 84ff.

83 Arno Herzig, Der Allgemeine Deutsche Arbeiter-Verein in der deutschen Sozialdemokratie. Dargestellt an der Biographie des Funktionärs Carl Wilhelm Tölcke (1817–1893), Berlin 1979 (= Historische Kommission zu Berlin. Beihefte zur Internationalen Korrespondenz zur Geschichte der deutschen Arbeiterbewegung, Bd. 5), S. 57–114.

84 Helmut Neubach, Parteien und Politiker in Oberschlesien zur Bismarckzeit [1968], jetzt in: ders., Parteien und Politiker in Schlesien, Dortmund 1988 (= Veröffentlichungen der Forschungsstelle Ostmitteleuropa an der Universität Dortmund, Bd. B 34), S. 18–56, hier S. 20–31.

85 Neubach, Parteien und Politiker in Oberschlesien (wie Anm. 84), S. 31f., 41–44.

86 Margrit Twellmann, Die Deutsche Frauenbewegung. Ihre Anfänge und erste Entwicklung. Quellen 1843–1889, Meisenheim am Glan 1972 (= Marburger Abhandlungen zur Politischen Wissenschaft, Bd. 17/II), S. 136f., 149f., 328.

87 Helmut Neubach, Die Oberpräsidenten von Schlesien 1869–1919 [1985], jetzt in: ders., Parteien und Politiker in Schlesien (wie Anm. 84), S. 122–138.

88 Erich Schmidt-Volkmar, Der Kulturkampf in Deutschland 1871–1890, Göttingen/Berlin/Frankfurt 1962.

89 Neubach, Parteien und Politiker in Oberschlesien (wie Anm. 84), S. 21f. Anm. 10.

90 Erich Förster, Adalbert Falk. Sein Leben und Wirken als Preußischer Kultusminister, Gotha 1927.

91 Alfred A. Strnad, Die Verleihung des erzbischöflichen Palliums an Fürstbischof Heinrich Förster (1875), in: Archiv für schlesische Kirchengeschichte 31 (1971), S. 187–200.

92 Hans-Georg Aschoff, Kirchenfürst im Kaiserreich – Georg Kardinal Kopp, Hildesheim 1987, S. 65ff.

[93] Helmut Neubach, Schlesische Geistliche als Reichstagsabgeordnete 1867–1918. Ein Beitrag zur Geschichte der Zentrumspartei und zur Nationalitätenfrage in Oberschlesien [1968], jetzt in: ders., Parteien und Politiker in Schlesien (wie Anm. 84), S. 57–84.

[94] Helmut Neubach, Grundzüge der politischen Entwicklung Schlesiens zwischen 1860 und 1914 [1980], jetzt in: ders., Parteien und Politiker in Schlesien (wie Anm. 84), S. 1–6.

[95] Neubach, Parteien und Politiker in Oberschlesien (wie Anm. 84), S. 21–38.

[96] Helmut Neubach, Franz Graf von Ballestrem, ein Reichstagspräsident aus Oberschlesien, Dülmen 1984 (= Oberschlesische Schriftenreihe, Bd. 12).

[97] Leonhard Müller, Der Kampf zwischen politischem Katholizismus und Bismarcks Politik im Spiegel der Schlesischen Volkszeitung. Ein Beitrag zur schlesischen Kirchen-, Parteien- und Zeitungsgeschichte, Breslau 1929 (= Breslauer Studien zur historischen Theologie, Bd. 14).

[98] Brigitte Reinicke, Die Reichstagswahlen in Schlesien 1871–1932, in: Jahrbuch der Schlesischen Friedrich-Wilhelms-Universität zu Breslau 4 (1959), S. 286–299, hier S. 289.

[99] Reinicke, Die Reichstagswahlen in Schlesien 1871–1932 (wie Anm. 98), S. 288–293.

[100] Paweł Rybicki, Rozwój ludności Górnego Śląska od początku XIX wieku do Pierwszej wojny światowej, in: Górny Śląsk. Prace i materiały geograficzne. Hrsg. v. Antoni Wrzosek, Kraków 1955, S. 247–304.

[101] Wacław Długoborski, Struktura społeczna i narodowościowa wczesnoprzemysłowej aglomeracji górnośląskiej (Bytom 1800–1870), in: Acta Universitatis Wratislaviensis Bd. 279, Historia Bd. 27, Wrocław 1976, S. 187–211.

[102] Cäcilia Maria Rohde, Die preußische Statistik als Quelle zur schlesischen Landesgeschichte insbesondere zu einem Geschichtlichen Atlas von Schlesien auf der Grundlage der Bevölkerungszählungen von 1816–1910, Frankfurt am Main/Bern/New York/Paris 1990 (= Europäische Hochschulschriften, Bd. III/436), S. 82.

[103] Hugo Weczerka, Veränderungen im Städtenetz Schlesiens 1809–1973, in: Zeitschrift für Ostforschung 27 (1978), S. 398–433, hier S. 405f.

[104] Andrzej Brożek, The Influence of Migrations on the Nationality Structure of Silesia (1870–1945), in: Polish Western Affairs 8 (1967), S. 403–430.

[105] Franciszek Antoni Marek, Najdawniejsze czasopisma polskie na Śląsku 1789–1854, Wrocław/Opole 1972, S. 306f.

[106] Volker Hentschel, Wirtschaftliche Entwicklung, soziale Mobilität und nationale Bewegung in Oberschlesien 1871–1914, in: Modernisierung und nationale Gesellschaft im ausgehenden 18. und 19. Jahrhundert. Hrsg. v. Werner Conze, Gottfried Schramm und Klaus Zernack, Berlin 1979 (= Giessener Abhandlungen zur Agrar- und Wirtschaftsforschung des europäischen Ostens, Bd. 99), S. 231–273.

[107] Andrzej Brożek, Wysiedlenia Polaków z Górnego Śląska przez Bismarcka (1885–1887), Katowice 1963.

[108] Marian Orzechowski, Wojciech Korfanty. Biografia polityczna, Wrocław/Warszawa/Kraków/Gdańsk 1975.

[109] Marek Czapliński, Die polnische Presse in Oberschlesien um die Jahrhundertwende (1889–1914), in: Zeitschrift für Ostforschung 39 (1990), S. 20–38; ders., Adam Napieralski 1861–1928. Biografia politycza, Wrocław 1974 (= Prace Wrocławskiego Towarzystwa naukowego. Reihe A, Bd. 162), S. 162ff.; Orzechowski, Wojciech Korfanty (wie Anm. 108), S. 149ff.

[110] Der oberschlesische Kurier. Zit. nach Helmut Neubach, Die Nationalitätenverhältnisse in der Provinz Schlesien im Spiegel der letzten Reichstagswahl vor dem 1. Weltkrieg (1912), in: Oberschlesisches Jahrbuch 1 (1985), S. 57–83, hier S. 73.

[111] Walther Hubatsch, Schlesien als preußische Provinz 1742–1945, in: Schlesien 23 (1978), S. 194–210.

[112] Slezsko. Hrsg. v. Jaroslav Bakala, Petr Koukal u. Jiří Urbanec, Opava 1992; Michael R. Gerber, Österreichisch-Schlesien von 1742 bis zum Ende des Ersten Weltkrieges. Ein historischer Abriß, Würzburg 1994, S. 1–34; Herbert Patzelt, Österreichisch-Schlesien 1815–1918. Aufstieg, Blütezeit und Ende des kleinsten Kronlandes, in: Jahrbuch der Schlesischen Friedrich-Wilhelms-Universität zu Breslau 28 (1987), S. 311–324, hier S. 311f.

[113] Jiří Radimský, Vývoj obyvatelstva ve Slezsku 1754–1930, in: Slezský sborník 45 (1947), S. 1–16.

[114] Jürgen Rainer Wolf, Die Stände in Österreichisch-Restschlesien seit den vierziger Jahren, in: Ständetum und Staatsbildung (wie S. 45, Anm. 53), S. 365–372.

[115] Ernst Gieler, Die Errichtung des Königlichen Amtes in Troppau, in: Zeitschrift für Geschichte und Kulturgeschichte Schlesiens 20 (1930–1933), S. 81–83, hier S. 81.

[116] Werner Bein, Die politische und administrative Neuordnung Österreichisch-Schlesiens in Theresianischer Zeit, in: Kontinuität und Wandel (wie S. 73, Anm. 62), S. 63–77, hier S. 66.

[117] Bernhard Demel, Der Plan einer Bistumsgründung in Troppau in den Jahren 1773–1777, in: Archiv für Kirchengeschichte von Böhmen-Mähren-Schlesien 5 (1978), S. 101–189.

[118] Inge Gampl, Vorgeschichte und Gründung des evangelischen Konsistoriums in Teschen. Eine frühe Form gesetzlicher Anerkennung?, in: Speculum iuris et ecclesiarum. Festschrift für Willibald M. Plöchl zum 60. Geburtstag. Hrsg. v. Hans Lentze u. Inge Gampl, Wien 1967, S. 89–106.

[119] Oskar Wagner, Mutterkirche vieler Länder. Geschichte der Evangelischen Kirche im Herzogtum Teschen 1545–1918/20, Wien/Köln/Graz 1978 (= Studien und Texte zur Kirchengeschichte und Geschichte. Erste Reihe, Bd. IV/1–2), S. 113ff.

[120] Walter Kuhn, Bielitz, in: Weczerka, Handbuch der historischen Stätten (wie S. 19, Anm. 9), S. 27–30; Deutsche Lehrerbildung in Bielitz/Ostschlesien. Hrsg. v. Julius Stumpf u. Julius Krämer, Stuttgart 1967; Bielsko-Biała. Zarys rozwoju miasta i powiatu. Hrsg. v. Henryk Rechowicz, Katowice 1971, S. 67–223.

[121] Herbert Patzelt, Anfänge der Toleranzzeit in Österreichisch-Schlesien, in: Im Lichte der Toleranz. Aufsätze zur Toleranzgesetzgebung des 18. Jahrhunderts in den Reichen Joseph II., ihren Voraussetzungen und ihren Folgen. Eine Festschrift. Hrsg. v. Peter F. Barton, Wien 1981 (= Studien und Texte zur Kirchengeschichte und Geschichte, Bd. II/9), S. 279–319.

[122] Oskar Wagner, Zur Entstehung des tschechischen und polnischen Nationalbewußtseins im Herzogtum Teschen. Ein Beitrag zur österreichisch-schlesischen Kirchengeschichte, in: Zeitschrift für Ostforschung 22 (1973), S. 454–474.

[123] Jaroslav Nehýbl, Jan Winkler. Kapitoly z národního obrození na Těšínsku, Opava 1961 (= Historická edice Slezského ústava ČSAV v Opavě, Bd. 18), S. 60–81; ders., Styky Jana Winklera s Františkem Palackým do roku 1826, in: Slezský sborník 46 (1948), S. 30–36.

[124] Pamiętniki Pawła Stalmacha, S. 267. Zit. nach Wagner, Zur Entstehung des tschechischen und polnischen Nationalbewußtseins (wie Anm. 122), S. 469.

[125] Václav Čepelák, První volby do slezského sněmu v r. 1848, in: Věstník Matice Opavské 37 (1932), S. 43–54, 98–105.

[126] Friedrich Prinz, Hans Kudlich (1823–1917). Versuch einer historisch-politischen Biographie, München 1962 (= Veröffentlichungen des Collegium Carolinum, Bd. 11).

[127] Wagner, Zur Entstehung des tschechischen und polnischen Nationalbewußtseins (wie Anm. 122), S. 470ff.

[128] Nowiny dla ludu wiejskiego. Zit. nach Wagner, Zur Entstehung des tschechischen und polnischen Nationalbewußtseins (wie Anm. 122), S. 472f.

[129] Andělín Grobelný, Tábory lidu ve Slezsku v letech 1868–1871, in: Slezský sborník 62 (1964), S. 164–199; ders., K některým etapám národního hnutí ve Slezsku a na Ostravsku v letech 1848–1918, in: Slezský sborník 63 (1965), S. 452–470; Leopold Peřich, Národní obrození na Opavsku a volby do zemského sněmu v r. 1861 a 1871, in: Časopis Slezského Muzea B 13 (1964), S. 146–160.

[130] Milan Myška, Die mährisch schlesische Eisenindustrie in der industriellen Revolution, Praha 1970 (= Spisy Pedagogické fakulty v Ostravě, Bd. 19), S. 22–43.

[131] Joachim Bahlcke, Die tschechische Geschichtsschreibung über Schlesien. Von Palacký bis zum Zusammenbruch des kommunistischen Systems, in: Berichte und Forschungen. Jahrbuch des Bundesinstituts für ostdeutsche Kultur und Geschichte 3 (1995), S. 189–213; ders., Geschichte als Argument. Der Prager Rechtshistoriker Jan Kapras (1880–1947) und die tschechische Schlesienforschung am Anfang des 20. Jahrhunderts, in: Silesiographia. Stand und Perspektiven der historischen Schlesienforschung. Hrsg. v. Matthias Weber und Carsten Rabe, Würzburg 1998 (Wissenschaftliche Schriften des Vereins für Geschichte Schlesiens, Bd. 4), S. 69–81.

[132] Ladislav Pallas, Úloha jazyka při vzniku a vývoji teorií a hnutí tzv. wasserpoláctví, šlonzáctví a moravectví, in: Slezský sborník 63 (1965), S. 471–500.

5. Vom Abstimmungskampf zum Totalitarismus: Schlesien zwischen den Weltkriegen (1914–1939)

a) Erster Weltkrieg, Grenzkämpfe und Freiwilligenformationen

Am 28. Juni 1914 wurden der österreichische Thronfolger Franz Ferdinand und seine Gemahlin Sophie beim Besuch der bosnischen Hauptstadt auf offener Straße erschossen. Das Attentat von Sarajevo war eine Provokation des serbischen Nationalismus, der sich von russischer Seite gedeckt wußte. Österreich-Ungarn und Deutschland antworteten mit einer Provokation gegen Rußland und damit auch gegen die Ententemächte England und Frankreich. Während der durch das Attentat ausgelösten Julikrise nahmen alle Regierungen einen Krieg in Kauf, ohne ihn jedoch bewußt anzustreben. Vergeblich bemühte sich der aus Kreuzenort bei Ratibor gebürtige Karl Max Fürst von Lichnowsky, der 1912 zum deutschen Botschafter in London ernannt worden war, um einen Ausgleich mit England unter Einbeziehung Rußlands und gleichzeitiger Lockerung der engen deutschen Bindungen an Österreich-Ungarn[1]. Vom Staatssekretär des Äußeren, Gottlieb von Jagow, erhielt Lichnowsky am 18. Juli 1914 ein Schreiben, in dem die Überlegungen der deutschen Politik klar zum Ausdruck kamen: »Österreichs Erhaltung, und zwar eines möglichst starken Österreichs, ist für uns aus inneren und äusseren Gründen eine Notwendigkeit... Je entschlossener sich Österreich zeigt, je energischer wir es stützen, um so eher wird Russland still bleiben... Ich will keinen Präventivkrieg, aber wenn der Kampf sich bietet, dürfen wir nicht kneifen. Ich hoffe und glaube auch heute noch, dass der Konflikt sich lokalisieren lässt«[2].

Der Konflikt ließ sich nicht begrenzen. Der als lokale Auseinandersetzung Österreich-Ungarns mit Serbien am 28. Juli 1914 begonnene Krieg weitete sich durch die deutsche Kriegserklärung an Rußland am 1. August und an Frankreich am 3. August zum europäischen Krieg, durch das Eingreifen Englands mit seinen überseeischen Besitzungen wenig später zum Weltkrieg aus. Von August bis November 1914 stand die Provinz Schlesien unter unmittelbarem Kriegseinfluß. Die zunächst erfolgreich auf Lublin und über Lemberg hinaus vorstoßenden österreichischen Verbände mußten sich angesichts der russischen Übermacht ebenso zurückziehen wie die zu ihrer Unterstützung eingesetzte 9. Armee unter Hindenburg.

Zur Grenzsicherung der rechten Oderseite stand im September lediglich das aus älteren Jahrgängen rekrutierte schlesische Landwehrkorps zur Verfügung, dessen Führung der fast 70jährige, bei Kriegsausbruch reaktivierte General Remus von Woyrsch übernommen hatte. Als Folge der Bedrohung Oberschlesiens während der ersten Kriegsmonate und der hohen Zahl von Einberufungen wurde die Industrie-Produktion empfindlich beeinträchtigt.

Für den Fall, daß die Russen weiter nach Westen vordringen würden, war sogar schon eine weitgehende Zerstörung der Industrieanlagen angeordnet worden[3].
Im Jahre 1915 verlagerte sich der Schwerpunkt des Kriegsgeschehens nach dem Osten. Bereits die Mitte November 1914 einsetzende deutsche Offensive unter Hindenburg, der am 1. November zum Oberbefehlshaber Ost ernannt worden war, hatte die Russen zum Rückzug genötigt und die schlesischen Grenzen entlastet. Durch weitere Vorstöße in den kommenden Monaten konnte die Bedrohung Schlesiens endgültig gebannt werden. Für die Zeit vom Frühjahr 1915 bis zum Frühjahr 1917 richtete sich das kaiserliche Große Hauptquartier auf Schloß Pleß in Oberschlesien ein, um damit zugleich der in Teschen einquartierten Obersten Heeresleitung Österreich-Ungarns nahe zu sein. Zur Erinnerung an die Siege Hindenburgs bei Tannenberg und an den Masurischen Seen im Herbst 1914 wurde die Stadt Zabrze in Oberschlesien – sie erhielt 1922 offiziell das Stadtrecht – ein Jahr später nach dem Generalfeldmarschall benannt.
Die Gefahr, daß Italien 1915 auf seiten der Ententemächte in den Krieg eingreifen könnte, rückte Schlesien überraschend in den Mittelpunkt des politischen Geschehens. Seit Anfang des Jahres hatte die deutsche Regierung den österreich-ungarischen Bundesgenossen zur Abtretung des Trentino gedrängt, um auf dem Wege territorialer Zugeständnisse die Neutralität des von Frankreich und England umworbenen Italien sicherzustellen. Österreich-Ungarn lehnte es jedoch kategorisch ab, Gebietsteile freiwillig aufzugeben, ohne einen Krieg verloren zu haben. In dieser ausweglosen Situation entwickelte die deutsche Regierung den Plan, die Haltung des unnachgiebigen Bündnispartners durch eigene territoriale Verzichte zu seinen Gunsten zu erweichen. Diese Idee findet sich erstmals in einem Brief, den der schlesische Magnat Hermann Fürst von Hatzfeldt, Herzog zu Trachenberg, am 7. Februar 1915 an den Unterstaatssekretär Arthur Zimmermann richtete[4]. Der frühere Oberpräsident von Schlesien, der seit 1878 sowohl dem Preußischen Herrenhaus als auch dem Deutschen Reichstag angehört hatte, dachte dabei vor allem an den Kreis Habelschwerdt.
Als am 17. Februar das Preußische Staatsministerium zu einer Sitzung zusammenkam, griff Bethmann Hollweg den Vorschlag sofort auf. Anstelle des von Hatzfeldt vorgeschlagenen Habelschwerdter Kreises sprach der deutsche Reichskanzler allerdings von Grenzberichtigungen in den oberschlesischen Kreisen Leobschütz oder Pleß. Wegen der weiterhin fruchtlosen Verhandlungen mit Wien sah sich Berlin am 28. Februar gezwungen, der Donaumonarchie auch noch – bei entsprechend günstigem Kriegsausgang – die Abtretung des gesamten Kohlegebietes von Sosnowitz und weiterer Gebiete in Russisch-Polen in Aussicht zu stellen. Am 6. März folgte ein Handschreiben Wilhelms II. an Franz Joseph I. mit dem Angebot einer deutsch-österreichischen »Grenzberichtigung«[5].
Am 8. März endlich trat der österreichisch-ungarische Ministerrat in Schloß Schönbrunn unter Vorsitz des Kaisers zusammen, um eine Lösung der Trentinofrage herbeizuführen. Die Sitzung führte zu einer deutlichen Wende in der Italienpolitik Wiens: Ohne von dem deutschen Angebot Gebrauch zu machen, erklärte man sich nun zur Abtretung österreichischen Staatsgebietes an Italien bereit. Doch die Bereitschaft Roms, bei einem Entgegenkommen der Mittelmächte auf einen Kriegseintritt zu verzichten, war nur noch Teil einer Verschleierungstaktik. Schon vor dem 8. März war Italien von den Ententemächten nicht nur der Erwerb des Trentino, sondern auch der von Triest und Valona nebst einer Vormachtstellung im Adriatischen Meer eingeräumt worden. Der Unterzeichnung des Geheimvertrags von London am 26. April, der Italien zusätzlich eine Erweiterung seines Kolonialbesitzes zusicherte, folgte am 23. Mai 1915 die Kriegserklärung an Österreich-Ungarn.
Durch den Kriegseintritt der Vereinigten Staaten am 6. April 1917 verschob sich das Kräftegewicht binnen weniger Monate zugunsten der Alliierten. Nach empfindlichen

Rückschlägen im Westen und im Südosten im Spätsommer 1918 schien ein Zusammenbruch der Mittelmächte unausweichlich, zumal sich die Versorgungslage Deutschlands und Österreich-Ungarns dramatisch verschlechtert hatte. Später als in anderen Reichsteilen hatten in Schlesien Streiks und Unruhen Ende 1917 sprunghaft zugenommen, nachdem besonders im östlichen Teil Versorgungsengpässe aufgetreten waren. Auch das am 4. Oktober 1918 gebildete Kabinett von Prinz Max von Baden, das noch am gleichen Tag das Waffenstillstandsgesuch stellte, konnte den militärischen und politischen Zusammenbruch des deutschen Kaiserreichs nicht aufhalten. Als Kaiser Wilhelm II. den Rücktritt – diesen hatte der amerikanische Präsident Wilson zur Vorbedingung eines Waffenstillstands gemacht – ablehnte, kam es zur sogenannten Novemberrevolution, die den Übergang zum parlamentarischen Regierungssystem einleitete.

In zahlreichen Städten und Ortschaften übernahmen Arbeiter- und Soldatenräte, die sich um die Aufrechterhaltung der öffentlichen Ordnung bemühten und die Lebensmittelversorgung sicherstellten, die vollziehende Gewalt. Im Gegensatz zu anderen Provinzen des Reichs, wo es während des Übergangs von der Monarchie zur Republik zu blutigen Zusammenstößen kam, verlief die Verwaltungsübernahme in Schlesien durch die u. a. in Görlitz, Glogau, Breslau, Oppeln, Beuthen O. S., Gleiwitz, Kattowitz und Tarnowitz gebildeten Arbeiter- und Soldatenräte verhältnismäßig reibungslos. Sie befanden sich fast alle in den Händen der SPD[6].

Der Breslauer Volksrat, der sich schon am Abend des 9. November 1918 – an diesem Tag gab Reichskanzler Prinz Max von Baden eigenmächtig den Rücktritt Wilhelms II. bekannt – konstituiert hatte, zählte 100 Mitglieder. Diese gehörten sowohl den sozialistischen (66) als auch den bürgerlichen Parteien (34) an. Auf Antrag des aus Liegnitz gebürtigen Sozialdemokraten Paul Löbe, der später von 1920 an mit kurzer Unterbrechung bis zum Jahre 1932 das Amt des Reichstagspräsidenten innehatte, wandelte sich dieses Gremium in den *Zentralrat für die Provinz Schlesien* um; gleichzeitig erklärte es sich zur höchsten politischen Instanz[7].

Die schlesischen Räteorganisationen hatten – ebenso wie die ostpreußischen – zugleich eine wichtige militärische Funktion als Grenzschutzorgane. Mit dem Umsturz ergriffen sie überall Besitz von der militärischen Organisation und bauten ein dichtes Netz von *Volkswehren* auf. Bis März 1919 beherrschten die Soldatenräte den Militärapparat vollständig[8]. Seit Januar war es jedoch immer häufiger zu Konflikten zwischen den Räteorganisationen und den von der Westfront zurückgekehrten Truppenteilen gekommen. Mit der Gründung des *Freiwilligenkorps Schlesien* setzten erste Versuche ein, die Grenzschutztruppen aus der Kontrolle der Räteorganisationen zu lösen. Die zahlreichen Freiwilligenformationen wie das *Oberschlesische Freikorps*, die *Freie Vereinigung zum Schutze Oberschlesiens* und die *Schlesische Notwehr* bekämpften die revolutionär-demokratische Bewegung mit allen Mitteln, und mit ihrer Hilfe gelang es schließlich, in der ersten Jahreshälfte 1919 allmählich die Ruhe in Schlesien wiederherzustellen. Nach den lokalen Räteorganisationen löste sich Ende des Jahres auch der Volksrat in Breslau auf.

In Niederschlesien verteilten die Sozialdemokratische Partei – die SPD hatte hier bei der letzten Reichstagswahl vor dem Ersten Weltkrieg über 35% der Stimmen gewonnen – sowie die 1918 gegründete linksliberale Deutsche Demokratische Partei (DDP) die hohen Verwaltungsposten unter sich. Die Leitung des Zentralrats übernahm der aus Hirschberg stammende sozialdemokratische Gewerkschaftssekretär Felix Philipp; er wurde im April 1919 zum Oberpräsidenten Niederschlesiens ernannt. Während in Niederschlesien zwischen 1918 und 1920 in mehr als drei Viertel der 42 Landkreise der Landrat ausgewechselt wurde, zogen in Oberschlesien nur in drei Kreisverwaltungen, in Cosel, Grottkau und Rybnik, neue Landräte ein[9].

Besonders schwierig gestaltete sich das Verhältnis zu Polen, das durch die deutsche Niederlage seine Staatlichkeit und die Aussicht auf den Erwerb deutschen Reichsgebiets gewonnen hatte. Das Wirken des im August 1917 in Lausanne gegründeten *Polnischen Nationalkomitees* und der Einsatz polnischer Divisionen hatten die politischen Stellungnahmen der Westalliierten in der Polenfrage beeinflußt. Im 13. seiner *Vierzehn Punkte* stellte Präsident Wilson am 8. Januar 1918 die Errichtung eines »die von einer unbestreitbar polnischen Bevölkerung bewohnten Gebiete« umfassenden Polen als eines der alliierten Kriegsziele heraus. Roman Dmowski, Präsident des Polnischen Nationalkomitees und Vertreter eines aggressiven polnischen Nationalismus mit stark antideutscher Frontstellung, verband mit der Neugründung einer unabhängigen, starken polnischen Republik jedoch weitergehende Erwartungen. Seiner Auffassung nach sollten dem neuen Polen im Westen Posen, Westpreußen und Oberschlesien, im Norden Teile Ostpreußens, im Osten nahezu das gesamte Großfürstentum Litauen sowie Podolien und Wolhynien, im Süden schließlich ganz Galizien und das Teschener Gebiet zugeschlagen werden[10].
Zur führenden Persönlichkeit der nationalpolnischen Bewegung in den ostdeutschen Grenzprovinzen, insbesondere in Oberschlesien, wurde der frühere Reichstagsabgeordnete Adalbert (Wojciech) Korfanty, der sich mit aller Kraft für Dmowskis territoriale Forderungen einsetzte[11]. Nachdem es den von Polen beherrschten Arbeiter- und Soldatenräten in der Provinz Posen gelungen war, die deutsche Verwaltung zu beseitigen, baten die an der Grenze zu Schlesien gelegenen Kreise Posens Lissa, Fraustadt und Rawitsch am 4. Januar 1919 um Aufnahme in die südliche Nachbarprovinz. Erst zu diesem Zeitpunkt begann die Oberste Heeresleitung, in Ostpreußen und Schlesien eine wirkungsvolle Verteidigung zu organisieren.
Über die in Oberschlesien organisierte Selbsthilfe gegen die nationalpolnischen Bestrebungen berichtet der ehemalige Chef des Generalstabs des VI. Armeekorps, Ernst Hesterberg, in seinem Tagebuch unter dem 22. November 1918: »Unsere Nachrichten über die zunehmende polnische Agitation in Oberschlesien, zu welchen noch ganz erhebliches Material durch die Landräte hinzukommt, geben ein klares Bild darüber, daß die Gefahr bereits recht groß ist... Fest steht, daß in Oberschlesien wild für Polen agitiert wird, und daß ein großer Teil der katholischen Geistlichkeit die Agitation unterstützt... Da die Oberschlesier, besonders die Frauen, zum großen Teil leichtgläubig und streng kirchlich sind, spielt der Klerus dort eine entsprechende Rolle; dies bedeutet im anderen Lager daher eine sehr ernst zu nehmende Gefahr. Das wirksamste Agitationsmittel für die Polen aber und auch das plausibelste bilden die Kriegskosten. Polen wird kaum zu zahlen brauchen. Also los von Deutschland!... Bei der Handelskammer in Oppeln ist schon seit Beginn des Monats eine Agitationsstelle zur Erhaltung Oberschlesiens aufgezogen worden, die der Handelskammer-Syndikus Dr. [Walter] v. Stoephasius leitet«[12]. Am 3. Januar 1919 vermerkt Hesterberg ein Gespräch mit dem Polizeipräsidenten von Kattowitz, der erklärt habe, daß »die innere Polengefahr in Oberschlesien bereits ganz erheblich«[13] sei.
Aufgrund der Gebietsansprüche der polnischen und der tschechoslowakischen Republik gegenüber Oberschlesien, wachsender Minderheitenprobleme und sozialer Bewegungen innerhalb der Industriearbeiterschaft richtete sich das Hauptaugenmerk der schlesischen Verwaltung seit 1919 ganz auf Oberschlesien. Da die Volkswehren der Räteorganisationen es ablehnten, in die schwelenden sozialen Konflikte im östlichen Industriegebiet mit Waffengewalt einzugreifen, übernahmen Freiwilligenformationen die Abwehr der »polnischen Propaganda« in Oberschlesien. Dem Aufruf des Zentralsoldatenrats zum Aufbau der Freiwilligeneinheiten vom 6. Januar 1919 nach sollten diese zur »Wiedergewinnung der deutschen Provinz Posen« und »zum Schutze Schlesiens« dienen: »Gierig strecken die Polen bereits ihre Finger nach rein deutschem Lande aus, nähern sich Freyhan, Rawitsch, Lissa

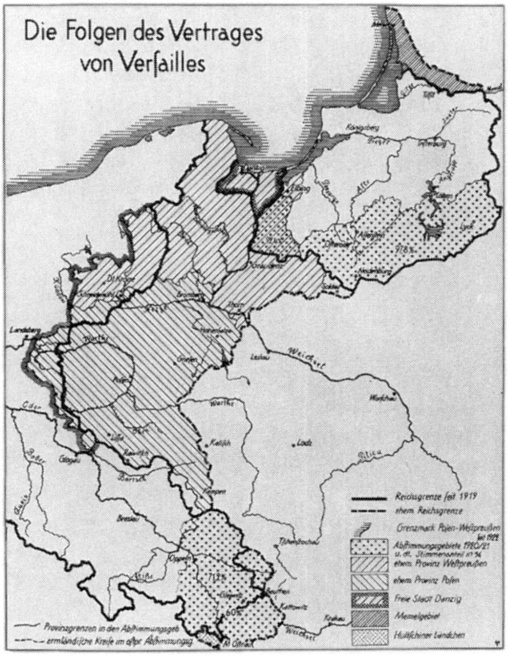

Abb. 31: Am 28. Juni 1919 wurde der Friedensvertrag, der formell den Ersten Weltkrieg beendete, in Versailles unterzeichnet. Er trat am 10. Januar 1920 in Kraft. Das Deutsche Reich hatte insgesamt über 70 000 qkm mit 7,3 Millionen Einwohnern abzutreten. Die Karte zeigt die alten und die neuen Grenzen im Osten des Reiches.

und Fraustadt, klopfen auch schon an Schlesiens Tür! Erhebt Euch, Schlesier, strömt zu uns, Ihr Deutschen, die Ihr von den Polen von eigener Scholle vertrieben seid! Wir wollen Euch zu Eurem Rechte verhelfen!«[14]

b) Die Interalliierte Regierungs- und Plebiszitkommission in Oberschlesien

Der Entwurf des Friedensvertrages, der am 7. Mai 1919 den Vertretern der deutschen Regierung in Versailles übergeben worden war, löste eine breite Welle der Empörung aus[15]. Ganz Oberschlesien, das bereits in das Dekret der Warschauer Regierung vom 18. November 1918 für die Wahl eines polnischen Parlaments ohne Zustimmung der Alliierten einbezogen worden war, sollte an Polen abgetreten werden. In Oberschlesien kam es daraufhin zu zahlreichen Protestkundgebungen, die von der *Freien Vereinigung zum Schutze Oberschlesiens*, dem späteren *Verband heimattreuer Oberschlesier*, organisiert wurden. Die Kundgebungen, die der Reichsregierung den Rücken bei deren Gegenvorstellungen stärken sollten, blieben nicht ohne Eindruck auf die Siegermächte. Am 14. Juni beschlossen diese, in Oberschlesien – allerdings mit Ausnahme der Kreise Neisse, Grottkau und Falkenberg sowie des westlichen Teils des Kreises Neustadt O. S. – und im niederschlesischen Kreis Namslau eine Abstimmung durchzuführen. Die Gewährung dieser Abstimmung war das einzige Zugeständnis, das die Pariser Friedenskonferenz der deutschen Regierung zubilligte[16].

Abb. 32: Das polnische Blut habe sich »in die Erde eingesogen«, es nahe die »Morgenröte der Freiheit«, jeder Schlesier sei ein »treuer und braver Pole«. Die von Feliks Nowowiejski komponierte *Schlesische Hymne* wurde erstmals nach dem zweiten polnischen Aufstand im August 1920 in Kattowitz auf einer Kundgebung gesungen. Wenig später erlangte das Lied, dessen Text von Stanisław Rybka stammt, unter der polnischen Bevölkerung ganz Oberschlesiens große Beliebtheit.

Am 28. Juni 1919 wurde der Friedensvertrag, der formell den Ersten Weltkrieg beendete, in Versailles unterzeichnet. Er trat am 10. Januar 1920 in Kraft. Deutschland hatte insgesamt über 70000 qkm mit 7,3 Millionen Einwohnern abzutreten. Während in Oberschlesien eine Volksabstimmung über die weitere staatliche Zugehörigkeit entscheiden sollte, wurden Teile der niederschlesischen Kreise Guhrau, Militsch, Groß Wartenberg und Namslau ohne Abstimmung dem polnischen Staat zugesprochen. Der südliche Teil des Kreises Ratibor, das Hultschiner Ländchen, fiel an die Tschechoslowakei; deren zusätzliche Forderung nach dem Glatzer Kessel und dem Waldenburger Revier wurde dagegen endgültig zurückgewiesen[17]. Zusammen mit dem bei Prag verbliebenen Teil von Österreichisch-Schlesien – das Teschener Gebiet war 1920 nach bewaffneten Auseinandersetzungen längs der Olsa zwischen Polen und der Tschechoslowakei geteilt worden – bildete das Hultschiner Ländchen fortan eine gemeinsame Verwaltungseinheit mit Troppau als Landeshauptstadt. Das Eintreffen der alliierten Truppen, die eine ungestörte Durchführung des Plebiszits in Oberschlesien garantieren sollten, verzögerte sich um mehrere Monate. Erst Mitte Januar 1920 erhielt die Reichswehr den Befehl, sich aus dem Abstimmungsgebiet zurückzuziehen. Eine Flut von Propagandaschriften, Flugblättern und Plakaten sowie zahlreiche Kundgebungen dieser Zeit zeugen von den Bemühungen bei Deutschen und bei Polen, nationale, konfessionelle und soziale Gegensätze zu politisieren und damit die jeweilige Ausgangsposition vor dem Plebiszit zu verbessern[18]. Die Tatsache, daß Mitte August 1919 in zahlreichen oberschlesischen Kreisen nach polnischen Ausschreitungen der Belagerungszustand verhängt wurde, verdeutlicht die angespannte Situation. Der nur wenig später entfesselte erste von drei Aufständen, durch den die Polen eine territoriale Entscheidung vor der Durchführung der Abstimmung erzwingen wollten, heizte die Stimmung in Oberschlesien weiter an. Reichswehr und Freiwilligenformationen konnten allerdings den von polnischen Truppen unterstützten Aufstand, der sich vor allem auf die Kreise Pleß und Rybnik erstreckt hatte, nach einer Woche niederschlagen[19].

Während des Abstimmungskampfes fanden in Oberschlesien autonomistische Bestrebungen neue Nahrung, die schon Ende des 19. Jahrhunderts aufgetreten waren. Sie waren eine Folge des nicht unbegründeten Gefühls der katholischen Bevölkerung, gesellschaftlich zurückgesetzt, wirtschaftlich benachteiligt und von leitenden Stellen in der staatlichen Verwaltung ausgegrenzt zu werden. Für die Gründung eines eigenen oberschlesischen Freistaates wurde mit dem Argument geworben, daß man sich nur auf diese Weise der polnischen und der tschechoslowakischen Annexionspläne erwehren könne[20]. Der Freistaatgedanke, der sich klar gegen Preußen richtete, ging Ende September 1919 in die vor allem von der Katholischen Volkspartei – so nannte sich das Zentrum seit dem 16. Dezember 1918 in Oberschlesien – getragene Forderung nach einer provinziellen Autonomie Oberschlesiens über.
In Berlin war man sich darüber im klaren, daß der separatistischen Bewegung in Oberschlesien mit allen Mitteln Einhalt geboten werden müsse. Denn würde man im Südosten Preußens einen Freistaat zugestehen, so würden gleichzeitig im Rheinland, in Schleswig-Holstein, in Hannover und in Ostpreußen selbständige Republiken entstehen, was unweigerlich den »wirklichen Zerfall des ganzen preußischen Staates«[21] zur Folge hätte. Am 14. Oktober 1919 stimmte die preußische Landesversammlung daher dem »Gesetz betreffend die Errichtung einer Provinz Oberschlesien« zu. Der bisherige Oppelner Regierungspräsident, der aus dem Hultschiner Ländchen stammende Jurist Joseph Bitta, wurde am 22. November zum ersten kommissarischen Oberpräsidenten ernannt. Aufgrund von Auseinandersetzungen mit der niederschlesischen Provinzialverwaltung verzögerte sich der Aufbau der oberschlesischen Verwaltung allerdings noch um mehrere Jahre. Erst Ende Juli 1923 konnte eine Einigung erzielt und die Gleichberechtigung beider Provinzen gesetzlich festgeschrieben werden[22].
Am 11. Februar 1920 übernahm die *Interalliierte Regierungs- und Plebiszitkommission* (IK), der neben General Henri Louis Edouard Le Rond (Frankreich) als Präsidenten Oberst Harold Franz Passawer Percival (Großbritannien) und General Alberto de Marinis (Italien)

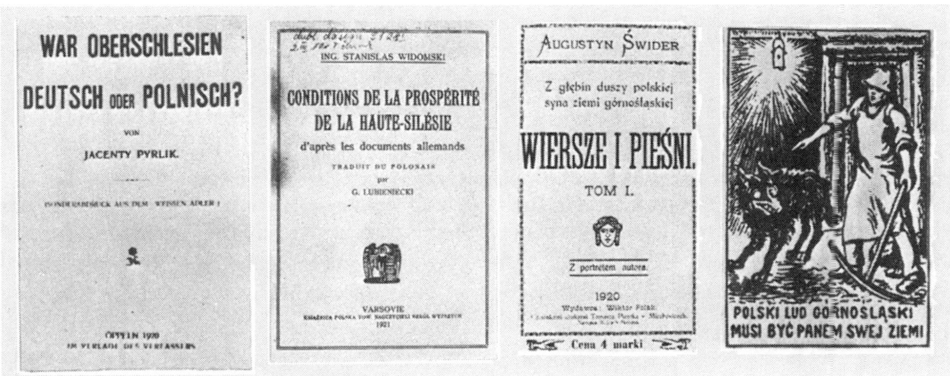

Abb. 33–36: Der mit aller Härte ausgetragene Nationalitätenkampf zwischen Deutschen und Polen in Oberschlesien erregte seit dem Ende des Ersten Weltkriegs die Aufmerksamkeit der europäischen Öffentlichkeit. Sowohl vor als auch nach der Besetzung des Plebiszitgebietes durch französische, italienische und englische Truppen kam es zu blutigen Zusammenstößen. Die Flut von Propagandaschriften, Broschüren und Kampfblättern jener Jahre zeigt nicht nur anschaulich die Bemühungen von deutscher und von polnischer Seite, die jeweilige Ausgangslage vor der Volksabstimmung zu verbessern, sondern auch die Interessen der europäischen Großmächte in der schlesischen Frage.

angehörten, in Oppeln die Verwaltung des Abstimmungsgebietes. Am folgenden Tage wurde die Bevölkerung durch Plakate in deutscher und in polnischer Sprache über die Regierungsübernahme, die damit verbundenen Veränderungen und die Vorbereitung der Abstimmung informiert.

DOKUMENT 8: Aufruf der Interalliierten Regierungs- und Plebiszitkommission vom 11. Februar 1920 an die Bevölkerung Oberschlesiens[23]:

»An die Einwohner Oberschlesiens!
In Ausführung des in Versailles am 28. Juni 1919 zwischen den Alliierten und Assoziierten Mächten einerseits und Deutschland andererseits geschlossenen Vertrages haben die alliierten Truppen die Besetzung Oberschlesiens beendet.
Mit dem heutigen Tage übernimmt die Interalliierte Regierungs- und Plebiszitkommission in Ausführung des Versailler Vertrages alle Machtbefugnisse, die bis jetzt der deutschen Regierung, der preußischen Regierung und den Behörden der Provinz Schlesien zustanden.
Mit der Übernahme der Macht im Namen der verbündeten Mächte bis zur Durchführung der Volksabstimmung, in der die Einwohner selbst entscheiden werden, ob sie zu Polen oder zu Deutschland gehören wollen, eröffnet die Interalliierte Regierungskommission in Oberschlesien eine neue Ära, eine Ära der Gerechtigkeit und der Freiheit.
Die Vertreter Frankreichs, Großbritanniens und Italiens, die von nun an die Regierung Oberschlesiens bilden, die alliierten Beamten im Dienste der Regierung und die alliierten Besatzungstruppen kommen alle als aufrichtige Freunde der Bevölkerung.
Die Interalliierte Regierungskommission will das Wohl des Landes und das Glück seiner Einwohner ohne Unterschied.
Es ist die vornehmste Pflicht, Ordnung und Frieden zu sichern, damit jedermann in voller Sicherheit seiner Arbeit nachgehen kann, das Wirtschaftsleben des Landes in keiner Weise durch den Regierungswechsel beeinträchtigt wird und später, wenn der Zeitpunkt gekommen sein wird, die Bevölkerung frei über ihre politische Zugehörigkeit entscheiden kann.
Im Augenblick soll sich jedermann unverzüglich und entschlossen an seine Arbeit begeben, ohne sich um die kommende Volksabstimmung Sorge zu machen. Es geht darum, ohne Zögern die Verwüstungen des Krieges zu beseitigen, für das Wohl der Bevölkerung und das Gedeihen des Landes zu sorgen. Ebenso hat es sich die Interalliierte Regierungskommission zur Aufgabe gemacht, vor allem den Einwohnern Oberschlesiens Ruhe und völlige Freiheit der Arbeit zu sichern.
Um dieses unerläßliche Ziel zu erreichen, werden zunächst gewisse Maßnahmen des öffentlichen und politischen Lebens nötig sein; aber sobald das verfolgte Ziel erreicht ist, werden diese Maßnahmen aufgehoben werden und ein jeder wird innerhalb der gesetzlichen Grenzen volle Freiheit und alle staatsbürgerlichen Rechte genießen.
Die Interalliierte Regierungskommission beansprucht demgegenüber, sich verlassen zu können auf das Pflichtbewußtsein der Beamten und ihren Gehorsam, auf die Einsicht und den Arbeitswillen der Bevölkerung, auf die Mitarbeit aller aus dem gleichen Geiste der Liebe zur Heimat und auf das Vertrauen zur Interalliierten Regierung, um die Ordnung aufrechtzuerhalten und damit die notwendigen Voraussetzungen, daß der Wille des Volkes friedlich und wahrheitsgetreu ausgedrückt werden möge.
Die Interalliierte Regierungskommission hofft, daß jedermann nach klarer Erkenntnis ihrer Absichten die ihm obliegende Pflicht erfüllen wird.
Wenn das Wohlwollen der Interalliierten Regierungskommission all denen gilt, die ihre Pflicht erfüllen, wird sie dagegen unnachsichtig alle Unruhestifter verfolgen, wer sie auch seien und was auch immer der Beweggrund ihres unheilvollen Handelns sei; alle, die den Frieden oder die öffentliche Ordnung stören, die zum Klassenkampf aufrufen sollten, zum Kampf gegen die Religion oder Nationalität; alle, die versuchen sollten, revolutionäre Komplotte zu schmieden; alle, die öffentlich oder insgeheim den Behörden Widerstand leisten, wie alle, die die freie Willensäußerung der Bevölkerung Oberschlesiens zu verhindern oder zu verfälschen suchen sollten.
Druck wie Bestechung, Machtmißbrauch seitens der staatlichen Behörden oder der Gemeinden, der moralische Zwang mit der Absicht, die Volksabstimmung zu beeinflussen, gleichgültig, ob er von Angehörigen des Klerus, die ihre priesterliche Macht über die Gläubigen, oder von Industriellen oder

Grundbesitzern, die die Vorteile ihrer wirtschaftlichen Stellung mißbrauchen, um ihre Angestellten oder Arbeiter unter Druck zu setzen, stellen in gleicher Weise strafbare Handlungen dar, die mit äußerster Strenge geahndet werden.
Gerechtigkeit und Freiheit, die von den Alliierten Mächten nach Oberschlesien gebracht werden, fordern von einem jeden aufrichtige Achtung der Freiheit des Nächsten. Die Interalliierte Regierungskommission wird entschlossen dafür sorgen.

Gegeben in Oppeln, den 11. Februar 1920
Der Vertreter Frankreichs, Präsident
[Henri Louis Edouard] Le Rond
Der Vertreter Großbritanniens
H[arold] F[ranz] P[assawer] Percival
Der Vertreter Italiens
A[lberto] de Marinis.«

Durch die nach französischem Vorbild eingerichtete Verwaltung in Departements, neue Paßregelungen und eigene Briefmarken gewann das Abstimmungsgebiet in den folgenden Wochen den Charakter eines selbständigen Staatswesens. Die Plebiszitkommissare, die von der polnischen und der deutschen Regierung ernannt wurden, hatten einen sehr unterschiedlichen Bekanntheitsgrad. Während mit Korfanty der führende Kopf der nationalpolnischen Bewegung bestimmt wurde, war Kurt Urbanek so gut wie unbekannt[24]. Das jeweilige Plebiszitkommissariat wurde in Beuthen O. S. bzw. in Kattowitz eingerichtet. Zum Bevollmächtigten bei der Interalliierten Kommission mit Sitz in Oppeln ernannte die Reichsregierung Hermann Fürst von Hatzfeldt, der 1915 als erster die Abtretung schlesischen Gebietes an Österreich-Ungarn befürwortet hatte. Am 12. Mai 1921 trat er aus Protest gegen die einseitig Polen begünstigende Haltung des Präsidenten der Kommission, Le Rond, zurück. Sein Nachfolger wurde Hans Graf Praschma, der bis zum Ende des Ersten Weltkriegs den niederschlesischen Wahlkreis Frankenstein-Münsterberg im Reichstag vertreten hatte.

c) Verlauf und Ergebnis der Abstimmung vom 20. März 1921

In Oberschlesien wuchs unterdessen im Sommer 1920 die Nervosität unter der polnischen Bevölkerung, nachdem Polen bei den Volksabstimmungen im südlichen Ostpreußen und in Westpreußen am 11. Juli – 97,8% bzw. 92,3% der Bevölkerung stimmten dabei für einen Verbleib bei Deutschland – eine bittere Niederlage erlitten hatte. Mitte August kam es im oberschlesischen Industrierevier unter Führung Korfantys zum zweiten Aufstand, der zu blutigen Zusammenstößen zwischen der deutschen Sicherheitspolizei und der polnischen Militärorganisation führte. Ein Ende der Kämpfe wurde Ende des Monats durch das Beuthener Abkommen der beiden Plebiszitkommissare erreicht, das zugleich die Aufstellung einer nach dem Ergebnis der umstrittenen Gemeinderatswahlen vom 9. November 1919 paritätisch zusammengesetzten deutsch-polnischen Abstimmungspolizei verfügte[25].
Der Tag der Abstimmung in Oberschlesien, der 20. März 1921, verlief dagegen äußerlich ruhig. Der Versailler Vertrag hatte auch allen außerhalb des Abstimmungsgebietes lebenden gebürtigen Oberschlesiern das Recht eingeräumt, am Plebiszit teilzunehmen. Die Stimmen der etwa 170000 eingereisten Oberschlesier, deren Transport seit Monaten vorbereitet worden war, kamen jedoch nicht allein der deutschen Seite zugute. Die Abstimmungsberechtigten waren gemäß der im Januar bekanntgegebenen Vorschriften der Interalliierten Kommission in vier Kategorien eingeteilt worden:

Abb. 37: Der am 26. Mai 1919 gegründete *Deutsche Schutzbund für das Grenz- und Auslandsdeutschtum* beaufsichtigte die Vorbereitungen zur Volksabstimmung in Oberschlesien. Er koordinierte insbesondere den Transport der außerhalb des Abstimmungsgebietes lebenden gebürtigen Oberschlesier, denen der Versailler Vertrag eine Teilnahme am Plebiszit zugebilligt hatte. Das Bild zeigt ein für die Abfahrt dieser *Abstimmungsberechtigten* bestimmtes Fahrzeug des Schutzbundes.

Kategorie A: diejenigen, die im Abstimmungsgebiet geboren wurden und dort auch wohnten;
Kategorie B: diejenigen, die im Abstimmungsgebiet geboren wurden, dort aber nicht mehr wohnten;
Kategorie C: diejenigen, die zwar nicht im Abstimmungsgebiet geboren wurden, dort aber vor dem 1. Januar 1904 ihren Wohnsitz eingenommen hatten;
Kategorie D: diejenigen, die von den deutschen Behörden aus dem Abstimmungsgebiet ausgewiesen worden waren.
Auf den beiden Stimmzetteln, die jeder der gut 1,2 Millionen Wahlberechtigten erhielt, stand lediglich *Deutschland* bzw. *Polen.*
Nach einigen Tagen legte die Interalliierte Kommission das endgültige Abstimmungsergebnis vor. Bei einer Wahlbeteiligung von 97,8% hatten 707554 (59,6%) für das Verbleiben bei Deutschland und 478820 (40,4%) für den Anschluß an Polen gestimmt[26]. Im niederschlesischen Kreis Namslau waren 5348 Stimmzettel für Deutschland und 133 für Polen abgegeben worden. Das für die Deutschen erfreuliche Ergebnis, das sowohl die Polen als auch die Alliierten überraschte, wäre noch günstiger ausgefallen, wenn nicht die ausschließlich deutschen Kreise Neisse, Grottkau und Falkenberg sowie der westliche Teil des Kreises Neustadt O. S. am 14. Juni 1919 von der Teilnahme am Plebiszit ausgeschlossen worden wären. 664 Gemeinden besaßen eine deutsche Mehrheit, 597 eine polnische. Deutliche Mehrheiten konnten die Deutschen insbesondere in den Städten, in Oppeln (95,0%), Ratibor (90,9%), Kattowitz (85,4%), Gleiwitz (78,9%) und Beuthen O. S. (74,7%),

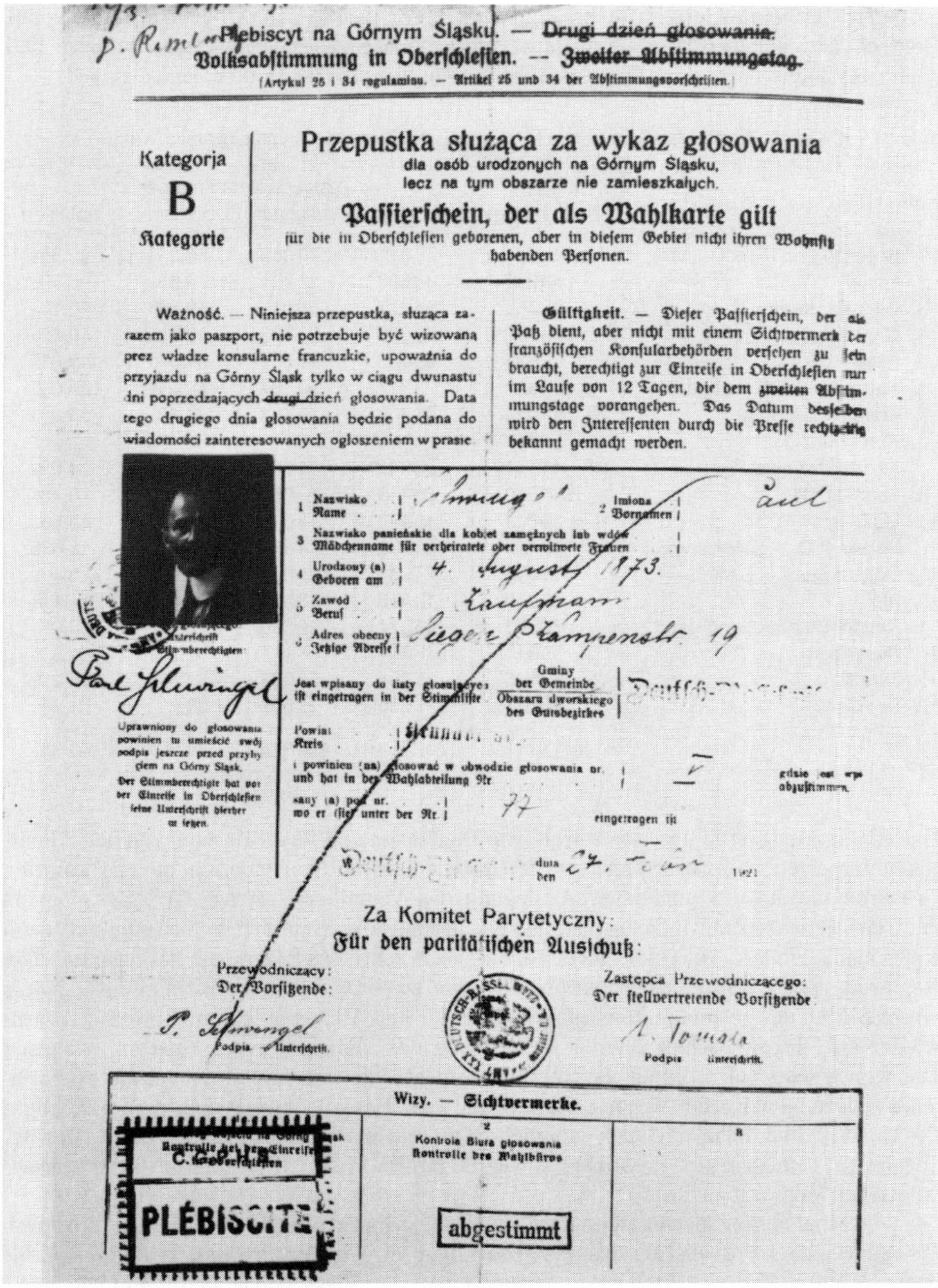

Plebiscyt na Górnym Śląsku. — ~~Drugi dzień głosowania.~~
Volksabstimmung in Oberschlesien. — ~~Zweiter Abstimmungstag.~~
(Artykuł 25 i 34 regulaminu. — Artikel 25 und 34 der Abstimmungsvorschriften.)

Kategorja
B
Kategorie

Przepustka służąca za wykaz głosowania
dla osób urodzonych na Górnym Śląsku, lecz na tym obszarze nie zamieszkałych.

Passierschein, der als Wahlkarte gilt
für die in Oberschlesien geborenen, aber in diesem Gebiet nicht ihren Wohnsitz habenden Personen.

Ważność. — Niniejsza przepustka, służąca zarazem jako paszport, nie potrzebuje być wizowaną prez władze konsularne francuzkie, upoważnia do przyjazdu na Górny Śląsk tylko w ciągu dwunastu dni poprzedzających ~~drugi dzień~~ głosowania. Data tego drugiego dnia głosowania będzie podana do wiadomości zainteresowanych ogłoszeniem w prasie.

Gültigkeit. — Dieser Passierschein, der als Paß dient, aber nicht mit einem Sichtvermerk der französischen Konsularbehörden versehen zu sein braucht, berechtigt zur Einreise in Oberschlesien nur im Laufe von 12 Tagen, die dem ~~zweiten~~ Abstimmungstage vorangehen. Das Datum dieses ~~ben~~ wird den Interessenten durch die Presse rechtzeitig bekannt gemacht werden.

1 Nazwisko / Name: Schwingel
2 Imiona / Vornamen: Paul
3 Nazwisko panieńskie dla kobiet zamężnych lub wdów / Mädchenname für verheiratete oder verwitwete Frauen:
4 Urodzony (a) / Geboren am: 4. August 1873.
5 Zawód / Beruf: Kaufmann
6 Adres obecny / Jetzige Adresse: Siegen Plamperstr. 19

Podpis uprawnionego / Unterschrift des Stimmberechtigten: Paul Schwingel

Uprawniony do głosowania powinien tu umieścić swój podpis jeszcze przed przybyciem na Górny Śląsk.
Der Stimmberechtigte hat vor der Einreise in Oberschlesien seine Unterschrift hierher zu setzen.

Jest wpisany do listy głosujących / ist eingetragen in der Stimmliste — Gminy / der Gemeinde — Obszaru dworskiego / des Gutsbezirkes: Deutsch-Rasselwitz
Powiat / Kreis: Neustadt
i powinien (na) głosować w obwodzie głosowania nr. / und hat in der Wahlabteilung Nr: I — gdzie jest wpisany / abzustimmen
sany (a) pod nr. / wo er (sie) unter der Nr.: 77 — eingetragen ist

Deutsch-Rasselwitz, dnia / den 27. Febr. 1921

Za Komitet Parytetyczny:
Für den paritätischen Ausschuß:

Przewodniczący: / Der Vorsitzende: P. Schwingel — Podpis / Unterschrift
Zastępca Przewodniczącego: / Der stellvertretende Vorsitzende: A. Tomala — Podpis / Unterschrift

Wizy. — Sichtvermerke.
1: Kontrolle bei der Einreise in Oberschlesien — C. G. — PLÉBISCITE
2: Kontrola Biura głosowania / Kontrolle des Wahlbüros — abgestimmt
3:

Abb. 38: Die Abstimmungsberechtigten zur Volksabstimmung in Oberschlesien am 20. März 1921 wurden von der Interalliierten Regierungs- und Plebiszitkommission in vier Kategorien eingeteilt. Zur Kategorie B gehörten diejenigen, die im Abstimmungsgebiet geboren wurden, dort aber nicht mehr wohnten. Das Bild zeigt den zugleich als Wahlkarte geltenden Passierschein eines aus Siegen angereisten Oberschlesiers, der in die Stimmliste der Gemeinde Deutsch Rasselwitz im Kreis Neustadt O. S. eingetragen wurde.

erlangen. Da bei der letzten Volkszählung im Jahre 1910 in ganz Oberschlesien nur 40% Deutsch, 53% dagegen Polnisch als Muttersprache angegeben hatten, sprachen sich 1921 auch viele polnischsprachige Oberschlesier für den Verbleib bei Deutschland aus.

Tabelle 8: Ergebnis des Plebiszits in Oberschlesien am 20. März 1921 in den einzelnen Wahlkreisen[27]:

Kreis	Stimm-berechtigte	abgegebene Stimmen			
		deutsch	polnisch	deutsch	polnisch
1. Beuthen O. S. Stadt u. Land	152553	73531	73055	50,2%	49,8%
2. Cosel	49310	36356	12221	74,9%	25,1%
3. Gleiwitz Stadt u. Land	88885	53077	35510	59,9%	40,1%
4. Groß Strehlitz	46437	22390	23023	49,3%	50,7%
5. Hindenburg	88605	45222	43282	51,0%	49,0%
6. Kattowitz Stadt u. Land	150631	75617	69964	52,0%	48,0%
7. Königshütte Stadt	44052	31848	10764	74,8%	25,2%
8. Kreuzburg O. S. einschl. Namslau	46177	43346	1779	96,0%	4,0%
9. Leobschütz	66000	65128	256	99,6%	0,4%
10. Lublinitz	29818	15478	13675	53,2%	46,8%
11. Neustadt O. S. (Oberglogau)	38190	32722	4476	88,0%	12,0%
12. Oppeln Stadt u. Land	105553	77031	25827	74,9%	25,1%
13. Pleß	72256	18670	53372	25,9%	74,1%
14. Ratibor Stadt u. Land	71063	48277	20630	70,0%	30,0%
15. Rosenberg	35976	23861	11147	68,2%	31,8%
16. Rybnik	82045	27924	52332	34,8%	65,2%
17. Tarnowitz	45613	17076	27507	38,3%	61,7%
	1213164	707554	478820	59,7%	40,3%

Das Abstimmungsergebnis, das sowohl von Deutschen und Polen als auch von den Alliierten unterschiedlich interpretiert wurde, löste einen heftigen Konflikt um die künftige Grenzziehung aus. In ungenauer Auslegung des Versailler Vertrags (Art. 88) ging die deutsche Seite irrtümlich davon aus, daß das gesamte Abstimmungsgebiet ungeteilt beim Reich bleiben müsse. Die polnische Seite, die sich in zentralen Fragen mit der französischen Regierung einig wußte, beanspruchte dagegen zwei Drittel des Abstimmungsgebietes einschließlich des gesamten Montanreviers. Unter den Alliierten lebten ältere Gegensätze wieder auf, die sich schon vor der Festsetzung des Plebiszits gezeigt hatten. Während Frankreich seine polenfreundliche Haltung aufrechterhielt und die überdehnten territorialen Forderungen Korfantys unterstützte, nahmen England und Italien eine gemäßigte Position ein und billigten Polen lediglich den östlichen Streifen der Kreise Kattowitz, Tarnowitz, Lublinitz und Rosenberg sowie die Kreise Pleß und Rybnik mit ihrer starken polnischen Mehrheit zu[28].

Die polnische Nationalbewegung nutzte die Unsicherheit der folgenden Wochen, um durch Propaganda und Provokation das deutsche Lager zu verunsichern und Teile des von ihr beanspruchten Gebietes gewaltsam einzunehmen. Auf diese Weise sollte ein nicht mehr revidierbares fait accompli für die Beratungen der Interalliierten Kommission über die künftige deutsch-polnische Grenze in Oberschlesien geschaffen werden. Ende März rief Korfanty seine Landsleute zum offenen Kampf für ein polnisches Oberschlesien auf. Erneut erhielt er Beistand von seiten der Franzosen, die einen Monat später die militärische Grenzsicherung vor dem Industrierevier zurücknahmen.

Der von Korfantys Truppen am 3. Mai 1921, dem polnischen Nationalfeiertag, entfesselte dritte Aufstand führte zu erbitterten Kämpfen mit deutschen Selbstschutzverbänden[29]. Der italienische General de Marinis, der Stellvertreter des Ende April nach Paris abgereisten Präsidenten der Interalliierten Kommission, hatte zwar sofort den Ausnahmezustand verhängt. Die französischen Besatzungstruppen taten jedoch – im Gegensatz zu den italienischen – nichts, um den Vormarsch der aus Polen unterstützten Truppen Korfantys aufzuhalten und die deutsche Bevölkerung zu schützen. Die deutschen Selbstschutzformationen, die unter Führung des in Pleß geborenen Generalleutnants Karl Hoefer standen, sahen sich daher auf sich selbst gestellt[30]. Zum entscheidenen Gefecht kam es am 21. Mai 1921, als die deutschen Verbände den St. Annaberg erstürmten und den Polen eine empfindliche Niederlage bereiteten. Erst nach dem zögernden Eingreifen der Interalliierten Kommission und dem Aufmarsch britischer Truppen im Juni zogen sich sowohl die deutschen als auch die polnischen Verbände zurück[31].

Da sich die Interalliierte Kommission auch nach fünf Monaten nicht auf eine Teilungsgrenze geeinigt hatte, wurde auf Vorschlag Frankreichs Mitte August der Völkerbund in Genf angerufen. Dessen Empfehlungen folgend, nahm der Botschafterrat der alliierten Siegermächte am 20. Oktober 1921 eine Aufteilung Oberschlesiens vor. Die lokalen Abstimmungsergebnisse wurden zwar berücksichtigt, doch erfolgte die Teilung in erster Linie nach wirtschaftlichen Gesichtspunkten. Polen erhielt eine Fläche von 3213 qkm mit rund 1 Million Einwohner: die Kreise Pleß, Kattowitz und Königshütte, den größten Teil der Kreise Tarnowitz, Beuthen O. S. und Rybnik sowie die südlichen Teile der Kreise Hindenburg, Lublinitz und Ratibor. Dieses Gebiet wurde mit dem Ostteil des Teschener Schlesiens zur polnischen Wojewodschaft Schlesien mit Verwaltungssitz in Kattowitz zusammengefaßt. Deutschland wurden zwei Drittel des Abstimmungsgebietes und 58% der Bewohner zugesprochen, allerdings lagen im polnischen Teil 85% aller Kohlevorräte und 75% der Industrieanlagen[32].

Da durch die Teilung Oberschlesiens wichtige Industriegebiete auseinandergerissen wurden und auf beiden Seiten beträchtliche Minderheiten verblieben, stellte der Völkerbund Grundsätze auf, um im Interesse Deutschlands wie Polens die Fortdauer des Wirtschaftslebens und den Schutz der jeweiligen Minderheiten zu gewährleisten. In Ausführung dieser Grundsätze schlossen beide Staaten am 15. Mai 1922 die *Genfer Konvention*, deren insgesamt 606 Artikel neben zahlreichen verwaltungs-, wirtschafts- und verkehrstechnischen Erleichterungen auch die Einrichtung eines Minderheitenamtes in Oppeln bzw. in Kattowitz vorsahen[33]. Zur Überwachung dieses Abkommens, das am 15. Juni 1922 in Kraft trat und 15 Jahre gelten sollte, wurden eine deutsch-polnische *Gemischte Kommission* in Kattowitz sowie ein *Schiedsgericht* in Beuthen O. S. ins Leben gerufen. Zum Präsidenten der Gemischten Kommission wurde der ehemalige Schweizer Bundespräsident Felix Calonder, zum Präsidenten des Schiedsgerichts der belgische Jurist Georges Kaeckenbeeck ernannt[34].

d) Vom Kapp-Lüttwitz-Putsch bis zum Ende der Ära Stresemann: Schlesien in der Weimarer Republik

Die Weimarer Republik war in der ersten Phase ihres Bestehens bis 1923 einer doppelten Belastung ausgesetzt: innenpolitisch dem Druck der verfassungsfeindlichen Opposition von links und von rechts, außenpolitisch den mit dem Versailler Vertrag verknüpften finanziellen und wirtschaftlichen Verpflichtungen. Das »Schanddiktat von Versailles«, wie der Friedensvertrag in der Bevölkerung allgemein empfunden wurde, gab einseitig Deutschland und dessen Verbündeten die Kriegsschuld. Als Symbol der Niederlage prägten sich die territorialen Verluste im Osten und damit der Verzicht auf eine der wichtigsten Kornkammern Deutschlands und auf ein vielversprechendes industrielles Entwicklungsgebiet tief in das deutsche Nationalbewußtsein ein[35].

Neben dieser Belastung gefährdeten in den ersten Jahren nach dem Zusammenbruch des Kaiserreichs Putsche, politische Morde und die ungeklärte Stellung von Reichswehr und Wehrverbänden eine innere Konsolidierung der Weimarer Republik. Am ersten Umsturzversuch gegen den Weimarer Staat, dem Kapp-Lüttwitz-Putsch, hatte der 1859 in Bodland im Kreis Kreuzburg O. S. geborene Walther Freiherr von Lüttwitz[36] maßgeblichen Anteil. Unter seiner Führung als Oberbefehlshaber des Reichswehr-Gruppenkommandos I standen die Marinebrigade Ehrhardt und einige andere Freiwilligenformationen, die am Vormittag des 13. März 1920 das Berliner Regierungsviertel besetzten und den Mitbegründer der Deutschen Vaterlandspartei Wolfgang Kapp zum Kanzler einsetzten. Dieser bildete eine provisorische Regierung, in der von Lüttwitz als Wehrminister und Traugott von Jagow – er war in den Jahren 1916 bis 1918 Regierungspräsident von Breslau gewesen – als Innenminister vorgesehen waren[37].

Der von Gewerkschaften und Regierung verkündete Generalstreik wurde auch in Schlesien ausgerufen; schon in den Mittagsstunden standen in Breslau die Straßenbahnen still. Der Kommandierende General von Friedeburg, der den Putschisten in Berlin den Gehorsam verweigerte, wurde nach dem Eintreffen größerer Trupppenverbände durch General von Schmettow ersetzt. Der niederschlesische Oberpräsident Felix Philipp wurde verhaftet, an dessen Stelle trat der deutschnationale Landtagsabgeordnete Kurt von Kessel. Am 17. März konnte der Breslauer Regierungspräsident Wolfgang Jaenicke, der zwei Tage zuvor durch eine Depesche seines Amtsvorgängers von Jagow über seinen Abschied informiert worden war, durch einen Aufruf den kläglichen Zusammenbruch der Kapp-Lüttwitz-Regierung melden[38]. Von Lüttwitz, der sich nach dem Scheitern des Putsches ins Ausland begeben hatte, dann aber nach einer 1925 verfügten Amnestie nach Schlesien zurückkehrt war, starb am 20. September 1942 in Breslau.

Erst in der zweiten Phase der Weimarer Republik, in den Jahren 1924 bis 1929, zeichnete sich aufgrund der vorläufigen Regelung der Reparationsfrage im Dawes-Plan und der Stabilisierung der Finanzen eine innere Festigung des Staates ab. Auch in Niederschlesien und in Oberschlesien begann mit dem Gesetz vom 25. Juli 1923 über die Gleichberechtigung beider Provinzen ein neuer Zeitabschnitt, der durch einen spürbaren Aufschwung der Wirtschaft und eine konstruktive Zusammenarbeit der Parteien gekennzeichnet war.

In der Provinz Niederschlesien folgte den sozialdemokratischen Oberpräsidenten Hermann Zimmer (1920–1928) und Hermann Lüdemann (1928–1932) Anfang Oktober 1932 mit Friedrich Graf von Degenfeld-Schonburg (1932–1933) ein Deutschnationaler. Im Hinblick auf die Besetzung der Oberpräsidenten und Landräte war die Provinz Niederschlesien mit ihren zwei Regierungsbezirken Breslau und Liegnitz eine Hochburg der SPD; Landräte der Deutschnationalen Volkspartei (DNVP) wurden nur in den agrarisch geprägten Landkreisen rechts der Oder und im nördlichen Schlesien zugelassen[39].

Die Provinz Oberschlesien, die sich nach dem »Gesetz über die Neuordnung der kommunalen Verwaltung und Verfassung von Gemeinden und Kreisen der Provinz Oberschlesien« vom 5. Januar 1927 in sechs Stadt- und 14 Landkreise gliederte, hatte nach der Teilung des Plebiszitgebietes 1921 noch knapp 1,4 Millionen Einwohner. Bis zur erneuten Zusammenlegung beider Provinzen zum 1. April 1938 war Oppeln Sitz der oberschlesischen Provinzialverwaltung. Am 3. September 1922 hatte die Bevölkerung über die staatsrechtliche Frage entschieden, ob Oberschlesien eine preußische Provinz bleiben oder ein selbständiges Land des Deutschen Reiches werden sollte. Bei der Abstimmung, an der 74% der Stimmberech-

tigten teilgenommen hatten, wurden 513126 (= 91,1%) Stimmen für, 50400 (= 8,9%) gegen ein Verbleiben im preußischen Staatsverband gezählt[40]. Das Abstimmungsergebnis war in erster Linie der klaren Stellungnahme der Katholischen Volkspartei, des Zentrums, zu verdanken.
Dem ersten kommissarischen Oberpräsidenten der Provinz Oberschlesien, Joseph Bitta, folgten an der Verwaltungsspitze der von der Katholischen Volkspartei klar beherrschten zweitkleinsten preußischen Provinz mit Alfons Proske (1923–1929) und Hans Lukaschek (1929–1933) abermals zwei gebürtige Schlesier. Beide machten sich vor allem um die Eingliederung von gut 90000 aus Ostoberschlesien abgewanderten Landsleuten, die Sicherung des Minderheitenschutzes und die Neuordnung des Verkehrswesens an der neuen deutsch-polnischen Grenze verdient[41]. Das umsichtige Wirken von Proske und Lukaschek, die Besetzung zahlreicher Beamtenstellen mit einheimischen Katholiken und das Engagement des seit 1914 amtierenden Breslauer Bischofs Adolf Bertram trugen dazu bei, daß die nationale Frage in dem bei Deutschland verbliebenen westlichen Teil Oberschlesiens stark an Bedeutung verlor; einen polnischen Reichstagsabgeordneten aus Oberschlesien hat es nach dem Jahre 1918 nicht mehr gegeben[42]. Hatten die polnischen Parteien bei der Reichstagswahl 1922 noch 51437 (10,1%) Stimmen erhalten, so gingen diese bis zum November 1932 auf 12098 (1,8%) zurück.
Bei den Reichstagswahlen von 1919 bis 1932 lassen sich in Schlesien deutliche Unterschiede zwischen beiden Provinzen beobachten. Während in Oberschlesien das Zentrum (Katholische Volkspartei) zwar einen Einbruch erlitt, seine Stellung als größte und einflußreichste Partei bis zum Ende der Weimarer Republik aber zu halten vermochte (1919: 48,8%; November 1932: 35,9%), fiel dessen Stimmenanteil im Regierungsbezirk Breslau – im Regierungsbezirk Liegnitz hatte das Zentrum nie eine große Rolle gespielt – von 20,9% (1919) auf 15,9% (1930) zurück. In den beiden niederschlesischen Regierungsbezirken dominierte dagegen die SPD – in Oberschlesien lag sie meist unter 10% –, die seit ihrem Zusammenschluß mit dem Rest der Unabhängigen Sozialdemokratischen Partei (USPD) im September 1922 stets ein Viertel der Wählerstimmen auf sich ziehen konnte[43].
Unter den bürgerlichen Parteien, der Deutschnationalen Volkspartei (DNVP), der Deutschen Demokratischen Partei (DDP) und der Deutschen Volkspartei (DVP), kam in Niederschlesien allein der von Alexander (Axel) Freiherr von Freytag-Loringhoven geführten DNVP noch eine gewisse Bedeutung zu. Diese hatte schon bei den Wahlen zur Weimarer Nationalversammlung im Jahre 1919 15,3% (Breslau) bzw. 13,6% (Liegnitz) erreicht. Im Regierungsbezirk Liegnitz erreichte sie im Mai 1924 mit 182814 Stimmen (29,9%), im Regierungsbezirk Breslau während der nachfolgenden Dezemberwahlen mit 227288 Stimmen (28,8%) ihren Höhepunkt. Auch in Oberschlesien vermochte sie ihren Stimmenanteil von 7,2% (1919) bis auf 21,8% (Dezember 1924) zu erhöhen. Während die Kommunistische Partei Deutschlands (KPD) 1928 immerhin über 140000 Stimmen in Schlesien erhielt, fielen auf die Nationalsozialistische Deutsche Arbeiterpartei (NSDAP) nicht einmal 25000 Stimmen. Die relative Stabilität der innenpolitischen Verhältnisse Schlesiens bis zum Ausbruch der Weltwirtschaftskrise, die sich in den Ergebnissen der Reichstagswahlen widerspiegelt, beruhte hauptsächlich auf der Stärke der SPD in den beiden niederschlesischen Regierungsbezirken sowie der des Zentrums in Oberschlesien[44].
In der Außenpolitik der Weimarer Republik, die von 1923 bis 1929 von Gustav Stresemann geleitet wurde, bildete die Revision der deutschen Ostgrenze eine feste Größe. In seiner auf die Wiederherstellung der politischen und wirtschaftlichen Machtstellung Deutschlands ausgerichteten Sicherheitspolitik gelang es Stresemann in den am 16. Oktober 1925 in Locarno paraphierten Verträgen, die Garantie des territorialen Status quo auf die Westgrenze Deutschlands zu beschränken. Entgegen den von Frankreich unterstützten polni-

schen Forderungen verzichtete Deutschland nicht auf eine künftige Revision der Ostgrenze mit friedlichen Mitteln (»Ostlocarno«)[45]. Durch diesen Erfolg der deutschen Außenpolitik und durch die anschließenden Unstimmigkeiten zwischen Paris und Warschau war nach Stresemanns Auffassung eine günstige Vorbedingung geschaffen worden, um eine Korrektur des Versailler Vertrags in der Frage Danzigs, des Polnischen Korridors und Oberschlesiens auf dem Wege der Verständigung umzusetzen. Ein Ziel der Locarno-Politik lag für den deutschen Reichsaußenminister, wie er am 14. Dezember 1925 vor der *Arbeitsgemeinschaft deutscher Landsmannschaften in Groß-Berlin* ausführte, in der Möglichkeit der Wiedergewinnung deutschen Landes im Osten[46].
Trotz des zweiseitigen Minderheitenschutzvertrages, den Deutschland 1922 nach der Teilung Oberschlesiens mit Polen geschlossen hatte, wurde die deutsche Minderheit in den an Polen gefallenen Gebieten immer wieder zum Auslöser heftiger Auseinandersetzungen zwischen Berlin und Warschau. Denn ebensowenig wie die deutsche Regierung auf eine Grenzrevision im Osten verzichtete, war Polen zu Zugeständnissen gegenüber der deutschen Minderheit bereit[47].
Auf eine Erklärung des polnischen Außenministers Zaleski über die Frage von Minderheitsschulen in Oberschlesien bei der Tagung des Völkerbundsrates in Lugano am 16. Dezember 1928 antwortete sein deutscher Kollege, wiederholt mit der Faust auf den Tisch schlagend: »Warum wird im Zusammenhang mit reinen Schulfragen eine Diskussion über die wirtschaftliche Entwicklung Oberschlesiens verquickt?... Soll ich Ihnen antworten, daß heute noch die oberschlesischen Hüttenwerke überall von Deutschen geleitet werden? Und daß Sie aus der Zusammenarbeit mit der deutschen Intelligenz Vorteil ziehen? Muß ich Ihnen antworten, daß Sie nie imstande gewesen wären, auf eigene Faust die Entwickelung zu erreichen, von der Sie gesprochen haben? Warum werfen Sie alle diese Fragen auf? Haben Sie die Absicht, alte Wunden wieder aufzureißen? Wollen Sie gegen Deutschland polemisieren, indem Sie auf die herrlichen Fortschritte hinweisen, die unter polnischer Herrschaft die Entwickelung Oberschlesien gebracht hat?«[48]

e) Der Aufstieg der NSDAP

Stresemann starb am 3. Oktober 1929. Sein Tod bedeutete für Deutschland, das in der Weltwirtschaftskrise einer neuen innen- und außenpolitischen Belastungsprobe entgegenging, einen schweren Verlust. Bei den in der Inflation von 1923 sozial deklassierten Mittelschichten und den Arbeitslosen, deren Zahl von etwa einer halben Million (1927) auf über drei Millionen (Winter 1929/30) rapide angestiegen war, förderte die Weltwirtschaftskrise eine radikale Mentalität. Auch in Schlesien erhöhte sie die Aufnahmebereitschaft für die Ideologie eines revolutionären Marxismus auf der einen und die eines revolutionären Nationalismus auf der anderen Seite. Vor allem die NSDAP errang in Schlesien überdurchschnittliche Wahlerfolge, die sich jedoch nur zum Teil auf die schwierige wirtschaftliche Lage des von Zollgrenzen umgebenen Oderlandes zurückführen lassen.
Hatte die NSDAP bei der Reichstagswahl am 20. Mai 1928 in Schlesien noch nicht einmal 25000 Stimmen erhalten, so liefen ihr nur wenig später die Wähler massenhaft zu. Bei der nächsten Reichstagswahl am 14. September 1930, die in der Geschichte der Weimarer Republik zu einem Wendepunkt wurde, gelang ihr in den niederschlesischen Regierungsbezirken Breslau und Liegnitz – hier erreichte sie 259334 (24,2%) bzw. 142216 Stimmen (20,9%) – ein Einbruch in die Deutschnationale Festung; in Oberschlesien dagegen erhielt die NSDAP 1930 zunächst nur 63598 Stimmen (9,5%), da hier die Radikalisierung innerhalb der Arbeiterschaft der KPD zugute kam, die ihre Stellung mit 71724 Stimmen auf 12,7%

auszubauen vermochte. Lagen die niederschlesischen Regierungsbezirke mit ihrem Stimmenanteil für die NSDAP weit über dem Reichsdurchschnitt, so lag Oberschlesien weit darunter[49]. Unter den bekanntesten Abgeordneten aus Niederschlesien waren Helmuth Brückner, der die NSDAP am 15. März 1925 in Breslau gegründet hatte, und Hans Frank, der spätere Chef des nach Beendigung des Polenfeldzugs errichteten Generalgouvernements.

Der Erfolg der NSDAP bei den Reichstagswahlen vom 31. Juli 1932 fiel in Nieder- und Oberschlesien noch deutlicher aus als in anderen Provinzen. Eine rücksichtslose Agitation und ein brutaler Kampfstil ließen sie mit 43,5% bzw. 48,8% in den Regierungsbezirken Breslau und Liegnitz zur stärksten politischen Kraft werden; in Oberschlesien vermochte sie ihren Stimmenanteil von 9,5% auf 29,2% mehr als zu verdreifachen[50]. Die Wahlen vom 6. November 1932 brachten der NSDAP zwar auch in Schlesien geringe Stimmenverluste, doch konnten sie weder an deren weiterem Aufstieg noch an dem autoritären Einbruch in die Weimarer Verfassung etwas ändern[51]. Das Versagen der demokratischen Parteien machte den Weg frei für Adolf Hitler, der nach der Unterstützung durch führende Vertreter von Wirtschaft und Industrie am 30. Januar 1933 zum Kanzler eines »Kabinetts der nationalen Erhebung« ernannt wurde.

f) Machtübernahme Hitlers und Gleichschaltung der Gesellschaft

Die Koalitionsregierung der »Nationalen Erhebung«, die von Reichspräsident Hindenburg mit Hitler als Reichskanzler vereidigt wurde, war sich in der Ausschaltung des Parlamentarismus und der dauerhaften Etablierung einer autoritären Regierung ebenso einig wie in dem Willen, die Kommunisten und möglichst auch die Sozialdemokraten gänzlich vom politischen Leben auszuschalten. Die Hoffnung der national-konservativen Koalitionspartner, die Nationalsozialisten durch die Art der Ämterverteilung wirkungsvoll »eingerahmt« zu haben, erwies sich jedoch schon nach wenigen Wochen als Illusion. Der Auflösung des Reichstags am 1. Februar folgte rasch eine Reihe von Notverordnungen, welche die Grundrechte außer Kraft setzten und die Basis für die Errichtung des nationalsozialistischen Terrorsystems schufen. Damit wurde die Gleichschaltung aller staatlichen, gesellschaftlichen und wirtschaftlichen Institutionen und Organisationen eingeleitet mit der Folge, daß noch vor dem am 23. März 1933 verabschiedeten »Gesetz zur Behebung der Not von Volk und Reich« (Ermächtigungsgesetz) faktisch die Alleinherrschaft der NSDAP begründet worden war.

Die Reichstagswahlen vom 5. März 1933, die der Koalitionsregierung die beabsichtigte plebiszitäre Legitimation erbrachten, fanden bereits unter den Bedingungen eines weitgehenden Ausnahmezustandes statt. Trotz des großen Propagandavorteils und der gewaltsamen Unterdrückung gegnerischer Parteien erreichte die NSDAP in den insgesamt 35 Reichswahlkreisen bei einer Rekord-Wahlbeteiligung von über 88% nur 43,9% der Stimmen. Hohe Wahlgewinne vermochte sie erneut vor allem in den agrarischen Provinzen Nord- und Ostdeutschlands zu erzielen. Zu den sieben Reichswahlkreisen, in denen die NSDAP sogar die absolute Mehrheit erzielen konnte, zählten Liegnitz (54,0%) und Breslau (50,2%). Oberschlesien lag dagegen mit 43,2% knapp unter dem Reichsdurchschnitt[52].

An der Spitze der preußischen Provinzen wurden überwiegend Gauleiter der NSDAP oder SA-Gruppenführer als neue Oberpräsidenten eingesetzt. In Niederschlesien wurden am 25. März 1933 Helmuth Brückner – er hatte in Schlesien als erster Gauleiter der NSDAP gewirkt – zum Oberpräsidenten und der durch seine Brutalität berüchtigte SA-Obergruppenführer Edmund Heines zum Polizeipräsidenten von Breslau ernannt. Auch die anderen

Polizeipräsidien, das zweite für Niederschlesien in Waldenburg sowie die beiden für Oberschlesien in Gleiwitz und Oppeln, wurden unmittelbar mit Nationalsozialisten besetzt. Der oberschlesische Oberpräsident Hans Lukaschek wurde einige Wochen später vom preußischen Innenministerium gegen Arthur Schmidt, den bisherigen Leiter des Finanzamts Reichenbach, ausgewechselt. Ähnlich lagen in beiden Provinzen die Verhältnisse auf kommunaler Ebene: Von den insgesamt 48 Landräten entgingen der nationalsozialistischen Gleichschaltung nur drei, Otto Fiebrantz (Landeshut), Detlev von Reinersdorff-Paczensky und Tenczin (Groß Wartenberg) sowie Maximilian Sell (Strehlen); in den 14 schlesischen Stadtkreisen wurden sogar sämtliche Oberbürgermeister ausgewechselt. In Schlesien war die Gleichschaltung im Grunde schon Ende März 1933 besiegelt; im September waren alle wichtigen Verwaltungsposten mit linientreuen Parteigenossen besetzt[53].

Gleichzeitig mit der Vereinheitlichung sämtlicher politisch und gesellschaftlich relevanten Bereiche setzten die Nationalsozialisten alle Hebel in Bewegung, um die verfassungsrechtliche Souveränität der Länder zu beseitigen. Denn deren institutionelle Eigenständigkeit stellte rein theoretisch das stärkste Hindernis für die Errichtung einer zentralistischen Diktatur in Deutschland dar. Das erste Gleichschaltungsgesetz vom 31. März 1933 schrieb zugunsten der Nationalsozialisten die Neubildung der Landtage nach der Verteilung der bei den Wahlen vom 5. März auf die einzelnen Parteien entfallenen Stimmen vor. Das zweite Gleichschaltungsgesetz vom 7. April entwertete die Souveränität der Länder weiter dadurch, daß deren eigentliche Repräsentanten künftig insgesamt zehn zu ernennende Reichsstatthalter sein sollten. Die Ausübung der Rechte des Reichsstatthalters in den preußischen Provinzen übertrug Hitler am 25. April Hermann Göring, der zwei Wochen zuvor zum preußischen Ministerpräsidenten (und Innenminister) bestellt worden war.

Das zweite Gleichschaltungsgesetz stand bereits im Zusammenhang mit den Bemühungen Hitlers, die SA- und Parteirevolution zu drosseln, die Eigenwilligkeit einzelner Parteigrößen zu bremsen und den Gefahren einer partikularen Machtbildung entgegenzuwirken. Eine direkte Konfrontation drohte insbesondere in München, wo die Leitung der Parteiorganisation, der SA und der SS ihren Sitz hatte. Von Bayern aus verfolgte der Reichsminister ohne Geschäftsbereich und Stabschef der SA Ernst Röhm das ehrgeizige Ziel, mit Hilfe seines binnen weniger Monate auf über zwei Millionen Mitglieder angewachsenen Kampfverbandes ein vom staatlichen Herrschaftssystem unabhängiges Machtinstrument zu erhalten.

Im Laufe des Juni 1934 hatten sich die Beziehungen zwischen SA und Reichswehr jedoch zunächst in Schlesien scharf zugespitzt. Die Reichswehr lag in Alarmbereitschaft gegen eine angebliche Verschwörung der SA, die SA rechnete jeden Tag mit einem Handstreich der Reichswehr. Um den 24. Juni erhielt der Kommandeur der Reichswehr in Schlesien Ewald von Kleist in Breslau vom Chef der Heeresleitung Werner von Fritsch die Warnung, daß ein Angriff der SA unmittelbar bevorstehe. Der Breslauer Polizeipräsident und SA-Obergruppenführer Edmund Heines, der nächste Vertraute von Röhm, rechtfertigte die Maßnahmen der SA als notwendige Schutzvorkehrungen. Seit dem 29. Juni wußten beide Seiten, daß die Reichswehr nicht nur in Schlesien, sondern im ganzen Reich gegen einen SA-Putsch abwehrbereit sei[54]. In Wahrheit war die wechselseitige fieberhafte Vorbereitungstätigkeit Bestandteil einer von Göring und Himmler vorsätzlich inszenierten Krise, die Hitler zum Handeln gegen Röhm und die SA-Führung bewegen sollte[55].

Die angeblichen Putschpläne Röhms nahm Hitler daraufhin am 30. Juni 1934 zum Anlaß, um nicht nur den Stabschef der SA und den größeren Teil der höheren SA-Führerschaft, sondern auch zahlreiche politische Gegner, die in keiner Verbindung zu den Vorgängen standen, ermorden zu lassen. Die Blutopfer waren in Schlesien besonders hoch, da man hier neben Bayern ein zweites Machtzentrum der SA vermutete. Dem von der Staatsführung organisierten dreitägigen Morden fielen in Schlesien u. a. die Polizeipräsidenten von Breslau und Gleiwitz, Edmund Heines und Hans Ramshorn, der Freikorpskämpfer und SA-Gruppenführer Peter von Heydebreck sowie die SA-Angehörigen Karl Belding, Alois Bittmann, Kurt Engelhardt, Oskar Heines, Karl Lipinsky, Otto Stucken und Karl von Wechmar zum Opfer[56].

In der Öffentlichkeit wurde die SA-Führung als ein Ring von Homosexuellen dargestellt, deren sittenverderbende Umtriebe Hitler zunichte gemacht habe. Mit diesem Druckmittel konnte SS-Oberführer Udo von Woyrsch, der im Juni maßgeblich an dem Blutbad in Schlesien beteiligt gewesen war, noch einige Monate später einen bedeutenden Erfolg erzielen: Unter dem Vorwand der Homosexualität wurde im Dezember 1934 der Breslauer Oberpräsident Helmuth Brückner seines Amtes enthoben, aus der NSDAP ausgeschlossen und aus der Provinz verwiesen. An dessen Stelle trat Josef Wagner, der sich in der Vergangenheit als Parteifunktionär in Westfalen bewährt hatte[57]. Hitler ging gestärkt aus der Mordaktion hervor, die vom Reichskabinett am 3. Juli als »Staatsnotwehr« für rechtens erklärt wurde. Er hatte sich vor allem die Loyalität der Reichswehr gesichert, ohne die er kaum die Befugnisse des Reichspräsidenten – seit Juni war bekannt, daß Hindenburg nur noch wenige Wochen zu leben hatte – und damit die oberste Befehlsgewalt über die Reichswehr erlangt hätte. Macht und Gewalt hatten sich unwiderruflich miteinander verbunden.

g) Die Konsolidierung der nationalsozialistischen Herrschaft in Schlesien

Im Zusammenhang mit den Ereignissen vom 30. Juni 1934 wurde die SS aus ihrer bisherigen Unterstellung unter die SA herausgelöst und gleichzeitig zu einer selbständigen, Hitler unmittelbar unterstehenden Organisation im Rahmen der NSDAP. Seit dieser Zeit unterlag die Leitung und Verwaltung der Konzentrationslager, die nun planmäßig ausgebaut wurden, allein der SS. Das Lagersystem war ein Strukturmerkmal der nationalsozialistischen Herrschaft, das während des Zweiten Weltkrieges darüber hinaus zu einem Instrument des Völkermordes wurde.

Schon im Frühjahr 1933 waren zahlreiche sogenannte wilde Lager für politische Häftlinge errichtet worden. In dieser Phase entstand auch das erste schlesische Konzentrationslager, das von SA-Obergruppenführer Heines in Dürrgoy, einem südlichen Stadtteil von Breslau, eingerichtet wurde. In dieses Konzentrationslager wurde im Sommer 1933 der sozialdemokratische Politiker Paul Löbe regelrecht entführt. Löbe hatte während seiner Amtszeit als Reichstagspräsident im Mai 1932 ausgerechnet den NSDAP-Abgeordneten Heines, der unterdessen zum Polizeipräsidenten von Breslau avanciert war, nach einer Schlägerei für mehrere Wochen des Reichstages verwiesen. Heines ließ Löbe seine Macht nun auf ganzer Linie spüren. Nur wenige Monate später wurde Breslau-Dürrgoy – ebenso wie andere wilde Konzentrationslager – aufgelöst[58].

Der aus Liegnitz gebürtige Löbe, der seit 1935 Kontakte zum Widerstandskreis um Carl Friedrich Goerdeler unterhielt, wurde nach dem Attentat auf Hitler am 20. Juli 1944 erneut inhaftiert. Er wurde nach Groß Rosen, ein 1940 im Kreis Schweidnitz errichtetes Konzentrationslager, gebracht. Die Häftlinge des zunächst für 3000 bis 7000, dann für maximal 20000 Insassen eingerichteten Lagers wurden in den benachbarten Granitsteinbrüchen eingesetzt. Die Zahl der Opfer von Groß Rosen wird auf etwa 100000 geschätzt[59]. In seinen 1949 veröffentlichten Lebenserinnerungen hat Paul Löbe, der sich nach dem Zweiten Weltkrieg weiterhin in der SPD betätigte, diese Erfahrungen in beiden schlesischen Konzentrationslagern dokumentiert[60].

Als Oberpräsidenten der Provinz Niederschlesien unterstanden Josef Wagner zugleich – mit Ausnahme der Schul- und der Minderheitenangelegenheiten – die Geschäfte des Oberpräsidenten der Provinz Oberschlesien, die seit dem 18. April 1934 von Breslau aus wahrgenommen wurden. Nach dem Auslaufen der Genfer Konvention, die 1922 auf 15 Jahre begrenzt worden war, wurden Nieder- und Oberschlesien zum 1. April März 1938 endgültig zu einer Provinz zusammengelegt[61].
Bis zum Ausbruch des Zweiten Weltkrieges gelang es Wagner, einen Großteil der auf slawische Wurzeln zurückgehenden Namen Schlesiens zu beseitigen. Bei dieser gewaltsamen Eindeutschung trat gemäß dem Grundsatz, »Deutsches Land soll auch Wohnstätten mit deutschen Namen tragen«, besonders der *Bund Deutscher Osten* (BDO) hervor. In einer ersten Phase zwischen 1933 und 1936 wurden zahlreiche slawische Ortsnamen eingedeutscht: aus Miechowitz wurde zum Beispiel Mechtal, aus Plawniowitz Flößingen, aus Stollarzowitz Stillersfeld. In einer zweiten Phase zwischen 1936 und 1937 wurden polnische Inschriften auf Denkmälern und Wegkreuzen, Namen von polnischen Institutionen sowie polnische Firmenschilder entfernt. In einer dritten Phase ab 1938 begann man schließlich, alle Bezeichnungen, in denen das Wort »Piast« vorkam, zu beseitigen. So wurden in Breslau etwa die *Piastenstraße* zur *Memellandstraße* und der *Piastenweg* zum *Stadttorweg*. Nach Ausbruch des Krieges 1939 wurde diese Eindeutschungspolitik weiter perfektioniert[62].
In Schlesien, wo die Arbeitslosigkeit zwischen 1933 und 1935 von 484 000 auf 154 000 gesenkt werden konnte, wurde Hitler noch stärker als in anderen Provinzen als Retter aus wirtschaftlicher Misere und nationaler Ohnmacht gesehen[63]. Gerade im Grenzland Schlesien, wo die konsequente Revisionspolitik Hitlers und sein in der Öffentlichkeit geschickt inszeniertes Streben nach außenpolitischer Gleichberechtigung Beifall fanden, nahm die Popularität des »Führers und Reichskanzlers« weiter zu[64]. Insofern stieß Wagner in der Landesverwaltung Schlesiens, die auch hier alle Elemente der nationalsozialistischen Terror- und Unterdrückungsherrschaft aufwies, nur auf geringe Widerstände[65].

h) Die rechtliche Sonderstellung der Juden in Oberschlesien

Der Prozeß der allmählichen Entrechtung des jüdischen Bevölkerungsteils Schlesiens, seine Verdrängung aus nahezu allen Berufsgruppen und Ausschaltung aus dem öffentlichen Leben, setzte nur wenige Monate nach der Machtübernahme Hitlers ein. Die beschämenden Vorgänge wurden von gewalttätigen Übergriffen nationalsozialistischer Organe und von Hetzkampagnen in der Parteipresse begleitet. Eine Ausnahme stellte die Lage der jüdischen Bevölkerung im früheren Abstimmungsgebiet des Regierungsbezirks Oppeln in den Jahren 1933 bis 1937 dar. Hier hatten die antijüdischen Gesetze und Verordnungen – insbesondere das Gesetz zur Wiederherstellung des Berufsbeamtentums vom 7. April 1933 und die Nürnberger Gesetze vom 15. September 1935 – bis zum Erlöschen der Genfer Konvention am 15. Juli 1937 keine Gültigkeit.
Die Führer der oberschlesischen Juden, Georg Weissmann und Arnold Wiener, hatten unmittelbar nach den ersten Übergriffen im Abstimmungsgebiet die Initiative ergriffen und sich an den Völkerbund in Genf gewandt. Tatsächlich wies der Völkerbundsrat die von der deutschen Regierung geäußerten Vorbehalte zurück. Ein Erlaß des Reichsjustizministers vom 22. Juli 1933 bestimmte daraufhin, daß die gesetzlich erlassenen Verwaltungsverordnungen bezüglich der Sonderbehandlung der Nichtarier im Abstimmungsgebiet keine Rechtskraft besäßen. In einem Schreiben der Staatspolizeistelle für den Regierungsbezirk Oppeln an die entsprechenden Verwaltungsbeamten wurde daran erinnert, »daß Gesetze

und Anordnungen, soweit sie Ausnahmebestimmungen für Personen nichtarischer Abstammung enthalten, dem Artikel 75 Abs. 2 des Genfer Abkommens zuwiderlaufen und daß diese daher im oberschlesischen Abstimmungsgebiet keine Geltung haben. Für die jüdische Minderheit im oberschlesischen Abstimmungsgebiet haben nur diejenigen gesetzlichen Bestimmungen Geltung, durch die eine unterschiedliche Behandlung gegenüber Nichtariern nicht vorgesehen ist. Soweit das Tragen von Uniformen, Anlegen von Abzeichen, Wanderungen, Ausflüge usw. für Jugendorganisationen allgemein einem Verbot nicht unterliegen, dürfen Beschränkungen gegenüber der jüdischen Minderheit nicht erfolgen«[66].

Trotz dieser eindeutigen Rechtslage kam es im Alltag immer wieder zu antijüdischen Ausschreitungen, die allerdings in Hinblick auf die systematisch betriebene Ausgrenzungspolitik in den anderen Provinzen vergleichsweise glimpflich verliefen. Arthur Kochmann, der Vorsitzende der Jüdischen Gemeinde in Gleiwitz, übermittelte dem Präsidenten der Gemischten Kommission Calonder insgesamt 148 Klagen, die eine Verletzung der Genfer Konvention bewiesen. Unmittelbar nach dem Auslaufen der Genfer Konvention wurden die nationalsozialistischen Rassengesetze auch in Oberschlesien angewendet[67].

DOKUMENT 9: Bericht über antijüdische Ausschreitungen in Oberschlesien im Juli 1935[68]*:*

»Der deutsche Stellvertreter bei der Gemischten Kommission und bei dem Schiedsgericht für Oberschlesien

St. V. Nr. 1190/35 — Beuthen O/S, den 26. Juli 1935

An das Reichsministerium des Innern, Berlin
Betr. Judenfeindliche Vorgänge in Beuthen O/S.

Präsident [Felix] Calonder liess mich heute zu einer Besprechung bitten, bei der er mir folgendes mitteilte:

Seit mehr als einem Jahr bemühte er sich, die gegen die jüdische Minderheit im deutschen Teil des ehemaligen Abstimmungsgebietes gerichteten Kundgebungen in Form von Hassgesängen und judenfeindlichen Veröffentlichungen zu unterbinden. Leider seien seine Bemühungen nicht erfolgreich gewesen. Die auf Grund seiner Vorstellungen erlassenen förmlichen Anordnungen des Herrn Oberpräsidenten in Breslau [Josef Wagner] würden bedauerlicherweise unbeachtet gelassen. Die Judenhetze sei trotzdem, insbesondere in Beuthen, dass er für das Zentrum der judenfeindlichen Bewegung halte, fortgesetzt und nähme schärfere Formen an. Beanstanden müsse er dabei vor allem das Verhalten der Angehörigen der SA. und SS, die er rechtlich ebenso wie staatliche Organe behandeln müsse, und das Auftreten der Polizeibeamten.

Die Vorgänge, die sich in letzter Zeit in Beuthen abgespielt hätten und ihm einstweilen mündlich unter Inaussichtstellung einer schriftlichen Beschwerde auf Grund des Art. 149 des Genfer Abkommens von einem Vertreter der jüdischen Minderheit mitgeteilt seien, gaben ihm Veranlassung, mich um sofortige nachdrückliche Intervention bei der Reichsregierung zu bitten.

Er sei überzeugt, dass schwere Verfehlungen bei Angehörigen der SA. vorlägen und dass auch die Polizeiorgane sich durch ihr passives Verhalten mitschuldig gemacht hätten. Im einzelnen sei ihm folgendes mitgeteilt [worden]:

1). Der stellvertretende Kreisleiter der NSDAP. in Beuthen, Pfeiffer, habe am 18. Juli in Beuthen verhetzende Veröffentlichungen über die judenfeindlichen Kundgebungen in Breslau und Dresden veranlasst. Auf Grund eines Ersuchens der jüdischen Minderheit habe die Regierung in Oppeln sofort interpelliert und die Beseitigung der Aushänge veranlasst.

2). Am 19. Juli habe der Propagandachef der NSDAP. Heinrich noch schlimmere Aushänge veranlasst, in denen u. a. den Rassenschändern mit dem Pranger gedroht worden sei. Auf erneute Vorstellungen der Juden habe die Regierung in Oppeln wiederum eingegriffen, aber nur mit dem Erfolge, dass die schlimmsten Aushänge beseitigt [worden] seien.

3). Wenige Tage nach diesen Vorgängen, die der Präsident als ›symptomatische Vorbereitung für die

kommende Aktion‹ bezeichnete, habe sich am 23. Juli in Beuthen folgender Vorfall abgespielt: Ein Jude namens Posener sei mit [einer] arischen Angestellten in einem Friseurladen verlobt. Vor wenigen Tagen sei die Trauung angemeldet worden. Am 23. Juli habe sich ein Trupp von Männern zu der Verlobten begeben und ihr unter rohen Misshandlungen die Haare abgeschnitten, den Kopf mit einer widerlichen Tinktur schwarz gefärbt und sie dann genötigt, mit einem Schilde, das schwer beleidigende, auf ihren Verkehr mit dem Juden verweisende Äusserungen enthielt, 20 Minuten lang durch die Strassen zu gehen. Der Trupp sei geführt [worden] von einem SA-Mann [Josef] Lietinski – den Namen hatte sich Präsident Calonder nach dem Gehör notiert. Während des 20 Minuten andauernden Zuges durch die Strassen habe kein Polizeibeamter eingegriffen. Das Mädchen sei dann zur Polizeidirektion Gleiwitz geschafft, zunächst in Haft behalten und am nächsten Tage wieder frei gelassen [worden]. Ich erwiderte dem Präsidenten, dass ich zu dem Vorfall vorläufig keine Stellung nehmen könnte, da mir amtliche Mitteilungen darüber noch nicht zugegangen seien. Er antwortete, dass er wegen der Einzelheiten die schriftliche Minderheitsbeschwerde abwarten wolle, aber schon heute eine offenbare Verletzung der Genfer Konvention für vorliegend erachte. Er sehe vor allem auch die Polizeiorgane als schuldig an, da sie offenbar sich völlig passiv verhalten hätten. Er habe mich sofort [zu ihm] bitten lassen, da er nach dem Vorgefallenen befürchten müsse, dass es zu weiteren ähnlichen Vorfällen komme. Er bitte mich dringend, die Reichsregierung sofort zu unterrichten und darauf hinzuwirken, dass zur Vermeidung weiterer ähnlicher Vorfälle unverzüglich mit Präventivmassnahmen eingegriffen würde. Für erforderlich halte er:
1. Eine öffentliche Erklärung des Herrn Oberpräsidenten, dass er gegen derartige Exzesse mit aller Strenge vorgehen werde.
2. Entsprechende Befehle an die Formationen der SA. und SS.
3. Scharfe Anweisungen an die Polizeiorgane, deren vollkommenes Versagen, wie der Präsident nochmals bemerkte, ihn am traurigsten stimme.

Präsident Calonder betonte, dass er überzeugt sei, dass man an leitender Stelle diese Vorgänge missbillige, er halte aber ein sofortiges energisches Einschreiten für geboten, um weitere Vorfälle ähnlicher Art zu vermeiden.

Die Vorgänge vom 23. 7. und 25. 7. sind auch von der ›Polska Zachodnia‹ in der im Ausschnitt beigefügten Notiz behandelt worden und von hier aus auch in die übrige polnische Presse übergegangen.

gez. Unterschrift«

Die antijüdische Politik der Nationalsozialisten eskalierte noch vor der Reichskristallnacht, als auf Befehl vom Chef der Geheimen Staatspolizei, Reinhard Heydrich, etwa 15000 bis 17000 Juden polnischer Staatsangehörigkeit in der Nacht vom 27. auf den 28. Oktober 1938 verhaftet und vertrieben wurden. Etwa 6000 Juden wurden dabei in der Nähe der offiziellen Grenzübergänge bei Bentschen und Beuthen O. S. in Schlesien über die Reichsgrenze nach Polen abgeschoben. Unter ihnen befanden sich auch die Familienangehörigen des siebzehnjährigen Herschel Grynspan, der daraufhin den Entschluß faßte, als Rache den deutschen Gesandten in Paris zu erschießen. Er erschoß jedoch am 7. November an dessen Stelle Ernst vom Rath, den Legationssekretär an der deutschen Botschaft[69].

Grynspans Tat wurde sofort vom Reichsminister für Volksaufklärung und Propaganda Joseph Goebbels aufgegriffen, um eine Krisensituation heraufzubeschwören. In allen Kommentaren deutscher Zeitungen sollte klargestellt werden, daß diese Ermordung ernste Konsequenzen für die jüdische Bevölkerung nach sich ziehen werde. Während der beispiellosen Zerstörungsaktion in der »Reichskristallnacht« vom 9. auf den 10. November 1938 wurden Synagogen vernichtet, etwa 7000 jüdische Geschäfte zerstört, Wohnungen geplündert, Schulen demoliert und zahlreiche Juden ermordet. Nach dem Bericht eines SS-Führers über den Verlauf des inszenierten Pogroms in Schlesien wurden u. a. die Synagogen in Breslau, Oels und Neumarkt niedergebrannt, etwa 500 jüdische Geschäfte verwüstet und Tausende von Juden verhaftet[70]. Das Tagebuch des Breslauer Juden Walter Tausk, der Augenzeuge der Vorfälle in der schlesischen Hauptstadt war, ist ein erschütterndes Zeitdokument über das Ausmaß der gewalttätigen Übergriffe und Zerstörungen[71].

i) Die Kirche unter dem Nationalsozialismus

Für die christlichen Kirchen führte der Weg von einer anfänglich großen Kooperationsbereitschaft mit den neuen Machthabern zu der Erfahrung, daß unter den Gegebenheiten eines totalitären Systems schon der Wille zur kirchlichen Selbstbehauptung an sich in die Nähe politischen Widerstandes rücken mußte. Die theologischen und politischen Voraussetzungen für die Auseinandersetzung der römisch-katholischen und der protestantischen Kirche mit dem Nationalsozialismus waren dabei sehr unterschiedlich.

Im Gegensatz zur kirchlichen Zersplitterung des Protestantismus wies der Katholizismus eine hohe organisatorische und dogmatische Geschlossenheit auf. Durch das am 20. Juli 1933 in Rom zwischen dem Vatikan und der deutschen Regierung unterzeichnete Reichskonkordat, das Bestimmungen über die öffentliche Ausübung des katholischen Bekenntnisses, den Schutz des kirchlichen Eigentums und die Beibehaltung des Religionsunterrichtes als ordentliches Lehrfach an öffentlichen Schulen enthielt, gelang es, die katholische Kirche zu einer positiven Stellungnahme gegenüber dem nationalsozialistischen Regime zu bewegen. Die über die Seelsorge hinausgehende Aktivität der katholischen Kirche wurde jedoch schon wenig später erschwert und schließlich unterdrückt.

In Schlesien hatte Kardinal Bertram, der seit dem Jahre 1914 dem Bistum Breslau (seit dem preußischen Konkordat vom 14. Juni 1929 Erzbistum) vorstand, vor der Machtübernahme Hitlers den Rassismus der nationalsozialistischen Ideologie kritisiert. Nach 1933 stellte er sich zwar weiterhin den Theorien des nationalsozialistischen Chefideologen Alfred Rosenberg, dessen Hauptwerk »Der Mythus des 20. Jahrhunderts. Eine Wertung der seelisch-geistigen Gestaltenkämpfe unserer Zeit« (1930) eine radikale Christentumsfeindlichkeit widerspiegelte, entgegen, doch setzte er sich mit den antijüdischen Ausschreitungen nicht öffentlich auseinander. Unter Berufung auf das Reichskonkordat stellte er sich vor allem der gewaltsamen Beschränkung der kirchlichen Wirksamkeit mit einer Fülle von Protesten, Denkschriften und Rechtsverwahrungen entgegen. Der Unmut über die Ineffizienz seiner Eingabenpolitik entlud sich in einem heftigen Zusammenstoß mit dem Berliner Bischof Konrad Graf von Preysing, nachdem Kardinal Bertram in seiner Eigenschaft als Vorsitzender der Fuldaer Bischofskonferenz im Namen der Oberhirten der Diözesen Deutschlands Hitler am 20. April 1939 zu dessen 50. Geburtstag gratuliert hatte[72].

Höhepunkte des geistlichen und pastoralen Wirkens Kardinal Bertrams, der am 14. März 1939 sein 80. Lebensjahr vollendete, bildeten die Jungmännerwallfahrten nach Wartha und die Männerwallfahrten auf den St. Annaberg. Im Jahre 1928 hatte die katholische Arbeiterbewegung diese besondere Männerwallfahrt eingerichtet, an der noch bis Ende der dreißiger Jahre über 100 000 Personen unter Führung des oberschlesischen Klerus teilnahmen[73]. Die Nationalsozialisten, die bewußt am Wallfahrtsweg in St. Annaberg mit eigenen Aufmärschen Stärke zu demonstrieren versuchten, machten aus dem religiösen Wahrzeichen eine nationale Weihestätte. Im Jahre 1938 konnte ein »Reichsehrenmal« fertiggestellt werden, in dem 50 gefallene deutsche Selbstschutzkämpfer beigesetzt wurden. »Die größte Feierstätte Deutschlands am Annaberg in Oberschlesien wird am 22. Mai in einer gewaltigen Kundgebung ihrer Bestimmung übergeben werden«, hieß es unter der Überschrift *Das Vermächtnis ist erfüllt* am 7. Mai 1938 im Kampfblatt der schlesischen SA. »Heilig ist uns der Annaberg, dieser Berg im deutschen, oberschlesischen Land, weil einmal deutsches Blut um ihn geflossen ist, als am 21. Mai 1921 deutsche Freikorpskämpfer diesen von polnischen Eindringlingen besetzten Berg erstürmten und viele von ihnen für Deutschland ihr Leben lassen mußten«[74].

Noch weniger als die römisch-katholische Kirche war die gespaltene evangelische Kirche imstande, sich der nationalsozialistischen Ideologie zu widersetzen. Diese hatte schon auf

Grund ihrer staatskirchlichen Traditionen in der preußisch-konservativen Führungsschicht einen starken Rückhalt. Im Bekenntnis zum Nationalsozialismus war sich insbesondere eine Reihe unterschiedlicher Gruppen innerhalb der Deutschen Evangelischen Kirche einig, die sich 1932 zur *Glaubensbewegung Deutsche Christen* zusammengeschlossen hatten. Auch in Schlesien setzten sich die *Deutschen Christen* mit Unterstützung der SA und der Partei-Ortsgruppen für die Entfernung aller Juden aus der Kirche ein und forderten eine am Führerprinzip orientierte überkonfessionelle Nationalkirche. Nachdem die preußische Generalsynode am 4./5. September 1933 ein dem »Arierparagraphen« entsprechendes kirchliches Gesetz über die Zurückdrängung von Juden erlassen hatte, wurden in Schlesien mit dem Breslauer Pfarrer Friedrich Forell und dem Polkwitzer Pfarrer Heinz Arnold die ersten Seelsorger verhaftet. Ein Protest der evangelischen Kirchenbehörden gegen die immer zahlreicheren Festnahmen und Übergriffe erfolgte weder zu diesem noch zu einem späteren Zeitpunkt[75].

Einzig die *Bekennende Kirche*, die aus dem von Martin Niemöller 1933 in Berlin-Dahlem gegründeten *Pfarrernotbund* hervorgegangen war und die den Macht- und Rechtsanspruch der Reichskirche verneinte, wandte sich gegen die Gewalttaten des Nationalsozialismus. Sie setzte sich – etwa im Fall des 1906 in Breslau geborenen evangelischen Theologen Dietrich Bonhoeffer – gegen die Verfolgung und Inhaftnahme von Pastoren und Laien sowie Amtsenthebungen von Pfarrern und Theologieprofessoren ein. Die Durchsetzungskraft der rasch in die Illegalität getriebenen und damit auf Einzelaktionen beschränkten Bewegung, die sich zwar im allgemeinen als eine protestantische Widerstandsbewegung verstand, deren konkretes Wirken allerdings nicht frei von Spannungen war, blieb jedoch auch in Schlesien gering.

j) Vom Brückenland zum Kampfland: Schlesien und die nationalsozialistische Außenpolitik

In der nationalsozialistischen Außenpolitik war anfänglich keine Verschärfung der friedlichen Revisionspolitik der Weimarer Republik zu erkennen. Die Tatsache, daß der Beamtenapparat des Auswärtigen Amtes unangetastet blieb, beruhigte auch ausländische Beobachter. Unvermutet schlug Hitler sogar eine neue Linie in der Ostpolitik ein, die einen Bruch mit den vor allem gegen Polen gerichteten Revisionsforderungen der Weimarer Politik ankündigte. Der polnische Kriegsminister, Józef Piłsudski, hatte die Gefährdung der polnischen Westgrenze seit 1930 als derart bedrohlich empfunden, daß er militärische Übungen als Abschreckungsmanöver an der Grenze zu Deutschland vornehmen ließ. Seit Beginn der Staatskrise unter Reichskanzler Heinrich Brüning 1932 wurde in Deutschland mit der Möglichkeit eines polnischen Angriffs gerechnet. Als Hitler daher am 26. Januar 1934 überraschend mit Polen einen auf zehn Jahre befristeten Nichtangriffsvertrag schloß, der völligen Gewaltverzicht und direkte Verständigung in allen Fragen der gegenseitigen Beziehungen vorsah, schien sich eine Aussöhnung mit dem unmittelbaren östlichen Nachbarn anzubahnen.

In Schlesien beendete die taktische, das Ausland beruhigende Verständigungsbereitschaft Hitlers vorerst die schrillen antipolnischen Töne der nationalsozialistischen Propaganda. Hatte es bisher geheißen »Grenzland ist Kampfland«, so hieß es nun »Grenzland ist Brückenland«[76]. Daß es Hitler jedoch weder um Verständigungspolitik noch um nationale Gleichberechtigung, sondern um Eroberungspolitik und extensiven Raumgewinn ging, zeigten die folgenden Jahre in aller Deutlichkeit. Noch vor dem Beginn des Zweiten Weltkrieges, der mit dem deutschen Überfall auf den Rundfunksender im oberschlesischen

4. Ausgabe / „Der SA.-Mann" Folge 19 — 7. Mai 1938

Schlesiens SA

BEILAGE ZUM KAMPFBLATT DER OBERSTEN SA.-FÜHRUNG „DER SA.-MANN"

Das Vermächtnis ist erfüllt

Überführung von 50 toten Freikorpskämpfern durch die SA. in das Reichsehrenmal am Annaberg

Die größte Feierstätte Deutschlands am Annaberg in Oberschlesien wird am 22. Mai in einer gewaltigen Kundgebung ihrer Bestimmung übergeben werden. Gekrönt wird diese wuchtige Anlage am heiligen Berg Oberschlesiens durch das Reichsehrenmal für alle Freikorpskämpfer Deutschlands, die im Baltenland, in Bayern, an der Ruhr oder in Oberschlesien in der Zeit tiefster Schmach und Erniedrigung des deutschen Vaterlandes mit ihrem Leben für Deutschland eintraten und den Frontgeist weiterpflegten und weitertrugen, der in der SA. seine letzte Erfüllung fand, und der nun unter Adolf Hitler seine herrlichsten Früchte getragen hat.

Heilig ist uns der Annaberg, dieser Berg im deutschen, oberschlesischen Land, weil einmal deutsches Blut um ihn geflossen ist, als am 21. Mai 1921 deutsche Freikorpskämpfer diesen von polnischen Eindringlingen besetzten Berg erstürmten und viele von ihnen für Deutschland ihr Leben lassen mußten. Hart am Rand des zur Feierstätte steil abfallenden Hanges erhebt sich das vom Volksbund Deutsche Kriegsgräberfürsorge geschaffene Reichsehrenmal, in dessen steinerne Sarkophage als Symbol für alle um Deutschland gefallenen Freikorpskämpfer 50 Gefallene aus dem Kreis Groß-Strehlitz (OSch.) feierlich beigesetzt wurden. Die SA.-Brigade 17 (Oppeln) führte in der Nacht vom 2. zum 3. April die Überführung der Toten durch.

Erhebende Stunden

In zahlreichen Orten des Kreises Groß-Strehlitz erinnerten auf den Friedhöfen einfache Male an das Sterben der tapferen Freikorpskämpfer, die nun am Nachmittag des ersten Aprilsonnabends nach 17jähriger Ruhe ausgegraben wurden. SA.-Kameraden, die selbst an den Selbstschutzkämpfen teilgenommen hatten, und die der „Schlesische Adler" schmückte — es sind die Aktivisten, die nach dem Zusammenbruch der Freikorpsbewegung freudig ihre Einsatzbereitschaft in den Sturmabteilungen des Führers zeigten und dort den Geist weitertrugen —, halten Wacht an den mit den Zeichen des Dritten Reiches geschmückten Särgen, die in den einzelnen Orten in den Nachmittagsstunden an den Kriegerdenkmälern aufgebahrt wurden. Besonders feierlich gestaltete sich die Überführung der Gefallenen in dem seinerzeit heiß umstrittenen Gogolin vom Friedhof zum Kriegerehrenmal. Unter dumpfem Trommelwirbel — voran marschieren die Fahnen der Bewegung — schreiten je vier SA.-Kameraden an jedem Sarg — flankiert von Fackelträgern — in gemessenem Schritt durch die Straßen der Stadt. Stumm heben die Volksgenossen, die den Weg der Gefallenen zum letzten Appell erschüttert miterleben, die Hand zum Deutschen Gruß. In ihren Arbeitskitteln, die Hausfrau in der Schürze, Greise und Kinder, so stehen sie ergriffen und lassen den langen Zug passieren, der sie noch einmal an schwerste Tage ihres Daseins mahnt. Und hinter dem Zug marschieren die Angehörigen, die Schwester eines Gefallenen, die selbst durch einen Gewehrschuß im Gesicht stark entstellt ist, die junge Frau, deren Mann im Kampf um deutsche Scholle, die sie heute bestellt, gefallen ist, die Eltern, denen der Sohn geraubt wurde. Und dennoch sind sie stolzerfüllt, daß die Saat, die diese deutschen Kämpfer gelegt haben, nunmehr so herrlich aufgegangen ist! Ehern stehen die SA.-Kameraden Wacht, und als die Dunkelheit anbricht, lohen Fackeln auf, die mit ihrem magischen Schein ein unvergeßliches Bild beleuchten. Die Bevölkerung nimmt Abschied von ihren Toten!

Der letzte Gruß

In besonderen Feiern verabschieden am Abend die Bürgermeister und Vertreter der Bewegung unter größter Anteilnahme ihre gefallenen Selbstschutzkämpfer, die nach 17 Jahren nun eine neue Ruhestätte auf dem Annaberg finden sollen.

Um 21 Uhr in Bergstadt, am Fuße des Annaberges. Hier sind am Kriegerdenkmal allein 20 Selbstschutzkämpfer aufgebahrt. Nachdem die Formationen der Bewegung und des Staates aufmarschiert sind, verabschiedet der Bürgermeister und SA.-Standartenführer Hein, der selbst im Selbstschutzkampf stand und seit 1925 auf schwerstem Posten in Oberschlesien für Adolf Hitler kämpfte, seine Kameraden mit einer aus dem Erleben heraus geformten, besonders ergreifenden Ansprache: „Meine Kameraden! Vor 17 Jahren seid ihr der Stimme eures Herzens, der Stimme eures Blutes gefolgt und zu uns geeilt, um mit uns zu kämpfen, damit deutsches Land deutsch bleibe! Ihr trugt damals schon den großdeutschen Gedanken in eurem Herzen. Ihr kamt zu uns nicht als Bayern, Preußen, Tiroler oder Österreicher, sondern als Deutsche. Nicht der Landesteil, in dem ihr wohntet, war eure Heimat, sondern das ganze Deutschland. Aus diesem Kampfe seid ihr nicht zurückgekehrt zu euren Lieben. Das Höchste, was ein Mensch geben kann, das Leben, habt ihr auf dem Altar des Vaterlandes geopfert in freiwillig übernommener Pflicht in wehr- und ehrloser Zeit. Meine Kameraden! Heute kann ich euch melden, daß euer Opfer, euer Sterben nicht umsonst war. Die Saat ist aufgegangen! Deutschland ist dank der Entschlossenheit und Tatkraft des Frontsoldaten Adolf Hitler wieder groß und mächtig geworden. Die Fesseln von Versailles hat es abgeschüttelt, seine Ehre wiederhergestellt, eine starke Wehr schützt Deutschlands Grenzen, die alte Ostmark ist zum Reich zurückgekehrt. 17 Jahre lang lagt ihr auf stillen Friedhöfen, zum Teil vergessen. Das neue Deutschland hat euch auf dem heiligen Berge, dem Berg, um den ihr kämpftet und dessen Erstürmung euer Ziel war, ein Ehrenmal gebaut. Dort sollt ihr nun eine würdige Ruhestätte finden. Der Jugend und kommenden Geschlechtern Mahner sein im Geiste der Treue, im Geiste der Pflichterfüllung, im Geiste der Einsatz- und Opferbereitschaft für Deutschland. Auf diesem letzten Wege werden euch SA.-Kameraden, die mit euch gekämpft haben, begleiten. Wir geloben, genau so wie ihr unsere Pflicht zu tun für unser herrliches Deutschland und seinen Führer Adolf Hitler!"

Leise klingt das Lied vom „Guten Kameraden" auf, dann werden die Särge auf die offenen, schwarz verhangenen und mit Grün geschmückten Planwagen geladen. SA.-Kameraden treten mit ihren Fackeln an, und durch das Spalier der Bevölkerung setzt sich der Zug in Bewegung in Richtung Annaberg. Zum Teil sind 20 Kilometer und mehr Wegstrecke zurückzulegen. Feierlich bewegen sich von allen Seiten die Fackelschlangen den Annaberg hinauf, wo an der Jugendherberge, wo die Toten zunächst aufgebahrt werden, von hohen Pylonen ein Feuerschein weit hinaus ins Land leuchtet und den aus allen Himmelsrichtungen anmarschierenden Gruppen den Weg weist. Es ist ein erhebendes Bild. Über das weite Odertal wölbt sich ein sternenklarer Himmel, in der Ferne der Lichtschein der großen Werke, der den Pulsschlag unserer Zeit kündet, auf den Serpentinenwegen zum Annaberg die Fackelketten der Überführungstruppen und an der Jugendherberge, die mit den Zeichen der Bewegung geschmückt ist, Kameraden und Volksgenossen in Erwartung. Bald trifft der erste Zug ein. Dumpf rollen die Landsknechtstrommeln der Hitler-Jugend, hell klingen die Fanfaren auf, und unter dumpfem Trommelwirbel werden die Särge auf die große Veranda getragen, wo wieder SA.-Kameraden mit Fackeln die letzte Wacht halten.

Kurz nach Mitternacht sind sämtliche 50 Selbstschutzkämpfer aufgebahrt. Nach einem Trommelwirbel spielt der Musikzug der SA.-Standarte 155 (Groß-Strehlitz) das Lied: „Wir ziehen auf stillen Wegen", und nach dem das Lied vom „Verlorenen Haufen" gesprochen wurde, meldet SA.-Standartenführer Hein, daß 50 Selbstschutzkämpfer zum letzten Appell angetreten sind. Unter andachtsvoller Stille verabschiedet SA.-Brigadeführer Aster, der Führer der Brigade 17 (Oppeln) die Kämpfer um Deutschlands Freiheit. Er führte aus, daß die SA. stolz sei, die Kameraden in das Ehrenmal zu überführen: „In Deutschlands größter Not, in den Zeiten der tiefsten Schmach, war euer Glaube die lodernde Flamme, die die Dunkelheit erhellte. Eure treuen Hände hielten die Fahne hoch, und ihr trugt sie zum Siege. Ihr gabt euer Leben nicht um zu sterben, sondern um weiterzuleben in uns, in eurem Volke. Ihr marschiertet vor uns und risset uns vorwärts, wenn wir verzagen wollten, so daß keiner von uns müde werden kann. Wir kämpfen weiter, so, wie ihr es uns befehlt. Nun zieht ihr ein auf dem Annaberg, der für uns wurde das Symbol deutscher Unbeugsamkeit. Heilig ist dieser Berg, denn von hier stand auf der Ruf zum Freiheitskampf um Deutschland. Heilig ist die Stunde, da ihr euren Einzug haltet. Das, wofür ihr kämpftet, wofür ihr starbt und euch hingabt, ist da, das Deutsche Reich in nie dagewesener Macht und Herrlichkeit bricht an unter der Führung des Führers, in dem die Wurzeln unserer Kraft ruhen und der Deutschland ist: Adolf Hitler!"

Im Kameradenlied klang auch die Feier aus, und dann hielten SA.-Kameraden Wacht bis zum Morgengrauen. Beim ersten Morgendämmern kamen aus dem Tal die Kameraden herauf, um nun die sterblichen Reste der Freikorpskämpfer in das Reichsehrenmal zu überführen, wo sie nun endgültig ihre letzte Ruhestätte gefunden haben!

Kaßmann.

Kameraden der SA. betten die Kämpfer zur letzten Ruhe
Sämtl. Aufn.: Hartmann, Breslau

Durch die schweigende Nacht führt der Weg zum letzten großen Appell auf geheiligter Erde

Das Reichsehrenmal der Freikorpskämpfer, ist nun eine Heimat deutscher Helden

Abb. 39: »Ihr gabt euer Leben nicht um zu sterben, sondern um weiterzuleben in uns, in eurem Volke... Wir kämpfen weiter, so, wie ihr es uns befehlt. Nun zieht ihr ein auf dem Annaberg, der für uns wurde das Symbol deutscher Unbeugsamkeit.« Mit dem im Jahre 1938 fertiggestellten *Reichsehrenmal* am St. Annaberg in Oberschlesien, in dem 50 deutsche Selbstschutzkämpfer ihre letzte Ruhe fanden, machten die Nationalsozialisten aus dem religiösen Wahrzeichen eine nationale Weihestätte.

Gleiwitz am 31. August 1939 seinen Ausgang nahm, wurden Schlesien neue Gebietsteile angeschlossen: am 1. Oktober 1938 ein kleiner Teil der 1922 geschaffenen und 1938 wieder aufgelösten Provinz Grenzmark Posen-Westpreußen sowie am 15. April 1939 das Hultschiner Ländchen.

k) Die schlesischen Landesteile in der Tschechoslowakei (1918–1939)

Mit dem militärischen Zusammenbruch Österreich-Ungarns im September 1918 begann der Zerfall der Habsburgermonarchie, deren Auflösung in den Verträgen von Saint-Germain-en-Laye (10. 9. 1919) und Trianon (4. 6. 1920) bestätigt wurde. Schon im Frühjahr 1918 hatten die deutschen Abgeordneten aus Böhmen, Mähren und Österreichisch-Schlesien gegen die Ansprüche der Tschechen protestiert, die einen mit der Slowakei vereinten souveränen Staat innerhalb der »historischen Landesgrenzen« forderten. Als am 28. Oktober 1918 in Prag die Tschechoslowakische Republik (ČSR) ausgerufen wurde, proklamierten daher die deutschen Abgeordneten aus den Sudetenländern nur einen Tag später in Reichenberg die Provinz »Deutschböhmen« und verlangten unter Hinweis auf das Selbstbestimmungsrecht die Vereinigung mit der Republik Deutsch-Österreich. Am 30. Oktober folgten die deutschen Abgeordneten Österreichisch-Schlesiens und Nordmährens mit der Ausrufung der Provinz »Sudetenland« mit der Hauptstadt Troppau. Sie umfaßte 6534 qkm mit 643804 deutsch- und 25028 tschechischsprachigen Einwohnern. Der Reichsratsabgeordnete Robert Freißler, der von der provisorischen, an die Stelle des früheren schlesischen Landtags getretenen Landesversammlung zum Landeshauptmann ernannt wurde, hat die Ereignisse des Herbstes 1918 und das Schicksal der Provinz Sudetenland wenige Jahre später festgehalten[77].

Am 31. Oktober wandte sich der Troppauer Bürgermeister, Walther Kudlich, mit Flugblättern an die Einwohner der schlesischen Landeshauptstadt: »An die Deutschen Troppaus! Nach dem Beschlusse der deutschen Nationalversammlung vom 30. Oktober d. J. bildet Deutschschlesien und das deutsche Nordmähren eine eigenberechtigte Provinz ›Sudetenland‹ des deutsch-österreichschen Staates. Ihr gehört auch die Stadt Troppau an. Zur Begrüßung des neuen Staates und als Zeichen der Zugehörigkeit zu diesem sind bereits die städtischen Gebäude beflaggt und ergeht an die Bevölkerung der Ruf: Schwarz-rot-goldene und schwarz-weiß-rote Fahnen heraus! Heil Deutsch-Oestrreich! Heil Sudetenland!«[78]

Der Aufbau einer deutsch-böhmischen Volkswehr aus Freiwilligenverbänden scheiterte angesichts der schlechten Versorgungslage und der allgemeinen Kampfmüdigkeit jedoch ebenso wie der Versuch, durch diplomatische Aktionen eine Demarkationslinie gegenüber dem tschechischen Siedlungsgebiet festzulegen. Am 14. Dezember 1918 nahmen tschechische Truppen Reichenberg ein, am 18. Dezember fiel Troppau. In Jägerndorf, das Ende Dezember besetzt worden war, trat am 18. Februar 1919 die Landesversammlung letztmalig zusammen.

In den folgenden Wochen verstärkten sich die nationalen Spannungen im schlesischen Gebiet aufgrund wirtschaftlicher Repressalien der tschechischen Regierung sowie durch gewaltsame Zusammenstöße bei der Übergabe der Verwaltungsbehörden. Viele ehemalige Soldaten entschlossen sich zum Grenzübertritt und suchten wie andere, insbesondere jüngere Leute in den schlesischen Lagern Neisse und Ziegenhals Anschluß an die oberschlesischen Freiwilligenformationen. Die Einbeziehung des deutschen Siedlungsgebietes der böhmischen Länder ohne Volksabstimmung war ein Erfolg des tschechoslowakischen Staatspräsidenten Tomáš G. Masaryk und dessen Außenminister Edvard Beneš, der während der Pariser Friedensverhandlungen den Ausbau der ČSR zu einem Staat nach

Schweizer Vorbild und die Erhebung des Deutschen zur zweiten Landessprache zugesagt hatte[79].

Um das Teschener Schlesien entbrannte im Winter 1918/19 ein folgenschwerer Streit zwischen der Tschechoslowakei und Polen, da beide Anspruch auf das wirtschaftlich wertvolle Industriegebiet erhoben. Unmittelbar nach dem militärischen Zusammenbruch Österreich-Ungarns hatte ein polnischer Nationalrat in Teschen den Anschluß des gesamten Landes an Polen erklärt und am 31. Oktober 1918 die Besetzung des Gebietes durch polnische Truppen veranlaßt. Der tschechische Volksrat in Schlesisch Ostrau sah sich gezwungen, zunächst in eine vorläufige Grenzziehung einzuwilligen. Als jedoch eine Beteiligung des besetzen Gebietes an den polnischen Parlamentswahlen drohte, rückten tschechische Truppen zwischen dem 23. und 30. Januar 1919 nach Teschen vor[80].

Der militärische Zusammenstoß hatte zur Folge, daß die Pariser Friedenskonferenz eine Interalliierte Kommission unter Gustave Graf Mannerville nach Teschen entsandte. Bis zur endgültigen Entscheidung über das umstrittene Gebiet wurde dieses in eine polnische Ost- und eine tschechische West-Präfektur geteilt. Nach zahlreichen Grenzkämpfen akzeptierten beide Seiten auf der Konferenz von Spa im Juli 1920 den Schiedsspruch der Pariser Botschafterkonferenz. Danach wurde der Tschechoslowakei neben dem Westteil der Stadt Teschen und der Kaschau-Oderberger Bahn mit der Olsa-Grenze das wirtschaftlich bedeutendere Kohlegebiet zugeteilt. Die diplomatische und militärische Auseinandersetzung um das Teschener Industriegebiet verhinderte eine gemeinsame Linie Prags und Warschaus nicht nur während der Friedenskonferenz, sondern auch während der gesamten Zwischenkriegszeit[81].

Für die Deutschen in Böhmen, Mähren und Schlesien (im früheren, um das östliche Teschener Gebiet verkleinerten Österreichisch-Schlesien sowie im Hultschiner Ländchen) setzte sich allmählich der Sammelbegriff »Sudetendeutsche« durch. Die ohnehin nach dem Zusammenbruch der Habsburgermonarchie in ihrem Selbstbewußtsein schwer getroffenen Deutschen, die nach der Volkszählung vom 1. Dezember 1930 mit 3,32 Millionen 22,5% der gesamten Bevölkerung der Tschechoslowakei bildeten, sahen sich bald mit einer vielfältigen Einengung ihres nationalen Besitzstandes konfrontiert[82]. Als im Juli 1927 die seit der einstweiligen Verfassung vom November 1918 bestehenden 21 Gaue zugunsten der historischen »Individualitäten« der Länder aufgehoben wurden, wurde die Gebietsselbstverwaltung Schlesiens, des einzigen Landes mit deutscher Bevölkerungsmehrheit, weiter eingeschränkt. Die Troppauer Tageszeitung *Deutsche Post* überschrieb ihren Leitartikel am 1. Dezember 1928, als die Selbständigkeit Schlesiens endete, mit einem trotzigen »Wir bleiben Schlesier!«. Die Übersiedlung der Landesämter nach Brünn brachte dem bisherigen Verwaltungssitz Troppau wirtschaftlich erhebliche Nachteile. Auch bei Beamteneinstellungen, Schulreformen und Sprachgesetzen läßt sich eine entsprechende Ungleichgewichtung beobachten[83].

Dennoch ist die Erste Tschechoslowakische Republik nicht von innen zerbrochen, sondern von außen zerstört worden. Hitler verstand es, die sich seit Mitte der dreißiger Jahre verschärfenden Forderungen der deutschen und der slowakischen Minderheit in der ČSR nach stärkerer Berücksichtigung im öffentlichen Leben für seine Ziele zu nutzen. Die britische und die französische Regierung gaben Hitlers Pressionen schließlich im Münchener Abkommen vom 29. September 1938 nach, durch das die Tschechoslowakei 29000 qkm mit rund 3,63 Millionen Einwohnern verlor. Während das Hultschiner Ländchen an die preußische Provinz Schlesien angegliedert wurde, bildete der Großteil des 22445 qkm umfassenden Gebietes seit April 1939 den neuen Reichsgau Sudetenland mit der Hauptstadt Reichenberg. Kurze Zeit vorher, am 16. März, war nach Hitlers Einmarsch in die Tschecho-Slowakei das »Reichsprotektorat Böhmen und Mähren« ausgerufen worden. Der

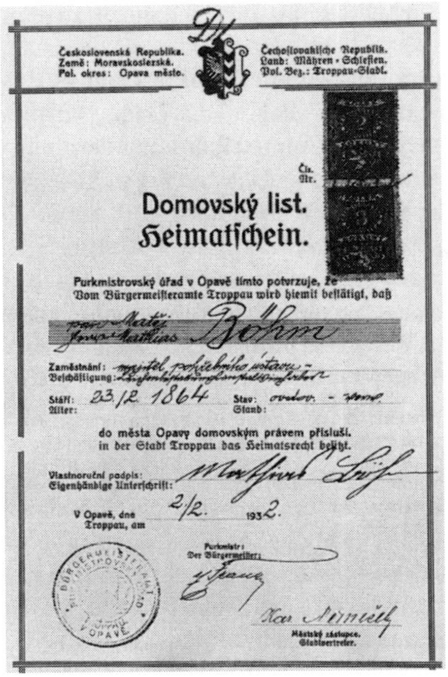
Československá Republika.
Země: Moravskoslezská.
Pol. okres: Opava město.

Čechoslovakische Republik.
Land: Mähren-Schlesien.
Pol. Bez.: Troppau-Stadt.

Čís.
Nr.

Domovský list.
Heimatschein.

Purkmistrovský úřad v Opavě tímto potvrzuje, že
Vom Bürgermeisteramte Troppau wird hiemit bestätigt, daß

Böhm

Zaměstnání:
Beschäftigung:

Stáří: 23/12 1864
Alter:

Stav:
Stand:

do města Opavy domovským právem přísluší.
in der Stadt Troppau das Heimatsrecht besitzt.

Vlastnoruční podpis:
Eigenhändige Unterschrift:

V Opavě, dne 2/2. 1932.
Troppau, am

Purkmistr:
Der Bürgermeister:

Městský zástupce.
Stadtvertreter.

Abb. 40: In Troppau, dem politischen und kulturellen Zentrum der zur Tschechoslowakei gehörenden schlesischen Landesteile, war der Widerstand gegen die verwaltungsrechtliche Angliederung Schlesiens an Mähren im Jahre 1928 besonders groß. Die Abbildung zeigt einen vom Troppauer Bürgermeister und vom Stadtvertreter 1932 ausgestellten zweisprachigen Heimatschein für Mathias Böhm, der als Land das neue Verwaltungsgebiet »Mähren-Schlesien« angibt.

Reichsgau Sudetenland wurde nach dem Vorbild der preußischen Provinzen in die drei Regierungsbezirke Karlsbad bzw. Eger, Aussig und Troppau eingeteilt. Unter dem sudetendeutschen Rechtsanwalt Fritz Zippelius, der in Troppau zum Regierungspräsidenten ernannt worden war, begann die nationalsozialistische Gleichschaltung auch in dem bisher der Tschechoslowakei zugehörigen Teil Schlesiens.

l) Die schlesischen Landesteile in Polen (1921/22–1939)

Die nach der Teilung Oberschlesiens am 20. Oktober 1921 Polen zugesprochenen Gebiete des Abstimmungsgebietes, die Kreise Pleß, Kattowitz und Königshütte, der größte Teil der Kreise Tarnowitz, Beuthen O. S. und Rybnik sowie die südlichen Teile der Kreise Hindenburg, Lublinitz und Ratibor, wurden mit dem Ostteil des bis Juli 1920 tschechoslowakischen Teschener Gebietes zur polnischen Wojewodschaft Schlesien zusammengefaßt. Die polnische Staatshoheit für Ostoberschlesien, dessen Verwaltungssitz nach Kattowitz gelegt wurde, trat nach der Unterzeichnung der Genfer Konvention am 15. Juli 1922 in Kraft. Das Bistum Breslau erlitt durch die Teilung Oberschlesiens und des Teschener Gebiets zwei bedeutende territoriale Verluste. Die an Polen abgetretenen Teile Oberschlesiens wurden 1922 der Apostolischen Administratur Kattowitz und 1925 dem gleichnamigen Bistum zugeordnet. Auch der ebenfalls bisher zum Bistum Breslau gehörende Ostteil des Teschener Kommissariats wurde mit dem neuen Bistum Kattowitz vereinigt. Der ehemals österreichische, nach dem Ersten Weltkrieg tschechoslowakische Bistumsanteil verblieb dagegen beim Bistum Breslau[84].
Durch die Teilung Oberschlesiens war ein einheitlich gewachsener Produktions- und Konsumtionsraum durchschnitten worden. Die neue Grenze, die Gemeinden und Kreise auseinanderriß, unterbrach auf engstem Raum 15 Eisenbahnlinien, neun Schmalspurbah-

nen, sieben Straßenbahnlinien und 45 Straßen. Besonders betroffen von der Grenzziehung waren die Oberschlesische Eisenbahnbedarfs-AG und die Oberschlesische Eisenindustrie AG, deren Produktionsanlagen in beiden Teilen Oberschlesiens lagen. Die reichen Steinkohlegruben, die nun ebenso wie der Großteil der Zinkerzgruben und der kohlechemischen Industrie in der neugegründeten Wojewodschaft lagen, erhielten für die polnische Elektroenergiewirtschaft der Zwischenkriegszeit eine außerordentliche Bedeutung[85].

Die Grenzziehung hatte weder die deutsche noch die polnische Seite befriedigt. Während die deutsche Bevölkerung Oberschlesiens in der Teilung des Landes eine Verletzung des Selbstbestimmungsrechtes der Völker sah, sprach die polnische Führung Ostoberschlesiens von einem »unvollständigen Sieg« und von Westoberschlesien als einem Territorium, das noch auf seine Befreiung warte. Tatsächlich wurde auch in Warschau im Jahre 1933 eine Besetzung des bei Deutschland verbliebenen Teils des Abstimmungsgebietes nach dem Vorbild der französischen Ruhrbesetzung 1923 erwogen. Damit sollte gleichzeitig Hitler zur strikten Einhaltung der Versailler Territorial- und Rüstungsbestimmungen gezwungen werden[86].

Die Wojewodschaft Schlesien zählte im Jahre 1921 1125528 Einwohner, von denen 70,1% polnischer und 29,9% deutscher Nationaltät waren. Im Teschener Gebiet, das eine vergleichbare nationale Zusammensetzung besaß, lebten 144671 Personen. Größere jüdische Gemeinden existierten in Bielitz, Kattowitz und Teschen[87]. Durch das »Organische Statut der Wojewodschaft Schlesien vom 15. Juli 1922« war Ostoberschlesien eine Selbstverwaltung eingeräumt worden. Organe dieser Autonomie waren der Schlesische Sejm in Kattowitz, zu dessen Kompetenzen alle Angelegenheiten der Verwaltung, der Polizei, des Schulwesens, der Landwirtschaft, des Gewerbes und Handels sowie die Gesetzgebung in kirchlichen Fragen gehörten, und der von diesem zu wählende Wojewodschaftsrat. Das Autonomiestatut wurde freilich in den Händen des seit 1926 amtierenden Wojewoden Michał Grażyński, eines der militärischen Führer der polnischen Aufstände in Schlesien nach dem Ersten Weltkrieg, zum wirksamsten Instrument der Polonisierung Ostoberschlesiens[88].

Die Wahrung der Rechte der deutschen Minderheit und deren Vertretung in den parlamentarischen Gremien war die wichtigste Aufgabe der *Deutschen Partei* (DP), zu der sich im August 1922 die Deutschnationale Volkspartei, die Deutsche Demokratische Partei und die Deutsche Volkspartei in Ostoberschlesien zusammengeschlossen hatten[89]. Daneben trat der oberschlesische Zweig des Zentrums, die *Katholische Volkspartei* (KV), als selbständige Partei auf; die mit der Christlich-Sozialen Partei des Teschener Schlesiens vereinte Volkspartei wurde im Frühjahr 1927 in *Deutsche Katholische Volkspartei* (DKV) umbenannt. Die dritte deutsche Partei der Wojewodschaft Schlesien war die 1922 in Bielitz durch Zusammenschluß einzelner sozialdemokratischer Gruppierungen entstandene *Deutsche Sozialistische Arbeiterpartei Oberschlesiens* (DSAP).

Waren während der Wahlen zum ersten Schlesischen Sejm (27. September 1922 – 2. Februar 1929) noch 28,1% der in den drei Wahlkreisen Kattowitz, Königshütte und Teschen-Bielitz abgegebenen Stimmen und damit 14 der 54 Mandate auf die deutschen Parteien entfallen, so nahm dieser Stimmenanteil – eine Ausnahme bildete lediglich der nur wenige Monate arbeitende zweite Schlesische Sejm – im Laufe der kommenden Jahre immer mehr ab. Aufgrund der zunehmenden Polonisierung der kommunalen Verwaltung, der Entdeutschung des Bildungs- und Schulwesens und der planmäßigen wirtschaftlichen Benachteiligung waren bis zum Jahre 1925 bereits rund 170000 Deutsche aus der Wojewodschaft Schlesien nach Westoberschlesien übergesiedelt. Die ohnehin restriktive Minderheitenpolitik verschärfte sich nach 1926 durch den autoritären Regierungskurs von Piłsudski und dessen Nachfolger noch weiter und wurde in Ostoberschlesien von Grażyński forciert betrieben[90].

Im zweiten Schlesischen Sejm (11. Mai–26. September 1930) hatten die zu einer Wahlgemeinschaft zusammengeschlossene DP und die DKV, die aufgrund der verschlechterten minderheitspolitischen Situation nun beide ihre nationale Komponente stärker als bisher betonten, zunächst Gewinne zu verbuchen. Der zweite Sejm hatte jedoch eine zu kurze Lebensdauer, als daß sich die Stimmengewinne zugunsten der deutschen Minderheit hätten auswirken können. Im dritten Schlesischen Sejm (23. November 1930–Juli 1935) ging die Zahl der deutschen Stimmen von 34% auf 16,1% und die der Mandate von 16 auf 9 zurück. Im vierten Schlesischen Sejm von 1935 bis 1939 war der deutsche Bevölkerungsteil Ostoberschlesiens nicht mehr vertreten.

Nach den Wahlen in den Warschauer Sejm und Senat vom 8. und 15. September 1935 wurden der deutschen Minderheit im Wege der Berufung durch den Staatspräsidenten zwei Senatorenmandate zugesprochen. Der aus Bielitz stammende Rudolf Wiesner, der daraufhin neben dem Westpreußen Erwin Hasbach in den Senat berufen wurde, kritisierte scharf die nach dem Erlöschen der Genfer Konvention am 14. Juli 1937 zunehmende Zurückdrängung der deutschen Bevölkerung in Ostoberschlesien: »Das Deutschtum in Oberschlesien ist nach 15 Jahren Genfer Konvention eine hungernde, arbeitslose und verzweifelte Volksgruppe. Alles hat man uns genommen, mehr als 80% sind in Oberschlesien arbeitslos und hungern. Unsere Jugend wächst heran, ohne einen Beruf zu erlernen, gegen unseren Kaufmann und Handwerker führt man eine unerbittliche Kampagne. Sollen wir auch den Boden verlieren?... Wir sind nunmehr dafür, unsere nationalen, kulturellen und wirtschaftlichen Rechte nurmehr auf innenpolitischem Wege durchzusetzen... Die deutsche Volksgruppe ist vom Glauben erfüllt, daß es eine Verständigung und Befreiung zwischen dem deutschen und dem polnischen Volk geben muß, weil sie im Interesse beider Völker liegt«[91].

Die polnische Minderheitenpolitik verschärfte sich jedoch weiter. Im Oktober 1938 beteiligte sich Polen an der Seite Deutschlands an der Aufteilung der Tschechoslowakei und annektierte mit dem Olsa-Gebiet den schon seit dem Ersten Weltkrieg beanspruchten westlichen Teil des Teschener Schlesiens. In dem neuen Staatsgebiet, das verwaltungsmäßig der Wojewodschaft Schlesien eingegliedert und damit der polnischen Nationalitätenpolitik des Wojewoden Grażyński ausgeliefert wurde, wurden sofort alle deutschen und tschechischen Schulen geschlossen und Vereine aufgelöst. Seit März 1939 geriet die deutsche Bevölkerung der Wojewodschaft Schlesien in den Sog der deutsch-polnischen Spannungen. Das für Ostoberschlesien mit der Teilung des Abstimmungsgebietes am 20. Oktober 1921 begonnene Kapitel endete mit dem Einmarsch der deutschen Truppen, die seit dem 4. September 1939 die gesamte Wojewodschaft Schlesien militärisch unter Kontrolle hielten.

Anmerkungen

1 Dokumente der Deutschen Politik und Geschichte von 1848 bis zur Gegenwart, Bd. 2: Das Zeitalter Wilhelms II. 1890–1918. Hrsg. v. Johannes Hohlfeld, Berlin/München o. J., Nr. 120a–g, 122b.

2 Gottlieb von Jagow an Karl Max Fürst von Lichnowsky, Berlin 18.7.1914, in: Julikrise und Kriegsausbruch 1914. Eine Dokumentensammlung, Bde. 1–2. Bearb. v. Imanuel Geiss, Hannover 1963–64, hier Bd. 1, Nr. 135, S. 207–209.

3 Konrad Fuchs, Zur wirtschaftlichen Lage Oberschlesiens während des Ersten Weltkriegs, in: ders., Wirtschaftsgeschichte Oberschlesiens 1871–1945. Aufsätze, Dortmund 1981 (= Veröffentlichungen der Forschungsstelle Ostmitteleuropa. Reihe A, Bd. 36), S. 133–141.

4 Egmont Zechlin, Das »schlesische Angebot« und die italienische Kriegsgefahr 1915, in: Geschichte in Wissenschaft und Unterricht 14 (1963), S. 533–556, hier S. 539.

5 Zechlin, Das »schlesische Angebot« (wie Anm. 4), S. 548f.

6 Wiesław Lesiuk, Rady żołnierska, robotnicza, chłopska i ludowa w mieście Opolu w latach 1918–1919, in: Studia Śląskie N. S. 21 (1972), S. 65–96.

7 Helmut Neubach, Die Verwaltung Schlesiens zwischen 1848 und 1945, in: Verwaltungsgeschichte Ostdeutschlands (wie S. 116, Anm. 41), S. 877–941, hier S. 902.

8 Ulrich Kluge, Soldatenräte und Revolution. Studien zur Militärpolitik in Deutschland 1918/19, Göttingen 1975 (= Kritische Studien zur Geschichtswissenschaft, Bd. 14), S. 315–325, 463–472.

9 Neubach, Verwaltung Schlesiens (wie Anm. 7), S. 903f., 906.

10 Jörg K. Hoensch, Geschichte Polens, Stuttgart 1983, S. 236–242, 249.

11 Orzechowski, Wojciech Korfanty. Biografia polityczna (wie S. 119, Anm. 108), S. 432f.

12 Ernst Hesterberg, Alle Macht den A.- und S.-Räten. Kampf um Schlesien, Breslau 1932, S. 33f.

13 Hesterberg, Alle Macht den A.- und S.-Räten (wie Anm. 12), S. 76.

14 Aufruf zum Aufbau von Freiwilligeneinheiten, Breslau 6. 1. 1919. Zit. nach Kluge, Soldatenräte und Revolution (wie Anm. 8), S. 317, 469 Anm. 244.

15 Fritz T. Epstein, Zwischen Compiègne und Versailles, in: Vierteljahrshefte für Zeitgeschichte 3 (1955), S. 412–445.

16 Helmut Neubach, Die Abstimmung in Oberschlesien am 20. März 1921, in: Deutschland und das Recht auf Selbstbestimmung nach dem Ersten Weltkrieg. Probleme der Volksabstimmungen im Osten. Hrsg. v. Richard Breyer in Verbindung mit dems. u. Hans-Werner Rautenberg, Bonn 1985, S. 92–129, hier S. 93–103.

17 Das Hultschiner Ländchen im Versailler Friedensvertrag. Hrsg. v. Eberhard Bollacher, Stuttgart 1930 (= Schriften des Deutschen Ausland-Instituts; B: Rechts- und staatswissenschaftliche Reihe, Bd. 4); Jaroslav Valenta, Připojení Hlučínska k Československé republice, in: Slezský sborník 58 (1960), S. 1–18.

18 Encyklopedia powstań śląskich. Hrsg. v. Franciszek Hawranek [u. a.], Opole 1982, S. 34–42 (Bibliographie); Rudolf Vogel, Deutsche Presse und Propaganda des Abstimmungskampfes in Oberschlesien, Beuthen 1931; ders., Die Öffentlichkeitsarbeit im oberschlesischen Abstimmungskampf 1919–1921, in: Jahrbuch der Schlesischen Friedrich-Wilhelms-Universität zu Breslau 17 (1972), S. 283–296.

19 Günther Meinhardt, Oberschlesien 1918/19. Die Maßnahmen der Reichsregierung, Behörden und Gewerkschaften zur Sicherung Oberschlesiens, in: Jahrbuch der Schlesischen Friedrich-Wilhelms-Universität zu Breslau 16 (1971), S. 215–231.

20 Przemysław Hauser, Śląsk między Polską, Czechosłowacją a separatyzmem. Walka Niemiec o utrzymanie prowincji śląskiej w latach 1918–1919, Poznań 1991 (= Uniwersytet im. Adama Mickiewicza w Poznaniu. Seria Historia, Bd. 168).

21 Protokoll der Kabinettssitzung der Regierung der Volksbeauftragten mit den preußischen Ministern Paul Hirsch u. Rudolf Breitscheid am 28. 12. 1918. Zit. nach Neubach, Verwaltung Schlesiens (wie Anm. 7), S. 905.

22 Gerhard Webersinn, Die Provinz Oberschlesien. Ihre Entstehung und der Aufbau der Selbstverwaltung, in: Jahrbuch der Schlesischen Friedrich-Wilhelms-Universität zu Breslau 14 (1969), S. 275–329, hier S. 283–289, 299–302.

23 Aufruf der Interalliierten Regierungs- und Plebiszitkommission v. 11. 2. 1920. Zit. nach Neubach, Die Abstimmung in Oberschlesien (wie Anm. 16), S. 125–127.

24 Kurt Urbanek, Plebiszitkommissar in Oberschlesien, in: Leben in Schlesien. Erinnerungen aus fünf Jahrzehnten. Hrsg. v. Herbert Hupka, München 1962, S. 29–42.

25 Neubach, Die Abstimmung in Oberschlesien (wie Anm. 16), S. 108–111.
26 Neubach, Die Abstimmung in Oberschlesien (wie Anm. 16), S. 113–116.
27 Neubach, Die Abstimmung in Oberschlesien (wie Anm. 16), S. 114; Die Ostgebiete des Deutschen Reiches. Hrsg. v. Gotthold Rhode, Würzburg [3]1956 [[1]1955], Anlage 4, S. 155.
28 Gisela Bertram-Libal, Die britische Politik in der Oberschlesienfrage 1919–1922, in: Vierteljahrshefte für Zeitgeschichte 20 (1972), S. 105–132.
29 Franciszek Biały, Niemieckie ochotnicze formacje zbrojne na Śląsku 1918–1923, Katowice 1976, S. 48–109.
30 Karl Hoefer, Oberschlesien in der Aufstandszeit 1918–1921. Erinnerungen und Dokumente, Berlin 1938.
31 Włodzimierz Dąbrowski, Trzecie powstanie śląskie. Rok 1921, Londyn 1973.
32 F. Gregory Campbell, The Struggle for Upper Silesia, 1919–1922, in: The Journal of Modern History 42 (1970), S. 361–385.
33 Walther Recke, Die historisch-politischen Grundlagen der Genfer Konvention vom 15. Mai 1922, Marburg/Lahn 1969 (= Wissenschaftliche Beiträge zur Geschichte und Landeskunde Ost-Mitteleuropas, Bd. 86).
34 Georges Kaeckenbeeck, The international experiment of Upper Silesia. A study of the working of the Upper Silesian settlement, 1922–1937, London [u. a.] 1942.
35 Ernst Birke, Schlesien, in: Die deutschen Ostgebiete zur Zeit der Weimarer Republik. Hrsg. v. Hermann Conrad, Köln/Graz 1966 (= Studien zum Deutschtum im Osten, Bd. 3), S. 150–186.
36 Walther von Lüttwitz, Im Kampf gegen die November-Revolution, Berlin 1934.
37 Johannes Erger, Der Kapp-Lüttwitz-Putsch. Ein Beitrag zur deutschen Innenpolitik 1919/20, Düsseldorf 1967 (= Beiträge zur Geschichte des Parlamentarismus und der politischen Parteien, Bd. 35), bes. S. 108–153.
38 Wolfgang Jaenicke, Tagebuch während des Kapp-Putsches, in: Leben in Schlesien (wie Anm. 24), S. 11–28.
39 Neubach, Verwaltung Schlesiens (wie Anm. 7), S. 917–924.
40 Webersinn, Die Provinz Oberschlesien (wie Anm. 22), S. 292f.
41 Neubach, Verwaltung Schlesiens (wie Anm. 7), S. 908ff.
42 Heinrich Tukay, Die katholische Kirche in Oberschlesien 1815–1945. Ein geschichtlicher Überblick, in: Oberschlesisches Jahrbuch 3 (1987), S. 37–69, bes. S. 42ff.
43 Reinicke, Die Reichstagswahlen in Schlesien (wie S. 119, Anm. 98), S. 293–299.
44 Hans-Ludwig Abmeier, Die schlesischen Abgeordneten in der Weimarer Nationalversammlung, in: Für unser Schlesien. Festschrift für Herbert Hupka. Hrsg. v. Helmut Neubach u. dems., München 1985, S. 254–272; ders., Die schlesischen Zentrumsabgeordneten in der Weimarer Nationalversammlung, in: Schlesien 23 (1978), S. 31–40.
45 Klaus Megerle, Danzig, Korridor und Oberschlesien. Zur deutschen Revisionspolitik gegenüber Polen in der Locarnodiplomatie, in: Jahrbuch für die Geschichte Mittel- und Ostdeutschlands 25 (1976), S. 145–178.
46 Akten zur deutschen auswärtigen Politik 1918–1945, Serie B: 1925–1933, Bd. I/1, Göttingen 1966, Anhang II, S. 727–753.
47 Bastiaan Schot, Nation oder Staat? Deutschland und der Minderheitenschutz. Zur Völkerbundpolitik der Stresemann-Ära, Marburg an der Lahn (= Historische und landeskundliche Ostmitteleuropa-Studien, Bd. 4); Erwin Viefhaus, Die Minderheitenfrage und die Entstehung der Minderheitenschutzverträge auf der Pariser Friedenskonferenz 1919. Eine Studie zur Geschichte des Nationalitätenproblems im 19. und 20. Jahrhundert, Würzburg 1960 (= Marburger Ostforschungen, Bd. 11), S. 193–209.
48 Dokumente der Deutschen Politik und Geschichte (wie Anm. 1), Bd. 3: Die Weimarer Republik 1919–1933, Berlin/München o. J., Nr. 57, S. 215f.
49 Helmut Neubach, Aufstieg und Herrschaft der NSDAP in Schlesien, in: ders., Parteien und Politiker in Schlesien (wie S. 118, Anm. 84), S. 210–216.
50 Franciszek Połomski, Uwagi o działalności NSDAP na Śląsku Opolskim, in: Studia Śląskie 10 (1966), S. 127–143.
51 Franciszek Biały, Z dziejów NSDAP okręgu śląskiego 1929–1932, in: Śląski Kwartalnik Historyczny Sobótka 33 (1978), S. 69–82.
52 Martin Broszat, Der Staat Hitlers. Grundlegung und Entwicklung seiner inneren Verfassung, München [11]1986 [[1]1969], S. 105–108.

53 Neubach, Verwaltung Schlesiens (wie Anm. 7), S. 928–932.
54 Heinrich Bennecke, Die Reichswehr und der »Röhm-Putsch«, München/Wien 1964 (= Politische Studien, Beiheft 2), Anlage 4, S. 85.
55 Hermann Mau, Die »Zweite Revolution« – Der 30. Juni 1934, in: Vierteljahrshefte für Zeitgeschichte 1 (1953), S. 119–137, hier S. 133ff.
56 Marek Maciejewski, Śląskie oddziały szturmowe narodowych socjalistów w sporach o władzę polityczną (1932–1934), in: Studia Śląskie N. S. 25 (1974), S. 233–270.
57 Mirosław Cygański, SS w pruskich prowincjach Śląska w latach 1929–1935, in: Studia Śląskie N. S. 25 (1974), S. 203–232, hier S. 224ff.
58 Helmut Neubach, Die schlesische NSDAP im Urteil schlesischer Antifaschisten, in: ders., Parteien und Politiker in Schlesien (wie S. 118, Anm. 84), S. 217–248, hier S. 236ff.
59 Mieczysław Mołdowa, Gross-Rosen obóz koncentracyjny na Śląsku, Warszawa [2]1979 [[1]1967]; Alfred Konieczny, Stan badań nad numeracją więźniów w obozie koncentracyjnym Gross-Rosen, in: Studia Śląskie N. S. 36 (1979), S. 155–192.
60 Paul Löbe, Der Weg war lang. Lebenserinnerungen, Berlin [3]1965 [[1]1949].
61 Wojciech Wrzesiński, Wygaśnięcie konwencji genewskiej w sprawach Górnego Śląska (15 VII 1937 R.), in: Śląski Kwartalnik Historyczny Sobótka 43 (1988), S. 77–97.
62 Karol Fiedor, Walka z nazewnictwem polskim na Śląsku w okresie hitlerowskim (1933–1939), Wrocław 1966 (= Documenta Silesiae, Bd. 4); ders., Bund Deutscher Osten w systemie antypolskiej propagandy, Warszawa/Wrocław 1977; ders., Usuwanie na Śląsku w czasach Trzeciej Rzeszy nazw miejscowości i określeń ze słowem »Piast«, in: Śląski Kwartalnik Historyczny Sobótka 36 (1981), S. 183–191.
63 Franciszek Ryszka, Polityka hitlerowska na Śląsku (1933–1945). Uwagi ogólne i postulaty badawcze, in: Studia Śląskie 10 (1966), S. 13–29; Józef Popkiewicz, Śląsk w gospodarze III Rzeszy, in: ebd., S. 49–78.
64 Friedrich Heiß, Das Schlesienbuch. Ein Zeugnis ostdeutschen Schicksals, Berlin 1938.
65 Karol Fiedor, Niektóre aspekty polityki Josefa Wagnera wobec Śląska (1934–1941), in: Studia Śląskie N. S. 34 (1978), S. 293–326.
66 Zit. nach Karol Jońca, Judenverfolgung und Kirche in Schlesien (1933–1945), in: Deutsche – Polen – Juden (wie S. 117, Anm. 58), S. 211–227, hier S. 214.
67 Karol Jońca, Zagłada niemieckich Żydów na Górnym Śląsku (1933–1945), in: Śląski Kwartalnik Historyczny Sobótka 46 (1991), S. 219–249.
68 Karol Jońca, Polityka narodowościowa Trzeciej Rzeszy na Śląsku Opolskim (1933–1940). Studium polityczno-prawne, Katowice 1970, Anhang I, S. 463–465.
69 Friedrich Karl Kaul, Der Fall des Herschel Grynszpan, Berlin (Ost) 1965, S. 30–44.
70 Karol Jońca, »Noc kryształowa« na Śląsku Opolskim na tle polityki antyżydowskiej Trzeciej Rzeszy, in: Studia Śląskie N. S. 37 (1980), S. 87–121.
71 Walter Tausk, Breslauer Tagebuch 1933–1940. Hrsg. v. Ryszard Kincel, Berlin [2]1977 [[1]1975], S. 178ff.
72 Bernhard Stasiewski, Das Wirken des Breslauer Erzbischofs Adolf Kardinal Bertram gegen den Nationalsozialismus, in: Nationalsozialismus und Widerstand in Schlesien. Hrsg. v. Lothar Bossle, Gundolf Keil, Josef Joachim Menzel u. Eberhard Günter Schulz, Sigmaringen 1989 (= Schlesische Forschungen, Bd. 3), S. 137–157, hier S. 143, 147.
73 Joseph Gottschalk, Sankt Annaberg, in: Weczerka, Handbuch der historischen Stätten (wie S. 19, Anm. 9), S. 469f.; Horst Bienek, Reise in die Kindheit. Wiedersehen mit Schlesien, München 1988, S. 18f.
74 Schlesiens SA. Beilage zum Kampfblatt der Obersten SA-Führung »Der SA.-Mann«, 4. Ausgabe, Folge 19 v. 7. 5. 1938.
75 Karol Jońca, Kościół ewangelicki na Śląsku wobec polityki rasistowskiej NSDAP, in: Studia Śląskie N. S. 35 (1979), S. 131–179.
76 Bienek, Reise in die Kindheit (wie Anm. 73), S. 97.
77 Robert Freißler, Vom Zerfall Oesterreichs bis zum tschechoslowakischen Staate. Eine historisch-politische Studie mit besonderer Berücksichtigung der Verhältnisse in Schlesien, Nordmähren und Ostböhmen, Zoppot-Berlin 1921.
78 Troppau. Schlesische Hauptstadt zwischen Völkern und Grenzen. Hrsg. v. Ernst Schremmer, Berlin/Bonn 1984 (= Ostmitteleuropäische Geschichte in Bildern und Dokumenten, Bd. 4), S. 122.
79 Ernst Birke, Der Erste Weltkrieg und die Gründung der Tschechoslowakei 1914–1919, in: Hand

buch der Geschichte der böhmischen Länder, Bd. 3: Die böhmischen Länder im Habsburgerreich 1848–1919. Bürgerlicher Nationalismus und Ausbildung einer Industriegesellschaft. Hrsg. v. Karl Bosl, Stuttgart 1968, S. 237–446, hier S. 391–408.

80 Dan Gawrecki, Těšínsko v období mezi světovými válkami (1918–1938), in: Nástin dějin Těšínska. Hrsg. v. Mečislav Borák u. Dan Gawrecki, Ostrava 1992, S. 81–101.

81 Jaroslav Valenta, Česko-polské vztahy v letech 1918–1920 a Těšínské Slezsko, Ostrava 1961; Alfred Bohmann, Die tschechoslowakischen Gebietsabtretungen an Polen und Ungarn 1938/39, in: Zeitschrift für Ostforschung 20 (1971), S. 465–496.

82 Joachim Bahlcke, »Mit den Waffen der Wissenschaft«. Der sudetendeutsche Jurist und Rechtshistoriker Wilhelm Weizsäcker (1886–1961), in: Berichte und Forschungen. Jahrbuch des Bundesinstituts für ostdeutsche Kultur und Geschichte 6 (1998), S. 175–210. Exemplarisch zur Schulpolitik im Hultschiner Ländchen: Karel Sommer, K politickému vývoji na Hlučínsku v první polovině 20. let, in: Slezský sborník 87 (1989), S. 121–135.

83 Jörg K. Hoensch, Geschichte der Tschechoslowakei, Stuttgart/Berlin/Köln [3]1992, S. 39–62.

84 Andrzej Brożek, Ziemie śląskie byłego pogranicza prusko-austriackiego w stosunkach polsko-niemiecko-czechosłowackich (1919–1922), in: Studia Śląskie N. S. 19 (1971), S. 71–95.

85 Józef Piłatowicz, Województwo śląskie w elektroenergetyce Polski międzywojennej, in: Śląski Kwartalnik Historiczny Sobótka 35 (1980), S. 19–37.

86 Hoensch, Geschichte Polens, Stuttgart [2]1990, S. 271.

87 Bolesław Reiner, Z problemów narodowo-wyznaniowych w województwie śląskim (1922–1939), in: Studia Śląskie N. S. 30 (1976), S. 113–136.

88 Oskar Wagner, Polnisch-Oberschlesien in der Zwischenkriegszeit, in: Jahrbuch der Schlesischen Friedrich-Wilhelms-Universität zu Breslau 28 (1987), S. 291–309, hier S. 292f.

89 Frank Keitsch, Das Schicksal der deutschen Volksgruppe in Ostoberschlesien in den Jahren 1922–1939, Dülmen/Westf. 1982 (= Stiftung Haus Oberschlesien, Bd. 1).

90 Wagner, Polnisch-Oberschlesien (wie Anm. 88), S. 295–299.

91 Zit. nach Wagner, Polnisch-Oberschlesien (wie Anm. 88), S. 305.

Teil II: Krieg, Vertreibung und Neuanfang. Die Entwicklung Schlesiens und das Schicksal seiner Bewohner von 1939–1995

(Joachim Rogall)

1. Zweiter Weltkrieg, Flucht, Eroberung, Vertreibung

a) Zweiter Weltkrieg

Der Zweite Weltkrieg begann am 1. September 1939 mit dem deutschen Angriff auf Polen. Hitler hatte sich dafür in der Nacht zuvor in Oberschlesien durch einen fingierten Überfall von SS-Angehörigen in polnischer Uniform auf den Sender Gleiwitz eine Rechtfertigung zu schaffen gesucht. Hitler beabsichtigte u. a. eine völlige Umgestaltung Ostmittel- und Osteuropas unter deutscher Hegemonie, die Schaffung von »deutschem Lebensraum« im Osten[1]. Dies wurde bereits während des Krieges durch große Umsiedlungs-, Terror- und Vernichtungsaktionen in den von deutschen Truppen besetzten Gebieten eingeleitet.
Die Rücksichtslosigkeit und Brutalität, mit welcher hier in deutschem Namen – bis Mitte 1941 in einer unheiligen Allianz mit der Sowjetunion, dann auch gegen diese gerichtet – Interessensgebiete und Grenzen festgelegt, Bevölkerungsgruppen wie Objekte verschoben, zu Hilfsvölkern und Zwangsarbeitern degradiert und teilweise mit der physischen Vernichtung bedroht wurden, mußte nach einem Sieg der Alliierten auf die Deutschen zurückschlagen. Hitler setzte das Schicksal der deutschen Nation auf eine Karte und verlor. Die Folgen waren eine Katastrophe für Deutschland. »Mit dem Jahr 1945 wurde das sich seit 1871 in mehreren Schüben vollziehende Zusammenwachsen der Deutschen zu einer Nation innerhalb des als Nationalstaat angelegten Deutschen Reiches durch die Zerstörung eben dieses staatlichen Gehäuses radikal unterbrochen«[2].
Die Katastrophe von 1945 war aber auch eine europäische Tragödie. »Nicht nur die vielfältigen und traditionsreichen Bezüge zwischen dem preußisch-deutschen Osten und dem Baltikum, zu Skandinavien, zu Ostmittel- und Südosteuropa im ganzen sind abgerissen... Die Vermittler-Rolle, die Preußen und das Deutsche Reich auch für das übrige Europa in dem Raum zwischen Baltischem und Schwarzem Meer gespielt hatten, sind 1945 mitzerstört worden«[3].
Für Deutschlands Osten und damit auch für das deutsche Schlesien brachten Hitlers Kriegspolitik und die Vergeltungsmaßnahmen der Alliierten 1945 den Untergang. Die deutsche Besatzungspolitik in Polen und Osteuropa hatten das Vorbild und in den Augen der betroffenen Völker und der Alliierten auch die moralische Rechtfertigung für die Behandlung der Deutschen nach ihrer Niederlage geliefert. Der polnische Schriftsteller Leon Kruczkowski drückte dies so aus: »Eines der größten Verbrechen des Hitlerismus, gar nicht geringer als die physische Vernichtung von Millionen Menschen, war, daß vielen europäischen Völkern, darunter vor allem den Polen, für eine gewisse Zeit die Überzeugung vom verbrecherischen Charakter der Deutschen, aller Deutschen, ihres gesamten Volkes aufgezwungen wurde«[4].

Während des Zweiten Weltkrieges waren auch in Schlesien Stätten nationalsozialistischen Terrors und der Vernichtungspolitik eingerichtet worden. So entstand bei der Stadt Auschwitz, welche in dem an den Regierungsbezirk Kattowitz angeschlossenen polnischen Gebiet lag, 1940 eines der größten nationalsozialistischen Konzentrations- und Vernichtungslager[5]. Das Lager Auschwitz wurde geradezu ein Symbol des nationalsozialistischen Völkermordes an den europäischen Juden, des sogenannten Holocaust. Die genaue Zahl der hier ermordeten Menschen, neben Juden aus allen besetzten Ländern Europas auch Angehörige anderer Völker, vor allem Polen, aber auch Deutsche, ist nicht bekannt. Schätzungen gehen von mindestens 960 000 Opfern aus[6].

Darunter befanden sich auch Schlesier, von denen stellvertretend für viele andere hier nur die Ordensfrau und Philosophin Edith Stein genannt werden soll[7]. Angesichts der vordringenden Roten Armee wurden Mitte Januar 1945 die überlebenden Häftlinge von Auschwitz zu Fuß nach Westen in Marsch gesetzt. In seiner Heimatstadt Gleiwitz war der spätere Schriftsteller Horst Bienek als Kind Zeuge des Elendszuges: »Alle haben diesen Zug gesehen, die Leute standen am Straßenrand und bekreuzigten sich, sie wußten, daß es kein gutes Ende nehmen würde, nicht für sie, nicht für die Stadt, nicht für das Reich«[8]. Ein weiteres, kleineres Konzentrationslager befand sich in Groß Rosen im niederschlesischen Kreis Schweidnitz.

Ebenfalls im Kreise Schweidnitz entstand auf dem Gut Kreisau von Helmut James Graf von Moltke eines der Zentren des deutschen Widerstandes gegen Hitler. Hier trafen sich Persönlichkeiten aller Schichten, politischen Richtungen und Konfessionen aus ganz Deutschland, darunter auch eine Reihe von Schlesiern. Neben Moltke gehörten u. a. Peter Graf Yorck von Wartenburg, der ehemalige oberschlesische Oberpräsident Hans Lukaschek, der ehemalige Breslauer Polizeipräsident Fritz Voigt und der in Breslau geborene Pfarrer Dietrich Bonhoeffer dem *Kreisauer Kreis* an[9].

Bei der deutschen Vorbereitung des Zweiten Weltkrieges war auch Schlesien Aufmarschgebiet gewesen. In Niederschlesien lag die 8. deutsche Armee in Bereitstellung, Oberschlesien war Aufmarschgebiet der 10. Armee. Beide gehörten zur Heeresgruppe Süd unter Generaloberst von Rundstedt. Aufgabe der 8. Armee war es, über Kalisch in den Raum Lodz vorzustoßen. Die 10. Armee, der nahezu die Hälfte aller schnellen Truppen angehörte, sollte im Zusammenwirken mit der Heeresgruppe Nord, die von Hinterpommern und Ostpreußen aus antrat, den Hauptteil des polnischen Heeres westlich von Weichsel und Narew umfassen. Der in Mähren und der Westslowakei bereitstehenden 14. Armee war der Vorstoß durch das Teschener Gebiet nach Westgalizien zugedacht. Diese Ziele konnten zwar nach Beginn des Angriffs sämtlich erreicht werden, allerdings teilweise erst nach Überwindung starken polnischen Widerstands, vor allem im ostoberschlesischen Industrierevier[10].

Nach dem Ende des sogenannten Polenfeldzugs Anfang Oktober 1939 wurden der Provinz Schlesien die nach dem Ersten Weltkrieg an Polen abgetretenen Gebiete Ostoberschlesiens und die östlichen Teile der niederschlesischen Kreise Namslau, Groß Wartenberg und Guhrau wieder angeschlossen. Der durch Führererlaß am 8. Oktober 1939 neugebildete Regierungsbezirk Kattowitz umfaßte aus wirtschaftlichen Gründen das gesamte oberschlesische Industriegebiet und dessen Umland, also neben den alten preußischen Gebieten um Kattowitz und Pleß auch altpolnische Gebiete wie das Dombrowaer Revier und das früher habsburgische Teschener Schlesien, das Olsa-Gebiet und den Westteil der Wojewodschaft Krakau. Im April 1940 wurden dem Regierungsbezirk Kattowitz außerdem die Stadtkreise Beuthen O. S., Gleiwitz und Hindenburg sowie die Landkreise Beuthen-Tarnowitz und Tost-Gleiwitz, welche früher zum Regierungsbezirk Oppeln gehört hatten, angegliedert. Dieser erhielt als Ausgleich die Kreise Lublinitz, Blachownia und Zawiercie und einen Teil des Kreises Tschenstochau.

Abb. 41: Einmarsch deutscher Truppen in das ostoberschlesische Kattowitz 1939, im Hintergrund das Stadttheater. Die Freude der einheimischen Deutschen war nicht gestellt, doch wurden viele von ihnen durch die ohne Rücksicht auf regionale Besonderheiten unmittelbar einsetzende Gleichschaltungspolitik der NS-Behörden schnell ernüchtert.

Tabelle 1: Fläche und Bevölkerung der Provinz Schlesien (Stand Dezember 1939)[11]:

	Fläche (qkm)	Bevölkerung	Einwohner pro qkm
Reg.-Bez. Breslau	12957	1970856	152,1
Reg.-Bez. Liegnitz	14023	1316588	93,9
Reg.-Bez. Oppeln	11694	1350202	115,5
Reg.-Bez. Kattowitz	8923	2824415	316,5
Provinz Schlesien	47597	7462061	156,8

Durch den Anschluß polnisch- und teilweise auch tschechischbesiedelter Gebiete stieg der Anteil der nichtdeutschen Bevölkerung der Provinz Schlesien stark an. Aus diesem Grunde war der schlesische Gauleiter und Oberpräsident, Josef Wagner, gegen die Eingliederung dieser Gebietsteile gewesen.

b) Die Deutsche Volksliste in Oberschlesien

Aufgrund der historischen Entwicklung des Grenzgebiets Oberschlesien war eine eindeutige nationale Zuordnung der Bevölkerung nach objektiven Kriterien praktisch unmöglich. Polnische und deutsche Zweisprachigkeit, Vor- und Familiennamen oder Abstammung alleine waren noch kein Indiz oder gar Beweis für das tatsächliche subjektive Nationalgefühl der Betreffenden. Teilweise ging die Trennung zwischen deutscher und polnischer

Tabelle 2: Nationalität und Sprache der Bewohner des Regierungsbezirks Kattowitz (nach der polizeilichen Einwohnererfassung vom Februar 1940)[12]:

Gebiet		Nationalität bzw. Sprache						zusammen
		deutsch	polnisch	»schlesisch«	jüdisch	andere*	tschechisch	
Ehemalige Wojewodschaft Schlesien (preuß. Teil)	N	998568 94,97%	50005 4,25%	– –	1908 0,18%	900 0,08%	57 0%	1051438
	S	818076 77,81%	125133 11,90%	105655 10,50%	520 0,05%	2013 0,19%	41 0%	100%
Ehemalige Wojewodschaft Schlesien (Teschener Schlesien)	N	85842 16,62%	215061 41,64%	157044 30,41%	9782 1,89%	2094 0,41%	46661 9,03%	516484
	S	75691 14,66%	213014 42,24%	182788 35,39%	7580 1,47%	1197 0,23%	36214 7,01%	100%
Teile der ehemaligen Wojewodschaften Kielce und Krakau	N	5190 0,69%	666055 88,88%	13 0%	77056 10,28%	945 0,13%	159 0,02%	749418
	S	4054 0,54%	668867 89,25%	2 0%	75524 10,08%	908 0,12%	62 0,01%	100%
gesamter Reg.-Bez. Kattowitz	N	1089600 47,02%	931121 40,18%	157057 6,78%	88746 3,83%	3939 0,17%	46877 2,02%	2317340
	S	897812 38,74%	1007014 43,45%	288445 12,45%	83624 3,61%	4128 0,18%	30312 1,57%	100%

N = Nationalität
S = Sprache
* = hier wurden die beiden Gruppen »andere« und »Ukrainisch« (Nationalität – 1025, Sprache 948) zusammengefaßt

Option quer durch die Familien. Auch besaß ein beträchtlicher Teil der oberschlesischen Landbevölkerung wie der Industriearbeiterschaft des Regierungsbezirks Kattowitz kein ausgeprägtes Nationalbewußtsein, sondern ein Regionalbewußtsein als »Oberschlesier«, allerdings häufig mit mehr oder weniger starker Neigung zur deutschen oder polnischen Seite. Die Nationalsozialisten versuchten in den angegliederten ostoberschlesischen Gebieten während des Zweiten Weltkrieges, durch eine Überprüfung nach objektiven und subjektiven Kriterien eine Einteilung der Bevölkerung vorzunehmen.
Das Instrument hierzu war die *Deutsche Volksliste* mit vier Kategorien: Gruppe 1 umfaßte Personen, welche sich zu polnischer Zeit aktiv als Deutsche betätigt hatten; Gruppe 2 umfaßte Personen, welche ihr Deutschtum zwar nicht demonstrativ, aber zweifelsfrei bewahrt hatten; in Gruppe 3 wurden Deutschstämmige aufgenommen, deren Volkstumsbekenntnis nicht eindeutig gewesen war; Gruppe 4 schließlich umfaßte polonisierte Deutschstämmige, welche sich aber nicht antideutsch betätigt hatten. Wer für keine Volkslistengruppe in Frage kam, war als »polnischer Schutzangehöriger« lediglich geduldet und der Willkür der NS-Behörden ausgeliefert, unterstand Sonderstrafrecht und war hinsichtlich Versorgung und Entlohnung gegenüber den Deutschen erheblich schlechter gestellt. Der Kattowitzer Bischof Stanisław Adamski hatte nicht zuletzt deshalb allen katholischen Oberschlesiern empfohlen, sich in die Deutsche Volksliste eintragen zu lassen. In der gesamten erweiterten Provinz Oberschlesien stellten lediglich 30000 Personen keinen Antrag auf Aufnahme in die Volksliste[13].

Tabelle 3: Nationalitätenverhältnisse der im Oktober 1939 dem Reich eingegliederten östlichen Teile des Regierungsbezirks Kattowitz (Stand Oktober 1943)[14]:

Gebiet	Deutsche				Zwischengruppe		
	Reichs-deutsche	Umsiedler	Gruppe 1 DVL	zusammen	Gruppe 2 DVL	Gruppe 3 DVL	zusammen
Ehem. Woj. Schlesien (preuß. Teil)	53323 4,77%	1395 0,12%	80086 7,16%	134804 12,03%	164371 14,69%	718163 64,19%	882534 78,88%
Ehem. Woj. Schlesien (Teschener Schlesien)	29804 4,92%	14827 2,45%	12557 2,07%	57188 9,44%	42669 7,04%	222781 36,76%	265450 43,80%
Teile d. ehem. Woj. Kielce u. Krakau	17355 2,95%	16864 2,87%	306 0,05%	34525 5,87%	1997 0,34%	10233 1,74%	12230 2,08%
Regierungsbezirk Kattowitz (ohne westl. Teil)	100482 4,34%	33086 1,43%	92949 4,02%	226517 9,79%	209037 9,04%	951177 41,13%	1160214 50,17%

DVL = Deutsche Volksliste
a = ohne die vor 1939 zum Deutschen Reich gehörenden Gebiete
b = darunter Personen, deren Anträge zur Aufnahme in die DVL abgelehnt wurden

In konfessioneller Hinsicht war Niederschlesien bis 1945 ein überwiegend evangelisches Land. Nach der Volkszählung 1939 lebten im Regierungsbezirk Breslau 58% Protestanten und 37% Katholiken, im Regierungsbezirk Liegnitz 78% Protestanten und 19% Katholiken. Oberschlesien dagegen war ganz überwiegend katholisch geprägt. Im Regierungsbezirk Oppeln betrug 1939 der Anteil der Katholiken 89%, derjenige der Protestanten 10%. Für die ganze Provinz Schlesien ergab sich somit 1939 ein Verhältnis von 46,5% Protestanten und 50,2% Katholiken[15].

Nach der kirchenamtlichen Zählung von 1940 umfaßte das Erzbistum Breslau (mit dem sudetendeutschen Anteil Freiwaldau und dem Olsa-Gebiet) 788 Pfarreien, 118 sonstige Seelsorgebezirke, 336 sonstige Weltgeistliche (Schuldienst, Militärseelsorge, kirchliche Verwaltung, pensionierte Geistliche) mit 2324058 Katholiken. Das zum Prager Erzbistum gehörige Generalvikariat Glatz umfaßte 55 Pfarreien mit 165095 Katholiken. Das zum Erzbistum Olmütz gehörende Generalvikariat Branitz zählte im sogenannten Altreich 41 Pfarreien mit 81776 Katholiken[16]. Die evangelische Kirchenprovinz Schlesien war in die Sprengel Breslau-Oppeln und Liegnitz untergliedert und umfaßte 51 Kirchenkreise, 724 Kirchspiele, 908 Pfarrstellen und 65 Vikariate mit 2307940 Gläubigen. Sie besaß 2423 gottesdienstliche Gebäude (878 Kirchen und 1167 Kapellen, Betsäle usw.)[17].

Hinzu kam 1939 die Unierte Evangelische Kirche in Polnisch-Oberschlesien mit rund 30000 Protestanten in 19 Gemeinden, 17021 Altlutheraner, 3260 Herrnhuter und 6200 Angehörige weiterer protestantischer Religionsgemeinschaften. Der Kampf des nationalsozialistischen Weltanschauungsstaates mit den christlichen Kirchen nahm während des Zweiten Weltkrieges an Schärfe zu. Kirchenaustrittspropaganda, Schikanierung von Geistlichen und Gläubigen, Enteignung von Friedhöfen und kirchlichen Gebäuden, Einziehung von Pfarrern zur Wehrmacht, Ausweisungen und Redeverbot für kritische Geistliche bzw. deren Inhaftierung gehörten zu den staatlichen Willkürmaßnahmen. Trotz dieses äußeren Druckes gelang es nicht, die verschiedenen kirchenpolitischen Gruppen der evangelischen Kirche Schlesiens zu einer gemeinsamen Abwehr zusammenzuführen[18].

Polen			noch unerledigte Fälle DVL	andere Nationalitäten	Bevölkerung insg.
Gruppe 4 DVL	Personen außerhalb DVL[b]	zusammen			
47543 4,26%	52532 4,69%	100075 8,95%	1000 0,09%	296 0,03%	1113709 100%
1553 0,26%	236425[c] 39,01%	237978 39,27%	4900 0,81%	40456[d] 6,68%	605972 100%
1731 0,29%	537114 91,62%	538845 91,62%	107 0,03%	2332 0,40%	583099 100%
50827 2,20%	826071 35,82%	876898 37,82%	6067 0,26%	43084 1,86%	23[illegible]2780 100%

c = darunter die Bevölkerung des Ostteils des Kreises Bielitz

d = darunter vor allem 37000 bis 38000 Tschechen des ehemaligen Kreises Freistadt, der 1940 dem Kreis Teschen eingegliedert wurde

Die katholische Kirche des Erzbistums Breslau war zwar unter der unbestrittenen Autorität Kardinal Adolf Bertrams geschlossen, aber auch sie befand sich angesichts der Rücksichtslosigkeit der Nationalsozialisten in der Defensive. In den Jahren 1940 bis 1943 wurden über hundert Priester der Erzdiözese Breslau ausgewiesen oder eingesperrt. Sieben von ihnen – zweisprachige Oberschlesier – starben in Konzentrationslagern. Kardinal Bertram protestierte mehrfach schriftlich – erfolglos – bei Hitler, stärkerer Widerstand war ihm nicht möglich[19].

Die Zahl der Juden in der Provinz Schlesien betrug 1939 noch 15840, davon in der Hauptstadt Breslau allein 10659. Vor allem die Auswanderung angesichts der wachsenden Diskriminierung hatte die Zahl der im Jahre 1933 noch 34375 Personen umfassenden jüdischen Schlesier um mehr als die Hälfte reduziert. Die in der Heimat verbliebenen Juden wurden mit ganz wenigen Ausnahmen – diese betrafen vor allem jüdische Partner in Mischehen – ab 1942 in die nationalsozalistischen Vernichtungslager verschleppt und zum größten Teil dort ermordet. Damit wurde die Geschichte des deutschen Judentums in Schlesien mit seinem reichen Beitrag zur geistigen, kulturellen, sozialen und wirtschaftlichen Entwicklung des Landes von den Nationalsozialisten brutal und grausam beendet[20]. Von Einzelfällen abgesehen, haben die beiden großen Kirchen angesichts der Verfolgung der schlesischen Juden versagt. Nur wenige Geistliche und Gemeindemitglieder hatten den Mut, den Bedrängten beizustehen und ihnen Hilfe zu leisten[21].

Gauleiter Josef Wagner hatte 1939 die von Hitler geplante erneute Teilung der Provinz strikt abgelehnt. Dies, sein Festhalten am katholischen Glauben und Intrigen führten schließlich am 27. Mai 1940 zu seiner Ablösung als Gauleiter[22]. Nachfolger wurde sein bisheriger Stellvertreter Fritz Bracht. Am 4. Januar 1941 wurde Schlesien in die Provinz Oberschlesien (20635 qkm und 4256888 Einwohner) mit den Regierungsbezirken Kattowitz und Oppeln und die Provinz Niederschlesien (26985 qkm und 3286539 Einwohner) mit den Regierungsbezirken Liegnitz und Breslau geteilt. Gauleiter und Oberpräsident von Oberschlesien wurde Fritz Bracht, von Niederschlesien Karl Hanke[23].

Abb. 42: Die Synagoge von Kattowitz wurde nach dem Einmarsch der Wehrmacht 1939 zerstört. Die Nationalsozialisten begründeten ihr Zerstörungswerk mit angeblichen Sabotageakten der örtlichen Juden. Das ausgebrannte Gotteshaus steht symbolisch für das Ende des deutsch-jüdischen Zusammenlebens in Schlesien.

In wirtschaftlicher Hinsicht setzte Ende 1939, als der gesamte oberschlesische Industrieraum erstmals in seiner Geschichte unter einheitlicher staatlicher Verwaltung stand, die Entwicklung zu einer modernen Großraumplanung ein. Kennzeichnend für die oberschlesische Industrie war eine starke räumliche Konzentration der Steinkohlegruben und der von ihnen rohstoffabhängigen Metallhüttenindustrie. Daneben gab es in räumlicher Trennung zum Steinkohlerevier kleinere Industriegebiete um Bielitz, Ratibor, Oppeln und Tschenstochau, vor allem der Textilerzeugung und des Maschinenbaus. Die politische Aufteilung des zentralen Industriegebietes zwischen Polen, Deutschland und der Tschechoslowakei hatte bis 1939 die Entwicklung stark behindert.

Nach der deutschen Besetzung Polens wurde ab September 1939 polnischer, jüdischer und »feindlicher« Industriebesitz enteignet und zunächst von der *Haupttreuhandstelle Ost*, später zumeist von deutschen Konzernen wie den Reichswerken Hermann Göring, der Flick-Berghütte, der Preussag u. a. übernommen. Im Interesse der Kriegswirtschaft wurden auch während der Weltwirtschaftskrise stillgelegte Werke wieder in Betrieb genommen, unternehmerische Konzentrationstendenzen gefördert und eine straffe, zentral gelenkte Produktionssteuerung eingeführt. Durch die kriegbedingte Forderung nach ununterbrochener Produktion, besonders bei den Grundstoffindustrien, wurden notwendige Ausbesserungen und Neuinstallationen im Bereich der Maschinen und Produktionseinrichtungen unterlassen. So waren 1945 zwar praktisch alle vorhandenen Industrieunternehmen Oberschlesiens in Betrieb, häufig stand es aber um ihren technischen Zustand nicht zum Besten[24].

Ganz Schlesien, das von Luftangriffen weitgehend verschont geblieben war, insbesondere aber das oberschlesische Industriegebiet, hatte für die deutsche Kriegswirtschaft eine sehr große Bedeutung. In den oberschlesischen Gruben wurde mit 95 Millionen Tonnen Kohle im Jahr die Hälfte der deutschen Steinkohleförderung erbracht. Die oberschlesischen Hüttenwerke erzeugten jährlich rund 2,4 Millionen Tonnen Stahl. Die oberschlesischen Zinkgruben und nicht zuletzt die zahlreichen Waffenfabriken waren für die deutsche Kriegführung unverzichtbar. Die schlesische Landwirtschaft sicherte die Versorgung von rund 7 Millionen Menschen, also neben der Bevölkerung der Provinz weiterer 2,5 Millionen.

c) Eroberung, Flucht und Vertreibung

Die Gesamtzahl der Bevölkerung Schlesiens Anfang 1945 wird nach amtlichen deutschen Unterlagen auf rund 4700000 Personen beziffert. Darin sind 450000 Evakuierte aus anderen Teilen Deutschlands, welche in Schlesien Zuflucht vor den Bombardierungen gefunden hatten, enthalten[25]. Auch waren nach Schlesien, insbesondere in die Kurorte des Riesengebirges, Berliner Verwaltungsbehörden ganz oder teilweise ausgelagert worden, so Teile des Auswärtigen Amtes und des Finanzministeriums. Die Bevölkerung Breslaus war durch diese Zuwanderung von 626000 auf rund eine Million gewachsen[26]. Im Falle Ostoberschlesiens waren zur alteingesessenen deutschen Wohnbevölkerung noch 38000 Umsiedler aus Osteuropa sowie rund 100000 Deutsche aus dem Reich während des Zweiten Weltkrieges hinzugekommen.
Nach dem ersten Eindringen der Roten Armee auf das Reichsgebiet in Ostpreußen im Sommer 1944 wurden in allen östlichen Reichsgauen Evakuierungspläne aufgestellt und Befestigungslinien gebaut bzw. instandgesetzt. Auch an der alten schlesisch-polnischen Grenze in Niederschlesien wurden Feldbefestigungen angelegt und Schanzarbeiten in Gang

Abb. 43: Die von den NS-Behörden viel zu spät erlaubte Flucht der schlesischen Zivilbevölkerung vor der Roten Armee wurde durch den ungewöhnlich harten Winter 1944/45 zusätzlich erschwert. Da sich die meisten Männer an der Front befanden, wurden die überstürzt zusammengestellten Treckwagen von Frauen, Kindern und Greisen nach Westen geführt.

gesetzt, wobei neben der Zivilbevölkerung auch Kriegsgefangene herangezogen wurden. Der niederschlesische Gauleiter Hanke ließ diese Aktion nach einem sagenhaften Vogt aus der Zeit des Mongoleneinfalls in Schlesien als *Unternehmen Barthold* bezeichnen. Tatsächlich waren jedoch angesichts des militärischen Kräfteverhältnisses zwischen Wehrmacht und Roter Armee der Zusammenbruch der deutschen Ostfront und die Eroberung Ostdeutschlands durch die sowjetischen Truppen durch diese Maßnahmen nicht mehr zu verhindern.

Als der erwartete Angriff der Roten Armee aus den Weichselbrückenköpfen am 12. Januar 1945 auf breiter Front losbrach, konnten die vorbereiteten Stellungen zum großen Teil noch nicht einmal besetzt werden, da Hitler die dafür vorgesehenen militärischen Reserven entgegen dem Rat der militärischen Fachleute für die Ardennen-Offensive an der Westfront eingesetzt hatte. Der sowjetische Vorstoß ging nicht zuletzt deshalb mit unerwarteter Geschwindigkeit voran. Die zur Verteidigung Schlesiens eingesetzte deutsche Heeresgruppe A konnte ihn nicht aufhalten. Bereits am 16. Januar standen sowjetische Panzerspitzen vor Krakau. Am 19. Januar überschritten Einheiten der Roten Armee bei Guttentag und Kreuzburg O. S. die schlesische Grenze. Am 22. Januar erreichten sowjetische Truppen oberhalb und unterhalb Breslaus die Oder bei Brieg und Steinau und errichteten Brückenköpfe auf dem westlichen Ufer.

Die nun einsetzende Flucht der schlesischen Bevölkerung verlief unter verhältnismäßig günstigeren Bedingungen als in den anderen ostdeutschen Gebieten, da Schlesien von der Roten Armee nicht in einem Zuge erobert werden konnte und bis zuletzt die Fluchtmöglichkeit über das Gebirge nach Westen ins Sudetenland bestand[27]. Durch Flüchtlinge aus dem Warthegau und dem Generalgouvernement waren die Schlesier in den östlich der Oder gelegenen Kreisen auch bereits gewarnt und hatten sich auf die Evakuierung eingestellt. Die offizielle Räumungserlaubnis erging allerdings viel zu spät erst unmittelbar vor dem Einmarsch der Roten Armee in den Tagen vom 19. bis 25. Januar. Die Räumungspläne sahen für die östlich der Oder liegenden Kreise Aufnahmekreise lediglich auf der westlichen Seite des Flusses vor, da man geglaubt hatte, die sowjetischen Truppen an der Oder längere Zeit oder gar auf Dauer aufhalten können.

Im oberschlesischen Industrierevier war nur Frauen mit kleinen Kindern die Evakuierung gestattet worden, während für die übrige Bevölkerung, besonders die in Industrie und Verwaltung Tätigen, zur Aufrechterhaltung der Produktion striktes Räumungsverbot bestand. Obgleich ein Teil der oberschlesischen Bevölkerung dennoch per Bahn, im Treck oder zu Fuß nach Westen floh, wurden die meisten Bewohner des Industriegebietes von der Roten Armee in ihrer Heimat überrollt. Während die Rote Armee das Revier gegen hartnäckigen deutschen Widerstand eroberte, lief die Produktion über und unter Tage praktisch pausenlos weiter. In den östlichen Kreisen Niederschlesiens und des Regierungsbezirkes Oppeln dagegen konnten die rund 700 000 Einwohner zumeist noch rechtzeitig über die Oder nach Westen evakuiert werden.

Besonders dramatisch verlief die Räumung der von der Roten Armee bedrohten Stadt Breslau. Da die Transportmittel zur Evakuierung der mehr als 700 000 zivilen Einwohner nicht ausreichten, mußten Hunderttausende Alte, Kranke, Frauen und Kinder bei härtester Kälte die Stadt zu Fuß verlassen. Etwa 200 000–300 000 Breslauer blieben deshalb in der Stadt zurück. Für die in der Verwaltung, Versorgung und Verteidigung der Stadt eingesetzten Menschen bestand selbstverständlich striktes Räumungsverbot. Der Breslauer Bürgermeister Wolfgang Spielhagen, der seine Familie ohne Erlaubnis nach Berlin in Sicherheit gebracht hatte, aber wieder nach Breslau zurückgekehrt war, wurde am 29. Januar auf Anordnung des Gauleiters und Reichsverteidigungskommissars zur Abschreckung standrechtlich auf dem Ring erschossen. Vier weitere Exekutionen dieser Art folgten[28].

Der 86jährige kranke Kardinal Adolf Bertram verließ am 21. Januar Breslau und begab sich nach Schloß Johannesberg bei Jauernig im sudetendeutschen Anteil seines Erzbistums. Am 22. Januar verlegte das Breslauer evangelische Konsistorium seinen Sitz nach Görlitz.
Am 8. Februar stießen die sowjetischen Truppen aus den Brückenköpfen bei Steinau und Brieg nach Westen vor, schlossen am 16. Februar Breslau vollständig ein, erreichten im Norden über den Bober die Lausitzer Neiße und eroberten Liegnitz, Goldberg, Löwenberg, Bunzlau und Sprottau, im Süden Grottkau, Strehlen, Striegau und Jauer. Das eingeschlossene Glogau konnte sich noch bis Mitte März halten. Auf dieser Linie blieb die Front bis Anfang Mai stehen. Die Bevölkerung konnte zumeist noch rechtzeitig fliehen, vor allem in das benachbarte Sudetenland und nach Sachsen. Viele Tausende über die Lausitzer Neiße geflüchtete Schlesier fanden bei der Bombardierung Dresdens am 13./14. Februar 1945 den Tod.
Das zur Festung erklärte Breslau wurde im Laufe der monatelangen Belagerung weitgehend zerstört, nicht nur durch Feindeinwirkung, sondern auch durch Maßnahmen der deutschen Verteidiger. So wurden für den Bau eines Flughafens am Scheitniger Stern ganze Straßenzüge gesprengt und eingeebnet[29]. Anfang April, an den Osterfeiertagen, wurde Breslau dann systematisch mit Spreng- und Brandbomben angegriffen und bei den weiteren Kämpfen zu 70% vernichtet. Die aussichtslos gewordene Verteidigung wurde nach einer Intervention führender Persönlichkeiten von katholischer und evangelischer Kirche beim Festungskommandanten schließlich am 6. Mai, zwei Tage vor der allgemeinen deutschen Kapitulation, eingestellt. Gauleiter Hanke hatte zuvor in der Nacht zum 6. Mai die Stadt mit dem Flugzeug verlassen. Etwa 40000 Soldaten und Zivilpersonen kamen während der Belagerung der Stadt ums Leben[30].
In Oberschlesien war die Front nach der Eroberung des Industriegebietes entlang der Oder von Oppeln bis Ratibor stehen geblieben. Am 15. März griffen die Sowjettruppen aus dem Raum südlich Breslau an und eroberten das westliche Oberschlesien mit den Kreisen Falkenberg und Neustadt O. S. und dem Großteil des Kreises Neisse. Die niederschlesischen Gebiete im Sudetengebirge entlang der böhmischen Grenze wurden von der Roten Armee dagegen erst unmittelbar vor bzw. sogar erst nach der Kapitulation am 8. Mai 1945 in Besitz genommen. Hier war die Bevölkerung im Bewußtsein des bevorstehenden Kriegsendes teilweise gar nicht den Räumungsbefehlen gefolgt, zum Teil hatte sie, wie im Kreis Landeshut, der Räumungsbefehl auch nicht mehr erreicht.
Etwa 1,2–1,5 Millionen Schlesier waren zum Zeitpunkt des Kriegsendes in ihrer Heimat verblieben bzw. auf der Flucht noch in Schlesien überrollt worden. Sie hatten während und nach der Eroberung unter brutalen Übergriffen und Gewalttaten sowjetischer Truppen zu leiden. Diese massenhaften Ausschreitungen waren nicht nur eine Reaktion auf die deutschen Besatzungsverbrechen in der Sowjetunion. Die Rotarmisten waren durch entsprechende Propaganda wie die Aufrufe des Schriftstellers Ilja Ehrenburg zu Plünderungen, Brandstiftungen, Morden und Vergewaltigungen aufgehetzt worden und wurden von ihren Vorgesetzten zumeist nicht dafür zur Verantwortung gezogen[31].
Unmittelbar nach der Eroberung der ostdeutschen Gebiete begannen die sowjetischen Militärbehörden, arbeitsfähige Männer und Frauen zur Zwangsarbeit in die Sowjetunion zu deportieren. Die Zahl der deportierten Schlesier wird auf etwa 62000 geschätzt[32]. Die rund 1,6 Millionen Schlesier, welche in das Sudetenland geflüchtet waren, wurden dort zusammen mit den einheimischen Sudetendeutschen ein Opfer der Ausschreitungen, in welchen sich der während der Besatzungszeit aufgestaute Haß der tschechischen Bevölkerung entlud. Nur 1,6 Millionen Schlesiern war die Flucht auf direktem Wege in Reichsgebiete wie Sachsen, Thüringen oder Bayern gelungen[33].
Nach Abschluß der Kampfhandlungen versuchte eine große Zahl der geflohenen Schlesier,

wieder in ihre Heimat zurückzukehren. Aus den Sudetengebieten schätzt man die Zahl der Rückkehrer auf rund 800000, aus den Reichsgebieten auf etwa 200000. Die aus dem kommunistischen Lubliner Komitee der nationalen Befreiung hervorgegangene vorläufige polnische Regierung, der von sowjetischer Seite die Verwaltung Schlesiens übergeben wurde, hatte jedoch die Vertreibung aller Deutschen aus ihrem Machtbereich beschlossen. In dieser Frage herrschte im übrigen bei allen politischen Lagern Polens Einmütigkeit. Die Londoner Exilregierung und die ihr nahestehende Untergrundbewegung im besetzten Polen hatten bereits seit 1940 konkrete Projekte dazu entwickelt, die sich allerdings bezüglich des Umfangs und des Zeitplanes je nach politischem Gesamtkonzept unterschieden. Ende 1943 übernahmen auch die kommunistischen Kräfte im Lande und im sowjetischen Exil den Gedanken der Vertreibung der Deutschen und setzten ihn nach ihrer mit sowjetischer Hilfe erfolgten Machtübernahme in die Tat um[34].

Im Juni und Juli 1945 wurden bereits rund 200000 Deutsche aus den nächst der Oder-Neiße-Linie gelegenen niederschlesischen Kreisen Sorau, Sagan, Görlitz, Lauban, Löwenberg, Bunzlau, Hirschberg und Frankenstein durch polnisches Militär zwangsausgesiedelt[35]. Auf der Potsdamer Konferenz Ende Juli/Anfang August 1945 beschlossen die siegreichen Alliierten, die deutschen Gebiete östlich von Oder und Lausitzer Neiße polnischer Verwaltung zu unterstellen und die deutsche Bevölkerung aus Polen, wozu die Sowjetunion und die von ihr als Verwaltungsmacht in den Oder-Neiße-Gebieten eingesetzten Polen auch ganz Schlesien zählten, »in ordnungsgemäßer und humaner Weise«[36] nach Deutschland auszusiedeln.

Sonderbefehl

für die deutsche Bevölkerung der Stadt Bad Salzbrunn einschliesslich Ortsteil Sandberg.

Laut Befehl der Polnischen Regierung wird befohlen:

1. Am 14. Juli 1945 ab 6 bis 9 Uhr wird eine Umsiedlung der deutschen Bevölkerung stattfinden.
2. Die deutsche Bevölkerung wird in das Gebiet westlich des Flusses Neisse umgesiedelt.
3. Jeder Deutsche darf höchstens 20 kg Reisegepäck mitnehmen.
4. Kein Transport (Wagen, Ochsen, Pferde, Kühe usw.) wird erlaubt.
5. Das ganze lebendige und tote Inventar in unbeschädigtem Zustande bleibt als Eigentum der Polnischen Regierung.
6. Die letzte Umsiedlungsfrist läuft am 14. Juli 10 Uhr ab.
7. Nichtausführung des Befehls wird mit schärfsten Strafen verfolgt, einschließlich Waffengebrauch.
8. Auch mit Waffengebrauch wird verhindert Sabotage u. Plünderung.
9. Sammelplatz an der Straße Bhf. Bad Salzbrunn-Adelsbacher Weg in einer Marschkolonne zu 4 Personen. Spitze der Kolonne 20 Meter vor der Ortschaft Adelsbach.
10. Diejenigen Deutschen, die im Besitz der Nichtevakuierungsbescheinigungen sind, dürfen die Wohnung mit ihren Angehörigen in der Zeit von 5 bis 14 Uhr nicht verlassen.
11. Alle Wohnungen in der Stadt müssen offen bleiben, die Wohnungs- und Hausschlüssel müssen nach außen gesteckt werden.

Bad Salzbrunn, 14. Juli 1945, 6 Uhr.

Abschnittskommandant
(-) Zinkowski
Oberstleutnant.

Abb. 44: Vertreibung der Deutschen.
Der abgebildete polnische Sonderbefehl aus Bad Salzbrunn, einer Kleinstadt im Kreis Waldenburg, wurde vor der Konferenz von Potsdam, also noch vor den alliierten Beschlüssen bezüglich der territorialen Veränderungen und der »Umsiedlung« der Deutschen erlassen.

Abb. 45: Vertreibung der Deutschen.
Schlesier warten im Jahre 1946 unter freiem Himmel an einem Sammelpunkt auf den Abtransport.

Tatsächlich entsprach die Art der Durchführung dieser Zwangsaussiedlungen jedoch in keiner Weise diesem Beschluß[37]. Offiziell verbot die polnische Regierung zwar Rache und Willkür an den Deutschen bei Androhung harter Bestrafung. Tatsächlich aber wurden entsprechende Ausschreitungen häufig von den örtlichen polnischen Behörden zumindest stillschweigend geduldet, auch weil die staatlichen Organe in den Oder-Neiße-Gebieten während der ersten Monate noch nicht in der Lage waren, für die Sicherheit und Ordnung zu garantieren[38]. Die Angliederung der ostdeutschen Gebiete an Polen und die Vertreibung der dortigen deutschen Bevölkerung wurde von praktisch allen Polen als gerechte Strafe für die während der deutschen Besatzungszeit in Polen verübten Verbrechen betrachtet. Mitleid mit den Deutschen war nach der Behandlung der Polen während des Krieges nicht zu erwarten. Die Fälle polnischer Hilfeleistung für verfolgte und diskriminierte Deutsche sind deshalb umso höher zu bewerten[39].
Die polnischen Behörden begannen mit der organisierten Zwangsaussiedlung der deutschen Bevölkerung aus Niederschlesien aufgrund der Beschlüsse von Potsdam am 1. Oktober 1945. Bis zum 5. Dezember 1945 waren rund 42000 Deutsche, darunter 27000 aus Breslau, mit Bahntransporten aus Niederschlesien vertrieben worden. Zu diesen organisierten Zwangsausweisungen kamen noch ca. 50000 Niederschlesier, welche auf eigene Initiative das Land verlassen hatten. Anfang Juli 1945 hatte bereits die Vertreibung der Deutschen aus der Wojewodschaft Schlesien (Oberschlesien) begonnen. Bis Ende 1945 hatten rund 150000 Deutsche per Bahntransport ihre oberschlesische Heimat verlassen müssen[40]. In den Jahren 1946/47 wurden weitere Vertreibungen von Deutschen durchgeführt, aus Niederschlesien 1290700 Personen, aus Oberschlesien 174300 Personen.

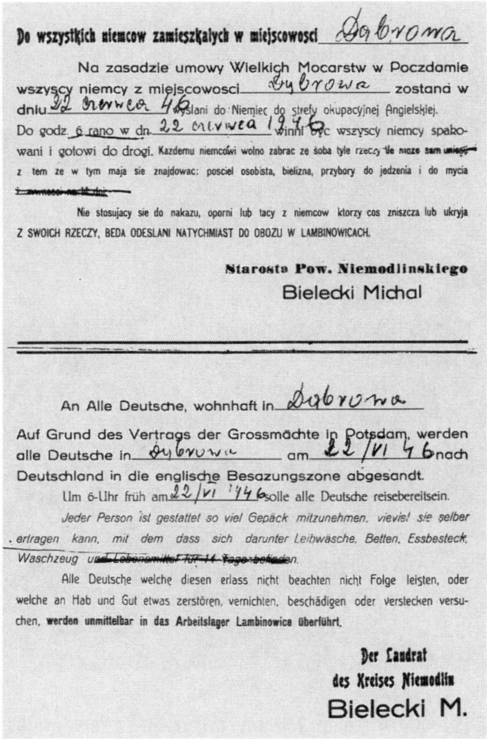

Do wszystkich niemcow zamieszkalych w miejscowosci Dabrowa

Na zasadzie umowy Wielkich Mocarstw w Poczdamie wszyscy niemcy z miejscowosci Dybrowa zostana w dniu 22 czerwca 46 wyslani do Niemiec do strefy okupacyjnej Angielskiej.

Do godz. 6 rano w dn. 22 czerwca 1946 winni byc wszyscy niemcy spakowani i gotowi do drogi. Kazdemu niemcowi wolno zabrac ze soba tyle rzeczy ~~ile moze sam uniesc~~ z tem ze w tym maja sie znajdowac: posciel osobista, bielizna, przybory do jedzenia i do mycia

Nie stosujacy sie do nakazu, oporni lub tacy z niemcow ktorzy cos zniszcza lub ukryja Z SWOICH RZECZY, BEDA ODESLANI NATYCHMIAST DO OBOZU W LAMBINOWICACH.

Starosta Pow. Niemodlinskiego
Bielecki Michal

An Alle Deutsche, wohnhaft in Dabrowa

Auf Grund des Vertrags der Grossmächte in Potsdam, werden alle Deutsche in Dybrowa am 22/VI 46 nach Deutschland in die englische Besazungszone abgesandt.

Um 6-Uhr früh am 22/VI 1946 solle alle Deutsche reisebereitsein.

Jeder Person ist gestattet so viel Gepäck mitzunehmen, vievis! sie selber ertragen kann, mit dem dass sich darunter Leibwäsche, Betten, Essbesteck, Waschzeug ~~*und Lebensmittel für 14 Tage*~~ *befinden.*

Alle Deutsche welche diesen erlass nicht beachten nicht Folge leisten, oder welche an Hab und Gut etwas zerstören, vernichten, beschädigen oder verstecken versuchen, **werden unmittelbar in das Arbeitslager Lambinowice überführt.**

Der Landrat
des Kreises Niemodlin
Bielecki M.

Abb. 46: Ausweisungsbefehl für Deutsche von 1946 aus dem oberschlesischen Kreis Falkenberg (poln. Niemodlin). Er enthält einen Hinweis auf das Arbeitslager Lamsdorf (poln. Lambinowice) – bis zur Gegenwart für viele Oberschlesier ein Symbol für polnische Vertreibungsverbrechen.

Die Verteilung der vertriebenen Schlesier auf die deutschen Besatzungszonen stellte sich nach der Volkszählung vom 29. Oktober 1946 wie folgt dar:

Tabelle 4: Verteilung der vertriebenen Schlesier auf die deutschen Besatzungszonen (29. 10. 1946):

Gebiet	Vertriebene
Vier-Zonen-Gebiet und Berlin	2698903
davon:	
Bundesgebiet	1622907
Britische Besatzungszone	1041663
Amerikanische Besatzungszone	561355
Französische Besatzungszone	19889
Sowjetische Besatzungszone	1048678
Berlin	27318

Dazu kamen noch 1017 Schlesier im Saarland, 507 in dänischen Flüchtlingslagern und etwa 7000 Schlesier in Österreich. Nach Abschluß der Vertreibungsmaßnahmen zeigte eine Volkszählung 1950 folgende Verteilung auf die Aufnahmegebiete[41]:

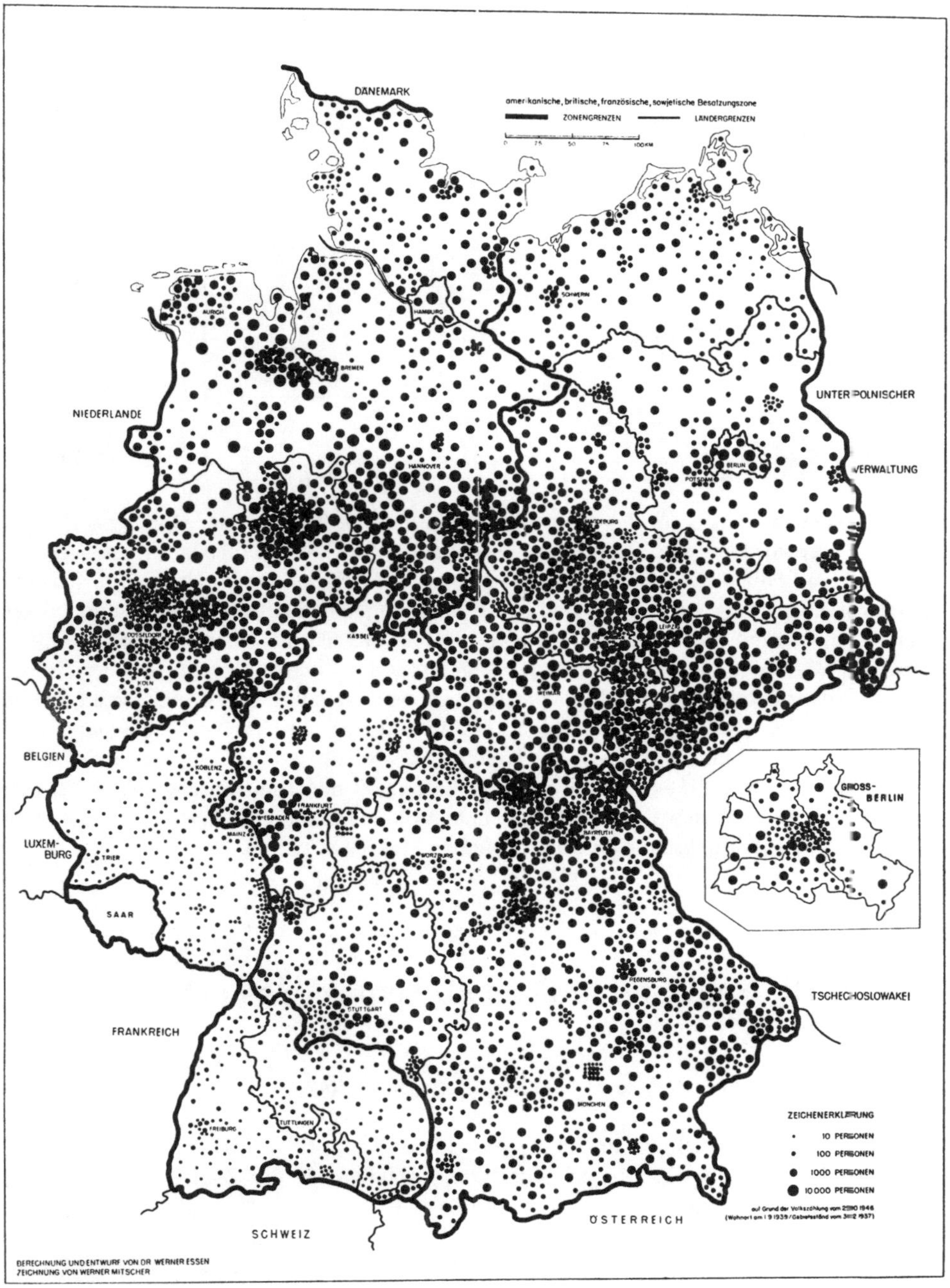

Abb. 47: Verteilung der Vertriebenen aus Schlesien in der amerikanischen, britischen, französischen und sowjetischen Besatzungszone im Jahre 1946. Nach Flucht und Vertreibung hatten die Schlesier zunächst vor allem in Sachsen, Sachsen-Anhalt, dem südlichen Niedersachsen, Nordbayern und Nordrhein-Westfalen Aufnahme gefunden. Durch die anschließende Binnenwanderung befand sich seit 1950 der größte Teil der vertriebenen Schlesier im Gebiet der alten Bundesrepublik Deutschland.

Tabelle 5: Die Vertriebenen aus Schlesien nach Aufnahmegebieten (1950):

Aufnahmegebiet	Schlesische Vertriebene
Bundesrepublik Deutschland	2053400
Saarland	1200
Berlin (West)	36600
Sowjetische Besatzungszone	1080000
Ostberlin	10000
Zusammen	3181200
Österreich	6000
Andere Aufnahmeländer	
in Europa	3000
außerhalb Europas	7000
Insgesamt	3197200

Eine Bevölkerungsbilanz für das Jahr 1950 ergab, daß 361000 Schlesier Opfer der Kriegshandlungen geworden waren und bei der anschließenden Flucht, Deportation und Vertreibung weitere 386000 Schlesier ihr Leben verloren[42]. Hierbei ist zu bedenken, daß die Verantwortung für die Verluste bei den Kriegshandlungen und auf der Flucht aufgrund der verspäteten Räumungserlaubnis zum größten Teil bei den nationalsozialistischen Machthabern liegt. Die Opfer der Ausschreitungen gegenüber der Zivilbevölkerung bei der Eroberung Schlesiens und im Zuge der Deportationen gehen dagegen zu Lasten der Roten Armee bzw. der sowjetischen Militärbehörden. Bei den polnischen Vertreibungsmaßnahmen forderten die sogenannten »wilden« Vertreibungen vor Potsdam und die Zustände in den Internierungslagern für die einheimische Bevölkerung die meisten Menschenleben. Bei den organisierten Zwangsausweisungen nach Potsdam kamen trotz der harten und teilweise dramatischen Begleitumstände nur relativ wenige Menschen zu Tode.

2. Die Schlesier außerhalb Schlesiens nach 1945

a) Erste Zusammenschlüsse der vertriebenen Schlesier

Auf der Konferenz von Potsdam im August 1945 teilten die Alliierten das Gebiet des Deutschen Reiches auf. Sie gingen dabei vom Gebietsstand vor Beginn der deutschen Anschluß- bzw. Eroberungspolitik aus, wofür sie den Stichtag 31. Dezember 1937 festsetzten. Die deutschen Gebiete östlich von Oder und Lausitzer Neiße mit Ausnahme des von der Sowjetunion verwalteten nördlichen Ostpreußen wurden kein Teil der alliierten Besatzungszonen, sondern polnischer Verwaltung unterstellt. Dies kann als Indiz dafür gewertet werden, daß seitens der Alliierten eine endgültige Angliederung dieser Gebiete an Polen beabsichtigt war. Die endgültige Festlegung der Grenzen Deutschlands wurde einem Friedensvertrag vorbehalten[43].

Die mit dem alliierten Bezug auf das deutsche Staatsgebiet vom 31. 12. 1937 festgelegte deutsch-polnische Grenze war nach dem Ersten Weltkrieg von keiner deutschen Regierung endgültig anerkannt worden. Da jedoch eine Änderung des territorialen Status quo nach 1945 zugunsten Deutschlands bei einem Friedensvertrag von den Alliierten abhing, ging auch die deutsche Politik bezüglich Deutschlands als Ganzem seit Potsdam von diesen Grenzen aus. Wenn im folgenden von ostdeutscher Bevölkerung gesprochen wird, so bezieht sich dies auf die Vertriebenen aus den historischen deutschen Ostgebieten jenseits von Oder und Lausitzer Neiße. Bis zum deutsch-polnischen Grenzvertrag von 1990 wurde das Gebiet der früheren Sowjetischen Besatzungszone und späteren Deutschen Demokratischen Republik geographisch zumeist als Mitteldeutschland bezeichnet. Seit 1990 ist, trotz mancher Einwände, die Bezeichnung »Ostdeutschland« für das Gebiet der neuen Bundesländer üblich geworden. Die westlichen Besatzungszonen nach 1945, das Gebiet der alten Bundesländer, werden geographisch »Westdeutschland« genannt.

Der Verlust der Heimat, von Hab und Gut sowie die Vereinzelung und Zerstreuung über alle deutschen Besatzungszonen hatten bei den Vertriebenen recht bald ein starkes Bedürfnis zum Zusammenschluß mit Landsleuten und Schicksalsgenossen zur Folge. Im Gefühl der Gemeinschaft und der Besinnung auf ihr kulturelles Erbe fiel es auch den Schlesiern leichter, sich als Vertriebene in der neuen Umgebung und gegenüber den Einheimischen zu behaupten und bei Bewahrung ihrer Besonderheit als gleichberechtigter Teil in die Gesellschaft zu integrieren. Auch war angesichts der ungleichen Verteilung der Kriegsfolgen, welche die Vertriebenen in weit höherem Maße als ihre west- und mitteldeutschen Landsleute zu tragen hatten, für die Durchsetzung eines Lastenausgleichs eine starke Interessenvertretung erforderlich. Die alliierten Militärbehörden versuchten jedoch im Sinne einer raschen Integration die Entstehung besonderer Organisationen der Vertriebenen zu verhindern und verhängten über sie ein Koalitionsverbot.

Erste Zusammenschlüsse der vertriebenen Schlesier konnten deshalb zunächst nur auf kirchlicher Ebene stattfinden. Vertriebene Pfarrer versuchten, die Anschriften ihrer Gemeindeglieder zu sammeln und durch Rundbriefe Verbindung zu halten bzw. wiederaufzunehmen[44]. Im Jahre 1946 unternahmen sowohl die schlesische Kirchenleitung unter Präses Ernst Hornig[45], die zunächst noch in Breslau, nach der Vertreibung ab Ende 1946 in Görlitz ihren Sitz hatte, aber auch schlesische Kirchenvertreter im west- und mitteldeutschen Raum um Bischof Otto Zänker und Oberkonsistorialrat Walter Schwarz Versuche, den Zusammenhalt der evangelischen Schlesier in der Vertreibung zu bewahren. Dabei wirkten anfänglich jedoch noch alte Gegensätze aus der Zeit des Kirchenkampfes nach.

Die schlesische Kirchenleitung setzte Beauftragte für die britische und amerikanische Besatzungszone ein. Bischof Zänker betrieb in Abstimmung mit dem Berliner Evangelischen Oberkirchenrat und Bischof Otto Dibelius die Einrichtung von Betreuungsausschüssen zur Hilfe für die notleidenden evangelischen Schlesier. An einer ersten Pfarrversammlung in Wittenberg mit Vertretern der Görlitzer schlesischen Kirchenleitung 1947 nahmen insgesamt 120 schlesische Geistliche aus Ost und West teil. Auf einem weiteren Pfarrkonvent 1948 in Wittenberg konnten die Differenzen der Vergangenheit weitgehend bereinigt werden. Bischof Zänker wurde als Vorsitzender der Betreuungsausschüsse bestätigt, die Görlitzer Kirchenleitung unter Bischof Hornig als rechtens anerkannt. Am 1. Mai 1948 entstand in Stuttgart ein schlesisches Hilfskomitee, das seit 1949 ein eigenes Kirchenblatt für evangelische Schlesier mit dem Titel *Wir haben hier keine bleibende Stadt* (seit 1950 *Schlesischer Gottesfreund*) herausgibt[46].

Der endgültige organisatorische Zusammenschluß aller vertriebenen evangelischen Schlesier in Westdeutschland erfolgte 1950 in Darmstadt unter der Bezeichnung *Gemeinschaft evangelischer Schlesier (Hilfskomitee)*[47]. Vom 20. bis 22. Mai 1952 konstituierte sich in Hannover der erste schlesische Kirchentag als synodale Vertretung der evangelischen

Schlesier in der Bundesrepublik Deutschland. Er wurde in der Rechtsform eines eingetragenen Vereins organisiert, mit dem Kirchentag als Mitgliederversammlung[48].
Auf katholischer Seite fanden die ersten Zusammenkünfte schlesischer Katholiken im Oktober 1946 auf Anregung des früheren Grottkauer Pfarrers Hettwer in Augsburg statt. Der ehemalige Konsistorialrat des Erzbistums Breslau, Johannes Kaps, hatte 1945 in München eine Kirchliche Hilfsstelle für die heimatvertriebenen Priester und Ordensleute der Breslauer Erzdiözese gegründet. Im Rahmen der Vereinigung heimatvertriebener katholischer Jugendlicher in Bayern mit der Bezeichnung *Katholische Junge Mannschaft*, welche aufgrund ihrer engen Verbindung mit der katholischen Kirche vom alliierten Koalitionsverbot nicht betroffen war, bildete sich in den Jahren 1946/47 in München eine Gemeinschaft katholischer Schlesier mit dem Namen *Eichendorffgilde* heraus. Ihre führenden Persönlichkeiten waren Johannes Kaps, Rudolf Jokiel und Helmut Scholz.
Anläßlich eines Requiems für den verstorbenen Breslauer Erzbischof Kardinal Bertram am 5. Juli 1947 in der St. Michaelsnotkirche in München fand die offizielle Gründung der Eichendorffgilde statt. Seit Dezember 1947 erschienen die *Mitteilungen der Eichendorffgilde. Schlesier in der Katholischen Jungen Mannschaft.* Von ihren Ausgangspunkten München und Augsburg nahmen die Eichendorffgilden zunächst in Bayern, dann auch in anderen deutschen Ländern einen raschen Aufschwung. In der britischen Zone waren ebenfalls Zusammenschlüsse heimatvertriebener schlesischer Katholiken entstanden, so das *St. Hedwigswerk* im Bistum Osnabrück und die *Deutsche Hedwigsstiftung*. 1951 wurde die Bezeichnung Eichendorffgilden durch den Beinamen *Heimatwerk schlesischer Katholiken* ergänzt. Von Januar 1952 bis 1973 gaben die Eichendorffgilden das Mitteilungsblatt *Der schlesische Katholik* heraus, das seit 1974 als Organ des Apostolischen Visitators für Priester und Gläubige aus dem Erzbistum Breslau unter der Bezeichnung *Heimatbrief der Katholiken des Erzbistums Breslau* weitergeführt wird[49].
Bis 1953 waren in das Gebiet der Bundesrepublik Deutschland 1083000 katholische Schlesier und der größte Teil der Priester des Erzbistums Breslau gekommen, darunter auch Weihbischof Joseph Ferche, der 1947 vom Papst zum Weihbischof und Domkapitular von Köln ernannt wurde. Im hessischen Königstein war ein Zentrum für die heimatvertriebenen Katholiken entstanden. Hier wurden auf Initiative von Johannes Kaps und Domvikar Moschner seit 1946 alljährlich Schlesische Priestertagungen veranstaltet. Aus diesen ging ein *Schlesisches Priesterwerk* hervor, das sich der Förderung schlesischen Theologennachwuchses, der Priesterfortbildung und der Verbundenheit mit der Heimatdiözese widmete. Erster Vorsitzender war der oberschlesische Prälat Oskar Golombek. Er wurde 1964 durch die Deutsche Bischofskonferenz zum »Sprecher der vertriebenen Priester der Erzdiözese Breslau in den Diözesen der Bundesrepublik Deutschland« ernannt. Das Schlesische Priesterwerk unterstützt u. a. die Herausgabe des Jahrbuches *Archiv für schlesische Kirchengeschichte* und das *Kardinal-Bertram-Stipendium*, das junge Theologen zur Beschäftigung mit schlesischer Kirchengeschichte veranlassen soll.
1972 starb Oskar Golombek, sein Nachfolger als »Sprecher der Priester des Erzbistums Breslau« und Vorsitzender des Schlesischen Priesterwerks wurde der Breslauer Hubert Thienel. Mit der vatikanischen Neugliederung der vormals ostdeutschen Diözesen 1972 wurde Thienel zum »Apostolischen Visitator der Priester und Gläubigen der Erzdiözese Breslau in der Bundesrepublik Deutschland« ernannt. Dies beinhaltete alle Vollmachten residierender Bischöfe, also eine persönliche Jurisdiktion über die rund 900 Priester und seelsorgerliche Mitverantwortung für die 1700000 Katholiken der Breslauer Erzdiözese, die neben der Jurisdiktion und Verantwortung des jeweiligen Ortsbischofs besteht. Der Apostolische Visitator ist zugleich Mitglied der Deutschen Bischofskonferenz[50].

b) Die Landsmannschaften der Schlesier

Der ersten landsmannschaftlichen Organisation schlesischer Heimatvertriebener, die in München im Jahre 1946 als *Vereinigung der Schlesier* gegründet worden war, versagte die alliierte Militärregierung noch die Lizensierung. Erst 1948 konnte diese Vereinigung in den *Schlesierverband Bayern* als Dachorganisation für die in Bayern entstehenden Schlesiervereine umgewandelt werden.

Auch in den anderen westdeutschen Ländern und in Berlin ging der Aufbau entsprechender Landesverbände der vertriebenen Schlesier voran. Im Gegensatz zu den Westalliierten ließen die Sowjetunion und die neuentstandene Deutsche Demokratische Republik in ihrem Bereich weder vor noch nach 1948 Vertriebenenorganisationen zu. In West-Berlin hatte sich ein *Kulturverband Schlesische Heimat e. V.* gebildet, der Anfang 1949 in die Landesgruppe Berlin der Landsmannschaft Schlesien umgewandelt wurde. In Niedersachsen war 1946 ein *Verein ehemaliger Schlesier und Oberschlesier* von den britischen Besatzungsbehörden genehmigt, alsbald aber wieder verboten worden. Dafür gelang 1947 in Hannover die Gründung eines *Eichendorff-Bundes* als Organisation der vertriebenen Schlesier, und Mitte 1949 erfolgte ebenfalls in Hannover die Gründung des Landesverbandes der Landsmannschaft. In Hamburg bestanden schon ältere schlesische Vereinigungen wie der *Verein der Schlesier in Hamburg-Harburg von 1903 e. V.*, der *Schlesierverein Rübezahl Hamburg von 1910 e. V.* und der *Schlesierverein Annaberg e. V. Hamburg* von 1920. Die Gründung der Landesgruppe der Landsmannschaft erfolgte hier am 1. Januar 1950, im Lande Bremen am 27. Januar 1950 und in Nordrhein-Westfalen am 26. März 1950. Nur zwei Tage später, am 28. März 1950, wurde in Bonn-Bad Godesberg als bundesweiter Dachverband die *Landsmannschaft Schlesien* gegründet. Erster Bundesvorsitzender wurde Walter Rinke. Im Oktober 1950 veranstaltete die Landsmannschaft unter dem Motto »Schlesien meldet sich zu Wort« ihr erstes Bundestreffen in Köln mit mehr als 150000 Teilnehmern.

In Schleswig-Holstein wurde die Landesgruppe am 21. Mai 1950 gegründet, in Württemberg-Baden, das zur amerikanischen Zone gehörte, im Juli 1949. Am schwierigsten war die Gründung von Vertriebenenorganisationen in den Ländern der französischen Besatzungszone. Die dortigen Militärbehörden suchten die Aufnahme von Vertriebenen zu verhindern bzw. zu erschweren, weshalb die Zahl der Schlesier hier sehr gering war. Auch Genehmigungen für Zusammenschlüsse wurden äußerst restriktiv gehandhabt. Dennoch konnte in Trier im Oktober 1949 eine Landesgruppe für Rheinland-Pfalz ins Leben gerufen werden; in den alten Ländern Südwürttemberg-Hohenzollern und Südbaden entstanden landesgruppenähnliche Zusammenschlüsse. Nach der Gründung des Landes Baden-Württemberg wurden im September 1952 in Stuttgart die drei betroffenen Gruppen zur Gesamt-Landesgruppe Baden-Württemberg vereinigt[51].

Eine wichtige Unterstützung für die vertriebenen Schlesier bedeutete die am 3. Oktober 1950 durch das Land Niedersachsen übernommene Patenschaft für die Landsmannschaft Schlesien, Nieder- und Oberschlesien, wenn auch die tatsächliche Hilfe, nicht zuletzt in finanzieller Hinsicht, im Laufe der Zeit sehr unterschiedlich war[52]. Obgleich die Patenschaft von einer sozialdemokratischen Landesregierung begründet worden war, wurde die Förderung vor allem Anfang der siebziger Jahre stark eingeschränkt. Unter der CDU-geführten Regierung Niedersachsens seit 1976 verstärkte sich das Engagement des Patenlandes wieder, um nach dem erneuten Regierungswechsel unter der sozialdemokratisch geführten Regierung wieder stark zurück zu gehen. Seit 1977/78 vergibt das Land Niedersachsen zusammen mit der Landsmannschaft alljährlich einen *Kulturpreis Schlesien*, der 1994 erstmals in Breslau verliehen wurde.

Alle zwei Jahre führt die Landsmannschaft ein Deutschlandtreffen der Schlesier durch.

URKUNDE

Die Landesregierung von Nordrhein-Westfalen
hat am 25. Februar 1964 beschlossen,
die Patenschaft über die Landsmannschaft der
Oberschlesier und die in der Bundesrepublik
lebenden Oberschlesier zu übernehmen.

Die Landesregierung bringt mit der Übernahme
der Patenschaft ihre Verbundenheit mit allen
Oberschlesiern und ihrer Heimat zum Ausdruck.
Die Patenschaft soll zugleich zur weiteren Vertiefung der engen und vielfältigen Beziehungen
beitragen, die zwischen Nordrhein-Westfalen
und Oberschlesien seit über 100 Jahren bestehen.
Die Landesregierung unterstützt mit dieser
Patenschaft auch die Aufgabe der Oberschlesier,
ihr kulturelles Erbe zu wahren, und fördert
ihre Bemühungen, Brücke zwischen dem
polnischen und dem deutschen Volk zu sein.

DÜSSELDORF · DEN 17. JULI 1964

DIE LANDESREGIERUNG VON NORDRHEIN-WESTFALEN

MINISTERPRÄSIDENT ARBEITS- UND SOZIALMINISTER

Abb. 48: Patenschaftsurkunde des Landes Nordrhein-Westfalen über die Landsmannschaft der Oberschlesier vom 17. Juli 1964.

Abb. 49: Überreichung der Patenschaftsurkunde durch den Ministerpräsidenten von Nordrhein-Westfalen, Franz Meyer, an den Sprecher der Landsmannschaft der Oberschlesier, Otto Ulitz. Die ideelle und materielle Unterstützung der Vertriebenen durch ihre westdeutschen Landsleute war für die Pflege ihrer heimatlichen Kultur und der Verbindungen in die Herkunftsgebiete unverzichtbar.

Eine eigenständige Nachwuchsorganisation der Landsmannschaft ist die *Schlesische Jugend*. Bekannt wurde sie vor allem durch die Aktivität ihrer *Arbeitsgemeinschaft Menschenrechtsverletzungen in Ostdeutschland* (AGMO), welche seit den achtziger Jahren auf die Lage der deutschen Minderheit in Polen durch Informationen, Dokumentationen und Aktionen hinweist[53].

Die Besonderheit Oberschlesiens drückte sich 1949 in der Gründung einer eigenen *Landsmannschaft der Oberschlesier* aus, die nicht in der ein Jahr später gegründeten Landsmannschaft Schlesien aufging, sondern sich ihre Eigenständigkeit bewahrte. Im Gegensatz zu den »reichsdeutschen« Landsmannschaften, welche wie die Landsmannschaft Schlesien, Nieder und Oberschlesien e. V. ihren geographischen Bezug von den Grenzen des Deutschen Reiches von 1937 ableiten, sieht sich die Landsmannschaft der Oberschlesier als Vertretung der Bewohner des gesamten historischen oberschlesischen Gebiets an, also einschließlich Österreichisch-Schlesiens. Auch die Landsmannschaft der Oberschlesier führt alle zwei Jahre Bundestreffen durch und besitzt mit der 1950 gegründeten Zeitung *Unser Oberschlesien* ein eigenes Bundesorgan. Im Jahre 1964 übernahm das Land Nordrhein-Westfalen die Patenschaft über die Landsmannschaft und die in der Bundesrepublik Deutschland lebenden Oberschlesier[54]. Seit 1965 verleiht das Patenland alljährlich den *Oberschlesischen Kulturpreis* für Kunst und Wissenschaften, der der Bewußterhaltung der Kulturleistungen Oberschlesiens dient.

Für zahlreiche schlesische Landkreise, Städte und Gemeinden bestehen Patenschaften westdeutscher Kommunen und Landkreise. Im Rahmen dieser Patenschaften werden regelmäßige Heimattreffen veranstaltet, an denen in jüngster Zeit neben Spätaussiedlern und Vertretern der deutschen Minderheit in Schlesien auch Vertreter der heutigen polnischen Bewohner dieser schlesischen Orte teilnehmen. In den Patengemeinden bestehen zumeist Heimatstuben, welche das über Flucht und Vertreibung bewahrte Kulturgut bewahren und der Öffentlichkeit zugänglich machen. Die schlesischen Heimatkreise und -gemeinden sind im *Schlesischen Städte-, Kreis- und Gemeindetag* zusammengeschlossen.

Zur Bedeutung und Rolle der schlesischen Landsmannschaften wie der ostdeutschen Vertriebenenverbände überhaupt muß gesagt werden, daß sie zunächst und in erster Linie der sozialen Selbsthilfe dienten. Durch sie konnten die vertriebenen Schlesier aktiv ihr Schicksal mitgestalten. So halfen sie durch ihre Beteiligung an der Vertriebenengesetzgebung mit, die materiellen Voraussetzungen ihrer Integration zu schaffen[55]. Neben und vor diese soziale Funktion trat mit zunehmender Integration der Vertriebenen jedoch seit den sechziger Jahren ihre politische Betätigung und Einflußnahme, deren zentrales Anliegen in der Betonung des »Rechts auf die Heimat«, verbunden mit der Aufrechterhaltung des deutschen Rechtsanspruchs auf die Gebiete östlich von Oder und Neiße und der Wiedervereinigung Deutschlands, ausgehend von den Grenzen von 1937, lag.

Bis Mitte der sechziger Jahre bestand noch bei allen im Bundestag vertretenen Parteien ein politischer Konsens mit den Vertriebenenverbänden in dieser Frage, wobei auch die Rücksicht auf das Wählerpotential der Vertriebenen eine Rolle spielte. In der zweiten Hälfte der sechziger Jahre setzte sich in der Gesellschaft der Bundesrepublik Deutschland jedoch mehr und mehr die Überzeugung von der Notwendigkeit einer Anerkennung der bestehenden polnischen Westgrenze an Oder und Lausitzer Neiße als Voraussetzung der Aussöhnung mit dem polnischen Volk durch. Die Vertriebenenorganisationen gerieten mit ihren Forderungen deshalb zunehmend in ein gesellschaftliches Abseits, das mit einem politischen Bedeutungsverlust seit Beginn der sozialliberalen Koalition 1969 und deren neuer Ostpolitik verbunden war.

Darüber konnte auch nicht hinwegtäuschen, daß der Bund der Vertriebenen unter Führung des Oberschlesiers Herbert Czaja bei seinen Bemühungen um eine Verfassungsbeschwerde

Abb. 50: Willy Brandt und Ludwig Erhard als Gäste beim Bundestreffen der Landsmannschaft Schlesien, Nieder- und Oberschlesien 1961 in Köln. Die Forderungen der Vertriebenenverbände wurden damals noch von allen politischen Kräften der Bundesrepublik Deutschland – mit Ausnahme der Kommunisten – unterstützt.

gegen die Ostverträge Unterstützung fand. Der Freistaat Bayern konnte am 31. Juli 1973 in einem Normenkontrollverfahren gegen den Grundlagenvertrag zwischen BRD und DDR vor dem Bundesverfassungsgericht ein Urteil erwirken, in welchem der Fortbestand des Deutschen Reiches und die Mitverantwortung der Bundesrepublik Deutschland für ganz Deutschland festgeschrieben wurde. Das Bundesverfassungsgericht stellte ferner am 7. Juli 1975 bezüglich der Ostverträge (Moskauer Vertrag vom 12. August 1970, Warschauer Vertrag vom 7. Dezember 1970) fest, daß die Gebiete östlich von Oder und Neiße auch nach den Verträgen nicht aus der Zugehörigkeit zu Deutschland entlassen und endgültig fremder Souveränität unterstellt seien[56]. Diese Entscheidungen des Bundesverfassungsgerichts bezogen sich ausdrücklich auf die von den Alliierten 1945 ihren Teilungsplänen zugrunde gelegten Grenzen des Deutschen Reiches vom 31. Dezember 1937.

Konkreten politischen Nutzen aus diesen unbestreitbaren juristischen Erfolgen konnte der Bund der Vertriebenen jedoch nicht ziehen[57]. Auch der erneute Regierungswechsel 1982 zur christlich-liberalen Regierung Kohl brachte hier keine Wende, obgleich viele Vertriebene aufgrund entsprechender Äußerungen mancher CDU/CSU-Politiker damit die Hoffnung auf eine Revision der Ostverträge verbunden hatten. Die politische Ohnmacht der Vertriebenenverbände zeigte sich deutlich im Jahre 1985 anläßlich des 21. Deutschlandtreffens der Schlesier in Hannover, das zunächst unter dem Motto »40 Jahre Vertreibung – Schlesien bleibt unser« stehen sollte. Die angekündigte Teilnahme des Bundeskanzlers führte zu harten innenpolitischen Kontroversen, in deren Folge das Motto schließlich in »40 Jahre Vertreibung – Schlesien bleibt unsere Zukunft – Im Europa freier Völker« abgeändert wurde.

Ein nennenswerter Einfluß der Vertriebenenverbände auf die ostpolitischen Entscheidungen der Bundesregierung bestand nicht mehr. Die Diskussionen um das Schlesiertreffen und der naive Artikel eines Zwanzigjährigen in der Verbandszeitung *Der Schlesier*[58], der

einen fiktiven Vormarsch der Bundeswehr an die Weichsel schilderte und im In- und Ausland ein sehr negatives Echo hervorrief, wirkten sich auf das Bild der Landsmannschaft Schlesien und der Vertriebenenverbände insgesamt ungünstig aus[59]. Sie erschienen dem Großteil der Öffentlichkeit als Störenfriede im Prozeß der Entspannung und Aussöhnung mit den östlichen Nachbarn, als Ewiggestrige, sogar als politisch gefährlich. Der politische Bedeutungsverlust wurde von ihnen jedoch durch verstärkte Bemühungen im sozialen und kulturellen Bereich aufgefangen, vor allem bei der Eingliederung der Aussiedler, der Pflege des ostdeutschen Kulturgutes und – entgegen ihrem Bild in weiten Teilen der Öffentlichkeit – bei der Pflege und Erweiterung menschlicher Kontakte zu den östlichen Nachbarn. Denn die Vertriebenen, ob landsmannschaftlich organisiert oder nicht, nahmen sich nicht nur der Probleme der vor 1989 von Polen nicht offiziell anerkannten deutschen Minderheit an, sondern knüpften bei Besuchen in ihrer alten Heimat mit den neuen polnischen Bewohnern Bekanntschaften und sogar Freundschaften, welche auf beiden Seiten dazu beitrugen, die alten Feindbilder abzubauen[60].
Das Bild der Landsmannschaft Schlesien hat sich nicht zuletzt durch den Generationswechsel in den letzten Jahren gewandelt. Nach wie vor stellen die Geburtsschlesier, also diejenigen, welche in Schlesien geboren wurden und dort einen Teil ihres Lebens verbrachten, den größten Teil der Mitglieder und Aktivisten. Daraus resultiert eine starke Überalterung der Mitgliederschaft. Daneben traten in den letzten Jahren vermehrt Abstammungsschlesier, welche zwar einen oder zwei schlesische Eltern- oder Großelternteile haben, aber selbst schon während und nach der Vertreibung außerhalb Schlesiens geboren wurden. Hinzu kommen sogenannte Bekenntnisschlesier, welche keine familiären Bindungen an das Land haben, aber aus nationaler Solidarität oder aus anderen Gründen die Tätigkeit der Landsmannschaft unterstützen[61]. Schließlich sind es auch die Aussiedler aus Schlesien, welche hier Landsleute und Schicksalsgenossen finden und für welche die Landsmannschaft ein Stück Heimat in der Fremde darstellt.
Die schlesische landsmannschaftliche Presse in Deutschland ist bis heute vielfältig und hat ihren Leserkreis. Die einzelnen Heimatgemeinschaften geben regionale Heimatbriefe heraus. An überregionalen Presseorganen ist die Wochenzeitung *Der Schlesier* zu nennen, die 1949 als *Breslauer Nachrichten* in Cham in der Oberpfalz gegründet wurde und seit 1951 unter dem neuen Titel in Recklinghausen erscheint. Bis 1986 war *Der Schlesier* auch offizielles Organ der Landsmannschaft Schlesien. Seit Oktober 1986 wurde diese Funktion von den neugegründeten *Schlesischen Nachrichten* übernommen, die zunächst als Monatsblatt, seit 1989 zweimal im Monat erscheinen. Im Jahre 1986 wurde vom Bundesverband der Schlesischen Jugend *Akzent – Jugendzeitung für Geschichte, Kultur, Politik und Fragen der Zeit* ins Leben gerufen[62].

c) Betätigung in Politik und Gesellschaft

Schlesier waren am Aufbau der Gesellschaft und des politischen Systems der Bundesrepublik Deutschland seit der unmittelbaren Nachkriegszeit an führender Stelle beteiligt. Bereits dem Parlamentarischen Rat gehörten vier gebürtige Schlesier an, die Sozialdemokraten Paul Löbe, Willibald Mücke und Hermann Runge sowie Hans-Christoph Seebohm von der Deutschen Partei. Während Mücke und Löbe tatsächlich auch als Vertriebene aus Schlesien anzusehen waren, traf das für Runge und Seebohm, die ihre Geburtsheimat bereits in jungen Jahren verlassen hatten, nicht zu. Dem ersten Deutschen Bundestag, der am 7. September 1949 von dem Liegnitzer Paul Löbe als Alterspräsident eröffnet wurde, gehörten 24 Schlesier an.

Von 1949 bis 1994 hatten insgesamt 104 gebürtige Schlesier ein Abgeordnetenmandat im Deutschen Bundestag inne, teilweise sogar mehr als drei Jahrzehnte hindurch, wie die Oberschlesier Herbert Czaja und Erich Mende. Die meisten Schlesier, 28 Abgeordnete, waren im 12. Bundestag (1991–1994) vertreten. Im 13. Bundestag, der 1994 gewählt wurde, sind nurmehr 21 Schlesier vertreten. Allerdings wurde mit dem in Breslau geborenen Sozialdemokraten Hans-Ulrich Klose zum zweiten Male ein Schlesier zum Vizepräsidenten dieses Bundestages gewählt. In den Jahren 1981 bis 1983 hatte bereits Heinrich Windelen dieses Amt inne gehabt. Von den 13 Ministern des ersten Kabinetts Bundeskanzler Adenauers im Jahre 1949 stammten zwei aus Schlesien, Vertriebenenminister Hans Lukaschek, ehemaliger Oberpräsident der Provinz Oberschlesien, und Verkehrsminister Seebohm. Seither haben bis heute insgesamt sieben Schlesier ein Bonner Ministeramt bekleidet, teilweise sogar mehrere Legislaturperioden hindurch, wie Manfred Kanther und Klaus Töpfer, die sowohl der vierten als auch der fünften Regierung Helmut Kohls angehören, Kanther als Bundesinnenminister, Töpfer als Bundesbauminister, zuvor als Umweltminister.

Der Beitrag der Schlesier zur deutschen Politik seit 1945 beschränkte sich nicht auf Parlament und Regierung der Bundesrepublik Deutschland. Die Mitarbeit von Schlesiern in allen politischen Parteien sowie der Staats-, Länder- und Kommunalverwaltung, aber auch in der Deutschen Demokratischen Republik, kann hier nicht im einzelnen geschildert werden[63]. Gleiches gilt für andere gesellschaftliche Bereiche, in welchen Schlesier, teilweise an führender Stelle, tätig sind. Stellvertretend sollen hier nur für die katholische Kirche der Kölner Kardinal Joachim Meisner, für die Schauspielerei Hanna Schygulla, Wolfgang Reichmann und Georg Thomalla sowie für das Kabarett Werner Finck und Dieter Hildebrandt genannt werden.

d) Kultureller Bereich

Das Bestreben, schlesisches Kulturgut zu erhalten und zu pflegen sowie den schlesischen Beitrag zur deutschen und europäischen Kultur angemessen darzustellen, fand Ausdruck in einer Vielzahl von Initiativen und Einrichtungen der vertriebenen Schlesier, aber auch von anderer, sowohl staatlicher wie privater Seite, die hier nicht mit dem Anspruch auf Vollständigkeit genannt werden können[64]. Anhand einiger Beispiele soll jedoch die große Bandbreite deutlich gemacht werden. Der staatlichen Förderung durch Bund und Länder liegt deren Verpflichtung nach § 96 des Bundesvertriebenen- und Flüchtlingsgesetzes (BVFG) zugrunde,

- das Kulturgut der Vertreibungsgebiete im Bewußtsein der Vertriebenen und Flüchtlinge, des gesamten deutschen Volkes und des Auslands zu erhalten,
- Archive, Museen und Bibliotheken zu sichern, zu ergänzen und auszuwerten,
- Wissenschaft und Forschung bei der Erfüllung der Aufgabe zu fördern, die sich aus der Vertreibung und der Eingliederung der Vertriebenen und Flüchtlinge ergeben, und
- die Weiterentwicklung der Kulturleistungen der Vertriebenen und Flüchtlinge zu fördern[65].

Die Bundesregierung legte dazu 1982 eine Grundsatzkonzeption zur Weiterführung ostdeutscher Kulturarbeit vor, die 1988 in ein *Aktionsprogramm* des Bundesministeriums des Innern für die Jahre 1988 bis 1993 mündete. Dieses stand unter dem Grundsatz, daß kulturelles Erbe und geistige Substanz der deutschen Kulturlandschaften des Ostens Teil der gesamtdeutschen Kultur sind. Im Rahmen der weitgespannten Förderung wurde 1989 durch den Bundesminister des Innern auch ein *Bundesinstitut für ostdeutsche Kultur und*

Die Künstlergilde e.V., Esslingen (Bundesrepublik Deutschland)
und die Stadt Glogau (Głogów / Polen)

laden ein zur feierlichen Überreichung des

Andreas-Gryphius-Preises 1992
Ostdeutscher Literaturpreis der Künstlergilde

Freitag, 12. Juni 1992, 11.00 Uhr,
im Kulturhaus der Stadt Glogau (Głogów), Obrońców Pokoju 2

Der Preis wird vom Bundesministerium des Innern, Bonn, dotiert

Die Veranstaltung wird durch das Ministerium für Arbeit, Gesundheit
und Soziales des Landes Nordrhein-Westfalen gefördert

Bractwo Artystyczne e.V., Esslingen (Republika Federalna Niemiec)
i miasto Głogów / Polska

zapraszają na uroczyste wręczenie

Andreas-Gryphius-Nagrody 1992
wschodnio-niemieckiej nagrody literackiej Bractwa Artystycznego

w piątek 12. czerwca 1992 r., o godz. 11.,
w Domu Kultury miasta Głogów, przy ul. Obrońców Pokoju 2

Nagroda ta dotowana jest przez Ministerstwo Spraw Wewnętrznych
w Bonn.

Uroczystość ta popierana jest przez Ministerstwo Pracy, Zdrowia i Spraw
Socjalnych Kraju Północnej Nadrenii-Westfalii.

Abb. 51: Ein Beispiel für die von der Bundesregierung geförderte grenzüberschreitende Kulturarbeit ist die im Jahre 1992 erstmals im polnischen Schlesien durchgeführte Verleihung des Andreas-Gryphius-Preises der Künstlergilde Esslingen.

Geschichte (BOKG) in Oldenburg (Oldb.) errichtet[66]. Während sich die sozialdemokratisch geführten Regierungen der Bundesländer in den letzten Jahren zunehmend der Verpflichtung nach § 96 BVFG entzogen und ihre finanzielle Förderung der ostdeutschen Kulturarbeit stark reduziert bzw. auf Maßnahmen grenzüberschreitender Kulturarbeit beschränkt haben, setzt die Bundesregierung auch nach der Bundestagswahl 1994 ihre entsprechende Förderung fort und sichert damit die finanzielle Grundlage der schlesischen Kulturarbeit in Deutschland, aber zum Teil auch im heute polnischen Schlesien.

Von wesentlicher Bedeutung für die Anregung und Förderung der Kulturarbeit sind die drei schlesischen Kulturstiftungen: die 1974 in Hannover gegründete *Stiftung Schlesien*, die 1970 gegründete *Stiftung Haus Oberschlesien*, die Trägerin des Hauses Oberschlesien in Ratingen-Hösel sowie des Oberschlesischen Landesmuseums mit Bibliothek und Archiv ist, sowie die *Stiftung Kulturwerk Schlesien* mit Sitz in Würzburg, die seit 1980 auch die Arbeit des traditionsreichen schlesischen Bergstadt-Verlags W. G. Korn weiterführt. Die Gründung des Kulturwerks Schlesien 1951 als öffentlich-rechtliche Stiftung geht auf den Pädagogen Karl Schodrock zurück. Es bezieht in seine Arbeit den gesamten schlesischen Kulturraum, also Niederschlesien, ganz Oberschlesien und das früher österreichische Sudetenschlesien mit ein und arbeitet eng mit den beiden anderen schlesischen Stiftungen zusammen[67].

Neben den Erträgen aus dem Stiftungsvermögen erhält das Kulturwerk zur Erfüllung seiner vielfältigen Aufgaben auch Zuwendungen des Bundes und des Landes. Seit 1956 gibt die Stiftung die Vierteljahresschrift *Schlesien – Kunst – Wissenschaft – Volkskunde* heraus, welche zum führenden schlesischen Kulturforum geworden ist. Weitere Veröffentlichungen der Stiftung sind der *Schlesische Kulturspiegel* und die seit 1966 herausgegebene Reihe *Silesia*, in welcher vom »Schlesischen Balladenbuch« bis zu Monographien schlesischer bildender Künstler und Dichter bislang mehr als 35 Veröffentlichungen erschienen sind. Daneben veranstaltet die Stiftung regelmäßig Ausstellungen, bei der u. a. zeitgenössische Künstler aus Schlesien ihre Arbeiten vorstellen können oder landeskundliche Ausstellungen Schlesiens Bild in Vergangenheit und Gegenwart präsentieren. Pioniercharakter haben die inzwischen bereits zu einer guten Tradition gewordenen Ausstellungen über

bedeutende Städte Schlesiens, welche seit der Wende in Polen auch in Zusammenarbeit mit der heutigen polnischen Stadtverwaltung entwickelt und sowohl in Schlesien selbst als auch in Deutschland gezeigt werden[68]. An weiteren Unternehmungen der Stiftung sind die wissenschaftlichen Studientagungen zu nennen, auf welchen akademischer Nachwuchs in Form eines »studium generale« an die politische und kulturelle Entwicklung Schlesiens in Vergangenheit und Gegenwart herangeführt wird.
Der Wunsch der vertriebenen Schlesier nach einer zentralen Begegnungs- und Tagungsstätte ging mit dem Erwerb eines bei Königswinter nahe Bonn gelegenen Gutshofes und dessen Ausbau zum *Haus Schlesien* 1978 in Erfüllung. Der umfangreiche Gebäudekomplex enthält neben Tagungs- und Unterkunftsräumen eine umfangreiche Schlesienbibliothek und eine Dauerausstellung schlesischer Kunst und schlesischen Kunstgewerbes, das sogenannte Schaufenster Schlesien, mit Möbeln, Gemälden, Graphiken, Karten, Bunzlauer Tongeschirr und Trachten[69].
Dem literarischen Erbe Schlesiens und seinen großen Dichtern widmen sich zahlreiche literaturwissenschaftliche Institute und Vereinigungen, so die Eichendorff-Gesellschaft in Ratingen-Hösel, das Eichendorff-Institut, das in Anbindung an das Germanistische Seminar der Universität Düsseldorf arbeitet, die Gerhart-Hauptmann-Gesellschaft in Berlin, die Gustav-Freytag-Gesellschaft in Ratingen, der Walter Meckauer-Kreis in Köln, das Deutsche Eichendorff-Museum Wangen im Allgäu und das Gustav-Freytag Archiv und Museum, ebenfalls in Wangen. Schließlich muß noch der *Wangener Kreis* genannt werden, welcher neben der Pflege des schlesischen literarischen und allgemeinkulturellen Erbes vor allem auch die Aussöhnung der Deutschen mit anderen Völkern, besonders Juden, Polen und Tschechen, fördern will. Der Wangener Kreis verleiht alljährlich zusammen mit der Stiftung Kulturwerk Schlesien und der Stadt Wangen den *Eichendorff-Literaturpreis* an Autoren, die im Sinne der Zielsetzung des Wangener Kreises gearbeitet haben. Seit 1969 verleiht der Wangener Kreis auch unregelmäßig die *Max Lippmann/Walter Meckauer-Gedenkmedaille* an jüdische Schriftsteller, die zur Versöhnung von Juden mit ihren früheren Landsleuten beigetragen haben.
Im Bereich der Musik hat sich der 1987 gegründete *Verein zur Erforschung und Erhaltung schlesischer Orgeln e. V.* als vordringliche Aufgabe die Restaurierung und Erhaltung der wertvollen schlesischen Orgellandschaft gesetzt. Der Verein finanziert dazu in enger Zusammenarbeit mit polnischen Stellen die Wiederherstellung bzw. die Pflege schlesischer Orgeln, u. a. in der Friedenskirche in Schweidnitz und in der Josefskirche in Grüssau. In Fortführung der Tradition der *Schlesischen Musikfeste* in Görlitz werden seit 1972 alle zwei Jahre im Rheinisch-Bergischen Kreis in Nordrhein-Westfalen Musiktage durchgeführt, die sich als Forum musikalischer Ost-West-Begegnungen verstehen. Ab 1996 werden die Schlesischen Musikfeste wieder alljährlich in Görlitz stattfinden. In Ratingen-Hösel besteht ferner ein *Freundeskreis Oberschlesischer Orchester* mit eigenem oberschlesischem Blasorchester, welches durch seine Teilnahme nicht nur an landsmannschaftlichen Veranstaltungen auf Oberschlesien und seine Musiktradition aufmerksam macht.

e) Wissenschaftlicher Bereich

Schlesien besaß mit der Breslauer Universität eine bedeutende deutsche Hochschule, deren Lehrkräfte und Absolventen auch nach der Vertreibung wichtige Funktionen in Forschung und Lehre in Deutschland übernahmen[70]. An der wiederbegründeten Universität Mainz in der französischen Zone fand eine Reihe Breslauer Wissenschaftler seit 1946 eine neue Arbeitsstätte. Ludwig Petry prägte hier ganze Generationen künftiger Historiker und weckte ihr Interesse für Schlesien und die geschichtliche Landeskunde. In Hamburg wirkte sein Breslauer Historikerkollege Hermann Aubin, in Kiel der Geograph Herbert Schlenger, der in Breslau Mitarbeiter Aubins gewesen war. Es war in erster Linie einer Initiative Aubins zu danken, daß im Jahre 1950 in Marburg an der Lahn als Dachorganisation für die Erforschung von Ländern und Völkern im östlichen Mitteleuropa, insbesondere der deutschen Siedlungsgebiete in Vergangenheit und Gegenwart, der Johann-Gottfried-Herder-Forschungsrat gegründet wurde, der zum Träger eines wissenschaftlichen Herder-Instituts wurde. An der Technischen Hochschule Hannover rief der Breslauer Geograph Erich Obst einen *Nenndorfer Kreis* ins Leben, der sich mit der Zeitgeschichte Ostdeutschlands befaßte. In Freiburg im Breisgau hatte der Breslauer Rechtshistoriker Hans Thieme einen *Kopernikus-Kreis* gegründet, der über die deutsch-slawische Nachbarschaft informierte. In Münster war der ehemalige Direktor des Breslauer Osteuropa-Instituts, Hans-Jürgen Seraphim, Mitbegründer einer Arbeitsgemeinschaft für Osteuropa-Forschung, in Herne der früher in Kattowitz tätige Viktor Kauder einer *Ostdeutschen Bücherei* als zentraler Bibliothek über die deutschen Siedlungsgebiete im Osten[71].

Die *Historische Kommission für Schlesien* unter ihrem Vorsitzenden Josef Joachim Menzel, welcher die führenden Schlesienforscher Deutschlands angehören, ist neben ihrer Hauptaufgabe, der wissenschaftlichen Koordinierung der Schlesienforschung in Deutschland, auch als Veranstalter wissenschaftlicher Tagungen und als Herausgeber tätig. Zu ihren Veröffentlichungen gehören das *Jahrbuch der Schlesischen Friedrich-Wilhelms-Universität zu Breslau*, die Reihen *Quellen und Darstellungen zur schlesischen Geschichte*, *Schlesisches Urkundenbuch*, *Schlesische Bibliographie*, *Schlesisches Klosterbuch* und *Schlesische Lebensbilder*, die mehrbändige *Geschichte Schlesiens* und der *Geschichtliche Atlas von Schlesien*[72].

Im Gegensatz zur Historischen Kommission für Schlesien steht der *Verein für die Geschichte Schlesiens* in Marburg an der Lahn nicht nur Fachwissenschaftlern, sondern allen an schlesischer Geschichte Interessierten offen. Vergangenheit und Gegenwart der evangelischen Kirche Schlesiens erforscht der *Verein für schlesische Kirchengeschichte*, während das katholische Schlesien im Mittelpunkt der Tätigkeit des *Instituts für ostdeutsche Kirchen- und Kulturgeschichte* in Regensburg steht. Weitere wissenschaftliche Einrichtungen der Schlesienforschung sind das Gerhard-Möbus-Institut für Schlesienforschung, das an der Universität Würzburg Forschung und Lehre zu schlesischer Landeskunde durchführt, das nach dem Nestor der deutschen Schlesienforschung benannte Ludwig Petry-Institut bei der Universität in Mainz und der von Norbert Conrads geleitete Projektbereich Schlesische Geschichte der Universität Stuttgart, der eine wissenschaftliche Reihe »Neue Forschungen zur Schlesischen Geschichte« herausgibt[73].

Bis zur Gegenwart existiert darüber hinaus eine große Zahl sozialer, berufsständischer und anderer Vereinigungen und Einrichtungen von Schlesiern in Deutschland, aber auch im Ausland, wie der *Verband ehemaliger Breslauer in Israel*.

f) Die vertriebenen Schlesier in der Deutschen Demokratischen Republik

Viele Schlesier, vor allem aus Niederschlesien, waren bei der Flucht 1945 über die Lausitzer Neiße nach Sachsen, Thüringen und Brandenburg gekommen. Ihre Unterbringung und Versorgung stellte die dortigen Behörden vor große Probleme. Bereits am 17. Juli 1945 hatte die Gruppe Ulbricht der Sowjetischen Militäradministration (SMAD) Vorschläge zur Behandlung des Flüchtlingsproblems gemacht. Sie führte darin aus, daß die Zahl der Flüchtlinge aus Schlesien von Tag zu Tag zunehme und schlug vor, die Bevölke-

rung von Breslau und ganz Schlesien, wenn sie ihre Heimat denn verlassen müsse, in organisierter Form auszusiedeln und den einzelnen Bevölkerungsgruppen aus Schlesien bestimmte Kreise in Mecklenburg oder anderen Gebieten westlich der Oder zuzuweisen. Die Kommunisten und zuverlässigen Antifaschisten aus Breslau, die bereits über Görlitz gekommen seien bzw. noch kommen, sollten mit der Eisenbahn nach Thüringen gebracht werden und dort die politische Arbeit verstärken[74]. Die SMAD erließ am 19. Juli 1945 den Befehl »Zur zweckmäßigen Verteilung der Bevölkerung der Sowjetischen Besatzungszone«, nach welchem die vertriebenen Schlesier in den östlichen Kreisen Mecklenburg-Vorpommerns, Brandenburgs und Sachsens angesiedelt werden sollten[75].
Tatsächlich ging dieser Befehl wie auch spätere Versuche, die Verteilung der Vertriebenen in der sowjetischen Besatzungszone in geordnete Bahnen zu lenken, an den tatsächlichen Verhältnissen vorbei. Trotz mancher behördlicher Maßnahmen erfolgte die endgültige Ansiedlung aufgrund einer unkontrollierten und unorganisierten Binnenwanderung. Da die KPD/SED von der sowjetischen Haltung bezüglich der Endgültigkeit der Grenze an Oder und Lausitzer Neiße und der Vertreibung abhängig war, setzte sie alles daran, die Vertriebenen entsprechend zu beeinflussen und jeden Gedanken an eine Rückkehr in ihre Heimat aufzugeben. Die kurzzeitige Infragestellung der Grenze vor den Gemeinde-, Kreis- und Landtagswahlen 1946 war nur taktischer Natur[76]. Jede öffentliche Erinnerung der Schlesier an ihre nunmehr polnisch gewordene Heimat wurde durch die Besatzungsbehörden und die deutschen Sicherheitsorgane verfolgt. So hatte der Rundfunk der SBZ die Weisung, keine Heimatlieder aus den Vertreibungsgebieten zu spielen. Mit der Stalinisierung wurde schließlich 1948 die Integration der Umsiedler, wie die Vertriebenen in der SBZ genannt wurden, für abgeschlossen erklärt; alle entsprechenden Betreuungseinrichtungen wurden aufgelöst.
Bis Ende 1946 befanden sich 1048700 Vertriebene aus Schlesien im Gebiet der sowjetischen Besatungszone. Diese Zahl erhöhte sich bis September 1950 nur unwesentlich auf 1090000 Vertriebene in der nunmehrigen Deutschen Demokratischen Republik einschließlich Ostberlins[77]. Anfang 1950 wurde in einer Anweisung des Ministeriums des Innern der Deutschen Demokratischen Republik befohlen, »alle Volkskunsttreffen der früheren Schlesier, Ostpreußen und Pommern zu unterbinden und zu verbieten«[78]. Damit wurde das Problem der Vertriebenen aus den Augen der Öffentlichkeit verbannt. Ein Bekenntnis der Schlesier zu ihrer Herkunft war fortan eine Straftat. Untersuchungen zur tatsächlichen Integration der Schlesier und ihrem Schicksal in der Deutschen Demokratischen Republik konnten bis 1989 deshalb nicht durchgeführt werden.

g) Die Aussiedler aus Schlesien

Im Zusammenhang mit dem Warschauer Vertrag zwischen der Volksrepublik Polen und der Bundesrepublik Deutschland vom 18. November 1970 erklärte die polnische Regierung, daß »Personen mit unbestreitbarer deutscher Volkszugehörigkeit« und Personen aus gemischten Familien unter Beachtung der in Polen geltenden Gesetze die Erlaubnis zur Ausreise erhalten sollten[79]. Die polnische Seite ging dabei nur von einigen Zehntausend Ausreisewilligen aus. Tatsächlich lagen dem Deutschen Roten Kreuz zu jener Zeit etwa 250000 Ausreisegesuche vor. Die restriktive Bewilligungspraxis der polnischen Behörden veranlaßte Bundeskanzler Helmut Schmidt, anläßlich der KSZE-Konferenz in Helsinki 1975 mit dem polnischen Parteichef Edward Gierek erneut über die Aussiedlerfrage zu sprechen. Als Ergebnis sagte Warschau für die nächsten vier Jahre die Erteilung von Ausreisegenehmigungen für 120000–125000 Personen zu, wobei auch nach Ablauf dieser vier Jahre weitere Anträge gestellt werden durften[80].

Tabelle 6 : Die Entwicklung der Aussiedlerzahlen aus Schlesien von 1950 bis 1993[81]:

Gebiet	1950–1959	1950–1969	1950–1976	1950–1981	1950–1989	1950–1993
Niederschlesien	54783	59049	63054	67913	89346	92580
Oberschlesien	113312	181589	231125	338386	557977	581449

Für den Wunsch vieler Schlesier nach Aussiedlung aus ihrer Heimat waren unterschiedliche Gründe verantwortlich. Der polnische Parlamentsabgeordnete Jerzy Wuttke, ein gebürtiger Schlesier und 1990–1993 Vorsitzender der Sejm-Kommission für Angelegenheiten der nationalen Minderheiten, erklärte dazu 1990 in einem Interview: »Von der Epoche des reinen Stalinismus bis in die Zeiten von Gierek und dem Dezember [1981, d. h. der Verhängung des Kriegsrechts durch General Wojciech Jaruzelski, d. V.] wurde Schlesien als ›Melk-Kuh‹ behandelt. Die einheimischen Schlesier wurden in die Position von Staatsbürgern zweiter Klasse gedrängt. Man betrachtete sie als Deutsche und behandelte sie wie Deutsche. Die wichtigeren Positionen in der staatlichen und wirtschaftlichen Verwaltung waren gewöhnlich für Schlesier nicht zugänglich. Die aus anderen Teilen Polens nach Schlesien Kommenden hatten häufig das Bewußtsein einer ›Kulturträger‹-Mission. Der Kampf um persönliche Privilegien, Posten, Vergünstigungen, die Unkenntnis der Vergangenheit des Landes, die Ignorierung der historischen Bedingungen führten zu einem Kahlschlag. Viele Schlesier konnten sich mit einer solchen Situation nicht abfinden und siedelten in das Ausland aus, vor allem in die Bundesrepublik Deutschland«[82].

Bei einer Repräsentativbefragung von 265 mehrheitlich aus Oberschlesien stammenden Aussiedlern aus dem polnischen Bereich im Jahre 1976 nannten diese ihre Hauptaussiedlungsgründe, wobei bedacht werden muß, daß in der Regel sicherlich mehrere Gründe hinter dem Entschluß zur Aussiedlung standen. Es wurden nur die Haushaltungsvorstände befragt: 194 (73,2%) hatten den Wunsch, als »Deutsche unter Deutschen« zu leben, 89 (33,6%) nannten als Grund die Familienzusammenführung, 33 (12,5%) erwarteten größere Freiheit und Ordnung in der Bundesrepublik Deutschland, 17 (6,4%) erhofften sich eine bessere Zukunft für ihre Kinder, 14 (5,3%) erwarteten wirtschaftliche Vorteile und 1 (0,4%) war ausgesiedelt, weil er eine Frau aus deutscher Familie geheiratet hatte[83].

Die Situation der Aussiedler, welche seit den siebziger Jahren bis heute aus Schlesien in die Bundesrepublik kamen, unterschied sich wesentlich von derjenigen der Flüchtlinge und Vertriebenen unmittelbar nach dem Kriege und der Aussiedler der fünfziger und sechziger Jahre. Damals kamen diese Menschen noch in einen im Aufbau befindlichen Staat, an dessen Gestaltung sie selbst mitwirken konnten. Was sie von der westdeutschen Bevölkerung unterschied, war im wesentlichen nur ihre größere materielle Notlage, deren Behebung der wirtschaftliche Aufschwung garantierte. Sie wurden problemlos Teil einer Gesellschaft, an deren weiterer Entwicklung sie maßgeblichen Anteil hatten.

Heute dagegen kommen die Aussiedler in eine für sie fremde Welt. Ihr Deutschlandbild ist bei den älteren geprägt durch die Erinnerungen an die Vorkriegszeit, wobei die entsprechenden Vorstellungen an die nach 1945 geborenen Kinder weitergegeben wurden. Das Festhalten an überlieferten kulturellen Eigenarten und Gewohnheiten diente der Abgrenzung und Behauptung gegenüber der polnischen Bevölkerung. Die besondere Situation der Schlesier im polnischen Staat wirkte sich nachhaltig auf ihre Berufsstruktur aus. Nach Untersuchungen polnischer Soziologen liegt die Berufsvererbung in der Wojewodschaft Oppeln bei 90%[84]. Ein beruflicher oder sozialer Aufstieg setzte die zumindest äußerliche Polonisierung voraus. In den siebziger Jahren bereitete die berufliche Eingliederung selbst bei schlechteren Deutschkenntnissen in der Regel kaum Schwierigkeiten, auch wenn bei

den Aussiedlern aus Schlesien der Anteil der berufsfremd Eingesetzten sehr hoch war. Er betrug ein Jahr nach der Aussiedlung etwa 25% und betraf in erster Linie die oberschlesischen Bergleute und die früher in der Landwirtschaft Beschäftigten.
Die rasche technologische Entwicklung führte in den achtziger Jahren zu neuen Berufsbildern und Qualifikationen, denen die Ausbildung in Polen nicht mehr entsprach. Auch die in Polen erworbenen Abschlüsse wurden häufig nicht mehr anerkannt, was für die Aussiedler Umschulung und Berufswechsel notwendig machte. Das größte Problem aber waren immer wieder die schlechten Deutschkenntnisse[85].
Am 1. Januar 1993 trat das Kriegsfolgenbereinigungsgesetz in Kraft[86]. Seit diesem Zeitpunkt gibt es nur noch Spätaussiedler, die nicht mehr als Vertriebene, sondern als Nachzügler der allgemeinen Vertreibung angesehen werden. Maßgebend für die Eigenschaft als Spätaussiedler ist nun die deutsche Volkszugehörigkeit. Wer als Spätaussiedler anerkannt werden will, muß zudem glaubhaft machen, daß er in seinem Herkunftsgebiet einer Benachteiligung als deutscher Volkszugehöriger ausgesetzt ist. Nicht mehr als Spätaussiedler anerkannt werden alle nach dem 31. Dezember 1992 Geborenen. Auch ein Anspruch auf Familienzusammenführung besteht nicht mehr. Anerkannte Spätaussiedler haben künftig noch Anspruch auf Eingliederungshilfe für neun Monate, die sich bei Teilnahme an einem Deutschkurs um weitere sechs Monate verlängern kann, soweit eine Bedürftigkeit nachgewiesen wird. Diese verschärften Bestimmungen für die Anerkennung und Eingliederung der Spätaussiedler tragen den seit 1990 stark geänderten Verhältnissen in Schlesien Rechnung.

3. Schlesien nach 1945

a) Das polnische Schlesien nach 1945

Polnische Verwaltungsübernahme

Schlesien hatte im Verlauf der letzten tausend Jahre mehrfach seine staatliche Zugehörigkeit gewechselt und gehörte reihum zum polnischen, böhmischen, österreichischen und preußischen Staat. Mit dem Übergang an Böhmen im 14. Jahrhundert war Schlesien auch in den deutschen Staats- und Kulturbereich einbezogen worden. Der 1945 erfolgte Anschluß an Polen unterschied sich ganz wesentlich von den vorhergehenden Herrschaftswechseln. Zum einen waren die Zerstörungen des Landes durch den Zweiten Weltkrieg außerordentlich groß und hatten das äußere Gesicht der Städte und Siedlungen teilweise sehr verändert. Zum anderen erfuhr Schlesien erstmals in seiner Geschichte auch einen radikalen Wechsel seiner Bevölkerung. Kleinere Bevölkerungsverschiebungen hatte es auch früher schon gegeben. So waren nach dem Ersten Weltkrieg und der Volksabstimmung 1922 polnische Oberschlesier aus dem deutschen Teil des Landes in die Wojewodschaft Schlesien übergesiedelt, deutsche Ostoberschlesier in das Oppelner Gebiet. Der mit dem Jahr 1945 beginnende Bevölkerungsaustausch aber war in seinem Ausmaß und in seinen Folgen beispiellos. Die über Jahrhunderte aus Westslawen und Siedlern aller deutschen Stämme zusammengewachsene einheimische Bevölkerung mußte in Niederschlesien fast vollständig, in Oberschlesien zur Hälfte ihre Heimat verlassen. An ihrer Stelle wurden Polen aus allen Gebieten des polnischen Staates der Zwischenkriegszeit angesiedelt, mit teilweise völlig anderer kultureller Prägung.

Abb. 52: Polnische Umsiedler warten im Jahre 1945 bei Lodz auf den Weitertransport nach Schlesien. Die Aufschrift auf der Waggontür »Wir begrüßen die Piastengebiete« soll den Eindruck einer freiwilligen »Heimkehr« in urpolnisches Land erwecken.

Das Jahr 1945 brachte nicht, wie die offizielle Propaganda behauptete, die »Heimkehr des alten Piastenlandes zum Mutterland«[87], sondern die aufgrund einer Entscheidung der siegreichen Alliierten des Zweiten Weltkrieges erfolgte Angliederung eines fremden Territoriums im Westen an den im Osten amputierten polnischen Staat. Der Gedanke einer Inbesitznahme ganz Schlesiens war in Polen aber schon lange vor dem Zweiten Weltkrieg anzutreffen[88]. Während des Zweiten Weltkrieges wurden von allen politischen und gesellschaftlichen Lagern – sowohl im Lande als auch in der Emigration – Pläne und Forderungen nach einer Westausdehnung Polens auf Kosten Deutschlands entwickelt. Schlesien, insbesondere sein östlich der Oder gelegener Teil, spielte dabei neben Ostpreußen eine zentrale Rolle. Im Falle Schlesiens wurden für einen Anschluß an Polen sowohl wirtschaftliche, geopolitische, strategische als auch ethnische Argumente vorgebracht.

Im Gegensatz zur Londoner Exilregierung und dem ihr nahestehenden Untergrund hatten sich die von Moskau abhängigen kommunistischen Kräfte erst spät konkret zu dieser Frage geäußert[89]. Nachdem sie jedoch auf Stalins Druck die von der Mehrheit der polnischen Bevölkerung abgelehnte, im wesentlichen der Curzon-Linie entsprechende polnische Ostgrenze und damit den Verlust der polnischen Vorkriegsostgebiete akzeptieren mußten, traten sie für möglichst weitgehende Gebietsentschädigungen im Westen ein, um sich damit in den Augen ihrer Landsleute Verdienste zu erwerben[90].

In einem zwischen der Sowjetunion und dem von ihr abhängigen Lubliner *Polnischen Komitee der nationalen Befreiung* am 16. Juli 1944 geschlossenen Abkommen wurde bereits festgelegt, daß die von der Roten Armee eroberten ostdeutschen Gebiete bis zur Oder und Lausitzer Neiße in polnische Verwaltung übergehen und deren deutschen Bewohner das Land verlassen sollten[91]. Zur Vorbereitung wurden durch das Polnische Komitee der nationalen Befreiung die »Rückkehr der West- und Nordgebiete zum Mutterland« popularisiert, der *Polnische Westverband* der Vorkriegszeit mit einer schlesischen Sektion reaktiviert sowie Pläne und Operationsgruppen für die künftige Verwaltung

Schlesiens aufgestellt. Die polnische Vorkriegswojewodschaft Schlesien und das Dombrowaer Industriegebiet sollten zu einer Wojewodschaft Schlesien-Dombrowa zusammengefaßt werden, zu deren Leiter am 21. Januar 1945 der aus Bendzin stammende Altkommunist General Aleksander Zawadzki bestimmt wurde[92]. Die während des Krieges geschaffene Einheit des oberschlesischen Industriegebiets wurde damit beibehalten.
Angesichts des Zögerns der Westalliierten, einer endgültigen Festlegung der polnischen Westgrenze zuzustimmen, verlegten sich die Provisorische Regierung Polens und ihre Moskauer Schutzmacht auf eine Politik der vollendeten Tatsachen. Noch während der Eroberung Ostdeutschlands durch die Rote Armee bereitete am 14. März 1945 der Ministerrat der Provisorischen Regierung die Verwaltungsübernahme der ostdeutschen Gebiete vor. Diese wurden in Verwaltungsbezirke eingeteilt, für die Regierungsbevollmächtigte ernannt wurden. Verwaltungsbezirk I umfaßte das Oppelner Schlesien, das jedoch bereits am 18. März 1945 mit der Wojewodschaft Schlesien-Dombrowa unter dem Wojewoden Aleksander Zawadzki vereinigt wurde. Verwaltungsbezirk II umfaßte Niederschlesien mit den früheren Regierungsbezirken Liegnitz und Breslau, die oberschlesischen Kreise Brieg und Namslau sowie einige ostwärts der Oder liegende sächsische (Teile der Kreise Zittau-Stadt und -Land) und brandenburgische Gebiete. Dieser Verwaltungsbezirk wurde im Mai 1946 in Wojewodschaft Breslau/Schlesien umbenannt.
Zunächst unterstanden die von der Roten Armee eroberten ostdeutschen Gebiete jedoch sowjetischen Militärkommandanturen, die unverzüglich mit der Demontage und dem Abtransport wichtiger Güter als Kriegsbeute in die Sowjetunion begannen[93]. Auch ein Teil der Zivilbevölkerung wurde zur Zwangsarbeit in die Sowjetunion deportiert. Allein aus Schlesien wird ihre Zahl auf rund 60000 Personen geschätzt[94]. Zu den kriegsbedingten Zerstörungen kamen weitere durch Plünderungen und Brandstiftungen von Angehörigen der Roten Armee[95]. Die Übernahme Schlesiens in polnische Verwaltung erfolgte in Etappen. Der rechts der Oder liegende Teil des Oppelner Schlesien wurde am 18. März von der sowjetischen Militärverwaltung an Polen übergeben, links der Oder und in ganz Niederschlesien zog sich dies von Mitte April bis Ende Mai hin[96].

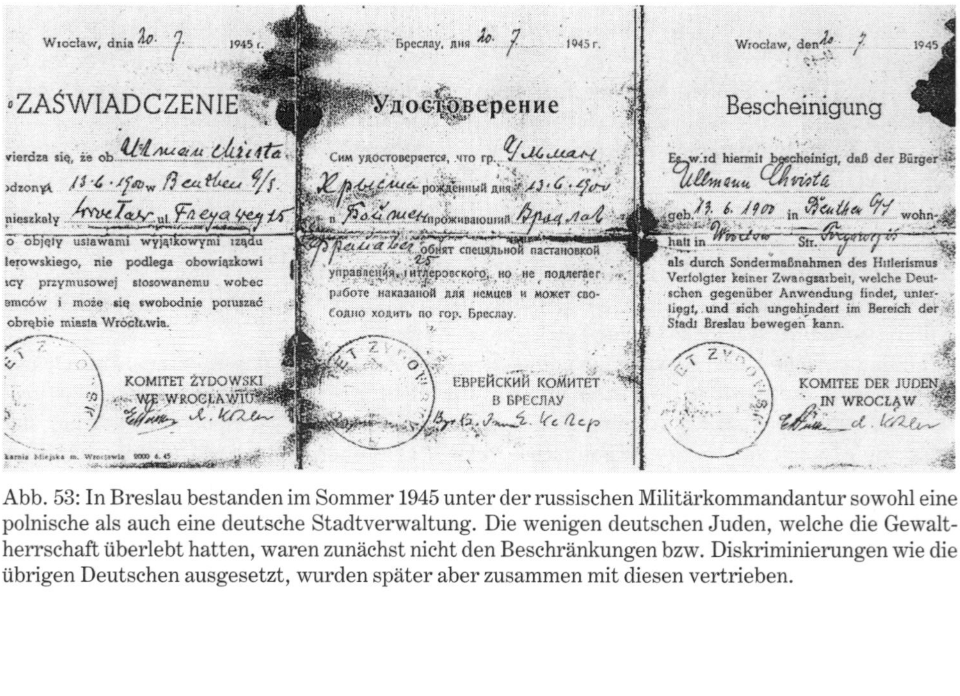
Wrocław, dnia 20. 7. 1945 r.

ZAŚWIADCZENIE

vierdza się, że ob. Ullman Christa
ɔdzony 13.6.1900 w Beuthen O/S.
nieszkały Breslau ul. Freyaweg 15
o objęty ustawami wyjątkowymi rządu
lerowskiego, nie podlega obowiązkowi
ıcy przymusowej stosowanemu wobec
emców i może się swobodnie poruszać
obrębie miasta Wrocławia.

KOMITET ŻYDOWSKI
WE WROCŁAWIU

Бреслау, дня 20. 7. 1945 г.

Удостоверение

Сим удостоверяется, что гр. Ульман
Христа рожденный дня 13.6.1900
в Бойтен проживающий Бреслау
Фрайавег 25 обнят специальной пастановкой
управления гитлеровского, но не подлегает
работе наказаной для немцев и может свободно ходить по гор. Бреслау.

ЕВРЕЙСКИЙ КОМИТЕТ
В БРЕСЛАУ

Wrocław, den 20. 7. 1945

Bescheinigung

Es wird hiermit bescheinigt, daß der Bürger
Ullmann Christa
geb. 13. 6. 1900 in Beuthen O/S wohnhaft in Wrocław Str. Freyaweg 15
als durch Sondermaßnahmen des Hitlerismus Verfolgter keiner Zwangsarbeit, welche Deutschen gegenüber Anwendung findet, unterliegt, und sich ungehindert im Bereich der Stadt Breslau bewegen kann.

KOMITEE DER JUDEN
IN WROCŁAW

Abb. 53: In Breslau bestanden im Sommer 1945 unter der russischen Militärkommandantur sowohl eine polnische als auch eine deutsche Stadtverwaltung. Die wenigen deutschen Juden, welche die Gewaltherrschaft überlebt hatten, waren zunächst nicht den Beschränkungen bzw. Diskriminierungen wie die übrigen Deutschen ausgesetzt, wurden später aber zusammen mit diesen vertrieben.

Bei der Festlegung der polnisch-tschechischen Grenze kam es zu harten Auseinandersetzungen zwischen beiden Regierungen. Dabei ging es neben dem von Polen 1938 annektierten Olsa-Gebiet auch um tschechische Ansprüche auf nieder- und oberschlesische Gebiete wie die Grafschaft Glatz und das Gebiet um Leobschütz und Ratibor.
Mit Unterstützung der sowjetischen Militärkommandanten sperrte tschechisches Militär bei Teschen die Grenze von vor 1938 und vertrieb bzw. diskriminierte die polnische Bevölkerung des Olsa-Gebietes. Die Beziehungen verschlechterten sich durch beiderseitige Propaganda- und Pressekampagnen weiter. Nachdem tschechische Panzer in den Kreis Ratibor eingerückt und polnische Militäreinheiten bei Teschen zusammengezogen worden waren, verhinderte nur eine sowjetische Intervention den Ausbruch eines bewaffneten Konflikts. Die tschechischen Panzer wurden schließlich wieder aus dem Kreis Ratibor zurückgezogen. Nach längeren diplomatischen Vorbereitungen kam es im Februar 1946 in Prag zu Verhandlungen. Eine endgültige Festlegung der Grenze erfolgte jedoch erst im polnisch-tschechischen Grenzvertrag von 1958[97].
Mit der Übernahme der Verwaltung Schlesiens durch Polen begann der Zustrom polnischer Siedler. Die ersten polnischen Verwaltungsbehörden bestanden zumeist nur aus wenigen Fachleuten, welche in der Anfangszeit noch auf deutsche Hilfskräfte angewiesen waren[98]. In Oberschlesien konnte auch auf Angehörige der polnischen Vorkriegsminderheit zurückgegriffen werden. Zum Aufbau der Verwaltung wurden ferner die in Schlesien befreiten polnischen Kriegsgefangenen und Zwangsarbeiter eingesetzt[99]. Das 1944 gegründete Staatliche Repatriierungsamt PUR ließ bereits ab Ende März 1944 Polen aus den östlich der Curzon-Linie liegenden Gebieten nach Schlesien transportieren. Absicht der polnischen Behörden war es, durch rasche Veränderung der Bevölkerungsverhältnisse in den Oder-Neiße-Gebieten zugunsten Polens die Entscheidung der Alliierten bezüglich der endgültigen Festlegung der polnischen Westgrenze zu beeinflussen. Diesem Ziel dienten auch die im Juni 1945 erfolgte Sperrung von Oder und Lausitzer Neiße, um den Rückstrom geflohener deutscher Bevölkerung zu stoppen, und erste Zwangsaussiedlungen von Deutschen aus den nächst der Oder und Lausitzer Neiße gelegenen Kreisen durch polnisches Militär im Juni/Juli 1945[100].

Polnische Besiedlung

Die Ansiedlung von Polen in Schlesien erfolgte zunächst weitgehend planlos und unter äußerst provisorischen Bedingungen[101]. Die polnischen Behörden waren erst im Aufbau. Die sowjetischen Militärkommandanturen nahmen die polnischen Ankömmlinge teilweise sehr ungnädig auf oder wiesen sie sogar ab. Im polnischerseits nicht zu Unrecht so bezeichneten »wilden Westen«[102] herrschte eine Atmosphäre der Unsicherheit, Vorläufigkeit und Rechtlosigkeit, welche von Plünderern ausgenutzt wurde, die teilweise in organisierten Banden aus den benachbarten polnischen Gebieten nach Schlesien zogen und alles bewegliche Inventar abtransportierten. Unter den ersten polnischen Siedlern fanden sich sowohl Idealisten und Pioniere, welche unter schwierigsten Bedingungen an den Wiederaufbau des Landes unter polnischen Vorzeichen gingen, als auch Abenteurer und Schieber, welche sich unrechtmäßig nach Kräften zu bereichern suchten und das Land verließen, bevor man sie zur Verantwortung ziehen konnte. Der ideelle und materielle Schaden, der durch sie angerichtet wurde, war beträchtlich[103]. Die zumeist aus Frauen, Kindern und alten Leuten bestehende einheimische Bevölkerung konnte die Verfolgung, Diskriminierung und Beraubung nur hilflos erdulden. In dieser Zeit erfuhr ihr Verhältnis zu Polen die entscheidende Prägung, auch bei solchen oberschlesischen Familien, die traditionell propolnisch eingestellt gewesen waren.

Im Oppelner Schlesien war schon im März 1945 eine regionale Abteilung des Staatlichen Repatriierungsamtes eingerichtet worden, in Niederschlesien erfolgte dies Mitte Mai 1945. Ein am 12. Juni vom Ministerrat verabschiedeter Besiedelungsplan sah vor, bis zum 1. August 700000 Polen (160000 aus den Gebieten östlich der Curzon-Linie und 540000 aus den südpolnischen Wojewodschaften) in Niederschlesien und 300000 im Oppelner Schlesien anzusiedeln, was wegen zahlreicher organisatorischer Schwierigkeiten (u. a. Mangel an Transportraum) aber nicht zu erfüllen war. Tatsächlich wurden nach Angaben des PUR bis Ende 1945 in Niederschlesien 551560 Siedler, im Oppelner Schlesien 264462 Siedler angesetzt. Dabei ist allerdings zu berücksichtigen, daß ein Teil der Siedler, vor allem aus Süd- und Mittelpolen, bereits nach kurzer Zeit wieder in seine Heimat zurückkehrte. Auch ist die Zahl der sogenannten »wilden« Ansiedler, die auf eigene Initiative in die neuen Westgebiete kamen und sich hier kurzfristig oder auf Dauer niederließen, nicht erfaßt. Allein im Oppelner Schlesien wurde bis zum 20. Juni 1945 die Zahl der »wilden« Ansiedler auf dem Lande auf 30000 Personen geschätzt[104].

Die Aufnahmefähigkeit der einzelnen schlesischen Gebiete war dabei höchst unterschiedlich. Während das nordöstliche Niederschlesien fast entvölkert war, herrschte in dem erst nach der Kapitulation besetzten Raum entlang der Sudeten durch Flüchtlinge aus anderen schlesischen Gebieten und Rückkehrer aus dem Sudetenland eine starke Überbevölkerung. Auch im Oppelner Schlesien, wo ein großer Teil der einheimischen Bevölkerung verblieben war, mußte die Aufnahmekapazität bereits im Herbst 1945 als erschöpft angesehen werden[105].

Die weitere Ansiedlung der Polen stand deshalb in unmittelbarem Zusammenhang mit der Zwangsaussiedlung der Deutschen, die bis Mitte 1946 in Niederschlesien noch die Bevölkerungsmehrheit stellten[106]. Im Oppelner Schlesien konnten die polnischen Siedler nicht alle eine Wohnung bzw. eine Bauernwirtschaft erhalten, da der vorhandene Wohnraum entweder von einheimischen, als Autochthone anerkannten Oberschlesiern oder von »wilden Siedlern« besetzt oder durch Verwüstung und Kriegszerstörung unbewohnbar war. Im Oppelner Schlesien mußten so 1945/46 rund 16000 polnische Familien in Notquartieren überwintern. Ein Teil von ihnen wurde später in andere Gebiete umgesiedelt[107]. Bei vielen Bauernwirtschaften gab es teilweise jahrelangen Streit um die Besitzrechte zwischen Einheimischen und Zuwanderern, was die beiderseitigen Beziehungen belastete. Die weitere Entwicklung der Bevölkerungsverhältnisse bis zum Abschluß der Vertreibung der Deutschen und der Zuwanderung der Polen machen die folgenden Tabellen deutlich.

Tabelle 7: Die Herkunft der Bevölkerung der Wojewodschaften Oppeln und Kattowitz (3. 12. 1950)[108]:

Herkunftsgebiet[a]	Wojewodschaft Oppeln		Wojewodschaft Kattowitz	
	Personen (Tsd.)	v. H.	Personen (Tsd.)	v. H.
Einheimische[b]	436,9	54,3	2332,3	86,2
Zuwanderer				
Stadt Warschau	5,1	0,6	20,1	0,7
Woj. Warschau	4,4	0,5	8,9	0,3
Woj. Bromberg	2,3	0,3	6,3	0,2
Woj. Posen	6,9	0,9	16,4	0,7
Stadt Lodz	0,8	0,1	2,3	0,1
Woj. Lodz	13,8	1,7	15,9	0,6
Woj. Kielce	12,5	1,6	34,9	1,3
Woj. Lublin	5,3	0,7	8,4	0,3

Herkunftsgebiet[a]	Wojewodschaft Oppeln Personen (Tsd.)	v. H.	Wojewodschaft Kattowitz Personen (Tsd.)	v. H.
Woj. Bialystok	1,5	0,2	3,2	0,1
Woj. Allenstein	0,3	0,0	0,6	0,0
Woj. Danzig	0,6	0,1	2,2	0,1
Woj. Köslin	0,1	0,0	0,1	0,0
Woj. Stettin	0,1	0,0	0,5	0,0
Woj. Grünberg	0,1	0,0	0,3	0,0
Woj. Breslau	1,2	0,1	1,3	0,0
Woj. Oppeln	(s. Einheimische)		8,0	0,3
Woj. Kattowitz	45,0	5,6	(s. Einheimische)	
Woj. Krakau	48,1	6,0	78,0	2,9
Woj. Rzeszów	17,3	2,2	20,6	0,8
außerhalb der VR Polen	201,7	25,1	144,9	5,4
zusammen	804,0	100,0	2705,2	100,0

a Nach dem Wohnsitz am 31. 8. 1939
b Personen, die am 31. 8. 1939 in den heutigen Grenzen der jeweiligen Wojewodschaft lebten; bei Kattowitz sind so auch die 52759 innerwojewodschaftlichen Wanderer nach Gleiwitz, Hindenburg usw. einbezogen

Tabelle 8: Die Herkunft der Bevölkerung der Wojewodschaft Breslau (3. 12. 1950)[109]:

	Personen	v. H.
Einheimische	84800	5,1
Zugewanderte aus:		
Wojewodschaft Krakau	144600	8,6
Wojewodschaft Posen	127400	7,6
Wojewodschaft Kielce	126100	7,5
Wojewodschaft Rzeszów	95000	5,7
Wojewodschaft Lodz	83700	5,0
Wojewodschaft Kattowitz	66500	4,0
Wojewodschaft Lublin	62700	3,7
Wojewodschaft Warschau	61400	3,6
Wojewodschaft Warschau-Stadt	57000	3,4
Wojewodschaft Bromberg	41500	2,5
Wojewodschaft Bialystok	20800	1,2
Wojewodschaft Lodz-Stadt	15100	0,9
Wojewodschaft Danzig	4700	0,3
Wojewodschaft Oppeln	4700	0,3
Wojewodschaft Allenstein	3000	0,2
Wojewodschaft Grünberg	700	0,0
Wojewodschaft Stettin	500	0,0
Wojewodschaft Köslin	400	0,0
ehemals ostpolnischen Gebieten, ferner aus Deutschland, Frankreich und anderen Ländern	677700	40,4
Insgesamt	1678300	100,0

In den Jahren 1945 und 1946 wurden in Schlesien zahlreiche Juden angesiedelt, sowohl aus Zentral- und Mittelpolen als auch aus den nun sowjetischen ostpolnischen Gebieten und anderen Teilen der Sowjetunion. Bis Anfang 1946 kam der größere Teil, 20000 Juden, in die Wojewodschaft Schlesien-Dombrowa, in die Wojewodschaft Breslau dagegen nur 16000. Bis Ende Juni 1946 waren in Niederschlesien insgesamt 75000 Juden angesiedelt worden, während sich ihre Zahl in Oberschlesien durch Weiterwanderung auf 12000 verringert hatte[110].

Bei der Verwaltungsneugliederung im Jahre 1950 mußte die Wojewodschaft Breslau die fünf Kreise Sohrau, Sagan, Sprottau, Freystadt und Glogau an die Wojewodschaft Grünberg, die Kreise Brieg und Namslau an die neue Wojewodschaft Oppeln abgeben. Diese war durch Abtrennung der Kreise Oppeln, Kreuzburg, Rosenberg, Groß Strehlitz, Cosel, Ratibor, Leobschütz, Neustadt O. S., Neisse, Falkenberg und Grottkau von der zuvor in Wojewodschaft Kattowitz umbenannten früheren Wojewodschaft Schlesien-Dombrowa gebildet worden[111]. Im Jahre 1975 wurde die Verwaltungseinteilung Polens durch Aufhebung der Landkreise und Teilung der bisherigen 22 großen Wojewodschaften in 49 kleinere Wojewodschaften verändert. Das im polnischen Staat liegende Gebiet Schlesiens verteilt sich seither auf die Wojewodschaften Grünberg (zu der auch ostbrandenburgisches Gebiet gehört), Liegnitz, Hirschberg, Waldenburg, Breslau, Oppeln, Kattowitz, Bielitz-Biala und Tschenstochau.

Katholische Kirche

Die deutsche Verwaltung der Erzdiözese Breslau war nach Abschluß der Kampfhandlungen, soweit unter den seinerzeitigen Bedingungen möglich, bis Mitte 1945 wieder aufgebaut worden. Der schwerkranke Kardinal Adolf Bertram befand sich zwar im sudetendeutschen Anteil seines Erzbistums, doch wurde in seinem Auftrag die Kirchenleitung zunächst von Kanonikus Joseph Kramer, später von Generalvikar Josef Negwer, in Breslau wahrgenommen. Die Mehrzahl der schlesischen Priester befand sich noch bei ihren Gemeinden. So wurde das Auftreten des Kattowitzer Bischofs Stanisław Adamski, der in Breslau und dem Oppelner Schlesien Geistlichen und Ordensleuten Weisungen zu erteilen versuchte und die Einsetzung eines polnischen Generalvikars und polnischer Geistlicher verlangte, als Anmaßung empfunden.

Der Tod Kardinal Bertrams am 6. Juli 1945 bedeutete in dieser Situation für die deutsche Erzdiözese Breslau eine Katastrophe. Der polnische Primas Kardinal August Hlond, ein Oberschlesier, hatte 1945 vom Heiligen Stuhl außerordentliche Vollmachten zur Reorganisation der durch Krieg und Besatzungszeit stark in Mitleidenschaft gezogenen katholischen Kirche Polens erhalten. So war er u. a. befugt, für vakante polnische Diözesen Apostolische Administratoren einzusetzen. Nun war die Erzdiözese Breslau nach dem Tode Kardinal Bertrams aber nicht vakant, denn das Domkapitel hatte am 16. Juli den Prälaten Ferdinand Piontek zum Kapitelsvikar gewählt. Dieser sprach fließend polnisch, womit man dem Wunsch der polnischen Verwaltung, einen Polen zu wählen, zwar nicht nach-, aber entgegengekommen war. Das Erzbistum Breslau war Teil des Verbandes der katholischen Kirche in Deutschland. Hlonds Vollmacht bezog sich ausdrücklich nur auf das gesamte polnische Territorium. Nach seiner Interpretation zählten dazu aber auch die nun unter polnischer Verwaltung stehenden ostdeutschen Gebiete.

Unter Berufung auf die päpstliche Vollmacht und einen angeblichen Wunsch des Heiligen Vaters drängte Hlond im August 1945 den von der Verbindung mit Rom abgeschnittenen Kapitelsvikar Piontek, angesichts der veränderten Verhältnisse die Jurisdiktion im Gebiet der Erzdiözese Breslau an den Papst zurückzugeben und auf sein Amt als Kapitelsvikar zu verzichten. Piontek willigte widerstrebend, aber im Vertrauen auf die Glaubwürdigkeit des Kardinals, ein. Das so vakant gewordene Erzbistum Breslau teilte Hlond nun in drei Bezirke, für welche er polnische Apostolische Administratoren einsetzte. Das Vorgehen Kardinal Hlonds war sowohl vom kirchenrechtlichen als auch vom moralischen Standpunkt aus zweifelhaft und wurde vom Heiligen Stuhl nicht nachträglich sanktioniert[112]. Es stand jedoch im Einklang mit der polnischen und sowjetischen Politik, vollendete Tatsachen zu schaffen, und trug damit auch den sich mit der Vertreibung der Deutschen rasch ändernden Bevölkerungsverhältnissen Rechnung.

Zum Apostolischen Administrator des niederschlesischen Bezirks mit Sitz in Breslau ernannte Kardinal Hlond Karol Milik, des oberschlesischen Bezirks mit Sitz in Oppeln Bolesław Kominek. Ohne Konsultation mit den zuständigen Ordinarien übertrug Kardinal Hlond eigenmächtig an Milik auch die Jurisdiktion über die zum Erzbistum Prag gehörende Grafschaft Glatz sowie den Zittauer Zipfel des Bistums Meißen und unterstellte Kominek das zum Erzbistum Olmütz gehörende Generalvikariat Branitz. Kapitelsvikar Piontek blieb zunächst noch in Breslau. Während sich mit der Ansiedlung polnischer Bevölkerung in Schlesien die polnische katholische Kirchenverwaltung allmählich festigte, löste sich mit dem Einsetzen der organisierten Vertreibung der deutschen Schlesier 1945/46 einschließlich ihrer Geistlichen die deutsche katholische Kirchenorganisation auf. Am 9. Juli 1946 verließ auch Kapitelsvikar Piontek Breslau und begab sich zunächst nach Peine bei Hannover, 1947 dann in den deutsch gebliebenen Restteil seiner Erzdiözese, nach Görlitz[113].

Zum Zeitpunkt der Amtsübernahme Komineks in Oppeln waren von den 665 einheimischen oberschlesischen Geistlichen noch 415 im Lande. Mit der Zwangsaussiedlung der Deutschen wurden auch 79 ihrer katholischen Geistlichen des Landes verwiesen. Ende 1949 betrug die Zahl der einheimischen Geistlichen noch 293 bei einer Gesamtzahl von 450 Priestern. In den folgenden drei Jahrzehnten reisten 258 von ihnen als Deutsche aus[114]. Mit der Ansiedlung von Polen aus den östlich der Curzon-Linie gelegenen Gebieten kam auch ein Teil der dortigen polnischen Geistlichkeit in das Oppelner Gebiet. Von den zwischen 1945 und 1991 im Gebiet der Diözese Oppeln tätigen 1730 Geistlichen stammten 430 aus der alten Erzdiözese Breslau, 230 aus der Erzdiözese Lemberg, 90 aus anderen polnischen Diözesen, 980 waren Absolventen des Priesterseminars in Neisse, darunter viele einheimische Oberschlesier[115]. Im Zuge der sich verschärfenden Auseinandersetzung zwischen katholischer Kirche und kommunistischem Staat in Polen verfügte die Warschauer Regierung im Jahre 1951 die Amtsenthebung der durch Kardinal Hlond eingesetzten Apostolischen Administratoren in den Oder-Neiße-Gebieten und setzte die Wahl regimefreundlicher Priester zu Kapitelsvikaren durch. Erst mit dem politischen Tauwetter 1956 konnte der polnische Primas wieder unabhängige Leiter der Breslauer und Oppelner Kirche einsetzen. Nach dem Warschauer Vertrag führte der Vatikan 1972 eine Neugliederung der kirchlichen Gebiete jenseits von Oder und Neiße durch. Das bisher kirchenrechtlich noch bestehende alte Erzbistum Breslau wurde geteilt. Der Breslauer Bezirk wurde zum neuen Erzbistum Breslau, zu dessen erstem Hirten der bisherige Oppelner Apostolische Administrator Bolesław Kominek ernannt wurde[116]. Hier kam es zu einem vollständigen Bruch mit der Tradition der alten Erzdiözese Breslau, denn nicht nur der Klerus, sondern praktisch auch das gesamte Kirchenvolk waren erst nach dem Kriege in das Land gekommen, das seine deutschen Bewohner hatten verlassen müssen.

Anders war die Situation in Oberschlesien mit seinem beträchtlichen Anteil alteingesessener Bevölkerung. Der kirchliche Bezirk Oppeln wurde 1972 reguläre Diözese, die ein Gebiet von 9713 qkm mit 1800000 Einwohnern, davon 1725180 Katholiken, 464 Kirchen, 674 Welt- und 231 Ordenspriester umfaßte. Seit 1977 ist der Oberschlesier Alfons Nossol Bischof von

Oppeln, der sich große Verdienste um seine Landsleute erworben hat. Er verstand es, allen Bevölkerungsgruppen seiner Diözese gleichermaßen gerecht zu werden. In der Praxis bedeutete dies, nun auch den Bedürfnissen der lange benachteiligten einheimischen Oberschlesier – etwa in der Frage deutschsprachiger Gottesdienste und Seelsorge – zu entsprechen. Im Jahre 1991 beschloß der Vatikan eine umfassende Neuorganisation der polnischen Bistümer, von der auch Schlesien betroffen war. Aus Teilen der Diözesen Kattowitz, Oppeln und Tschenstochau wurde eine neue Diözese Gleiwitz errichtet. Erster Bischof ist der Oberschlesier Jan Wieczorek, zuvor Weihbischof in Oppeln. Das Bistum Kattowitz wurde zur Erzdiözese umgewandelt, der nun Oppeln und Gleiwitz als Suffraganbistümer unterstehen. In Niederschlesien wurde aus Teilen der Erzdiözese Breslau ein neues Bistum Liegnitz gebildet.

Am 9. November 1991, mehr als 46 Jahre nach seinem Tod, wurden die sterblichen Überreste Kardinal Adolf Bertrams aus Jauernig nach Breslau überführt und dort feierlich im Dom beigesetzt. Die Zeremonie wurde zum Ausdruck deutsch-polnischer Versöhnung. Das Pontifikalamt zelebrierten polnische und deutsche Bischöfe gemeinsam. Die deutsche Predigt hielt der aus Schlesien stammende Kölner Kardinal Joachim Meisner. Unter den zahlreichen geistlichen und politischen Würdenträgern aus Polen, Deutschland und der Tschechoslowakei befanden sich auch der Präsident des Heimatwerks Schlesischer Katholiken, Clemens Riedel, sowie der Vorsitzende der Landsmannschaft Schlesien, Herbert Hupka[117].

Evangelische Kirche

Mit der Einwanderung evangelischer Polen waren seit 1945 in Niederschlesien Gemeinden der Evangelisch-Augsburgischen Kirche in Polen entstanden[118]. Durch ein im September 1946 erlassenes Dekret des polnischen Ministerrats und des Landes-Nationalrats wurden die altpreußische Union von 1817 für aufgelöst erklärt, das kirchliche Vermögen der evangelischen Landeskirche Schlesiens vom Staat enteignet und deren Gläubige der Evangelisch-Augsburgischen Kirche zugewiesen. Tatsächlich blieben die deutschen Protestanten jedoch zunächst von dieser Kirche organisatorisch getrennt. Die Evangelisch-Augsburgische Kirche besaß im Jahre 1953 im niederschlesischen Teil ihrer vom Riesengebirge bis Stettin reichenden Diözese Breslau folgende polnischen Gemeinden: Breslau, Waldenburg, Hirschberg-Warmbrunn, Glatz, Liegnitz, Grünberg, Groß Wartenberg, Neumittelwalde und Wohlau mit einigen Filialgemeinden und insgesamt 2870 Seelen. Nach der Angliederung der deutschen evangelischen Restgemeinden an die Evangelisch-Augsburgische Kirche stieg die Seelenzahl der Diözese Breslau kurzfristig stark an, um mit der Vertreibung und Aussiedlung der Deutschen rasch wieder zu sinken. 1955 wurden noch 6522 Seelen gezählt, 1960 waren es noch 4611 und 1965 ca. 4200 Seelen in 11 Gemeinden, 12 Filialen und 16 Predigtstationen, davon der größte Teil in Niederschlesien[119]. Die bedeutendsten Gemeinden sind heute Breslau, Waldenburg, Liegnitz, Schweidnitz, Hirschberg-Warmbrunn, Brückenberg-Wang, Frankenstein, Groß Wartenberg und Grünberg[120].

Die Protestanten im polnischen Teschener Schlesien wurden nach 1945 durch die Vertreibung der Deutschen aus dem übrigen polnischen Staatsgebiet zur zahlenmäßig stärksten Gruppe des polnischen Protestantismus. Besonderes Gewicht erhielt die Teschener Diözese auch durch die Tatsache, daß sie bis heute den größten Teil des Pfarrernachwuchses für die Evangelisch-Augsburgische Kirche Polens stellt. Zur Teschener Diözese gehören derzeit rund 36000 Seelen, die von 22 Geistlichen in elf Gemeinden, zwei Filialen und 35 Predigtstationen betreut werden. Sie besitzt 12 Kirchen, 28 Kapellen und in Dzingelau bei Teschen eine Diakonissenanstalt mit 40 Schwestern.

Kulturelle Entwicklung

Mit der Vertreibung und Aussiedlung der Deutschen änderte sich seit 1945 das kulturelle Gesicht Schlesiens grundlegend. Es trägt seither polnische Züge. In Niederschlesien war dieser Wandel absolut, die in den fünfziger und sechziger Jahren erlaubte deutsche Kulturpflege hatte nur marginale Bedeutung. In Oberschlesien dagegen konnten die Elemente der traditionellen regionalen Kultur, welche polnischen Bezug besaßen, weitgehend erhalten bleiben[121]. Es war dies eine überwiegend bäuerliche Kultur. Die neuen polnischen Bewohner Schlesiens brachten ihre kulturellen Traditionen aus den Herkunftsgebieten mit. Dies geschah teilweise in Form ganzer wissenschaftlicher bzw. kultureller Institutionen. Hier seien nur das aus Lemberg stammende Ossoliński-Nationalinstitut mit seiner bedeutenden Bibliothek und ein großer Teil des Lehrkörpers der Lemberger Universität genannt, die – wie viele polnischen Lemberger auch – in Breslau eine neue Heimat fanden, oder die Lemberger Oper und einige Lemberger Theaterensembles, die sich in Kattowitz niederließen[122]. Breslau entwickelte sich in der Folge rasch zu einem der bedeutendsten geistigen und kulturellen Mittelpunkte Polens. Die Entwicklung in seinem schlesischen Umland konnte damit jedoch nicht Schritt halten. Obwohl in Nieder- wie in Oberschlesien zahlreiche polnische wissenschaftliche und kulturelle Einrichtungen und Vereine gegründet und Veranstaltungen abgehalten wurden, errangen sie in der Folge zumeist nur lokale Bedeutung[123]. Dies gilt im wesentlichen bis heute. Allerdings ist in der jüngsten Zeit eine gewisse Belebung der kleineren wissenschaftlichen Zentren festzustellen.
Die Pädagogische Hochschule in Oppeln wurde nach Zusammenlegung mit der dortigen Filiale der katholischen Universität Lublin im Jahre 1994 zur Universität Oppeln umgewandelt. Kattowitz, das in den ersten Jahren nach 1945 eine ähnliche Bedeutung für Oberschlesien als Kulturzentrum hatte wie Breslau für Niederschlesien, konnte dieses Niveau nicht lange halten. Das Absinken in die Provinzialität wurde auch mit der 1968 erfolgten Gründung einer Schlesischen Universität durch Zusammenlegung der Kattowitzer Filiale der Jagiellonen-Universität und der Pädagogischen Hochschule nicht verhindert.
Diese gegen hartnäckigen Widerstand der Warschauer Zentralbehörden und der Krakauer Universität von den Wojewodschaftsbehörden durchgesetzte Einrichtung litt von Anbeginn unter den politischen Begleitumständen. So wurde sie im Laufe weniger Jahre als eine der größten Universitäten des Landes förmlich aus dem Boden gestampft und ganz bewußt als »kommunistische Hochschule« konzipiert. Dementsprechend erfolgte die Rekrutierung des Lehrkörpers. Dies und die Eile beim Aufbau der Universität waren ihrem wissenschaftlichen Niveau nicht eben förderlich. Hinzu kam, daß einzelne Universitätsbereiche an die Peripherie Oberschlesiens verlegt wurden, in räumlicher Trennung von der übrigen Hochschule, so die Kulturpädagogik nach Teschen und die Philologische Abteilung nach Sosnowitz. Sie führten in der Folge buchstäblich ein Schattendasein, auch im wissenschaftlichen Sinne. Über die Gründe dieser Ortswahl wird auch in Polen nur spekuliert. Eine Theorie besagt, daß man gerade die Germanistik ganz bewußt außerhalb des traditionellen deutschen Kultur- und Sprachgebiets Oberschlesiens haben wollte, zu dem Kattowitz, aber nicht das vor 1914 russische Sosnowitz gehörte. Andere vermuten dahinter die Absicht der Partei, das humanistische Milieu durch Teilung besser kontrollieren zu können[124].
Die neue polnische Bevölkerung Schlesiens hatte in der Regel keinen Bezug zur Geschichte des Landes vor 1945. Die von Teilen der polnischen Intelligenz in Schlesien betriebene Erforschung und Darstellung der Kultur und Geschichte des Landes brachte im faktographischen Bereich wichtige Erträge, hatte aber – nicht zuletzt aufgrund politischer Vorgaben – selektiven und häufig verfälschenden Charakter. Durch Hervorhebung von Verbindungen Schlesiens mit Polen und dessen Kultur in der Vergangenheit sollte das Interesse

der polnischen Bewohner an ihrer neuen Heimat geweckt und das Gefühl polnischer kultureller Kontinuität in Schlesien vermittelt werden. Dies gelang in den ersten Jahren nach 1945 zweifellos und trug wesentlich zur Integration der heterogenen polnischen Bevölkerung Schlesiens und der Entwicklung eines Heimatgefühls bei.
Ohne Hinweis auf die tatsächliche Bedeutung dieser polnischen Elemente für die Gesamtkultur und Geschichte Schlesiens mußte bei der gleichzeitig betriebenen Bagatellisierung bzw. Negierung des deutschen kulturellen Einflusses auf diese Weise jedoch ein falsches Bild schlesischer Vergangenheit entstehen. Dies hatte seit Mitte der fünfziger Jahre bis zum Ende der achtziger Jahre ein immer schwächer werdendes Interesse der Bevölkerung an der Regionalgeschichte zur Folge. Zu offensichtlich war, daß die historischen Forschungen zu Propagandazwecken mißbraucht wurden und zwischen den offiziellen Darstellungen, etwa der polnisch-patriotischen Haltung der einheimischen Bevölkerung Schlesiens, und deren tatsächlicher Einstellung, wie sie sich z. B. in dem massenhaften Aussiedlungsbestreben zeigte, ein Gegensatz bestand[125]. Nach der politischen Wende 1989 ist vielerorts jedoch erneut ein wachsendes Interesse an der Geschichte der engeren Heimat festzustellen. Dies führt unter den geänderten Bedingungen heute auch zu grenzüberschreitender deutsch-polnischer Kulturarbeit. So werden z. B. Ausstellungen der Stiftung Kulturwerk Schlesien über die Entwicklung einzelner schlesischer Städte wie Glogau, Schweidnitz oder Neisse von polnischer Seite mitgestaltet und mit beachtlicher Resonanz auch vor Ort bei der polnischen Bevölkerung gezeigt.

Wirtschaftliche Entwicklung

Die Angliederung ganz Schlesiens bedeutete für die polnische Volkswirtschaft nach 1945 eine bedeutende Verstärkung. Oberschlesien war die am stärksten industrialisierte deutsche Ostprovinz gewesen, an zweiter Stelle gefolgt von Niederschlesien. Polen übernahm gerade Oberschlesien mit relativ geringen Kriegszerstörungen und Demontagen, da die russische Militärverwaltung die kriegswichtige Industrie für ihre eigenen Bedürfnisse hatte weiterproduzieren lassen. Auch war hier ein großer Teil der einheimischen Bevölkerung von der Vertreibung ausgenommen worden, so daß sowohl in der Industrie als auch in der Landwirtschaft qualifizierte Arbeitskräfte zur Verfügung standen.
Anders sah es in Niederschlesien aus, wo durch Flucht und Vertreibung der Deutschen praktisch ein vollständiger Bevölkerungsaustausch stattgefunden hatte. Die polnischen Neusiedler waren zum Teil mit den hier üblichen Wirtschaftsformen nicht vertraut. Die sogenannten Repatrianten aus den ostpolnischen Gebieten hofften häufig auch noch auf eine Möglichkeit der Rückkehr in ihre alte Heimat, was sie von Investitionen an ihrem neuen Wohnort abhielt. Die Städte und Industriebetriebe wiesen in Niederschlesien zudem erheblich größere Zerstörungen als in Oberschlesien auf, so an der Oderlinie, wo erbitterte Kämpfe zwischen Wehrmacht und Roter Armee stattgefunden hatten, aber auch im Vorgebirge der Sudeten. Glogau war zu 95% zerstört worden, Steinau zu 75%, Brieg zu 70%, Lauban zu 55%, Bunzlau zu 60% und Breslau zu 65%[126]. In Niederschlesien hatte die Rote Armee auch Demontagen in großem Stil durchgeführt und teilweise ganze Einrichtungen und Betriebe in die Sowjetunion verbracht. Durch die Umwandlung der großen ehemals deutschen Güter Schlesiens in Staatsgüter und landwirtschaftliche Produktionsgenossenschaften ist bis heute in den schlesischen Wojewodschaften Grünberg, Hirschberg, Liegnitz, Waldenburg, Breslau und Oppeln der Anteil des vergesellschafteten Sektors an der landwirtschaftlichen Nutzfläche mit 40–50% doppelt so hoch wie der Landesdurchschnitt mit 23%. In der Wojewodschaft Kattowitz liegt er dagegen bei 21%[127].
In den zentralen und östlichen Regionen Polens entfallen aufgrund der starken Besitzzer-

Abb. 54–55: Der Wiederaufbau der im Zweiten Weltkrieg stark zerstörten Städte im nunmehr polnischen Schlesien wird hier am Beispiel der niederschlesischen Stadt Oels dokumentiert. Die Abbildungen zeigen die Oelser Dreifaltigkeitskirche nach dem Ende des Zweiten Weltkrieges und nach dem Wiederaufbau. Neben zahlreichen restaurierten historischen Baudenkmälern prägen heute vor allem die zur Behebung der Wohnungsnot errichteten Wohnblöcke in Plattenbauweise nicht nur die Peripherie, sondern auch das Zentrum vieler Städte Schlesiens.

splitterung dagegen bis zu 95% der landwirtschaftlichen Nutzfläche auf meist kaum rentable private Kleinstbetriebe. Das Entwicklungsniveau der schlesischen Landwirtschaft war seit 1945 im Vergleich zu anderen Regionen des polnischen Staatsgebiets hoch, die infrastrukturelle Ausstattung insgesamt besser; dementsprechend waren die Hektarerträge höher. Die schlesische Landwirtschaft, sowohl im privaten als auch im staatlichen Sektor, steht deshalb bis heute im gesamtpolnischen Vergleich an erster Stelle[128]. Gleiches gilt für die schlesische Industrie. In Niederschlesien kam es durch den Ausbau der Braunkohleförderung im Kreis Görlitz-Ost, den Bau von Großkraftwerken bei Türchau, den Ausbau der chemischen Werke in Dyhernfurt und Wiesau sowie die Erschließung der Kupfererzvorkommen bei Goldberg und Lüben zu einem erheblichen wirtschaftlichen Aufschwung. Die ökologischen Folgen waren jedoch katastrophal. Neben dem oberschlesischen Industriegebiet zählen heute auch der Raum Liegnitz-Glogau sowie die Region zwischen Türchau und Waldenburg zu den aufgrund von starkem Schwefeldioxyd am stärksten belasteten Gebieten Polens[129].
In Oberschlesien entwickelten sich nach 1945 neben der industriellen Kernzone im Revier neue Industrieregionen an der Peripherie, so im Raum Tschenstochau, bei Oppeln, Rybnik, Bielitz und am Klodnitz-Kanal. Auch hier ist die Umwelt durch Schadstoffemissionen stark in Mitleidenschaft gezogen worden.
Das oberschlesische Industrierevier (Górnośląski Okręg Przemysłowy = GOP) soll wegen seiner überregionalen Bedeutung hier eingehender dargestellt werden. Es wurde in den Jahren nach 1945 grundlegend umgestaltet. Wie schon während des Zweiten Weltkrieges unter deutscher Leitung wurde es auch nach 1945 im polnischen Staat rigorosen Ausbeutungsansprüchen unterworfen. Unmittelbar nach der Eroberung durch die Rote Armee wurde das gesamte deutsche Vermögen enteignet und verstaatlicht. Mit dem Gesetz vom 3. Januar 1946 »Über die Überführung der grundlegenden Zweige der Volkswirtschaft in Staatseigentum«, das sich auf alle Bergbau-, Hütten- und Industriebetriebe mit mehr als 50 Arbeitskräften pro Schicht bezog, wurde die Verstaatlichung der gesamten Großindustrie des Reviers praktisch abgeschlossen. Sie lag mit 94,4% deutlich höher als der Landesdurchschnitt mit 86,3%. Die Wirtschaftsbetriebe wurden einer straffen und zentralen staatlichen Planung unterworfen. Die landesweite Zusammenfassung in Branchen-Vereinigungen unter jeweils eigenen Industrieministerien führte jedoch häufig zu einem wenig koordinierten Nebeneinander der einzelnen Industriesektoren[130]. Die politische Führung des Landes vernachlässigte zugunsten einer maximalen Auslastung des Reviers und größtmöglicher Produktion sowohl die Lebensbedürfnisse der hier lebenden Bevölkerung als auch den Schutz der Umwelt in unverantwortlicher Weise[131]. Der territoriale Bereich des GOP wurde nach 1945 im Zuge von Wirtschaftsplänen und Gebietsreformen mehrfach vergrößert. Es umfaßt heute fast die gesamte Wojewodschaft Kattowitz sowie Teile der Wojewodschaften Tschenstochau, Krakau und Bielitz[132].

Das oberschlesische Industrierevier (Górnośląski Okreg Premysłowy)

	1950	1957	1976	1980
Fläche in qkm	2373	1965	7611	7702
Bevölkerung in Tausend	1688	1819	3626	3832
Bevölkerungsdichte in qkm	711	925	476	496

Das durch eine absolute Dominanz der Montanindustrie charakterisierte Oberschlesische Revier ist bis heute eines der größten Industriegebiete Europas. Seine herausragende Bedeutung für Polen zeigt sich in der Produktionsleistung folgender Industriezweige: Aus dem Bezirk stammten 1989 98% der Steinkohle Polens, 100% der Blei-Zinkerze, mehr als 50% des Rohstahls, fast 25% der Elektroenergie und 38% der Koksproduktion[133]. In den Jahren 1945 bis 1990 war im GOP eine starke Zunahme der Bevölkerungszahlen festzustellen. Im Jahre 1946 hatte das Gebiet 1908000 Einwohner, 1988 wurde die Vier-Millionen-Grenze überschritten. Allein im Städtekomplex der industriellen Kernzone vergrößerte sich die Einwohnerzahl der dortigen 15 Städte von 1946 bis 1989 von 800000 auf 2,2 Millionen[134]. Der größte Teil dieser Bevölkerung war im volkseigenen Sektor der Wirtschaft beschäftigt. Seit 1989 ist eine deutliche Abnahme dieser »künstlich ausgedehnten« Beschäftigung feststellbar[135]. Gleichzeitig stieg die Arbeitslosenzahl. Mit der Privatisierung setzten hier große wirtschaftliche und soziale Veränderungen ein[136].

Umweltprobleme

Das Oberschlesische Industriegebiet zählt zu den am stärksten umweltbelasteten Gebieten nicht nur Polens und Europas, sondern der ganzen Welt[137]. Bereits empirische Studien aus den fünfziger Jahren zeigten verheerende Folgen der raubbauähnlichen Produktionsmethoden – besonders im Steinkohlebergbau – für alle Umweltbereiche. Trotz einer Reihe vorbildlicher Umweltschutzgesetze, die Polens Regierung in den sechziger und siebziger Jahren erließ, wurde ihre Umsetzung im GOP aus Kostengründen und zugunsten massiver Produktionssteigerungen unterlassen[138].

Die stärksten Umweltbelastungen (80% der Luftbelastung) stammen von der Elektroenergetik, der Koksherstellung und der Metallurgie. 50% der Emissionsbilanz entfallen auf die Stadtgebiete der Kernzone. Die Gasemission des besonders schädlichen Schwefeldioxyd beträgt gegenwärtig 688000 t/Jahr. Anfang der siebziger Jahre waren es noch 240000 t/Jahr. Dies und andere Emissionen haben klimatische Veränderungen zur Folge wie z. B. die Abnahme der Sonneneinstrahlung bis zu 40%. Des weiteren kommt es zu gravierenden Gesundheitsschäden. So liegen die Säuglingssterblichkeit und die Verbreitung von Lungen- und Krebserkrankungen weit über dem Landesdurchschnitt[139]. Die Trink- und Brauchwasserqualität ist äußerst schlecht. 65% der Flüsse, gemessen an der Flußlänge, sind so verschmutzt, daß das Wasser noch nicht einmal mehr für industrielle Zwecke genutzt werden kann. Die Abfälle von Bergbau und Industrie des Reviers betragen 39% aller Abfälle Polens, Tendenz steigend. Rund 80% des Kohlebeckens wurden durch den Bergbau unterminiert. Durch die starke Zunahme der Kohleförderung ohne Sandeinspülung um 35% kam es zu Bodenabsenkungen in der Größe von 70% der Abbauflöze, sowohl in unbebautem Gelände als auch in Städten. Von 1945 bis 1987 wurden in den Städten des Reviers auf diese Weise fast 37000 Wohnungen total zerstört[140].

b) Die verbliebene einheimische Bevölkerung im polnischen Schlesien nach 1945

Die anerkannten Deutschen in Niederschlesien

Nach dem Abschluß der Zwangsausweisungen 1949 waren in Niederschlesien nach amtlichen Angaben noch rund 50000 nicht als Polen verifizierte Deutsche verblieben. Zum größten Teil handelte es sich um von der Ausweisung ausgenommene Fachleute und für Polen zunächst unersetzliche Arbeitskräfte wie die Bergarbeiter im Waldenburger Steinkohlerevier, die zur Aufrechterhaltung der Kohleproduktion im Lande gehalten wurden. Der rechtliche Status dieser Bevölkerungsgruppe war lange Zeit ungeklärt, da die polnischen Behörden zwar ihre deutsche Nationalität, nicht aber den Fortbestand ihrer deutschen Staatsangehörigkeit anerkannten. Sie wurden als Personen mit nicht feststellbarer

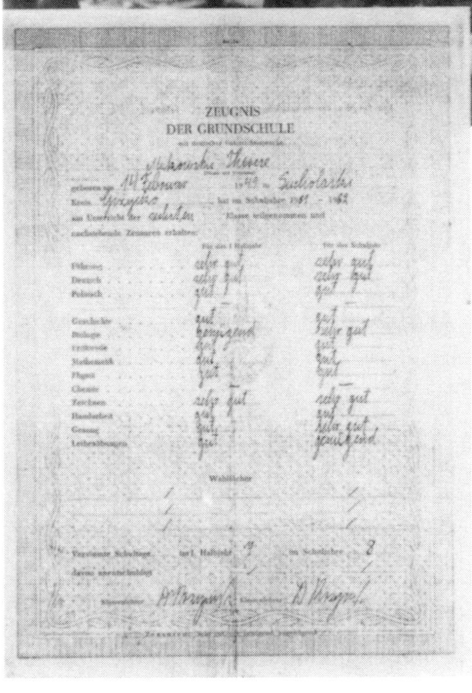
ZEUGNIS
DER GRUNDSCHULE

Abb. 56: Nachdem die kommunistischen Behörden Polens bis Ende der vierziger Jahre die vollständige Vertreibung der Deutschen als Ziel verfolgt hatten, bemühten sie sich in den fünfziger Jahren, die verbliebenen anerkannten Deutschen in Niederschlesien durch kulturelle Zugeständnisse im Lande zu halten. Doch selbst die Einrichtung deutscher Schulen änderte nichts daran, daß die meisten deutschen Schlesier die ihnen fremd gewordene Heimat verlassen wollten. Die Abbildung zeigt eine deutsche Schulklasse in Liegnitz 1959/60 und ein Zeugnis der deutschen Grundschule vom 23. Juni 1962.

Staatsangehörigkeit geführt[141]. Aufgrund des polnischen Staatsangehörigkeitsgesetzes von 1962 konnten sie auf Antrag eingebürgert werden. Zu diesem Zeitpunkt hatten sie jedoch zum größten Teil bereits im Rahmen der Familienzusammenführung das Land verlassen.

In den fünfziger Jahren konnte sich in Niederschlesien ein bescheidenes kulturelles Leben entwickeln[142]. Mit Beginn des Schuljahres 1950/51 wurden aufgrund einer Anordnung des Bildungsministeriums vom 26. Juli 1950 Grundschulen mit deutscher Unterrichtssprache und Kindergärten für deutsche Kinder eingerichtet.

Tabelle 9: Grundschulen mit deutscher Unterrichtssprache in Niederschlesien (1950–1963)[143]:

Schuljahr	Schulen	Schüler	Lehrer
1950/51	28	3079	96
1951/52	42	4065	124
1952/53	54	4299	151
1953/54	55	4156	150
1954/55	54	3772	150
1955/56	53	3275	150
1956/57	51	2908	144
1957/58	20	1276	48
1958/59	8	213	20
1959/60	5	175	12
1960/61	4	x	x
1961/62	2	x	x
1962/63	2	43	x

x = keine Angaben

Neben den deutschen Grundschulen wurden 1950 auch eine Bergmännische Berufsschule in Waldenburg und eine Bergbau-Industrieschule in Gottesberg eingerichtet. Große Schwierigkeiten bereitete die Beschaffung geeigneter Unterrichtsräume, -materialien und Lehrkräfte. Um Lehrkräfte aus den Reihen der Minderheit heranzubilden, bestanden von 1952 bis 1958 eine deutschsprachige Abteilung am Pädagogischen Lyzeum in Schweidnitz, eine deutsche Oberschule in Waldenburg sowie zwei deutsche Abendschulen in Breslau und Waldenburg[144].

Es wurden deutsche Laienspiel- und Gesangsgruppen ins Leben gerufen und seit 1951 auch deutschsprachige Zeitungen herausgegeben. 1951–1952 erschien in Waldenburg und Neurode die *Bergmanngewerkschaft*, seit 1951 in Breslau die *Arbeiterstimme*, zunächst als Wochenblatt, 1955–1958 als *Sozialistische Tageszeitung*. Für die deutschen Arbeiter in den landwirtschaftlichen Produktionsgenossenschaften (polnisch PGR) wurde *Der PGR-Arbeiter* herausgegeben, 1955 in eine Beilage zur *Arbeiterstimme* mit dem Titel *Der Landarbeiter* umgewandelt. Die *Arbeiterstimme* besaß ferner eine Kinderbeilage *Jugendstimme* und eine Wochenendbeilage. Von April bis Dezember 1958 erschien sie unter dem Titel *Die Woche in Polen* erneut als Wochenzeitung in zehn Nummern, danach wurde sie eingestellt. Vom Jahre 1952 an wurden auch deutsche Büchereien und Lesestuben eingerichtet, deren Bestände größtenteils aus der DDR geliefert wurden. Anfang 1956 gab es drei Büchereizentralen in Breslau, Waldenburg und Liegnitz, die rund 11 000 Bücher auf 115 Ausleihstellen verteilten.

Mit dem politischen Tauwetter in Polen verstärkte sich auch die Aktivität der Deutschen in Niederschlesien. Eine Delegation deutscher Lehrer aus Waldenburg überreichte am 3. Oktober 1956 den Warschauer Zentralbehörden eine Denkschrift, in welcher für die deutsche Minderheit eine Regelung der Ausreise nach Deutschland, rechtliche Gleichstellung mit den polnischen Staatsbürgern, eine Vertretung im polnischen Parlament, die Regelung der ungeklärten Vermögensverhältnisse und die Gründung einer Sozialkulturellen Gesellschaft gefordert wurde[145]. Als Folge kam es am 17. April 1957 in Breslau zur Gründung einer *Deutschen Sozial-Kulturellen Gesellschaft* zur Pflege deutscher Bildung, Kultur und Kunst. Sitz der Gesellschaft wurde Waldenburg, zahlreiche Ortsgruppen entstanden in anderen Städten Niederschlesiens.

In den Jahren 1945 bis 1947 konnte in Schlesien als einzigem Teil der Oder-Neiße-Gebiete nach dem Zusammenbruch im Jahre 1945 wieder eine deutsche evangelische Kirchenorganisation aufgebaut werden. Die Kirchenleitung amtierte bis Dezember 1946 in Breslau. Sie führte mit Genehmigung der polnischen Behörden bis August 1946 die Bezeichnung *Evangelische Kirchenleitung für Nieder- und Oberschlesien*, danach *Kirchenleitung der Evangelischen Kirche von Schlesien*. Von polnischer Seite war der Krakauer Theologieprofessor Wiktor Niemczyk als staatlicher und kirchlicher Beauftragter für die Protestanten in Niederschlesien eingesetzt worden, mit dem die deutsche Kirchenleitung gut zusammenarbeitete. Die 1945 rund 600 deutschen Gemeinden wurden von 250 Pfarrern (darunter 50 aufgrund eines Rückkehrappells nach Schlesien Zurückgekehrte) und 150 Lektoren versorgt.

Auf der Kirchenkonferenz in Treysa vom 27. August bis 1. September 1945, aus der die Evangelische Kirche in Deutschland (EKD) hervorging, war die schlesische Kirchenleitung mit zwei Abgesandten vertreten. Im März 1946 waren Ulrich Bunzel als Dekan von Mittelschlesien und Werner Schmauch als Dekan von Niederschlesien eingesetzt worden. Die schlesische Provinzialsynode im Juli 1946 in der Breslauer Hofkirche, auf welcher 40 Kirchenkreise vertreten waren, wählte Präses Hornig zum Bischof von Schlesien. Zuvor hatte die Kirchenleitung am 15. Juli 1946 die Evangelisch-Augsburgische Kirche gebeten, die deutschen Restgemeinden unter ihren Rechtsschutz zu nehmen und sie als selbständige Einheit der polnischen Evangelisch-Augsburgischen Kirche anzugliedern. Der polnische Staat behielt sich jedoch die Regelung der kirchlichen Verhältnisse vor und verfügte durch Dekret vom 19. September 1946 die Eingliederung aller evangelischen deutschen Gemeinden in Schlesien in die Evangelisch-Augsburgische Kirche Polens.

Damit war der Tätigkeit der deutschen Kirchenleitung die Rechtsgrundlage entzogen. Bischof Hornig wurde am 4. November 1946 ausgewiesen, die letzten Mitarbeiter der Breslauer Kirchenleitung mußten am 9. August 1947 die Stadt verlassen und begaben sich nach Görlitz. Die deutschen Restgemeinden wurden in der Folge durch die Evangelisch-Augsburgische Kirche betreut. Sie setzte 1952 den deutschen Pfarrer Helmut Steckel aus Liegnitz zum Superintendenten der deutschen Gemeinden ein. Helmut Steckel und Herbert Rutz waren von 1948 bis 1957, als beide innerhalb von vier Tagen starben, die einzigen verbliebenen deutschen Geistlichen in Schlesien. Als ihr Nachfolger wirkte bis zu seiner Aussiedlung Anfang 1962 Pfarrdiakon Wolfgang Meißler, der letzte deutsche evangelische Geistliche in Schlesien. Danach wurden die deutschen Restgemeinden durch polnische Pastoren – bis 1977 durch Józef Pospiech, danach durch Jan Zajaczkowski, beide von Liegnitz aus, sowie seit 1988 durch Ryszard Borski von Breslau aus – betreut[146].

1964 betrug die Zahl der deutschen Protestanten auf dem Gebiet der Wojewodschaft Breslau 2376 Personen[147]. Die katholische Kirche richtete 1951 beim Erzbistum Breslau ein Seelsorgereferat für die katholischen Deutschen in Niederschlesien ein, deren Zahl zu diesem Zeitpunkt noch rund 7000 Personen betrug. Sie wurden von deutschen Priestern in ihrer Muttersprache betreut.

Die ab 1955 durch Vermittlung des Roten Kreuzes von der polnischen Regierung gewährte Möglichkeit der Familienzusammenführung ließ unter den anerkannten Deutschen in Niederschlesien eine Aufbruchsstimmung entstehen und entzog durch die immer stärker werdende Abwanderung jeglichem kulturellen Leben den Boden. Von 1956 bis 1959 wurden insgesamt 48508 Deutsche aus Niederschlesien im Rahmen der Aktion Familienzusammenführung ausgesiedelt[148]. Die polnischen Behörden stellten daraufhin die Förderung der deutschen Kulturpolitik ein. Die beiden letzten deutschen Schulen in Breslau und Liegnitz wurden 1963 aufgelöst. Nach amtlichen Schätzungen betrug die Zahl der Deutschen in der Wojewodschaft Breslau im Jahre 1960 noch ca. 3000 Personen, im Jahre 1970 noch ca. 2000. Im letztgenannten Jahr zählte die Deutsche Sozial-Kulturelle Gesellschaft noch 563 Mitglieder in den sieben Ortsgruppen Waldenburg, Breslau, Liegnitz, Neurode, Gottesberg, Langwaltersdorf und Bad Warmbrunn. Die Tätigkeit beschränkte sich in den siebziger und achtziger Jahren auf gesellige Veranstaltungen. Eigene Räumlichkeiten besaß die Gesellschaft in den achtziger Jahren lediglich noch in Waldenburg und Breslau. Die seit den achtziger Jahren einsetzenden intensiven Bemühungen um Minderheitenrechte für Deutsche in Polen gingen nicht von Niederschlesien, sondern von Oberschlesien aus, wo nach 1945 keine deutsche Minderheit anerkannt worden war.

Die Autochthonen

Polen hatte seine Forderung nach Angliederung Schlesiens u. a. auch mit der Existenz einer größeren Zahl dort lebender polnischer Bevölkerung begründet. Dies bezog sich in erster Linie auf Oberschlesien. Dort sollten nur die Bevölkerungsteile mit ausgeprägtem deutschem Nationalbewußtsein vertrieben werden, vor allem die Angehörigen der Mittel- und Oberschicht und geistige Führungskräfte. Die Angehörigen der organisierten polnischen Minderheit der Vorkriegszeit waren von der Vertreibung natürlich ausgenommen, aber auch die als ethnisch polnisch angesehenen sogenannten Autochthonen, deren Zahl nach polnischen Vorstellungen im Oppelner Schlesien 1939 rund 750 000, in Niederschlesien rund 60 000 betrug. Sie wurden auch im Falle bewußt deutschen Selbstverständnisses als nur oberflächlich germanisiert angesehen; ihre Repolonisierung wurde daher für möglich gehalten. Auch glaubte man, eine zuverlässige Unterscheidung der Bevölkerung in Deutsche, die zur Ausweisung bestimmt waren, und Polen, die eingebürgert werden sollten, vornehmen zu können.

Die Verifizierung (Überprüfung) der objektiven Kriterien wie polnische Sprachkenntnisse, polnische Namen und Abstammung durch subjektive Kriterien wie polnisches Nationalbewußtsein bzw. Bindungen an die polnische Kultur scheiterte aber an den Besonderheiten dieser Grenzlandbevölkerung und den teilweise gegensätzlichen Interessen auf polnischer Seite. So wurden in manchen Fällen um das Polentum verdiente Angehörige der polnischen Vorkriegsminderheit als Deutsche ausgewiesen, da zugewanderte Polen ihr Eigentum übernehmen wollten. Andererseits kam es vor, daß Personen unzweifelhaft deutscher Herkunft als »Polen dem Geiste nach« verifiziert wurden, wenn ihnen ein entsprechendes Leumundszeugnis ausgestellt wurde[149]. Es zeigte sich, daß die Gruppensolidarität der einheimischen Bevölkerung häufig stärker war als nationale Bindungen. So versuchten polnische Oberschlesier, durch entsprechende Gutachten die Verifizierung ihrer deutschen Nachbarn zu erreichen und damit deren Ausweisung zu verhindern[150]. Viele deutsche Oberschlesier hatten auch polnische Vorfahren und besaßen einen polnischklingenden Namen und polnische Sprachkenntnisse. Angesichts der drohenden Ausweisung bzw. Diskriminierung als Deutsche stellten sie einen Antrag auf Verifizierung als Polen und legten das geforderte Treuebekenntnis ab[151].

Die gesamte Verifizierungsaktion war als Mittel zur Feststellung der tatsächlichen Bevölkerungsverhältnisse ebenso ungeeignet wie die Deutsche Volksliste während des Zweiten Weltkrieges. Ebenso wie diese erfüllte sie jedoch den Zweck, auf dem Papier einheitliche Nationalitätenverhältnisse zu erreichen, nun freilich mit polnischen Vorzeichen. Die polnischen Behörden waren daran interessiert, möglichst die gesamte verbliebene Bevölkerung als polnische Autochthone anzuerkennen, um damit ihre Inbesitznahme des Landes zu rechtfertigen. Die anfangs strengen Kriterien wurden deshalb nach dem vom polnischen Westverband proklamierten Grundsatz »kein einziger Tropfen polnischen Blutes darf verloren gehen« und im Sinne eines raschen Abschlusses der Aktion zunehmend gelockert; schließlich wurde sogar Druck auf Widerstrebende ausgeübt[152]. Polnische Fachleute waren sich durchaus bewußt, daß auch deutsche Oberschlesier verifiziert und eingebürgert worden waren, schätzten deren Zahl jedoch nur auf rund 77000[153].

Nach Beendigung der Verifizierungsaktion Mitte 1949 hatten in ganz Schlesien 863277 Einheimische die polnische Staatsangehörigkeit erhalten, davon 848131 im Oppelner Schlesien und 15146 in Niederschlesien. Die verifizierten Schlesier stellten dabei 85% aller verifizierten Personen in den Oder-Neiße-Gebieten dar[154]. Ein kleiner Teil der als Autochthone angesehenen Oberschlesier verweigerte bis zuletzt die Verifizierung. Mit dem polnischen Staatsangehörigkeitsgesetz von 1951 wurde jedoch auch diesen Personen von Amts wegen die polnische Staatsbürgerschaft verliehen.

Polnischerseits hoffte man, auf tatsächlich oder vorgeblich bewahrte polnische Traditionen zurückgreifend, die Autochthonen rasch in die polnische Gesellschaft integrieren zu können. Entgegen der offiziellen These von der Gleichberechtigung der Autochthonen wurden diese aber von den polnischen Zuwanderern und der Verwaltung als Staatsbürger zweiter Klasse behandelt; eine Selbstverwaltung bzw. kulturelle Autonomie wurde nicht zugelassen[155].

Alle entscheidenden Positionen waren Polen aus den bereits vor 1939 polnischen Gebieten vorbehalten[156]. In den ersten Jahren nach dem Ende des Zweiten Weltkriegs bis 1948 waren einzelne Vertreter der einheimischen Bevölkerung, zumeist verdiente Angehörige der polnischen Vorkriegsminderheit in Schlesien, auch in höhere Positionen, als Starosten – sie entsprechen den früheren Landräten – oder Bürgermeister eingesetzt worden. Einer der bekanntesten Vertreter der polnischen Oberschlesier, Arkadiusz (Arka) Bożek, wurde sogar Vizewojewode von Dombrowa-Schlesien. Sie konnten jedoch keinen wirklich entscheidenden Einfluß auf die Geschicke ihrer Landsleute bzw. des Landes nehmen. Mit der fortschreitenden Sowjetisierung des Landes verloren sie wegen der Zugehörigkeit zur bürgerlichen Opposition (der polnischen Bauernpartei PSL) oder wegen des Vorwurfs des Regionalismus und Separatismus bis 1948 ihre Ämter. Ende 1949 gab es im Oppelner Schlesien nur noch einen Starosten einheimischer Herkunft, und von den 146 Bürgermeistern der Wojewodschaft waren lediglich 26 Oberschlesier[157].

Das polnische Mißtrauen gegenüber den Autochthonen wurde nicht zuletzt durch deren offensichtlich weiterbestehende Bindungen an deutsche Traditionen verstärkt. Diese wurden auch öffentlich zum Ausdruck gebracht wie bei der 1952 durchgeführten Volksbefragung, bei welcher in der Wojewodschaft Oppeln 70000, in der Wojewodschaft Kattowitz rund 13000 Oberschlesier als Nationalität deutsch angaben. Ein Bekenntnis zur deutschen Nationalität stellten auch die Aussiedlungsbemühungen nach Deutschland dar, die zumeist ausdrücklich mit dem Hinweis auf die deutsche Nationalität der Antragsteller begründet wurden.

Die polnischen Behörden versuchten, durch eine rigorose Polonisierung aller Lebensbereiche jegliche deutschen Spuren in Schlesien und die Bindungen der Einheimischen an die deutsche Kultur zu beseitigen. So wurden u. a. der Gebrauch der deutschen Sprache verfolgt, deutschklingende Vor- und Familiennamen auch gegen den Willen der Betroffenen polonisiert und regionale Traditionen, welche mit deutscher Kultur im weitesten Sinne verbunden waren, unterdrückt. Polnische Wissenschaftler bezeichneten nach dem Ende des Kommunismus in Polen diese Maßnahmen gegenüber der einheimischen Bevölkerung als faktische Kolonialpolitik[158]. In Oberschlesien wurde auch die katholische Kirche in diesen »Kampf gegen das Deutschtum« mit einbezogen, oder sie betrieb ihrerseits eine entsprechende Politik.

Die Unterschiede zwischen den zuwandernden Polen und der einheimischen Bevölkerung waren beträchtlich und führten zu einer Abgrenzung voneinander, die heute zwar nicht mehr sofort ins Auge springt, aber de facto immer noch existiert[159]. Eine bedeutende Rolle kommt dem starken Regional- und Gemeinschaftsgefühl dieser Gruppen zu, wobei aufgrund der polnischen Nachkriegspolitik die Überzeugung vorherrscht, die Regionalinteressen seien bei den Deutschen besser vertreten. Von Bedeutung ist ferner, daß durch Erwerbsauswanderung bereits seit Ende des vorigen Jahrhunderts und die Folgen von Krieg, Vertreibung und Aussiedlung die meisten oberschlesischen Familien Verwandte in Deutschland besaßen, wobei die Kontakte in der Regel gepflegt wurden. Dies hielt die Bindungen nach Deutschland in der Nachkriegszeit aufrecht bzw. verstärkte sie.

Die Entwicklung der organisierten deutschen Minderheit in Schlesien

Seit Beginn der achtziger Jahre hatten sich in Oberschlesien Vertreter der einheimischen Bevölkerung um die Gründung deutscher Minderheitenorganisationen zur Wahrung ihrer Interessen bemüht. So stellte im März 1984 eine Gruppe von 17 Personen, u. a. aus Kattowitz, den Antrag auf Registrierung einer *Gesellschaft der Deutschen in Polen*. Die Behörden der Volksrepublik Polen verweigerten jedoch die offizielle Anerkennung. Das gleiche Schicksal war dem Versuch von 20 Oberschlesiern aus Kattowitz vom 25. Oktober 1984 beschieden, einen Bund der Deutschen in Polen zu gründen. Dennoch gaben die Deutschen in Oberschlesien ihre Bemühungen nicht auf. 1986 versuchten sie, in Oberschlesien einen Kongreß der deutschen Minderheit in Polen abzuhalten.
Trotz Überwachung und Verfolgung der Initiatoren durch den polnischen Sicherheitsdienst und der Ausreise zahlreicher Aktivisten in die Bundesrepublik Deutschland bildeten sich seit 1988 in Oberschlesien *Deutsche Freundschaftskreise* (DFK) in Gleiwitz, Ratibor und Odertal bei Groß Strehlitz. Diese waren zunächst illegal tätig. Erst mit dem Ende des kommunistischen Systems in Polen kam es hier zu einem Wandel. Anläßlich des Polenbesuchs von Bundeskanzler Kohl wurde am 14. November 1989 eine gemeinsame Erklärung der Regierungschefs Polens und der Bundesrepublik Deutschland abgegeben, in welcher Minderheitenrechte für Deutsche in Polen angekündigt wurden. Am 16. Januar 1990 wurde daraufhin eine *Sozial-kulturelle Gesellschaft der Bevölkerung deutscher Herkunft der Wojewodschaft Kattowitz* durch das zuständige Wojewodschaftsgericht registriert und damit eine deutsche Minderheitenorganisation offiziell anerkannt. Eine entsprechende Gesellschaft in der Wojewodschaft Tschenstochau – zu ihr gehören die oberschlesischen Kreise Rosenberg und Kreuzburg – wurde am 23. Januar, in der Wojewodschaft Oppeln am 14. Februar 1990 registriert. Weitere Gründungen deutscher Minderheitengruppen in Ober- und Niederschlesien folgten. Die Zahl der Mitglieder in den einzelnen schlesischen Wojewodschaften betrug 1994: Oppeln 180000, Kattowitz 80000, Tschenstochau 19000, Breslau 800, Bielitz 600, Hirschberg 600, Liegnitz 200, Waldenburg 100, Grünberg 50[160].
Mit den Mitgliederzahlen der organisierten deutschen Minderheit ist die Gesamtzahl der Deutschen in Schlesien jedoch noch nicht erfaßt. In ganz Schlesien, vor allem im oberschlesischen Industriegebiet, gibt es eine unbestimmte Zahl von »potentiellen« Angehörigen dieser Minderheit, die – aus den unterschiedlichsten Gründen – den deutschen Organisationen (noch) nicht beigetreten sind. Auf der anderen Seite kann nicht ausgeschlossen werden, daß ein Teil der bisher organisierten Minderheitenangehörigen seine Entscheidung vor allem aus konjunkturellen Gründen vollzogen hat und unter veränderten Bedingungen die Minderheit auch wieder verläßt. Polnische Schätzungen gehen davon aus, daß in ganz Schlesien derzeit etwa 300000–400000 Personen leben, welche sich als Deutsche bezeichnen. Nach deutschen Schätzungen liegt deren Zahl mit 400000–800000 sogar noch erheblich höher[161].
Im September 1990 erfolgte die Gründung eines *Zentralrats der Deutschen in Polen* als Dachorganisation der deutschen Gesellschaften. Nach einer Satzungsänderung 1991 führt

er seither den Namen *Verband der Deutschen Sozial-Kulturellen Gesellschaften in der Republik Polen* mit Sitz in Oppeln. Aufgrund persönlicher und sachlicher Differenzen war es Ende 1990 zu einer Spaltung des Zentralrats gekommen, der die Gründung einer Konkurrenzorganisation in Kattowitz nach sich zog. Dieser *Zentralrat der Deutschen in Oberschlesien* wurde nur von einem Teil der Deutschen im oberschlesischen Industriegebiet getragen, der sich in der Kattowitzer *Deutschen Arbeitsgemeinschaft »Versöhnung und Zukunft« in Polen* unter dem Vorsitzenden Dietmar Brehmer zusammenschloß. Weiter gibt es gesonderte Interessenvertretungen innerhalb der deutschen Minderheit wie den *Verein Schlesischer Bauern*, die *Stiftung für die Entwicklung Schlesiens*, den *Verband der Jugend der deutschen Minderheit in der Republik Polen* oder die *Raiffeisen-Gesellschaft*.

In der »Gemeinsamen Erklärung« von 1989 hatte Polen zwar den auf seinem Staatsgebiet lebenden Personen und Bevölkerungsgruppen, welche sich zu deutscher Sprache, Kultur oder Tradition bekannten, das Recht zugestanden, ihre Identität zu wahren und zu entfalten. Die Rechte der deutschen Minderheit in Polen wurden aber erst am 17. Juni 1991 in einem deutsch-polnischen »Vertrag über gute Nachbarschaft und freundschaftliche Zusammenarbeit« (Nachbarschaftsvertrag) genauer beschrieben. Zuvor hatte das wiedervereinigte Deutschland in einem Grenzvertrag mit Polen am 14. November 1990 die polnische Westgrenze an Oder und Lausitzer Neiße bestätigt und damit die deutsch-polnischen Beziehungen auf eine neue Grundlage gestellt[162].

Von den 38 Artikeln des Nachbarschaftsvertrages behandeln die Artikel 20–22 den Schutz der deutschen Minderheit in Polen und analog der deutschen Staatsbürger polnischer Nationalität in der Bundesrepublik Deutschland. Artikel 20 legt u. a. fest: »Die Angehörigen der deutschen Minderheit in Polen, das heißt Personen polnischer Staatsangehörigkeit, die deutscher Abstammung sind oder die sich zur deutschen Sprache, Kultur oder Tradition bekennen... haben das Recht, einzeln oder in Gemeinschaft mit anderen Mitgliedern ihrer Gruppe ihre ethnische, kulturelle, sprachliche und religiöse Identität frei zum Ausdruck zu bringen, zu bewahren und weiterzuentwickeln, frei von jeglichen Versuchen, gegen ihren Willen assimiliert zu werden.« Artikel 20 garantiert weiterhin das Recht auf freien Gebrauch der Muttersprache, auf Gründung deutscher Bildungs-, Kultur- und Religionseinrichtungen und den ungehinderten Kontakt untereinander sowie über die Grenzen. Die zwangsweise Polonisierung der Vor- und Familiennamen nach 1945 kann von den Betroffenen rückgängig gemacht werden. Die Deutschen haben das Recht, Organisationen oder Vereinigungen in Polen einzurichten und zu unterhalten und in internationalen nichtstaatlichen Organisationen mitzuarbeiten. Die Zugehörigkeit zu dem in Artikel 20 genannten Personenkreis wird als persönliche Angelegenheit jedes Einzelnen angesehen, aus der ihm kein Nachteil erwachsen darf.

In Artikel 21 werden der Schutz der ethnischen, kulturellen, sprachlichen und religiösen Identität der in Artikel 20 genannten Gruppen durch die Vertragsstaaten und die Förderung dieser Identität präzisiert. Insbesondere erklären beide Staaten, sich nach Maßgabe der nationalen Rechtsvorschriften um die Schaffung der notwendigen Voraussetzungen für muttersprachlichen Unterricht und die Möglichkeit des Gebrauchs der Muttersprache bei Behörden zu bemühen. Beim Unterricht von Geschichte und Kultur in Polen sollen auch Geschichte und Kultur der Minderheit berücksichtigt werden. Ferner wird das Recht der Minderheit bekräftigt, wirksam an öffentlichen Angelegenheiten teilzunehmen, einschließlich der Mitwirkung bei den Angelegenheiten, die den Schutz und die Förderung ihrer Identität betreffen. Artikel 22 schließlich verpflichtet die Minderheiten zur Loyalität gegenüber ihrem Wohnstaat, gleichzeitig aber auch den Staat zur Beachtung der genannten Minderheitenschutzbestimmungen. Einige besonders strittige Fragen, etwa von zweispra-

chigen Ortsschildern in den geschlossenen Wohngebieten der deutschen Minderheit oder von Staatsangehörigkeits- und Vermögensfragen, wurden in dem Vertrag nicht geregelt.
Der Nachbarschaftsvertrag hat eine Grundlage für die Existenz und die Entwicklung der deutschen Minderheit in Schlesien geschaffen[163]. Er ist Ausdruck der Demokratisierung Polens und der Absicht, die Rechte der Minderheiten zu achten. In der Praxis seither zeigte sich jedoch, daß die deutsche Minderheit in Schlesien nach wie vor mit beträchtlichen organisatorischen, politischen und gesellschaftlichen Schwierigkeiten zu kämpfen hat. Darüber kann auch nicht hinwegtäuschen, daß die Deutschen in Polen, insbesondere in Oberschlesien, heute die bestorganisierte nationale Minderheit in der Republik Polen darstellen. Besondere Schwierigkeiten ergeben sich naturgemäß dort, wo die Deutschen nicht geschlossen wohnen, sondern in großer Diaspora leben. Das ist, mit Ausnahme des Oppelner Schlesien, ansonsten bei allen Siedlungsgebieten der Fall.
Mit ihrer Legalisierung wurde die deutsche Minderheit in ihrem geschlossenen Siedlungsgebiet in Oberschlesien auch zu einer politischen Kraft. Dies zeigte sich bei den Wahlen, die seit 1990 in Polen stattgefunden haben. Erstmals wurde ein deutscher Kandidat bei den nach dem Tod des Senators Edmund Osmańczyk notwendig gewordenen Ergänzungswahlen zum Senat in der Wojewodschaft Oppeln im Frühjahr 1990 aufgestellt. Diese Wahl wurde aufgrund eines sehr emotional bestimmten Wahlkampfes geradezu in ein Plebiszit umgewandelt. Im ersten Wahlgang erhielt der Vertreter der deutschen Minderheit, der Oppelner Tierarzt Heinrich Kroll (damals noch Henryk Król), mit 39% die meisten Stimmen. Die Wahlbeteiligung betrug insgesamt nur 31,4%, in Gemeinden mit mehrheitlich einheimischer Bevölkerung allerdings teilweise bis zu 80%.
Bei der Stichwahl, in welcher mit Heinrich Kroll und der Volkskundeprofessorin Dorota Simonides zwei Schlesier unterschiedlicher nationaler Orientierung gegeneinander antraten, gewann zwar aufgrund einer stärkeren Wahlbeteiligung (54,8%), vor allem der zugewanderten polnischen Bevölkerung, die vom Bürgerkomitee Solidarność aufgestellte

Abb. 57: Bei der Vorbereitung der Kommunalwahlen in der Wojewodschaft Oppeln im Mai 1990 machten die Kandidaten der deutschen Minderheit ihre ersten politischen Erfahrungen. Die Abbildung zeigt die Führung der Oppelner deutschen Minderheit um Johann und Heinrich Kroll, die nach ihrem Wahlerfolg zu einer festen politischen Größe in der Wojewodschaft Oppeln wurde.

Frau Simonides mit 258135 Stimmen (67,4%). Dennoch war die Wahl für die deutsche Minderheit ein Erfolg, hatte doch der größte Teil der einheimischen Bevölkerung, welche rund ein Drittel der Gesamtbevölkerung zählt, mit 124498 Stimmen für Heinrich Kroll gestimmt (32,6%). Dies war um so bemerkenswerter, als die einheimische Bevölkerung traditionell stets nur ein geringes Interesse an »polnischer« Politik und »polnischen« Wahlen gezeigt hatte[164].

Bei den Kommunalwahlen in der Wojewodschaft Oppeln im Mai 1990 war die Wahlbeteiligung in den mehrheitlich einheimischen Gemeinden mit 24–26% deshalb auch geringer als auf Wojewodschaftsebene (40,8%). Dennoch wurde die deutsche Minderheit mit 388 Mandaten (26,4%) nach dem Bürgerkomitee Solidarność zweitstärkste politische Kraft in der Wojewodschaft Oppeln, war in 35 Gemeindeparlamenten vertreten und hatte in 26 davon sogar eine Zweidrittelmehrheit. 15 Gemeinden im Oppelner Schlesien werden seither von einem deutschen Bürgermeister geleitet, und von den 76 Mitgliedern des Regionallandtags gehören 22 der deutschen Minderheit an. Bei den Parlamentswahlen im Jahre 1991 konnte die deutsche Minderheit sieben Abgeordnetenmandate und einen Senatssitz erringen. Es muß erwähnt werden, daß Dietmar Brehmer von der *Arbeitsgemeinschaft Versöhnung und Zukunft in Polen*, der in Kattowitz für den Senat kandidierte, 129774 Stimmen erhielt, was allerdings in dieser dichtbevölkerten Wojewodschaft nicht für ein Senatsmandat ausreichte[165].

Abgeordneter	Wahlbezirk	Stimmen
Edmund Bastek	Kattowitz	5159
Georg Brylka	Tschenstochau	5329
Willibald J. Fabian	Gleiwitz	7349
Antoni Kost	Oppeln	über die Landesliste
Bruno Kozak	Oppeln	3611
Heinrich Kroll	Oppeln	43963
Helmut Paździor	Oppeln	11732

Senator der deutschen Minderheit wurde Gerhard Bartodziej mit 82031 Stimmen.

Bei den jüngsten Parlamtenswahlen in Polen im September 1993 galt eine Sperrklausel von 5% bei den Wahlkreisen und von 7% bei den Landeslisten, um einer Zersplitterung des Parlaments vorzubeugen. Die Minderheiten konnten nach der Wahlordnung nur von einer dieser Sperrklauseln ausgenommen werden. Sie wählten die Befreiung auf der Ebene der Wahlkreise, weil dies für sie angesichts ihres geschlossenen Siedlungsgebiets in Oberschlesien nützlicher war. Aufgrund einer weit unter dem Landesdurchschnitt liegenden Wahlbeteiligung der Angehörigen der deutschen Minderheit (rund 30%, gegenüber rund 50% insgesamt) konnte sie jedoch trotzdem nur vier Abgeordnetenmandate und einen Sitz im Senat erringen[166].

Abgeordneter	Wahlbezirk	Stimmen
Heinrich Kroll	Oppeln	30185
Helmut Paździor	Oppeln	11941
Joachim Czernak	Oppeln	5282
Roman Klingbauer	Gleiwitz	7180

In den Senat wurde Gerhard Bartodziej mit 69613 Stimmen gewählt.

Die Tätigkeit der deutschen Minderheitenpolitiker in Polen hat zum Abbau von Vorurteilen in der polnischen Gesellschaft beigetragen. Ihre sachliche, um Verständigung bemühte und von Loyalität zum polnischen Staat geprägte Tätigkeit wird in Polen wie in Deutschland anerkannt. Für die Deutschen in Polen bedeutet ihre Präsenz in beiden Kammern des polnischen Parlaments neben der politischen Aufwertung auch die Gewißheit, daß ihre Probleme auf höchster politischer Ebene zur Sprache gebracht werden können.

Deutschsprachiges Schulwesen war und ist eine der Hauptforderungen der deutschen Minderheit in Polen. Es konnte bislang nur in Ansätzen dort, wo die Deutschen in größerer Zahl und geschlossen leben, in Oberschlesien, realisiert werden. Nach dem Gesetz über das Bildungssystem vom 7. September 1991 sind die öffentlichen Schulen verpflichtet, den Schülern durch Unterricht der Muttersprache sowie der eigenen Geschichte und Kultur den Erhalt der nationalen Identität zu ermöglichen. Nach einer Verordnung des Ministers für nationale Erziehung vom 24. März 1992 kann dies entweder durch

a) Unterricht in der Muttersprache (mit Ausnahme von Geschichte sowie polnischer Sprache und Literatur) oder
b) zweisprachigen Unterricht oder
c) zusätzlichen Unterricht von drei Wochenstunden in der Muttersprache zum ansonsten polnischen Unterricht umgesetzt werden.

Auf Antrag der Eltern von mindestens sieben Schülern an Grundschulen bzw. 14 Schülern an Oberschulen muß der jeweilige Schulträger muttersprachlichen Unterricht einrichten, wobei er allerdings bezüglich der Wahl der Unterrichtsform und der Schulen, an welchen dieser erteilt wird, frei ist. Auch ist bei geringerer Schülerzahl bzw. Mangel an geeigneten Lehrkräften zumutbar, daß der zusätzliche muttersprachliche Unterricht für Schüler mehrerer Schulen zentral an einem Ort für alle erteilt wird. Die Schulzeugnisse muttersprachlicher Schulen sollen zweisprachig sein und zum Besuch weiterführender Schulen in Polen berechtigen[167].

In Oberschlesien bestand aus politischen Gründen bis 1990 ein inoffizielles Verbot des Deutschunterrichts in der Wojewodschaft Oppeln. Infolgedessen standen nach der Legalisierung der deutschen Minderheit hier zunächst keine Lehrkräfte für Deutsch zur Verfügung, so daß sich die Einführung deutschen Schulunterrichts verzögerte. Im Schuljahr 1990/91 wurde zunächst an 184 Grundschulen der Wojewodschaft Oppeln Deutschunterricht eingeführt. Im Schuljahr 1991/92 konnte er bereits an 236 Schulen der Wojewodschaft angeboten werden, die Nachfrage war jedoch noch größer. Das größte Problem stellte für die Schulbehörde dabei der Mangel an qualifizierten Deutschlehrern dar. Von den 232 im Schuljahr 1991/92 in der Wojewodschaft Oppeln tätigen Deutschlehrern besaßen 158, d. h. 68%, keine entsprechende sprachliche und pädagogische Qualifikation.

Der Mangel an Deutschlehrern in Polen wird allgemein durch die große Nachfrage nach privatem Deutschunterricht bzw. deutschkundigen Übersetzern und Dolmetschern seitens der Wirtschaft noch verstärkt. Angesichts der geringen Verdienst- und Aufstiegsmöglichkeiten im Schulwesen im Vergleich zur freien Wirtschaft dürfte sich der Mangel an Deutschlehrern in absehbarer Zukunft wohl eher noch vergrößern. Deutscher muttersprachlicher Zusatzunterricht konnte deshalb in Oberschlesien erst im Schuljahr 1992/93 angeboten werden. Diese Möglichkeit nutzen derzeit 1307 Schüler an 14 Grundschulen der Wojewodschaft Oppeln. In der Wojewodschaft Kattowitz erhalten 2785 Kinder an 20 Grundschulen und einem Kindergarten solchen zusätzlichen muttersprachlichen Deutschunterricht.

Dem weiterhin akuten Deutschlehrermangel versucht man kurzfristig durch Umschulungs- und Weiterbildungsmaßnahmen für polnische Lehrer, u. a. in Zusammenarbeit mit den Goethe-Instituten, und durch Entsendung deutscher Gastlehrer aus der Bundesrepublik Deutschland über die Zentralstelle für das Auslandsschulwesen (ZfA) abzuhelfen. Dazu müssen die Schulen in den Siedlungsgebieten der deutschen Minderheiten ihren Bedarf an

Deutschlehrern dem polnischen Kulturministerium melden. Dieses stellt dann in Absprache mit den deutschen diplomatischen Vertretungen in Polen eine entsprechende Liste zusammen und leitet sie an die ZfA in Deutschland weiter. Diese hat im Rahmen ihres Polenprogramms arbeitslose deutsche Junglehrer angeworben, die gemäß den deutsch-polnischen Absprachen für mindestens ein ganzes Schuljahr als Gastlehrer nach Polen gehen. Durch das Bonner Auswärtige Amt wird ferner die Entsendung von pensionierten Lehrern aus Deutschland für mindestens ein Schuljahr finanziell und organisatorisch unterstützt. Auch diese Lehrkräfte werden in Polen durch die ZfA, die deutsche Minderheit und die örtlichen polnischen Schulbehörden unterstützt und betreut.

Mittel- und langfristig sollen die Lehrer für den muttersprachlichen Deutschunterricht aber aus den Reihen der deutschen Minderheit selbst herangebildet werden. In der Wojewodschaft Kattowitz wurde am 15. Oktober 1992 eine Vereinbarung zwischen dem dortigen Schulkuratorium und der Bezirksleitung der deutschen Minderheit getroffen, welche eine enge Zusammenarbeit durch regelmäßige Konsultationen und die Erarbeitung eines gemeinsamen Programms bezüglich Deutschunterricht und der Ausbildung von Deutschlehrern vorsieht. Deutsch-polnische Schulpartnerschaften sollen gefördert, der Jugendaustausch sowie die Beschaffung geeigneter Lehrmaterialien gemeinsam organisiert werden. Zur Lehrerausbildung aus den Reihen der Minderheit wurde im Herbst 1993 ein erstes Deutschlehrer-Kolleg in Ratibor ins Leben gerufen. Eine entsprechende Vereinbarung zwischen Schulkuratorium und Minderheit besteht mittlerweile auch in der Wojewodschaft Oppeln. Unterstützung materieller und ideeller Art wird aus Deutschland geleistet[168].

Wichtigstes deutschsprachiges Presseorgan ist das zweisprachige *Schlesische Wochenblatt*, bis Februar 1995 *Oberschlesische Zeitung/Gazeta Górnośląska*. Es erscheint seit 1990 zweiwöchentlich in Oppeln in einer Auflage von derzeit rund 10000 Exemplaren. In Kattowitz wird eine zweisprachige Beilage zur Zeitung *Życie Katowic* gedruckt. Dietmar Brehmer von der deutsch-polnischen Arbeitsgemeinschaft Versöhnung und Zukunft gibt ferner seit September 1993 die Zeitung *Hoffnung* heraus. Bei einigen größeren deutschen Minderheitengruppen bestehen außerdem eigene kleinere Mitteilungsblätter in geringer Auflage für die Mitglieder. In Polen sind heute zumindest in den größeren Städten die wichtigsten deutschsprachigen Zeitungen und Zeitschriften erhältlich, und viele deutsche Minderheitenorganisationen beziehen deutsche Presseerzeugnisse regelmäßig über Patenschaftsabonnements. Durch den Bund der Vertriebenen (BdV) und Landsmannschaften erhalten sie auch die landsmannschaftlichen Periodika, welche sich verständlicherweise bei der deutschen Minderheit großer Beliebtheit erfreuen.

In Rundfunk und Fernsehen wird die Minderheit nur auf lokaler Ebene berücksichtigt und einbezogen. So wird seit dem 5. Juni 1991 in Kattowitz durch den dortigen Regionalsender in Zusammenarbeit mit der deutsch-polnischen Arbeitsgemeinschaft *Versöhnung und Zukunft* einmal wöchentlich eine einstündige Sendung in deutscher Sprache für die Minderheit ausgestrahlt; der Regionalsender Oppeln überträgt jeden Freitag die ebenfalls einstündige, zweisprachige Sendung *Mój Heimat/Meine Heimat*. Das regionale Fernsehprogramm in Kattowitz hat im November 1992 erstmals eine deutschsprachige Sendung *Oberschlesien aktuell* gesendet. Weitere Folgen in unregelmäßiger Reihenfolge sind geplant, die Finanzierung erfolgt gemeinsam durch das Warschauer Ministerium für Kultur und Kunst sowie das Bonner Bundesministerium des Innern. Schließlich läuft im Breslauer Regionalfernsehen die Senderreihe *U siebie* (Bei sich), die in polnischer Sprache über die deutsche Minderheit berichtet[169].

Mit Unterstützung aus Deutschland konnten die deutschen Minderheitengruppen eigene Bibliotheken mit deutschsprachiger Literatur einrichten. Allein in der Wojewodschaft Oppeln gibt es derzeit etwa 30 deutsche Büchereien. Sie ergänzen die vorhandenen

Abb. 58: Die oberschlesische Presselandschaft wurde mit dem Ende des kommunistischen Systems in Polen um Organe der einheimischen Bevölkerung bereichert. Neben den zweisprachigen *Oberschlesischen Nachrichten/Wiadomości Górnośląskie*, ab 1991 *Oberschlesische Zeitung / Gazeta Górnośląska* und seit Februar 1995 als *Schlesisches Wochenblatt* die überregionale Zeitung der gesamten deutschen Minderheit in Polen, erscheinen hier die zweisprachige *Hoffnung* in Kattowitz und die polnisch- bzw. oberschlesischsprachige *Jaskółka Śląska / Schlesische Schwalbe* in Rybnik.

öffentlichen Büchereien, deren Bestände an deutschen Büchern seit 1990 um das Zehnfache gewachsen sind und im Jahre 1993 in der Wojewodschaft Oppeln rund 10000 deutschsprachige Bände umfaßten.

Ebenfalls mit Hilfe aus Deutschland konnten die deutschen Minderheiten eine große Zahl von Begegnungsstätten einrichten. Im Oppelner Schlesien gibt es bereits mehr als 250 solcher Kulturzentren, in denen u. a. Deutschkurse und kulturelle Veranstaltungen stattfinden. Nach polnischen Untersuchungen ist das kulturelle Leben in Orten mit deutschen Einwohnern reger und vielfältiger als in Gegenden mit überwiegend oder ausschließlich zugewanderter Bevölkerung. Dabei steht die Beteiligung an kulturellen Veranstaltungen der deutschen Minderheiten immer häufiger nicht mehr nur ausschließlich ihren Mitgliedern, sondern allen Interessenten frei, so daß auf diese Weise das Zusammenleben der unterschiedlichen Bevölkerungsgruppen gefördert und die kulturelle Vielfalt des Landes zum Ausdruck gebracht werden.

Dank des Oppelner Bischofs Alfons Nossol konnten seit dem 4. Juni 1989 in Oberschlesien wieder deutsche katholische Gottesdienste eingeführt werden. Es begann mit deutschsprachigen Messen auf dem St. Annaberg und wurde später, nach entsprechenden Anträgen von Gläubigen, auf die gesamte Diözese Oppeln ausgeweitet. Heute werden bereits in mehr als der Hälfte der 200 oberschlesischen Gemeinden deutsche Messen zusätzlich zu den

polnischen – nicht anstelle derselben – abgehalten. Auch in Niederschlesien, in Breslau und Waldenburg, haben die dortigen katholischen Deutschen die Möglichkeit zu Gottesdienstbesuch und Seelsorge in ihrer Muttersprache. Die Evangelisch-Augsburgische Kirche Polens betreut die deutschsprachigen Protestanten in Niederschlesien durch eigene Geistliche in deren Muttersprache.
Aus der Bundesrepublik Deutschland wurde die deutsche Minderheit in Schlesien in den vergangenen Jahren ideell und materiell nachhaltig unterstützt. Der größte Teil dieser Unterstützung kam Oberschlesien als dem Hauptsiedlungsgebiet der organisierten deutschen Minderheit zugute. Dabei wurde darauf geachtet, daß durch die Förderung aus Deutschland der Unterschied bzw. die Trennung zwischen den deutschen Schlesiern und ihren polnischen Nachbarn nicht unnötig vertieft wurde. Der größte Teil der Hilfsmaßnahmen kommt allen Bewohnern der jeweiligen Orte oder Regionen zugute. So werden beispielsweise Krankenhäuser mit Geräten und Medikamenten ausgestattet oder die Wasserversorgung und Infrastruktur bestimmter Gebiete verbessert. Besondere Bedeutung angesichts der Überalterung der Minderheit haben Altenhilfe und Pflegestätten, Sozialstationen und Maßnahmen wie »Essen auf Rädern«. Aufbauhilfe für das einheimische Handwerk wird durch Existenzgründungshilfen geleistet, landwirtschaftlichen Organisationen wie dem Verein Schlesischer Bauern sowohl durch Bereitstellung von Saatgut und Maschinen als auch durch Fortbildungsveranstaltungen oder fachliche Beratung vor Ort geholfen. Darüber hinaus wird den deutschen Organisationen durch Ausstattungs- und Unterhaltshilfe für Geschäftsstellen, Begegnungsstätten und Büchereien Aufbauhilfe geleistet.
Die Förderung der Muttersprache, die aufgrund der Diskriminierungspolitik in der Vergangenheit heute teilweise von den Angehörigen der Minderheit nicht oder kaum noch beherrscht wird, ist derzeit eines der vordringlichsten Anliegen. Die diesbezüglichen Hilfsmaßnahmen werden durch das Institut für Auslandsbeziehungen (IfA) koordiniert. Zu den Maßnahmen gehört u. a. die Schulung von Lehrern aus den Siedlungsgebieten der Minderheit auf Sprachkursen in Deutschland, die Entsendung von Lehrern aus Deutschland in die Siedlungsgebiete der Minderheit, die Versorgung mit Lehrmaterialien, die Förderung deutschsprachiger Zeitungen und kostenlose Abonnements deutscher Periodika für die Minderheitengruppen.
Neben staatlichen Stellen erfährt die deutsche Minderheit durch zahlreiche Wohlfahrtsverbände wie die Caritas, Organisationen wie die Vertriebenenverbände und Privatpersonen weitere Unterstützung ihrer Arbeit. So hat der Deutsche Caritasverband im Bistum Oppeln 1992 mit der Einrichtung von Pflegestationen begonnen, von denen insgesamt 47 geplant sind[170]. Auch die politischen Stiftungen in Deutschland beziehen die Siedlungsgebiete der deutschen Minderheit in ihre Arbeit mit ein. Die Friedrich-Ebert-Stiftung hat mit einem eigenen Büro in Gleiwitz dabei ein besonderes Zeichen gesetzt.
Besonders intensiv, gleichzeitig aber auch umstritten ist die Tätigkeit des Bundes der Vertriebenen und der schlesischen Landsmannschaften im heutigen Schlesien. Hierzu muß gesagt werden, daß die in der Heimat verbliebenen Schlesier in den vertriebenen Landsleuten ihre natürlichen Ansprechpartner und Interessenvertreter in der Bundesrepublik Deutschland sehen. Bis 1989 wurde die Betreuung der Deutschen in Schlesien zum großen Teil auch von den Vertriebenen, ob landsmannschaftlich organisiert oder nicht, geleistet, während staatliche Stellen und Politiker in dieser Frage aus politischen Gründen Zurückhaltung übten. Viele praktische Hilfsmaßnahmen für die deutsche Minderheit in Schlesien durch landsmannschaftliche Organisationen aus Deutschland, die auch eine Mittlerfunktion für die staatliche Förderung erfüllen, werden von den in Schlesien lebenden Polen begrüßt, da sie auch diesen zugute kommen. Zwischen zahlreichen Heimatkreisverbänden im BdV

und den polnischen Behörden ihrer Herkunftsorte bestehen freundschaftliche Kontakte; Vertriebenentreffen werden heute oft bereits unter Beteiligung auch polnischer Bevölkerung in den Heimatorten in Schlesien abgehalten.
Dagegen stößt in Polen wie in Deutschland die politische Tätigkeit schlesischer landsmannschaftlicher Organisationen bzw. einzelner Vertreter derselben auf teilweise heftige Kritik. Zu den Vorwürfen gehören vor allem das Infragestellen der heutigen deutsch-polnischen Grenze, Aktionen wie die Forderung nach aktivem Wahlrecht bei Bundestagswahlen für Angehörige der deutschen Minderheit und die bewußte oder unbewußte Förderung antipolnischer Ressentiments in Reden, Veröffentlichungen und Veranstaltungen in Deutschland bzw. in den Siedlungsgebieten der deutschen Minderheit in Schlesien[171].
Mit der Wende in Polen wurde staatlicherseits auch den nationalen Minderheiten besondere Aufmerksamkeit gewidmet. Ein polnisches Minderheitengesetz ist in Vorbereitung. Im Warschauer Ministerium für Kultur und Kunst wurde 1990 eine Abteilung für Angelegenheiten der nationalen Minderheiten eingerichtet, welche u. a. die finanzielle Hilfe für die Kulturarbeit der Minderheiten koordiniert und organisatorische Hilfestellung leistet. Auf lokaler Ebene haben die Wojewoden von Oppeln und Kattowitz Bevollmächtigte für Minderheitenfragen eingesetzt, welche als Vermittler zwischen Staat und Minderheit fungieren sollen[172]. Eine solche Rolle nimmt traditionell auch die katholische Kirche Oberschlesiens ein. Im Bistum Oppeln hat Bischof Nossol seinerseits einen Beauftragten für die deutsche Minderheit eingesetzt und mehrfach in Streitfällen zwischen Behörden und Minderheit eine Schlichtung herbeigeführt.
In der polnischen Bevölkerung stieß die Anerkennung einer deutschen Minderheit in Schlesien 1989/90 zunächst mehrheitlich auf Ablehnung und Besorgnis[173]. Hier wirkte sich die jahrzehntelange kommunistische Propaganda von einer angeblich illoyalen deutschen Minderheit in Polen vor 1939 und vermeintlichen Revanchismusbestrebungen der Bundesrepublik Deutschland nachteilig aus, zumal solche Befürchtungen auch nach 1989 immer

Abb. 59: Am 4. September 1994 wurde eine Nachbildung des 1945 zerstörten Eichendorff-Denkmals in Ratibor gemeinsam von Stadtpräsident Andrzej Markowiak und dem Herzog von Ratibor, Franz Albrecht von Metternich-Sadorn, enthüllt. Joseph von Eichendorff hat für die kulturelle Identität der Oberschlesier große Bedeutung. Seine »Rückkehr« nach Ratibor steht symbolisch für die heutige Respektierung des oberschlesischen Kulturerbes durch die neuen polnischen Bewohner.

wieder von politischen Extremisten in Polen geschürt wurden. Die Deutschen in Schlesien reagierten auf die polnische Ablehnung zunächst mit weiterer Abgrenzung und betonten dort, wo sie die Bevölkerungsmehrheit stellten, ihren Anspruch, sich als Einheimische nicht länger von den Zugewanderten bevormunden zu lassen. Dies hatte wiederum entsprechende negative Reaktionen der polnischen Seite zur Folge. Öffentliches Aufsehen in Polen erregte 1992 auch die kurzzeitige Tätigkeit einer kleinen Gruppe bundesdeutscher Rechtsextremisten in Oberschlesien[174] und 1993 der Streit um deutsche Gefallenendenkmäler und deutsch- bzw. zweisprachige Ortsschilder[175].

Dennoch hat sich seit 1989 das Verhältnis zwischen Bevölkerungsmehrheit und -minderheit in Schlesien, aber auch landesweit, gebessert. Nach Umfragen hat die Mehrheit der polnischen Bevölkerung Verständnis für die kulturellen Bedürfnisse der Deutschen in Schlesien. So begrüßten 60% der Polen 1991 die Einführung deutschen Unterrichts im Oppelner Schlesien und 63,9% die Abhaltung deutschsprachiger Messen in Oberschlesien[176].

Das Ende des kommunistischen Systems mit seiner Unterdrückung der regionalen Besonderheiten ermöglichte nicht nur den deutschen Schlesiern die Gründung eigener Organisationen. Auch die Bevölkerungsteile, welche sich in erster Linie als regionale Gemeinschaft verstanden, hatten nun die Möglichkeit, sich zu organisieren. In Oberschlesien enstanden seit 1989 neben den Deutschen Freundschaftskreisen drei weitere Organisationen der einheimischen Bevölkerung, welche sich die Bewahrung der regionalen Eigenart und die Interessenvertretung der einheimischen Oberschlesier als Aufgabe gesetzt haben. Zu ihren Initiatoren zählten Intellektuelle einheimischer Herkunft, welche nach dem Zweiten Weltkrieg in Polen eine berufliche Karriere nur durch äußerliche Polonisierung machen konnten und sich nun auf ihre regionalen Wurzeln besannen.

Diese drei 1990 gegründeten Organisationen sind der Oberschlesische Bund (Związek Górnośląski) in Kattowitz, der Bund der Oberschlesier (Związek Górnoślązaków) in Oppeln und die Autonomiebewegung Schlesiens (Ruch Autonomii Śląska) in Rybnik. Sie haben mit geringen Abweichungen nahezu identische Aufgaben und Forderungen. In der polnischen Öffentlichkeit werden die drei Gruppen jedoch unterschiedlich eingestuft. So gilt der Oberschlesische Bund als Vertretung der polnischgesinnten Oberschlesier, die Autonomiebewegung Schlesiens als separatistisch und der Bund der Oberschlesier als Vereinigung der Angehörigen des »schwebenden Volkstums«, d. h. ohne eindeutige nationale Bindung.

Nach den programmatischen Erklärungen und Satzungen ist Ziel des Oberschlesischen Bundes, die einheimischen Oberschlesier wieder zu den Herren ihrer engeren Heimat zu machen. Auf dem ersten Kongreß auf dem St. Annaberg am 16. Juni 1990 wurde die Sorge für das schlesische Land als des gemeinsamen Gutes zur Hauptaufgabe erklärt. »Oberschlesien ist nämlich sowohl die Heimat derjenigen, welche sich als Polen bezeichnen, als auch derjenigen, welche sich als Schlesier bezeichnen, derjenigen, welche sich als Mährer bezeichnen, und derjenigen, die Juden sind. Söhne und Töchter dieses Landes sind sowohl diejenigen, welche hier seit Generationen leben, als auch diejeingen, welche es gezwungenermaßen oder freiwillig geworden sind«[177].

Der Bund der Oberschlesier möchte den Aufschwung des Landes und der einheimischen Kultur fördern, insbesondere den Schutz der Umwelt verbessern und zu einer guten Nachbarschaft zwischen Polen und Deutschland beitragen. Er sieht die Oberschlesier als eigenen, von Deutschen und Polen zu unterscheidenden Volksstamm an.

Die Autonomiebewegung Schlesiens strebt die vollständige Autonomie Schlesiens an. Dazu sollen alle Schlesier, ohne Rücksicht auf ihr Nationalbewußtsein und ihre Staatsangehörigkeit, vereint werden. Schlesier ist nach dem Verständnis der Organisation jede Person, bei der mindestens ein Elternteil vor 1939 in Schlesien wohnhaft war. Forderungen der

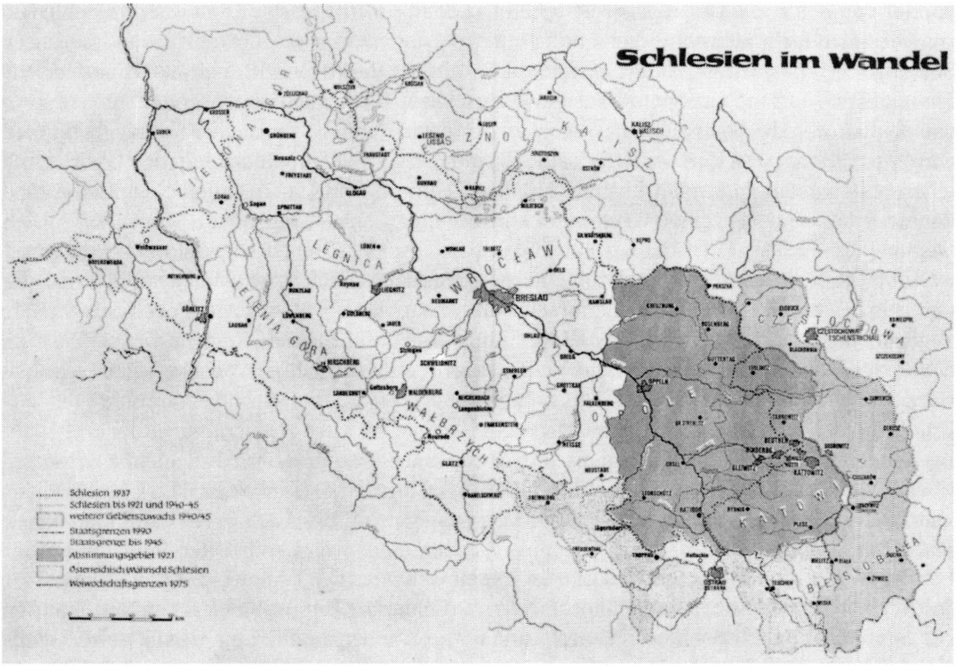

Abb. 60: Die administrativen Veränderungen Schlesiens vom Ende des Ersten Weltkrieges bis zur Gegenwart (Entwurf: Joachim Rogall).

Autonomiebewegung, welche ihre Bereitschaft zur Zusammenarbeit mit ökologischen und Menschenrechtsbewegungen sowie mit den anderen Vereinigungen der einheimischen Schlesier erklärt hat, sind u. a. die Einberufung eines eigenen schlesischen Parlaments (Sejm), eigene Gerichtsbarkeit und Selbstverwaltung. Die Autonomiebewegung gibt seit Dezember 1993 die Monatsschrift *Jaskółka Śląska/Schlesische Schwalbe* heraus[178].

c) Schlesien westlich der Lausitzer Neiße nach 1945

Der westlich der Lausitzer Neiße gelegene Restteil der preußischen Provinz Schlesien wurde von der sowjetischen Besatzungsmacht 1945 der Verwaltung des Landes Sachsen unterstellt. In Görlitz wurde im Juli 1950 zwischen der Deutschen Demokratischen Republik und Polen die bestehende Grenze an Oder und Lausitzer Neiße bestätigt[179]. Tatsächlich jedoch war dieser Vertrag, dem der Deutsche Bundestag in einer Entschließung – wegen der fehlenden demokratischen Legitimation der Regierung der Deutschen Demokratischen Republik – jede Rechtmäßigkeit bestritt, nicht der Beginn einer wirklichen Aussöhnung mit Polen. Die sogenannte Friedensgrenze trennte in den folgenden Jahrzehnten mehr als sie verband. 1952 wurde die Oberlausitz ohne Befragung ihrer Bevölkerung im Zuge der Verwaltungsneugliederung in der Deutschen Demokratischen Republik dem neuen Bezirk Dresden eingegliedert. Jegliche Erinnerung an die preußische und schlesische Vergangenheit wurde unterdrückt und beseitigt, bis hin zur erzwungenen Umbenennung der Evangelischen Kirche von Schlesien im Jahre 1968 mit dem Argument, »daß der Name der Ev.

Kirche von Schlesien aus staatspolitischen Gründen im Interesse der Beziehung der DDR zur VR Polen nicht mehr tragbar sei«[180].
Selbst die altehrwürdige, 1779 gegründete Oberlausitzische Gesellschaft der Wissenschaften mit Sitz in Görlitz mußte ihre Tätigkeit einstellen. Diese diskriminierenden Maßnahmen wurden von der Bevölkerung um so schmerzlicher empfunden, als nach 1945 eine große Zahl von Vertriebenen aus dem östlich der Neiße gelegenen Niederschlesien in der Oberlausitz eine neue Heimat gefunden hatten. Mit dem Ende der SED-Herrschaft im Jahre 1989 konnten die Schlesier in der Oberlausitz ihre heimatlichen Traditionen wieder öffentlich bekennen und pflegen. Trotz manchen Unverständnisses seitens der sächsischen Staatsverwaltung, welche diesem schlesischen Regionalismus reserviert gegenübersteht, sind die Bezeichnungen schlesisch bzw. niederschlesisch heute in der Oberlausitz um Görlitz wieder allgegenwärtig. So gibt es unter anderem ein *Niederschlesisches Kammerorchester*, eine *Niederschlesische Sparkasse*, einen *Verband schlesischer Kulturfreunde* und ein *Kuratorium Schlesische Lausitz* als Dachverband aller Bestrebungen und Vereinigungen zur Pflege der schlesischen Traditionen[181].
In der 1992 erlassenen Verfassung des Freistaates Sachsen wird Schlesien zweimal erwähnt. So heißt es in der Präambel: »Anknüpfend an die Geschichte der Mark Meißen, des sächsischen Staates und des niederschlesischen Gebietes...«. Auch in Artikel 2 der sächsischen Verfassung wird auf Schlesien Bezug genommen, wenn es bei der Erwähnung der Landesfarben Weiß/Grün und des Landeswappens in Absatz 2,4 heißt: »Im Siedlungsgebiet der Sorben können neben den Landesfarben und dem Landeswappen Farben und Wappen der Sorben, im schlesischen Teil des Landes die Farben und Wappen Niederschlesiens gleichberechtigt geführt werden«[182].
In Görlitz, der größten niederschlesischen Stadt im wiedervereinigten Deutschland, wird das künftige Landesmuseum Schlesien eingerichtet, das in dem derzeit in Restaurierung befindlichen Schönhof seinen Sitz haben wird[183]. Zu den schlesischen Traditionen, die heute in der Oberlausitz wieder gepflegt werden können, gehört auch die Verbindung in den östlich der Neiße gelegenen Teil des Landes. Diese kommt u. a. in der Wiederbelebung des historischen Sechs-Städte-Bundes der Oberlausitz zum Ausdruck, dessen Mitgliedsstädte über die heutigen Landes- und Volksgrenzen hinweg zusammenarbeiten.

Die Evangelische Kirche der schlesischen Oberlausitz

Die Evangelische Kirche der schlesischen Oberlausitz, wie der offizielle Name seit 1993 lautet, umfaßt den westlich der Lausitzer Neiße gelegenen Teil der ehemaligen Kirchenprovinz Schlesien. Im Jahre 1955 gehörten dazu fünf Kirchenkreise, 74 Gemeinden und 74 Geistliche, insgesamt ca. 250000 Seelen. Heute ist die Seelenzahl auf knapp 100000 in 70 Gemeinden gesunken, die von rund 100 Geistlichen betreut werden[184]. Die besondere Entwicklung nach 1945 hat diese schlesische Kirche in vielfacher Weise geprägt. Nachdem das schlesische Konsistorium im Januar 1945 Breslau verlassen hatte, übernahm der Bruderrat der Bekennenden Kirche Schlesiens unter Heranziehung bewährter kirchlicher Persönlichkeiten und Lektoren die Leitung der schlesischen Kirche. Die kirchliche Neuordnung während und nach dem militärisch-politischen Zusammenbruch 1945 geschah somit auf dem Boden der Barmer Theologischen Erklärung.
Relativ rasch gelang in Schlesien, wo 1945 noch große Teile der einheimischen Bevölkerung verblieben bzw. nach der Kapitulation dahin zurückgekehrt waren, der Wiederaufbau landeskirchlicher Strukturen. Allerdings war durch die Sperrung der Neiße seitens der polnischen Verwaltung die Verbindung mit dem westlich gelegenen Kirchengebiet sehr erschwert. Deshalb hatte die Breslauer Kirchenleitung im Dezember 1945 die Berlin-

Brandenburgische Kirchenleitung um treuhänderische Verwaltung der schlesischen Gemeinden westlich der Neiße gebeten. Zur Synode in Breslau 1946 konnten die Vertreter der Oberlausitzer Gemeinden nicht anreisen. Im Zuge der Vertreibung der Deutschen mußte auch die schlesische Kirchenleitung Ende 1946 ihren Sitz von Breslau nach Görlitz verlegen. Auf ihrer Bezirkssynode am 24. Februar 1947 baten die fünf schlesischen Kirchenkreise der Oberlausitz die Kirchenleitung von Schlesien, sie wieder in die eigene Verwaltung zu übernehmen. Denn mittlerweile war die Frage der Fortexistenz einer selbständigen schlesischen Kirche im Restgebiet der einstigen Kirchenprovinz von der neugebildeten Provinzialsynode positiv entschieden worden[185].

Auch der Evangelische Oberkirchenrat hatte dies im Hinblick auf die evangelischen Restgemeinden östlich der Neiße empfohlen. Denn noch mehrere Jahre war die Zahl der evangelischen deutschen Gottesdienste im polnisch gewordenen Teil Schlesiens größer als im Restgebiet westlich der Neiße. Es war deshalb eine besonders wichtige Aufgabe, die im polnischen Bereich tätigen Lektoren mit Lesepredigten und anderer geistlicher Unterstützung zu versorgen. Im Jahre 1949 wurde eine Synode auf der Grundlage des Kirchengebiets westlich der Neiße einberufen und eine Kirchenordnung verabschiedet, die den geänderten politischen Verhältnissen Rechnung trug. Auf allen synodalen Ebenen wurde für Wahlen eine Quote von einem Drittel für Heimatvertriebene festgelegt, da sich in der Oberlausitz besonders viele Schlesier aus dem nunmehr polnischen Gebiet befanden. Zur Vertretung der evangelischen Schlesier in den vier Besatzungszonen gehörten der Synode je vier Pfarrer und Laien aus den Westzonen und je zwei Pfarrer und Laien aus der sowjetischen Besatzungszone an[186].

Die Evangelische Kirche von Schlesien, wie sie nun offiziell genannt wurde, war Teil der Gesamtkirche der altpreußischen Union und umfaßte bis auf die reformierte Gemeinde Görlitz-Oderwitz nur lutherische Gemeinden. Die Görlitzer Kirchenleitung war zunächst in eine *Abteilung Ost und Reich* und eine *Abteilung Oberlausitz* gegliedert[187]. Die starke Prägung durch den Geist der Bekennenden Kirche zeigte sich während des Bestehens der Deutschen Demokratischen Republik u. a. in der kompromißlosen Verurteilung staatlichen Unrechts und im konsequenten Eintreten für Glaubens- und Gewissensfreiheit, was das Verhältnis zum Staat zeitweise erheblich belastete. So enthielt eine 1962 ergangene Weisung an die Pfarrer für die Seelsorge an Wehrpflichtigen nur in diesem Kirchengebiet den Satz: »Dabei werden wir z. B. auf den schwerwiegenden Unterschied hinweisen müssen, der zwischen dem Waffengebrauch gegenüber einer militärischen Aggression und dem gegenüber einem wehrlosen, in Wahrnehmung seines Menschenrechtes fliehenden Volksgenossen besteht. Wer Gottes Gebot ernst nimmt, weiß sich durch menschliche Befehle nicht gerechtfertigt«[188].

Im Jahre 1968 erzwang staatlicher Druck die Umbenennung in *Evangelische Kirche des Görlitzer Kirchengebietes*. Nach der Wiedervereinigung Deutschlands wurde die Rückkehr zur alten Bezeichnung erwogen, nach längeren innerkirchlichen Diskussionen aber schließlich die Bezeichnung *Evangelische Kirche der schlesischen Oberlausitz* gewählt. Diese ist durch einen im Vergleich zu anderen deutschen evangelischen Landeskirchen besonders hohen Anteil diakonischer Einrichtungen gekennzeichnet. Zu diesen gehören u. a. das Martin-Ulbrich-Haus in Rothenburg/Lausitz, das Brüder- und Pflegehaus Martinshof in Rothenburg/Lausitz, das Diakonissenmutterhaus *Salem* in Görlitz-Biesnitz, sechs Altersheime, zehn Kindergärten, ein Sonderkindergarten für verhaltensgestörte Kinder, eine Tagesstätte für hirngeschädigte Kinder sowie eine Reihe von Gemeindepflegestationen.

Die Diözese Görlitz

Der westlich der Oder-Neiße-Linie gelegene Restteil der Erzdiözese Breslau umfaßte im Sommer 1945 rund 90000 katholische Christen, darunter 40000 Heimatvertriebene aus dem polnisch gewordenen Schlesien. Nachdem Kapitelsvikar Ferdinand Piontek 1947 nach Görlitz ausgewichen war, wurde der deutsch gebliebene Teil des Erzbistums Breslau zum *Erzbischöflichen Amt Görlitz* mit 1958 insgesamt 58 Pfarreien und 100 Priestern ausgebaut. Ein Priesterseminar entstand im ehemaligen Zisterzienserkloster Neuzelle. 1959 wurde Ferdinand Piontek vom Papst zum Titularbischof ernannt. Zum Weihbischof wurde 1963 der Oberschlesier Gerhard Schaffran geweiht. Im gleichen Jahr starb Kapitelsvikar Bischof Piontek, Schaffran wurde sein Nachfolger. Als Kapitelsvikar unterstand ihm kirchenrechtlich die gesamte Erzdiözese Breslau, seine Jurisdiktion war aber auf das Görlitzer Restgebiet beschränkt. 1970 wurde ihm zusätzlich die Leitung des Bistums Meißen übertragen.

1972 erfuhren die ehemals deutschen kirchlichen Gebiete jenseits von Oder und Neiße durch den Vatikan eine Neugliederung, von der auch das Erzbischöfliche Amt Görlitz als Teil des Erzbistums Breslau betroffen war. Es wurde zur selbständigen Apostolischen Administratur umgewandelt. Zum Apostolischen Administrator wurde der Görlitzer Weihbischof Bernhard Huhn ernannt. Nach der Wiedervereinigung Deutschlands empfahl die Deutsche Bischofskonferenz 1992 dem Vatikan die Erhebung der Apostolischen Administratur Görlitz zur Diözese. Am 8. Juli 1994 wurde das neue Bistum Görlitz gegründet. Es gehört zur Kirchenprovinz Berlin und führt, zusammen mit dem Apostolischen Visitator der Priester und Gläubigen der Erzdiözese Breslau in der Bundesrepublik Deutschland, die Tradition der deutschen Erzdiözese Breslau fort. Schutzpatronin ist die Heilige Hedwig von Schlesien[189].

d) Das tschechische Schlesien nach 1945

Als eigenständige Verwaltungseinheit wurden die schlesischen Gebiete in der Tschechoslowakei nach 1945 nicht zusammengefaßt. Im kulturellen und wissenschaftlichen Bereich spielte der Bezug auf Schlesien jedoch eine Rolle. In Troppau wurde 1948 ein Schlesisches Studieninstitut gegründet, das 1958 der Tschechoslowakischen Akademie der Wissenschaften als Schlesisches Institut angeschlossen wurde. Ebenfalls in Troppau, das zum Zentrum der tschechischen Schlesienforschung wurde, befinden sich das Schlesische Landesmuseum und das Landesarchiv.

Mit der Stalinisierung des Landes wurden im Interesse stärkerer Zentralisierung alle schlesischen Besonderheiten als Ausdruck von Separatismus bekämpft. So wurde das Schlesische Kulturinstitut in Prag 1948 aufgelöst. In den sechziger Jahren mußte auch das Schlesische Institut aufgrund politischen Drucks in Troppau seine Forschungen zur schlesischen Geschichte stark reduzieren. Mit der politischen Wende seit November 1989 stehen Schlesien und seine Geschichte jedoch wieder im Zentrum der wissenschaftlichen Arbeit des Schlesischen Instituts, das dabei eng mit der 1990 in Troppau gegründeten Schlesischen Universität, aber auch mit polnischen und deutschen Einrichtungen der Schlesienforschung zusammenarbeitet[190].

Auf der tschechischen Seite des Teschener Landes zählt die dortige Evangelisch-Lutherische Kirche rund 50000 Mitglieder, von denen zwei Drittel polnischer und ein Drittel tschechischer Nationalität sind. Sie ist in die Seniorate Ostrau-Karwin und Teschen geteilt. Zu ihr gehören 19 Gemeinden, 12 Predigtstationen, 23 Geistliche und 32 Laienbrüder[191].

Anmerkungen

1 Hans-Adolf Jacobsen, Krieg in Weltanschauung und Praxis des Nationalsozialismus (1919–1945), in: Nationalsozialistische Diktatur 1933–1945. Eine Bilanz. Hrsg. v. Karl Dietrich Bracher, Manfred Funke u. Hans-Adolf Jacobsen, Bonn 1986 (= Schriftenreihe der Bundeszentrale für politische Bildung, Bd. 192), S. 427–439.

2 Andreas Hillgruber, Zweierlei Untergang. Die Zerschlagung des Deutschen Reiches und das Ende des europäischen Judentums, Berlin 1986, S. 72.

3 Hillgruber, Zweierlei Untergang (wie Anm. 2), S. 73.

4 Edmund Dmitrow, Niemcy i okupacja hitlerowska w oczach Polaków. Poglądy i opinie z lat 1945–1948, Warszawa 1987, S. 214.

5 Ino Arndt/Wolfgang Scheffler, Organisierter Massenmord an Juden in nationalsozialistischen Vernichtungslagern. Ein Beitrag zur Richtigstellung apologetischer Literatur, in: Nationalsozialistische Diktatur (wie Anm. 1), S. 539–571, hier S. 563–570.

6 Franciszek Piper, Ilu ludzi ginelo w KL Auschwitz, Oświęcim 1992, S. 92–124; Czesław Madajczyk, Polityka III Rzeszy w okupowanej Polsce, Warszawa 1970, S. 294; Raul Hilberg, Die Vernichtung der europäischen Juden, Frankfurt am Main 1990.

7 Cordula Koepcke, Edith Stein. Ein Leben, Würzburg 1991.

8 Horst Bienek, Reise in die Kindheit. Wiedersehen mit Schlesien, München 1988, S. 151.

9 Ger van Roon, Neuordnung im Widerstand. Der Kreisauer Kreis innerhalb der deutschen Widerstandsbewegung, München 1967; Wilhelm Ernst Winterhager, Der Kreisauer Kreis, Porträt einer Widerstandsgruppe, Mainz 1985.

10 Jan Zieliński, Obrona Śląska i Zagłębia w kampanii wrześniowej 1939 roku, Katowice 1964; Nikolaus von Vormann, Der Feldzug 1939 in Polen, Weißenburg 1958; Polskie Siły Zbrojne w drugiej wojnie światowej, Bd. 1: Kampania wrześniowa 1939, Teile 1–2, London 1951–1955.

11 Helmut Neubach, Die Verwaltung Schlesiens zwischen 1848 und 1945, in: Verwaltungsgeschichte Ostdeutschlands 1815–1945. Organisation – Aufgaben – Leistungen der Verwaltung. Hrsg. v. Gerd Heinrich, Friedrich-Wilhelm Henning u. Kurt G. A. Jeserich, Stuttgart 1992, S. 877–941, hier S. 936.

12 Mirosława Błaszczak-Wacławik/Wojciech Błasiak/Tomasz Nawrocki, Górny Śląsk – szczególny przypadek kulturowy, Warszawa 1990, S. 63.

13 Zofia Boda-Krężel, Niemiecka lista narodowościowa na Górnym Śląsku w latach 1941–1945, in: Dzieje Najnowsze 3 (1971), S. 23–50.

14 Blaszczak-Wacławik, Górny Śląsk (wie Anm. 12), S. 63.

15 Die Ostgebiete des Deutschen Reiches. Hrsg. v. Gotthold Rhode, Würzburg [3]1956 [[1]1955], S. 95.

16 Johannes Kaps, Die Tragödie Schlesiens 1945/46 in Dokumenten, München [2]1987 [[1]1952–53], S. 38.

17 Silesia Sacra. Historisch-statistisches Handbuch über das evangelische Schlesien. Hrsg. v. Gerhard Hultsch, Düsseldorf 1953.

18 Gerhard Ehrenforth, Die schlesische Kirche im Kirchenkampf 1932–1945, Göttingen 1968 (= Arbeiten zur Geschichte des Kirchenkampfes. Ergänzungsreihe, Bd. 4), S. 29; Ernst Hornig, Die Bekennende Kirche in Schlesien 1933–1945. Geschichte und Dokumente, Göttingen 1977 (= Arbeiten zur Geschichte des Kirchenkampfes. Ergänzungsreihe, Bd. 10).

19 Bernhard Stasiewski, Das Wirken des Breslauer Erzbischofs Adolf Kardinal Bertram gegen den Nationalsozialismus, in: Nationalsozialismus und Widerstand in Schlesien. Hrsg. v. Lothar Bossle, Gundolf Keil, Josef Joachim Menzel u. Eberhard Günter Schulz, Sigmaringen 1989 (= Schlesische Forschungen, Bd. 3), S. 137–157.

20 Bernhard Brilling, Die jüdischen Gemeinden Mittelschlesiens. Entstehung und Geschichte, Stuttgart/Berlin/Köln/Mainz 1972 (= Studia Delitzschiana, Bd. 14); Franciszek Połomski, Położenie ludności żydowskiej na Śląsku po dojsciu Hitlera do władzy, in: Studia Śląskie 11 (1967), S. 55–72; Walter Tausk, Breslauer Tagebuch 1933–1940, Berlin 1988; Willy Israel Cohn, Als Jude in Breslau 1941. Hrsg. v. Joseph Walk, Jerusalem 1984.

21 Karol Jońca, Schlesiens Kirchen zur »Lösung der Judenfrage«, in: Das Unrechtsregime. Internationale Forschung über den Nationalsozialismus. Festschrift für Werner Jochmann zum 65. Geburtstag. Hrsg. v. Ursula Büttner, Hamburg 1986, Bd. 2, S. 127–147.

22 Josef Wagner wurde 1941 verhaftet und noch kurz vor Kriegsende 1945 von der SS erschossen: Helmut Neubach, Aufstieg und Herrschaft der NSDAP in Schlesien, in: ders., Parteien und

Politiker in Schlesien, Dortmund 1988 (= Veröffentlichungen der Forschungsstelle Ostmitteleuropa an der Universität Dortmund, Bd. B/34), S. 210–216, hier S. 215.

23 Neubach, Verwaltung Schlesiens (wie Anm. 11), S. 938f.

24 Ekkehard Buchhofer, Die Gewerbliche Wirtschaft Oberschlesiens seit 1945, in: Ernst Bahr/Richard Breyer/Ekkehard Buchhofer, Oberschlesien nach dem Zweiten Weltkrieg, Marburg an der Lahn 1975, S. 98–264, hier S. 99.

25 Dokumentation der Vertreibung der Deutschen aus Ost-Mitteleuropa. In Verbindung mit Adolf Diestelkamp, Rudolf Laun, Peter Rassow u. Hans Rothfels bearb. v. Theodor Schieder, München [2]1984 [[1]1954], Bd. I/1, S. 5E.

26 Kaps, Tragödie (wie Anm. 16), S. 47.

27 Dokumentation der Vertreibung (wie Anm. 25), Bd. I/1, S. 51E.

28 Paul Peikert, »Festung Breslau« in den Berichten eines Pfarrers, 22. Januar bis 6. Mai 1945. Hrsg. v. Karol Jońca u. Alfred Konieczny, Wrocław/Warszawa/Kraków 1993, S. 36 Anm. 12.

29 Erhard Lucas-Busemann, So fielen Königsberg und Breslau. Nachdenken über eine Katastrophe ein halbes Jahrhundert danach, Berlin 1994, bes. S. 63–74.

30 Horst W. Gleiss, Breslauer Apokalypse 1945. Dokumentarchronik vom Todeskampf und Untergang einer deutschen Stadt und Festung am Ende des Zweiten Weltkrieges, Bde. 1–7, Wedel/Holstein 1986–1990.

31 Alfred M. de Zayas, Die Anglo-Amerikaner und die Vertreibung der Deutschen, München 1980, S. 84ff.

32 Dokumentation der Vertreibung (wie Anm. 25), Bd. I/1, S. 83E.

33 Dokumentation der Vertreibung (wie Anm. 25), Bd. I/1, S. 59E.

34 Dmitrow, Niemcy (wie Anm. 4), S. 292ff.

35 Rolf Otto Becker, Niederschlesien 1945. Die Flucht – die Besetzung, Bad Nauheim 1968; Bronisław Pasierb, Migracja ludności niemieckiej z Dolnego Śląska w latach 1944–1947, Wrocław 1969.

36 De Zayas, Angloamerikaner (wie Anm. 31), S. 106.

37 De Zayas, Angloamerikaner (wie Anm. 31), S. 113–146.

38 Edmund Dmitrow, Bilans otwarcia, Warszawa 1992, S. 147f.

39 Deutsch-polnische Begegnungen 1945–1958. Eine Berichtsammlung. Hrsg. v. Göttinger Arbeitskreis, Würzburg 1960.

40 Wolfgang Schwarz, Die Flucht und Vertreibung Oberschlesien 1945/46, Bad Nauheim 1965; Zdzisław Łempiński, Przesiedlenie ludności niemieckiej z województwa śląsko-dąbrowskiego w latach 1945–1950, Katowice 1979.

41 Die deutschen Vertreibungsverluste. Bevölkerungsbilanzen für die deutschen Vertreibungsgebiete 1939/50. Hrsg. v. Statistischen Bundesamt, Stuttgart 1958, S. 169–211.

42 Vertreibungsverluste (wie Anm. 41), S. 185, 200.

43 Materialien zu Oder-Neiße-Fragen. Eine Dokumentation zur Rechtslage Deutschlands und der Deutschen nach dem Völkerrecht und dem Grundgesetz unter besonderer Berücksichtigung der Gebiete östlich von Oder und Neiße, Bonn 1979 (= Schriftenreihe der Kulturstiftung der deutschen Vertriebenen, Bd. 9), S. 34.

44 Christian-Erdmann Schott, Die politische, kirchenpolitische und psychische Ausgangslage für die schlesische evangelisch-kirchliche Arbeit ab 1945, in: Jahrbuch für Schlesische Kirchengeschichte N. F. 73 (1994), S. 7–31.

45 Gotthard Bunzel, »... auf daß die überschwengliche Kraft sei Gottes und nicht von uns«. Zum 100. Geburtstag von D. Ernst Hornig, in: Jahrbuch für Schlesische Kirchengeschichte N. F. 73 (1994), S. 33–49.

46 Eberhard Schwarz, Vierzig Jahre Gemeinschaft evangelischer Schlesier, in: Schlesischer Gottesfreund 40 (1989), S. 35–37.

47 Rudolf Grieger, Voraussetzungen und Anfänge der Gemeinschaft evangelischer Schlesier, in: Jahrbuch für Schlesische Kirchengeschichte N. F. 73 (1994), S. 147–163; Werner Huch, 40 Jahre kirchliche Vertriebenenarbeit, in: ebd., S. 165–182.

48 Schwarz, Vierzig Jahre (wie Anm. 46), S. 37.

49 Karl Schindler, Die Entstehung der Eichendorffgilden 1946–1952, München 1978.

50 Werner Marschall, Geschichte des Erzbistums Breslau, Stuttgart 1980, S. 191–202.

51 30 Jahre Landsmannschaft Schlesien – eine Dokumentation. Hrsg. v. d. Landsmannschaft Schlesien, Nieder- und Oberschlesien e. V., Bonn 1979.

[52] Ernst Albrecht, Niedersachsens Patenschaft für Schlesien, in: Für unser Schlesien. Festschrift für Herbert Hupka. Hrsg. v. Helmut Neubach u. Hans-Ludwig Abmeier, München 1985, S. 122–128.

[53] Menschenrechtsverletzungen in Ostdeutschland. Hrsg. v. d. Arbeitsgemeinschaft Menschenrechtsverletzungen in Ostdeutschland (AGMO), Bonn 1985.

[54] Oberschlesien im Überblick. Hrsg. v. Helmut Neubach u. Waldemar Zylla, Dülmen 1986 (= Oberschlesische Schriftenreihe, Bd. 15), S. 132ff.

[55] Marion Frantzioch, Die Vertriebenen. Hemmnisse, Antriebskräfte und Wege ihrer Integration in der Bundesrepublik Deutschland, Berlin 1987, S. 159f.

[56] Eckart Klein, Bundesverfassungsgericht und Ostverträge, Bonn [2]1985.

[57] Herbert Czaja, Politischer Einfluß und politische Zielvorstellungen der Vertriebenen, in: 40 Jahre Arbeit für Deutschland (wie Anm. 63), S. 284–293.

[58] Der Schlesier 37 (1985), Nr. 4 v. 25. 1. 1985.

[59] Der Spiegel 2 (1985), S. 35f.; 5 (1985), S. 21.

[60] Thomas Urban, Deutsche in Polen – Geschichte und Gegenwart einer Minderheit, München 1993, S. 144.

[61] Herbert Hupka, Integration und Identität – zum Selbstverständnis der Vertriebenen und ihrer Organisationen, in: Kulturpolitische Korrespondenz – Sonderdienst, Ostdeutsche Kultur – Vierzig Jahre Bewahrung und Behauptung, Bonn 1989, S. 3–12.

[62] Hans-Günther Parplies, Vom langen Leben einer oft schon totgesagten Gattung – die Presse der deutschen Heimatvertriebenen, in: Kulturpolitische Korrespondenz – Sonderdienst (wie Anm. 61), S. 19–23.

[63] Helmut Neubach, Von Paul Löbe bis Heinrich Windelen. Die Schlesier im Deutschen Bundestag 1949–1984, in: Für unser Schlesien (wie Anm. 52), S. 66–90; ders., Anteil der Vertriebenen in den Parlamenten und Regierungen, in: 40 Jahre Arbeit für Deutschland – die Vertriebenen und Flüchtlinge. Ausstellungskatalog. Hrsg. v. Marion Frantzioch, Odo Ratza u. Günter Reichert, Frankfurt am Main/Berlin 1989, S. 153–165.

[64] Leonore Leonhard, Das unsichtbare Fluchtgepäck. Kulturarbeit ostdeutscher Menschen in der Bundesrepublik, Köln/Berlin 1970; Ostdeutsches Kulturgut in der Bundesrepublik Deutschland. Ein Handbuch der Sammlungen, Vereinigungen und Einrichtungen mit ihren Beständen. Bearb. v. Wolfgang Kessler, München/New York 1989, S. 213–299.

[65] Notwendigkeit und Ziele einer Grundsatzkonzeption zur Weiterführung der ostdeutschen Kulturarbeit, in: Materialien zu Deutschlandfragen. Politiker und Wissenschaftler nehmen Stellung 1981/82, Bonn 1983, S. 244–246.

[66] Bundesinstitut für ostdeutsche Kultur und Geschichte. Errichtung und Aufgaben, Oldenburg 1990.

[67] Leonhard, Fluchtgepäck (wie Anm. 64), S. 174–181.

[68] Exemplarisch: Glogau im Wandel der Zeiten – Głogów poprzez wieki. Bearb. v. Werner Bein, Johannes Schellakovsky u. Ulrich Schmilewski, Würzburg 1992.

[69] Heinz Rudolf Fritsche, Das Haus Schlesien, in: 30 Jahre Landsmannschaft Schlesien (wie Anm. 51), S. 36–37.

[70] Für die katholischen Theologen: Johannes Gröger, Schlesische Priester auf deutschen Universitätslehrstühlen seit 1945, Sigmaringen 1989 (= Arbeiten zur schlesischen Kirchengeschichte, Bd. 3).

[71] Gotthold Rhode, Ostdeutsche Wissenschaftler und ihre Traditionen in der Bundesrepublik Deutschland, in: 40 Jahre Arbeit für Deutschland (wie Anm. 63), S. 196–200.

[72] Josef Joachim Menzel, Die Historische Kommission für Schlesien und ihre Arbeitsvorhaben, in: Schlesien als Aufgabe interdisziplinärer Forschung. Hrsg. v. Lothar Bossle, Gundolf Keil, Josef Joachim Menzel u. Eberhard Günter Schulz, Sigmaringen 1986 (= Schlesische Forschungen, Bd. 1), S. 1–14.

[73] Klaus-Dieter Schlechte, Ostdeutschland in Forschung und Lehre an den Hochschulen der Bundesrepublik Deutschland (1945–1988), Bonn 1990; Heinrich Trierenberg, Vereinigungen und Einrichtungen zur Pflege der schlesischen Kulturtradition, in: Schlesien heute – eine Brücke zwischen Deutschen und Polen. Hrsg. v. dems., Leer 1991, S. 45–52; Forschungen zur schlesischen Geschichte am Historischen Institut der Universität Stuttgart. Hrsg. v. Norbert Conrads, Stuttgart 1990.

[74] Gerald Christopeit, Die Herkunft und Verteilung der Evakuierten, Flüchtlinge und Vertriebenen in der Provinz Mark Brandenburg und ihr Verhältnis zur einheimischen Bevölkerung, in: Sie hatten alles verloren. Flüchtlinge und Vertriebene in der sowjetischen Besatzungszone. Hrsg. v. Manfred

Wille, Johannes Hoffmann u. Wolfgang Meinicke, Wiesbaden 1993 (= Studien der Forschungsstelle Ostmitteleuropa an der Universität Dortmund, Bd. 13).

75 Manfred Wille/Johannes Hoffmann/Wolfgang Meinicke, Flüchtlinge und Vertriebene im Spannungsfeld der SBZ-Nachkriegspolitik, in: Sie hatten alles verloren (wie Anm. 74), S. 12–26, hier S. 13.

76 Wille/Hoffmann/Meinicke, Flüchtlinge und Vertriebene (wie Anm. 75), S. 16.

77 Alfred Bohmann, Menschen und Grenzen, Bd. 1: Strukturwandel der deutschen Bevölkerung im polnischen Staats- und Verwaltungsbereich, Köln 1969, S. 288.

78 Bohmann, Menschen und Grenzen (wie Anm. 77), Bd. 1, S. 26.

79 Materialien zu Oder-Neiße-Fragen (wie Anm. 43), S. 67f.

80 Materialien zu Oder-Neiße-Fragen (wie Anm. 43), S. 68.

81 Statistik des Bundesausgleichsamtes und des Bundesverwaltungsamtes.

82 Zbigniew Kurcz, Kształtowanie się niemieckiej mniejszości narodowej na Śląsku, in: Kultura i Społeczeństwo 35 (1992), S. 73–84, hier S. 81.

83 Gerhard Reichling (in Zusammenarbeit mit Heinz Neumeyer, Rudolf Peiker u. Günter Boretius), Die Aussiedler aus dem polnischen Machtbereich, in: Die Aussiedler in der Bundesrepublik Deutschland. Hrsg. v. Wilhelm Arnold, Wien 1980 (= Forschungen der AWR Deutsche Sektion; 1. Ergebnisbericht: Herkunft, Ausreise, Aufnahme).

84 Danuta Berlińska, Ślązacy jako wspólnota regionalna w świetle badań socjologicznych na Śląsku Opolskim, in: Przegląd Zachodni 46 (1990), S. 57–70, hier S. 65.

85 Bodo Hager, Probleme soziokultureller und gesellschaftlicher Integration junger Migranten, dargestellt am Beispiel der oberschlesischen Übersiedler in der Bundesrepublik Deutschland, Dortmund 1980; Stanislaus Stepien, Jugendliche Umsiedler aus Schlesien. Eine empirische Untersuchung über Konsequenzen der Wanderung, Weinheim/Basel 1981.

86 Bundesgesetzblatt, Jg. 1992, Teil 1, S. 2094.

87 Jan Misztal, Polityka władz polskich wobec stałych mieszkańców ziem odzyskanych w pierwszych latach po zakończeniu drugiej wojny światowej, Gliwice 1991 (= Zeszyty naukowe politechniki śląskiej, Bd. 58), S. 9.

88 Marian Mroczko, Polska myśl zachodnia 1918–1939. Kształtowanie i upowszechnianie, Poznań 1986.

89 Wojciech Wrzesiński, Problematyka polskiej ludności rodzimej na ziemiach postulowanych w latach II wojny światowej, in: Przegląd Zachodni 45 (1989), S. 153–167.

90 Edmund Dmitrow, Bilans otwarcia, Warszawa 1992, S. 126f.

91 Zbigniew Kowalski, Powrót Śląska Opolskiego do Polski, Opole 1988, S. 21.

92 Damian Tomczyk, Śląsk Opolski – 1945. Militarne i polityczne problemy okresu wyzwolenia, Opole 1989, S. 349.

93 Anna Magierska, Ziemie zachodnie i północne w 1945 roku. Kształtowanie się podstaw polityki integracyjnej państwa polskiego, Warszawa 1978, S. 17–71.

94 Ernst Bahr/Kurt König, Niederschlesien unter polnischer Verwaltung, Frankfurt am Main/Berlin 1967 (= Ostdeutschland unter fremder Verwaltung, Bd. 5), S. 35.

95 Michał Lis, Polska ludność rodzima na Śląsku po II wojnie światowej, Opole 1991, S. 12–16.

96 Bronisław Pasierb, Życie polityczne Dolnego Śląska 1945–1950, Warszawa/Wrocław 1979, S. 18–22.

97 Zbigniew Kowalski, Powrót Śląska Opolskiego do Polski, Opole 1988, S. 26–31.

98 Pasierb, Życie polityczne (wie Anm. 96), S. 20.

99 Marek Ordylowski, Życie codzienne we Wrocławiu 1945–1948, Wrocław/Warszawa/Kraków 1991, S. 107.

100 Krystyna Kersten, Osadnictwo wojskowe w 1945 roku. Próba charakterystyki, in: Przegląd Historyczny 4 (1964), S. 640–660.

101 Stefan Banasiak, Działalność osadnicza Państwowego Urzędu Repatriacyjnego na Ziemiach Odzyskanych 1945–1947, Poznań 1963.

102 Ordylowski, Życie codzienne (wie Anm. 99), S. 122.

103 Wojciech Blasiak, Śląska zbiorowość regionalna i jej kultura w latach 1945–1956, in: Błaszczak-Wacławik, Górny Śląsk (wie Anm. 12), S. 79f.

104 Magierska, Ziemie zachodnie (wie Anm. 93), S. 174.

105 Magierska, Ziemie zachodnie (wie Anm. 93), S. 188.

106 Bahr, Niederschlesien (wie Anm. 94), S. 41f.

[107] Ernst Bahr/Richard Breyer/Ekkehard Buchhofer, Oberschlesien nach dem Zweiten Weltkrieg. Verwaltung – Bevölkerung – Wirtschaft, Marburg an der Lahn 1975, S. 60–63.
[108] Bahr, Oberschlesien (wie Anm. 107), Tab. 5, S. 66.
[109] Bahr, Niederschlesien (wie Anm. 94), Tab. 2, S. 43.
[110] Jan Misztal, Osadnictwo Żydów polskich repatriowanych ze Związku Radzieckiego na Ziemiach Zachodnich i Północnych, in: Przegląd Zachodni 48 (1992), S. 161–184.
[111] Bahr, Oberschlesien (wie Anm. 107), S. 21.
[112] Franz Scholz, Zwischen Staatsraison und Evangelium. Kardinal Hlond und die Tragödie der ostdeutschen Diözesen. Tatsachen – Hintergründe – Anfragen, Frankfurt am Main ²1989; Ryszard Marek, Kościół rzymsko-katolicki wobec ziem zachodnich i północnych, Warszawa 1976.
[113] Marschall, Geschichte des Bistums Breslau (wie Anm. 50), S. 175–181.
[114] Emil Brzoska, Die Errichtung des Bistums Oppeln im Jahre 1973, in: Oberschlesisches Jahrbuch 1 (1985), S. 158–175, hier S. 163; nach Jan Kopiec, Dzieje Kościoła katolickiego na Śląsku Opolskim, Opole 1991, S. 128 betrug die Zahl der nach Deutschland ausgesiedelten Oppelner Priester nur 188.
[115] Kopiec, Dzieje Kościoła katolickiego (wie Anm. 114), S. 128.
[116] Marschall, Geschichte des Bistums Breslau (wie Anm. 50), S. 200–203.
[117] Urban, Deutsche in Polen (wie Anm. 60), S. 186.
[118] Dietmar Neß, Evangelisch-kirchliches Leben in Schlesien nach 1945, in: Jahrbuch für Schlesische Kirchengeschichte N. F. 73 (1994), S. 51–108, hier S. 51–57.
[119] Bahr, Niederschlesien (wie Anm. 94), S. 398.
[120] Ewangelickie Kościoły i Kaplice w Diecezji Wrocławskiej, o. O. o. J. [um 1985] Kalendarz Ewangelicki 1992, Warszawa 1991, mit Gemeindeverzeichnis Teschener, Kattowitzer und Breslauer Diözese; Bahr, Niederschlesien (wie Anm. 94), S. 401.
[121] Kultura ludowa śląskiej ludności rodzimej. Bearb. v. Dorota Simonides u. Piotr Kowalski, Wrocław/Warszawa 1991.
[122] Bahr, Niederschlesien (wie Anm. 94), S. 283ff., 290; Górny Śląsk (wie Anm. 12), S. 166.
[123] Krzysztof R. Mazurski, Wissenschaft und Kultur im heutigen Schlesien, in: Schlesien heute (wie Anm. 73), S. 165–173.
[124] Błaszczak-Wacławik, Górny Śląsk (wie Anm. 12), S. 192f.
[125] Robert Traba, »Regionalna« czy »narodowa«?, in: Borussia – Kultura, Historia, Literatura 6 (1993), S. 42–46.
[126] Bahr, Niederschlesien (wie Anm. 94), S. 137–140.
[127] Manfred Pawlitta, Schlesiens Wirtschaft heute, in: Schlesien heute (wie Anm. 73), S. 60–68.
[128] Manfred Pawlitta/Daniela Schlichting, Strukturprobleme der polnischen Wirtschaft, in: Praxis Geographie 22 (1992), S. 32–36.
[129] Lech Pakula/Manfred Pawlitta, Umweltzerstörung im Oberschlesischen Industrierevier nach dem Zweiten Weltkrieg, in: Geographie heute 10 (1989), S. 22–33, hier S. 25; Pawlitta, Schlesiens Wirtschaft heute (wie Anm. 127), S. 60–68.
[130] Andreas Koch, Das sozialistische Wirtschaftssystem als bestimmender Faktor für die Entwicklung des oberschlesischen Industriegebietes, in: Oberschlesisches Jahrbuch 6 (1990), S. 217–235.
[131] Ekkehard Buchhofer, Das Oberschlesische Industrierevier (GOP), Köln 1989 (= Problemräume Europas, Bd. 7), S. 11.
[132] Lech Pakula, Die gegenwärtigen ökonomischen Prozesse und Bevölkerungswandlungen im Oberschlesischen Industriebezirk, in: Geographie und Schule 13 (1991), S. 28–37, hier S. 29.
[133] Pakula, Ökonomische Prozesse (wie Anm. 132), S. 31.
[134] Peter Chmiel, Die Städte des Oberschlesischen Industriegebietes nach 1945. Grundzüge der demographischen Entwicklung, in: Oberschlesisches Jahrbuch 5 (1989), S. 107–126.
[135] Pakula, Ökonomische Prozesse (wie Anm. 132), S. 31.
[136] Jan Rajman, Region vor der strukturellen Anpassung Oberschlesien, in: Praxis Geographie 22 (1992), S. 13–17.
[137] Maria J. Welfens, Umweltzerstörung und Umweltschutzaktivitäten im oberschlesischen Industrierevier, in: Oberschlesisches Jahrbuch 6 (1990), S. 237–250; Horst Pötzsch, Umweltkatastrophe in Oberschlesien, Dülmen 1988.
[138] Lech Pakula/Manfred Pawlitta, Umweltzerstörung im Oberschlesischen Industrierevier nach dem Zweiten Weltkrieg, in: Geographie heute 10 (1989), S. 22–33.
[139] Pakula/Pawlitta, Umweltzerstörung (wie Anm. 138), S. 32.
[140] Pakula, Ökonomische Prozesse (wie Anm. 132), S. 39; Buchhofer, GOP (wie Anm. 131), S. 33ff.

[141] Beata Ociepka, Niemcy na Dolnym Śląsku w latach 1945–1970, Wrocław 1992, S. 60.
[142] Bernhard Grund, Das kulturelle Leben der Deutschen in Niederschlesien unter polnischer Verwaltung 1947–1958, Bonn/Berlin 1967.
[143] Ociepka, Niemcy (wie Anm. 141), S. 108.
[144] Ociepka, Niemcy (wie Anm. 141), S. 112f.
[145] Andrzej Sakson, Mniejszość niemiecka na tle innych mniejszości narodowych we współczesnej Polsce, in: Przegląd Zachodni 47 (1991), S. 1–23, hier S. 16.
[146] Die Evangelische Kirche von Schlesien 1945–1947. Augenzeugen berichten. Hrsg. v. Ernst Hornig, Düsseldorf o. J.; Ulrich Bunzel, Kirche ohne Pastoren. Die schlesische Laienkirche nach dem Zusammenbruch von 1945. Erlebnisse und Berichte, Ulm 1965; Neß, Evangelisch-kirchliches Leben (wie Anm. 118).
[147] Sakson, Mniejszość niemiecka (wie Anm. 145), S. 17.
[148] Robert Rauziński, Przemiany demograficzne i migracje na Śląsku w latach 1945–1985, in: Polska ludność rodzima na Śląsku w okresie Polski Ludowej, materiały z badań nad przeobrażeniami społecznymi i narodowymi na Śląsku. Hrsg. v. Michał Lis, Opole 1988, S. 207–229, hier S. 219.
[149] Edward Męclewski, Sprawa rzekomej mniejszości niemieckiej w PRL (Ekspertyza wykonana na zlecenie Sejmowej Komisji Spraw Zagranicznych), Warszawa 1984, S. 69.
[150] Jan Misztal, Weryfikacja narodowościowa na ziemiach odzyskanych, Warszawa 1990, S. 215.
[151] Sakson, Mniejszość niemiecka (wie Anm. 145), S. 18.
[152] Sakson, Mniejszość niemiecka (wie Anm. 145), S. 19.
[153] Misztal, Weryfikacja (wie Anm. 150), S. 338.
[154] Michał Lis, Polska ludność rodzima na Śląsku po II wojnie światowej, Opole 1991, S. 29.
[155] Theodor Christian Stoll, Die Rechtsstellung der deutschen Staatsangehörigen in den polnisch verwalteten Gebieten. Zur Integration der sogenannten Autochthonen in die polnische Nation, Frankfurt am Main/Berlin 1968.
[156] Męclewski, Sprawa (wie Anm. 149), S. 63.
[157] Lis, Polska ludność (wie Anm. 154), S. 37.
[158] Andrzej Sakson, Ślązacy, Kaszubi, Mazurzy i Warmiacy: problemy identyfikacji narodowej i regionalnej – konferencja naukowa, in: Przegląd Zachodni 46 (1990), S. 137–139, hier S. 139.
[159] Zbigniew Kurcz, Kształtowanie się niemieckiej mniejszości narodowej na Śląsku, in: Kultura i Społeczeństwo 35 (1992), S. 73–84, hier S. 78.
[160] Joachim Rogall, Die deutschen Minderheiten in Polen heute, in: Aus Politik und Zeitgeschichte B 48 (1993), S. 31–43, hier S. 34.
[161] Sakson, Mniejszość niemiecka (wie Anm. 145), S. 23.
[162] Urban, Deutsche in Polen (wie Anm. 60), S. 199ff.
[163] Jan Barcz, Der polnisch-deutsche Vertrag vom 17. Juni 1991 und der Schutz der Minderheiten, in: Anerkannt als Minderheit. Vergangenheit und Zukunft der Deutschen in Polen. Hrsg. v. Hans van der Meulen, Baden-Baden 1994, S. 87–98; Peter Mohlek, Der deutsch-polnische Nachbarschaftsvertrag und die deutsche Minderheit, in: ebd., S. 99–112.
[164] Danuta Berlińska, The German Minority in Opole Silesia, in: Polish Western Affairs 32 (1991), S. 39–52, hier S. 48.
[165] Zbigniew Kurcz, Mniejszość niemiecka w wyborach parlamentarnych, samorządowych i prezydenckich w latach 1989–1991, in: Przegląd Zachodni 49 (1993), S. 145–163.
[166] Beilage zur Zeitung »Rzeczpospolita« Nr. 226 vom 27.09.1993 mit den amtlichen Ergebnissen der Wahlen zum Senat und zum Sejm der Republik Polen.
[167] Rozporządzenie Ministra Edukacji Narodowej z dnia 24 marca 1992 r. w sprawie organizacji kształcenia umożliwiającego podtrzymywanie poczucia tożsamości narodowej, etnicznej i językowej należących do mniejszości narodowych in: Dziennik Ustaw Rzeczypospolitej Polskiej Nr. 34, Pos. 150.
[168] Joachim Rogall, Aktuelle Probleme und Bedürfnisse des Deutschunterrichts im Oppelner Schlesien, in: Nordost-Archiv N. F. Bd. 1 (1992), S. 600–604.
[169] Mohlek, Deutsch-polnischer Nachbarschaftsvertrag (wie Anm. 163), S. 107.
[170] Auslandskurier 33 (1992), Spezialausgabe 3, S. 12f.
[171] Urban, Deutsche in Polen (wie Anm. 60), S. 135–144.
[172] Rogall, Die deutschen Minderheiten (wie Anm. 160), S. 41.
[173] Urban, Deutsche in Polen (wie Anm. 60), S. 128f.
[174] Urban, Deutsche in Polen (wie Anm. 60), S. 146f.

[175] Urban, Deutsche in Polen (wie Anm. 60), S. 152–155.

[176] Danuta Berlińska, The German Minority in Opole Silesia, in: Polish Western Affairs 32 (1991), S. 39–52, hier S. 52.

[177] Zit. nach Lis, Polska ludność (wie Anm. 154), S. 124.

[178] Lis, Polska ludność (wie Anm. 154), S. 122–128; Program społeczno-polityczny ruchu autonomii Śląska, in: Jaskółka Śląska, Styczeń 1994, S. 3f.

[179] Bernard von Plate, Die Außenpolitik und die internationale Einbindung der DDR, in: Deutschland-Handbuch. Eine doppelte Bilanz 1949–1989. Hrsg. v. Werner Weidenfeld u. Hartmut Zimmermann, Bonn 1989 (= Schriftenreihe der Bundeszentrale für politische Bildung, Bd. 275), S. 589–604, hier S. 596.

[180] Hans-Jochen Kühne, Die Evangelische Kirche der Schlesischen Oberlausitz, in: Jahrbuch für Schlesische Kirchengeschichte N. F. 70 (1991), S. 199–207, hier S. 204.

[181] Ernst Kretzschmar, Görlitz entdeckt wieder seine schlesischen Traditionen, in: Schlesien heute (wie Anm. 73), S. 25–28.

[182] Klaus Müller, Verfassung des Freistaates Sachsen. Kommentar, Baden-Baden 1993, S. 9f.

[183] Karin Bader, Der Schönhof – Kulturzentrum mit großer Ausstrahlung. Das Schlesische Landesmuseum Görlitz, in: Begegnungen über Grenzen. Ein Buch von Freunden für Peter Nasarski zum 80. Geburtstag. Hrsg. v. Hans-Christian Brandenburg, Richard Breyer u. Joachim Rogall, Berlin/Bonn 1994, S. 145–148.

[184] Hans-Dietrich Haemmerlein, Zwischen Landeskrone und Knappensee, Berichte aus dem Görlitzer Kirchengebiet, Berlin o. J.; Joachim Rogge, Die Zukunft unserer in der schlesischen Oberlausitz gelegenen evangelischen Kirche, in: Jahrbuch für Schlesische Kirchengeschichte N. F. 70 (1991), S. 183–197.

[185] J. Jürgen Seidel, Die Görlitzer Kirche und ihre Anfänge 1945, in: Jahrbuch für Schlesische Kirchengeschichte N. F. 73 (1994), S. 125–145.

[186] Hans-Joachim Fränkel, Die Evangelische Kirche von Schlesien nach 1945, in: Jahrbuch für Schlesische Kirchengeschichte N. F. 67 (1988), S. 183–205.

[187] Hans-Jochen Kühne, Die Evangelische Kirche der Schlesischen Oberlausitz, in: Jahrbuch für Schlesische Kirchengeschichte N. F. 70 (1991), S. 199–207, hier S. 201f.

[188] Hans-Joachim Fränkel, Die Evangelische Kirche des Görlitzer Kirchengebiets, vormals Evangelische Kirche von Schlesien, in: Schlesischer Gottesfreund 40 (1989), S. 43f.

[189] Franz Xaver Seppelt/Emil Brzoska, Das Bistum Breslau im Wandel der Jahrhunderte. Von den Anfängen bis zur Gegenwart, Münster 1993 (= Schriftenreihe der Apostolischen Visitatur Breslau, Bd. 4), S. 50; Heimatbrief der Katholiken aus dem Erzbistum Breslau 21 (1994), S. 49–53.

[190] Marie Gawrecka/Dan Gawrecki/Martin Wihoda, Das böhmisch-mährische Schlesien in der historischen Forschung, in: Jahrbuch der Schlesischen Friedrich-Wilhelms-Universität zu Breslau 33 (1992), S. 201–227.

[191] Herbert Patzelt, Der Protestantismus im Teschener Schlesien in Vergangenheit und Gegenwart, in: Oberschlesisches Jahrbuch 2 (1986), S. 1–20.

Teil III: Die schlesische Wirtschaft von ihren Anfängen bis zur Industrialisierung im 19. und 20. Jahrhundert

(Reinhard Krämer)

1. Die Kolonisation zu deutschem Recht und ihre Folgen für die Wirtschaft Schlesiens

Die Kolonisation zu deutschem Recht in Schlesien seit Anfang des 13. Jahrhunderts ging auf den Wunsch Herzog Heinrichs I. des Bärtigen zurück, das wirtschaftliche Niveau seines Fürstentums zu verbessern, die Steuereinnahmen zu heben und gleichzeitig die eigene Machtposition zu stärken. In Schlesien fehlte – anders als in Brandenburg bzw. Preußen – die rechtliche Diskriminierung der Einheimischen infolge von Eroberungen. Im Gegenteil: Die deutsche Einwanderung vollzog sich unter friedlichen Begleitumständen, wobei die Bewirtschaftung des bereits besiedelten Raumes ausgedehnt und gründlich verbessert wurde. Das Städtewesen nach deutschem Recht wurde eingeführt, die Rodung umfangreicher Waldgebiete schuf neue Nahrungsräume. Eine allerdings recht kurzlebige Errungenschaft, die Erschließung von Bergschätzen, sollte erst wieder in der neueren Geschichte Schlesiens große Bedeutung erlangen. Die Einwanderung veränderte die gesamte Wirtschaftsstruktur und die Produktionsverhältnisse, wobei die Entwicklung einer Überschußwirtschaft und somit die Marktorientierung der Landwirtschaft beschleunigt wurden.
In den zwanziger Jahren des 13. Jahrhunderts stieg der Einwanderungsstrom gewaltig an und überschritt die Landesgrenze von Crossen bis zum Gebirge. Der Mongolensturm, der 1241 über Schlesien hereinbrach, konnte die Siedlungsbewegung nicht aufhalten. Diese erreichte in der zweiten Hälfte des 13. Jahrhunderts ihren Höhepunkt, wobei eine Vielzahl schlesischer Städte entstand, und kam in der Mitte des 14. Jahrhunderts zum Stillstand. Insgesamt waren 120 Städte und 1200 Dörfer neugegründet worden; die Siedlungswelle hatte allerdings in erster Linie Nieder-, Oberschlesien aber so gut wie überhaupt nicht erfaßt[1].
Die durch die deutschrechtliche Siedlung geschaffenen Veränderungen waren nachhaltig. Es entstand ein selbständiges Bauerntum, denn jeder Bauer erhielt soviel Boden, wie er zur Ernährung seiner Familie brauchte. Zwar blieb das dem Bauern zugewiesene Stück Land, im Durchschnitt etwa eine Hufe, Obereigentum des Grundherrn, doch blieb der Bauer persönlich frei. Die Abgaben an den Grundherrn waren wirtschaftlich durchaus zu verkraften. Die Getreidegroßerzeugung trug entscheidend zur Ausbildung des Rittergutes bei, dessen Entstehung nach der Kolonisation und vor der modernen Industrialisierung den bedeutsamsten wirtschaftlich-sozialen Vorgang in der schlesischen Geschichte darstellt. Die grundherrlichen Eigenwirtschaften wurden erheblich vergrößert, die Bauern nach und nach in Abhängigkeit gebracht. Das Waldhufendorf, das Hufe an Hufe die Dorfzeile entlang reihte, setzte sich für die Bezwingung der Waldböden durch.
Die slawische Feldgraswirtschaft wurde durch die Dreifelderwirtschaft ersetzt, die den Boden intensiver ausnutzte und den eisernen Wendepflug verwendete. Obst- und Gemüseanbau sowie Viehzucht wurden forciert. Die Neugründung der Städte vollzog sich im

allgemeinen nach dem Magdeburger Recht. Das Wesen dieser Städte, Befestigung und Markt, konnte in Schlesien bis zum 14. Jahrhundert eindrucksvoll auf- und ausgebaut werden. Die mittelalterliche deutsche Stadtwirtschaft, die der Stadt das Privileg der gewerblichen Tätigkeit und des Handels vorbehielt und ihr den für den Eigenbedarf notwendigen Anteil an der Agrarwirtschaft einräumte, zog im neubesiedelten Land ein. Es war das Meilenrecht, das jede Stadt zum konkurrenzlosen Markt für sämtliche Kaufmannswaren sowie zum einzigen Standort für viele Handwerke machte und das Wirtschaftssystem in Schlesien festlegte. Die Wirtschaft der Stadt unterlag der strengen Aufsicht der Obrigkeit. Im Zuge der Kolonisation wurde ein breites Gewerbewesen mit zahlreichen Handwerkerverbänden geschaffen, das es in dieser Mannigfaltigkeit in der slawischen Zeit noch nicht gegeben hatte. Im Jahre 1300 wies Breslau bereits 28 organisierte Handwerke auf, darunter Fleischer, Bäcker, Schuster, Gerber, Schneider, Weber und Schmiede[2].
Das 14. Jahrhundert brachte für Schlesien eine Zeit des wirtschaftlichen Wohlstands, auf die im 15. Jahrhundert eine Periode des Niedergangs folgte. Insbesondere der Handel litt unter den Folgen der Hussiteneinfälle, da die Warenzüge die unsicheren Straßen Böhmens und zum Teil auch Schlesiens mieden. Hinzu kamen ein starker Siedlungsrückgang und massive Bevölkerungseinbußen infolge der Pestepidemien, so daß viele Höfe und Dörfer wüst wurden. Eine positive Entwicklung gab es dagegen auf den Gebieten des Bergbaus und der Eisenverhüttung, der Teichwirtschaft und der Schafzucht. Der Bergbau wurde im 15. Jahrhundert stark gefördert. Man versuchte, den Goldbergbau, der schon vor 1230 seinen Höhepunkt erreicht hatte, sowohl in Goldberg als auch in Reichenstein wiederzubeleben. In Silberberg wurden die durch die Hussitenkriege unterbrochenen Grabungen nach silberhaltigem Erz im Jahr 1527 mit Hilfe von Fürsten, Adeligen, Geistlichen und Kaufleuten aus Breslau, Glatz und Dresden wiederaufgenommen. Bereits im 14. Jahrhundert waren Eisenhütten und -hämmer in Hirschberg-Schmiedeberg, Gläsendorf bei Habelschwerdt sowie im Kreis Trebnitz (Deutsch Hammer) errichtet worden. Im 15. Jahrhundert entstanden zahlreiche neue Hütten zur Aufbereitung der Erze und Hämmer und zu deren Weiterverarbeitung. Allein in Reichenstein verarbeiteten um 1500 etwa zwanzig Hütten die Förderung der mehr als hundert Zechen, Stollen und Schächte.
Zu Beginn des 16. Jahrhunderts schädigte die folgenschwere Niederlage Breslaus im sogenannten Niederlagsstreit mit Polen, das ein Handelsverbot gegen die Stadt verhängte, seinen Handel und seine Wirtschaft und damit die schlesische Wirtschaft insgesamt. »Der Aufstieg der staatlichen Gewalt, der Abstieg des bisher weitgehend selbständigen Städtewesens bilden ein Kennzeichen des angebrochenen absolutistisch-merkantilistischen Zeitalters«[3].

2. Schlesiens Wirtschaft zur Zeit des Merkantilismus

Für die ökonomische Entwicklung Schlesiens im 16. und 17. Jahrhundert wurden insbesondere drei Bereiche bestimmend: Handel, Leinenweberei und Eisenverhüttung. Begünstigt durch seine Zugehörigkeit zur Habsburgermonarchie, nahm Schlesiens Handel eine imposante Aufwärtsentwicklung. Die ohnehin ausgezeichneten Verbindungen schlesischer Kaufleute nach Antwerpen, das sich infolge der überseeischen Entdeckungen seit der zweiten Hälfte des 15. Jahrhunderts zum Handelszentrum für portugiesische und spanische Kolonialwaren entwickelt hatte, wurden noch intensiver. Die fatalen Auswirkungen der

Türkenkriege auf die geschäftlichen Verbindungen Schlesiens mit dem Orient konnten durch die Westverbindungen zu neuen Handelszentren an der Nordsee- und Atlantikküste weitgehend kompensiert werden. Denn die habsburgischen Niederlande und die Hansestadt Hamburg stellten den Import von Tüchern aus England, Flandern, Brabant und Aachen sowie von Kolonialwaren aus Übersee sicher. Obgleich Danzig für Schlesien eine bedeutende Handelskonkurrenz darstellte, blieb das Oderland ein zentraler Versorger des gesamten östlichen Mitteleuropa.

Für das Zentrum Schlesiens, Breslau, wurde der Verkehrsknotenpunkt Leipzig als Stapelplatz bedeutsam. Die wichtigste Ost-West-Verbindung, die Hohe Straße, führte von Frankfurt am Main über Thüringen nach Leipzig. Von hier aus erreichte sie Breslau über Bautzen, Görlitz und Liegnitz. Eine zweite bedeutende Handelsstraße, die Frankenstraße oder Reichsstraße, die von Nürnberg her kam, führte über Plauen, Zwickau, Chemnitz, Freiberg und Dresden nach Bautzen, um hier auf die Hohe Straße zu treffen. Nürnberg, Leipzig und Breslau bildeten die alles überragenden Handelsmetropolen dieses bedeutenden Verkehrsnetzes.

Der zweite bedeutende Wirtschaftssektor Schlesiens während der Habsburgerherrschaft war neben dem Handel das Spinnstoffgewerbe, dessen Zentren in dem Gebiet zwischen Leobschütz und Löwenberg, zumeist im Gebirge, entstanden. Die stürmische Aufwärtsentwicklung der Leinenweberei im 16. Jahrhundert resultierte aus einem Prozeß, der sich als »Einengung des städtischen Wirkungsbereiches zugunsten des offenen Landes«[4] charakterisieren läßt. Auf die seit 1530 begonnene Wiederbesiedlung wüstgewordener mittelalterlicher Bauerndörfer oberhalb der 500-m-Grenze folgte seit der Mitte des 16. Jahrhunderts eine Neubesiedlung höherer Regionen, allerdings nicht mehr als Bauerndorf, sondern als kleine Ansiedlung mit Gärtnern und Häuslern. Deren Tätigkeit in der Leinenweberei, der Eisenverhüttung oder der Glasmacherei zeigte schon ein frühindustrielles Gepräge. Die Leinenweberei fand im Gebirge das notwendige klare Wasser sowie sonnige freie Hänge zum Bleichen des Leinens, die Glasmacherei hingegen das zur Feuerung und Pottaschegewinnung notwendige Holz.

Hatte man die Leinenweberei im Mittelalter hauptsächlich in der Stadt ausgeübt, so änderte sich dies seit der Mitte des 16. Jahrhunderts. Der Adel übernahm zusehends die anfänglich noch im Auftrag städtischer Weberzünfte für den Export bestimmte Leinenproduktion und setzte sich damit über das alte Gewerbemonopol der Städte hinweg. Er erwarb Landbesitz sowie ursprünglich landesherrliche Rechte wie Gerichtsbarkeit und Polizeigewalt und ließ seine Güter durch die hörig werdenden Bauern, die die Leinenweberei in erster Linie als ein Nebengewerbe betrieben, bewirtschaften. So entstanden ausgedehnte Latifundien, in denen die Rittergüter als große Eigenwirtschaften des Adels eine bedeutende Rolle spielten[5]. Die Entwicklung der Eisenverhüttung und -verarbeitung schritt bis zum Dreißigjährigen Krieg in großen Schritten voran. Bereits im Jahre 1477 hatte Hermann Bosist mit Zustimmung des Breslauer Bischofs Rudolf von Rüdesheim südlich von Neisse in Oberschlesien Güter für die Anlage eines Hammers erworben. Im Verlauf des 15. und 16. Jahrhunderts entstanden in Oberschlesien 27 und im angrenzenden Polen 20 Neugründungen. Unangefochtenes Zentrum war jedoch das niederschlesische Schmiedeberg, das um die Mitte des 16. Jahrhunderts 11 Hämmer zählte. Nach mittelalterlichen Maßstäben hat man sich die Hämmer als industrielle Großbetriebe vorzustellen, in denen Hammermeister, Schmiede, Erzgräber, Köhler, Fuhrleute und Hilfsarbeiter tätig waren. Die meisten von ihnen lagen abseits der Dörfer, benötigten eigene landwirtschaftliche Betriebe und entwickelten sich deshalb zu eigenständigen Siedlungen. Die Hammermeister, deren Position mit derjenigen eines Schulzen zu vergleichen ist, und ihre Familien bildeten eine eigene Sozialschicht[6].

Das im Zusammenhang mit dem Aufschwung des Edelmetallbergbaus in zahlreichen europäischen Bergbauregionen im 16. Jahrhundert festzustellende »Bergbaufieber« erfaßte vorübergehend auch Schlesien. Zum ersten Förderer wurde der Breslauer Bischof Johannes V. Thurzó, der als Landesherr des Bergbaugebiets Freiwaldau die Voraussetzungen für die ungehinderte Ausbeutung der schlesischen Gruben durch das frühkapitalistische Unternehmertum schuf. Seine Nachfolger Jakob von Salza – in seiner Amtszeit von 1520 bis 1539 erreichte die bergmännische Tätigkeit einen ersten Höhepunkt – und Balthasar von Promnitz setzten diesen Kurs fort, konnten jedoch nur kurzfristige Erfolge erzielen.

In Oberschlesien kam die Aktivität im Bergbau über erste Anfänge kaum hinaus. Dem Herzog von Jägerndorf und gleichzeitigem Markgrafen von Brandenburg-Ansbach, Georg dem Frommen, gelang es immerhin, den Bergbau des Beuthener Gebiets neu zu beleben. Zur Förderung der reichen Blei-, Silber- und Galmeivorkommen bei Tarnowitz rief Georg deutsche Unternehmer und Bergleute aus Franken und Sachsen herbei. Man baute hunderte von Gruben zur Bleigewinnung, Tarnowitz wuchs zur Stadt heran, und 1561 wurde Georgenberg als Bergstadt gegründet. Die Erträge bewegten sich jedoch auf einem verhältnismäßig bescheidenen Niveau, ähnlich wie die im Goldbergwerk zu Reichenstein, das zunächst zwar respektable Gewinne abwarf, spätestens seit 1565 aber hohe Verluste erlitt und seinen Betrieb einstellen mußte. In dieser Zeit häuften sich die Meldungen über Grubenstillegungen.

Dieser frühe Aufschwung des Bergbaus scheiterte vor allem aus zwei Gründen. Zum einen wurden die technischen Probleme wie beispielsweise die Wasserhaltung in der Tiefe immer größer. Zum anderen fehlte eine ausreichende rechtliche Absicherung der Bergbaufreiheit gegen den Widerstand der Grundherren; der Erlaß der kaiserlichen Bergordnung von 1577 kam viel zu spät, um eine neue Aufwärtsentwicklung zu bewirken. Darüber hinaus betrieben die herbeigerufenen Bergleute den Abbau in den neugebauten Gruben unfachmännisch und konnten daher keinen dauerhaften Erfolg verbuchen[7].

Der Dreißigjährige Krieg erschütterte die aufstrebende schlesische Wirtschaft in ihren Grundfesten. Das größte Hindernis für den Wiederaufbau waren – mehr noch als die materiellen Zerstörungen – die großen Bevölkerungsverluste, hervorgerufen durch Kriegshandlungen, Pest und Auswanderung. Trotz des durch den Krieg verursachten Niedergangs der schlesischen Wirtschaft blieben die längst überfälligen Reformen aus; noch immer orientierten sich die Berechnungen der nach 1648 aufzubringenden Steuern an den Gegebenheiten des vorherigen Jahrhunderts.

Die Strukturbedingungen der schlesischen Wirtschaft hatten sich inzwischen stark verändert. Auf dem Land war ein Gewerbe mit grundherrlicher Unterstützung aufgebaut worden, das aufgrund seiner billigeren Produktion eine ernstzunehmende Konkurrenz für die städtischen Zünfte im Wettbewerb um die Absatzmärkte darstellte. Handel und Leinenweberei war es zu verdanken, daß sich die schlesische Wirtschaft erstaunlich schnell von den Verwüstungen des Krieges erholte. Der Export aus den Zentren des schlesischen Leinenhandels Landeshut, Schmiedeberg, Greiffenberg und Hirschberg reichte Ende des 17. Jahrhunderts über die Niederlande, Portugal und Spanien bis in die Neue Welt; die Hansestadt Hamburg war der Hauptumschlagplatz. Einen weiteren Schub bekam der schlesische Außenhandel, als die nachteilige Zollpolitik der im übrigen positiv wirkenden Handelspolitik Kaiser Karls VI. mit dem Zollmandat von 1739 aufgehoben wurde und der Osthandel nach der Beendigung der Türkenkriege im gleichen Jahr wieder aufgenommen werden konnte.

Schlesiens ökonomische Lage stellte sich beim Übergang an Preußen uneinheitlich dar. Während Niederschlesien in den vorangegangenen Jahrhunderten, sieht man von der

Katastrophe des Dreißigjährigen Krieges ab, bedeutende wirtschaftliche Fortschritte gemacht hatte, traf für das vernachlässigte und rückständige Oberschlesien eher das Gegenteil zu. Hier existierten in erster Linie große, in umfangreiche Feudalgüter aufgeteilte Waldungen, die von einer verarmten Bevölkerung bewohnt waren[8].

Nach der preußischen Besetzung Schlesiens im Jahre 1740 schuf Friedrich II. im folgenden Jahr zwei Kriegs- und Domänenkammern in Breslau und Glogau, die u. a. die Überwachung der Bergwerke und Eisenhütten übernahmen. Nach der Errichtung eines Bergbau- und Hüttendepartements in Berlin 1768 sowie eines Oberbergamtes in Oberschlesien 1769 erließ der Preußenkönig noch im gleichen Jahr ein Berggesetz[9]. Für Schlesien brachte der Wechsel von der habsburgischen zur preußischen Oberherrschaft jedoch einen bedeutenden Nachteil mit sich: Von der Zentrallage eines Verkehrsknotenpunkts und Durchgangslandes geriet das Oderland in eine verkehrsungünstige Randlage. Als weitere Belastung kamen die negativen Folgen des Siebenjährigen Krieges hinzu, der die neue preußische Provinz erheblich schädigte. Die schlesische Wirtschaft litt zunächst sehr stark unter der Teilung Schlesiens in das größere, an Preußen fallende und das kleinere, bei Österreich verbleibende Gebiet. Um 1770 stellte sich die wirtschaftliche Lage Schlesiens daher eher schlechter dar als bei der Besetzung durch Preußen im Jahre 1740[10].

Die Reformierung der preußischen Wirtschaftspolitik sowie die Reorganisation des oberschlesischen Bergbaus gingen vor allem auf zwei Persönlichkeiten zurück: Friedrich Anton von Heynitz, den 1777 ernannten Chef des preußischen Berg- und Hüttendepartements, sowie den 1778 von ihm zum Leiter des Oberbergamtes berufenen Friedrich Wilhelm von Reden. Schon im Jahre 1753 hatte der Oberforstmeister Johann Georg Rhedanz im Auftrag Friedrichs II. die königlichen Eisenhütten Kreuzburg und Malapane erbauen lassen, die zunächst als Waffenfabriken dienten und später für die Entwicklung der oberschlesischen Eisenindustrie eine bedeutsame Rolle spielen sollten. Friedrich Wilhelm von Reden setzte die staatliche Industrieförderung systematisch fort, indem er die Eisenverhüttung mittels Steinkohlenkoks anregte. Zur Erweiterung des Steinkohlebergbaus und der Absatzförderung von Steinkohle ließ Reden 1790 die seit 1811 *Königin-Luise-Grube* genannte große Kohlengrube bei Zabrze (seit 1915 Hindenburg) und 1796 die seit 1800 *Königsgrube* genannte *Carl-von-Hessen-Grube* gründen. Der Betrieb des Blei- und Silberbergwerks in Tarnowitz, das schon im 14. und 16. Jahrhundert zweimal geschlossen worden war, wurde wieder aufgenommen. Keine zufriedenstellenden Ergebnisse waren hingegen Redens Versuch beschieden, die ungenügenden schlesischen Transportverhältnisse zu bessern. Der Bau des Klodnitz-Kanals, der das oberschlesische Revier mit der Oder verband, nutzte deshalb wenig, weil der Ausbau der Oder zu einem benutzbaren Schiffahrtsweg nicht konsequent durchgesetzt wurde.

Dieses Versäumnis war die Hauptursache dafür, daß sich die ökonomische Gesamtsituation Schlesiens, insbesondere aber Oberschlesiens, an der Wende zum 19. Jahrhundert trotz der nützlichen Maßnahmen von Redens wenig geändert hatte. Um 1800 dominierte nach wie vor die Textilindustrie, die 74% der schlesischen Industriegüter produzierte, während es die Metallindustrie lediglich auf 3,9% brachte. Immerhin hatte von Reden die Grundlagen für den baldigen Aufschwung der oberschlesischen Schwerindustrie geschaffen[11].

3. Die Industrialisierung Schlesiens im 19. Jahrhundert

Industrie und Wirtschaft der historisch deutschen Ostprovinzen erreichten in der Provinz Schlesien ihren höchsten Stand[12]. Das erscheint um so bemerkenswerter, als Oberschlesien lange Zeit als unterentwickeltes, marginales Randgebiet mit wenig bedeutenden Städten und unzureichenden Verkehrsverbindungen galt. Erst im Verlauf der Früh- und Hochindustrialisierung konnte das oberschlesische Revier zum Zentrum der deutschen Schwerindustrie heranreifen. Eine Einteilung der schlesischen Provinz in Wirtschaftssphären um 1900 fördert drei Großräume zutage. Das nördliche Schlesien und der Sudetengürtel im Süden bildeten die Zentren der Textilindustrie, die im 15. und 16. Jahrhundert entstanden war und im 19. Jahrhundert einen scharfen Umbruch von der Heim- zur Fabrikindustrie erfuhr. Die Zentren des Spinnereigewerbes lagen in den Kreisen Leobschütz und Löwenberg sowie in Liebau, Landeshut, Erdmannsdorf, Freiburg, Waldenburg und Neusalz an der Oder. Langenbielau im Kreis Reichenbach und die hier im Jahre 1805 gegründeten Dierig-Werke wurden zum Mittelpunkt der schlesischen Baumwollspinnerei, während in den Kreisen Reichenbach, Waldenburg und Hirschberg vor allem Webereien angesiedelt waren. Auch die in Görlitz, Sagan und Grünberg ansässige Tuchfabrikation erlangte große Bedeutung.
War das Spinnstoffgewerbe im Zuge der merkantilistischen Wirtschaftspolitik des 17. und 18. Jahrhunderts erheblich ausgebaut worden, so geriet es spätestens seit Beginn des 19. Jahrhunderts in eine tiefe Strukturkrise. Die Unterlegenheit gegenüber den britischen Produzenten konnte nicht mehr wettgemacht werden. Diese hatten mit der Einführung des Maschinenspinn- und Maschinenwebstuhls ihre Produktionskosten erheblich gesenkt und konnten daher Leinwand weitaus billiger als die schlesische Konkurrenz anbieten. Auch verwandten die Briten Rohstoffe höherer Qualität, die von den Verbrauchern eindeutig bevorzugt wurden. Darüber hinaus schottete sich der britische Markt durch hohe Einfuhrzölle wirksam ab. Die schlesische Hausindustrie geriet so in eine hoffnungslose Unterlegenheit gegenüber der englischen Maschinenindustrie[13].
Die Rückständigkeit fiel in der Leinenweberei ähnlich gravierend wie im Spinnereigewerbe aus. Die Unternehmer fanden im Weberproletariat billige Arbeitskräfte und schreckten vor einer notwendigen, aber kostspieligen Mechanisierung der Betriebe zurück. Die extrem niedrigen Löhne reichten nicht einmal annähernd aus, um die wichtigsten Grundnahrungsmittel zu kaufen, auch wenn die Weber und Spinner im allgemeinen über ein Stück Land für den Anbau von Nahrungsmitteln verfügten. Hinzu kamen Steuerabgaben in beträchtlicher Höhe wie der Weberzins, der Grundzins für die Häuslerstellen – beide wurden 1850 abgeschafft –, die sogenannte Klassensteuer, die von den im Spinnstoffgewerbe Beschäftigten zu entrichten war, Hauszins- und Gemeindeabgaben, Zinsen für verschuldete Anwesen sowie Schulgeld für jedes schulpflichtige Kind.
Unter diesen Umständen ist es erstaunlich, daß das schlesische Textilgewerbe seit der Wende zum 20. Jahrhundert die zweitgrößte Industrie der Provinz Schlesien war und in der Reihe der gleichartigen deutschen Gewerbegruppen die dritte Stelle einnahm. Trotz seiner strukturellen Schwächen hatte es doch eine zähe Überlebensfähigkeit entwickelt und befand sich auf dem Weg zur Großindustrie. Eine statistische Erhebung aus dem Jahre 1895 ermittelte 187020 in der Textilindustrie beschäftigte Personen, davon 93259 im Regierungsbezirk Breslau, 74371 im Regierungsbezirk Liegnitz und 19390 im Regierungsbezirk Oppeln[14].
Der zweite, vorwiegend von der Glas- und Keramikindustrie geprägte Wirtschaftsraum

reichte vom oberschlesischen Muschelkalkrücken bis zum westlichen niederschlesischen Braunkohlegebiet. In Schlesien konnte eine bedeutende Glasindustrie entstehen, die durchaus mit dem bekannten böhmischen Glas mithalten konnte. Die Verbesserung der Produktionstechnik ließ auch die Qualität der Glaserzeugnisse steigen. Insgesamt war die Glasindustrie im Gegensatz zur Keramikindustrie breit gestreut. Die preußische Oberlausitz, das Riesengebirge und das Glatzer Bergland zählten zu den Produktionsschwerpunkten. Während in der Oberlausitz sämtliche Glasarten hergestellt wurden, produzierten Riesengebirge und Glatzer Bergland vor allem Kristallglas[15].

Das Waldenburger und besonders das oberschlesische Revier bildeten den dritten und – am Ausgang des 19. Jahrhunderts – weitaus bedeutendsten Wirtschaftsraum Schlesiens. Ein dramatischer Strukturwandel und die damit verbundene regionale Verlagerung der schlesischen Industrie hatten den Aufstieg der schlesischen Wirtschaft im 19. Jahrhundert bewirkt. Die traditionelle, in Niederschlesien angesiedelte Textilindustrie stürzte in eine tiefe Krise, während sich Oberschlesiens Schwerindustrie zum unbestrittenen Schwerpunkt der schlesischen Wirtschaft entwickelte. Tatsächlich wuchs das oberschlesische Revier zum zweitgrößten Revier Deutschlands heran, obwohl es einer bedeutenden in- und ausländischen Konkurrenz ausgesetzt war und unter einem entscheidenden Nachteil litt: seiner geographischen Lage. Bis in die vierziger Jahre des 19. Jahrhunderts hinein hatte es die preußische Regierung versäumt, für das entstehende neue Industriezentrum ein gut funktionierendes Verkehrsnetz zu schaffen. Während für das Ruhrrevier der Rhein als kostengünstiger Wasserweg diente, fehlten in Oberschlesien adäquate Möglichkeiten für den Kohletransport. Der 1812 fertiggestellte *Klodnitz-Kanal*, der von Cosel an der Oder bis Zabrze-Stadtmitte reichte, sowie die in den Jahren 1844 bis 1848 ausgebaute Oder konnten den umfassenden Export der Rohstoffe nicht sicherstellen. Noch 1903 wurden lediglich 3% der Kohle über die Oder, hingegen 27% über den Rhein transportiert. Da die Kohle in der ersten Hälfte des 19. Jahrhunderts für den Hausbrand in Deutschland noch kaum gebraucht wurde, fehlte die Nachfrage. Der wirtschaftliche Aufstieg des Großraums ließ so zunächst auf sich warten; nur der Handel mit dem russisch-polnischen Raum konnte die Wirtschaft trotz bestehender Zollschranken in bescheidenem Rahmen beleben[16].

Im oberschlesischen Revier setzte der Übergang zu einer Großindustrie in dem Augenblick ein, als das Verkehrsproblem gelöst wurde. Der frühe und schnelle Aufbau eines Eisenbahnnetzes ließ die Produktionszahlen stark steigen, schuf neue Absatzmöglichkeiten und förderte das Zusammenwachsen der verschiedenen Industriestandorte Oberschlesiens zu einem Revier. Die Eisenbahn wurde zum größten Kunden für Kohle und Eisenprodukte. Die späten vierziger und die fünfziger Jahre des 19. Jahrhunderts sind somit die eigentlichen Geburtsjahre der schlesischen Montanindustrie. In den ersten Jahren nach dem Eisenbahnanschluß stieg die Transportrate von Oberschlesien nach Westen um 350%[17]. Als erste Verbindung entstand 1842 die Strecke von Breslau nach Ohlau; sie wurde noch im gleichen Jahr bis Brieg und 1843 bis Oppeln erweitert. Die 98 km lange Strecke Schwientochlowitz – (Königshütte) – Oppeln wurde am 31. August 1845 eröffnet, ihre 17 km umfassende Verlängerung bis zur Landesgrenze bei Slupna 1846 fertiggestellt. Damit existierte eine Verbindung zwischen Breslau und Oberschlesien mit Anschluß in Slupna an die Eisenbahn nach Krakau[18].

Mit der Eisenbahnverbindung geriet das Industrierevier allerdings auch unter den Druck ausländischer Konkurrenzprodukte. Anfang der vierziger Jahre überschwemmte schottisches Roheisen, das wesentlich billiger als das oberschlesische angeboten werden konnte, den deutschen Markt. Die preußische Regierung reagierte 1844 mit der Einführung des Roheisenzolls, der den Aufschwung der oberschlesischen Schwerindustrie sichern sollte. Oberschlesien brachte als Industriestandort während des gesamten 19. Jahrhunderts

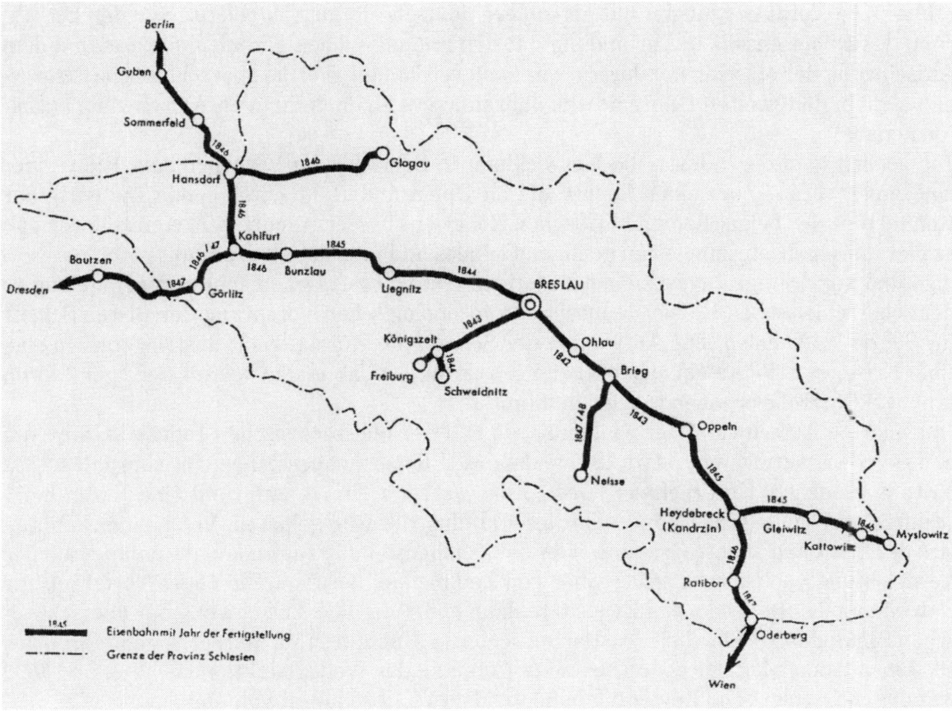

Abb. 61: Die Entwicklung der Eisenbahn in Schlesien.
Die verkehrsmäßige Erschließung Schlesiens durch die Eisenbahn war die Voraussetzung für die Entwicklung des oberschlesischen Montanreviers zur zweitwichtigsten Industrielandschaft Deutschlands nach dem Ruhrgebiet. Ende der vierziger Jahre des 19. Jahrhunderts waren die wichtigsten Verkehrsverbindungen mit Berlin, Dresden, Wien und Krakau hergestellt.

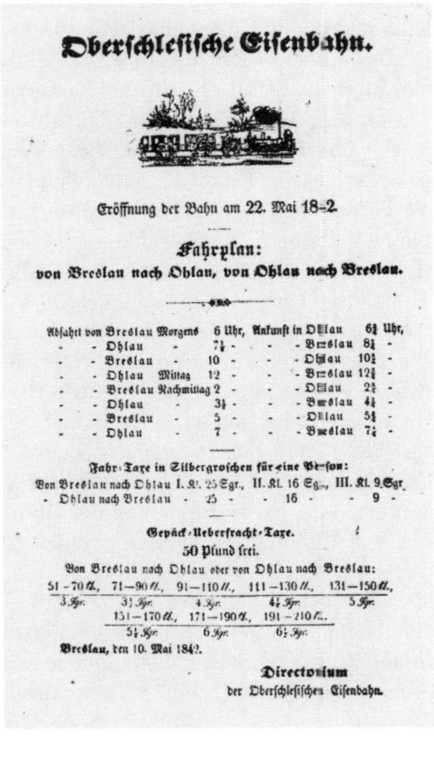

Oberschlesische Eisenbahn.

Eröffnung der Bahn am 22. Mai 18–2.

Fahrplan:
von Breslau nach Ohlau, von Ohlau nach Breslau.

Abfahrt von Breslau Morgens 6 Uhr, Ankunft in Ohlau 6¾ Uhr,
- - Ohlau - 7½ - - - Breslau 8¼ -
- - Breslau - 10 - - - Ohlau 10¾ -
- - Ohlau Mittag 12 - - - Breslau 12¾ -
- - Breslau Nachmittag 2 - - - Ohlau 2¾ -
- - Ohlau - 3½ - - - Breslau 4¼ -
- - Breslau - 5 - - - Ohlau 5¾ -
- - Ohlau - 7 - - - Breslau 7¾ -

Fahr-Taxe in Silbergroschen für eine Person:
Von Breslau nach Ohlau I. Kl. 25 Sgr., II. Kl. 16 Sgr., III. Kl. 9 Sgr.
- Ohlau nach Breslau - 25 - - 16 - - 9 -

Gepäck-Ueberfracht-Taxe.
50 Pfund frei.
Von Breslau nach Ohlau oder von Ohlau nach Breslau:
51–70 Pf., 71–90 Pf., 91–110 Pf., 111–130 Pf., 131–150 Pf.,
3 Sgr. 3½ Sgr. 4 Sgr. 4½ Sgr. 5 Sgr.
151–170 Pf., 171–190 Pf., 191–210 Pf.
5½ Sgr. 6 Sgr. 6½ Sgr.

Breslau, den 10. Mai 1842.

Directorium
der Oberschlesischen Eisenbahn.

Abb. 62: Ältester schlesischer Eisenbahn-Fahrplan vom 22. Mai 1842.
Das 1842 fertiggestellte Teilstück der Eisenbahnlinie Breslau–Oppeln von Breslau nach Ohlau – sie wurde noch im gleichen Jahr bis Brieg und 1843 bis Oppeln erweitert – war die erste schlesische Eisenbahnstrecke überhaupt.

schlechtere Voraussetzungen mit als andere deutsche Industriegebiete. Nur der Einführung des Roheisenzolls in Verbindung mit den umfangreichen Eisenbahnbauten und dem Aufschwung der Maschinenindustrie war es zu verdanken, daß die oberschlesische Schwerindustrie in der zweiten Hälfte des 19. Jahrhunderts einen derartigen Aufschwung entfalten konnte[19].

Tatsächlich kam die industrielle Entwicklung in Schlesien im Vergleich zum Ruhrrevier langsamer voran. Zum einen konnte die an Rhein und Ruhr entstehende Industrie der Konkurrenz des belgischen und britischen Roheisens besser standhalten, zum anderen gab es hier im Gegensatz zum Osten genügend lokales und internationales Kapital, um notwendige und kurzfristige Investitionen zu tätigen. Durch umfassende Innovationen gelang es dem oberschlesischen Revier dennoch, den technologischen Vorsprung der Briten Schritt für Schritt aufzuholen. Die Aufhebung der Schutzzölle stürzte das Industriegebiet in eine tiefe Krise, es erfolgte ein erheblicher Preisverfall, so daß in den späten siebziger Jahren erneut Schutzzölle erhoben werden mußten[20].

Der enorme Aufschwung der Zinkindustrie half der oberschlesischen Industrie, ihre von den Befreiungskriegen bis etwa 1845 andauernde Krise zu überstehen. Bis zum Jahre 1802 hatte ein einziger Unternehmer, *Georg von Giesche's Erben*, aufgrund eines alten herrschaftlichen Privilegs das Monopol in diesem Industriezweig gehalten. Von jetzt an konnten sich der Staat und andere Grundbesitzer der Zinkherstellung zuwenden, die anfangs auf der Verarbeitung von Galmei, später eher von Zinkblende, beruhte. Ein neues Verfahren zur Gewinnung des Rohzinks aus Erz leitete dann endgültig den Aufschwung der oberschlesischen Zinkindustrie ein. 1821 existierten schon 33 Zinkhütten, in den sechziger Jahren des 19. Jahrhunderts lag der oberschlesische Anteil an der Weltproduktion bei 40%, und 1890 war das oberschlesische Revier der bedeutendste Weltproduzent von Zink.

Auch indirekt leistete die Zinkindustrie einen hervorragenden Beitrag zur wirtschaftlichen Entwicklung des oberschlesischen Industriereviers. Denn zur Gewinnung von Zink durch Rösten aus dem Erz waren große Mengen von Steinkohle als Brennstoff nötig, und die hierdurch ausgelöste Nachfrage forcierte den Ausbau der oberschlesischen Steinkohlebergwerke. Seit 1822 konnte das oberschlesische Revier das niederschlesische Waldenburger Revier überflügeln, das bis zu diesem Zeitpunkt den größeren Teil der schlesischen Kohle gefördert hatte. Einen zunehmenden Bedarf an Steinkohle hatte im 19. Jahrhundert auch die Eisenindustrie. Zudem verbesserten der Eisenbahnbau der vierziger Jahre sowie der 1853 mit Österreich abgeschlossene Handelsvertrag, aber auch gesetzliche Maßnahmen in Hinblick auf die Bergbaufreiheit die Absatzmöglichkeiten der oberschlesischen Steinkohle nachhaltig. Gab es 1799 lediglich 18 kleine Steinkohlegruben, die nur 619 Beschäftigte zählten, so waren es 1860 81 Gruben mit 10073 Arbeitern[21].

Die folgenden Zahlen verdeutlichen, in welchem Ausmaß die Kohleförderung bis zum Ersten Weltkrieg stieg: 1900 wurde 20, 1913 sogar 34 mal mehr Kohle gefördert als 1852. Die Eisenproduktion war 1900 12 mal, 1913 16 mal, die Zinkproduktion 3,5 bzw. 5 mal höher als 1852. Trotz dieser beeindruckenden Zahlen bleibt festzuhalten, daß die industrielle Entwicklung Oberschlesiens seit der Jahrhundertmitte nicht an die des Ruhrgebiets heranreichte. So entfielen von der Steinkohleförderung in Preußen im Jahr 1860 in Höhe von 9,3 Millionen ein Viertel, und zwar 2,3 Millionen Tonnen, auf das oberschlesische Revier, hingegen mehr als ein Drittel, 3,8 Millionen Tonnen, auf das Ruhrrevier. Von 1900 bis zum Ersten Weltkrieg verdoppelte sich zwar die oberschlesische Kohleförderung, doch konnte das Ruhrgebiet im gleichen Zeitraum seine Fördermenge sogar verfünffachen[22].

Neben Zink- und Steinkohleindustrie erlebte auch die Eisenindustrie Oberschlesiens einen beachtlichen Aufschwung. Seit den dreißiger Jahren des 19. Jahrhunderts ging es spürbar bergauf; der 1844 eingeführte Roheisenzoll beschleunigte die Entwicklung noch einmal.

Zahlreiche private Werke wie die *Laurahütte* (1837–1840), die *Friedenshütte* (1840) oder das *Borsigwerk* (1863) wurden errichtet. 1850 lag der Anteil Schlesiens an der gesamtstaatlichen Eisenproduktion Preußens schon bei 50%, fiel dann aber kontinuierlich ab. 1857 überflügelte das Ruhrgebiet Schlesien. Die schlechtere Konkurrenzsituation der oberschlesischen Metallindustrie lag zum einen in den höheren Transportkosten, zum anderen in der Tatsache begründet, daß die Eisenlagerstätten weitgehend erschöpft waren und in zunehmendem Maße Erze aus Schweden importiert werden mußten. Die Erzeugerkosten wurden damit in die Höhe getrieben[23].
Bei der Analyse der industriellen Entwicklung Schlesiens ist auf eine Besonderheit hinzuweisen, die es anderswo kaum gab: die Verknüpfung von Großgrundbesitz und industriellem Engagement auf den eigenen Gütern. Wenn die Grundbesitzer in Ostpreußen der Industrialisierung skeptisch bis ablehnend gegenüberstanden, so förderte der Adel in Schlesien die Technisierung soweit wie nur irgend möglich. Gutsherren wie Franz Graf von Ballestrem, Fritz von Friedländer-Fuld, die Grafen Henckel von Donnersmarck, Georg von Giesche oder Philipp Graf Colonna traten als wichtige Kapitalgeber und Wirtschaftsförderer in Erscheinung. Dennoch herrschte bis in die siebziger Jahre des 19. Jahrhunderts Kapitalmangel. Erst die Milliardenzahlungen nach dem Deutsch-französischen Krieg 1870/71 schufen im ganzen Reichsgebiet Investitionsmöglichkeiten. Der Export nach Rußland, Österreich-Ungarn und in den Südwesten konnte nunmehr gesteigert werden, während die Chancen auf den Märkten Berlins und der Ostseehäfen durch die große internationale Konkurrenz erheblich beeinträchtigt wurden[24].
Gesetzgeberische Maßnahmen zur Förderung des privaten Unternehmertums sollten den durch den Ausbau des Verkehrswesens und den vermehrten Kapitalumlauf eingeleiteten Aufschwung der schlesischen Wirtschaft stützen. Wichtige Schritte auf diesem Weg waren das 1843 erlassene Gesetz zur Errichtung der Aktiengesellschaften, welche die Vereinigungen der Bergwerksbesitzer, die sogenannten Gewerkschaften, ablösten, das Miteigentümergesetz von 1851 sowie das Allgemeine Berggesetz von 1865. Bis auf die bergpolizeiliche Kontrolle zog sich der Staat damit vollständig aus der Oberaufsicht zurück. Die den Bergleuten 1767 gewährten und ihnen weitgehende persönliche Freiheit belassenden Privilegien waren jetzt aufgehoben. Den Bergwerksbesitzern wuchs durch den Rückzug des preußischen Staates aus seiner bisherigen Schlüsselstellung bezüglich der Beschäftigung aller Bergarbeiter und teilweise der Hüttenarbeiter enorme Macht zu. Die Folge war eine Konzentration der zunächst zahlreichen Kleinbetriebe in immer größere Gesellschaften, verbunden mit einer massiven Verschlechterung der Arbeitsbedingungen[25].
Unaufhaltsam entwickelte sich das oberschlesische Industrierevier zum Anziehungspunkt der näheren und weiteren Umgebung, zumal die Einkommensmöglichkeiten diejenigen in der Landwirtschaft deutlich übertrafen. Dennoch ließen die Abwanderungsströme ins benachbarte Waldenburger Revier oder an die Ruhr selbst zu Zeiten der Vollbeschäftigung nicht nach. Im Jahr 1900 lebten 140000 der rund 1,75 Millionen Schlesier in Berlin, 73000 in Westfalen. Trotz hoher Bevölkerungszunahme und Zuwanderung blieb das Problem des Arbeitskräftemangels in Oberschlesien bestehen. Eine massenhafte Zuwanderung aus Russisch-Polen und Galizien fand nicht statt, obwohl es bis in die achtziger Jahre des 19. Jahrhunderts kaum Beschränkungen gab. 1880 waren nur rund 7000 polnische Immigranten in Oberschlesien beschäftigt, so daß die Ausweisung der nicht-deutschen Polen 1885/86 die Industrie kaum traf. Grenznahe Betriebe pflegten ohnehin ihre Belegschaften durch Tages- und Wochenpendler aufzustocken[26].
Erstaunlicherweise fehlten aber – ähnlich wie im Ruhrgebiet – nicht nur Fachkräfte, sondern auch Hilfsarbeiter, die z. B. als Schlepper benötigt wurden. Nach der Jahrhundertwende stiegen deshalb im oberschlesischen Bergbau nicht nur die Zahlen der sogenannten

Fremdarbeiter an, sondern auch die der Frauen und Jugendlichen. Am Vorabend des Ersten Weltkrieges betrug der Anteil der Frauen und der Minderjährigen an der oberschlesischen Arbeiterschaft 10%, weitere 10% stellten die Fremdarbeiter. Diese ungewöhnlich hohen Zahlen belegen die schwierige Wettbewerbslage des oberschlesischen Arbeitsmarktes, versuchten doch die Industriellen durch die Einstellung von Frauen, Jugendlichen und Fremdarbeitern die Lohnkosten so niedrig wie möglich zu halten. Allerdings stand den Arbeitgebern mit diesen drei Gruppen kein unbegrenztes Reservoir an billigen Arbeitskräften zur Verfügung, wie der Anstieg der Reallöhne und das allmähliche Verschwinden der Minimallöhne seit 1890 beweist[27].

Der Anstieg der Kohleproduktion von 5,8 Millionen Tonnen im Jahre 1870 auf über 12,7 Millionen Tonnen 1885, 18 Millionen Tonnen 1895 sowie 43,4 Millionen Tonnen 1913 ging mit einem deutlichem Wachstum der Belegschaften einher. Arbeiteten 1852 lediglich 7418 Menschen in der Kohleförderung, so waren es 1885 schon 40214, 1900 69147 und 1913 sogar 123649 Menschen. Die Produktivität des einzelnen Arbeiters stieg allerdings nur bis 1880 an, um danach wieder zu fallen, und dies, obwohl in Oberschlesien zunehmend Maschinen zum Einsatz kamen. Der Grund hierfür war, daß immer tiefer und komplizierter gelagerte Flöze abgebaut werden mußten. In Oberschlesien herrschte im Vergleich zum Ruhrgebiet ein höheres Maß an Handarbeit vor, die dank der niedrigeren Löhne finanzierbar blieb[28].

Nach der Gründung des Deutschen Reichs 1871 geriet die deutsche Schwerindustrie in eine tiefe Krise, die bis in die neunziger Jahre andauerte. Die schwerindustriellen Unternehmen Oberschlesiens waren gezwungen, sich den veränderten Absatzbedingungen anzupassen. Konzentration der Betriebe hieß jetzt das Gebot der Stunde. Die bedeutendste Gründung in diesem Zusammenhang war die *Vereinigte Königs- und Laurahütte*, in der die Kohle- und Eiseninteressen des Grafen Hugo Henckel von Donnersmarck vereinigt wurden. Erste Gründungen von Aktiengesellschaften unmittelbar als Publikumsgesellschaften waren die *Oberschlesische Eisenbahn-Bedarfs AG* (1870) oder die *Redenhütte* (1872), die sich ebenfalls zu modernen, technisch hochentwickelten Großunternehmen entwickelten. Die Einführung des Bessemer-, des Thomas- und des Siemens-Martin-Verfahrens auf den Eisenhütten schuf die technologische Basis für den Übergang zum modernen Großbetrieb. Die Roheisenproduktion stieg von 230000 Tonnen im Jahre 1870 auf 963000 Tonnen im Jahre 1910[29].

Auch in der Steinkohleförderung ist der massive Anstieg von 6,5 Millionen Tonnen 1871 auf 41,5 Millionen Tonnen 1912 auf intensive Besitzkonzentrationen zurückzuführen. Seit 1873 hatte man in Oberschlesien damit begonnen, die 118 gewerkschaftlichen Gruben zusammenzulegen und deren Anzahl bis 1905 auf 54 reduziert. Mit modernsten technischen Verfahren wurden Tiefbauschächte zur Aufschließung der Flöze gebaut. Welches Stadium die hohe Konzentration des Besitzes am Vorabend des Ersten Weltkrieges erreicht hatte, wird aus der Tatsache ersichtlich, daß die fünf größten Bergwerksunternehmen 1913 fast genau 50% der gesamten Kohleförderung Oberschlesiens erwirtschafteten. Mit der Gründung der Oberschlesischen Kohlen-Konvention im Jahre 1898 schufen die Kohlegrubenbesitzer zudem ein Kartell zur Preisabsprache. Damit sollte dem zunehmenden Druck auf die Preise begegnet und deren Niveau erhöht werden[30].

Besonderes Kennzeichen der oberschlesischen Eisenindustrie blieb lange Zeit die Weiterverarbeitung eines Großteils des hergestellten Roheisens an Ort und Stelle – ein deutlicher Hinweis auf die mangelnde Konkurrenzfähigkeit der verkehrsungünstig am Rand Preußens bzw. des Deutschen Reichs gelegenen Industrieregion. Im Ergebnis ist die einseitige schwerindustrielle Ausrichtung der oberschlesischen Wirtschaft und die damit verbundene erhöhte Krisenanfälligkeit der Region hervorzuheben. Insgesamt konnten nur vergleichsweise wenig Maschinenbaubetriebe Fuß fassen und überleben, wobei in erster Linie Eisen und Stahl in Walzwerken weiterverarbeitet wurden.

Neben dem oberschlesischen entwickelten sich auch das Waldenburg-Neuroder Revier sowie die Stadt Breslau zu Zentren der schlesischen Industrie. Dabei setzte der Aufschwung des Waldenburger Reviers – ähnlich wie der in Oberschlesien – zu dem Zeitpunkt ein, als eine Bahnverbindung, in diesem Fall diejenige von Freiburg nach Waldenburg, hergestellt war. In den Jahren nach der Reichsgründung kam es im Waldenburger Revier zu einer atemberaubenden Aufwärtsentwicklung, die bis 1909 anhielt. Die Kohleförderung stieg fast kontinuierlich von 378429 t im Jahre 1850 auf 5619474 t im Jahre 1909 an. Hier existierte somit ein zweiter, wenn auch bedeutend kleinerer Produktionsschwerpunkt der schlesischen Wirtschaft[31].
Den dritten Produktionsschwerpunkt bildete die Stadt Breslau, die zum unbestrittenen Verwaltungs-, Wirtschafts- und Kulturzentrum im Osten Deutschlands heranwuchs. Die Einwohnerschaft der von alters her bedeutenden Handelsstadt, die am Knotenpunkt wichtiger internationaler Verkehrswege lag, wuchs von etwa 60000 im Jahre 1813 auf über 500000 im Jahre 1910 an. Um die Mitte des 19. Jahrhunderts gewann Breslau als Produktionsstandort zunehmend an Bedeutung, während der Fernhandel einen Rückgang verzeichnete. Seit 1839 hatten sich hier die berühmten *Linke-Hofmann-Werke* angesiedelt, die auf dem Gebiet des Eisenbahnwaggonbaus einen klangvollen Namen besaßen. Zudem waren Konfektions- und Bekleidungsgewerbe, Möbelindustrie sowie Luxus- und Buntpapierfabrikation in der Stadt vertreten[33].
Die industrielle Revolution in Schlesien mußte auch – ähnlich wie in anderen Gebieten Deutschlands – die soziale Frage aufwerfen; angesichts des materiellen Elends insbesondere der Bergarbeiterschaft in Oberschlesien stellte sie sich noch dringlicher als anderswo. Konnte die Arbeiter- und Gewerkschaftsbewegung in Niederschlesien relativ schnell eine

Abb. 63: Der Juliusschacht im Waldenburger Revier.
Die Anlage befand sich in Weißstein bei Waldenburg. 1867 ging man hier zum Tiefbau über, 1912 wurden die Doppelförderungsanlagen des Schachtes für die elektrische Förderung ausgebaut. Um 1925 zählte die Belegschaft etwa 4000 Arbeiter, die rund 700000 t Steinkohle förderten. In mehr als 90 Öfen wurde die Steinkohle zu Koks verarbeitet.

Abb. 64: Oberschlesisches Hüttenwerk.
In den Hüttenwerken wurden die Erze zu Metall verarbeitet. Seit dem Aufkommen der Hochöfen zerfiel die Arbeit in den Eisenhütten in zwei getrennte Arbeitsschritte. Zunächst mußte das Roheisen hergestellt werden, aus dem dann erst in den Frischfeuern Schmiedeeisen gewonnen werden konnte.

beeindruckende Stärke entwickeln und durchaus beachtliche Erfolge in ihren Hochburgen Breslau, Görlitz und im Waldenburger Revier erzielen, erwies sich das Gemisch aus konfessionellen, nationalen und sozialen Problemen in Oberschlesien als besonders hemmend. Hier verzögerte sich der in anderen Industriezentren Deutschlands bereits erfolgte Durchbruch der Arbeiter- zur Massenbewegung bis zum Beginn der Weimarer Zeit, wenngleich in Oberschlesien schon vor dem Ersten Weltkrieg Ansätze einer aufstrebenden deutschen und polnischen Gewerkschaftsbewegung zu erkennen waren[33].
Das Lohngefälle zwischen dem Steinkohlebergbau des Ruhr- oder des Saarreviers sowie demjenigen Schlesiens war überaus groß. So lag z. B. das durchschnittliche Realeinkommen im Dortmunder Bezirk und im Saarrevier 1899 bei 1255 bzw. 1019 Mark, während Bergarbeiter in Waldenburg lediglich 846 Mark und im oberschlesischen Revier sogar nur 801 Mark verdienten. Für die Gewerkschaften, insbesondere für die sozialistischen, war es schwer, gegen die gemeinsame »Abwehrfront« von Staat, Klerus und Unternehmertum in der eingeschüchterten oberschlesischen Arbeiterschaft Gehör zu finden. Über seine Reise in das oberschlesische Industrierevier bilanzierte 1898 der damalige Vorsitzende der Generalkommission der Freien Gewerkschaften, Carl Legien: »Der Oberschlesische Industriebezirk ist heute noch das Eldorado des Unternehmertums. Die Mehrheit der Arbeiter befindet sich im Banne des Pfaffentums, zeigt Unterwürfigkeit gegenüber dem zahlreichen Beamtenheer der riesenhaften industriellen Werke und wagt aus Furcht vor Maßregelung, selbst außerhalb der Betriebe, kein freies Wort zu sprechen. Infolgedessen ist die Macht der Unternehmer eine fast unbeschränkte. Die Arbeitszeit und die Lohnhöhe werden von ihnen einfach diktiert, ohne auf die Wünsche, auf Leben und Gesundheit der Arbeiter Rücksicht zu nehmen. In der Gluthitze der Hüttenwerke, in der mit giftigen Gasen erfüllten Luft

müssen die Arbeiter zwölf Stunden bei zum Teil die Körperkräfte unmenschlich anstrengender Arbeit ausharren«[34].
Die Landwirtschaft hatte als Arbeitsplatz für die Bevölkerung, auch noch unmittelbar vor dem Ersten Weltkrieg, eine weitaus größere Bedeutung als vielfach angenommen wird. Wie die Schwerindustrie, so verdankte auch die Landwirtschaft ihre rasche Entwicklung den technischen und verkehrspolitischen Fortschritten sowie der sich hieraus ergebenden Steigerung der Kaufkraft und Erschließung neuer Absatzmärkte. Sie expandierte im Zeitraum 1804/16 bis 1883 durch die Urbarmachung von Brachland oder Rodung ausgesprochen stark. Die Erträge der schlesischen Landwirtschaft bei Roggen, Weizen, Gerste und Hafer konnten von 8–9 Doppelzentnern je Hektar um 1800 auf ca. 19 Doppelzentner im Jahre 1914 gesteigert werden. Die Ertragssteigerung bei den einzelnen Getreidearten bis zum Jahr 1930 fiel folgendermaßen aus[35]:

Weizen:	1800 = 62400 t	Roggen:	1800 = 396000 t
	1930 = 482100 t		1930 = 846900 t
Gerste:	1800 = 145000 t	Hafer:	1800 = 380800 t
	1930 = 349300 t		1930 = 628700 t

Auch bei Kartoffeln ist bis zum Jahre 1930 eine außergewöhnlich starke Steigerung der Produktion festzustellen. Lagen die Ernteerträge 1804/06 noch bei 151000 t, so waren sie bis 1930 auf beachtliche 5774000 t angewachsen. Rückläufig war die Entwicklung nur beim Flachsanbau, der in der die Leinenprodukte zurückdrängenden Baumwolle eine übermächtige Konkurrenz fand. Der Raps- und Rübenanbau wurde mit der Umstellung vom hieraus gewonnenen Öl für Beleuchtungszwecke auf Petroleum und Erdöl, später Leuchtgas und Elektrizität, weitgehend überflüssig. Eine negative Entwicklung nahm seit der Mitte des 19. Jahrhunderts auch die Schafzucht in Schlesien. Hier wirkte sich das allmähliche Vordringen der hochwertigen Baumwolle aus. Der Breslauer Wollmarkt, der 1850 noch 50000 Zentner Wolle verkauft hatte, konnte 1900 nur noch 7100 Zentner Wolle absetzen. Dennoch zählen die Jahre von 1890 bis 1914 nicht nur auf dem Industriesektor, sondern auch im Getreide- und Kartoffelanbau zu den erfolgreichsten der schlesischen Provinz. Dabei sind diese Erfolge keineswegs ausschließlich auf die intensivere Bodennutzung und die technischen Neuerungen in der Landwirtschaft zurückzuführen; sie gründeten ebenso auf der Vermittlung von Fachwissen an die Landwirte, gestützt auf den Auf- und Ausbau des Fachschulwesens in der gesamten schlesischen Provinz[36].

4. Die krisenhafte Entwicklung der schlesischen Wirtschaft nach dem Ersten Weltkrieg und der Teilung Oberschlesiens

Der Beginn des Ersten Weltkrieges bedrohte die in der zweiten Hälfte des 19. Jahrhunderts gewachsenen ökonomischen Strukturen Schlesiens in hohem Maße. Insbesondere der oberschlesische Raum, der von August bis November 1914 unter unmittelbaren kriegerischen Einflüssen stand, wurde stark in Mitleidenschaft gezogen. Erst nach der Abwehr einer russischen Invasion durch eine deutsche Gegenoffensive im November 1914 beruhigte sich die wirtschaftliche Situation einigermaßen. Die Produktionszahlen der schlesischen Industrie gingen während des Ersten Weltkrieges sowohl im oberschlesischen als auch im Waldenburg-Neuroder Revier merklich zurück. Weder Steinkohle- und Eisenproduktion noch Zink- und Bleierzeugung erreichten das Niveau der Vorkriegszeit. Denn für die durch die Einberufungen reduzierten Belegschaften gab es keinen vollwertigen Ersatz, auch wenn zunehmend auf Kriegsgefangene zurückgegriffen wurde.

Wie die deutsche im allgemeinen war auch die schlesische Wirtschaft nicht auf einen Kriegsfall vorbereitet, so daß die nach Kriegsausbruch entwickelten Versorgungspläne die Produktion von Gütern für den zivilen und militärischen Bereich nicht sicherstellen konnten. Der erhebliche Mangel an Kriegsgütern, der von Anfang an herrschte, ließ sich während der gesamten Kriegsdauer nicht beheben – im Gegenteil, er nahm noch deutlich zu. In den Jahren 1917 und 1918 wurde die Lage aufgrund der äußerst wirksamen britischen Blockade immer hoffnungsloser. Die Unzufriedenheit der Arbeiterschaft machte sich durch zahlreiche Streiks Luft, vor allem im oberschlesischen Industriegebiet. Dennoch vollzog sich der Übergang vom Kaiserreich zur Weimarer Republik in Schlesien weitaus friedlicher als in anderen Teilen des Reichs. Das war sicherlich auch ein Verdienst der im Aufschwung befindlichen und besonnen agierenden Gewerkschaftsbewegung[37].

Die Folgen des Ersten Weltkrieges waren für Schlesien und seine Wirtschaft einschneidend. Der Versailler Friedensvertrag bestimmmte, daß die grenznahen Teile des Regierungsbezirks Breslau an Polen und das Hultschiner Ländchen an die Tschechoslowakei abzutreten waren. Weitaus gravierender war aber die am 20. Oktober 1921 beschlossene Teilung Oberschlesiens, bei der 74% der Steinkohle-, 96% der Eisenerz- und 82% Zinkerzförderung sowie die bedeutenden Industriestädte Kattowitz, Königshütte, Schwientochlowitz, Tarnowitz, Lublinitz und Myslowitz an Polen fielen. Die Teilung bewirkte einen starken Niedergang der schlesischen Industrie, denn das Deutsche Reich verlor nicht nur ein Gebiet von 3213 qkm mit wertvollen Bodenschätzen und bedeutenden Industrieanlagen an Polen, sondern auch rund 400000 Beschäftigte[38].

Die Grenzziehung trennte Hochöfen von ihren weiterverarbeitenden Betrieben und verwandelte die Eisenindustrie in einen Torso. Polen erhielt 53 der 67 Steinkohlegruben, ebenso den größeren Teil der Zinkerzgruben, alle Zinkhütten sowie die gesamte kohlenchemische Industrie. Von den 22 großen Unternehmen der Montanindustrie verloren 11 große Teile ihres Besitzstandes. Den Deutschland verbliebenen Unternehmen fehlte entweder die bisherige Rohstoffbasis oder der weiterverarbeitende Betrieb. Gemildert wurde diese existenzbedrohende Situation lediglich durch Artikel 224 des Genfer Abkommens, der die zollfreie Einfuhr ostoberschlesischer Eisenerzeugnisse nach Westoberschlesien für eine Übergangszeit von drei Jahren garantierte. Die Grenzziehung zerriß einen in mehr als 150 Jahren organisch gewachsenen Industriekörper. Von dem 3000 qkm umfassenden oberschlesischen Steinkohlebecken erhielt Polen mit 2200 qkm den Löwenanteil. Es konnte damit auf rund neun Zehntel der Kohlevorräte Oberschlesiens zurückgreifen[39].

Noch stärker als die Kohleförderung wurde der Erzbergbau von der Teilung betroffen, da alle Blei- und Zinkhütten an Polen fielen. Es mußten daher auf deutscher Seite neue Hütten errichtet werden, um die Förderung der bei Deutschland verbliebenen Blei-, Zink und Galmeigruben verarbeiten zu können. Die neuen Hütten erzeugten bereits im ersten Halbjahr 1926 30959 t an Blei und Zink – eine beachtliche Leistung, wenn man bedenkt, daß auf den polnischen Werken Ostoberschlesiens zur gleichen Zeit erst 50604 t produziert wurden[40]. Sehr schmerzlich wirkte sich für Deutschland der Verlust von 5 der insgesamt 8 oberschlesischen Eisenhüttenwerke mit 22 von 37 Hochöfen aus. An Polen fielen die *Königshütte*, *Laurahütte*, *Friedenshütte*, *Bismarckhütte* und *Falvahütte*; lediglich die *Julienhütte*, das *Borsigwerk* und die *Donnersmarckhütte* blieben Deutschland erhalten.

Damit erhielt Polen allein 75% der Roheisenproduktion Oberschlesiens. Die bedeutenden Verluste für die deutsche Schwerindustrie in Oberschlesien veranschaulicht die folgende Tabelle.

Tabelle 1: Die Aufteilung der Industrieanlagen an West- und Ostoberschlesien[41]:

	Anlagen vor der Teilung:	bei Deutschland bleiben:	an Polen gefallen:
Steinkohlezechen	67	14	53
Hochofenwerke	8	3	5
Hochöfen	37	15	22
Eisen- und Stahlgießereien	25	12	13
Stahlwerke	12	3	9
Puddelwerke	2	1	1
Walzwerke	12	3	9
Zink- und Bleierzgruben	15	5	10
Rohzinkhütten	12	–	12
Zinkblenderösthütten	10	–	10
Zinkblechwalzwerke	7	2	5
Blei- und Silberhütten	2	–	2

Nicht nur der deutsche, sondern auch der polnische Staat sah sich trotz der für ihn günstigen Ergebnisse der Teilung vor erhebliche Probleme gestellt. Dem überwiegend agrarisch geprägten polnischen Staat fehlte es an geeigneten Führungs- und Verwaltungskräften sowie an Absatzmärkten. Polen versuchte deshalb, ein Verkümmern der ostoberschlesischen Industrie durch die folgenden Bestimmungen im deutsch-polnischen Abkommen vom 15. Mai 1922 zu verhindern: 1. Für eine dreijährige Übergangszeit sollte der wirtschaftliche Zusammenhang der beiden Teile gesichert werden. 2. Das Deutsche Reich wurde verpflichtet, monatlich 500 000 t ostoberschlesischer Steinkohle abzunehmen. 3. Das oberschlesische Eisenbahnnetz sollte unter gemeinsamer Verwaltung stehen. 4. Die Sicherung der Wasser- und Elektrizitätsversorgung Ostoberschlesiens war zu gewährleisten. Diese Vorsichtsmaßnahmen konnten die Strukturprobleme der polnischen Wirtschaft allenfalls mindern, nicht aber beheben, wie aus den folgenden Förderungszahlen von Steinkohle deutlich wird.

Tabelle 2: Die Steinkohleförderung in West- und Ostoberschlesien[42]:

Jahr	Westoberschlesien	Ostoberschlesien
1913	11 090 908 t	32 344 036 t
1915	9 739 412 t	28 367 375 t
1917	10 458 849 t	32 292 917 t
1919	6 266 189 t	19 434 304 t
1921	7 285 459 t	22 353 379 t
1922	8 834 868 t	25 521 451 t
1923	8 700 000 t	26 500 000 t
1924	10 900 000 t	23 700 000 t
1925	14 300 000 t	21 400 000 t
1926	17 461 000 t	25 800 000 t
1927	19 378 000 t	27 600 000 t

Jahr	Westoberschlesien	Ostoberschlesien
1928	19698000 t	30200000 t
1930	17961000 t	28158000 t
1938	25983000 t	28749000 t

Zunächst ist der bedeutende Einbruch der Kohleförderung während des Ersten Weltkrieges festzustellen, der in Westoberschlesien erst seit 1924, in Ostoberschlesien dagegen bis zum Beginn des Zweiten Weltkrieges überhaupt nicht mehr überwunden werden konnte. Nach der Teilung Oberschlesiens konnte Westoberschlesien, abgesehen vom Jahre 1923, seine Förderziffern kontinuierlich steigern und erreichte 1938 fast das Niveau des konkurrierenden polnischen Ostteils. Das ehrgeizige Ziel des bei Deutschland verbliebenen Gebiets, den Verlust der ostoberschlesischen Zechen durch entsprechende Produktionssteigerungen zu kompensieren, wurde zwar nicht erreicht, doch fiel die Steigerung der Förderleistung gewaltig aus.

Im Gegensatz zur Steinkohleförderung vermochte sich die oberschlesische Eisenindustrie von den Folgen des Ersten Weltkrieges und der Teilung kaum zu erholen. Die 1913 noch 994601 t betragende Roheisenproduktion sank bis 1919 auf 459954 t. Addiert man die Produktionsmengen der beiden Teilreviere nach dem Ersten Weltkrieg, so fällt auf, daß die Gesamtmenge das Vorkriegsniveau des ungeteilten Reviers von 1913 nicht mehr erreichte. Sowohl West- als auch Ostoberschlesien litten unter dem permanenten Auf und Ab der Produktionszahlen[43]. Aus Tabelle 1 wird deutlich, welche negativen Folgen die Teilung Oberschlesiens für die Zink- und Bleiindustrie mit sich brachte. Denn Deutschland behielt nur fünf kleinere der insgesamt 15 Zink- und Bleigruben Oberschlesiens, während an Polen die gesamte Schwefelsäuregewinnung fiel. Von jetzt an war Ostoberschlesien nach den Vereinigten Staaten und Belgien der drittgrößte Zinkproduzent der Welt, der seine Erzeugermenge von 75610 t im Jahre 1922 auf 140232 t im Jahre 1928 steigern konnte. Die Produktionsmenge des letzten Vorkriegsjahres in Höhe von 169439 t wurde jedoch im ersten Nachkriegsjahrzehnt nicht erreicht.

Während die Galmeiproduktion im Westen gegenüber dem Osten Oberschlesiens unbedeutend blieb, konnte das zunächst ungünstige Verhältnis beim Zinkblendeabbau immer besser gestaltet werden. Produzierte das spätere Westoberschlesien 1913 lediglich 92463 t Zinkblende – das spätere Ostoberschlesien brachte es auf 307924 t –, so waren es 1927 schon 191035 t im Westen gegenüber nur 220933 t im Osten. 1919 förderte der Westteil Oberschlesiens lediglich ein Drittel der Menge an Bleierzen (5643 t), die der Ostteil produzierte (16308 t). Neun Jahre später hatte er die Produktion Ostoberschlesiens, die jetzt 13377 t betrug, mit 17677 t bereits deutlich übertroffen.

Trotz der beachtlichen Erfolge in Westoberschlesien bleibt festzuhalten, daß das Ausmaß der Gesamtproduktion des ungeteilten Industriegebiets aus der Vorkriegszeit nach dem Ersten Weltkrieg lange Zeit nicht oder überhaupt nicht mehr erreicht werden konnte. Beide Teile litten an ihrer verkehrsungünstigen Lage sowie an den nur begrenzten Absatzmöglichkeiten in Ost- und Südosteuropa – der Osten noch mehr als der Westen, welcher immerhin die durch die Teilung hervorgerufenen großen Probleme überwand und ein bedeutendes Industriegebiet wurde. Von nun an konnten Roh- und Halbwaren nur noch schwer zwischen West- und Ostoberschlesien ausgetauscht werden. Auch war die verkehrsgeographische Lage Schlesiens und damit dessen Konkurrenzfähigkeit seit den durch den Ersten Weltkrieg geschaffenen Verhältnissen besonders ungünstig. Der Verlust des größten Teils der Provinzen Posen und Westpreußen sowie von großen Teilen Ostpreußens beraubte Schlesien wichtiger Absatzmärkte.

Dieser Wettbewerbsnachteil konnte nur durch die Erschließung neuer Absatzmärkte kompensiert werden. Hierzu bot sich der nord- und mitteldeutsche Raum an, auch wenn man es dort mit der Konkurrenz der Erzeugnisse Sachsens und Berlins zu tun bekam. Trotz aller Widrigkeiten gelang es aber der schlesischen Wirtschaft, ihre bis 1914 im Osten Deutschlands gewonnene herausragende Stellung zurückzugewinnen. An der gesamten industriellen Produktion Ostdeutschlands hatte Schlesien einen Anteil von 64%, außerdem entfielen 16% auf Ostpreußen, 14% auf Ostpommern und nur 6% auf Ostbrandenburg[44]. Insgesamt überwogen jedoch die Schattenseiten der neuen Entwicklung. Der Breslauer Textilhandel ging stark zurück, die Industrie der in Grenznähe gelegenen Kleinstädte verzeichnete durch den Wegfall der Absatzmärkte in Ostoberschlesien massive Einbußen. In Breslau herrschte die höchste Arbeitslosigkeit unter allen deutschen Großstädten[45].
Die von den Nationalsozialisten seit 1933 reklamierten wirtschaftspolitischen Erfolge waren, nimmt man die Aufschwungphase der Weimarer Republik zum Maßstab, relativ bescheiden. Zwar konnte die Arbeitslosigkeit in Deutschland recht schnell gesenkt werden – von 3,7 Millionen Beschäftigungslosen im Oktober 1933 auf 200000 im Jahre 1938 –, doch hielten sich die Produktionssteigerungen seit der Regierungsübernahme Hitlers in Grenzen. Hatte man im niederschlesischen Steinkohlebergbau 1930 – noch zur Zeit der Weimarer Republik – 5744000 t Steinkohle gefördert, so waren es während des Dritten Reiches im Jahre 1938 erst 5307000 t. Ähnlich lagen die Resultate bei der Steinkohleförderung Westoberschlesiens: Die 1929 erzielte Fördermenge von 22000000 t konnte zwischen 1933 und 1938 lange nicht erreicht werden[46].
Jede Maßnahme zur Wirtschaftsbelebung stand im Dienst der Aufrüstungsbestrebungen des nationalsozialistischen Deutschlands. So auch die für den Ausbau des Verkehrswesens investierten Mittel, von denen insbesondere Schlesien profitierte. Sein Güterfernverkehr wurde durch den Bau der Autobahn von Berlin nach Breslau erheblich ausgedehnt. In die gleiche Richtung wiesen die Regulierungs- und Begradigungsarbeiten des Oderlaufs bis Breslau, die einen geeigneten Wasserweg zwischen dem oberschlesischen Industrierevier und Breslau schaffen sollten[47].
Nach der Besetzung Polens durch das nationalsozialistische Deutschland im September 1939 erhielt Schlesien ein neues Gesicht. Die Wojewodschaft Schlesien und Teile der Wojewodschaften Krakau und Kielce wurden als neuer Regierungsbezirk Kattowitz der Provinz Schlesien eingegliedert. Am 1. Februar 1941 wurde Schlesien erneut in zwei Provinzen, Nieder- und Oberschlesien, aufgeteilt, deren Provinzhauptstädte Breslau bzw. Kattowitz wurden.
Im Dezember 1939 übergab die *Haupttreuhandstelle Ost* die treuhänderiche Verwaltung des an Deutschland gefallenen ostoberschlesischen Bergwerks- und Felderbesitzes des polnischen Staates, darunter 21 Gruben mit einer Förderkapazität von 21 Millionen Tonnen Steinkohle, an die *Reichswerke Hermann Göring*. Es wurden insgesamt 41829 Industrie-, Handels- und Handwerksbetriebe registriert, von denen über die Hälfte liquidiert werden sollte. Das Eisenhüttenwesen erlebte eine grundlegende Neugestaltung. Gab es bis 1939 fast nur gemischte Betriebe, die sowohl Kohle förderten als auch Eisen produzierten, so wurden jetzt zwei nahezu reine Eisenkonzerne geschaffen, die 1941 gegründete Teschener *Berghütte. Berg- und Hüttenwerksgesellschaft* sowie die Gleiwitzer *Oberhütten. Vereinigte Oberschlesische Hüttenwerke AG*. Ähnliches geschah mit der Zink- und Bleiindustrie, die in zwei Konzernen, dem *Giesche-Konzern* und der *Schlesischen AG für Bergbau und Zinkhüttenbetrieb Beuthen*, zusammengefaßt wurde[48].
Eine wichtige Vorgabe erhielt die Bergwerksverwaltung Oberschlesiens im Frühjahr des Kriegsjahres 1940. Die Förderleistung auf den Zechen, die in der Friedenszeit noch bei 58000 t täglich gelegen hatte, sollte möglichst schnell auf 100000 t, später sogar auf 120000 t

gesteigert werden. Begleitet wurden diese Forderungen von einem umfassenden Modernisierungsprogramm, das die technischen Möglichkeiten des Untertagebetriebs auf den Zechen erweiterte. So gelang es tatsächlich, die Förderleistung zu erhöhen. Selbst in der Phase des sogenannten Blitzkrieges produzierte die schlesische – wie überhaupt die gesamte deutsche – Wirtschaft noch immer erhebliche Gütermengen für den zivilen Bereich. Das kam der Glas- und keramischen Industrie, der Nahrungsmittelindustrie, der Brauerei- und der Zuckerindustrie sowie dem Druckgewerbe, die alle in Schlesien stark vertreten waren, zugute. Trotz Kriegführung sollte wie im Frieden gewirtschaftet werden, um die Bevölkerung nicht zu verunsichern[49].

Durch die Intensivierung des Luftkrieges der Alliierten seit der zweiten Jahreshälfte 1943 gewann Schlesien, insbesondere Oberschlesien, immer größere Bedeutung als Produktionszentrum. Denn bis zu Beginn des Jahres 1945 blieb Schlesien weitgehend von Bombenangriffen verschont, da die langen Flüge der alliierten Flugzeuge von Italien hohe Risiken mit sich brachten. Nun wurden wichtige Industriebetriebe nach Schlesien verlagert, das als »Reichsluftschutzkeller« galt. Unschätzbaren Wert für die Kohleversorgung gewannen das oberschlesische Revier und daneben auch das Waldenburg-Neuroder Revier in der letzten Phase des Krieges infolge des nahezu völligen Ausfalls der Förderung in den anderen deutschen Revieren. Seit den massiven Bombenzerstörungen im Ruhrgebiet war Oberschlesien aber nicht nur das Zentrum der Kohleförderung, sondern auch der synthetischen Treibstoff- und Waffenproduktion. Daher wurde mit der Besetzung wichtiger Gebiete Oberschlesiens am 30. Januar 1945 neben dem militärischen auch der wirtschaftliche Niedergang Deutschlands endgültig besiegelt.

Immerhin blieb das oberschlesische Revier bis kurz vor der deutschen Kapitulation der bedeutendste Kohlelieferant. Im März und April des Jahres 1945 sollen nach einer überraschenden Feststellung in der Denkschrift des Reichsministers für Bewaffnung und Munition, Albert Speer, noch 7700 Waggons Kohle versandt worden sein, davon der größte Teil, 3700 Waggons, aus den noch unbesetzten Teilen Oberschlesiens; Ruhrgebiet und Saarland konnten dagegen lediglich noch 3000 bzw. 1000 Waggons beisteuern[50]. Die Angaben Speers sind allerdings stark zu bezweifeln.

Nach der Kapitulation des Deutschen Reiches am 8. Mai 1945 und dem Inkrafttreten der Vereinbarungen der Potsdamer Konferenz vom 2. August 1945 ging die deutsche Oberhoheit über sämtliche Gebiete östlich von Oder und Neiße verloren. Unter ihnen stellte Schlesien mit Abstand den bedeutendsten Wirtschaftsraum dar. Dieser Verlust traf das bisherige deutsche Wirtschaftsgefüge nachhaltig und konnte lange Zeit nicht kompensiert werden.

Anmerkungen

1 Friedrich-Wilhelm Henning, Landwirtschaft und ländliche Gesellschaft in Deutschland, Bd. 1: 800 1750, Paderborn ²1985 [¹1979], S. 116.

2 Hermann Aubin, Die Wirtschaft im Mittelalter, in: Geschichte Schlesiens, Bd. 1: Von der Urzeit bis zum Jahre 1526. Hrsg. v. Ludwig Petry, Josef Joachim Menzel u. Winfried Irgang, Sigmaringen ⁵1988 [¹1938], S. 314–377.

3 Hermann Aubin, Die Wirtschaft, in: Geschichte Schlesiens, Bd. 2: Die Habsburger Zeit 1526–1740. Hrsg. v. Ludwig Petry u. Josef Joachim Menzel, Sigmaringen ²1988 [¹1973], S. 100–132, hier S. 100.

4 Handbuch der historischen Stätten: Schlesien. Hrsg. v. Hugo Weczerka, Stuttgart 1977, S. LVIII.

5 Konrad Fuchs, Frühindustrialisiserung und sozialer Wandel in Schlesien vom 16. bis 18. Jahrhundert, in: ders., Beiträge zur Wirtschafts- und Sozialgeschichte Schlesiens, Dortmund 1985 (= Veröffentlichungen der Forschungsstelle Ostmitteleuropa an der Universität Dortmund, Bd. 44), S. 9–24, hier S. 18ff.

6 Walter Kuhn, Siedlungsgeschichte Oberschlesiens, Würzburg 1954 (= Veröffentlichung der Oberschlesischen Studienhilfe, Bd. 4), S. 155f.

7 Toni Pierenkemper, Grundzüge der Wirtschaftsgeschichte Oberschlesiens in der Neuzeit, in: Industriegeschichte Oberschlesiens im 19. Jahrhundert: Rahmenbedingungen, gestaltende Kräfte, infrastrukturelle Voraussetzungen, regionale Diffusion. Hrsg. von dems., Wiesbaden 1992, S. 1–27, hier S. 2.

8 Norman J. G. Pounds, The Upper Silesian Industrial Region, Gravenhage 1958, S. 1ff.; William O. Henderson, The State and the Industrial Revolution in Prussia 1740–1870, Liverpool 1967, S. 1ff.

9 Wacław Długoborski, Geneza industrialzacji Górnego Śląska, in: Zaranie Śląskie 23 (1960), S. 163–173; Konrad Fuchs, Vom Dirigismus zum Liberalismus. Die Entwicklung Oberschlesiens als preußisches Berg- und Hüttenrevier, Wiesbaden 1970, S. 206f.

10 Wacław Długoborski, Wirtschaftliche Region und politische Grenzen. Die Industrialisierung des oberschlesischen Kohlenbeckens, in: Region und Industrialisierung. Hrsg. v. Sidney Pollard, Göttingen 1980 (= Kritische Studien zur Geschichtswissenschaft, Bd. 42), S. 142–174, hier S. 147ff.

11 Konrad Fuchs, Friedrich Wilhelm Graf von Reden (1752–1815), in: Schlesier des 15. bis 20. Jahrhunderts. Hrsg. v. Josef Joachim Menzel u. Ludwig Petry, Sigmaringen 1990 (= Schlesische Lebensbilder, Bd. 6), S. 111–127; Wolfgang Weber, Innovationen im frühindustriellen deutschen Bergbau und Hüttenwesen. Friedrich Anton von Heynitz, Göttingen 1976.

12 Hans-Jakob Tebarth, Technischer Fortschritt und sozialer Wandel in deutschen Ostprovinzen. Ostpreußen, Westpreußen und Schlesien im Zeitalter der Industrialisierung, Berlin 1991, S. 183.

13 Konrad Fuchs, Die wirtschaftlichen und sozialen Rahmenbedingungen der schlesischen Verwaltung von 1815–1945, in: Verwaltungsgeschichte Ostdeutschlands 1815–1945. Organisation – Aufgaben – Leistungen. Hrsg. v. Gerd Heinrich, Friedrich-Wilhelm Henning u. Kurt G. A. Jeserich, Stuttgart 1993, S. 942–1005, hier S. 954f.

14 Curt Frahne, Die Textilindustrie im Wirtschaftsleben Schlesiens. Ihre wirtschaftlichen und technischen Grundlagen, historisch-ökonomische Gestaltung und gegenwärtige Bedeutung, phil. Diss. Tübingen 1905, S. 267.

15 Konrad Fuchs, Die wirtschaftlichen und sozialen Rahmenbedingungen (wie Anm. 13), S. 957.

16 Tebarth, Technischer Fortschritt und sozialer Wandel (wie Anm. 12), S. 190; Lawrence Schofer, Die Formierung einer modernen Arbeiterschaft. Oberschlesien 1865–1914, Dortmund 1983 (= Veröffentlichungen der Forschungsstelle Ostmitteleuropa. Reihe A, Bd. 37), S. 18f.; Detlev Puls, Rochaden zwischen Unterwerfung und Widerstand. Oberschlesische Bergarbeiter 1871–1914, Dortmund 1994 (= Veröffentlichungen der Forschungsstelle Ostmitteleuropa an der Universität Dortmund. Reihe B, Bd. 49), S. 41f.

17 Seew Wolffsohn, Wirtschaftliche und soziale Entwicklungen in Brandenburg, Preußen, Schlesien und Oberschlesien in den Jahren 1640–1853. Frühindustrialisierung in Oberschlesien, Frankfurt am Main 1985 (= Europäische Hochschulschriften, Bd. III/261), S. 133ff; Tebarth, Technischer Fortschritt und sozialer Wandel (wie Anm. 12), S. 191.

18 Fuchs, Vom Dirigismus zum Liberalismus (wie Anm. 9), S. 303.

19 Friedrich Syrup, Die soziale Lage der seßhaften Arbeiterschaft eines oberschlesischen Walzwerkes, München 1915 (= Schriften des Vereins für Sozialpolitik, Bd. 153), S. 131–218, hier S. 141.

20 Konrad Fuchs, Probleme der wirtschaftlichen Entwicklung Oberschlesiens von der Reichsgründung 1871 bis zum Ausbruch des Ersten Weltkriegs 1914, in: ders., Wirtschaftsgeschichte Ober-

schlesiens 1871–1945. Aufsätze, Dortmund 1981 (= Veröffentlichungen der Forschungsstelle Ostmitteleuropa. Reihe A, Bd. 36), S. 31–54, hier S. 33, 37f.

21 Jerzy Jaros, Historia górnictwa węglowego w Zagłębiu Górnośląskim do 1914 roku, Wrocław 1965, S. 118ff.; Pierenkemper, Grundzüge der Wirtschaftsgeschichte Oberschlesiens (wie Anm. 7), S. 19f.; Schofer, Die Formierung einer modernen Arbeiterschaft (wie Anm. 16), S. 21.

22 Fuchs, Die wirtschaftlichen und sozialen Rahmenbedingungen (wie Anm. 13), S. 944.

23 Kazimierz Popiołek, Górnośląski przemysł górniczo-hutniczy w drugiej połowie XIX wieku, Katowice 1965, S. 237f.

24 Willibald Flatzek, Das Problem Oberschlesien als Kohleproblem in seinen Voraussetzungen und Bedingtheiten, phil. Diss. Heidelberg 1936, S. 22ff.

25 Popiołek, Górnośląski przemysł górniczo-hutniczy (wie Anm. 23), S. 173ff.

26 Andrzey Brożek, Napływ robotniczy spoza zaboru pruskiego w przemyśle na Górnym Śląsku 1870–1914, Wrocław/Warszawa/Kraków 1966, S. 20ff.

27 Schofer, Die Formierung einer modernen Arbeiterschaft (wie Anm. 16), S. 32ff.

28 Jerzy Jaros, Rozwój techniczny kopalni »Król« od połowy XIX wieku do roku 1918, in: Kwartalnik Historii Kultury Materialnej 3 (1955), S. 58–79, hier S. 77.

29 Volker Hentschel, Wirtschaftliche Entwicklung, soziale Mobilität und nationale Bewegung in Oberschlesien 1871–1914, in: Modernisierung und nationale Gesellschaft im ausgehenden 18. und im 19. Jahrhundert. Referate einer deutsch-polnischen Historikerkonferenz. Hrsg. v. Werner Conze, Gottfried Schramm u. Klaus Zernack, Berlin 1979 (= Gießener Abhandlungen zur Agrar- und Wirtschaftsforschung des europäischen Ostens, Bd. 99), S. 231–273, hier S. 238.

30 Toni Pierenkemper, Struktur und Entwicklung der Schwerindustrie in Oberschlesien und im westfälischen Ruhrgebiet 1852–1913, in: Zeitschrift für Unternehmensgeschichte 24 (1979), S. 1–28, hier S. 13ff.

31 Fuchs, Die wirtschaftlichen und sozialen Rahmenbedingungen (wie Anm. 13), S. 953f.

32 Otfried Schwarzer, Breslau, in: Deutsches Städtebuch. Handbuch städtischer Geschichte, Bd. 1: Nordostdeutschland. Hrsg. v. Erich Keyser, Stuttgart/Berlin 1939, S. 712ff.

33 Reinhard Krämer, Zur Gewerkschaftsbewegung in Oberschlesien von den Anfängen bis zur Teilung (1869–1922), in: Internationale wissenschaftliche Korrespondenz zur Geschichte der deutschen Arbeiterbewegung 29 (1993), S. 470–490, hier S. 478–483.

34 Carl Legien, Aus Oberschlesien, in: Correspondenzblatt der Generalkommission der Gewerkschaften Deutschlands, Nr. 39 (26.9.1898), S. 249–250, hier S. 249; Puls, Rochaden zwischen Unterwerfung und Widerstand (wie Anm. 16), S. IXff.; Reinhard Krämer, Deutsch-Polnisches Historiker-Symposium zur Arbeiter- und Gewerkschaftsbewegung in den preußischen Ostprovinzen (1871–1933) in Mainz, in: Internationale wissenschaftliche Korrespondenz zur Geschichte der deutschen Arbeiterbewegung 29 (1993), S. 217–219; Wacław Długoborski, Industrialisierung und »nationale Frage« in Oberschlesien mit besonderer Berücksichtigung der Rolle der Migration von Arbeitskräften, in: Modernisierung und nationale Gesellschaft (wie Anm. 29), S. 193–230.

35 Alfons Haas, Schlesiens Landwirtschaft. Ein Gang durch die Geschichte der schlesischen Landwirtschaft von den ersten Anfängen bis zum Leistungsstand bei Beginn des Zweiten Weltkrieges. Eine agrarhistorische und agrargeographische Darstellung, Wolfenbüttel 1981, S. 234ff.

36 Wilhelm Magura, Geschichte der Landwirtschaft in Schlesien. 2000 Jahre Bauernkultur, Hamburg 1986 (= Berichte über Landwirtschaft, Bd. 199), S. 129–197.

37 Günther Meinhardt, Oberschlesien 1918/19. Die Maßnahmen der Reichsregierung, Behörden und Gewerkschaften zur Sicherung Oberschlesiens, in: Jahrbuch der Schlesischen Friedrich-Wilhelms-Universität zu Breslau 16 (1971), S. 215–231.

38 Konrad Fuchs, Entwicklung und Bedeutung des Wirtschafts- und Industriepotentials Schlesiens unter besonderer Berücksichtigung Oberschlesiens 1740–1945, in: Ostdeutsche Geschichts- und Kulturlandschaften, Bd. 1: Schlesien. Hrsg. v. Hans Rothe, Köln/Wien 1986 (= Studien zum Deutschtum im Osten, Bd. 19), S. 65–85, hier S. 78.

39 Konrad Fuchs, Zur Lage der Industrie West- und Ost-Oberschlesiens 1919–1939, in: ders., Wirtschaftsgeschichte Oberschlesiens 1871–1945 (wie Anm. 20), S. 168–193, hier S. 174.

40 Bruno Knochenhauer, Die oberschlesische Montanindustrie, Gotha 1927 (= Die deutsche Wirtschaft und ihre Führer, Bd. 9), S. 99f.

41 Willi Klett, Wirtschafts- und Verkehrsgeographie des oberschlesischen Industriegebietes nach der Teilung, Königsberg 1929, S. 11.

42 Fuchs, Zur Lage der Industrie West- und Ostoberschlesiens (wie Anm. 39), S. 177, 190; die Förderziffern für die Jahre 1923–1928 sowie für 1930 und 1938 wurden abgerundet.

43 Klett, Wirtschafts- und Verkehrsgeographie (wie Anm. 41), S. 20ff.

44 Peter-Heinz Seraphim, Die Wirtschaft Ostdeutschlands vor und nach dem Zweiten Weltkrieg, Stuttgart 1952 (= Die deutschen Ostgebiete, Bd. 1), S. 35.

45 Helmut Neubach, Die Verwaltung Schlesiens zwischen 1848 und 1945, in: Verwaltungsgeschichte Ostdeutschlands 1815–1945 (wie Anm. 13), S. 877–941, hier S. 921f.

46 Gerhard Folwaczny, Geschichte des oberschlesischen Bergbaus und der Industrie, Breslau 1936, S. 90.

47 Seraphim, Die Wirtschaft Ostdeutschlands (wie Anm. 44), S. 51f.

48 Czesław Madajczyk, Die Okkupationspolitik Nazideutschlands in Polen 1939–1945, Köln 1988, S. 550ff.

49 Volker Hentschel, Deutsche Wirtschafts- und Sozialpolitik 1815 bis 1945, Düsseldorf 1980, S. 68f.

50 Konrad Fuchs, Zur Bedeutung Schlesiens als Wirtschaftsfaktor während des Zweiten Weltkriegs, in: ders., Wirtschaftsgeschichte Oberschlesiens 1871–1945 (wie Anm. 20), S. 194–208, hier S. 206ff.

Teil IV:
Schlesische Alltagskultur und Lebenswelt. Ein volkskundlicher Überblick

(Brigitte Bönisch-Brednich)

Da die Disziplin der Volkskunde in der historischen Forschung zu Schlesien im deutschen Sprachraum während der letzten dreißig Jahre praktisch nicht mehr präsent war, seien hier einige wenige Vorbemerkungen zum heutigen Wissenschaftsverständnis der Volkskunde vorangestellt. Die Volkskunde hat sich in diesem Zeitraum von ihrer unspezifischen und starren Sichtweise auf ihre Untersuchungsfelder verabschiedet, sie ist von einer Altertumswissenschaft zu einer kulturanalytischen und sozialgeschichtlich orientierten Disziplin geworden. Untersuchungen über Volkskultur streben daher heute nicht mehr danach, generalisierend die Linien eines fiktiven »Volkstums« zu konstruieren, sondern wollen »das Verhältnis zwischen sozialer Differenzierung der Kultur und kulturaler Konstituierung von Gruppen« untersuchen, wobei die Richtung zum einen die »Orientierung an den vielen (rein quantitativ gesehen) und zum anderen nach unten (sozial gesehen)«[1] ist. Deshalb können Abhandlungen über die Volkskultur einer Landschaft heute nur auf der Grundlage intensiver Regionalforschung geschrieben werden, wie dies etwa in den neueren zusammenfassenden Monographien über Mecklenburg oder die Schweiz der Fall ist[2].
Schlesien gehört jedoch nicht nur zu den wenig erforschten Gebieten der neueren Volkskunde, sondern auch zu den eklatant vernachlässigten. Deshalb kann ein Überblick zur Geschichte der Volkskultur Schlesiens nur eine vorsichtige Neuannäherung sein, die sich zudem zum allergrößten Teil auf volkskundliche und sozialwissenschaftliche Veröffentlichungen der Vorkriegszeit stützen muß, da aktuelle Forschungsergebnisse kaum vorliegen. Aufgrund der mangelnden Literatur wird hier eine Beschränkung auf das Landleben bzw. auf die ländlichen Unterschichten vorgenommen, obwohl eine »Volkskunde der Großstadt« heute zu den Selbstverständlichkeiten des neuen volkskundlichen Fachkanons gehört[3].

1. Arbeits- und Lebensverhältnisse der ländlichen Unterschichten

Grundsätzlich herrschte in Schlesien bis zu Beginn des 19. Jahrhunderts das Prinzip der Grundherrschaft, d. h. der Grundbesitz gehörte größtenteils dem Landesherrn, dem ortsansässigen Adel oder der Kirche. Dieser Landbesitz wurde von den Grundherren in Bauernstellen aufgeteilt und an einzelne Familien zur Bewirtschaftung vergeben. Diese bewirtschafteten das Land, waren aber gleichzeitig zu Hand- und Spanndiensten (Robot) auf dem herrschaftlichen Betrieb, zu Natural- und/oder Geldabgaben und zu Zinsabgaben an den Landesherrn verpflichtet. H. Jacobi faßte in seiner Untersuchung über die Lage der Landbevölkerung in Schlesien die Situation in wenigen präzisen Sätzen zusammen: »Der

Abb. 65: Niederschlesischer Bauernhof (Querdielenhaus) einer besser gestellten Familie aus dem 18. Jahrhundert in Fachwerk-Blockbauweise.

untertänige Landbewohner in Schlesien stand auf eine vierfache Art unter der Obmacht seiner Gutsherrschaft: 1. er zinsete ihr; 2. er robotete ihr; 3. er war unter ihrer Vormundschaft und Aufsicht; 4. er unterlag ihrer Gerichtsbarkeit«[4].
Dies bedeutete z. B. auch, daß für eine Eheschließung die Erlaubnis des Grundherrn eingeholt werden mußte und daß das Erlernen eines Handwerks oder eine weiterführende Schulbildung aus diesen Gründen in der Regel nicht möglich waren. Gute Lebensbedingungen hatten nur die von Robotdiensten freien Bauern in der Umgebung von Breslau und in Nordschlesien, deren Land zu staatlichen oder kirchlichen Besitzungen gehörte; ferner die Bewohner der neuen friderizianischen Kolonistensiedlungen im Oderbruch und in Oberschlesien, für die eine Reihe von rechtlichen und wirtschaftlichen Sonderregelungen galt; und schließlich die Dörfer der Glaubensemigranten in Gnadenfrei und Herrnhut. Die Abhängigkeit und Belastung der Mehrzahl der Pächter schwankte innerhalb Schlesiens ganz erheblich[5]. Obwohl die Lage der Landbevölkerung im gesamtdeutschen Vergleich in ganz Schlesien als besonders schlecht galt, waren die Verhältnisse in Nieder- und Mittelschlesien noch um einiges besser als in Oberschlesien, wo die Erbuntertänigkeit einer Leibeigenschaft gleichkam und die Robotdienste bis zu 5,5 Tage in der Woche betragen konnten. Nur die sogenannten Gärtner mit größeren Hofstellen hatten erträglichere Lebens- und Arbeitsbedingungen, da sie zum Teil die Robotdienste durch ihr Gesinde ableisten lassen konnten. Dadurch, daß der Grundherr die absolute Verfügungsgewalt über seine Untertanen hatte, sie auch jederzeit von ihrer Hofstelle auf eine andere setzen konnte (unerblich-lassitisches Recht) und durch unmenschliche Robotforderungen die ordentliche

Bewirtschaftung der eigenen kleinen Landwirtschaft fast unmöglich machte, herrschten dort bis weit ins 19. Jahrhundert katastrophale Zustände.

Neben einer notorischen Unter- und Fehlernährung und bedrängten Wohnverhältnissen war das Arbeitsleben nicht nur durch überdurchschnittlich lange Arbeitstage, sondern auch durch drakonische Strafmaßnahmen seitens der Aufseher geprägt. Prügel, Arrest- und folterähnliche Sanktionen standen den Grundherrn als Disziplinierungsmaßnahmen praktisch uneingeschränkt zur Verfügung. Bereits Caspar Sommer erwähnt 1703 in seiner Verteidigung Schlesiens gegen eine Reihe von Vorurteilen ganz selbstverständlich die Prügelstrafe: »Doch vielleicht werden die Schlesier einiger Faulheit können beschuldiget werden/ weil man Sie mit Schlägen zur Arbeit zwingen muß? O die jenigen sind selber Schläge werth/ die sich mit wachenden Augen solche Dinge träumen lassen. Ihr unverdrossener Fleiß/ dem sie sich gleichsam ganz Leib=eigen ergeben/ und ihre Bemühung ist auch ausländischen und weitentlegenen Völckern zuträglich«[6].

Gegen Ende des 18. Jahrhunderts begannen aufgeklärte Reisende damit, die Landbewohner Schlesiens zu beschreiben, wobei die Schilderungen von der ärmlichen, polnischsprechenden katholischen Unterschicht Oberschlesiens besonders drastisch ausfielen[7]. In einem Aufsatz in den »Schlesischen Provinzialblättern« spricht ein Autor beispielsweise von »Physiognomien, in denen sich der widrigste Contrast von Dummheit, Sklavengesinnungen, und Verzweiflung aus tiefliegenden Augen, verwachsenen Stirnen, unbeschornem Kinn, und schon in der Jugend von Mangel und Elend verschrumpften Wangen anekelt«[8]. Am eindringlichsten dargestellt ist die Situation in einer anonym und im Ausland, d. h. in Dresden, erschienenen Abhandlung von 1786: »Mehr als einmal habe ich gesehen, daß das Gesinde im Winter, bey großer Kälte, mit bloßen Füßen gegangen und sich auf dem Eise dieselben sehr blutig gerissen und erfroren«, und weiter: »Im Sommer haben die meisten nur ein grobes wergenes Hemd und ein Paar Beinkleider an. Ja einige Weiber, junge und alte, gehen noch im Octob, wie ich 1782 gesehen, ganz ohne Hemd, und haben blos einen schlechten Weiberrock und eine Jupe auf ihrem Leibe, und auch diese nicht etwa zugemacht, folglich kann man die ganze bloße Brust und den Leib bis auf die Hüften sehen«[9]. Eindringlich beschreibt der Autor die Arbeit, die den Pächtern und dem Gesinde von den Gutsverwaltern zugeteilt wurde; seine Schilderung gipfelt in einer Darstellung, wie die Gutsbesitzer im Dezember ihre Knechte und die robotpflichtigen Männer in die (berühmten) Karpfenteiche zum Abfischen schickten, wo sie die Netze bis zur Brust im Wasser stehend zu führen hatten.

Die Wohnverhältnisse entsprachen offensichtlich den Arbeitsbedingungen, wie etwa die Schilderung eines Berliner Theologen zeigt: »In den Bauernhäusern wohnen die Menschen, das Rindvieh, die Schweine, die Gänse, die Hühner u.s.f. nicht nur unter einem Dache, sondern sind auch so wenig von einander getrennt, dass sie sich ohne sonderliche Umstände ihren gegenseitigen Besuch machen können«[10]. Er macht aus seinem Abscheu gegenüber diesen Menschen kein Hehl und schildert auch ihre geistigen Fähigkeiten als jenseits aller Vernunft: »Je einfältiger ein Mensch ist, desto mehr scheut er jede Neuerung, denn das Hergebrachte mag so abscheulich seyn als es will, es erspart ihm wenigstens das Schrecklichste, was er kennt: das Kopfbrechen. Dies ist doppelt der Fall beim Polnischen Schlesier, der so bigott ist, wie ich ihn vorhin schilderte, und der dem kleinen Rest Vernunft, den ihm seine Vorurtheile noch übrig lassen, in Brandtwein ersäuft«[11]. In den Augen des Berliner Reisenden stellt die Sprachgrenze auch gleichzeitig eine Kulturgrenze dar, deren Überschreitung er auf seiner Rückreise als erleichterndes Erlebnis beschreibt: »Anderthalb Meilen von Chrzelitz, in Friedland, hörten wir, zu unserer großen Freude, wieder die Bauern Deutsch reden; und nun fanden wir auf dem Wege hierher auch besser gebaute Häuser, von Bindwerk, mit Schornstein und zum Theil mit Schindeldächern«[12]; einige

Abb. 66: Auf dem Holzschnitt mit der armen Holzsammlerin, die hier auf Rübezahl trifft, ist die schlichte, schmucklose Kleidung der ländlichen Unterschichten zu erkennen.

Abb. 67: In dieser Wirtshausszene sticht die Kleidung des Wirtes (ganz rechts) und der Bedienung gegen die der vornehmen reisenden Herren, darunter Rübezahl, durch die Schlichtheit der Kopfbedekkung und der fehlenden Accessoires ab.

Seiten weiter bemerkt er zu der Gegend zwischen Landeck und Glatz: »Welch ein Abstand zwischen diesen und den oberschlesischen Dörfern! Viele Häuser sind zwar auch hier bloss aus Baumstämmen geschrotet, aber allenthalben wird mehr Wohlhabenheit an den gut gekleideten, den grossen starken Pferden, der Reinlichkeit in den Wohnungen, dem Zustande der Acker- und Hausgeräte u.s.f. sichtbar«[13].
Wenn auch die Schilderungen der Aufklärer über den deutschsprachigen Teil Schlesiens wesentlich positiver ausfielen, so wurde in gebildeten Breslauer und Berliner Kreisen dennoch unmißverständlich von nötigen Reformen gesprochen. Man wünschte sich nicht nur eine Steigerung der Produktivität in der Landwirtschaft, sondern auch eine Erweiterung der Aufklärung auf die ländlichen Gebiete. Dies kam in etlichen Aufsätzen in den »Schlesischen Provinzialblättern« zum Ausdruck, wie etwa in den »Ritten gegen den Aberglauben«[14], oder in den ebenfalls anonym erschienenen Überlegungen »Ueber den Charakter des Bauern, insbesondere in Schlesien«, in denen es heißt: »In der jetzigen Crise wird es nicht undienlich seyn, zu überlegen, woher die Züge des Charakters der Bauern rühren und auf einige Fehler aufmerksam zu machen, die in der Behandlung der Unterthanen zu begegnen pflegen«[15]. Die größte Breitenwirkung hatten jedoch zweifellos die drei gedruckten Vorlesungen des Breslauer Philosophen Christian Garve, die dieser vor der Schlesischen Oekonomischen Gesellschaft in Breslau gehalten hatte. Seine Überlegungen »Über den Charakter der Bauern und ihr Verhältnis gegen die Gutsherren und gegen die Regierung« (Breslau 1786) stellen eine Zusammenfassung der öffentlichen akademischen Meinung dar, in denen er die vielen Nachteile einer ungebildeten und unterdrückten ländlichen Bevölkerung darstellt und Maßnahmen wie die Förderung der Volksbildung, die Erleichterung der Roboten und auch eigenen Landbesitz als Möglichkeiten zur Behebung der Mißstände vorschlägt.
Man erwartete also in Schlesien eine deutliche Verbesserung der Lebensverhältnisse unter der Grundherrschaft, die jedoch durch die zu Beginn des 19. Jahrhunderts begonnenen Maßnahmen zur Bauernbefreiung nur in sehr geringem Umfang erreicht wurde[16]. Auch in Hinsicht auf diese Reformen muß konstatiert werden, daß die schlesischen Bauern im Vergleich mit dem übrigen Deutschland besonders schlecht abschnitten. Während z. B. in Niedersachsen die Ablösung der Bodenrechte in Form von Geldzahlungen, die von Sparkassen über Jahrzehnte gestundet wurden, möglich war, mußten die sogenannten schlesischen (Dresch-) Gärtner zum Teil die Hälfte ihres gerade erworbenen kleinen Landbesitzes (3–4 Morgen) als Entschädigung an den Grundbesitzer abtreten oder sich zu jahrelangen Herrschaftsdiensten verpflichten, die ihnen eine wirtschaftliche Hofführung unmöglich machten. »In den Kreisen Ratibor, Cosel und auf dem rechten Oderufer (Oberschlesien) erlangten die Bauern nicht einmal erbliches Besitzrecht an ihren Stellen; nur die 4300 ehemals spanndienstpflichtigen Höfe wurden in Eigentum verwandelt, während die etwa 30000 ehemals handdienstpflichtigen Stellen völlig ungesicherten Verhältnissen ausgesetzt blieben, die sich durch Mißernten und Krankheiten noch verschlechterten«[17].
Das Ergebnis war, daß viele Bauern ihre neu erworbene Freiheit nicht halten konnten, in einen Strudel von Schulden hineingerieten, und die Gutsherren allein zwischen 1859 und 1880 fast 170000 Morgen Bauernland aufkauften. Wiederum waren die Verhältnisse im polnisch-sprachigen Oberschlesien besonders krass, da dort neben allen anderen Problemen auch noch der niedrige Bildungsstand und die deutsche Amtssprache für viele Menschen unüberwindliche Hindernisse darstellten[18]. Auf den großen Gütern fand in diesem Zeitraum eine grundlegende Veränderung vom Feudalsystem zum wirtschaftlich arbeitenden Agrarbetrieb statt, der die Verantwortung der Gutsherren gegenüber ihren Arbeitern aufgab und zu einem überwiegenden Lohnzahlungssystem überging[19]. Die niedrigen Löhne führten zu einer starken Binnenmigration der Arbeiter, die entweder in der Saison als

Abb. 68: Innenraum einer Weberhütte im Riesengebirge, die einen – wahrscheinlich geschönten – Einblick in die beengten Wohn- und Arbeitsverhältnisse ermöglicht. Wohnen, arbeiten, kochen, Wäsche waschen und Kinderspiel waren in der Einraumhütte auf einem Minimum an Raum zusammengedrängt.

Wanderarbeiter nach Mittel- und Westdeutschland gingen oder in Industriebetriebe wechselten. Frauen verdingten sich ebenfalls häufig als Saisonarbeiterinnen oder zogen die Tätigkeit als Dienstmädchen in den größeren Städten der Landarbeit vor. Bei einer Enquete des Vereins für Socialpolitik faßte ein Berichterstatter aus dem Kreis Falkenberg die Lage in einer Formel zusammen: »Die Selbstbewußten wandern«[20]. Eine große Anzahl von Familien und Einzelpersonen sah jedoch in Deutschland keine Zukunft mehr und wanderte aus, vorwiegend nach Nordamerika; es waren aber auch andere Kontinente bereit, Emigranten aufzunehmen, so ist z. B. in den Jahren 1842 bis 1845 eine größere Gruppe aus dem Osten Oberschlesiens nach Nelson in Neuseeland emigriert[21]. Für viele klein- und unterbäuerliche Familien wurde im 19. Jahrhundert die Landwirtschaft zum Nebenerwerb, oder sie wurde zugunsten einer handwerklichen Einnahmequelle ganz aufgegeben. Dies führte zu einer ausgeprägten Hausindustrie (Schlesien stand nach dem Rheinland an zweiter Stelle)[22], bei der die Lebensumstände der Weber durch den Weberaufstand 1844 und seine literarische Verarbeitung eine traurige Berühmtheit erlangten[23]. Das Fazit ist, daß sich die Lebensumstände durch die Agrarreformen nur partiell besserten (persönliche Freiheit, Möglichkeit von eigenem Grundbesitz), in der Praxis aber hatten sie sich für die ländlichen Unterschichten noch verschlechtert. Als Rudolf Virchow 1849 seine

»Mittheilungen über die in Oberschlesien herrschende Typhus-Epidemie«[24] veröffentlichte, waren sein Urteil über die grundherrschaftliche und staatliche Fürsorge vernichtend und seine Zustandsbeschreibung so unbarmherzig realistisch, daß er nach Beendigung der Revolution Preußen für einige Jahre verlassen mußte[25].

Virchow erkannte klar die katastrophalen Folgen der Bauernbefreiung, die sich in medizinischer Hinsicht in chronischer Unterernährung, mangelnder Hygiene sowie physischer und geistiger Erschöpfung ausdrückten: »Ungeziefer aller Art, insbesondere Läuse, sind fast stehende Gäste auf dem Körper. Eben so groß wie die Unreinlichkeit ist die Indolenz der Leute, ihre Abneigung gegen geistige und körperliche Anstrengungen, eine vollkommen souveräne Neigung zum Müßiggang oder vielmehr zum Müßigliegen, die in Verbindung mit einer vollkommen hündischen Unterwürfigkeit einen so widerwärtigen Eindruck auf jeden freien, an Arbeit gewöhnten Menschen hervorbringt, daß man sich eher zum Ekel, als zum Mitleid getrieben fühlt«[26]; und weiter: »Eine verheerende Epidemie und eine furchtbare Hungersnoth wütheten gleichzeitig unter einer armen, unwissenden und stumpfsinnigen Bevölkerung. In einem Jahre starben im Kreise Pleß 10 p. Ct. der Bevölkerung, 6,48 davon an Hunger und Seuchen, 1.9 nach amtlichen Listen geradezu vor Hunger. Nie hatte man während des 33jährigen Friedens in Deutschland etwas auch nur entfernt Aehnliches erlebt«[27].

In der zweiten Hälfte des 19. Jahrhunderts besserten sich die Lebensverhältnisse allmählich, wenn auch die Landarbeiter in Schlesien immer am Ende der deutschen Verdienstskala rangierten, während die Lebenshaltungskosten deutlich über denjenigen von vergleichbaren Regionen lagen[28]. Erst im 20. Jahrhundert hob sich der Lebensstandard so weit an, daß von Mißständen kaum noch die Rede war. Dies lag aber in einer stetigen Abwanderung der Arbeiterfamilien aus der Landwirtschaft in die (Industrie-) Städte und einer strikteren Sozialgesetzgebung begründet.

2. Hausbau und Wohnung

An der Mundart[29] und der Hausform war die mitteldeutsche Herkunft der mittelalterlichen Siedler eindeutig zu erkennen. Während die slawischen Ansiedlungen meist die Form von Straßen- oder Angerdörfern hatten, waren die neuen Siedlungen in Reihen- bzw. Waldhufendörfern angelegt. Das bedeutete, daß die Häuser in einer langen Reihe in weitem Abstand zueinander standen und sich hinter jedem Haus das dazugehörige Land in langen Streifen (Hufen) bis zur Gemarkungsgrenze der Siedlung erstreckte. Große Höfe hatten zumeist eine typisch mitteldeutsche Anlage, d. h. es waren Vierseithöfe, deren Wohnhaus mit dem Giebel zur Straße stand und deren Innenhof mit einem großen Eingangstor und einer Fußgängerpforte nach außen abgeschlossen war. Kleinere Hofstellen hatten meist nur ein zusammenhängendes Wohn- und Wirtschaftsgebäude, das sogenannte mitteldeutsche Querdielenhaus. Wie der Name bereits andeutet, wird diese Hausform durch eine quer durch das Haus laufende Diele charakterisiert, die den linken straßenseitigen Wohntrakt von den rechtsliegenden Ställen trennte. Dieser Haustyp, der ein- oder zweigeschossig sein konnte, wurde in ganz Schlesien (auch im Gebirge) verwendet, wobei die unterschiedlichsten Baumaterialien benutzt wurden[30]. In den Ebenen herrschte Lehmfachwerk und als Dachdeckung Schilf oder Stroh vor, in den waldreichen und den Gebirgsgegenden die reine Holzbauweise mit Dachschindeln. Ende des 19. und zu Beginn des 20. Jahrhunderts wurden

Abb. 69: Um 1910 erbautes Querdielenhaus in Massivbauweise, das zusammen mit dem Automobil den Wohlstand der oberschlesischen Familie spiegelt.

vor allem die Lehmhäuser zunehmend durch Steinbauten ersetzt, der Grundriß wurde jedoch beibehalten.
In der Literatur des 18. und 19. Jahrhunderts finden sich einige Beschreibungen der Elendsquartiere in Oberschlesien, vor allem aber von den Bauden im Riesengebirge, in denen die Reisenden auf ihren Wanderungen übernachteten. Als ein Beispiel unter vielen ähnlichen sei hier die Schilderung des Breslauer Altertumsforschers Johann Gustav Gottlieb Büsching wiedergegeben: »Die Baude ist nur eine Etage hoch, ein breiter gemauerter Grund, der hervorspringt und so zum Gange vor der Baude dient, bedeckt durch das hervorragende Dach, trägt das hölzerne Haus. Auf der linken Seite sind hier die Ställe, beim Eintritt in die Küche, rechts die große Wohnstube, in welcher links von der Thür ein großer Ofen, worin ein beständiges Feuer brennt, es mag Winter oder Sommer seyn. Rund um diesen her ist eine Bank, vorne über der Bank eine eingemauerte kupferne Wasserblase, worin immer warmes Wasser erhalten wird; oben darüber eine Röhre zum Kochen. Dicht beim Ofen, in der hintern Wand der Baude, ist eine Thüre, welche in die Kammer führt. In dem Winkel der Stube rechts, wenn man in die Kammer gehen will, Gefäße zum Buttermachen und ein paar große Schüsseln, rund herum an der Wand eine Bank. Vier Fenster, klein eng und niedrig mit einem Schiebefenster, welches mit einem gegengestemmten Stock verschlossen wird. In dem Winkel zwischen den beiden Fenstern der vordern und hintern Wand ein Tisch, in dem andern Winkel bei der Thür wieder Milchgefäße, große Töpfe, hölzernes Geschirr, ein Spinnrad, ein Bottig, worüber eine Rinne, damit die Milch von der Butter ablaufen kann und die Feuchtigkeit aus den Käsenäpfen [...] Die Decke ist niedrig, beräuchert und daher ganz schwarz [...] In der Gegend des Ofens ist, am Balken der Länge der Stube nach, eine dicke Stange, woran mehrere Kleidungsstücke, Wäsche und dergl.

Abb. 70: Um 1800 erbautes Fachwerkhaus in Oberschlesien, das als Unterkunft für mehrere Landarbeiterfamilien diente.

hingen. An den verschiedenen Balken mehrere Nägel, ebenfalls mit Utensilien: Kneifzange, Mützen, Hüten und solcherlei geziert«[31]. In diesem Haus wohnten 15 Personen, die Familie des Baudenbesitzers schlief in der kleinen Kammer, die Mägde auf dem Dachboden, die Knechte und Gäste auf der Bank und dem Fußboden in der Stube.

Trotz dieser beengten Zustände galten die Bauden als durchaus gesunde und hygienische Unterkünfte, während die ebenfalls überfüllten und sehr viel kleineren Wohnungen der Gutsarbeiter im Flachland seit der Aufklärung als untragbar empfunden wurden und nach Meinung von Ärzten nicht unerheblich zur Entstehung von Krankheiten und Seuchen beitrugen: »Das Wohnzimmer ist gewöhnlich klein 6, 8–12 Fuß etwa im Geviert, meist 5–6 Fuß hoch; der Fußboden aus Lehm gemacht [...] Einen großen Theil des Raumes nimmt der Ofen mit seinen vielen Anhängen ein; unter dem letzteren ist namentlich ein sogenannter Zigeunerofen, auf dem gekocht wird, und eine platte aus Backsteinen aufgemauerte Erhöhung, auf der ein Theil der Bewohner seine Feierstunden zubringt und schläft, zu erwähnen. Den besten Platz des übrig bleibenden Raums pflegt, wo der Wohlstand noch so groß ist, eine Kuh oder eine Kuh mit einem Kalb einzunehmen. Das Uebrige ist von dürftigem Mobiliar, unter dem eine Handmühle besonders zu erwähnen ist, und den meist mit Federkissen versehenen Bettstellen besetzt. Die letzteren genügen indeß fast nie für das Bedürfnis der Einwohner, deren Zahl für solche Wohnungen 6, 8, 10–14 zu betragen pflegt; die übrigen schlafen auf dem Ofen, auf den Ofenbänken oder auf Stroh auf der Erde. Der einzige Schmuck dieser Zimmer besteht in einer großen Schaar von Heiligenbildern, welche wohleingerahmt in langer Reihe über den Fenstern zu hängen pflegen [...] Der Lehm, aus dem der Fußboden besteht, und mit dem die Wände überzogen sind, ist häufig so feucht, daß zahlreiche Pilze darauf wachsen«[32].

Seit 1800 wurden auf den Gütern zunehmend die sogenannten Arbeiterhäuser oder Familienhäuser gebaut, in denen bis zu zehn Familien untergebracht waren. Meist mußten sich vier Familien eine Kochstelle auf dem Flur teilen und hatten eine abgeschlossene Stube mit einer unbeheizbaren Kammer; das Vorhandensein einer zweiten Stube war die seltene Ausnahme. Diese Zustände wurden in der neunziger Jahren des 19. Jahrhunderts bei der Erhebung sozial engagierter Vereinigungen zur Lage der Landarbeiter noch überwiegend angetroffen: »Bei dieser Gelegenheit einige kurze Worte über das Mobiliar, das recht primitiv und in den meisten Fällen auf das Nötigste beschränkt ist: Tisch, einige Stühle, Brotschrank, Ofenbank oder Bank an den Wänden entlang, Kommode oder Truhe [...], zwei Betten, manchmal ein schlechtes Sopha (Liegnitz) [...], ein paar schlechte Photographien Angehöriger oder aus der Soldatenzeit an der Wand, und allenfalls in freundlichen Wohnungen ein paar Topfgewächse«[33].
In den Wohnungen der Landhandwerker und der Hausindustriellen, wie sie im Riesengebirge und dem anschließenden Grenzgebiet zu Österreichisch-Schlesien verbreitet waren, kam zu dieser Einrichtung noch das Handwerkszeug hinzu wie Webstühle, Spinnräder usw. Wenn in diesen Berichten überhaupt Buchbesitz oder Zeitschriftenbezug erwähnt werden, dann meist die Bibel oder der Katechismus, örtliche konservative Periodica, die vereinzelt die Gutsherren für ihre Arbeiter abonnierten oder Kolportageromane[34]. Der sonstige Hausrat war ebenfalls von allereinfachster Qualität, wie Holzlöffel und die billigste Irdenware etwa aus der Bunzlauer Produktion[35].

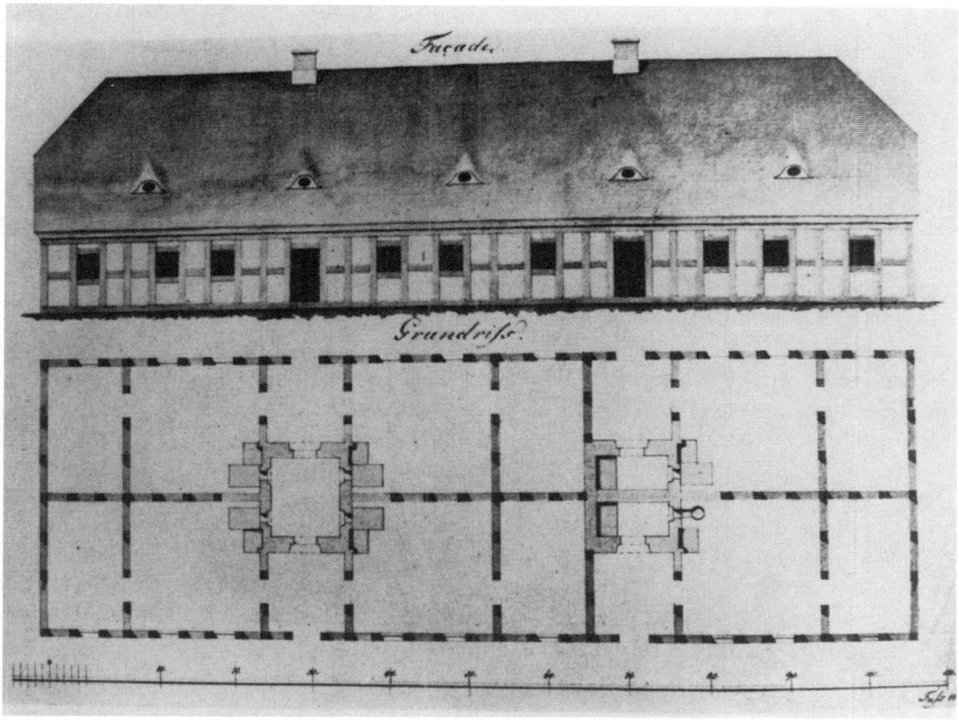

Abb. 71: Um 1800 erstellter Grundrißplan für ein Landarbeiterhaus mit Wohnungen für sechs Familien.

3. Kleidung

Natürlich war auch die Kleidung im allgemeinen den Lebensumständen entsprechend dürftig. Die Herausbildung einer einheitlichen dörflichen Tracht, gegebenenfalls sogar einer wertvollen Feiertagstracht, bedeutet stets eine Objektivation von Zusammengehörigkeit, die Demonstration eines gewissen Wohlstandes und damit die finanzielle Möglichkeit zur Aneignung städtischer Moden; sie war deshalb in der Regel nur in Dörfern mit guten bis sehr guten Lebensbedingungen anzutreffen. Dennoch gab es in Schlesien vor allem in Oberschlesien ein Kleidungsstück, das die Träger sofort als vom Lande kommend kennzeichnete: den Zippelpelz. Bereits in einer Chronik des 17. Jahrhunderts wird er als allgemein verbreitetes Kleidungsstück für unter der Erbuntertänigkeit stehende Männer bezeichnet. Das Tragen von Tuch war offensichtlich den Leuten von Stand vorbehalten, wobei noch zu beachten ist, daß die Grundherren – d. h. die, »die Freiheit« hatten – das Monopol auf die Haltung von Schafen besaßen: »indem das Landvolk männliches Geschlechts die Schafs-Fell brauchet zur Kleidung/ und so die genannten Zipffel-Pelze daraus lässet machen/ deßgleichen bißweilen die Frauenzimmer. Hierunter stecket auch ein großes Geheimnüß verborgen/ daß die Amptleute die Bauren lieber in Schafskleider als in Tüchenen Kleidern einher gehen sehen«[36].
Hundert Jahre später (1780) ist das Kleidungsverhalten unverändert, wie der Reisebericht eines Engländers zeigt: »Ein schafpelz, der vom vater auf son erbt, zulezt aber nur noch aus einigen zippeln bestehet, macht die kleidung der männer. Di Weiber tragen ser kurze vorn offenstehende röcke und stifeln, oder zum staat wollene strümpfe mit vilen wurstmäßig gelegten falten, di eine verfeinerung der därme um die beine der Hottentotten zu sein scheinen. Ein leinwandenes regentuch und darüber ein auf allen seiten herunterhängender hut von filz, bedecken den kopf. Ich habe hir in den kirchen madonnen in dieser tracht gemal't gesehen [. . .] In den wonungen trift man die menschen fast one bekleidung an, und des nachts selbst one hemden, um dise zu schonen. So ligen auch, auf den adelichen höfen, im sommer knechte und mägde ganz nackend unter einander auf dem heuboden«[37]. Noch Hoffmann von Fallersleben erwähnt die Männerpelze, als er 1823 zum ersten Mal durch Breslau geht, als Charakteristikum des Straßenbildes: »In den zwar geraden, aber schmalen Straßen, zwischen hohen, finsteren Häusern bewegte sich langsam eine wühlige Volksmenge, darunter Kerle in schmierigen Schafspelzen«[38].
Dennoch gab es in vielen Gebieten und einzelnen Orten Schlesiens im 18. und 19. Jahrhundert Trachten für Männer wie für Frauen, deren Besitz jedoch meist die Zugehörigkeit zur Schicht der Bauern demonstrierte. In den Gegenden mit wohlhabenden Bauernfamilien war die Tracht entsprechend kostbar, in ärmeren Gegenden wurden einfachere Materialien verwandt. Da die älteren Untersuchungen zur schlesischen Tracht jedoch zum Großteil positivistische Materialaufnahmen darstellen[39], können hier nur einige Andeutungen gemacht werden. Die allgemeine Auffassung ist, daß Trachten auf der städtischen und adeligen Mode des 16. und 17. Jahrhunderts basieren und sich seit etwa 1800 langsam örtliche Gemeinschaftskleidung herausbildete. Vorherrschend war die Rockmiedertracht mit Umschlagtüchern und Hauben bei den Frauen, während die Männer vorwiegend Lederhosen, Stiefel, Hemd, Weste und langschößige Jacken trugen, die je nach (Zeit-) Geschmack und Geldbeutel durch Umhänge, taillierte Mäntel, Pelzkappen, Zylinder oder Dreispitz ergänzt wurden. Die Trachten waren keineswegs statisch, sondern wurden beständig in Kleinigkeiten verändert; entweder wurden neue modische Anregungen aufgenommen, oder nicht mehr erhältliche oder zu kostspielige Accessoires wurden durch ähnliche ersetzt. So gingen die Schönwälder Frauen um 1900 dazu über, statt der teuren

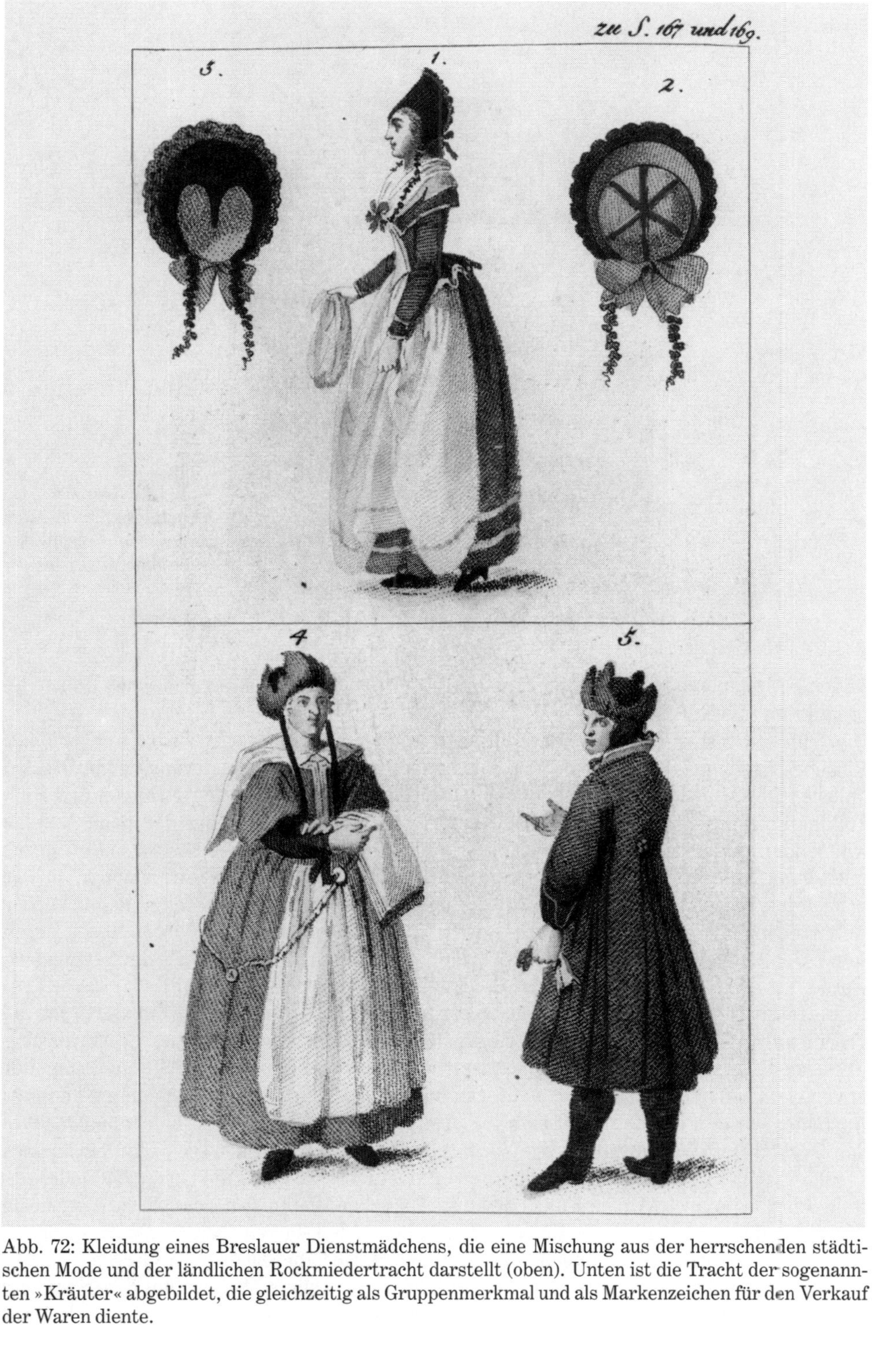

Abb. 72: Kleidung eines Breslauer Dienstmädchens, die eine Mischung aus der herrschenden städtischen Mode und der ländlichen Rockmiedertracht darstellt (oben). Unten ist die Tracht der sogenannten »Kräuter« abgebildet, die gleichzeitig als Gruppenmerkmal und als Markenzeichen für den Verkauf der Waren diente.

Abb. 73: Gestellte Photographie von zwei stickenden Schönwälder Mädchen in der traditionellen Kleidung.

seidenen, sogenannten türkischen Einstecktücher ähnliche aus österreichischer Industrieproduktion zu bevorzugen.

Die früheste bisher bekannte Beschreibung einer örtlichen Tracht findet sich in einer Reisebeschreibung vom Ende des 18. Jahrhunderts. Nach der Schilderung der in Breslau üblichen Dienstmädchenkleidung, der sogenannten Schleißerinnen, fügte Johann Friedrich Zöllner in einem Brief an seine Frau eine Abbildung der Kleidung der nahe Breslau wohnenden »Kräuter« bei und kommentierte diese im aufklärerischen Duktus mißbilligend: »Seitdem ich die steifen Schnürbrüste gesehen habe, worin hier das Frauenzimmer von der geringeren Klasse eingepreßt ist, höre ich auf, mich über die große Menge unglücklicher Geburten in Schlesien zu wundern, und zu hoffen, daß Herr Professor Morgenbesser, durch seine Bemühungen in der Hebammenschule, dies fürchterliche Übel sehr vermindern werde«[40].

In einer humoristischen Reisebeschreibung aus der Mitte des 19. Jahrhunderts ist die Tracht immer noch nicht allgemein Gegenstand romantischer intellektueller Verklärung (dies setzte erst etwa 1870 ein), sondern wird zu einer vergnügten Verspottung der unvorteilhaften und für den Großstädter hoffnungslos altmodischen Erscheinung genutzt. Auch hier schreibt ein Reisender an seine Frau in Berlin, diesmal über die Frauentracht in der Gegend von Warmbrunn: »Wie sie hier reden, davon will ich Dich bloß ein kleines Lexikoh jeben mit beifolgende Zeichnung von zwei Bauersfrauen, die Du an die Modenzeitung schicken kannst. An die Füße tragen sie Latschen (Pantoffeln), die Röcke nennen sie Klunkern, das Schnürmieder ›a Laibel‹, die Hände nennen sie Patschel, die Haare – Lohden und auf'n Kopp trajen se Kommoden [...] Um den Halse haben se eene Krause«[41].

Als die schlesischen Volkskundler um die Jahrhundertwende schließlich mit dem Sammeln und Beschreiben der schlesischen Trachten begannen, wurden diese nur noch in ganz wenigen Orten getragen. Die jungen Männer legten die Tracht zuerst ab, da sie während ihrer Militärzeit städtische Vorstellungen von passender Kleidung entwickelt hatten, bei den Frauen dauerte dieser Prozeß länger, wurde aber ebenfalls durch junge Mädchen, die vor ihrer Hochzeit als Dienstmädchen in größeren Städten gearbeitet hatten in Gang gesetzt. Die bekanntesten »Trachtendörfer« Schlesiens waren zu Beginn des 20. Jahrhunderts Roßberg und Schönwald, zwei Dörfer in Oberschlesien. In Roßberg hatten sich die Bauern neben der Feldarbeit im Lauf der Zeit einen schwunghaften Fuhrhandel aufgebaut und dadurch eine wertvolle Männertracht entwickelt, die ihnen als Markenzeichen diente. Schönwald war eine deutschsprachige Enklave im polnisch-sprachigen Oberschlesien und hatte neben einer ganzen Reihe von deutschen Kulturmerkmalen auch die Frauenkleidung bewahrt.

Doch wäre auch hier wahrscheinlich die Tracht abgelegt und vergessen worden, wenn nicht der Sonderstatus als deutsches Dorf Schönwald zu einem Lieblingsobjekt der Volkskunde und der Heimatpflege gemacht hätte[42]. Edgar Graf Henckel von Donnersmarck gründete zu Beginn des 20. Jahrhunderts einen Trachtenverein, und in Schönwald wurde eine Stickstube eingerichtet, die die traditionellen Muster auf Kissenhüllen, Decken und dergleichen übertrug und auf Messen und Kunsthandwerksausstellungen verkaufte. Aus der Tradition wurde ein Erwerbszweig, die Tracht wurde zum Markenzeichen der Stickerinnen und trug zur Identität des Dorfes bei.

Im deutschen Vergleich ist Schlesien zu den Ländern zu zählen, in denen die Tracht bereits in der zweiten Hälfte des 19. Jahrhunderts gegen städtische Kleidung eingetauscht worden war; Reliktgebiete wie etwa die Schwalm in Hessen und die Vierlande bei Hamburg bestanden in Schlesien nicht. Der Einfluß der starken Migration und der entstehenden Industriegebiete führte dazu, daß die Sammler der Jahrhundertwende in vielen Dörfern nur noch spärliche Reste von Trachten für ihre Heimatmuseen fanden.

4. Essen und Trinken

Im Gegensatz zur Kleidung gibt es auch heute noch eine traditionelle schlesische Regionalküche, zu denen Gerichte und Backwerk mit Sauerteig, Sauerkraut, geräuchertes Fleisch, Karpfen und Mohn gezählt werden. Doch die heute im Buchhandel erhältlichen schlesischen Kochbücher spiegeln keinesfalls den kulinarischen Alltag der schlesischen Menschen, sondern fußen entweder auf den Eßgewohnheiten besser gestellter Schichten oder führen Rezepte von Festtagsgerichten an; einfache fleischlose Gerichte spielen eine untergeordnete Rolle. Wenn man diese Speisenfolge in den Kochbüchern umdreht, kommt man der Realität sehr viel näher. Dabei ist zu beachten, daß die Eßgewohnheiten im 18. und 19. Jahrhundert in Ober- und Niederschlesien und zusätzlich noch in den verschiedenen Landstrichen unterschiedlich waren.

In Oberschlesien – so wurde von den aufgeklärten Reisenden berichtet – waren Suppen, Brei- und Eintopfspeisen weit verbreitet; Brot hatte als alltägliches Nahrungsmittel eine untergeordnete Rolle. Im 18. Jahrhundert waren Hirse, Graupen, geschrotetes Getreide und Kraut (in der Saison auch Pilze und Beeren) die Grundsubstanzen der täglichen Küche. Gemüse und Obst wurden wenig verwandt, Fleisch entweder nur an den höchsten Feiertagen (Weihnachten und Ostern) oder gar nicht gegessen: »In der elenden Nahrung des Volks liegt gewiß auch der Grund mancher Krankheit und manch frühen Todes. Die großen halbrohen Klöße aus Roggenmehl oder Heiden und Wasser, die seine gewöhnlichste Speise sind, könnten höchstens nur denen stärker arbeitenden, ganz verdaulich und nährend, für sitzende, kränkliche Personen und Kinder hingegen oft wahres Gift sein [...]; wenn man aber in den Waldgegenden einen großen Theil der Menschen fast bloß von Schwämmen sich nähren sieht, unter welchen viele von den Naturforschern für schädliche erklärt sind, dann muß man sich wundern, wie dies Geschlecht nicht längst schon ausgestorben ist. [...] Sie werden hier nicht nur die Zeit hindurch, wo sie wachsen, sehr allgemein und häufig genossen, sondern auch in großen Quantitäten für den Winter getrocknet«[43]. Einige Jahrzehnte später wird die Nahrung von einem kritischen Berichterstatter immer noch als ähnlich unzureichend beschrieben: »In der elenden schornsteinlosen Hütte wird das Mehl aus Kartoffeln, Heidegrütze, Sauerkraut, und an hohen Festtagen nur aus Speck und Schweinefleisch bestellt, immer aber mit dem accompanierenden Branntweine, dem nordischen Lebensöle, und sodann die Schüssel vom Hofhunde zum nächsten Diner rein geleckt.«[44]

Getreide und Hülsenfrüchte wurden in der ersten Hälfte des 19. Jahrhunderts zunehmend durch Kartoffeln ergänzt oder ersetzt. Mitte des 19. Jahrhunderts waren Kartoffeln endgültig zum Grundnahrungsmittel geworden; die sogenannte Kartoffelfäule führte in der ersten Hälfte der vierziger Jahre zu Mißernten und dadurch zu Hungersnot und der Typhusepidemie von 1847. Über sie kam Rudolf Virchow dazu, die Lebensverhältnisse der oberschlesischen Landarbeiter zu beschreiben: »Nach der allgemeinen Angabe bestand die Lieblingsspeise der Oberschlesier in einem Gericht, das aus den genannten Substanzen zusammengesetzt war, nämlich aus Sauerkraut, Buttermilch, Kartoffeln und Mehl, genannt Zur (gesprochen jour). Fleischgenuß gehörte zu den größten Ausnahmen«[45]. Obwohl viele Familien eine Kuh oder Ziege hielten, wurde die Milch bzw. die daraus gewonnene Butter oft verkauft und zum Eigenbedarf nur die Buttermilch verwendet. Sehr viel besser sah es offensichtlich um die Jahrhundertwende im Haushaltsbudget der Arbeiterfamilien im Industriegebiet aus, deren Ernährung aufgrund einer Untersuchung aus dem Winter 1891/92 zumindest als »vernünftig und ökonomisch«[46] bezeichnet wurde.

Während die Reisenden des 18. Jahrhunderts durchgehend davon berichten, daß die Nahrung der Baudenbewohner aus Brot, Milch und Käse bestand, waren in Niederschlesien im 18. Jahrhundert noch Mehl- und Breispeisen die Regel. Diese wurden seit 1780 zunehmend durch Roggenbrot ersetzt, so daß schließlich nur noch eine warme Mahlzeit am Tag zubereitet wurde. In einer Untersuchung am Ende des 19. Jahrhunderts heißt es dann zu den Nahrungsgewohnheiten der evangelischen Landarbeiterfamilien: »Das Brot wird allgemeinen geschmiert, und ein großer Teil der Arbeiterbevölkerung nimmt dazu Butter; anstatt Butter wird aber auch zeitweilig billigerer Ersatz, wie Pflaumenmus, Syrup aus Runkelrüben verwandt [...] Lokal werden dann hie und da gewisse Gerichte bevorzugt, so Kraut, saure Gurken, Kartoffeln mit saurer Milch (sog. Schlippermilch), Kartoffeln mit Gurkensalat, dann das sog. ›schlesische Himmelreich‹ [...] Recht verbreitet ist schliesslich Mehlsuppe und auch saure Mehlsuppe«[47]. Auch hier weist der Autor darauf hin, daß sich Fleischnahrung im günstigen Fall auf den Sonntag beschränkt, in ungünstigeren Verhältnissen auf hohe Feiertage.

Gegen Ende des 19. Jahrhunderts waren die Grundlagen der modernen Ernährungswissenschaft mittlerweile so weit verbreitet, daß nun das Hauptaugenmerk bei den sozialpolitischen Überlegungen zur Ernährung auf der Verwendung von Fleisch, Milch und frischem Gemüse lag. An dem Fehlen dieser Produkte und nicht mehr am Vorhandensein ausreichender Nahrung an sich wurde nun der Lebensstandard in Deutschland gemessen, wobei Schlesien wieder einmal als schlechtes Beispiel fungierte: »Die Kost steht, was den Fleischkonsum anlangt, hinter Pommern um die Hälfte zurück; der Milchkonsum ist ein höchst kümmerlicher. Die charakteristische wirtschaftliche Unselbständigkeit der schlesischen Deputatknechte tritt sowohl hierin als in der Art der Wohnungen, welche fast durchgängig nur Zimmer in ›Familienhäusern‹ darstellen, hervor. Die Viehhaltung ist dementsprechend teils gar nicht vorhanden, teils höchst kümmerlich«[48].

Da infolge der Bauernbefreiung ein Großteil der ländlichen Unterschichten ihr Land verloren hatte, hing die Ernährung auch immer stark von den jeweiligen Getreidepreisen ab, die allgemein in Schlesien hoch waren, während die Löhne unter dem deutschen Durchschnitt lagen. Konnten die Familien sich auf einem Grundstück selbst ein Schwein oder eine Ziege halten, wurde der Speisezettel durch eigene Schlachtung bereichert. Ein generelles Problem war, daß nicht nur die Brei-, Mehl- und Milchsuppen durch Brote ersetzt wurden, sondern das bisher übliche Dünnbier zunehmend durch Kaffee, dem man eine sättigende Wirkung zuschrieb. Da dadurch die Mahlzeiten erheblich weniger Kohlenhydrate enthielten, bedeutete diese Innovation eher einen Rückschritt. Unter Kaffee ist jedoch keinesfalls Bohnenkaffee zu verstehen. Kaffee wurde meist aus gebrannten Getreidekörnern selbst hergestellt und nur zu Festtagen echter Bohnenkaffee zubereitet; ein Kompromiß war, die Surrogate mit einem kleinen Prozentsatz an Kaffeebohnen zu veredeln[49].

Wie gewaltig die Unterschiede in der ländlichen Ernährung Niederschlesiens waren, zeigt eine kurze Bemerkung über die Lebensgewohnheiten der reichen Bauern in der Gröditzberger Herrschaft und dem Kreis Jauer: »Es ist unglaublich, wie der Bauer hier in Üppigkeit, Schwelgerei und allen Künsten, die Sinne zu kitzeln, unterrichtet ist. Er weiß seinen Kaffee, seinen Wein, seinen Punsch zu trinken; er trinkt nicht etwa schlechten Wein, der beste Wein ist ihm oft nicht zu teuer. Man findet in Glogau von den umliegenden Dörfern am Sonntag oft alle Weinschenken besetzt und läuft Gefahr, am Abend von den Kaleschen betrunkener Bauern überfahren zu werden«[50]. Der Genuß von Wein war selbstverständlich die absolute Ausnahme, das Kaffeetrinken galt dagegen als normal.

Die Diskussionen von Aufklärern, Theologen, Ärzten und Regierungsbeamten, denen wir die meisten schriftlichen Quellen zum Alltagsleben verdanken, drehten sich durchgehend vom 18. bis zum 20. Jahrhundert um das zentrale Problem des Alkoholmißbrauchs, besonders das Branntweintrinken. Dies stellte sich als ein kompliziertes politisches Problem dar. Einerseits war man sich über die schädlichen Auswirkungen des übermäßigen Alkoholgenusses völlig im klaren und wußte auch, daß dieser Mißstand auf die hoffnungslosen Lebensbedingungen und das eintönige Leben der Landbevölkerung zurückzuführen war. Es hätte also nahegelegen, die Grundherren mit der Lösung dieses Problems zu betrauen. Andererseits waren aber eben diese Grundherren an reichlichem Branntweinkonsum interessiert, denn dadurch, daß sie auf ihren Besitzungen jeweils das Privileg zur Herstellung und zum Ausschank von Alkohol hatten, war dies eine ihrer wichtigsten Einnahmequellen. Mit dem Besuch des grundherrlichen Wirtshauses (Kretscham) floß eine erhebliche Menge des ausgezahlten Barlohns direkt in ihre Kasse zurück. Das Problem wurde erst in der zweiten Hälfte des 19. Jahrhunderts durch die Agrarreformen, die dieses Privileg aufhoben, und die wachsende Beliebtheit des stark verbesserten schlesischen Bieres gelöst. Dennoch blieb übermäßiger Alkoholgenuß ein Dauerproblem, das im 20. Jahrhundert allerdings vor allem in den Industriegebieten diskutiert wurde.

Die berühmten schlesischen Spezialitäten wie Mohn- und Hefeklöße, Streuselkuchen, Schlesisches Himmelreich, gebackener Karpfen, Kartoffelsalat und schlesische Weißwurst, die heute im kollektiven Gedächtnis der Schlesier eine so wichtige Rolle spielen, entstanden zum Großteil erst im 19. Jahrhundert, waren entweder Gerichte besser gestellter Familien oder kamen nur an ganz besonderen Tagen auf den Tisch[51]. Solche Anlässe waren etwa die hohen kirchlichen Feiertage, die wichtigen Tage im Lebenslauf (Taufe, Kommunion bzw.

Konfirmation, Hochzeit und Begräbnis) und die Tage im Jahreslauf, an die sich feste Bräuche knüpften.

5. Brauch und soziale Ordnung

Äußerlich gesehen strukturierten Bräuche den Jahres- und Lebenslauf und das Arbeitsleben und markierten dadurch die herausgehobenen Termine des Alltags bzw. der Feste. Sie hatten aber vor allem die Aufgabe der Regulierung und Disziplinierung sozialer Beziehungen zwischen den Generationen und sozialen Schichten. In bestimmten Brauchformen standen den sozial Unterprivilegierten zumindest zeitweise Mittel zur Verfügung, um sich in ritualisierte und durch ungeschriebene Gewohnheitsrechte sanktionierte Brauchhandlungen einen Anteil am Budget der Besitzenden zu verschaffen. Aufgrund dieser neuen Erkenntnisse der volkskundlichen Brauchforschung ist es also falsch, Bräuche nur von ihren auffälligen Requisiten, d. h. von der Schauseite her, zu beurteilen[52].

In den zusammenfassenden Darstellungen zur schlesischen Volkskunde ist die Fülle von Brauchterminen im Jahres- und Lebenslauf der Schlesier sehr gut dokumentiert[53]. Nur bei wenigen Festen wie Kirchweih oder Kirmes, Ostern, Weihnachten oder Erntefest waren alle Altersschichten einbezogen. Meistens waren die Brauchausübenden jedoch Jugendliche und Kinder. Besonders bei Jugendlichen dienten die Rituale, wie zum Beispiel das Bespritzen der Mädchen an Schmackostern, zum Kennenlernen und zur Partnersuche.

Ein bis ins 20. Jahrhundert hinein beliebtes Thema war ein volkstümliches Orakel am Andreasabend, das Auskunft über den oder die zukünftige(n) Ehepartner(in) geben sollte; es ist bereits in Form einer Kritik von Johann Paul Prätorius für das 17. Jahrhundert belegt: »Niemand sol/ die Gespenster des Teuffels zu sehen begehren. Diese Vermahnung ist den muthwilligen Leuten und für witzigen Gemüthen hoch nöthig; absonderlich aber den jungen Leuten/ so wohl Knaben als auch Mägdchen von welche etliche in der Nacht Wache des Apostels Andreae/ des HERR Christ Geburts und Beschneidungs Festes Mitten in der Nacht zusammen kommen/ und bißweilen auch wohl ohne Liecht in Finstern in einem Gemache sich niedersetzen/ und auff ein Gespenste warten: da sie etliche Gebetlein her zu murmeln pflegen/ und damit den Teuffel zu locken; Auch darneben entweder in GOTTES oder des H. Andreae Nahmen bitten/ daß sich doch ihr Liebster oder Liebste/ damse [damit sie, d. V.] zu künfftig/ im Ehe-Stande leben sollen/ in seiner eigen Gestalt und Kleid praesentieren möge. Ja sie pflegen sich auch ganz rücklings nieder auff die Erden zu legen/ und nach dem die Thüre aufgethan/ mit ausgestreckten Fäusten auff die Erden herumb trappeln und Haare suchen/ die von ihrer Liebsten Kopf seyn sollen: oder sie pflegen auch aus einem Hand-Becken die Stime ihrer Buhlen abnehmen wollen/ und was der Narren= Possen mehr seyn/ welche sie so Gottloß fürnehmen«[54].

Viele der Bräuche sind bereits in der frühen Neuzeit oder im Mittelalter belegt, und zwar durch Kritik wie im obigen Fall, oder sogar oft durch obrigkeitliche Verbote. Am bekanntesten, und trotz vielfacher Verbote von seiten der Obrigkeit bis in die Gegenwart in Oberschlesien noch üblich, ist das sogenannte Todaustragen am Sonntag Lätare, ein Frühlingsbrauch, der auch »Sommersingen« genannt wurde[55]. Dabei handelt es sich um einen Brauch, der ursprünglich von Jugendlichen, später von Kindern ausgeübt wurde und zumindest in den letzten hundert Jahren mit einem Heischegang verbunden war. Dabei wurde eine mit abgelegter Kleidung bekleidete Strohpuppe auf einem Stab durch das Dorf getragen und anschließend entweder in einem nahen Gewässer ertränkt oder auf der Feldmark verbrannt. Die imago mortis wurde zumeist als Frau oder sogar als Braut gekleidet und Marena oder Marzana genannt.

In einer spätmittelalterlichen Weltchronik wird der Brauchhergang bereits so beschrieben, wie er uns bis vor kurzem noch im Oppelner Land vor Augen stand, allerdings ohne den Heischegang[56]. Friedrich Sieber, der sich intensiv mit der Geschichte dieses Brauchs auseinandergesetzt hat, ist der Meinung, daß kein anderer Brauch in der kirchlichen und weltlichen Führungsschicht so permanentes Interesse gefunden habe wie das Todaustragen, und nennt als Möglichkeiten obrigkeitlicher Einflußnahme Verbot, Lenkung und Deutung[57]. Er weist eine Kette von Verboten von 1366 bis 1950 nach, die mehr oder weniger erfolgreich waren. Das Todaustragen und viele andere von Jugendlichen beiderlei Geschlechts ausgeübte Bräuche oder Zusammenkünfte (z. B. Spinnstuben) standen stets im Geruch, zu unmoralischen Aussschreitungen zu führen. Die Organisation der den Lebenslauf strukturierenden Bräuche (Rites de passage) waren hingegen Angelegenheiten der Erwachsenen und hatten in den Augen der Kirche und des Staates den Nachteil, daß sich die Familien oft tief verschuldeten, um Taufen, Einsegnungen, Hochzeiten und Begräbnisse in dem erwarteten Rahmen zu begehen. Die Behörden, die sich über die vielfältigen sozialen Implikationen dörflicher Rangfolge nicht im klaren waren, sahen in den oft tagelang andauernden Festen einen reinen Akt der Verschwendung und der Dummheit und versuchten, durch sogenannte Luxusverordnungen dagegen vorzugehen.

Im Kreuzfeuer der Kritik standen von seiten der preußischen Administration stets die mit dem katholischen Glauben verbundenen Bräuche und Feste der Oberschlesier, die den gebildeten und aufgeklärten Protestanten als eine Ansammlung sinnloser und schädlicher Betätigungen erschienen: »Aberglaube, tiefe Unwissenheit, Bigotterie, Faulheit, Tanzwuth, Zänkerei und Sauferei, bilden die Grundzüge dieses Bildes«[58]. Viele Sitten wurden jedoch von Katholiken und Protestanten gleichermaßen befolgt und zogen deshalb ebenfalls die kritische Aufmerksamkeit auf sich. Neben den Hochzeiten, die einen Höhepunkt der Feiern bildeten, waren es oft auch die die Geburt eines Kindes begleitenden Riten, die als überflüssig angesehen wurden. Der folgende Kommentar steht stellvertretend für eine ganze Reihe ähnlicher Äußerungen: »Meinen Rückweg machte ich über Steinseiffen, und zwar zum Theil in großer Gesellschaft von Frauenzimmern. Eine Wöchnerin ging nach der Vollendung ihrer Wochen [sechs Wochen nach der Geburt durfte die junge Mutter nicht in die Kirche, d. V.] zur Kirche, d. h. sie wanderte aus dem hohen Gebirge bei Arnsdorff, um vor den Altar die Formel über sich aussprechen zu laßen, und ein Opfer darzubringen. In den letzteren unterstützten sie einige Verwandte und besonders die Taufzeugen ihres Kindes (deren hier eine ziemliche Menge waren), wofür ihnen alsdann eine kleine Collation gereicht wird, welche oft nicht wenigere Kosten, als das Taufessen selbst, macht. Diese Sitte herrscht, wie ich höre, im ganzen Gebirge, und soll mit manchen Misbräuchen verbunden seyn. Wie vieles haben doch die Menschen erfunden, um den Eintritt eines neuen Mitgliedes in die bürgerliche Gesellschaft, für die drückend zu machen, die sich am meisten freuen sollten! – Daß eine Mutter nach ihrer Genesung in dem Hause der Gottesverehrung ihren Dank und ihre frommen Wünsche für das Leben ihres Kindes darbringt, oder wenn es gestorben ist, hier auf eine lebhaftere Weise den Trost der Religion empfängt, ist eine schöne und rührende Sitte; aber daß man die Idee einer geistigen Reinigung damit verbindet, (als wenn das wichtige Geschäft des Mutterwerdens verunreinigen könnte!) [...] das scheint nicht so gebilligt werden zu können«[59].

An einer solchen Textstelle wird deutlich, wie sehr der Autor die wahren Lebenszusammenhänge verkennt, indem er sie von rein rationaler Ebene aus betrachtet. Der Gang der Wöchnerin war für die junge Mutter ein Ersatz für die Taufe, der sie durch ihre sechs-

Abb. 74: Katholisches Mädchen aus dem oberschlesischen Zülz am Tag der Erstkommunion. Festliche Kleidung, Myrthenkranz und Myrthenzweig demonstrieren die herausgehobene Bedeutung dieses Festes, das eine Art zweite Taufe darstellte.

wöchige »Unreinheit« nicht hatte beiwohnen können. Taufen wurden wegen des häufigen frühen Kindstodes möglichst bald nach der Geburt vorgenommen und waren deshalb ein öffentlicher Anlaß für die Väter und ihre Freunde, während die Mutter mit ihren weiblichen Verwandten sich erst bei ihrem ersten Kirchgang wieder der dörflichen Gemeinschaft zeigen konnte. Wegen der hohen Kindersterblichkeit hatte die feierliche Einsegnung des Kindes an seinem ersten Geburtstag eine herausgehobene Bedeutung in der Familie, da man erwarten konnte, daß es nun auch größere Überlebenschancen hatte. Deshalb bat man zu diesem Anlaß noch einmal die Paten, die dann auch für die festliche Einkleidung des Kindes zuständig waren.

An diesem kleinen Beispiel ist zu erkennen, wie wichtig es ist, gerade Brauchhandlungen nicht nur äußerlich zu betrachten. Dies erfordert auch, anscheinend objektive historische Schilderungen einer Quellenkritik zu unterziehen, um durch den eingeschränkten Blickwinkel gelehrter und moralischer Betrachtungen hindurch die soziale Bedeutungsebene der Handelnden rekonstruieren zu können.

6. Erzähl- und Lesestoffe

Kirche und weltliche Obrigkeit spielen auch im Hinblick auf die Erzählungen eine wichtige Rolle. Zum einen waren es die Angehörigen gebildeter Schichten, die im 19. Jahrhundert ihr Interesse an der Volksüberlieferung entdeckten und mit der Aufzeichnung der Erzählstoffe begannen[60], zum anderen hatten gezielt verbreitete Droh- und Strafgeschichten religiös-theologischer Herkunft bei den Erzählinhalten der Sagen eine disziplinierende Funktion. In den Märchen und Schwänken war die Obrigkeit zumeist in der Gestalt der

Grundherren oder des Königs vertreten. Die beherrschenden Themen in den Sagen – für sie liegt in Bezug auf Schlesien eine der umfangreichsten landschaftlichen Sammlungen für den deutschen Sprachraum überhaupt vor[61] – sind jedoch die des alltäglichen Lebens bzw. die ihm innewohnenden Wünsche, Gefahren und Schrecken. Für alle drei Kategorien seien hier Beispiele genannt. Eine nach den Erhebungen des Atlas für deutsche Volkskunde in ganz Schlesien weit verbreitete Warn- und Strafgeschichte religiösen Inhalts ist die Begründung, warum »Der Mann im Mond« sitzt. Noch 1930 bei der Versendung der Fragebögen war das Wissen in ganz Schlesien verbreitet, daß der Mann im Mond ein dorthin verbannter Landwirt sei, der Feiertagsschändung (Arbeit an Sonn- und Feiertagen) begangen hatte, was in Oberschlesien bedeutete, daß er Dung auf die Felder gestreut hatte[62].

Ein sehr drastischer Schwank aus Oberschlesien schildert das Verhältnis von Gutsherren und Untertanen für den unbedarften Leser/Zuhörer lustig. Bei näherem Hinsehen allerdings ist unübersehbar, daß hier die obrigkeitliche Sichtweise vom guten und gerechten Gutsherrn und den mutwilligen, faulen und schlechten Untertanen tradiert wird, die den Grundherren für alles die Verantwortung auferlegen und keinerlei Eigeninitiative zu übernehmen bereit sind:

»Die Faulen

In Siemianowitz lebten einst vor vielen Jahren recht viele faule Leute. Ihre Faulheit war weit und breit bekannt. Sie arbeiteten gerade so viel, als zur Erhaltung ihres Lebens unbedingt notwendig war. Dem Grafen und Gutsherrn war das hinterbracht worden. Da er nicht recht daran glaubte, beschloß er, einige dieser Faulenzer bezüglich ihrer Faulheit auf die Probe zu stellen. Er erließ einen Aufruf mit der Aufforderung, daß alle faulen Leute sich bei ihm melden sollen. Letzteres geschah. Aus der Menge der Faulen, die Anzahl war nicht gering, suchte er sieben der ihm als trägsten bezeichneten heraus und brachte sie in einem besonderen Hause unter. Dort wohnten sie und erhielten vom Schlosse alles, was sie zum Leben nötig hatten.

Das geschah mehrere Jahre. Während dieser Zeit hatten die Insassen Beweise ihrer Faulheit hinreichend gegeben; dem Grafen genügte das aber noch nicht. Er wollte sehen, ob sie etwas zur Erhaltung ihres Lebens tun würden, wenn es einmal in Gefahr käme. Er ließ daher eines Tages, die Faulenzer waren gerade zu Hause, das Gebäude an allen vier Seiten anzünden. Bald erscholl aus der Mitte der Draußenstehenden: Feuer! Rettet euch! Da steckte einer der Faulen den Kopf zum Fenster hinaus und sagte: wir denken gar nicht daran, uns zu retten. Wenn dem Grafen unser Leben lieb ist, wird er schon etwas zu unserer Rettung tun. Und alle sieben verblieben in dem brennenden Hause und kamen elend in den Flammen um«[63].

Der Schwank ist ohne den Hintergrund der Gutsherrschaft im polnisch-sprachigen Teil Oberschlesiens nicht zu verstehen – kennt man sie, ist die Botschaft jedoch eindeutig. Trotz der drückenden Lasten, der Leibeigenschaft und der absoluten Verfügungsgewalt des Grundherrn über alle Lebensbereiche hat jeder für sich selbst zu sorgen, sind Faulheit und Indolenz eine Sünde.

Die meisten Erzählungen spielen jedoch im engen Umkreis des Dorfes und der es umgebenden Landschaft. Dabei geht es um die Gefahren der ungebändigten Natur, wie etwa die Wassermänner in Teichen, Seen und Flüssen[64], die Gefahren einer späten Heimkehr in der Dämmerung oder der Nacht (Begegnungen mit Aufhockern, schwarzen Hunden, dem Teufel) und sehr häufig um die oft vergebliche, sehr viel seltener erfolgreiche Suche nach Schätzen, die das triste armselige Leben beenden könnten. Bei der großen Anzahl von Belegen für die vergebliche Schatzsuche fällt auf, daß heutige Sagen[65] sehr oft den Verlust von Besitz thematisieren, während in den Volkssagen des 19. Jahrhunderts die beständige Sehnsucht nach Wohlstand dominiert. Auch dies ist ein Zeichen für den sozialen Gehalt von

Abb. 75: In den Streichen und Späßen, die hier Rübezahl als Illustration zu den folgenden Sagen zugeordnet werden, ist der Zusammenhang zwischen Alltagsleben und Erzählwelt handgreiflich. Unwetter, drohende Gestalten in der Dämmerung, das Abkommen vom Weg oder unerwartete lustige Ereignisse werden in Erzählungen mit sagenhaftem Inhalt verarbeitet und gedeutet.

Erzählstoffen. Besonders wichtig sind bei Sagen immer die genauen Angaben der Handlungsorte, die die Glaubwürdigkeit der Geschichte erhöhen. In der folgenden Sage finden wir z. B. die wichtigsten Kategorien der Gattung und des Themas vereint:

»Agnetendorfer Schatzgräber beim Geldstein am Hummelberge. Riesengebirge. Kreis Hirschberg

In Agnetendorf lebten – es ist nur ein etwa ein halbes Jahrhundert her – zwei Brüder, namens Geier, von welchen dem einen die ›Vördermühle‹, dem andern die ›Hintermühle‹ gehörte. Diese Gebrüder Geier hatten durch einen anderen Agnetendorfer, ›der alte Fritsch‹ genannt, den Tag und die Stunde in Erfahrung gebracht, wo der Schatz sich heben läßt, der – nach dem Glauben mancher Leute noch heutigen Tags – unter dem sogenannten ›Geldstein‹ am Hummelberge vergraben liegt. Der Geldstein liegt an der Stelle, wo der Berg von der Bismarckhöhe nach Hermsdorf mit dem Wege von Agnetendorf über ›den Quirl‹ nach Petersdorf sich kreuzt.

Als unsere drei Schatzgräber der Stelle sich näherten (es war um die Geisterstunde), sahen sie ›den Schatz brennen‹, das ist in der Erde glühen und leuchten. Rasch und schweigsam räumten sie Boden und Gestein beiseite und schickten sich an, den Schatz zu heben. Da hörten sie plötzlich ein Geräusch, und als sie aufblickten, standen neben ihnen zwei

›flämische Männer‹, und einer von ihnen sagte zum andern: ›Welchen greifen wir zuerst?‹ In seinem Schrecken hierüber vergaß einer der Gebrüder Geier, daß bei Schatzgräbereien kein Wort gesprochen werden darf, und rief aus: ›Um Gottes willen, mich nicht!‹ Bei diesem Ausruf aber verschwanden nicht nur die ›flämischen Männer‹, sondern auch der Schatz«[66].
Diese auf den ersten Blick anscheinend nur mündlich tradierten Erzählstoffe[67] haben jedoch oft auch eine schriftliche Traditionslinie, die sich nicht nur in den Chroniken Gelehrter nachvollziehen läßt, sondern auch in populären Lesestoffen und Bilddrucken, die sich seit der Erfindung des Buchdrucks und mit den verbesserten Möglichkeiten zur Verbreitung populärer Massenbilder im Privatbesitz zu etablieren begannen. Religiöse Themen, wie z. B. Andachtsbilder mit dem hl. Christophorus als Schutzpatron vor dem jähen Tod waren ebenso beliebt wie Sensationsmeldungen über Erdbeben, Überschwemmungen, Mißgeburten, Heuschreckenplagen, Korn- oder Blutregen oder besonders verwerfliche Mordtaten[68].
Vom 16. bis 18. Jahrhundert waren neben den Predigten in den Gottesdiensten die einzig verfügbaren Nachrichtenorgane die auf Jahrmärkten und in Wirtshäusern verlesenen und zu betrachtenden Flugblätter und Flugschriften sowie die Vorträge von Zeitungs- und Bänkelsängern. Dabei wurde neben einem Text meist auch eine Illustration gestellt (die auch des Lesens Unkundige aufnehmen konnten) und oft auch eine Melodie angegeben, zu der der Text gemeinsam oder durch einen Vorsänger gesungen werden konnte. Ein typisches Liedflugblatt ist die »Grundliche vnd Warhafftige Newe Zeitung/ von/ einer vnerhorten Mißgeburt/ so zur Liben [Liebau, d. V.] in Oberlausitz/ eines armen Hirten Weib geboren/ recht vnnd Naturlich/ wie in dieser Figur zu sehen/ geschehen den 10. Novembris Anno 1598. In Gesangweiß gestelt/ In Thon/ Kompt/ her zu mir spricht GOTTES Sohn«[69].
Eine andere schlesische Flugschrift, die eher zum Vortragen als zum Singen gedacht war, ist ein »Wahrhafftiger und gründlicher Bericht von den Unerhört=begangenen... Mordthaten, Ehebruchs, Hurerey... Der einander verwandten Personen alss Hans Liehmanns sonst Weinhans genannt und dessen Eheweibs Barbara (vielm.: Wildin)... und der darauf erfolgten scharffen Execution, so in der Fürstl. Stadt Wohlau an den ersten Dreyen Personen den 27. April und an den letzteren Dreyen den 11. July Dieses 1661. jahres vollzogen worden.«[70].
Eine bis in die Gegenwart beliebte Lektüre stellen auch Kalender dar, die neben dem Kalendarium die Tage der Heiligen aufführen und neben Illustrationen auch stets einen unterhaltenden und erbaulichen Leseteil enthalten. Einer der ältesten nachgewiesenen Kalender Deutschlands ist in Schlesien erschienen und enthält eine Warngeschichte, die die oben erwähnte Kindstaufe als Fest der Männer zum Thema hat: »Begab sich ein besonderer trawiger Fall: Etliche Bawren von Bräbisch [eventuell Gräditz oder Brauchitsch(dorf), d. V.]/ bringen in die Stadt ein Kindlein zur Tauffe. Nach verrichter Tauffe/ gehen die Gevattern in ein Bierhauß: da sie wol bezecht/ frölich heimfahren/ vnd des Kindleins nicht war nemen/ scheust jhnen das Kindlein vnvermerkt aus dem Bethlin vom Wagen. Da sie heim Kommen/ vnd das Kindlein der Mutter vberantworten sollen/ finden sie im Bethlin keines: Sie erschrecken/ vnd schicken einen reitenden Knecht zu rücke/ der findet das Kindlein im Wege liegen/ so den Hals gebrochen/ vnd deme die Vogel schon die Augen ausgeklickt!«[71]
Seit dem 18. Jahrhundert waren Volksbücher allgemein verbreitet, in denen die Geschichten vom Doktor Faust, von Genovefa, den Schildbürgern und auch der Sibylle Weiss[72] nachgelesen werden konnten. An die Stelle der im 19. Jahrhundert sehr beliebten Fortsetzungsromane, die von Kolporteuren ins Haus geliefert wurden, trat zunehmend die Tages- oder Wochenzeitung und darin der Zeitungsroman. Allerdings galt eine Zeitung auch im 20. Jahrhundert noch als Luxus und war für viele unerschwinglich; oft lasen zwei oder mehr

Familien eine Zeitung gemeinsam. Seit den dreißiger Jahren eroberte sich das Radio auch die Haushalte der ländlichen Bevölkerung.
Abschließend muß festgestellt werden, daß eine Volkskunde, die die sozialhistorischen Zusammenhänge als Grundlage für ihre Arbeit nimmt, sich in ihren Ergebnissen grundsätzlich von den Gesamtdarstellungen der schlesischen Volkskunde der zwanziger Jahre unterscheidet. Die Volkskundler der Vorkriegszeit malten ihren Lesern das Bild einer einfachen, aber idyllischen und traditionsverbundenen schlesischen Landbevölkerung ohne große soziale Unterschiede, hinter dem die Vorstellung einer vielleicht armen, aber geregelten und überschaubaren Welt steht, die es möglichst zu bewahren gilt und deren Verschwinden zu bedauern ist. Der heutigen Volkskunde stellt sich das Leben der schlesischen Unterschichten vor allem als ein rigoros beschränktes dar, geprägt von Abhängigkeit, Unmündigkeit, ständiger Existenznot, wenigen Fluchtmöglichkeiten und einem starren Regelsystem, das dem Individuum kaum selbständige Entwicklungsmöglichkeiten bot. Nur in der Betrachtung der Bräuche und Feste, also in den Momenten außerhalb des Alltags, kann man die fröhliche und unbeschwerte Komponente erahnen, die das Leben zweifellos auch hatte. Diese positive Seite könnte noch durch eine Herausarbeitung der ruhigeren Momente des Alltags erweitert werden, in denen z. B. bei der abendlichen Spinnstube oder beim Federschleißen erzählt, gesungen und gelacht wurde. Abweichend von der Meinung der älteren Forschung sehen wir in der Bevölkerung Schlesiens aber nicht ein autonomes Volkstum, das eigenständige Regeln und Traditionen abseits adeliger und bürgerlicher Vorstellungen aufbaute und tradierte, sondern eher Menschen, deren Lebensbedingungen und Glaubensvorstellungen beständig von der Obrigkeit bevormundet und reglementiert wurden. Die historische Erzählüberlieferung gilt uns als sozialhistorisch relevante Quelle, in der sich diese Abhängigkeiten und der Wunsch, ihnen zumindest partiell zu entkommen, widerspiegeln.

Anmerkungen

1 Hermann Bausinger, Kritik der Tradition, in: Zeitschrift für Volkskunde 81 (1985), S. 173–191, hier S. 236, 242f.; ders., Volkskunde. Von der Altertumsforschung zur Kulturanalyse, Tübingen 1979; Wolfgang Kaschuba, Volkskultur zwischen feudaler und bürgerlicher Gesellschaft. Zur Geschichte eines Begriffs und seiner gesellschaftlichen Wirklichkeit, Frankfurt am Main/New York 1988, S. 262.

2 Mecklenburgische Volkskunde. Hrsg. v. Ulrich Bentzien u. Siegfried Neumann, Rostock 1988; Handbuch der schweizerischen Volkskultur, Bde. 1–3. Hrsg. v. Paul Hugger, Zürich 1992.

3 Großstadt. Aspekte empirischer Sozialforschung. Hrsg. v. Theodor Kohlmann u. Hermann Bausinger, Berlin 1985 (= Schriften des Museums für Deutsche Volkskunde, Bd. 13); Piotr Kowalski, Parterowy olimp. Rzecz o polskiej kulturze masowej lat siedemdziesiątych, Wrocław 1988 (= Prace Wrocławskiego Towarzystwa Naukowego. Seria A, Bd. 241); Leute in der Großstadt. Hrsg. v. Jana Pospíšilová u. Karel Altmann, Brno 1992.

4 H. Jacobi, Ländliche Zustände in Schlesien während des vorigen Jahrhunderts, Breslau 1884, S. 169.

5 Johannes Ziekursch, Hundert Jahre schlesischer Agrargeschichte. Vom Hubertusburger Frieden bis zum Abschluß der Bauernbefreiung, Breslau 1915 (= Darstellungen und Quellen zur schlesischen Geschichte, Bd. 20); Ingeborg Weber-Kellermann, Erntebrauch in der ländlichen Arbeitswelt des 19. Jahrhunderts auf Grund der Mannhardtbefragung in Deutschland von 1865, Marburg an der Lahn 1965, S. 56f., 89–92; dies., Landleben im 19. Jahrhundert, München ^{2}1988 [^{1}1987].

6 Caspar Sommer, Curiöser Tractat, Der Schlesische Eselsfresser genannt, Leipzig 1703, S. 42.

[7] Brigitte Bönisch-Brednich, »Den gemeinen Provinzialdialekt sprechen immer nur Leute ohne Erziehung«. Schreibende Reisende schildern die schlesischen Riesengebirgsbewohner, in: Jahrbuch für ostdeutsche Volkskunde 36 (1993), S. 132–157.

[8] Briefe über Oberschlesien (gez. P.), in: Schlesische Provinzialblätter 10 (1789), S. 538–547, hier S. 538.

[9] Der gegenwärtige Zustand Oberschlesiens. Juristisch, oekonomisch, pädagogisch und statistisch betrachtet, Dresden 1786, S. 35, 41.

[10] Johann Friedrich Zöllner, Briefe über Schlesien, Krakau, Wieliczka und die Grafschaft Glatz auf einer Reise im Jahr 1791, Bde. 1–2, Berlin 1792–1793, hier Bd. 1, S. 268f.

[11] Zöllner, Briefe über Schlesien (wie Anm. 10), S. 403.

[12] Zöllner, Briefe über Schlesien (wie Anm. 10), S. 403.

[13] Zöllner, Briefe über Schlesien (wie Anm. 10), S. 424.

[14] Erster Ritt gegen Aberglauben, Misbräuche und dergleichen, in: Schlesische Provinzialblätter 7 (1788), S. 242–251.

[15] Ueber den Charakter des Bauern, insbesondere in Schlesien, in: Schlesische Provinzialblätter 5 (1785), S. 11–21, hier S. 12.

[16] Georg Friedrich Knapp, Die Bauernbefreiung und der Ursprung der Landarbeiter in den älteren Teilen Preußens, Bde. 1–2, Leipzig 1887; Ziekursch, Hundert Jahre schlesischer Agrargeschichte (wie Anm. 5).

[17] Weber-Kellermann, Erntebrauch in der ländlichen Arbeitswelt (wie Anm. 5), S. 90.

[18] Joseph Heimbrod, Ueber die deutsche Sprache in dem polnischen Oberschlesien, Ober-Glogau 1872.

[19] Maria Baalmann, Der Landarbeiter im Spiegel der landwirtschaftlichen Fachliteratur des 19. Jahrhunderts, in: Volkskunde in Niedersachsen 8 (1991), S. 92–99.

[20] Max Weber, Die Verhältnisse der Landarbeiter im ostelbischen Deutschland (Preußische Provinzen Ost- und Westpreußen, Pommern, Posen, Schlesien, Brandenburg, Großherzogtümer Mecklenburg, Kreis Herzogtum Lauenberg). Dargestellt auf Grund der vom Verein für Socialpolitik veranstalteten Erhebungen, Leipzig 1892 (= Schriften des Vereins für Socialpolitik 55, Bd. 3), Schlesien S. 493–639, hier S. 635.

[21] Ian Harry Burnley, German Immigration and Settlement in New Zealand 1842–1914, in: New Zealand Geographer 29 (1973), S. 45–63, hier S. 46.

[22] Wilhelm Strieda, Litteratur, heutige Zustände und Entstehung der deutschen Hausindustrie, Leipzig 1889 (= Schriften des Vereins für Socialpolitik, Bd. 39/1).

[23] Will-Erich Peuckert, Die Volkskunde des Proletariats, Frankfurt am Main 1931; Walter Wehner, »Die schlesischen Weber« und andere Texte zum Weberelend, München 1980 (= Text und Geschichte, Bd. 3).

[24] Rudolf Virchow, Mittheilungen über die in Oberschlesien herrschende Typhus-Epidemie, in: Archiv für pathologische Anatomie und Physiologie und für klinische Medizin 2 (1849), S. 143–322.

[25] »Das preußische England . . .«. Berichte über die industriellen und sozialen Zustände in Oberschlesien zwischen 1780 und 1876. Hrsg. v. Hanswalter Dobbelmann, Volker Husberg u. Wolfhard Weber, Wiesbaden 1993 (= Studien der Forschungsstelle Ostmitteleuropa an der Universität Dortmund, Bd. 10), S. 257f.

[26] Virchow, Mittheilungen (wie Anm. 24), S. 151.

[27] Virchow, Mittheilungen (wie Anm. 24), S. 302.

[28] Weber, Die Verhältnisse der Landarbeiter (wie Anm. 20), S. 629.

[29] Kulturräume und Kulturströmungen im mitteldeutschen Osten. Textband und Kartenband. Hrsg. v. Wolfgang Ebert [u. a.], Halle 1936; Karl Weinhold, Die Verbreitung und die Herkunft der Deutschen in Schlesien, Stuttgart 1887 (= Forschungen zur Landes- und Volkskunde, Bd. II/3).

[30] Max Hellmich, Das schlesische Dorf und die schlesische Tracht, in: Schlesische Landeskunde, Bd. 2. Hrsg. v. Fritz Frech u. Franz Kampers, Leipzig 1913, S. 394–410.

[31] Johann Gustav Gottlieb Büsching, Bruchstücke einer Geschäftsreise durch Schlesien, unternommen in den Jahren 1810, 11, 12, Breslau 1813, S. 261f.

[32] Virchow, Mittheilungen (wie Anm. 24), S. 163f.

[33] Alfred Klee, Die Landarbeiter in Nieder- und Mittelschlesien und der Südhälfte der Mark Brandenburg, Tübingen 1902 (= Die Landarbeiter in den evangelischen Gebieten Norddeutschlands in Einzeldarstellungen nach den Erhebungen des Evangelisch-sozialen Kongresses, Bd. 3), S. 42.

[34] Rudolf Schenda, Volk ohne Buch. Studien zur Sozialgeschichte der populären Lesestoffe, Frankfurt am Main 1970.

[35] Bunzlauer Geschirr. Gebrauchsware zwischen Handwerk und Industrie. Hrsg. v. Heidi Müller, Ekkehard Lippert u. Regine Falkenberg, Berlin 1986 (= Schriften des Museums für Deutsche Volkskunde, Bd. 14).

[36] Friedrich Lucae, Schlesiens curieuse Denkwürdigkeiten/ oder vollkommene Chronica Von Ober- und Nieder-Schlesien/..., Frankfurt am Mayn 1689, S. 2192.

[37] Auszüge aus Briefen eines reisenden Engländers, nach seiner eigenen Übersetzung, in: Deutsches Museum 1 (1780). Zit. nach »Das preußische England...« (wie Anm. 25), S. 7f.

[38] August Heinrich Hoffmann von Fallersleben, Mein Leben. Aufzeichnungen und Erinnerungen von Hoffmann von Fallersleben, Bde. 1–6, Hannover 1868, hier Bd. 2, S. 1.

[39] Gitta Böth, Kleidungsforschung, in: Grundriß der Volkskunde. Einführung in die Forschungsfelder der Europäischen Ethnologie. Hrsg. v. Rolf W. Brednich, Berlin [2]1994 [[1]1988], S. 212.

[40] Zöllner, Briefe über Schlesien (wie Anm. 10), Bd. 1, S. 169f.

[41] Schultze und Müller im Riesengebirge. Humoristische Reisebilder. Mit 30 Illustrationen von Wilhelm Scholz, Berlin 1854, S. 29.

[42] Konrad Gusinde, Schönwaid. Beiträge zur Volkskunde und Geschichte eines deutschen Dorfes im polnischen Oberschlesien, Breslau 1912 (= Wort und Brauch, Bd. 10); Trachtenbilder aus einem deutschen Dorf in Oberschlesien. Hrsg. v. Frieda Kaisig, Hamburg 1920; Elisabeth Grabowski, Die Volkstrachten in Oberschlesien, Breslau 1935, S. 32–59.

[43] Johann Carl Christian Löwe, Beiträge zur näheren Kenntniß Oberschlesiens, in: Oberschlesische Monathsschrift 1 (1788), S. 61–76. Zit. nach »Das preußische England...« (wie Anm. 25), S. 55f.

[44] Julius Krebs, Schlesische Zustände im 1. Jahrhundert der preußischen Herrschaft, Breslau 1840. Zit. nach »Das preußische England...« (wie Anm. 25), S. 197; man beachte bei dem Text jedoch die ironischen Übertreibungen, die ein Stilmittel damaliger Texte darstellten.

[45] Virchow, Mittheilungen (wie Anm. 24), S. 166.

[46] Kuhna, Die Ernährungsverhältnisse der industriellen Arbeiterbevölkerung in Oberschlesien. Im amtlichen Auftrage ausgearbeitet im Winter 1891/92, Leipzig 1894, S. 139.

[47] Klee, Die Landarbeiter in Nieder- und Mittelschlesien (wie Anm. 33), S. 107.

[48] Weber, Die Verhältnisse der Landarbeiter (wie Anm. 20), S. 550.

[49] Günter Wiegelmann, Alltags- und Festspeisen. Wandel und gegenwärtige Stellung, Marburg an der Lahn 1967 (= Atlas der deutschen Volkskunde. Neue Folge, Beiheft 1), S. 169.

[50] Friedrich von Cölln, Schlesien wie es ist, Berlin 1806, S. 185f.

[51] Ulrich Tolksdorf, Nahrungsforschung, in: Grundriß der Volkskunde (wie Anm. 39), S. 229–242.

[52] Ingeborg Weber-Kellermann, Saure Wochen – Frohe Feste. Fest und Alltag in der Sprache der Bräuche, München/Luzern 1985; Andreas C. Bimmer, Brauchforschung, in: Grundriß der Volkskunde (wie Anm. 39), S. 375–395.

[53] Will-Erich Peuckert, Schlesische Volkskunde, Leipzig 1928 (= Deutsche Stämme, Deutsche Lande. Deutsche Volkskunde in Einzeldarstellungen) [ND Frankfurt am Main 1978], S. 176–236; Joseph Klapper, Schlesische Volkskunde auf kulturgeschichtlicher Grundlage, Stuttgart [2]1952 [Breslau [1]1925] (= Schlesisches Volkstum. Quellen und Arbeiten der Schlesischen Gesellschaft für Volkskunde, Bd. 1), S. 265–304.

[54] Johannes Paul Prätorius, Daemonologia Rubinzalii Silesii, Amstad [3]1668 [[1]1662], Th. 1, S. 220.

[55] Friedrich Sieber (unter Mitarbeit von Siegfried Kube), Deutsch-Westslawische Beziehungen in Frühlingsbräuchen. Todaustragen und Umgang mit dem Sommer. Berlin 1968 (= Veröffentlichungen des Instituts für deutsche Volkskunde, Bd. 45).

[56] Sieber, Deutsch-Westslawische Beziehungen (wie Anm. 55), S. 235.

[57] Sieber, Deutsch-Westslawische Beziehungen (wie Anm. 55), S. 106.

[58] Krebs, Schlesische Zustände (wie Anm. 44), S. 195.

[59] Wanderung nach Krummhübel. Zweiter Brief (gez. L. S. W. Fr.), in: Schlesische Provinzialblätter 25 (1797), S. 509–536, hier S. 520f.

[60] Brigitte Bönisch-Brednich, Reiseberichte als Quelle der Erzählforschung. Am Beispiel schlesischer Quellen, in: Fabula. Zeitschrift für Erzählforschung 34 (1993), S. 252–269.

[61] Richard Kühnau, Schlesische Sagen, Bde. 1–4, Leipzig 1910–1913 (= Schlesiens volkstümliche Überlieferungen, Bde. 3–6).

[62] Atlas der deutschen Volkskunde. Alte Folge, Lfg. 2, Karte 16, Berlin 1936; Will-Erich Peuckert, Schlesische Märchen, Breslau 1932, S. 592f.

[63] Peuckert, Schlesische Märchen (wie Anm. 62), S. 618f.

[64] Walter Kalak, Der Wassermann im oberschlesischen Volksglauben, Würzburg 1936 (= Beiträge zur Volkskunde Oberschlesiens, Bd. 1).

[65] Rolf Wilhelm Brednich, Sagenhafte Geschichten von heute, München 1994.

[66] Kühnau, Schlesische Sagen (wie Anm. 61), Bd. 3, S. 626f.

[67] Rudolf Schenda, Von Mund zu Ohr. Bausteine zu einer Kulturgeschichte volkstümlichen Erzählens in Europa, Göttingen 1993.

[68] Warhafftige vnd erschrockliche Newe Zeytung inn Schlessien geschehen in disen XXXXII. Jar... Von vnerhörten Hewschrecken Wie viel der gewesenen vnnd was sie schaden gethan haben. Gedruckt zu Breslau 1542, in: Emi Weller, Die ersten deutschen Zeitungen. Mit einer Bibliographie 1505–1599), Stuttgart/Tübingen 1871 (= Bibliothek des Literarischen Vereins, Bd. 111), Nr. 139; Zwo warhafftige new zeitung...Die Ander, Von einem Gewitter vnd Fewersnoth, auch Blutregen so Gott vber die Statt Schibrick, in der Schlesien, ergehen lassen..., o. O. o. J. [1597], in: ebd., Nr. 845; Zwo Warhafftige Newe Zeitung, Die erst, Von einem Mörder, der sein Ehelich Weib, vnnd Sechs Kinder ermördert hat, geschehen in der... Statt Prüsseln [Breslau], in der Schlessien gelegen..., o. O. 1599, in: ebd., Nr. 870.

[69] Rolf Wilhelm Brednich, Die Liedpublizistik im Flugblatt des 15.–17. Jahrhunderts, Bde. 1–2, Baden-Baden 1974 (= Bibliotheca Bibliographica Aureliana, Bd. 55), hier Bd. 2, S. 86f.

[70] Breslau 1661 (18 Bl.). Exemplar der Niedersächsischen Staats- und Universitätsbibliothek Göttingen, Sign. 8^0 H. Sil. 7318.

[71] Nicolaus Polius, Hemerologion Silesicum Vratislaviense. Tagebuch Allerley fürnemer/ namhafftiger/ gedenckwürdiger Historien, Leipzig 1612, s. v. XI. Januar 1576.

[72] Klapper, Schlesische Volkskunde (wie Anm. 53), S. 196f.; zu Sibylle Weiss: Will-Erich Peuckert, Sibylle Weiss [Geschichte eines Volksbuches]. Unveröff. Buchmanuskript der Habilitationsschrift von 1932. Niedersächsische Staats- und Universitätsbibliothek Göttingen, Handschriftenabteilung [ohne Signatur].

Teil V: Schlesische Literatur von den Anfängen bis zum Jahr 1945

(Matthias Weber)

1. Literatur und Region: Was ist schlesische Literatur?

Die Literatur eines Sprachraums empfängt oft von außen Anregungen, die sie reflektiert, verarbeitet oder weiterentwickelt. Im historischen europäischen Zusammenhang sind die großen kulturellen Strömungen seit dem Mittelalter von Süden (Italien) nach Norden und von Westen (Frankreich) nach Osten verlaufen. Literatur stellt in diesem Kontext wie Bildende Kunst und Musik ein unteilbares Ganzes dar, das sich aus der Gesamtheit konstituiert. Literatur wird im allgemeinen weniger von Regionen als von einzelnen Persönlichkeiten geprägt[1], von Dichtern, Schriftstellern oder Wissenschaftlern, die außerhalb ihres Geburtslandes studiert, auf Reisen die Welt kennengelernt haben; Weltoffenheit kennzeichnet auch die bedeutenden schlesischen Literaten – von Martin Opitz bis Gerhart Hauptmann.

Bei einer Gliederung von Literatur in zeitliche Abschnitte oder in provinzielle Segmente – wie sie im folgenden Überblick geschieht – besteht die Gefahr, daß ihre geographisch und zeitlich weiterreichenden Bezüge verdeckt bleiben. Problematisch ist eine auf die Region konzentrierte Zusammenfassung gerade im Fall des sprachlich und national gemischten Schlesien, das am Übergang zweier Sprachräume lag und lange Zeit vor allem Impulse von außen empfing, bevor es in der Barockzeit selbst zum ausstrahlenden Zentrum wurde. Dem durch die Jahrhunderte eilenden Blick auf die Literatur dieser durch politisch-geographische Grenzen definierten Region zeigen sich erwartungsgemäß Phasen höherer und geringerer literarischer Produktivität und Qualität. Man hat versucht, bei den mit Schlesien verbundenen Dichtern und Schriftstellern spezifisch ostdeutsche Konstanten[2] oder wenigstens besondere schlesische Charaktermerkmale herauszuarbeiten, wie Toleranz[3] als Folge der besonderen konfessionellen Situation Schlesiens oder einen geradezu genetisch verankerten mystisch-romantischen Wesenszug. Man hat aus der Grenzlage Schlesiens sogar ureigene nationale Aufgaben dieser Literatur abgeleitet, und oft war der Lobpreis des Beitrags der Schlesier zur deutschen Kultur[4] ein Hauptantrieb für die Darstellung der mit dieser Landschaft verbundenen Literatur. Letztlich sind solche auf stereotype Merkmale gerichtete Fragestellungen unergiebig geblieben. Sie geben heute mehr Auskunft über die Intentionen der Literaturwissenschaftler und deren geistiges Umfeld als über das Besondere der Literatur Schlesiens.

Tatsächlich bildeten nur selten Autorengemeinschaften oder Dichterschulen eine spezifisch schlesische Literaturszene und leisteten als Gemeinschaft von Gleichgesinnten einen spezifisch schlesisch geprägten Beitrag zur Nationalliteratur. Während man durchaus von schlesischem Humanismus, von schlesischem Barock oder auch von oberschlesischer Industrieliteratur sprechen kann, gibt es keine schlesische Romantik, nur schlesische Romantiker, keinen schlesischen Expressionismus, nur schlesische Expressionisten. Schlesien bildete auch keine geschlossene Literaturlandschaft, welche gleichsam durch tiefliegende gemeinsame Wurzeln über die Zeit verbunden und vernetzt war.

Wie für andere Kulturregionen gibt es aber auch für Schlesien landschaftliche, historische und geistige Grundtatsachen, welche die in diesem Raum lebenden Menschen mitgeprägt haben, die von Dichtern und Schriftstellern aufgegriffen und thematisiert werden oder den Rahmen einer Handlung darstellen. Von solchen Regionalismen soll die Rede sein, wenn sie sich in den Werken der Autoren ausdrücken. Sie bilden das Regionale in der Literatur, was nicht ausschließt, daß ein von der Region geprägtes Werk zur Weltliteratur zählt.
Im folgenden geht es um Aspekte der schlesischen Literatur, d. h. der in Schlesien geschaffenen und/oder von Schlesien handelnden Literatur. Es geht um Dichter und Schriftsteller, die mit Schlesien durch ihre Herkunft in enger Verbindung stehen oder durch ihre Biographie in Beziehung getreten sind, gleichgültig ob ihre Werke von Schlesien handeln oder nicht.

2. Mittelalter: Mönche, Adelige, Bürger – Zufälligkeit der Überlieferung

Ordensniederlassungen der Augustiner und der Zisterzienser und damit Stätten geistlicher Kultur gab es bereits im 12. Jahrhundert (Leubus 1175) in dem damals dünn besiedelten Schlesien. Vor allem aber die Klostergründungen der Zisterzienser im 13. Jahrhundert (Trebnitz, Heinrichau, Kamenz, Grüssau, Rauden), bildeten sich zu Zentren aus, in welchen lateinische theologische Schriften gelesen, kopiert und verfaßt wurden. Abgesehen von wenigen älteren Fragmenten stellen die sogenannten *Trebnitzer Psalmen*[5], die vermutlich in der Mitte des 13. Jahrhunderts entstanden sind, das älteste größere deutschsprachige Literaturdenkmal Schlesiens dar. Die Trebnitzer Psalmen besitzen durch ihre mundartlichen Besonderheiten nicht zuletzt sprachgeschichtliche Bedeutung. In den schlesischen Klöstern wurden geistliche Prosawerke, Heiligenviten, Gebete und Predigten geschrieben – wie in vielen anderen Klöstern im mittelalterlichen Europa –, aber auch weltliche Chroniken und Annalen, in denen sich nicht selten kulturgeschichtliche Details spiegeln. Weit über die Grenzen seiner oberschlesischen Heimatregion wurden die allegorischen Predigten des Bibelexegeten Peregrinus von Ratibor[6] (gestorben um 1333) geschätzt, dies zeigen die etwa 350 erhaltenen Peregrinus-Handschriften. Der aus Thüringen in das Kloster Rauden gekommene Zisterzienserfrater Rudolfus, dessen Werke zwischen 1235 und 1250 entstanden sind, hat mit seinem lateinischen Traktat über das Priestertum (*Summa fratris Rudolfi de confessionis discretione*) nicht nur in dem damaligen großen Streit zwischen Papst und Kaiser Position bezogen, sondern auch kulturgeschichtlich bedeutsame Kapitel über die Sitten der mit ihm aus Meißen nach Schlesien eingewanderten Siedler eingefügt. Die in den Schriften dieser beiden Mönche enthaltenen Motive und Legenden sind durch die volkstümliche Überlieferung weitergetragen worden.
Lebensnah werden in dem am Übergang vom 13. zum 14. Jahrhundert entstandenen Heinrichauer Gründungsbuch[7] (*Liber fundationis claustri sanctae Mariae virginis in Heinrichow*) die Entstehung und die Geschichte von bäuerlichen und kleinadeligen Siedlungen im Klosterbereich geschildert, so daß man das Werk des Abtes Peter I. (gestorben 1271), des Verfassers des ersten Teils, auch als Bauernnovellen in Ansätzen charakterisieren kann. Der lateinische Text des Heinrichauer Gründungsbuchs enthält einen einzigen polnischen Satz – den ältesten, der in dieser Sprache überhaupt überliefert ist.
Kein anderes Werk hat die Literatur und später die Identität der Schlesier so stark

beeinflußt wie die um 1300 von einem Mönch des Klosters Leubus ebenfalls in Latein geschriebene *Legende der Heiligen Hedwig* (gestorben 1243)[8] – die erste Dichtung Schlesiens. Die Hedwigslegende hebt die heiligen Züge der aus dem Haus Andechs-Meranien stammenden Gemahlin Herzog Heinrichs I., des Bärtigen, von Breslau hervor. In ihr ist zugleich die Legende vom Heldentod von Hedwigs Sohn, dem schlesischen Herzog Heinrich II., dem Frommen, im Kampf gegen die Mongolen überliefert; seither besitzt Schlesien eine eigene Heiligen-Heldenlegende: die Landesmutter Hedwig und Heinrich der Fromme als Retter des Abendlandes vor den Heiden. Nach einer deutschen Übersetzung des 15. Jahrhunderts wurde die Hedwigslegende im Jahr 1504 durch Konrad Baumgarten in Breslau in einem mit zahlreichen Holzschnitten illustrierten Druck herausgegeben[9].

Lokal verhaftet ist die spätmittelalterliche Chronistik, sofern sie sich nicht nur mit der allgemeinen Geschichte des Papst- und Kaisertums befaßt: Die in Heinrichau in der ersten Hälfte des 14. Jahrhunderts entstandene *Chronica Polonorum* wurde Grundlage der meisten schlesischen Geschichtswerke. Andere in Schlesien entstandene Chroniken gehören dem größeren geistig-literarischen Kontext an: Zum Beispiel war der Dominikaner Martin von Troppau (vor 1230–1278), Verfasser der wirkungsmächtigsten lateinischen Chronik des Mittelalters, der *Papst-Kaiser-Chronik* (vor 1277)[10], nicht nur Historiograph, sondern auch Dichter. Seine in über 400 Handschriften überlieferte Chronik ist mit zahlreichen Anekdoten ausgeschmückt – die Fabel von der Päpstin Johanna hat Martin von Troppau als erster ausgestaltet. Der bei Liegnitz geborene Philosoph und Naturforscher Witelo (1220–1275), Sohn eines aus Thüringen eingewanderten Vaters und einer polnischen Mutter, nimmt als Vertreter der neuplatonischen Bewegung einen hohen Rang in der europäischen Philosophiegeschichte ein. Nach seinem Eintritt in den Prämonstratenserorden verließ er Schlesien zum Studium in Padua, kam dann nach Viterbo an den päpstlichen Hof. Sein Werk *De Perspectiva* (Erstdruck Nürnberg 1535) vermittelte dem europäischen Mittelalter Erkenntnisse der arabischen Wissenschaften.

Von den im klösterlichen Wirkungsfeld entstandenen, fast ausschließlich lateinischen Schriften unterscheiden sich die höfischen Dichtungen des Mittelalters. Sie sind formbewußte, ehrgeizige Kunstübungen des Adels. Die mittelhochdeutsche Lyrik und Epik, die wiederum von französischen, speziell provenzalischen Vorbildern abhängig war, wurde von den Herzögen Schlesiens an die Piastenhöfe in Breslau und Schweidnitz übernommen. Die Gesänge Herzog Heinrichs »von Pressela«, wie er in der Großen Heidelberger Liederhandschrift genannt wird, aus der zweiten Hälfte des 13. Jahrhunderts nehmen eine bedeutsame Stelle in der mittelhochdeutschen Minnelyrik ein. Zur Kreuzfahrerliteratur gehört das 1301 abgeschlossene Epos *Des Landgrafen Ludwigs des Frommen Kreuzfahrt*, das im Umkreis des herzoglichen Hofes von Münsterberg entstanden ist. Gleichfalls aus Schlesien stammt die Versnovelle *Der Borte* des Dietrich von der Glezze[11], die den mittelalterlichen Sagenstoff vom Wundergürtel verarbeitet, der seinen Träger unverwundbar und unbesiegbar macht, niedergeschrieben gegen Ende des 13. Jahrhunderts. Es sind dies qualitätvolle Nachklänge der ritterlich-höfischen Kunstform, die einer bereits vergehenden Epoche angehörte, als sie in Schlesien aufgegriffen wurde. Die Literatur Schlesiens weist alle für das Mittelalter charakteristischen Spielarten auf: geistlich-theologische Dichtung und Prosa, Annalistik und Chronistik in den Klöstern sowie ritterlich-höfische Dichtung an den Fürstenhöfen.

Mit dem Schwinden der Bedeutung des Feudaladels und dem Prosperieren der Städte ging die literarische Initiative zunehmend auf das Bürgertum über. Die gesteigerte Anteilnahme des Bürgertums an geistigen und kulturellen Entwicklungen zeigt sich etwa in der Handschriftensammlung des Notars Nikolaus von Oberglogau. Wie die höfische Dichtung wurde der deutsche Meistersang von außen nach Schlesien gebracht, und auch über ihn war die

Abb. 76: Der Minnesänger Heinrich »von Pressela«, der vermutlich mit dem im Jahre 1290 gestorbenen Herzog Heinrich IV. von Breslau gleichzusetzen ist, erhält einen Kranz aus den Händen der Hofdamen. Er ist durch das schlesische Wappen auf dem Schild und im Schmuck des Pferdes gekennzeichnet. Das Pergamentblatt stammt aus der *Großen Heidelberger Liederhandschrift* (Codex Manesse), der schönsten der mittelhochdeutschen Liederhandschriften.

Zeit bereits hinweggeschritten, als sich schlesische Sänger an dieser Kunstform versuchten. Der von Görlitz nach Breslau gekommene Schüler von Hans Sachs, Adam Puschmann (1532–1600), stemmte sich mit zahlreichen Dichtungen, vor allem aber durch sein Regelwerk *Grunntlicher Bericht des deutschen Meister Gesanges und der deutschen Versen oder Rittmis* (erste Fassung 1571) vergeblich dem Erlöschen dieser Sangesform entgegen. Die religiösen Lehrstücke und die bisweilen recht derben Volks- und Sittenpredigten nun in deutscher Sprache, wie sie der Augustiner Bernhard Fabri aus Grünberg und Andreas Ritter (beide erste Hälfte des 15. Jahrhunderts) aus Sagan verfaßten, richteten sich jetzt eher an die Bürger. Aus den dramatisch-liturgischen Feiern der Klöster geht das deutschsprachige volkstümlich-geistliche Osterspiel hervor, in dem Bürger die Hauptdarsteller sind. Einige Fragmente solcher Spiele sind in Schlesien erhalten geblieben, darunter zwei Breslauer Marienklagen aus der Mitte und dem Ende des 14. Jahrhunderts: Gespräche zwischen Maria, Johannes und dem Gekreuzigten.

3. Humanismus: Gelehrte Frömmigkeit und Lob der Heimat

Seit Mitte des 14. Jahrhunderts entstand in Italien die humanistische Bewegung, die vom gehobenen Bürgertum sowie von den Höfen der Herzöge und der Päpste getragen wurde. Jenseits der Alpen bildete der Prager Hof Kaiser Karls IV. ein Zentrum, das die humanistische Stilrichtung aufnahm, wo sich Cola di Rienzo (1350) und Petrarca (1356) einfanden. Gerade für die böhmischen Länder, zu welchen Schlesien seit dem 14. Jahrhundert gehörte, wurde Prag nicht nur politischer, sondern auch kultureller Mittelpunkt, der die Voraussetzungen für die Entwicklung humanistischer Dichtung bot. Gekennzeichnet ist der literarische Humanismus durch das Interesse an Sprache und Kunst der griechischen und römischen Antike – eine Minimaldefinition, nach der sich bei aller Unterschiedlichkeit ihrer Stile, Themen und Charaktere seit dem 14. Jahrhundert auch schlesische Autoren der humanistischen Strömung zuordnen lassen[12].

Die überragende literarische Gestalt im sogenannten Prager Frühhumanismus war Johannes von Neumarkt (um 1315–1380), Kanzler am Hof Karls IV. und Begleiter auf dessen Italienreisen. Johannes von Neumarkt setzte in der kaiserlichen Kanzlei eine Reform des Lateins durch, veranlaßte Sammlungen von Musterbriefen und Urkunden, die weithin auf die Kanzleisprache stilbildend wirkten. Der Übersetzer und Autor vorwiegend lateinischer (*Liber pontificalis*, *Liber viaticus* = Reisebrevier) und einiger deutscher Werke *(Leben des Hl. Hieronymus)* versuchte das Deutsche für eine neue Kunstprosa zu erschließen, indem er sich um eine rhythmisch gegliederte Syntax mit rhetorisch geprägten Wortfiguren bemühte. Johannes von Neumarkts Bedeutung für die Entwicklung der neuhochdeutschen Schriftsprache wurde von Konrad Burdach und seiner Schule herausgearbeitet. Neuere Darstellungen schätzen die Wirkung der Prager Kanzlei geringer ein und rücken die deutsche Sprachentwicklung in weitere Zusammenhänge[13].

In Schlesien wurde der Sitz des Breslauer Bischofs zum kulturellen Mittelpunkt. Schon Bischof Preczlaus von Pogarell aus Habendorf im Eulengebirge unterhielt während seines Episkopats (1342–1376) enge Beziehungen zum Prager Humanistenkreis. Doch vor allem der Schwabe Johannes IV. Roth, Bischof von 1482 bis 1506, und der einer ungarischen Familie entstammende Renaissancefürst Johannes V. Thurzó von Bethlenfalva, Bischof von 1506 bis 1520, gehörten zu den vorwiegend von italienischen Lehrern beeinflußten Vertretern der humanistischen Elite. Roths hinterlassene und heute weit verstreute Schriften umfassen, abgesehen von amtlichen Dokumenten, auch Briefe, die in Gelehrtenkreisen als vorbildhafte Muster für humanistische Schreibart kursierten. Als Bischöfe versammelten Roth und Thurzó in Breslau einen Humanistenkreis, sahen sich in der Rolle von Mäzenen, vermittelten für die schlesischen Humanisten die Beziehungen zu den Mächtigen Österreichs und Ungarns. In zahlreichen Dichterwidmungen wurde beiden Bischöfen Dank abgestattet.

Als mit dem erwachenden humanistischen Interesse an der vergangenen Kultur die polnische Chronistik mit den zwölf Büchern *Annales Regni Poloniae* des Krakauer Domherrn Jan Długosz (1415–1480) mächtig einsetzte, als in Nürnberg der Geograph Hartmann Schedel (1440–1514) seine berühmte Weltchronik drucken ließ – beides Werke, die auch Schlesien behandeln –, verfaßte der Nürnberger Peter Eschenloer (um 1420–1481) die offenbar durch die *Historia Bohemica* (1458) des Eneas Silvius Piccolomini angeregte *Historia Wratislaviensis* (1472). Eschenloer, seit 1455 Stadtschreiber in Breslau, erweiterte dieses Werk später und schrieb es in deutscher Sprache nieder. Es war die bis dahin umfassendste historiographische Darstellung der schlesischen Geschichte. Deutschsprachige Dichtung ist aus dem 15. Jahrhundert in Schlesien nicht überliefert.

Zu den schlesischen Nacheiferern des wichtigsten deutschen Humanisten und neulateinischen Dichters Conrad Celtis (1459–1508) gehörten der allgelehrte Neumarkter Ratsherrensohn Lorenz Rabe, latinisiert Laurentius Corvinus (um 1465–1527), ebenso wie der literarisch streitbare Sigismund Buchwald alias Fagilucus (1483–1508) und Schlesiens erster gekrönter Poet Vincentius Longinus Eleutherius (gestorben 1503) aus Neustadt, der zusammen mit Celtis in Wien wirkte.

Die humanistische Dichtung ist elitär; gelehrt in Sprache und Stoffen, bleibt sie dem Ungebildeten verschlossen. Das gilt besonders für Corvinus, seit 1497 Rektor der Breslauer Elisabethschule, für den Dichtung nicht künstlerische Intuition war, sondern »docta pietas«, auf Philosophie, Logik, rationaler Komposition, auf Bildung und Wissen beruhende gelehrte Frömmigkeit. Humanistisches Anliegen war vor allem die Abgrenzung von den Ungebildeten, erst in zweiter Linie die nationale Rückbesinnung: Corvinus kennt keine Nationalitäten und behandelt Schlesien kurzerhand als Teil der größeren Einheit Polens. Ganz anders liegen die Akzente bei Buchwald: Er ist ein ausgeprägter Weltmensch, der außer Streitgedichten gegen andere Humanisten zwei Bände mit Epigrammen verfaßt hat, welche die kirchliche und bürgerliche Moral aufs Korn nehmen.

Die humanistische Reflexion der Vergangenheit, die sich in der Herausgabe der *Germania* des Tacitus durch Celtis im Jahr 1500 manifestierte, löste allenthalben Vergleiche des eigenen Landes mit dem antiken Arkadien, der eigenen Städte mit Troja oder Rom aus. Hier konnte sich auch eine starke Heimatbegeisterung ausdrücken, wie im *Panegyricus Silesiacus* (1521 gedruckt) des Pancraz Geyer (Pancratius Vulturinus, geb. um 1490) aus Hirschberg, der, um seine Heimat in der humanistischen Welt bekannt zu machen, das Hohe Lied Schlesiens und seiner Bewohner sang. Dasselbe Anliegen hatte der aus Brieg gebürtige Prosaautor Barthel Stein (Bartholomaeus Sthenus, 1476–1522) mit der Beschreibung Schlesiens und der Stadt Breslau *(Descripcio tocius Silesie et civitatis regie Vratislaviensis)*[14]. Stein wies freilich darauf hin, daß Schlesien durch die Oder in zwei national unterschiedene Hälften geteilt werde, und äußerte sich abfällig über seine slawischen Bewohner und Nachbarn – über die polnischen wie über die böhmischen. Den gleichsam idealtypischen Lebenslauf eines schlesischen humanistischen Dichters durchlief der Bischofsgünstling Caspar Ursinus Velius (1493–1539) aus Schweidnitz, der auf allen Gebieten der humanistischen Formkunst, Poesie, Kunstrede und Geschichtsschreibung arbeitete und zu den bedeutendsten Dichtern der Zeit in Schlesien gehörte. Schon in jungen Jahren verfaßte er Epigramme und Elegien an den Bischof, später Heroengedichte auf die militärischen Erfolge europäischer Herrscher. Nach Studien in Krakau, Leipzig, Bologna, Rom und Wien erhielt er vom Kaiser den Dichterlorbeer. In Breslau pflegte er mit den Reformatoren Stanislaus Sauer (1469–1535), Valentin Krautwald (1490–1545) und Johannes Heß (1490–1547) Umgang, dennoch erhielt er im katholischen Wien den ehemaligen Celtis-Lehrstuhl für Rhetorik.

Besonders Franciscus Faber (1497–1565) aus Ottmachau, ein Schüler von Valentin Krautwald und Laurentius Corvinus, steht für den engen Kontakt der späteren Humanisten Schlesiens mit der Reformation, die sich in Schlesien vergleichsweise harmonisch und friedlich durchsetzte. Für die neugläubigen, nicht mehr nach Rom und Wien[15], sondern nach Wittenberg orientierten Dichter kehrte durch die humanistische Bibelphilologie das goldene Zeitalter zurück. Dies ist der Tenor der *Sylva de Incendio Lutheranorum Librorum* (1520)[16] des Faber. Die lateinische wie die deutsche Dichtung des 16. Jahrhunderts ist in Schlesien von evangelisch-lutherischer Geistlichkeit geprägt, eine Tatsache, die auch im Kirchenlied ihren Niederschlag fand, das im protestantischen Wortgottesdienst in deutscher Sprache größere Bedeutung hatte als in der katholischen lateinischen Meßfeier. Den deutschen Lutheranern gingen hier die Böhmischen Brüder voran, die das muttersprachliche Kirchenlied in tschechischer Sprache schufen. Ihr Zentrum war die Brüdergemeine in Landskron unter dem Vorsteher Michael Weiße (um 1488–1534). Seine 1531 gedruckte Kirchenliedersammlung *Ein New Gesangbuchlen* war mit ihren 157 Gesängen die bis dahin umfangreichste; 137 dieser Lieder hat Weiße selbst geschaffen. Die markanteste Gestalt unter den schlesischen Kirchenlieddichtern war Johannes Heermann (1585–1647)[17] aus Raudten. In seiner Jugend Autor von lebensfrohen lateinischen Epigrammen, ringt er später um die rechte Lebensführung, um vor Gott bestehen zu können: In seinen Liedern versinkt alle Erdenpracht vor dem auf das Jenseits ausgerichteten Sinn des Lebens. Viele der Lieder Heermanns und Weißes sind in das evangelische Kirchengesangbuch eingegangen und bis heute Allgemeingut geblieben. Indem die Literatur in Schlesien die Varianten humanistischer Sprachkunst und Bildung aufnahm, sie in verschiedensten Variationen mit der Region verknüpfte, verlief ihre Entfaltung in den Bahnen der europäischen Geistesgeschichte und entsprach der literarischen Entwicklung vieler anderer Regionen.

Nach dem mittelalterlichen Neuplatoniker Witelo ist erst der Mystiker Jakob Böhme (1575–1624) wieder eine Gestalt von europäischer Bedeutung. Dieser Görlitzer Schuster, geboren in Alt Seidenberg, der die große mystische Linie des Mittelalters (Meister Eckhart, 1260 – um 1328) aufnahm, schöpfte seine Gedankenwelt aus einer von dem Bewußtsein unmittelbarer göttlicher Erleuchtung getragenen inneren Schau: »Wer in diese Gelassenheit eingeht, der kommt in Christo zu göttlicher Beschaulichkeit, daß er Gott in ihm sieht und mit ihm redet und Gott mit ihm, und versteht, was Gottes Wort, Wille und Wesen ist« (*Aurora oder Morgenröthe im Aufgang*, 1612). Böhmes Sprache ist fern von aller barocken Manier, wird Ausdruck für Empfindung und Erlebnis des Göttlichen. Sein Schaffen wurzelt im lutherischen Glauben, trotzdem bilden Anfechtung und Melancholie und die Realität des Teufels den Anfang seiner Gottessuche – Böhme weiß um die Bedeutung der Buße[18].

Schüler Böhmes und Verbreiter seiner Gedanken war Abraham von Franckenberg (1593–1652). Von ihm stammt die Biographie des Mystikers: *Jacob Böhmens Lebens-Lauff*, gedruckt 1682. In der Dichtung des 17. Jahrhunderts wird die Mystik in Schlesien durch den Protestanten Czepko[19] und, mit entgegengesetzten konfessionellen Vorzeichen, durch den Konvertiten Johann Scheffler (Angelus Silesius, 1624–1677), geboren in Breslau, fortgeführt[20]. In den geistlichen Gedichten Daniel Czepkos von Reigersfeld (1605–1660), der aus dem Dorf Koischwitz bei Liegnitz stammt, treffen Opitz' rationale Formkunst und Böhmes Gedankenwelt zusammen. Gerade bei dem Lyriker und Apologeten Scheffler entfaltete der Katholizismus der Gegenreformation dichterische Kräfte und eigene Formen, die über den katholischen Bereich hinaus wirkten. Seinen Ruhm verdankt Angelus Silesius nicht den emotionalen konfessionellen Kampfschriften, sondern den mystischen Dichtungen: Die Sammlung *Cherubinischer Wanders-Mann Oder Geist-reiche Sinn- und Schlussreime zur Göttlichen Beschauligkeit anleitende* (1674) besteht aus eineinhalbtausend meist zweizeiligen Sprüchen in gereimten Alexandrinern. Schefflers Formulierungen zeichnen sich durch knappe, nach Synthesen strebende Pointen aus, zum Beispiel in »Zufall und Wesen«: »Mensch werde wesentlich: denn wenn die Welt vergeht/ So fällt der Zufall weg/ das wesen das besteht«. Dieses »wesentlich-Werden« geht auf Böhme zurück. Es bedeutet: das Göttliche in sich pflegen, sich zum Göttlichen erweitern. Böhme, Franckenberg, Czepko, Scheffler prägten eine spezifisch schlesische Mystik.

Auch andere für die frühe Neuzeit charakteristische Literaturgattungen wie Chronistik[21] und Hausväterliteratur[22] entwickelten sich in Schlesien. Der gelehrte Kreuzburger Pfarrer Adam Gdacjusz (Gdacius) (1615–1688) behandelte in Form von »Diskursen« Fragen der gottgefälligen Lebensführung und der Moral. In die Gruppe der Fürstenspiegel gehört dessen polnischsprachiger *Diskurs über den Herren- und Ritterstand (O pańskim y szlacheckim albo rycerskim stanie dyszkurs)*, der 1679 in Brieg gedruckt wurde. Aufbauend auf die deutschen, französischen, niederländischen und polnischen Humanisten, entwickelte der polyglotte Gdacjusz einen adeligen Tugendkatalog, in dem er politische Verhaltensregeln und moralisch-sittliche Grundsätze formulierte.

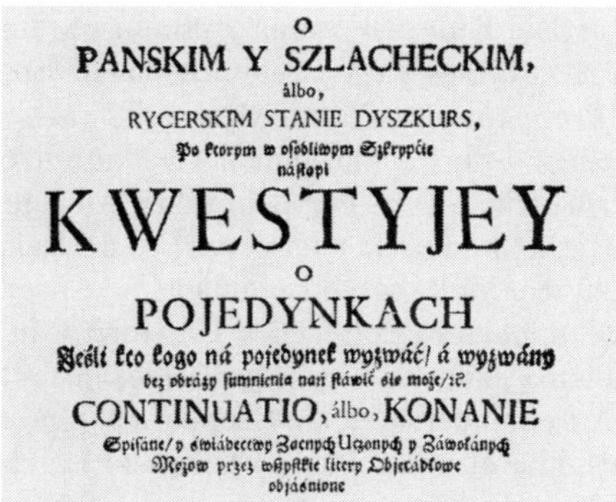
O
PANSKIM Y SZLACHECKIM,
álbo,
RYCERSKIM STANIE DYSZKURS,
Po ktorym w osobliwym Szkrypćie
nástopi
KWESTYJEY
O
POJEDYNKACH
Jeśli kto kogo ná pojedynek wyzwáć/ á wyzwány
bez obrázy sumnienia nań stáwić sie može/ etc.
CONTINUATIO, álbo, KONANIE
Spisáne/ y świádectwy Zacnych Uczonych y Záwołánych
Mężow przez wszystkie litery Obiecádłowe
objáśnione
Od
X. ADAMA GDACIUSA, Fárarzá
Kluzborskiego.
W BRZEGU,
Drukował Jan Krzysztof Jakub.
Anno M DC LXXIX.

Abb. 77: Ein wichtiger Vertreter der polnischen Barockliteratur in Schlesien ist der aus Kreuzburg O. S. stammende Pfarrer Adam Gdacjusz (Gdacius) (1615–1688). Mehrere seiner polnischen *Diskurse* sind bei dem Drucker Johann Christoph Jakob in Brieg hergestellt worden, der sich in den polnischen Drucken Jan Krzystof Jakub w Brzegu nennt. Das abgebildete Titelblatt *Diskurs über den Herren- und Ritterstand* (Brieg 1679) zeigt nicht nur den unproblematischen Umgang mit Personen- und Ortsnamen, die je nach Bedarf in der deutschen oder in der polnischen Variante gedruckt wurden, sondern weist durch das schlesisch-polnische Wort »Fárarz« (Pfarrer, poln. proboszcz) auch auf die Besonderheiten des wasserpolnischen Dialektes in Schlesien hin.

4. Späthumanismus und Barock: Schlesien führt die »Deutsche Poeterey«

Wichtige Entwicklungen der deutschen Sprache und Literatur zwischen 1600 und 1800 haben sich in Schlesien abgespielt, sind von im Land geborenen und arbeitenden Autoren getragen worden[23]. Wodurch die überragende Bedeutung gerade Schlesiens in der deutschen Literatur der Spätrenaissance und des Barock bedingt ist, läßt sich nicht eindeutig klären. Es lassen sich aber die besonderen geistigen und konfessionell-politischen Voraussetzungen der schlesischen Literaturentwicklung dieses Zeitraumes umreißen: Im Zeitalter des Humanismus und der Renaissance entstanden nach dem Vorbild der Italiener Petrarca, Dante Alighieri und Boccaccio in ganz Europa die Nationalliteraturen. In Frankreich hatte Pierre de Ronsard (1524–1585) die sprachlichen Grundlagen gelegt, im Heiligen Römischen Reich rangen die Sprachgesellschaften um eine einheitliche deutsche Literatursprache, in Polen hatte Jan Kochanowski (1530–1584) eine formvollendete Dichtersprache geschaffen, und der Jesuit Maciej Kazimierz Sarbiewski (1595–1640), Humanist mit überragender Bildung, verfaßte die erste polnische Poetik. All dies wirkte auf Schlesien, wo im 16. Jahrhundert aus den religiösen Impulsen der Reformation in ihrer Verbindung mit dem Humanismus eine bodenständige, durchaus regionbezogene Dichtung und damit eine eigene Literaturlandschaft entstand.

Das anschließende Zeitalter des Barock war besonders in Schlesien von den katastrophalen Verwüstungen durch den Dreißigjährigen Krieg bestimmt: Pessimismus, Todesangst, aber auch Sinneslust und Lebensgier haben hier ihre Wurzeln. Auch im 17. Jahrhundert war Schlesien sprachlich gemischt. Durch katholische, lutherische und calvinistische Zentren konfessionell strukturiert, stand Schlesien unter größtem gegenreformatorischen Druck. Gerade seine Dichter waren in dieses national-konfessionelle Spanungsfeld eingebunden. Die Opitz waren deutsche Protestanten – Martin Opitz stirbt aber als Hofhistoriograph des katholischen polnischen Königs –, die Czepko kamen aus Mähren, die Butschky[24] aus Polen, Johann Scheffler war von beiden Eltern her polnischer Adeliger, zunächst evangelisch, dann wie Butschky zum Katholizismus konvertiert. Die schlesischen Barocklyriker verharrten keinesewegs in isolierter Weltabgeschiedenheit, sie waren weitgereiste »Weltmenschen«, hatten in Ermangelung einer schlesischen Universität in den Niederlanden, England, Frankreich und Italien studiert. Wieder in Schlesien, standen sie mitten in der politisch-konfessionellen Auseinandersetzung: Czepko als Leiter der evangelischen Gemeinde in Schweidnitz, Gryphius als Syndikus der Glogauer Landstände, Hofmannswaldau als Mitglied des Breslauer Magistrats.

Waren es diese multikonfessionelle und -kulturelle Prägung, politische Spannung und nationale Uneinheitlichkeit, welche die Entstehung einer deutschen nationalsprachlichen Dichtung in Schlesien gefördert haben?

War Böhmes Schaffen vornehmlich Ausdruck tiefer Intuition gewesen, so basierte das Werk von Martin Opitz aus Bunzlau (1597–1639)[25], der die Dichtung der deutschen Spätrenaissance maßgeblich prägte, vor allem auf rationaler Überlegung. Sein 1624 geschriebenes *Buch von der Deutschen Poeterey, In welchem alle ihre eigenschafft und zuegehör gründtlich erzehlet/ und mit exempeln außgeführet wird*, wirkte wegweisend für die gesamte weitere Dichtung in deutscher Sprache. Was Opitz hinsichtlich Wortwahl, Metrik, Versform und Betonung theoretisch forderte, führte er in seinen Dichtungen vor. Er war weniger ein von Leidenschaft durchdrungener schöpferischer Lyriker als ein Bildungspoet, der dennoch – oder gerade deshalb – von den Zeitgenossen als Vorbild

MARTINI
OPITII
Buch von der Deutschen
Poeterey.
In welchem alle ihre eigenschafft vnd zugehör gründtlich erzehlet / vnd mit exempeln außgeführet wird.
Gedruckt in der Fürstlichen
Stadt Brieg / bey Augustino
Gründern.
In Verlegung David Müllers Buchhändlers in Breßlaw. 1624.

Abb. 78: Das nur gut fünfzig Seiten umfassende *Buch von der Deutschen Poeterey* des aus Bunzlau gebürtigen Dichters Martin Opitz (1597–1639) enthält eine Regellehre, die die Entwicklung der deutschen Barockliteratur wesentlich geprägt hat. Die Abbildung zeigt das Titelblatt der in Breslau gedruckten Erstausgabe aus dem Jahre 1624.

gepriesen und nachgeahmt wurde. Opitz' Dichtungen umfassen Texte in leicht erotischer Poesie, Lehrdichtungen, Lobgesänge auf das Landleben, das *Trost Gedichte In Widerwertigkeit Desz Krieges* (1633) ebenso wie das mit mythologischen Motiven angereicherte Gedicht *Laudes Martis* (Lob des Kriegsgottes, 1628). Mit der Übersetzung und Bearbeitung von Philip Sidneys Roman *Arcadia der Gräfin von Pembrock* (1638) und seiner eigenen *Schäfferey Von der Nimpfen Hercinie* (1630) – einem beschreibenden Gedicht über die Wanderung des Dichters im Riesengebirge, während der er von einer Quellnymphe in eine Höhle geführt und mit den Wundern des Berges bekannt gemacht wird – wurde die Schäferdichtung in Deutschland eingeführt. Opitz erfreute sich des höchsten Dichterruhms im Reich, die »Fruchtbringende Gesellschaft« in Weimar diskutierte seine Deutsche Poetik lebhaft und kontrovers. Schließlich wurde Opitz mit dem Beinamen »Der Gekrönte« in die Gesellschaft aufgenommen, deren wichtigstes Ziel es war, das Kulturgefälle zwischen Deutschland und den west- wie südeuropäischen Ländern abzubauen.

Seit dem späten 17. Jahrhundert wurden die aus Schlesien stammenden Dichter der Barockzeit unter der Bezeichnung »Schlesische Dichterschule« zusammengefaßt, was sich nicht auf inhaltliche oder formale Kriterien, sondern allein auf die Herkunft der Autoren bezog. Nach zeitlichen und stilistischen Kriterien hat auch die moderne Germanistik Vertreter der Generation um Martin Opitz mit ihren Hauptvertretern Paul Fleming aus Hartenstein im Erzgebirge (1609–1640), Andreas Tscherning aus Bunzlau (1611–1659), Johann Peter Titz aus Liegnitz (1619–1689) und Daniel Czepko als Erste Schlesische Dichterschule von der Zweiten Schlesischen Dichterschule mit Daniel Casper von Lohenstein aus Nimptsch (1635–1683) und Christian Hofmann von Hofmannswaldau aus Breslau (1617–1679) unterschieden.

Der Begründer der deutschen galanten Dichtung, Hofmannswaldau, bemühte sich ebenfalls um die Hebung der deutschen Sprache auf das Niveau der romanischen Länder. Inhaltlich stehen erotische Motive in allen Variationen im Vordergrund – bereits in den frühesten Versuchen, den über 100 Epigramme umfassenden *Auserlesenen und Sinnreichen Grab-Schriften* (vor 1663): »Grabschrift auf Aretino«: »Hier liegt ein geiler Mann/ so der verkehrten Welt/ Den Griff der Schlipffrigkeit hat künstlich vorgestellt/ Die Venus, daß ihr Sohn den Bogen besser dehne/ Nahm sein verbuhltes Glied/ und gab es ihm zur Sehne«.

Obgleich die Drastik der Darstellung für den Druck entschärft wurde, hing den Gedichten Hofmannswaldaus der Ruf der Frivolität und Obszönität an.
Die im Charakter ihres Werkes vollkommen gegensätzlichen, gleichwohl miteinander befreundeten Andreas Gryphius aus Glogau (1616–1664)[26] und Christian Hofmann von Hofmannswaldau gehören zu den wichtigsten Repräsentanten des deutschen Literaturbarock. Umfassende Gelehrtheit, religiöses Bekenntnis und politisches Engagement bestimmen Gryphius' Werk, dessen Spektrum von Lyrik, Epos und Trauerspiel über Epigrammatik bis zum derben Scherztheater reicht. Spielerischer Unernst war ihm aber im allgemeinen fremd. Für die Herrscherfiguren in seinen von religiösen Impulsen getragenen Dramen fällt das Wohl des Staates, den sie von Gottes Gnaden regieren, mit dem Wohlverhalten gegenüber Gott zusammen – Ausdruck der rigoros-theokratischen Staatsauffassung von Gryphius: Das Drama von der »bewährten Beständigkeit« *Catharina von Georgien (Catharina von Georgien. Oder Bewehrte Beständigkeit. Trauerspiel*, 1657) schließt sich an das allgemeine Märtyrerverständnis an, die Königin muß sterben, weil sie an ihrem Glauben festhält. Die Lustspiele *Absurda Comica. Oder Herr Peter Squentz* (1658) und *Horribilicribrifax* (1663) wurden als »die besten des ganzen Jahrhunderts« bezeichnet.
Im *Carolus Stuardus* (1657) rief Gryphius Europas Fürsten zur Bestrafung der frevelnden Königsmörder und zur Rettung der englischen Monarchie auf; sittliche Unerschütterlichkeit und Glaubensfestigkeit bilden das Ethos. In seinen Oden und Sonetten, in seinen *Kirchhoffs-Gedanken* (1657) entwirft Gryphius Vanitas-Visionen, erhebt Klage über die sündige Welt und mahnt zum Ausharren im Kampf um das Seelenheil. Unabhängig vom Opitzkreis blieb Friedrich von Logau (1604–1655), ein Landadeliger aus der Gegend von Nimptsch, dessen Zeitsatire in Form von Epigrammen *Deutscher Sinn-Getichte Drey Tausend* (1654) knapp und treffend das barocke à-la-mode-Wesen aufs Korn nahm[27]. Logau gehörte mit Johann Michael Moscherosch (1601–1669), Johann von Rist (1607–1667) und Justus Georg Schottel (1612–1676) zu jener bewußt gegenhöfischen Strömung, welche die moralisierende und satirische Literatur des 16. Jahrhunderts fortsetzte.
Höhepunkt der gekünstelten barocken Stilentwicklung war der Marinismus (nach Giambattista Marino, 1569–1625), eine gesamteuropäische Mode der Überfeinerung und Gesuchtheit. In Deutschland hat man diese Richtung, die besonders durch die Angehörigen der Zweiten Schlesischen Schule Lohenstein und Hofmannswaldau vertreten wurde, auch als »Schwulst«[28] bezeichnet. Daniel Casper von Lohenstein (1635–1683) hat die poetische Form ausdrücklich von Gryphius übernommen und maßlos erweitert. Sein Roman *Großmüthiger Feldherr Arminius* (1690) ist von monströsem Umfang, voll blutrünstiger Handlungen, greller Affektausbrüche und freizügiger Erotik. Ähnliches gilt für die kürzeren Schauspiele, so daß es auf den ersten Blick überrascht, daß die Stücke wie *Ibrahim Bassa* (1653) oder *Ibrahim Sultan* (1673) von Schülern des Breslauer Magdalenengymnasiums aufgeführt wurden. Die Darstellung des Negativen, besonders der »Anti-Welt« des türkischen Hofs, sollte als Plädoyer für Mäßigung und für eine vernunftgeleitete Regierung verstanden werden.
Von unablässiger Suche nach Förderern und Mäzenen, durch hoffnungslos-tragische Liebesbeziehungen und die Auseinandersetzung mit einem verständnislosen Vater ist die Biographie Johann Christian Günthers (1695–1723)[29] aus Striegau geprägt. Nach Goethes berühmtem Diktum »Er wußte sich nicht zu zähmen, und so zerrann ihm sein Leben wie sein Dichten«[30] wurde Günthers Leben zum Gegenstand literarischer Legendenbildung: Man setzte Leben und Werk in eins und sprach vom Erlebnischarakter der Gedichte, so daß Günther als genialer Vorläufer der Erlebnisdichtung und des literarischen Subjektivismus erschien. Die um die Historisierung seiner Gestalt bemühte jüngere Günther-Forschung sieht in dem Dichter eher einen souveränen Erben der schlesischen Dichtungstradition, die

mit ihm ihren Abschluß findet. In knapp zwölf Jahren hat Günther etwa 600 Gedichte geschrieben. Seinen Ruhm verdankt er der Liebeslyrik, den Studentenliedern und den Klagegedichten. Wie hier das liebende und leidende Subjekt seinen persönlichen Empfindungen Ausdruck verleiht, ist in der vorangegangenen Barockdichtung ohne Beispiel. Auch wenn Günther sich der überlieferten poetischen Formen und rhetorischen Verfahrensweisen bedient, werden die gelehrte Überlieferung der humanistisch-neulateinischen Dichtung und der Marinismus endgültig überwunden – dies bestimmt Günthers Platz in der Literaturgeschichte.

5. Klassik und Romantik: Aufklärung und Vorstoß zur Weltliteratur

Mit der Auflösung der adeligen Gesellschaftskunst des Barock wurde Schlesien zur geistigen Provinz. An der nun einsetzenden Literaturepoche der deutschen Klassik von Klopstock bis zu Goethe sind schlesische Autoren kaum beteiligt. So gering der schlesische Anteil an dieser Blütezeit der Dichtung war, so bedeutend war der Einfluß von drei aus Breslau stammenden persönlich und durch ihr Werk aber stark unterschiedenen Persönlichkeiten – Christian Wolff (1679–1754), Christian Garve (1742–1798) und Friedrich Daniel Ernst Schleiermacher (1768–1834) – auf die Entwicklung und Verbreitung der Aufklärung und des Pietismus, der großen geistigen und religiösen Strömungen, von denen die deutsche Klassik und Romantik emporgetragen wurde.
Christian Wolff war ein Vertreter der philosophischen Aufklärung. Immanuel Kant bezeichnete ihn in der Vorrede zur zweiten Auflage der »Kritik der reinen Vernunft« als »größten unter allen dogmatischen Philosophen«[31]. Wolff stand zwischen Leibniz und Kant: Er untersuchte mit mathematischer Methode die Erkenntnisse seiner Epoche, vor allem die des damals noch unverstandenen Leibniz, und brachte sie in ein philosophisches System. Hierbei knüpfte er an Descartes, den schlesischen Landsmann Ehrenfried Walter Graf von Tschirnhaus aus Kieslingswalde bei Görlitz (1651–1708) und die Scholastiker an. Wolff hat den Wortschatz und die Begriffsbildung der deutschen Wissenschaftssprache mit geschaffen.
Im letzten Drittel des 18. Jahrhunderts war der heute eher als Randfigur eingestufte Breslauer Christian Garve eine in ganz Deutschland unbestrittene moralisch-kritische Autorität. Garves Denken ist geprägt vom Empirismus der englischen Aufklärung. Alle Erkenntnis geht für ihn von der selbständigen Beobachtung aus und schreitet induktiv zu allgemeinen Einsichten fort. Im Gegensatz zu Wolff gehörte Garve der popularisierenden Richtung der Aufklärung an und zählt neben dem Schriftsteller Johann Jakob Engel und dem Philosophen Moses Mendelssohn zu den bedeutendsten Vertretern dieser Richtung. Ob er *Über den Charakter der Bauern* (1786) schrieb oder die Pflichten eines Regenten analysierte, wie in der *Schilderung des Geistes, Charakters und der Regierung Friedrichs des Zweyten* (1798): Stets stand der Gesichtspunkt der Moral und der Brauchbarkeit für ein glückseliges Leben im Zentrum. Indem Garve Sittlichkeit und Moral voneinander trennte, lenkte er bereits in die Wege seines Landsmannes Schleiermacher, des unbestritten führenden Theologen seiner Zeit. Als Philosoph und Theologe versuchte Schleiermacher eine Verbindung beider Wissenschaften auf der Basis einer je eigenständigen Existenz

herzustellen. Als Platon-Übersetzer und als Pädagoge bleibt Schleiermacher bis heute wissenschaftlich wirksam.
Vertreter der aufklärerischen Dichtung, der Literatur der Empfindsamkeit und der Klassik hat es in Schlesien kaum gegeben. Erst an der Romantik sind wieder Dichter und Schriftsteller dieser Region beteiligt. Wichtige Repräsentanten der Literatur in der ersten Hälfte des 19. Jahrhunderts sind Willibald Alexis aus Breslau (1798–1871), Heinrich Laube aus Sprottau (1806–1884), Wolfgang Menzel aus Waldenburg (1798–1873), Hermann Fürst von Pückler-Muskau (1785–1871), Friedrich von Sallet aus Neisse (1812–1843), Leopold Schefer aus Muskau (1784–1862), Moritz von Strachwitz aus Peterwitz bei Frankenstein (1822–1847) und Joseph Christian von Zedlitz (1790–1862), der auf Schloß Johannesberg bei Jauernig geboren wurde.
Am 10. März 1788 wurde auf Schloß Lubowitz bei Ratibor in Oberschlesien Joseph Freiherr von Eichendorff (gestorben 1857) geboren. In seiner Lyrik und seinem erzählerischen Werk wurde er zum Vollender der romantischen Dichtung[32] – sein Roman *Ahnung und Gegenwart* (1815) repräsentiert den romantischen Roman schlechthin. Schlichtheit und Naturnähe, Heimatverbundenheit und Sehnsucht, geistige Tiefe und auch weltoffene Lebensfreude kennzeichnen Eichendorffs Werk. Seine Erzählungen *Das Marmorbild* (1819), *Aus dem Leben eines Taugenichts* (1823), *Das Schloß Dürande* (1837) oder *Die Entführung* (1839) gehören zum Besten, was die deutsche Erzählkunst dieser Zeit hervorgebracht hat. Der Taugenichts, eine der meistgelesenen Novellen der Zeit, singt das Hohe Lied auf den durch Gottes Welt schweifenden Romantiker mit dem vielzitierten »ewigen Sonntag im Gemüte«[33]. Hermann Hesse zählte den »Taugenichts« zu »den paar kleinen Vollkommenheiten der Weltliteratur«. Die Gedichte dieser Novelle wurden bald wie viele andere von Eichendorffs Versen zu Volksliedern *(Wem Gott will rechte Gunst erweisen; O Täler weit, o Höhen; In einem kühlen Grunde)*. In ihrer Schlichtheit, ihrem Einklang von Inhalt und Form sowie durch die Themen Natur, Sehnsucht, Wander- und Lebensfreude entsprachen sie dem Lebensgefühl der Romantik, übten aber gleichzeitig großen Einfluß auf die Entwicklung der deutschen Lyrik aus. Die Vertonungen Eichendorffscher Gedichte durch Felix Mendelssohn-Bartholdy, Robert Schumann und Hugo Wolf gehören noch heute in das Repertoire eines jeden Sängers.
Nicht nur als Autor, sondern als Vertreter der »romantischen Wissenschaft« wirkte August Heinrich Hoffmann (1798–1874), nach seinem Geburtsort nahe bei Braunschweig von Fallersleben genannt, der im Jahr 1823 von Berlin nach Breslau als Kustos der Königlichen Bibliothek berufen wurde, wo er bis 1842 blieb. In Breslau beteiligte sich Fallersleben, 1830 zum Professor für deutsche Sprache und Literatur ernannt, maßgeblich am kulturellen Leben, indem er in historischen Gesellschaften und Künstlervereinen mitwirkte und 1829 die *Monatsschrift von und für Schlesien* eröffnete. Zahlreiche literaturgeschichtliche Werke fallen in seine Breslauer Zeit, darunter die Arbeiten über schlesische Dichter und seine Sammlung *Schlesische Volkslieder* (1842). Hoffmanns *Unpolitische Lieder* (1840/41) zeigen eine ausgeprägt nationalliberale Gesinnung in der politischen Spannung der Vormärzzeit; 1842 wurde der preußische Beamte ohne Pension seines Amtes enthoben und des Landes verwiesen.

6. Realismus bis 1945: Bürgertum, Kritik, Anpassung, Emigration

Romantische, klassische, biedermeierliche und realistische Einflüsse vereinigen sich bei Karl von Holtei aus Breslau (1798–1880). Vor allem die Mundartlyrik *Schlesische Gedichte* (1830) konnte größere Anerkennung erreichen. Die Zeiten überdauerten auch die achtbändigen Erinnerungen *Vierzig Jahre* (1843–1850), in denen Holtei sein bewegtes Leben, Bekanntschaften mit den Großen seiner Zeit und das Theatermilieu des Biedermeier farbig schildert. In den Dramen, aber auch in den Romanen und Lustspielen lebt häufig eine behaglich dahinschreitende »realistische« Bürgerwelt, deren oberflächliche Spannungen im Kreis von Familie und Alltagssorgen liegen. Die weiteren Gedichtsammlungen *Preußische Kriegs- und Siegeslieder* (1867) spiegeln Holteis Entwicklung zum konservativ-nationalen Patrioten wider.

Größere Bedeutung in der Literatur des Realismus kommt allein dem Romancier, Kulturhistoriker und Publizisten Gustav Freytag (1816–1895) aus dem oberschlesischen Kreuzburg zu. Seine weite Popularität im nationalbewußten Bürgertum Preußens, die er dem damaligen Zeitgeist verdankte, ist heute weitgehend geschwunden. Freytag war der Publizist der aufstrebenden Mittelklasse, überzeugt, daß das Bürgertum Grundlage des Staates sei. Sein vom Fortschrittsglauben gekennzeichnetes, nüchternes literarisches Werk zeichnet sich durch lebendige Charakterschilderungen aus: Der Roman *Soll und Haben* (3 Bde., 1855) wollte »das deutsche Volk da suchen, wo es in seiner Tüchtigkeit zu finden ist, nämlich bei seiner Arbeit«[34]. Die Stereotypisierung der Judenfiguren in diesem »gelesensten aller deutschen Romane«[35] (Franz Mehring) hat allerdings einen unrühmlichen Einfluß auf die Prägung antisemitischer Vorurteile beim Publikum ausgeübt. In Freytags bedeutendstem Werk, den *Bildern aus der deutschen Vergangenheit* (5 Bde., 1859–1867), gelangen ihm eindrucksvolle historische Schilderungen, die es noch heute kulturgeschichtlich wertvoll erscheinen lassen.

Die Literatur der Moderne, des Naturalismus mit seinen Gegenströmungen und des Expressionismus, im Zeitraum zwischen den letzten Jahren von Bismarcks Regierung bis nach dem Ersten Weltkrieg war stark von der politisch-wirtschaftlichen Situation der Epoche – der Spannung des Imperialismus und den Problemen des Manchesterliberalismus – gekennzeichnet. Sie schöpft in erster Linie aus den gesellschaftlichen Verhältnissen, besitzt dabei auch regionale Bezüge. Aus einer Atmosphäre der »Menschheitsdämmerung« entstanden die Gedichte und Prosaskizzen von Georg Heym aus Hirschberg (1887–1912)[36], dessen bildliche Sprachkraft die Vision eines gesellschaftlichen Chaos zur Sprache brachte. In Heyms Novellen ist alle Utopie getilgt, Gegenwart wird als Entfremdung und Stagnation gesehen, in der nur noch psychotische oder resignative Reaktionen möglich sind.

Diese kritische Einstellung vieler Schriftsteller zur verknöchert und menschenfeindlich empfundenen bürgerlichen Gesellschaftsordnungen teilte auch der aus Ober Salzbrunn stammende Gerhart Hauptmann (1862–1946), dessen Schaffen unterschiedlichen Stilrichtungen verpflichtet und zum Teil von autobiographischen Zügen bestimmt ist[37]. Mit Sagen- und Märchenspielen glitt der Dramatiker Hauptmann später in die Neuromantik, wandte sich historischen Stoffen zu, kehrte dann aber mit realistischen Tragödien zur naturalistischen Disposition zurück. 1885 bis 1889 wohnte Hauptmann in Erkner nahe der wachsenden Weltstadt Berlin, wo er in die gegen alles Traditionalistische und Pathetische gerichtete Atmosphäre des »jüngsten Deutschland« geriet, die sein Frühwerk mit prägte. Im Sinne des revolutionären Naturalismus rechnete er hier mit der alten Moral und Sittlichkeitsfas-

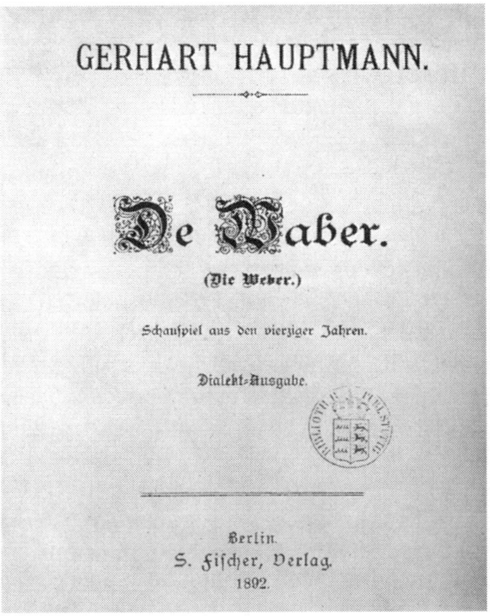
GERHART HAUPTMANN.

De Waber.

(Die Weber.)

Schauspiel aus den vierziger Jahren.

Dialekt-Ausgabe.

Berlin.
S. Fischer, Verlag.
1892.

Abb. 79 (links): Die erste Fassung von Gerhart Hauptmanns berühmten Drama *Die Weber* über den schlesischen Weberaufstand von 1844 erschien im Jahre 1892 in Berlin in einer schlesischen Dialektfassung unter dem Titel *De Waber*.
Abb. 80 (rechts): Gerhart Hauptmann (1862–1946).

sade der Gesellschaft ab. Mit dem sozialen Drama *Vor Sonnenaufgang* (1889) verhalf Hauptmann dem Naturalismus zum Durchbruch.
Nach Schlesien zurückgekehrt, begründete er 1892 mit dem sozialkritischen Schauspiel *Die Weber* über den schlesischen Weberaufstand von 1844 seinen Weltruhm. Soziales Engagement, Klassenbewußtsein, detaillierte Milieuschilderung und sprachliche Genauigkeit kennzeichnen dieses Stück vor allem in der Dialektfassung (*De Waber*, 1892); 1893 folgte die im Berliner Vorstadtmilieu spielende Komödie *Der Biberpelz*. Hauptmann schuf ein vielgestaltiges Werk mit wechselnden sozialen, mystischen, psychologischen, religiösen und autobiographisch-künstlerischen Themen: das Traumspiel *Hanneles Himmelfahrt* (erste Fassung 1893), das historische Drama *Florian Geyer* (1896), das Glashüttenmärchen *Und Pippa tanzt* (1906), die Sage vom *Armen Heinrich* (1902). Im Vordergrund der Werke des in Preußen ungeliebten »rebellischen Poeten«, dessen Werkaufführungen wiederholt der Zensur und Polizeiverboten zum Opfer fielen, steht der unterdrückte, an sich selbst oder der Umwelt scheiternde Mensch, der »passive Held«. Auch die Darstellung des Menschen in seiner Einsamkeit gelingt Hauptmann in seinen Dramen, wie er überhaupt als Dramatiker am bedeutsamsten ist. Die unterschiedlichsten Charaktere gestaltet er, füllt sie mit menschlicher und dichterischer Kraft; oft ist ihnen gemeinsam, daß sie an ihrer Einsamkeit und dem Konflikt mit ihrer gesellschaftlichen Umwelt leiden: *Einsame Menschen*, 1891; *Fuhrmann Henschel*, 1899; *Michael Kramer*, 1900; *Rose Bernd*, 1903; *Die Ratten*, 1911; *Vor Sonnenuntergang*, 1932. Im Berlin der Vorkriegszeit gehörte Hauptmann zu den meistgespielten Autoren. Seine Erzählungen und Romane (*Bahnwärter Thiel*, 1888; *Der Narr in Christo Emanuel Quint*, 1910; *Die Ketzer von Soana*, 1918) geben ein Bild von den Urkräften der Natur, die in den Menschen wirken. Seit 1901 bis zu seinem Tode bewohnte

Hauptmann das »Haus Wiesenstein« in Agnetendorf im schlesischen Riesengebirge. Unter seinen zahlreichen Auszeichnungen ragt die Verleihung des Nobelpreises für Literatur im Jahr 1912 heraus.

Wenn gerade die Frühwerke zu Hauptmanns Ruhm entscheidend beitrugen, so ist das nicht zuletzt das Verdienst des aus Breslau stammenden Theaterkritikers Alfred Kerr (1867–1948), dessen genialische und eigenwillige Rezensionen Hauptmanns Werke unter anderem im »Berliner Tagblatt« feierten und leidenschaftliche Fehden auslösten.

Carl Hauptmann (1858–1921), wie sein jüngerer Bruder in Ober Salzbrunn geboren, studierte Naturwissenschaften und Philosophie, brach seine wissenschaftliche Laufbahn ab und begann seinen schriftstellerischen Werdegang mit naturalistischen Dramen (*Waldleute*, 1896) und Romanen (*Mathilde*, 1902), in deren Mittelpunkt er soziale Probleme stellte. Doch schon bald wandte er sich vom philosopischen Materialismus ab und wurde zum Metaphysiker (Anna Stroka), der sich in seinem Grüblertum der Mystik öffnete. Ihm gelangen zarte Gedichte von impressionistischen Bildern bestimmt. Sein zentrales Erzählwerk, der Künstlerroman *Einhart der Lächler* (1907), wurde wegen seiner psychologischen Tiefe und schöpferischen Sprachkraft von vielen Angehörigen der jungen Schrifstellergeneration wie eine Bibel verehrt[38].

Die große Anzahl und die Vielgestalt der mit Schlesien verbundenen »modernen« Autoren, die Vielfalt ihrer Werke, die Spannweite der Inhalte und Formen macht eine summarische Charakterisierung oder auch nur die Erwähnung unmöglich. Ihre Einzelschöpfungen, ihr individualistisch geprägtes Werk entzieht sich einer Zusammenfassung unter der Bezeichnung »schlesisch«. Wenige Namen und Werke mögen für diese Vielfalt stellvertretend sein: der Erfolgsautor Paul Keller aus Arnsdorf (1873–1932), der im raschen Zug nahezu zwanzig Bücher schrieb, von denen bis 1929 keines ein Mißerfolg wurde, hat wie kaum ein anderer Erzähler die Zuneigung des deutschen Bürgertums, das mit Kellers Werken *Ferien vom Ich* (1916) machte, erworben. Das Werk des Grenzgängers August Scholtis aus Bolatitz im Hultschiner Ländchen (1901–1969) ist durch seine Romane *Ostwind* (1932) und *Baba und ihre Kinder* (1934) dagegen ausschließlich der Verarbeitung des Spannungsfeldes in Oberschlesien – der mehrsprachigen oberschlesischen Bevölkerung und der Industrielandschaft des deutsch-polnisch-tschechischen Grenzgebiets[39] – gewidmet. Erst durch Scholtis trat dieser von nationalen und sozialen Auseinandersetzungen geschüttelte Teil Schlesiens in die deutsche Literatur ein. Das Echo von Scholtis' Büchern im Dritten Reich war begreiflicherweise gering.

Als Vertreter der Literatur zwischen 1925 und 1950, die sich auf sehr unterschiedliche Weise mit den gesellschaftlichen Kräften ihrer Gegenwart auseinandersetzen, gelten die Schriftsteller Arnold Zweig aus Glogau (1887–1968)[40], Hermann Stehr aus Habelschwerdt in der Grafschaft Glatz (1864–1940)[41], Jochen Klepper aus Beuthen in Niederschlesien (1903–1942) und der Lyriker Max Herrmann (1886–1941), der später seinem Namen den seiner Heimatstadt Neisse anhängte. Weltberühmt wurde Zweigs Roman *Der Streit um den Sergeanten Grischa* (1928) über einen Justizmord, der das Kernstück eines mehrbändigen Romanzyklus bildet. Der ursprünglich kriegsbegeisterte, nach dem Ersten Weltkrieg aber zum engagierten Pazifisten gewandelte Zweig zeigt in diesem Antikriegsroman, wie die gesellschaftlichen Strukturen des Kaiserreichs den Krieg überdauerten und in der Weimarer Republik noch bestimmend blieben.

Das Werk des Erzählers, Lyrikers und Dramatikers Hermann Stehr ist in Schlesien verwurzelt. Seine Romane lassen sich den Genres Familiensaga und Bauernroman (*Der Heiligenhof*, 1918) zurechnen, Einflüsse des Naturalismus und der schlesischen Mystik in der Nachfolge Böhmes sind zu erkennen. Der Umgang mit nationalen Mythen, die biologistisch orientierten Familienromane (Trilogie: *Das Geschlecht der Maechler*, 1929, 1942–44)

rücken Stehr in den Umkreis der völkischen Literatur, so daß er von Literaturkritikern als präfaschistischer, deutschtümelnder Autor kategorisiert wurde; die Nationalsozialisten glaubten in seinen Texten ihr Literaturprogramm vertreten zu sehen.
Dagegen setzte der Romanautor und bedeutendste Kirchenlieddichter des 20. Jahrhunderts, Jochen Klepper (*Kyrie*, 1937), der damals in Deutschland herrschenden Barbarei seine christliche Anschauung entgegen[42]: Der Roman *Der Vater* (1937) über den Soldatenkönig Friedrich Wilhelm I. hebt als Allegorie zur Gegenwart von 1937 die Dringlichkeit eines bekennenden Christentums und eines auf sittlichen Prinzipien basierenden Staates hervor. Als Folge eines Mißverständnisses in nationalsozialistischen Kreisen, hier sei das Führerprinzip verherrlicht, wurde eine Sondergenehmigung für den Druck des Buches erteilt, das einen spektakulären Siegeszug antrat. Als »jüdisch Versippter« wurde Klepper aus der Reichsschrifttumskammer ausgeschlossen.
Max Herrmann-Neisse gehört mit seiner Lyrik zur großen Zahl der 1933 verbotenen und »verbrannten« Dichter, die für ihre konsequente Haltung den Preis des Vergessenwerdens bezahlen mußten: »Eher läßt man den erfolgreichen Verbrecher gelten..., als daß man einem machtlosen Empörer... Gerechtigkeit widerfahren läßt«[43]. Obwohl sich Herrmann-Neisse im kleinstädtischen Neisse »eingesargt«[44] und von Spießermoral umstellt vorkam, konnte er sich emotional doch nie von seiner Heimatstadt lösen, in der Eichendorff seine letzten Lebensjahre verbracht hatte (*Wallspaziergang bei Neisse*, 1931). Viele Gedichte aus der Zeit seines Londoner Exils sind geprägt von Trauer, von Erinnerungen an die verlorene Heimat. Der Mitbegründer des deutschen PEN-Clubs im Exil war 1933 über die Schweiz nach London emigriert; Arnold Zweig wanderte im selben Jahr nach Palästina aus, Jochen Klepper setzte 1942 seinem Leben zusammen mit seiner jüdischen Frau und der Stieftochter selbst ein Ende. Die amtliche Ausbürgerung durch die Nationalsozialisten im Jahre 1938 beantwortete Max Herrmann-Neisse mit dem großen Gedicht *Ewige Heimat*, das mit den Worten schließt:
»denn die Heimat bleibt bestehen/ in dem Lied verstoßner Söhne«[45].

Anmerkungen

1 Norbert Mecklenburg, Erzählte Provinz. Regionalismus und Moderne im Roman, Königstein/Taunus 1986.
2 Horst Schumacher, Gibt es eine östliche Spielart der deutschen Literatur?, in: Schlesien 37 (1992), S. 238–247.
3 Joachim Konrad, Die schlesische Toleranz. Geschichtliches Erbe und politische Idee, Düsseldorf 1953.
4 Klaus Günther Just, Der ostdeutsche Beitrag zur deutschen Literatur, in: Leistung und Schicksal. Abhandlungen und Berichte über die Deutschen im Osten. Hrsg. v. Eberhard G. Schulz, Köln/Graz 1967, S. 202–217, hier S. 202; Hans Enden, Der Beitrag Oberschlesiens zur deutschen Literatur 1800–1945, in: Jahrbuch der Schlesischen Friedrich-Wilhelms-Universität zu Breslau 28 (1987), S. 239–254.
5 Werner Bein, Die Literatur des Hochmittelalters in Schlesien. Ergebnisse, Probleme und Aufgaben der Forschung, in: Jahrbuch der Schlesischen Friedrich-Wilhelms-Universität zu Breslau 24 (1983), S. 253–278, hier S. 261; Franz Heiduk, Die Literatur des Mittelalters in Schlesien, in: Schlesien im Hochmittelalter. Hrsg. v. Werner Bein, Würzburg 1982, S. 22–30.
6 Thomas Wünsch, Peregrinus von Oppeln (gest. um 1333) als Exeget, in: Oberschlesisches Jahrbuch 9 (1993), S. 25–39.
7 Liber fundationis claustri sanctae Mariae virginis in Heinrichow oder: Gründungsbuch des Klosters Heinrichau. Hrsg. v. Gustav Adolf Stenzel, Breslau 1854; Roman Grodecki, Liber fundationis claustri sanctae Mariae virginis in Heinrichow czyli Księga Henrykowska, Wrocław 1991.

[8] Der Hedwigs-Codex von 1353. Sammlung Ludwig, Bd. 1: Faksimile der vollständigen Handschrift, Bd. 2: Texte und Kommentare. Hrsg. v. Wolfgang Braunfels, Berlin 1972.

[9] Joseph Gottschalk, Die große Legende der heiligen Frau Sankt Hedwig geborene Fürstin von Meranien und Herzogin in Polen und Schlesien. Faksimile nach der Originalausgabe von Konrad Baumgarten Breslau 1504, Bd. 1: Faksimileband, Bd. 2: Textband, Wiesbaden 1963.

[10] Martini Oppaviensis Chronicon Pontificum et Imperatorum. Hrsg. v. Ludwig Weiland, Hannover 1872 [ND Stuttgart/New York 1963].

[11] Otto Richard Meyer, Der Borte des Dietrich von der Glezze. Untersuchungen und Text, Heidelberg 1915 (= Germanistische Arbeiten, Bd. 3).

[12] Franz Heiduk, Die Literatur des Humanismus, der Renaissance und der Reformation in Schlesien, in: Renaissance – Humanismus – Reformation in Schlesien. Hrsg. v. Werner Bein, Würzburg 1981, S. 22–29.

[13] Peter Wiesinger, Das Verhältnis des Prager Kreises um Karl IV. zur neuhochdeutschen Schriftsprache, in: Kaiser Karl IV. Hrsg. v. Hans Patze, Göttingen 1978, S. 847–863.

[14] Descripcio tocius Silesie et civitatis regie Vratislaviensis per M. Bartholomeum Stenum. Barthel Steins Beschreibung von Schlesien und seiner Hauptstadt Breslau. Hrsg. v. Hans Markgraf, Breslau 1902 (= Scriptores rerum Silesiacarum, Bd. 17).

[15] Franz Steininger, Wiens Bedeutung für Schlesiens Geistesleben und Dichtung im 16. und 17. Jahrhundert, phil. Diss. Wien 1938.

[16] Text mit Übersetzung in: Quellenbuch zur Geschichte der evangelischen Kirche in Schlesien. Hrsg. v. Gustav Adolf Benrath, Ulrich Hutter-Wolandt, Dietrich Meyer, Ludwig Petry u. Horst Weigelt, München 1992 (= Schriften des Bundesinstituts für ostdeutsche Kultur und Geschichte, Bd. 1), S. 68–73.

[17] Arno Büchner, Das Kirchenlied in Schlesien und der Oberlausitz, Düsseldorf 1971 (= Das Evangelische Schlesien, Bd. VI/1), S. 81–112.

[18] Ernst Benz: Der Prophet Jakob Böhme. Eine Studie über den Typus nachreformatorischen Prophetentums. Mainz 1959.

[19] Hans-Gert Roloff/Marian Szyrocki (Hrsg.), Czepkos Werke, Stuttgart ab 1989.

[20] Ernst Otto Reichert: Johann Scheffler als Streittheologe, Gütersloh 1967.
J. L. Sammons: Angelus Silesius, New York 1967; H. Althaus: Johann Schefflers »Cherubinischer Wandersmann«, Mystik und Dichtung, Gießen 1956.

[21] Die wichtigsten schlesischen Chronisten und ihre Chroniken sind Joachim Cureus (1532–1578): Gentis Silesiae Annales, Wittenberg 1571; Jacob Schickfus (1574–1636): New Vermehrete Schlesische Chronica, Jena 1625 u. Leipzig 1625; Friedrich Lucae (1644–1708): Schlesiens curieuse Denckwürdigkeiten/ oder vollkommene Chronica von Ober- und Nieder Schlesien/ welche in Sieben Haupt-Theilen vorstellet Alle Fürstenthümer und Herrschafften..., Frankfurt am Main 1689.

[22] Einer der wichtigsten Vertreter der Hausväterliteratur ist Johann Colerus (1560–1639), Hauptwerke: Calendarium Oeconomicum et perpetuum Vor die Haußwirt/ Ackerleut/ Apotecker und andere gemeine Handwercksleut/ Kauffleut/ Wanderßleutt/ Weinherrn/ Gertner und alle diejenige, so mit Wirtschafft umbgehen..., Wittenberg 1591; Oeconomia Oder Haußbuch M. Iohannis Coleri... Darinnen begriffen und außführlichen erkleret ist/ Wie ein jeder Haußwirth/ nach dem Ihn Gott der Allmechtige gesegnet/ ferner seine Nahrung/ nechst Gott anstellen soll..., Wittenberg 1593.

[23] Franz Heiduk, Die deutsche Literatur des Barock in Schlesien, in: Schlesischer Barock. Hrsg. v. Werner Bein u. Franz Heiduk, Würzburg 1979, S. 16–22.

[24] Karl Günther Seiler, Samuel von Butschky und die höfische Geisteshaltung. Ein Beitrag zur höfischen Kultur der Barockzeit in Schlesien, Breslau 1937 (= Sprache und Kultur der Germanischen und Romanischen Völker. Germanistische Reihe, Bd. 22).

[25] Marian Szyrocki, Martin Opitz, München 1974.

[26] Weltgeschick und Lebenszeit. Andreas Gryphius, ein schlesischer Barockdichter aus deutscher und polnischer Sicht. Hrsg. v. d. Stiftung Gerhart-Hauptmann-Haus, Düsseldorf 1993; Marian Szyrocki, Andreas Gryphius, Sein Leben und Werk, Tübingen 1964.

[27] P. Hempel, Die Kunst Friedrichs von Logau, Berlin 1917.

[28] Gero von Wilpert, Sachwörterbuch der Literatur, Stuttgart ^{5}1969 [^{1}1955], s. Schwulst, S. 698.

[29] Wilhelm Krämer, Das Leben des schlesischen Dichters Johann Christian Günther 1695–1723, Stuttgart 1980.

[30] [Johann Wolfgang von Goethe:] Goethes Werke, Bd. 11, Autobiographische Schriften. Bd. 1, Dichtung und Wahrheit, Teil 2, Buch 7, Hamburg 1955, S. 265.

[31] [Immanuel Kant:] Kants Werke, Bd. 3. Kritk der reinen Vernunft. Hrsg. v. der Königlich Preußischen Akademie der Wissenschaften, Berlin 1904, S. 22; vgl. Eberhard Günter Schulz, Der Anteil Ostdeutscher an der abendländischen Philosophie, in: Leistung und Schicksal (wie Anm. 4), S. 164–193.

[32] Ansichten zu Eichendorff. Beiträge der Forschung 1958 bis 1988. Hrsg. v. Alfred Riemen, Sigmaringen 1988; Oskar Seidlin, Versuche über Eichendorff, Göttingen 1965, 2. Aufl. 1978; Paul Stöcklein (Hrsg.), Eichendorff heute. Stimmen der Forschung, Darmstadt 1960, Nachdruck 1966; Wolfgang Frühwald und Franz Heiduk, Joseph von Eichendorff. Frankfurt/Main 1988.

[33] Joseph Freiherr von Eichendorff, Aus dem Leben eines Taugenichts, in: ders., Werke, Bd. 2: Romane, Erzählungen, München 1978, S. 565.

[34] Gustav Freytag, Soll und Haben, in: ders., Gesammelte Werke, Bd. 4, Leipzig 1887, S. 1; Freytag hat dieses von dem Literaturwissenschaftler Julian Schmidt stammende Zitat seinem Roman als Motto vorangestellt.

[35] Franz Mehring, in: »Neue Zeit« 13. Jg., Bd. 2 (1895), S. 161; hier zit. nach dem Abdruck in: ders., Zur Literaturgeschichte von Hebbel bis Gorki, Berlin 1929, S. 58.

[36] Kurt Mautz, Georg Heym. Mythologie und Gesellschaft im Expressionismus, Frankfurt am Main ^{2}1972.

[37] Gerhart Hauptmann. Autor des 20. Jahrhunderts. Hrsg. v. Krzysztof A. Kuczyński u. Peter Sprengel, Würzburg 1991; Sigfrid Hoefert, Gerhart Hauptmann, Stuttgart; Roy C. Cowen, Hauptmann-Kommentar zum dramatischen Werk, München 1980; Heinz Dieter Tschörtert, Gerhart-Hauptmann-Bibliographie, Berlin 1971; Hans Mayer, Gerhart Hauptmann, Velbert 1967; Peter Sprengel, Gerhart Hauptmann. Epoche – Werk – Wirkung, München 1984; Wolfgang Leppmann, Gerhart Hauptmann. Leben, Werk und Zeit, München 1986.

[38] Anna Stroka, Carl Hauptmanns Werdegang als Dichter und Denker. Breslau 1965.

[39] Grażyna Szewczyk, Die oberschlesischen Dichter und ihre Heimat, in: Wokół stereotypów Niemców i Polaków. Hrsg. v. Wojciech Wrzesiński, Wrocław 1993 (= Acta Universitatis Wratislaviensis 1554. Historia, Bd. 114), S. 187–199; August Scholtis, Erzählungen, Dramen, Romane. Ausgewählt, hrsg. und kommentiert von Joachim J. Scholz, Berlin 1994.

[40] Arnold Zweig 1887–1968. Werk und Leben in Dokumenten und Bildern. Hrsg. v. Georg Wenzel, Berlin/Weimar 1978.

[41] Fritz Richter, Hermann Stehr. Schlesier, Deutscher, Europäer, Würzburg 1964 (= Ostdeutsche Beiträge aus dem Göttinger Arbeitskreis, Bd. 28).

[42] Ernst G. Riemenschneider, Jochen Kleppers schlesische Jahre, in: Jahrbuch der Schlesischen Friedrich-Wilhelms-Universität zu Breslau 19 (1978), S. 223–237; Jochen Klepper, Unter dem Schatten deiner Flügel. Aus den Tagebüchern der Jahre 1932–1942, Stuttgart 1956; Kurt Ihlenfeld, Freundschaft mit Jochen Klepper, Witten und Berlin 1958.

[43] Zit. nach dem Schlußtext bei Klaus Völker, Max Herrmann-Neisse. Künstler, Kneipen, Kabaretts – Schlesien, Berlin, im Exil, Berlin 1991 (= Reihe Deutsche Vergangenheit. Stätten der Geschichte Berlins, Bd. 56).

[44] Klaus Völker, Eingesargt in Neisse, in: Der Dichter und seine Stadt. Max Herrmann-Neisse zum 50. Todestag. Hrsg. v. Yvonne-P. Alefeld, Ratingen 1991, S. 33–59.

[45] Max Herrmann-Neisse, Gesammelte Werke, Bd. 2: Um uns die Fremde. Gedichte. Hrsg. v. Klaus Völker, Frankfurt am Main 1986, S. 515.

Teil VI: Die Kunst Schlesiens von der Romanik bis zur Breslauer Moderne

(Andrea Langer)

Die kunstgeschichtliche Entwicklung Schlesiens war durch dessen geographische Lage und den Wandel seiner politischen Struktur und Zugehörigkeit bestimmt. Die Kunst stand immer wieder im Spannungsfeld zwischen den Entwicklungen im mittel- und westdeutschen Raum, in den böhmischen Ländern, Österreich, Italien und Polen. Eine organische Kunstgeschichte Schlesiens ist letztlich nicht zu schreiben, da die Kunst Schlesiens eine Addition teilweise herausragender Einzelkunstwerke darstellt, zwischen denen sich zwar verschiedene Querverbindungen nachweisen lassen, eine geschlossene Entwicklung aber über Generationen fehlt.
Der vorgegebene Rahmen erfordert eine räumliche wie inhaltliche Begrenzung. So können die Grafschaft Glatz, die Oberlausitz, Österreichisch-Schlesien und Ostoberschlesien nur zur historischen Abrundung herangezogen werden[1]. Von den Kunstgattungen wurde das Kunstgewerbe weitgehend außer Acht gelassen. Es muß aber darauf hingewiesen werden, daß es gerade in diesem Bereich trotz starker qualitativer Schwankungen zu beachtlichen, eigenständigen Leistungen kam[2].

1. Romanik

Der Beginn der territorial-staatlichen Entwicklung in Schlesien zwischen böhmischer und polnischer Herrschaft und die Kunstentwicklung dieser Zeit liegen im Dunkeln. Lediglich archäologische Funde aus der vorromanischen Zeit Schlesiens geben Auskunft über Befestigungsanlagen in Holz-Lehm-Bauweise. Grabungen legten z. B. in Oppeln[3] den Grundriß einer altslawischen Stadt schon für das 8./9. Jahrhundert frei, in Breslau auf der heutigen Dominsel eine durch Erdwälle und Holzbefestigungen geschützte Herzogsburg mit einer kleinen, hölzernen Martinskirche[4] sowie eine Siedlung aus dem 10. Jahrhundert. Nach der Breslauer Bistumsgründung im Jahre 1000 entstand im Bereich der Vorburg, wohl zwischen 1051 und 1062, der erste Dombau, ebenfalls aus Holz.
In dem zum polnischen Herrschaftsverband gehörenden mittelalterlichen Schlesien setzte mit einer zeitlichen Verzögerung von ungefähr hundert Jahren gegenüber der polnischen wie der deutschen Kunst die romanische Bautätigkeit in der zweiten Hälfte des 12. Jahrhunderts ein, und zwar konzentriert auf den politischen wie kirchlichen Hauptsitz Breslau. Von den romanischen Anfängen Breslaus zeugen lediglich noch bauplastische Reste. Dazu gehört ein romanisches Tympanon der Kirche Maria auf dem Sande, das sich heute über dem Sakristeieingang befindet. Das Relief im Bogenfeld stellt den Gründungsakt des Stiftes dar: Die Witwe Peter Wlasts überreicht als Kirchenstifterin der Madonna ein Modell der Kirche. Neben dem Sandkirchentympanon dokumentiert das zwischen 1161 und 1163 entstandene sogenannte Magdalenenportal[5] das romanische Kunstschaffen in Breslau. Das Magdalenenportal war ursprünglich ein Seitenportal der um 1138 vom Kastellan von Breslau, Peter Wlast, gegründeten Benediktinerabteikirche *St. Vinzenz auf dem Elbing*[6], ist aber seit 1546 an der Südseite der Breslauer Magdalenenkirche eingelassen. Früher als in der Bauplastik deutscher und benachbarter polnischer Gebiete ordnen sich die figurierten Archivolten, das sind die Bogenläufe im Gewände des Portals, in ein architektonisches Schema ein, was jedoch für Schlesien eine singuläre Erscheinung geblieben sein dürfte. Als das früheste Stufenportal mit Archivoltenfiguren gilt in der deutschen Romanik die zwei Generationen nach dem Magdalenenportal um 1230 geschaffene Goldene Pforte am Freiberger Dom in Sachsen.

Abb. 81: Der bedeutendste Überrest des 1529 abgerissenen Breslauer Klosters St. Vinzenz ist das zwischen 1161 und 1163 entstandene sogenannte Magdalenenportal. Die Säulenschäfte und Archivolten sind mit floralen und abstrakten Schmuckformen, die Türpfosten mit Tierrachen und Fabeltieren reich ornamentiert. Besonders hervorzuheben ist die vorletzte Stufe der Archivolten mit szenischen Darstellungen aus dem Leben Christi.

Das 13. Jahrhundert wurde von dem als Kolonisation zu deutschem Recht bezeichneten Landesausbau, den damit einhergehenden Stadtgründungen und der Ausbildung des schlesischen Klosterwesens geprägt[7]. Die neu gegründeten Städte nahmen einen regelmäßigen Grundriß mit rechteckigen Häuserblöcken und gleich großen Hausstellen in einem rechtwinkligen Straßennetz an. Charakteristisch war der sogenannte Ring, ein zentral gelegener rechteckiger Marktplatz, umschlossen von Verkaufskammern, den ein langgestrecktes Rathaus[8] mit Turm dominierte. Die Rathaustürme waren in der Regel mit den Wappen der Stadt und deren politischer Obrigkeit geschmückt. Teilweise nahmen ihre Bildprogramme Bezug auf aktuelle Ereignisse, so die Skulpturengruppe am Rathausturm in Jauer vom Ende des 14. Jahrhunderts. Sie stellt mit Kaiser Karl IV., dessen Sohn Wenzel IV., Herzog Bolko II. von Jauer und Schweidnitz und fünf Rittern eine Umsetzung des an den Rathäusern des Alten Reiches wiedergegebenen allgemeingültigen Bildprogramms in ein ganz aktuelles Programm dar. Es wird eine konkret Schlesien betreffende historische Situation, der Erbschaftsvertrag zwischen Karl IV. und Bolko II., festgehalten. Die Stadtpfarrkirche stand bei einer schlesischen Stadtanlage außerhalb des Rings.
Die neuen Städte veränderten auch das Sozialgefüge und die Gruppe der Auftraggeber ihres jeweiligen Einzugsgebietes. Neben die Adeligen, Bauern und Geistlichen traten als neue Schicht die Bürger, deren seelsorgeliche Betreuung die stadtnahen Bettelorden der Franziskaner[9] und der Dominikaner[10] übernahmen. Das Wirkungsfeld der Prämonstraten-

ser und der Augustinerchorherren beschränkte sich dagegen im wesentlichen auf Breslau, wo – neben der Augustinerchorherrenkirche *St. Maria* in Sagan – deren einzige schlesische Konvente bestanden: das *Vinzenzstift* und *St. Maria auf dem Sande*. Beide Kirchen weisen ins 14. Jahrhundert, das sich im Kunstschaffen von den vorausgegangenen Perioden deutlich abhebt.

Auf dem Lande waren die Zisterzienser die bedeutendste an der Kolonisation beteiligte Ordensgemeinschaft. Die oberschlesischen Zisterzen, Rauden (1258) und Himmelwitz (1280), waren Filiationen des kleinpolnischen Klosters Jędrzejów und folgten auch in der Ausprägung ihrer Chorräume dem architektonischen Vorbild des Mutterklosters. Die niederschlesischen Konvente waren Filiationen von Morimond. Von der ältesten Gründung Leubus (1163) aus wurden in Niederschlesien Heinrichau (1227), Kamenz (1246) und von Heinrichau wiederum Grüssau (1292) besiedelt. Der Konvent des 1202 von Herzog Heinrich I. dem Bärtigen und Hedwig von Andechs-Meranien gestifteten Zisterzienserinnenklosters Trebnitz kam aus Bamberg. Zu den eindrucksvollsten künstlerischen Verbindungen zwischen Trebnitz und Bamberg gehört ein romanisches Tympanonrelief mit der alttestamentarischen Darstellung von David und Bethsabe, das stilistisch mit den zwischen 1225 und 1237 geschaffenen Skulpturen der Gnadenpforte am Bamberger Dom verwandt ist. Einziges gemeinsames Element der Gruppe niederschlesischer Zisterzienserkirchen ist die Ausformung des Grundplans – mit Ausnahme der im 14. Jahrhundert neu errichteten Hallenkirche zu Kamenz – als dreischiffige Basilika mit Querhaus und Einwölbung im gebundenen System. Dabei entsprechen einem Quadrat im Mittelschiff in den beiden Seitenschiffen je zwei Quadrate von halber Seitenlänge. An diesen Grundriß knüpft auch die wenig aufwendige Architektur des Breslauer Doms an[11].

Die Vielfalt der zum größten Teil von Fundatoren und adeligen Schenkungen finanzierten zisterziensischen Ordensarchitektur Schlesiens erklärt sich zum einen durch die Beschäftigung von Bauhandwerkern, die größtenteils dem Laienstand angehörten und an ordensfremden Vorbildern geschult waren, zum anderen durch lokale Besonderheiten. So ist die singuläre Erscheinung der Krypta in der 1241 vollendeten Abteikirche des Trebnitzer Nonnenklosters durch die besonderen Gegebenheiten des Baugeländes wie durch die Intention des herzoglichen Stifters, Trebnitz als Familiengrablege zu errichten, bedingt. Lediglich an der Trebnitzer Kirche kann man im Wandel der Formensprache, in der Grundrißbildung und im Vorhandensein einer Vorhalle noch ablesen, daß Schlesien im ersten Drittel des 13. Jahrhunderts unmittelbar im Schnittpunkt der verschiedensten südwest- und nordwestdeutschen Einflußsphären stand. Von den romanischen Klosterkirchen erhielt sich nur ein Bruchteil des ursprünglichen Baubestandes, einige wurden bereits im Mittelalter neu gebaut (Leubus), die meisten nach barocken Vorstellungen umgestaltet (Kamenz) bzw. neu errichtet (Grüssau).

Neben diesen Großbauten gab es in der ersten Hälfte des 13. Jahrhunderts noch eine Gruppe kleinerer Sakralräume, darunter die Stadtkirche *Mariä Himmelfahrt* in Löwenberg und die *Johanniskirche* in Schönau im Katzbachtal, eines der ältesten Gotteshäuser Schlesiens. Es handelt sich um Bruchsteinkirchen mit freistehendem Glockenturm, die der sächsisch-hessischen Einflußsphäre zugerechnet werden. Allerdings sind die dem italienischen Campanile verwandten Türme im Gebiet nördlich der Alpen ungewöhnlich und kommen abgesehen von einigen österreichischen Kirchen nur an der *Johanniskirche* in Schwäbisch Gmünd vor. Schließlich wird die romanische Architektur Schlesiens von den für den sächsischen wie ostmitteleuropäischen Raum dieser Zeit typischen Burgkapellen bestimmt, so in Stronn und Teschen. Sie gehören dem Typus freistehender Rotunden mit hufeisenförmigen Apsiden an.

2. Gotik

Das Zentrum des Herzogtums Schlesien, das in der ersten Hälfte des 14. Jahrhunderts der Krone Böhmen inkorporiert worden war, bildete Breslau. Der politischen und wirtschaftlichen Hegemonie der Oderstadt entsprach auch ihre Bedeutung als kulturelles Zentrum und Mittelpunkt schlesischer Kunstproduktion, die sich in mehreren großen, bis zum 15. Jahrhundert gebauten Ordens- und Pfarrkirchen ausdrückte: *Elisabethkirche, Kreuzkirche* mit der Unterkirche *St. Bartholomäus, St. Maria auf dem Sande, Vinzenzkirche, St. Adalbert* und *St. Dorotheen.*

Als Gründungsbau gotischer Sakralarchitektur in Schlesien gilt die 1269 begonnene Grabkapelle der Heiligen Hedwig an der Trebnitzer Zisterzienserinnenkirche. Die Kapelle hebt sich deutlich vom romanischen Gefüge der Gesamtanlage ab und überragt den Hauptchor der Kirche erheblich. In der Stadt Breslau fand die Gotik mit der 1288 als Kollegiatstift von Herzog Heinrich IV. von Breslau gestifteten Doppelkirche *Zum Heiligen Kreuz*[12] (1288–1350) Eingang: eine Hallenkirche, deren Außenbau von einem Kranz hoher Strebepfeiler umgeben ist, kombiniert mit einer Dreikonchenanlage[13], die dem Grundriß der Kreuzkirche die Gestalt eines regelmäßigen Kleeblattes gibt.

Diese besondere Grundrißform findet in der *Grabkapelle* Herzog Bolesławs III. zu Leubus (ab 1312) und der *Matthiaskirche* zu Breslau (Mitte des 14. Jahrhunderts) Nachfolgebauten. Charakteristisch für die schlesische, von den Mönchsorden bevorzugte gotische Hallenkirche, z. B. die Breslauer *Sandkirche* und die *Dorotheenkirche*, ist zum einen die Tiefenbewegung, die nicht durch eine Zäsur zwischen Langhaus und Chor unterbrochen ist und die eine Gesamtlänge der beiden Breslauer Kirchen von jeweils 72 m ausmacht; zum anderen die massive, wandhafte Ausprägung der Arkadenpfeiler. Beides verhindert eine räumliche Verschmelzung von Mittelschiff und Seitenschiff, wie sie in mittel- und westdeutschen Hallen mit kurzen Langhäusern üblich ist und in der Kirche *Maria zur Wiese* im westfälischen Soest 1313 erstmals ausgebildet wurde.

Die meisten gotischen Pfarrkirchen waren allerdings aus Backstein[14] errichtete Basiliken[15], deren Wandflächen ähnlich wie bei den Hallen sowohl am Außenbau als auch im Innenraum nur durch wenige und in ihrer Plastizität stark reduzierte Gliederungselemente aufgelokkert wurden[16]. Diese ungegliederte Flächigkeit sowie das Prinzip der Breiten- und Höhenerstreckung wird im Idealfall nicht durchbrochen, am Außenbau weder durch Querschiff[17], Strebewerk, Zwerchgiebel noch durch Fialen. Der Ostteil der Chores wird nicht durch Kapellenkränze mit Strebewerk betont, die Westfassade bleibt karg, reiche Portalplastik oder andere bauplastische Programme fehlen. Dieser Tenor setzt sich auch im Innenraum fort. Die Proportionen des Mittelschiffes erzielen eine schachtartige Wirkung, die durch die Massivität der Mittelschiffwände zusätzlich betont wird.

Diese Wandhaftigkeit ergibt sich aus dem zweigeschossigen Aufriß ohne Triforium, einem Laufgang zwischen Arkade und Fensterzone, und den längsrechteckigen, wie stehengelassene Mauerreste wirkenden Arkadenpfeilern. Zudem ist die bauplastische Gestaltung auf ein Minimum reduziert. Pfeiler und Bogen gehen ohne Kapitell ineinander über, Arkadengesimse fehlen, die kleinen Obergadenfenster setzen hoch über dem breiten, ungegliederten Wandstreifen an. Eine besondere Steigerung erfährt diese Raumauffassung in der Kirche *St. Stanislaus und Wenzel* in Schweidnitz mit der Mittelschiffproportion 1:3,5 (75m Länge, 25,6m Höhe des Gewölbescheitels, 27m Gesamtbreite des Langhauses).

In diesen gliederungsarmen schlesischen Sakralräumen hat sich das für die Gotik charakteristische, die Raumgrenze aufbrechende Linienspiel der Stützglieder und Gitterwände scheinbar ins Gewölbe verlagert. In den noch im gebundenen System errichteten Hallen der

Abb. 82: In der zwischen 1370 und 1419 neu errichteten Nikolaikirche zu Brieg wird die geschlossene Flächigkeit der Mittelschiffswand durch die Ausbildung eines dünnen Kämpfergesims zwischen Arkadenpfeiler und Bogen, breite Wandvorlagen sowie die Fensternischen des Obergadens, die bis dicht über den Arkadenscheitel herabgezogen sind, aufgebrochen.

Kreuzkirche und der *Sandkirche* wurden die dreieckigen Gewölbeflächen der Seitenschiffe mit sogenannten Springgewölben, d. h. Dreistrahlgewölben ohne rautenhalbierende Diagonalrippen, geschlossen.
Neben den Großbauten in Breslau wurden auch in einigen anderen Städten Schlesiens gotische Pfarrkirchen mit ähnlichen Stilmerkmalen errichtet, z. B. um 1330 *St. Stanislaus und Wenzel* in Schweidnitz und 1370 *St. Nikolai* in Brieg. Ebenso war in Liegnitz im 14. Jahrhundert aufgrund der geographischen und wirtschaftlichen Situation ein reges Kunstschaffen unter eindeutig böhmischen Einflüssen spürbar. Von den Liegnitzer Stifts-, Pfarr- und Klosterkirchen hat nur die 1327 begonnene Peterskirche, trotz Umbauten im 19. Jahrhundert, ihre ursprüngliche gotische Gestalt bewahrt.
Im 15. Jahrhundert, das durch die Hussitenkriege geprägt wurde, brach die rege Bautätigkeit ab, und es kam zu keinen weiteren nennenswerten Neubauten mehr. Die künstlerische Produktion konzentrierte sich im sakralen Bereich eher auf die Kirchenausstattung, vor allem auf Altäre und Epitaphien. Als einer der wenigen kirchlichen Neubauten ragt die *Jakobuskirche* in Neisse (1401–1430) hervor: eine gotische Hallenkirche mit einem Chortyp, der deutlich auf die Formensprache des seit 1353 in Böhmen tätigen Baumeisters und Bildhauers Peter Parler (1330–1399) und weniger auf die schlesische Architektur verweist. Typisch aber bleibt nach wie vor die wandhafte Massigkeit der Pfeiler.
Die faktische Unabhängigkeit der Skulptur von der Architektur im 13. und 14. Jahrhundert führte nicht unbedingt – abgesehen von dem oben genannten Magdalenenportal – zu vollplastischen, von der architektonischen Umgebung unabhängigen Statuen. Ähnlich der böhmischen und mährischen Bildhauerkunst zur Zeit König Johanns von Luxemburg zeigt sich auch in der für die frontale Betrachtungsweise geschaffenen Skulptur Schlesiens die

Tendenz zu graphisch-linearen, starren Formsystemen. Das trifft z. B. auf die aus dem letzten Drittel des 14. Jahrhunderts stammenden Apostelfiguren der Breslauer *Magdalenenkirche* (heute Nationalmuseum Breslau) ebenso zu wie auf den zwischen 1370 und 1380 entstandenen Cruzifixus dolorosus der Breslauer *Corpus-Christi-Kirche* (heute National-museum Warschau). Dieser zeichnerisch wirkende Stil wurde in Schlesien erst von der Werkstatt der sogenannten Madonna auf dem Löwenthron, die mit der Hermsdorfer Madonna um 1360 (heute Nationalmuseum Breslau) eine ihrer frühesten Arbeiten schuf, abgelöst[18]. In dieser Phase wirkte die schlesische Skulptur mittels einiger bodenständiger Werkstätten für kurze Zeit auf schlesische Nachbarländer stilbildend, bevor in der Ära Peter Parlers Prag auch für Schlesien in der Bau- und Grabplastik bestimmend wurde.
Unter den Werken schlesischer Bildhauerkunst des ausgehenden 14. und des 15. Jahrhunderts sind zwei wichtige Erscheinungsformen hervorzuheben: der Typus des Andachtsbildes der Schönen Madonnen sowie Grabmäler. Dagegen muß die Vielzahl reicher gotischer Schnitzaltäre[19] unberücksichtigt bleiben. Die aus Breslau stammende, zum Thorner Typus gehörende *Madonna* gehört neben den *Schönen Madonnen* von Thorn und Krumau zu den hervorragendsten Werken der Zeit um 1400[20]. Die Breslauer Madonna befindet sich heute im Nationalmuseum in Warschau.
Es handelt sich um die Gestalt einer sehr jungen Maria, gekleidet mit einem in schweren Falten fallenden Gewand. Maria hält auf ihrem linken Arm das spielende Kind, das mit seiner Rechten nach einem von ihr dargereichten Apfel und mit seiner Linken nach Marias Mantel greift. Für die vieldiskutierte Frage nach Entstehung und Meister der *Schönen Madonnen* bildet die Bestimmung der stilgeschichtlichen Abfolge der Typen von Thorn und Breslau eines der Kernprobleme[21]. Dabei brachte die typologische Erweiterung der bisher auf den Nordosten beschränkten Gruppe Thorn-Breslau um die Sternberger Madonna neue Erkenntnisse über die Verbreitung des Madonnenstils, der offenbar vom mährischen Sternberg nach Breslau und Thorn kam. Schlesien kann daher für die Schönen Madonnen als Bindeglied zwischen Mähren und dem Ordensland verstanden werden.
Um 1300 kam in Schlesien der französisch-burgundische Typus des Tumbengrabes mit beigeordneten Klagefiguren, sogenannten Pleurants, auf. Das früheste und zugleich bedeutendste Beispiel ist die 1300 bis 1320 entstandene Tumba Herzog Heinrichs IV. aus der

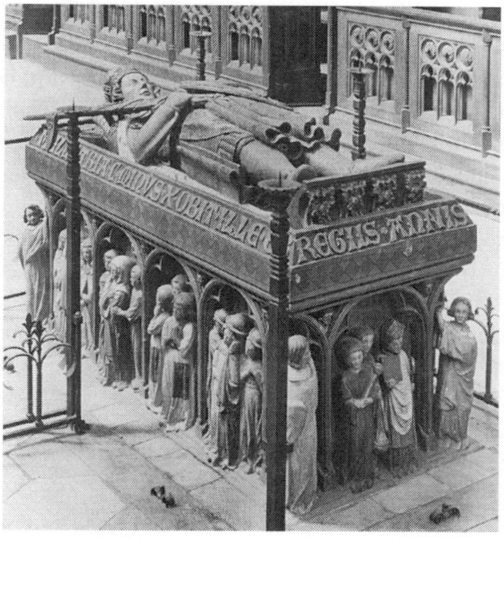

Abb. 83: Das Grabmal Herzog Heinrichs IV. von Breslau († 1290) ist in Schlesien das früheste Beispiel einer Tumba mit der Gestalt des Verstorbenen auf der Deckplatte und dem seitlich erscheinenden Zug der Trauernden, zu dem sich in bewegten Dreiergruppen Chorherren und Familienangehörige unter Arkadenbögen ordnen.

Breslauer *Kreuzkirche*, die sich heute im Breslauer Nationalmuseum befindet. Die vollplastische Figur des Verstorbenen in Ritterrüstung nimmt die Deckplatte ein, an den Längsseiten der Tumba reihen sich die Pleurants zum Klagezug. Die seit der Jahrhundertmitte entstandenen Grabmäler in Schlesien knüpfen in der vollrund gearbeiteten, voluminösen Gestalt des Toten an die Schule Peter Parlers an, verzichten jedoch nicht wie diese auf das mit der Heinrichstumba in Schlesien eingeführte Motiv der Klagefiguren. Zu diesen Grabdenkmälern der zweiten Jahrhunderthälfte gehören u. a. das Grabmal des 1369 gestorbenen Herzogs Bolko II. von Jauer und Schweidnitz in der Fürstenkapelle zu Grüssau und das Tumbengrab des Bischofs Preczlaus von Pogarell in der Marienkapelle des Breslauer Doms vom Ende des 14. Jahrhunderts.

Im 15. Jahrhundert erlebte die schlesische Kunst eine neue Orientierung. Der Einfluß Böhmens, das durch die Folgen der Hussitenkriege isoliert wurde, ging spürbar zurück; Prag verlor seine Funktion als stilbildendes Kunstzentrum. Über die Hohe Straße gelangten nun Künstler aus den süddeutschen Städten Nürnberg, Augsburg sowie aus Schwaben, Sachsen und der Lausitz nach Breslau. 1462 stellte der Nürnberger Maler Hans Pleydenwurff (um 1420–1472) den von ihm gelieferten Passionsaltar in der Breslauer *Elisabethkirche* auf. Hinter seiner detailreichen Schilderung der Kreuzabnahme steht die Behandlung des gleichen Themas durch den Niederländer Rogier van der Weyden. Der Nürnberger Bildhauer Peter Vischer (1460–1529) schuf 1496 die Grabplatte für den Breslauer Bischof Johannes IV. Roth. Über Görlitz kamen Baumeister und Steinmetze, die neben den Breslauer Stadttoren zwischen 1470 und 1510 auch das im 14. Jahrhundert errichtete Breslauer Rathaus umgestalteten[22]. Hatte dieses in seiner früheren Gestalt bis zur Mitte des 15. Jahrhunderts Vorbildfunktion für andere schlesische Rathäuser, so fand die prachtvolle architektonische und plastische Ummantelung der Spätgotik keine Nachfolge.

Wie im Bereich der Skulptur wurde auch in der spätgotischen Malerei der Einfluß Böhmens seit der Jahrhundertmitte schwächer. Noch im 14. Jahrhundert wurde eine ganze Anzahl von Tafelbildern und illuminierten Handschriften aus Böhmen nach Schlesien importiert, z. B. die vom Prager Erzbischof Ernst von Pardubitz 1343 gestiftete Glatzer Madonnentafel (Berliner Nationalgalerie). Zudem sammelten in Schlesien tätige Künstler häufig in Böhmen Erfahrung. Der Meister des Hedwigscodex, ursprünglich in Breslau tätig, ging in Prag beim Meister des Hohenfurther Altars in die Lehre. Sein Hauptwerk ist die im Auftrag von Herzog Ludwig I. von Liegnitz 1353 geschriebene Hedwigshandschrift, der sogenannte Schlackenwerther Codex, der das Leben der Heiligen Hedwig und den Tod Herzog Heinrichs II. des Frommen als Verteidiger des Christentums in der Schlacht bei Wahlstatt verherrlicht. Diese Handschrift, die heute im Paul Ghetty Museum im kalifornischen Malibu liegt, bildet die wichtigste Quelle für die mittelalterliche Hedwigsikonographie.

Zu den Formen, die von den lokalen Malern aufgenommen wurden, gehörte der besondere Thron- und Baldachintypus der böhmischen Madonnendarstellungen des 14. Jahrhunderts. Das Ende des böhmischen Einflusses auf die schlesische Malerei verdeutlichen besonders zwei Werke[23]: das um 1430 vom Meister des Langendorfer Marientodes geschaffene Altartriptychon mit Darstellungen aus dem Leben der Heiligen Hedwig für die Breslauer *Bernhardinkirche* (Mittelteil verschollen, Seitenflügel heute im Warschauer Nationalmuseum), das in Form und Inhalt nicht nur in Schlesien einmalig ist[24], sowie der Hochaltar der Breslauer *Barbarakirche* von 1447. Mit diesem Hauptwerk der schlesischen Malerei wurden um die Mitte des 15. Jahrhunderts niederländische Elemente oberrheinischer Prägung in die schlesische Tafelmalerei eingeführt[25].

3. Renaissance und Manierismus[26]

Das vorreformatorische Breslau hatte sich zu einem beachtlichen Zentrum des Humanismus entwickelt und stand mit der humanistischen Hochburg Krakau in enger Beziehung. Einer der Träger dieser Kontakte war der aus einer oberungarischen Kaufmannsfamilie stammende Krakauer Johannes V. Thurzó von Bethlenfalva, der seit 1492 dem Breslauer Domkapitel angehörte. Thurzó, der 1506 das Breslauer Bischofsamt erlangte, war einer der wichtigsten Mäzene der über Krakau nach Breslau eindringenden Renaissance. Während seines Episkopats sind Initialwerke der Frührenaissance in Schlesien entstanden, z. B. das silberne Hausaltärchen Thurzós von 1511 sowie das 1517 geschaffene Portal der Breslauer Domsakristei. Letzteres weist auf die königliche Burgbauhütte von Prag hin, die sich unter Benedikt Ried (um 1454–1534), dem Baumeister König Wladislaws II., seit 1490 Vorbilder der ungarischen Renaissance zu eigen gemacht hatte. Aus der Riedschen Schule ging auch der Görlitzer Stadtbaumeister Wendel Roskopf (um 1480–1539) hervor. Er vollendete die Rathäuser in Löwenberg (1522–1524) und Bunzlau (1525–1535) und führte den neuen Bautypus der Saalhalle mit Rippengewölbe sowie die frühesten Renaissancemotive in die schlesische Architektur ein.

Zu den ersten Renaissancegrabmälern zählt das 1537 entstandene Grabmal Bischof Johannes V. Thurzó, das sich in der Sommerresidenz in Johannesberg bei Jauernig befindet. Der Tote ist liegend dargestellt, den Kopf in die rechte Hand gestützt. Dieses von dem Bildhauer Andrea Sansovino (1460–1529) in Italien eingeführte Motiv ist für Schlesien ungewöhnlich und tritt nördlich der Alpen erstmals beim Grabmal Bischof Piotr Tomickis 1532 bis 1535 in der Kathedrale auf dem Krakauer Wawel auf, was einmal mehr die künstlerischen Beziehungen zu Krakau verdeutlicht. In Schlesien fand dieses Motiv im Grab von Bischof Balthasar von Promnitz in Neisse 1562 Nachfolge.

Im Bereich der Profanarchitektur ließen im 16. Jahrhundert die einzelnen Piastendynastien durch italienische Künstler der Spätrenaissance und des Manierismus bedeutende Residenzen errichten. Exemplarisch hierfür steht der Schloßbau zu Brieg. Die Auftraggeber, Herzog Friedrich II. von Liegnitz, Brieg und Wohlau und Herzog Georg II. von Brieg und Wohlau, riefen die beiden oberitalienischen Architekten Jacopo Pahr und Bernardo Niuron an ihren Hof. Glanzstück war der Säulenhof des Schlosses mit seinen vier Arkadenflügeln (1741 zerstört) nach dem Vorbild des 1531 begonnenen, dreigeschossigen Arkadenhofes des Krakauer Residenzschlosses auf dem Wawel. Hervorgehoben werden muß außerdem der Torbau[27], der 1966 bis 1980 nach historischen Vorlagen rekonstruiert mit Freiskulpturen Herzog Georgs und dessen Gemahlin Barbara von Brandenburg, Wappen und Ahnenbüsten, Ranken- und Groteskenwerk dekoriert ist. Das Modell zu diesem Schloß ließen sich Herzog Heinrich Julius von Braunschweig-Wolfenbüttel und der böhmische Oberstkanzler Vratislav von Pernstein schicken, letzterer übernahm die drei Hofarkaden am Schloß Proßnitz in Mähren. In Schlesien gehörte Brieg neben dem Breslauer Rathaus und dem um 1650 errichteten Schloß Grafenort zu den hervorragenden Leistungen der Renaissancearchitektur.

Bedeutende Sakralbauten entstanden im Schlesien des 16. Jahrhunderts nicht. Da mit der Einführung der Reformation weder künstlerisch noch liturgisch ein radikaler Bruch mit vorreformatorischen Traditionen vollzogen wurde, übernahmen die Protestanten eine Vielzahl der vorhandenen mittelalterlichen Kirchen meist ohne größere bauliche Veränderungen. Lediglich die Ausstattungsstücke wurden gemäß der eigenen Lehre erneuert[28]. Falls Änderungen notwendig wurden, hielt man oftmals an den mittelalterlichen Grundrißformen und den gotischen Konstruktionen fest, wie der Umbau der Pfarrkirche in Ohlau

1587 bis 1589 zu einer dreischiffigen, fünfjochigen Kirche zeigt. Erst im letzten Drittel des 16. Jahrhunderts begannen die Protestanten auch die Grundrisse ursprünglich katholischer Kirchen zu verändern, u. a. in der Pfarrkirche *St. Peter und Paul* in Landeshut oder in der katholischen Pfarrkirche zu Schmiedeberg.

Einer grundlegenden Erneuerung im Stile der Renaissance unterzog 1597 bis 1607 der Burgleheninhaber Adam von Haniwaldt die spätmittelalterliche Kirche in Rothsürben, in der von 1564 bis 1654 evangelischer Gottesdienst gefeiert wurde. Hier befindet sich das einzige in seiner Ausführlichkeit und Originalität noch erhaltene protestantische Bildprogramm der Renaissance[29]. Das ikonographische Programm der zwischen 1600 und 1607 entstandenen Ausmalung ist geprägt von den Funktionen, die diese Kirche als Pfarrkirche, Schloßkapelle und Grabkapelle der Stifterfamilie in sich vereint. Der Aufenthalt Adams von Haniwaldt am Hofe Kaiser Rudolfs II. in Prag beeinflußte offensichtlich die Ausstattung der Rothsürbener Kirche, für die er zwei rudolfinische Hofkünstler gewann. Ein bemaltes Epitaph entstand 1603 in der Werkstatt des niederländischen Malers Bartholomäus Spranger (1546–1611), außerdem fertigte der flämische Bildhauer Adrian de Vries (1560–1626) 1604 die Bronzeplastik *Christus am Pranger*. Die Wände und Gewölbe der Rothsürbener Kirche sind mit Sgraffitomalereien dekoriert, einer besonderen Malerei in Kratzputz, die sich von Italien nach Süddeutschland, Österreich und Böhmen ausbreitete. Neben Rothsürben finden sich in Schlesien weitere Sgraffitoarbeiten in Liegnitz am Haus zum Wachtelkorb sowie am Schloß Proskau bei Oppeln.

Der früheste protestantische Neubau in Schlesien war die von Georg Freiherr von Schönaich 1618 errichtete Renaissance-Schloßkapelle in Carolath. Grundsätzlich spielte für den schlesischen Kirchenbau die Renaissance nur eine geringe Rolle, gotische Formen bleiben erhalten, in Carolath z. B. das gotische Maßwerk an den Emporenbrüstungen. Diesen langandauernden Fortbestand von gotischen Formelementen faßt man allgemein unter dem Begriff der Nachgotik. Diese einzige in Schlesien noch erhaltene protestantische Schloßkapelle calvinistischer Provenienz, daher ohne Figurenschmuck, gilt als das hervorragendste Werk schlesischer Kirchenbaukunst der Reformationszeit.

Die Epitaphien und Grabmäler, deren Herstellung Breslau und Liegnitz bis zur Mitte des 17. Jahrhunderts monopolisierten, waren eine Synthese verschiedener Einflußsphären: italienisch geprägt zwischen etwa 1520 und 1570, niederländisch um 1560 bis 1610 und um 1600 bis 1650 vom Spätmanierismus, der im Gegensatz zur Renaissance Unruhe und Spannung, überlange Gestalten und unklare Raumpositionen bevorzugte[30]. Intensivere Beziehungen zwischen Schlesien und Böhmen bestanden um 1600 im Bereich der Epitaphmalerei. Hier beeinflußten am Prager Hof tätige Künstler wie Hans von Aachen, Joseph Heintz oder Bartholomäus Spranger die schlesischen Maler.

4. Barock

Neben einigen wenigen herausragenden Adelspalästen – das 1705 von Lukas von Hildebrandt (1668–1745) errichtete Palais Schreyvogel in Breslau oder das Alte Hatzfeldtpalais, das Christoph Hackner (1663–1741) von 1714 bis 1722 erbaute – zeigte der schlesische Barock seine besten Leistungen auf dem Gebiet der kirchlichen Kunst. Dabei prägten der Katholizismus nach dem Konzil von Trient 1545–1563 auf der einen und der Protestantismus lutherischer Form auf der anderen Seite den Charakter der Kunst im 17. und in der ersten

Abb. 84: Beim Renaissanceportal des 1544 begonnenen Brieger Piastenschlosses erhebt sich über dem asymmetrisch gestalteten Torbogen eine mit fürstlichen Wappen geschmückte Attika, vor die überlebensgroße Rundplastiken Herzog Georgs II. von Brieg und Wohlau und seiner Gemahlin Barbara, der Tochter des Kurfürsten Joachim II. von Brandenburg, gestellt sind.

Abb. 85: Die Hirschberger Gnadenkirche lag gemäß dem Breslauer Exekutionsrezeß von 1709 außerhalb der Stadt vor dem Schildauer Tor. Der Bau, ein Werk des aus Reval stammenden und in Liegnitz ansässig gewordenen Architekten Martin Frantz (1679–1742), wurde über kreuzförmigem Grundriß errichtet. Den Außenbau charakterisiert ein strenger, großliniger Stil und der Verzicht auf figürlichen oder bauplastischen Schmuck.

Hälfte des 18. Jahrhunderts. Diese künstlerisch durchaus fruchtbare Konkurrenz spiegelt sich u. a. in den ikonographischen Programmen der Kirchen beider Konfessionen wider.
Die konfessionspolitischen Auseinandersetzungen, die 1618 im Ausbruch des Dreißigjährigen Krieges gipfelten, verhinderten zunächst die künstlerische Tätigkeit der schlesischen Protestanten. Im Westfälischen Frieden 1648 wurde ihnen lediglich die Errichtung von drei Friedenskirchen in den niederschlesischen Erbfürstentümern Schweidnitz, Glogau und Jauer gewährt. Mit den Auflagen, außerhalb der Stadtmauern zu bauen, auf Glocken- und Kirchtürme und Schulen zu verzichten sowie die Kirchen und Pfarrhäuser in Holz, einer wenig dauerhaften und wenig repräsentativen Bauweise zu erstellen, wurden die Friedenskirchen errichtet: 1651 bis 1652 *Zur Hütten Christi* in Glogau[31], 1654 bis 1656 *Zum heiligen Geist* in Jauer[33] und 1657 bis 1658 *Zur heiligen Dreifaltigkeit* in Schweidnitz[33] nach den Konstruktionszeichnungen des Festungsbaumeisters und Ingenieur-Lieutnants Albrecht von Saebisch (1610–1688).
Über unterschiedlichen Grundrißformen erstellt, verbinden diese Fachwerkkirchen ihre ungewöhnliche Größe, die sich aus der Notwendigkeit ergab, vielen tausend Gläubigen Platz zu bieten und außerdem die ursprünglich zweigeschossigen Emporen, die jedoch im Laufe der Zeit durch weitere Emporen- und Logeneinbauten verändert wurden. Die Ausstattung der Friedenskirchen war nicht reglementiert. Das gab die Möglichkeit, z. B. die Emporenfelder der Jauerschen Friedenskirche mit einem aus 143 Bildern bestehenden Wort-Bild-Zyklus, der Szenen des Alten und des Neuen Testaments typologisch gegenüberstellt, aufwendig zu dekorieren. Die Bilder in den beiden ursprünglichen Emporengeschossen sollten einen Ausgleich für konfiszierte Bücher, geschlossene Schulen und des Landes verwiesene Lehrer schaffen. Sie dienten weniger als Raumzierde, sondern vielmehr als Erinnerungs- und Gedächtnisstütze für die Heilige Schrift.
Da die drei Friedenskirchen die Bedürfnisse der evangelischen Schlesier nicht befriedigen konnten, kam es nach 1648 zum Bau zahlreicher Grenz- und Zufluchtskirchen entlang der Grenzen des schlesisch-habsburgischen Machtbereiches. Diese weisen jedoch aufgrund örtlich völlig verschiedener Voraussetzungen kaum architektonische Gemeinsamkeiten auf[34]. Der mit dem Westfälischen Frieden festgesetzte konfessionelle Status quo für Schlesien behielt bis zur Altranstädter Konvention 1707 bzw. bis zum Breslauer Exekutionsrezeß 1709 Gültigkeit. Erst dann wurde nicht nur die Rückgabe aller gegen den Wortlaut des Westfälischen Friedens den Protestanten genommenen Kirchen verfügt, sondern auch zum zweiten Mal die Erlaubnis zur Gründung neuer protestantischer Gotteshäuser gegeben.
Nach den Friedenskirchen eröffnete die Bautengruppe der sechs Gnadenkirchen neue Entfaltungsmöglichkeiten im kirchlichen Kunstschaffen des schlesischen Luthertums: in Niederschlesien die massiv gebauten Gnadenkirchen *Zum Kreuze Christi* in Hirschberg[35], *Zur Heiligen Dreifaltigkeit* in Landeshut[36] und die Fachwerkkirchen *Zum Weinberg Jesu* in Freystadt[37], *Zur Heiligen Dreifaltigkeit* in Sagan[38], *Zum heiligen Kreuz* in Militsch[39] sowie die einzige oberschlesische Gnadenkirche, die *Jesuskirche* zu Teschen[40], die für diesen Raum bis ins 18. Jahrhundert bedeutendste protestantische Kirche. Die am besten erhaltene Gnadenkirche in Hirschberg wurde 1709 bis 1718 von dem Revaler Architekten Martin Frantz (1679 – um 1742) nach dem Vorbild der Katharinenkirche in Stockholm in Form eines griechischen Kreuzes errichtet. Den Innenraum umlaufen drei Emporengeschosse, deren Felder ursprünglich mit szenischen Darstellungen und Bibelzitaten dekoriert waren. Die Tonnengewölbe der Kreuzarme wie auch die Kuppel über der Vierung sind mit einem ungewöhnlich reichen Malereiprogramm von Felix Anton Scheffler (1701–1760) und Johann Franz Hoffmann (um 1699–1766) gestaltet[41].
Der Dreißigjährige Krieg bestimmte die Lage der Kunst auf protestantischer wie auf

katholischer Seite. Nach einer langen Zeit des Stillstands in Schlesien wird die Suche nach Anschluß an die künstlerischen Stufen erkennbar, die Italien, die Niederlande, Flandern und Frankreich inzwischen verwirklicht hatten. So entstanden im letzten Drittel des 17. Jahrhunderts zwei in der Barockkunst nördlich der Alpen herausragende Werke: eine protestantische Fürstenkapelle und eine katholische Bischofskapelle. Herzogin Luise von Anhalt-Brieg, Mutter des 1675 gestorbenen letzten schlesischen Piasten, ließ 1677 bis 1678 das Liegnitzer Piastenmausoleum errichten. Architekt, Bildhauer und Maler war Matthias Rauchmiller (1645–1686)[42], der durch den Dichter Caspar von Lohenstein vermittelt worden war. Auf katholischer Seite ließ der Breslauer Bischof Kardinal Friedrich von Hessen-Darmstadt am Chor des Breslauer Doms um 1680 die *Elisabethkapelle* bauen: Architektur und Kuppelfresko von Giacomo Scianzi, Skulpturen importiert aus Rom von Domenico Guidi und Ercole Ferrata. In beiden Fällen handelt es sich um einen runden bzw. ovalen Raum, in dem sich die Architektur mit Plastik, Stukkatur und Malerei zu einem barocken Gesamtkunstwerk verbindet. Entwicklungsgeschichtlich wurden diese Prototypen barocker Kapellen nicht in Wien oder Prag, sondern in der Provinz geboren, ohne an die bisherige schlesische Kunst anzuknüpfen und ohne auf diesem Niveau stilbildend weiterzuwirken.

Zur Rekatholisierung Schlesiens wurden verstärkt Niederlassungen der Jesuiten in den Städten gegründet bzw. zisterziensische Zentren auf dem Lande reaktiviert. Es blieb bei jenen Zisterzienserniederlassungen, die bereits genannt wurden: Leubus, Heinrichau, Kamenz, Grüssau, Trebnitz in Niederschlesien, Rauden und Himmelwitz in Oberschlesien. Lediglich das Benediktinerkloster Wahlstatt wurde 1727 bis 1731 neu errichtet. Diese Ordensgemeinschaften waren neben den Breslauer Bischöfen die wichtigsten Auftraggeber; ihre Stifte und Klöster wurden nach 1648 zum Mittelpunkt des Geistes- und Kunstlebens.

Die Aufträge gingen an führende Meister aus Böhmen, Österreich und Süddeutschland: der Bau der Kurfürstenkapelle am Breslauer Dom von 1716 bis 1724 an Johann Bernhard Fischer von Erlach (1656–1723), der Bau der Klosterkirche in Wahlstatt von 1727 bis 1731 an Kilian Ignaz Dientzenhofer (1689–1751), die skulpturale Ausstattung der Breslauer Kurfürstenkapelle von 1721 bis 1722 und der Zisterzienserkirche in Grüssau von 1729 bis 1730 an Ferdinand Maximilian Brokoff (1688–1731), die Fresken der Klosterkirche Wahlstatt 1733 an Cosmas Damian Asam (1686–1739), die Skulpturen der *Aula Leopoldina* von 1731 bis 1732 an Franz Joseph Mangoldt und die Fresken an Johann Christoph Handke (1694–1779). Die Reihe schlesischer Mäzene mit Abtstab schließt die Trebnitzer Äbtissin Christine Katharina von Würben-Pawłowska ein. Für die Barockgrabmäler der Kirchenstifter, der Heiligen Hedwig und Herzog Heinrichs I. des Bärtigen, bestellte sie Steinmetzarbeiten in Krakauer Werkstätten und führte damit eines der wenigen polnischen Kunstwerke nach Schlesien ein.

Bei der barocken Deckenmalerei in Schlesien wird einmal mehr deutlich, wie durch fremde Künstler überregionale Einzelkunstwerke geschaffen wurden. Der wichtigste Vertreter der Malerei der zweiten Hälfte des 17. Jahrhunderts in Schlesien war Michael Willmann (1630–1706)[43]. Er übertrug die Prinzipien der Tafelmalerei, die den größten Teil seines Oeuvre umfaßt, an die Decke ohne zentralperspektivische Untersicht, z. B. 1692 in dem Fresko *Triumph des tugendhaften Helden* (30 m x 10 m) für das Sommerrefektorium des Leubuser Abtes. Die illusionistische, Raumtiefe und Körperlichkeit vortäuschende Malerei, die ihren Ausgangspunkt in der römischen Malerei des Andrea Pozzo (1642–1709) fand, tritt in Schlesien erst zu Beginn des 18. Jahrhunderts auf, von ersten Berührungen mit den Strömungen der spätbarocken römischen Malerei durch Johann Christoph Lischka abgesehen.

Die Ideen Pozzos, der Anfang des 18. Jahrhunderts in Wien tätig war, kamen mit dem kaiserlichen Hofmaler Johann Michael Rottmayr (1654–1730) nach Schlesien[44]. Dieser schuf 1703 bis 1706 in den Langhausfresken der Breslauer Jesuitenkirche *St. Matthias* eine jochüberspannende Gewölbemalerei, die das architektonische Gerüst der Kirche überspielt. Rottmayr setzte dabei die gebaute Architektur in der perspektivisch gemalten Scheinarchitektur fort und erweiterte somit scheinbar den Innenraum der Kirche. Dieses Fresko bedeutet für Schlesien wie für den österreichisch-böhmischen und süddeutschen Kunstraum den entscheidenden Schritt zur Befreiung der deutschen Freskomalerei aus dem System vorgegebener Architekturgliederung und deren Hinführung zu Monumentalität im raumbeherrschenden Sinne.

Unzweifelhaft ist es die gesamteuropäische Kunstentwicklung, die sich von der vorherrschenden italienischen Kunst im 16. Jahrhundert zu einer durch eigenständige Kunstleistungen mehrerer Nationen und Regionen neu entstehenden Vielfalt entwickelt. Sie wurde als stilbildende Phase des österreichischen, böhmischen, preußischen, sächsischen und süddeutschen Barock bezeichnet. Diese Barockformen gelangten über die dargestellten Wege nach Schlesien und wurden dort rezipiert.

5. Klassizismus und 19. Jahrhundert

Die mit der preußischen Eroberung Schlesiens einhergehende politische Zäsur manifestierte sich auch in der Kunst. Berlin wurde zu einem der Zentren des Klassizismus in Deutschland und lieferte dem Kirchenbau, der Palastarchitektur und dem Militärbau der Provinzen Muster. Diese kulturgeographische Umorientierung Schlesiens, die mit dem generellen europäischen Richtungswechsel von Hoch- und Spätbarock zu Rokoko und Frühklassizismus zusammenfiel, schlug sich besonders in der Baukunst nieder[45]. Dabei wurden jedoch dem Barock vergleichbare, überregional bedeutende Kunstwerke im sakralen oder profanen Bereich nicht mehr geschaffen[46]. Auch hatte das friderizianische Rokoko trotz der dominierenden politischen Rolle Berlins, mit Ausnahme des Interieurs des Breslauer Schlosses, nur einen begrenzten Einfluß auf Schlesien. Es sollte ungefähr 150 Jahre dauern, bis in Schlesien wieder Kunstwerke von europäischem Rang entstanden.

Die von der konfessionellen Auseinandersetzung geprägte Sakralkunst des Barock fand in der zweiten Jahrhunderthälfte ihr Ende. Die katholische Kirche, besonders die Klöster und die habsburgisch orientierte Hocharistokratie, traten im Kreis der Auftraggeber zurück. Lediglich die Zisterzen im oberschlesischen Himmelwitz und Rauden wurden noch nach 1740 neu ausgestattet. Dagegen zwang die Entscheidung König Friedrichs II. von Preußen, die 1654 rekatholisierten Kirchen den Evangelischen selbst dann nicht zurückzugeben, wenn an dem betreffenden Ort keine katholische Gemeinde bestand, die schlesischen Protestanten zu zahlreichen Neubauten. Da aber für große Kirchenbauprogramme die Mittel fehlten, entstanden mit den sogenannten Bethäusern einfache Bauten, meist Holzkirchen ohne Turm[47]. Sie sind in der Kupferstichsammlung des schlesischen Zeichners Friedrich Bernhard Werner überliefert[48].

Zu den wichtigsten Bauten dieser Gruppe zählen die massiv errichteten Kirchen in Schmiedeberg von 1745 und Warmbrunn von 1774, die bereits im Sinne der Aufklärung auf Bilder weitgehend verzichteten. Hier wurde die Form des kreuzförmigen Grundrisses der Schweidnitzer Friedenskirche und der Gnadenkirchen in Hirschberg und Landeshut für die

Abb. 86: Die Breslauer Elftausend-Jungfrauen-Kirche wurde in den Jahren 1821 bis 1823 von Carl Ferdinand Langhans (1781–1869) erbaut. Der Vorhallenbau der verputzten Backsteinkirche, der durch drei hohe Rundbogenblenden und zwei pylonartige Türme charakterisiert ist, verdeckt weitgehend den dahinterliegenden Zentralbau.

Bedürfnisse der protestantischen Liturgie weiter entwickelt. In Schmiedeberg wurden die Ecken der Kreuzarme abgeschrägt, in Warmbrunn tritt das Querschiff kaum noch aus dem Baukörper heraus. Im Unterschied zu Schweidnitz und Hirschberg richtet sich der Verlauf der Emporengeschosse nicht mehr nach den Umfassungsmauern und läßt diese zu einem selbständigen Gebilde innerhalb der Architektur werden.

Diese Kombination von rechteckigen Sälen und Innenräumen, die von elliptisch den Raum umschließenden Emporen gestaltet werden, ist charakteristisch für die frühklassizistischen evangelischen Kirchen Schlesiens von Carl Gotthard Langhans (1732–1808), dem Erbauer des Brandenburger Tores in Berlin[49]. Er errichtete 1785 bis 1789 die Kirchen in Groß Wartenberg und Waldenburg sowie 1795 bis 1798 die Kirche in Reichenbach. Mit seinem Sohn Carl Ferdinand Langhans (1782–1869) endete die Zeit großer protestantischer Kirchenbauten. Dieser schuf noch 1820 bis 1823 die *Elftausend-Jungfrauen-Kirche* in Breslau, deren Entwurf in die Reihe klassizistischer Zentralbauten in der Nachfolge des römischen Pantheons aus dem zweiten Jahrhundert gehört. Neben Repräsentationsbauten wie dem klassizistischen Stadttheater in Breslau (1837–1841) und der spätklassizistischen Börse in Breslau (1822–1824) baute Carl Ferdinand Langhans 1827 bis 1829 die Synagoge *Zum weißen Storch* in Breslau im Stil des Spätklassizismus.

Schon 1815 wurde Karl Friedrich Schinkel (1781–1841) zum führenden klassizistischen Architekten Preußens. 1825 entwarf er eine sogenannte Normalkirche, die als Vorbild für

Neubauten in der Provinz gedacht war. Dem Kirchenbau über achteckigem Grundriß ist ein mehrgeschossiger Turm mit einer Vorhalle im Westen vorgelagert. Den Außenbau gliedern lediglich Gesimsbänder, flache Wandvorlagen und große Rundbogenfenster, die den mit einer umlaufenden Empore ausgestalteten Innenraum beleuchten. Unter diesem Einfluß entstanden die Kirchen in Schlawa (1836) und in Michelwitz bei Scheidelwitz (1841).

Für die jüdische Gemeinde Breslaus, die in der zweiten Jahrhunderthälfte mit etwa 13000 Mitgliedern zu den drei größten jüdischen Zentren Deutschlands zählte, baute Edwin Oppler (1831–1880) zwischen 1865 und 1872 die *Neue Synagoge*. Deren Formensprache, die sich an die ober- und mittelrheinische Romanik anlehnte, paßte nicht unbedingt in das gewohnte Architekturbild Breslaus, drückte aber den nationalen Anspruch der jüdischen Gemeinde aus. Oppler betonte den deutschen Charakter des romanischen Stils und der alten Wormser Synagoge aus dem 12. und 13. Jahrhundert – diese diente ihm als Vorbild –, nicht weil sie einem spezifisch jüdischen Stil folgte, sondern weil sie ein Beispiel dafür sei, wie eine jüdische Gemeinde sich auch in ihren Bauformen anzupassen vermochte[50]. Für die jüdische Gemeinde in Schweidnitz baute Oppler um 1875 ein kleines Abbild seiner Synagoge im nahe gelegenen Breslau.

Neben Sakralbauten stellte seit der Jahrhundertmitte der Neubau bzw. Umbau zahlreicher Schlösser und Adelssitze eine weitere Bauaufgabe dar. Wichtigster Architekt war auch hier Carl Gotthard Langhans. Er errichtete noch im Stil der italienischen Hochrenaissance von 1766 bis 1774 das Palais Hatzfeldt in Breslau, während in der 1771 für die Breslauer Kaufmannschaft erstellten Zuckersiederei auf dem Bürgerwerder deutlich klassizistische Elemente verarbeitet wurden.

Nach 1800 orientierten sich die Bauherren der Schlösser nach Berlin und der neogotischen Architektur des führenden Baumeisters Schinkel. Schloß Kamenz bei Frankenstein und Schloß Koppitz bei Grottkau können stellvertretend als Beispiele dieser Epoche genannt werden. Schloß Kamenz wurde 1838 bis 1863 nach Entwürfen von Schinkel vom Architekten Ferdinand Martius (1811–1889) errichtet. Die Schloßanlage zeichnet sich durch eine strenge Regelmäßigkeit und klare Linien aus. Sie unterscheidet sich darin deutlich von dem 1849 vollendeten Schloß Babelsberg in Brandenburg. Schloß Koppitz ließ Hans Ulrich Graf von Schaffgotsch 1864 von Carl Lüdecke (1826–1894) erbauen. Obgleich Lüdecke Schüler der Berliner Akademie war, ist für Schloß Koppitz – abweichend vom Ideal Schinkels – die Vorliebe zu reichem Detail und Dekorativem, zur freien Komposition typisch. Im Ergebnis entstand eine der prächtigsten neogotischen Residenzen Schlesiens[51].

In der Malerei erwarb sich Schlesien in der Romantik keinen über seine Grenzen hinausgehenden Ruf. Die 1791 von König Friedrich Wilhelm II. von Preußen gegründete Kunst- und Kunstgewerbeschule mit den Direktoren Carl Daniel Bach (1756–1829) und Joseph Raabe (1780–1849) fristete ein unbedeutendes Dasein. In Schlesien geborene Künstler wie Carl Friedrich Lessing (1808–1880), Adolph von Menzel (1815–1905) u. a. gingen zum Studium an die Akademien nach Berlin, Düsseldorf oder München und suchten dort ihren weiteren Wirkungskreis. Zwar wurde zu Beginn des 19. Jahrhunderts das Riesengebirge von den Landschaftsmalern der Romantik entdeckt – es hatte nachhaltige Wirkung in den Werken von Adrian Zingg, Caspar David Friedrich, Georg Friedrich Kesting, Johann Christian Claussen Dahl und Ludwig Richter –, doch gab auch dies der schlesischen Malerei keinen entscheidenden Impuls.

Abb. 87: Die Neue Synagoge wurde in den Jahren 1865 bis 1872 von Edwin Oppler (1831–1880) für die jüdische Gemeinde Breslaus errichtet. Der Bau wurde am 9. November 1938 in Brand gesetzt und danach abgetragen. Oppler hatte die Synagoge im romanischen Stil erbaut. Sie bestand aus einem rechteckigen Langhaus, dem an Nord- und Südseite halbe Oktogone angefügt wurden, so daß der Eindruck eines Querhauses entstand.

Abb. 88: Das im Kreis Grottkau gelegene Schloß Koppitz, das 1859 von Hans Ulrich Graf von Schaffgotsch (1831–1915) gekauft worden war, wurde wenige Jahre später in neugotischem Stil umgestaltet. Um das mehrflügelige, reich geschmückte Schloß – es brannte im Jahre 1958 beinahe vollständig aus – ließ der neue Besitzer einen englischen Landschaftspark mit Wassergraben und Teich anlegen.

6. Breslauer Moderne der ersten Hälfte des 20. Jahrhunderts[52]

Das künstlerische Geschehen Preußens blieb in der ersten Hälfte des 20. Jahrhunderts nicht, wie etwa in Frankreich, auf die Hauptstadt konzentriert. Auch in der Provinz, insbesondere in wirtschaftlich aufstrebenden Regionen wie Schlesien, wurden Leistungen von überregionaler Bedeutung vollbracht. So trat für kurze Zeit die schlesische Kunst, allem voran die Architektur, aus dem Kulturprovinzialismus des 19. Jahrhunderts heraus. Führende Maler, Graphiker, Bildhauer und Kunstgewerbler kamen nach Breslau. Im Mittelpunkt stand die Breslauer Kunst- und Kunstgewerbeschule, ab 1911 Staatliche Akademie für Kunst und Kunstgewerbe, die sich unter ihren Direktoren Hans Poelzig, August Endell und Oskar Moll zwischen 1903 und 1932 zu einer hochrangigen Institution entwickelte.
1903 wurde die Direktorenstelle der Breslauer Akademie mit dem Architekten Hans Poelzig (1869–1936) besetzt[53]. Er reformierte den Unterricht und entwickelte einen auf die individuellen Fähigkeiten der Schüler zugeschnittenen Lehrplan. Außerdem legte Poelzig besonderen Wert auf die dekorativen Künste und das Kunsthandwerk. Anders als Henry van de Velde in Weimar oder Peter Behrens in Düsseldorf arbeitete Poelzig bei öffentlichen Aufträgen mit den Akademieschülern zusammen. Beispiele dafür sind die Entwürfe für den Musiksaal der Breslauer Universität 1902, für dessen Ornamentierung die in demselben Trakt liegende Aula Leopoldina als Vorbild diente, oder auch beim Ausbau des Löwenberger Rathauses 1903 bis 1906. Bezeichnend für Poelzigs Arbeitsweise ist der Versuch, die Architektur gleichsam evolutionär aus Tradition und örtlichen Bedingungen zu entwickeln und nicht den vollständigen Bruch mit der heimischen Baukunst zu vollziehen. Diese Rückbesinnung, die bei den meisten Reformarchitekten zu beobachten ist, führte 1904 zur Gründung des *Deutschen Bundes für Heimatschutz*.
Eine ganz andere Sprache findet Poelzig für die Bauaufgabe Geschäftshaus bzw. Industriebau. Das Breslauer Geschäftshaus von 1911 in der Junkernstraße gilt in Deutschland als das früheste Beispiel konsequenter Horizontalschichtung und abgerundeter Ecklösung. Poelzigs Bau gab den Maßstab für die Gestaltung moderner Büro- und Warenhausfassaden der zwanziger Jahre, u. a. für das Breslauer Kaufhaus Petersdorff 1927 von Erich Mendelsohn (1887–1953). Zu Beginn des 20. Jahrhunderts expandierten neben dem Verkehrswesen vor allem die Elektro- und die chemische Industrie. Die Fortschrittlichkeit dieser Wirtschaftszweige dokumentierte sich auch im äußeren Erscheinungsbild der Fabrikbauten. Einer ihrer Architekten war Poelzig, der seit 1906 – stets in enger Zusammenarbeit mit Ingenieuren – Industriebauten entwarf: die chemische Fabrik in Lauban 1911 bis 1912 und den Turm der oberschlesischen Eisenindustrie für die Industrie-Ausstellung in Posen 1911. Die Posener Ausstellung und die 1913 anläßlich der Feier des hundertsten Jahrestages der Befreiung Breslaus von der napoleonischen Fremdherrschaft veranstaltete Jahrhundertausstellung in Breslau sind als Konkurrenzunternehmen zweier Städte und Provinzen um die Vorrangstellung im deutschen Osten zu verstehen, die auch künstlerisch ihren Niederschlag fand.
Neben Poelzig wirkte ein anderer bedeutender Architekt in Breslau, der von 1909 bis 1926 als Stadtbaurat tätige Max Berg (1870–1947). Zusammen erarbeiteten beide Architekten den Lageplan der Jahrhundert-Ausstellung östlich des Breslauer Stadtzentrums. Im Mittelpunkt der Ausstellung stand die Jahrhunderthalle von Berg, deren Kuppel aus Eisenbeton mit einem Durchmesser von 65 m die größte Kuppel der Welt seit dem römischen Pantheon war[54].

Abb. 89: Das 1911 nach Plänen von Hans Poelzig (1869–1936) fertiggestellte Geschäftshaus nimmt in der Geschichte der modernen Architektur eine besondere Stellung ein, denn durch seine Horizontalschichtung bricht es erstmals mit der bis dahin verbindlichen Vertikalbetonung des Fassadenaufbaus.

Nach dem Ersten Weltkrieg wurde in Breslau die Wohnungsnot aufgrund des Zustromes von Flüchtlingen akut. Infolgedessen entwarf Max Berg im Rahmen eines 1919 bis 1921 projektierten Umgestaltungsplans eine Reihe von Hochhäusern für Wohnzwecke: am Lessingplatz, am Ring, am Schweidnitzer Stadtgraben und an der Siebenhufenerstraße[55]. Weit über Bergs Bedeutung für die Stadtentwicklung Breslaus hinaus ging seine Rolle als einer der maßgebenden Anreger für die Einführung von Hochhäusern im deutschen Städtebau[56]. Er interessierte sich nicht nur für die ästhetische Seite der Hochhausarchitektur, sondern beschäftigte sich auch eingehend mit deren technischen Problemen. Durch einen ökonomischen Entwurf und eine entsprechende Bauausführung sollte größtmöglicher Nutzen erzielt werden. Bergs Entwürfe wurden aber nicht ausgeführt: Breslau verpflichtete andere Siedlungsarchitekten für sein ehrgeiziges Wohnungsbauprogramm, darunter Theodor Effenberger. In den Jahren 1926 bis 1929 – Max Berg hatte Breslau inzwischen verlassen – entstand in der Stadt als erstes Hochhaus das Postscheckamt nach dem Entwurf des ortsansässigen Architekten Rudolf Neumann.
Nachfolger Poelzigs im Amt des Akademiedirektors wurde von 1918 bis 1925 der Jugendstilarchitekt August Endell (1871–1925). Endell brachte seinen Assistenten Adolf Rading (1888–1957) mit, berief den Brücke-Maler Otto Mueller (1874–1930) und den in Paris von

Henri Matisse beeinflußte Maler Oskar Moll (1875–1947) sowie Robert Bednorz (1882–1973), der ab 1925 die Bildhauerklasse leitete. Otto Mueller war von 1919 bis 1930 Akademieprofessor in Breslau.
Mit Moll übernahm von 1925 bis 1932 erstmals ein Maler die Leitung der Akademie. Unter ihm kam der Architekt Hans Scharoun (1893–1972) aus Berlin nach Breslau. Daneben berief Moll die Vertreter der *Neuen Sachlichkeit* Carlo Mense (1886–1965) und Alexander Kanoldt (1881–1939). Einen weiteren Schwerpunkt seines Ausbildungskonzeptes setzte Moll mit der Berufung einer Gruppe von abstrakten Graphikern und Malern wie Johannes Molzahn (1892–1965), der von 1928 bis 1932 unterrichtete. Dazu gehörte ebenfalls Oskar Schlemmer (1888–1943), der nach seiner Tätigkeit am Dessauer Bauhaus von 1929 bis 1932 als Leiter der Bühnenkunstklasse und Bühnenwerkstatt an der Breslauer Akademie lehrte.
Den Höhepunkt der modernen Architektur in Breslau bildete 1929 die Wohn- und Werkraumausstellung (WuWA) unter der Leitung von Adolf Rading und Heinrich Lauterbach (1893–1973) – eine Gesamtschau der Leistungen von Architektur und angewandter Kunst in Breslau. Wie 1927 in Stuttgart-Weißenhof wurde eine Mustersiedlung des *Neuen Bauens* errichtet. Im Gegensatz zur internationalen Beteiligung in Stuttgart waren in Breslau jedoch nur Architekten der schlesischen Abteilung des Bundes Deutscher Architekten zugelassen. Die beiden spektakulärsten Bauten waren das Gemeinschaftswohnhaus von Rading sowie das Ledigenheim von Scharoun, in denen neue Wohnformen für den Großstadtmenschen gezeigt wurden.
Im Januar 1932 wurde die Kunstakademie in Breslau durch die von Heinrich Brüning erlassene Notverordnung aufgelöst. Rading und Scharoun führten nach der Schließung noch bis zu ihrer Entlassung aus dem Staatsdienst Anfang 1933 einen reduzierten Lehrbetrieb weiter. Die Machtübernahme der Nationalsozialisten zerstörte den Breslauer Künstlerkreis endgültig und beendete diese Blütezeit der Moderne in Schlesien.
Schlesien bildete über die Jahrhunderte hinweg weder eine geschlossene Kunstlandschaft noch den Ausgangspunkt eines neuen Stils. Trotzdem finden sich immer wieder Kunstwerke von hohem Rang, die als Einzelstücke der Entwicklung in Mitteleuropa vorausgingen – von der barocken Elisabethkapelle des Breslauer Doms bis hin zu den Bauten der Moderne. Geprägt wird die schlesische Kunst durch die wechselnden Einflüsse aus benachbarten Gebieten, wobei sich Sachsen, Böhmen, Polen und die Metropolen Wien und Berlin ablösten. Neueste Kunsttendenzen wurden häufig vermittelt durch diese Landschaften aufgenommen, wie der Weg der italienische Renaissance über Ungarn und Krakau nach Schlesien zeigte. Schlesien war aber seinerseits auch Vermittler, zwischen Böhmen und dem Ordensland, zwischen Polen und Preußen.

Anmerkungen

1 Die Architektur der Weimarer Republik in Oberschlesien. Ein Blick auf unbeachtete Bauwerke. Fotodokumentation. Bearb. v. Nikolaus Gussone. Ausstellung Ratingen, Oberschlesisches Landesmuseum 19. 7.–31. 08. 1992, Ratingen 1992; Paul-Georg Custodis, Dominikus Böhms St.-Josefs-Kirche in Hindenburg (Zabrze). Ein bedeutendes Werk expressionistischer Architektur, in: Rheinische Heimatpflege 40 (1993), S. 287–290; Jiný Dům. Německá a rakouská architektura v letech 1890–1938 na Moravě a ve Slezsku. Hrsg. v. Jindřich Vybíral. Ausstellung Praha, Klášter Sv. Anežky České 8. 7.–17. 10. 1993, Praha 1993.

2 Schlesische Goldschmiedearbeiten im Germanischen Nationalmuseum. Bearb. v. Klaus Pechstein u. Viola Effmert, Nürnberg 1990; Schlesische Glaskunst des 18. bis 20. Jahrhunderts. Bearb. v. Elisabeth Trux, Ausstellung Würzburg, Mainfränkisches Museum 12. 3.–24. 4. 1988 Würzburg 1988; Zbigniew Kwaśny, Huta szkła »Józefina« w Szklarskiej Porębie w latach 1841–1864, in: Zeszyty Naukowe Uniwersytetu Wrocławskiego A 8 (1957), S. 111–153; Eva Schmidt, Zur Entwicklung von Kleinplastik, Medaillon und Schmuck im Eisenkunstguss. Ein Beitrag zur Geschichte des Gleiwitzer Eisenkunstgusses, in: Studien zum künstlerischen Eisenguss. Festschrift für Albrecht Kippenberger, Marburg 1970, S. 221–244.

3 Bogusław Gediga, Początki i rozwój wczesnośredniowiecznego ośrodka miejskiego na Ostrówku w Opolu, in: Slavia Antiqua 16 (1969), S. 105–144.

4 Hugo Weczerka, Die Residenzen der schlesischen Piasten, in: Fürstliche Residenzen im spätmittelalterlichen Europa. Hrsg. v. Hans Patze u. Werner Paravicini, Sigmaringen 1991 (= Vorträge und Forschungen, Bd. 36), S. 311–347; Edmund Małachowicz, Wrocławski zamek Książęcy i Kolegiata św. Krzyża na Ostrowie, Wrocław 1993.

5 Krystyna Mączewska-Pilch, Tympanon fundacyjny z Ołbina na tle przedstawień o charakterze donacyjnym, Wrocław 1973 (= Rozprawy Komisji Historii Sztuki, Bd. 9).

6 Die Vinzenzkirche wurde 1529 bei der fortifikatorischen Erneuerung der Stadt abgerissen. Die Klosteranlage ist nur in zwei Bildzeugnissen überliefert, es gibt keine archäologischen Grabungen.

7 Marian Kutzner, Die deutsche Kolonisation und die Kunst des 13. Jahrhunderts östlich der Oder, in: Europäische Kunst des 13. Jahrhunderts. Funktion und Gestalt. Festschrift für Ernst Schubert. Hrsg. v. Wolfgang Götz [u. a.] Weimar [im Druck].

8 Mieczysław Zlat, Mittelalterliche Rathäuser in Schlesien, in: Jahrbuch des Zentralinstituts für Kunstgeschichte 5–6 (1989–90), S. 227–244.

9 Janina Eysymontt, Architektura pierwszych kościołów franciszkańskich na Śląsku, in: Z dziejów sztuki śląskiej. Hrsg. v. Zygmunt Świechowski, Warszawa 1978, S. 41–92.

10 Edmund Małachowicz, Architektura zakonu dominikanów Śląsku, in: Z dziejów sztuki śląskiej (wie Anm. 9), S. 93–148.

11 Ewald Walter, Zum romanischen Dom des Breslauer Bischofs Walter (gest. 1169), in: Archiv für schlesische Kirchengeschichte 34 (1976), S. 1–20.

12 Andrzej Grzybkowski, Die Kreuzkirche in Breslau – Stiftung und Funktion, in: Zeitschrift für Kunstgeschichte 51 (1988), S. 161–178.

13 Theresia Jacobi/Frauke Scherf, Zur Rezeption der Elisabethkirche in Schlesien, in: Die Elisabethkirche – Architektur in der Geschichte. Hrsg. v. Hans Joachim Kunst, Marburg an der Lahn 1983 (= 700 Jahre Elisabethkirche in Marburg 1283–1983. Ein Handbuch zur Ausstellung, Bd. 1), S. 125–134; zur Rezeptionsgeschichte der Kreuzkirche müssen noch weitere Bauten zum Vergleich herangezogen werden, z. B. aus der niederrheinischen Kunstlandschaft ein Grundrißvergleich mit der romanischen Kirche St. Andreas in Köln oder ein Gewölbevergleich mit der Klosterkirche Heisterbach (1189 durch Erzbischof Philipp von Köln gegründet).

14 Eine Ausnahme bilden drei Natursteinbasiliken (nahe bei Steinbrüchen errichtet): St. Erasmus und Pankratius in Hirschberg (1. Hälfte des 14. Jahrhunderts), St. Maria Himmelfahrt zu Glatz (1. Hälfte des 15. Jahrhunderts) und St. Peter und Paul in Striegau (2. Hälfte des 14. Jahrhunderts).

15 In Breslau: Adalbertkirche, Elisabethkirche, Magdalenenkirche, Vinzenzkirche; außerdem u. a. die Kirche St. Stanislaus und Wenzel in Schweidnitz, Nikolauskirche in Brieg.

16 Zu den wenigen Ausnahmen gehört die Pfarrkirche zu Schweidnitz mit vier Portalen, jedes dekoriert mit geschwungenem Wimperg, Fialen, Heiligenfiguren und Maßwerk anstelle der Tympana.

17 Eine Ausnahme ist St. Peter und Paul in Striegau.

[18] Peter Bloch, Die Muttergottes auf dem Löwen, in: Jahrbuch der Berliner Museen 13 (1970), S. 253–293.

[19] Anna Ziomecka, Veit Stoß und die spätgotische Skulptur Schlesiens, in: Veit Stoß. Vorträge des Nürnberger Symposions. Hrsg. v. Germanischen Nationalmuseum Nürnberg u. v. Zentralinstitut für Kunstgeschichte München, München 1985, S. 269–279.

[20] Dieter Großmann, Die Breslauer »Schöne Madonna« und ihr Typus in Westdeutschland, in: Städel-Jahrbuch N. F. 6 (1977), S. 231–264.

[21] Gerhard Schmidt, Gotische Bildwerke und ihre Meister, Wien/Köln/Weimar 1992, S. 229–268.

[22] Marcin Bukowski/Mieczysław Zlat, Ratusz wrocławski, Wrocław 1958.

[23] Jakub Kostowski, Sztuka śląska wobec husytyzmu, in: Artium Quaestiones 5 (1991), S. 40–42.

[24] Vergleichbare Bilderzählungsstrukturen findet man nur auf den sogenannten Fastentüchern, die allerdings meist die Passion Christi thematisieren.

[25] Roman Zrebowicz, Problem mistrza św. Barbary, in: Biuletyn historii sztuki 20 (1958), S. 391–394.

[26] Marian Morelowski, Początki italianizującego renesansu na Śląsku, in: Rocznik Historii Sztuki 2 (1961), S. 31–83; Piotr Oszczanowski, Sztuka Śląska późnego renesansu. Przy okazji otwarcia stałej wystawy sztuki śląska XVI–XIX wieku w Muzeum Narodowym we Wrocławiu, in: Dzieła i Interpretacje 2 (1994), S. 127–151; Andrea Langer, Die Visualisierung der lutherischen Konfession in der Kunst der schlesischen Territorien (16.–18. Jahrhundert), in: Kulturgeschichte Schlesiens in der frühen Neuzeit. Hrsg. v. Klaus Garber, Tübingen 2000.

[27] Georg Friedrich Koch, Studien zum Schloßbau des 16. Jahrhunderts in Mitteldeutschland, in: Beiträge zur Kunstgeschichte. Eine Festgabe für Heinz Rudolf Rosemann. Hrsg. v. Ernst Guldan, München 1990, S. 155–186; Dietmar Popp, Das Skulpturenprogramm des Schloßportals in Brieg/Schlesien (um 1550–56), in: Bildnis, Fürst und Territorium. Hrsg. v. Andreas Beyer u. a., München 2000 (= Rudolstädter Forschungen zur Residenzkultur, Bd. 2).

[28] In der Stadtpfarrkirche St. Erasmus und Pankratius in Hirschberg wurde z. B. 1591 eine neue Kanzel installiert; vgl. Andrea Langer, Konfessionelle Polemik im Ausstattungsprogramm von Hirschberger Kirchen vom 16. bis ins frühe 18. Jahrhundert, in: Geschichte des protestantischen Kirchenbaues. Hrsg. v. Klaus Raschzok u. Reiner Sörries, Erlangen 1994, S. 251–258.

[29] Elżbieta Zakrzewska, Malowidła ścienne w kościele św. Trójcy w Żórawinie, in: Roczniki Sztuki Śląskiej 11 (1977), S. 79–97.

[30] Jan Harasimowicz, Schlesische Epitaphien und Grabmäler der Reformationszeit – ihre Typen und architektonisch-plastische Struktur, in: Renaissance in Nord-Mitteleuropa, Bd. 1. Hrsg. v. Georg Ulrich Grossmann, Berlin/München 1990 (= Schriften des Weserrenaissance-Museums Schloß Brake, Bd. 4), S. 189–224.

[31] Die Kirche brannte schon 1764 ab und ist nur spärlich dokumentiert; 1764–1773 wurde von Carl Gotthard Langhans eine neue Friedenskirche, *Schifflein Christi*, aufgebaut.

[32] Michael Borrmann, Die evangelischen Friedenskirchen in Jauer und Schweidnitz. Fachwerkgroßbauten aus der Mitte des 17. Jahrhunderts, in: Materialien zu Bauforschung und Baugeschichte des Instituts für Baugeschichte der Universität Karlsruhe 2 (1991), S. 87–117; Paweł Banaś, Kościoł pokoju w Jaworze, in: Biuletyn historii sztuki 32/2 (1976), S. 218–222.

[33] Danuta Hanulanka, Świdnica, Wrocław/Warszawa/Kraków 1961 (= Śląsk w zabytkach sztuki).

[34] Paweł Banaś, Studia nad śląską architekturą protestancką 2. połowy XVII wieku, in: Roczniki Sztuki Śląskiej 8 (1971), S. 35–123, hier S. 68.

[35] Die bauliche Substanz der Hirschberger Gnadenkirche und die Ausstattungsstücke sind im wesentlichen erhalten; deutliche Eingriffe fanden in der Emporenmalerei statt.

[36] Die bauliche Substanz wurde in den sechziger Jahren des 20. Jahrhunderts durch umfangreiche Restaurierungsarbeiten gerettet, die Innenraumausstattung vollständig neu gestaltet; Prinzipalstücke befinden sich heute in der Warschauer Garnisonskirche.

[37] Um 1960 wurde die Kirche bis auf den Westturm abgerissen, die Prinzipalstücke sind seit 1962 in der Glogauer Jesuitenkirche.

[38] Die Kirche wurde 1965 wegen großer Bauschäden abgerissen.

[39] Der Baukörper ist bis auf den Turm unverändert erhalten, 1968 wurden neue Prinzipalstücke installiert; die barocke Kanzel und der Taufstein sind seit 1955 im Dom zu Posen.

[40] Lediglich die Orgel wurde 1923 erneuert; vgl. Karl Michejda, Dzieje kościoła ewangelickiego w Księstwie Cieszyńskim, Cieszyn 1909.

[41] Andrea Langer, Eine Synthese zwischen protestantischem Klassizismus und römisch geprägtem katholischen Barock. Die Gnadenkirche »Zum Kreuze Christi« in Hirschberg, phil. Diss. Mainz 1996.

42 Christian Theuerkauff, Zu Matthias Rauchmillers Werk in Schlesien, in: Jahrbuch der Schlesischen Friedrich-Wilhelms-Universität zu Breslau 7 (1962), S. 96–129.

43 Hubertus Lossow, Michael Willmann (1630–1706). Meister der Barockmalerei, Würzburg 1994; Michael Willmann (1630–1706). Studien zu seinem Werk. Bearb. v. Franz Wagner. Ausstellung Salzburg, Residenzgalerie 15. 7.–25. 9. 1994; Breslau, Nationalmuseum 22. 10.–11. 12. 1994, Salzburg 1994.

44 Henryk Dziurla, Andrea Pozzo na Śląsku – reperkusje koncepcji malarskich i kompozycji architektury wnętrz, in: Z dziejów sztuki śląskie (wie Anm. 9), S. 341–362.

45 Helmut Börsch-Supan, Die Entwicklung der bildenden Kunst in den preussischen Ostprovinzen im 19. Jahrhundert, in: Die historische Wirkung der östlichen Regionen des Reiches. Hrsg. v. Hans Rothe, Köln/Weimar/Wien 1992 (= Studien zum Deutschtum im Osten, Bd. 24), S. 217–233.

46 Günther Grundmann, Die Richtungsänderung in der schlesischen Kunst des 18. Jahrhunderts, in: Kunstgeschichtliche Studien. Hrsg. v. Hans Tintelnot, Breslau 1943, S. 78–105.

47 Günther Grundmann, Die Bethäuser und Bethauskirchen des Kreises Hirschberg. Ein Beitrag zur Geschichte der protestantischen Kirchenbaukunst in Schlesien, Breslau o. J.

48 Friedrich Bernhard Werner, Schlesische Bethäuser, o. O. 1748–1752 [ND Hildesheim 1989].

49 Hartwig Schmidt, Carl Gotthard Langhans, in: Baumeister, Architekten, Stadtplaner. Biographien zur baulichen Entwicklung Berlins. Hrsg. v. Wolfgang Ribbe u. Wolfgang Schäche, Berlin 1987, S. 107–124.

50 Harold Hammer-Schenk, Ästhetische und politische Funktionen historisierender Baustile im Synagogenbau des ausgehenden 19. Jahrhunderts, in: Kritische Berichte 3/2–3 (1975), S. 12–24.

51 Janusz Dobesz, Schloß Koppitz (Kopice) – eine schlesische Residenz der 2. Hälfte des 19. Jahrhunderts, in: Zeitschrift des deutschen Vereins für Kunstwissenschaft 33/1–4 (1979), S. 79–96.

52 Beate Störtkuhl, Die Breslauer Moderne 1900–1933, in: »Wach auf mein Herz und denke.« Zur Geschichte der Beziehungen zwischen Schlesien und Berlin-Brandenburg von 1740 bis heute, Berlin 1995, S. 144–154.

53 Matthias Schirren, Sachliche Monumentalität. Hans Poelzigs Werk in den Jahren 1900–1914, in: Moderne Architektur in Deutschland 1900 bis 1950. Reform und Tradition. Hrsg. v. Vittorio Magnago Lampugnani u. Romana Schneider. Ausstellung Frankfurt, Deutsches Architektur-Museum 15. 08.–29. 11. 1992, Stuttgart 1992, S. 78–103.

54 Jerzy Ilkosz, Hala Stulecia we Wrocławiu – dzieło Maxa Berga, in: Rocznik Historii Sztuki 24 (1999), S. 131–215.

55 Jerzy Ilkosz, Hochhäuser für Breslau von Max Berg, in: Moderne Architektur in Deutschland 1900 bis 1950 (wie Anm. 53), S. 200–219.

56 Max Berg, »Zukünftige Baukunst in Breslau als Ausdruck zukünftiger Kultur«, in: Deutschlands Städtebau, Breslau/Berlin 1921, S. 28.

Anhang

Literaturverzeichnis

I. Wissenschaftliche Hilfsmittel und Nachschlagewerke

1. Bibliographien und Forschungsberichte

Bibliographie zur Sozial- und Wirtschaftsgeschichte des gesamtoberschlesischen Industriegebietes 1935–1951. Bearb. v. Herbert Rister, Neumarkt/Opf. 1952 (= Veröffentlichung der Oberschlesischen Studienhilfe, Bd. 1).

Bücherei des deutschen Ostens. Bestandskatalog, Bd. 3: Schlesien. Bearb. v. Wolfgang Kessler, Herne 1984.

Bücherkunde Ostdeutschlands und des Deutschtums in Ostmitteleuropa. Bearb. v. Heinrich Jilek, Herbert Rister u. Hellmuth Weiss, Köln/Graz 1963 (= Ostmitteleuropa in Vergangenheit und Gegenwart, Bd. 8), S. 154–217.

Gawrecka, Marie/Gawrecki, Dan/Wihoda, Martin: Das böhmisch-mährische Schlesien in der historischen Forschung, in: Jahrbuch der Schlesischen Friedrich-Wilhelms-Universität zu Breslau 33 (1992), S. 201-227.

Gelles, Romuald/Pabisz, Jerzy: Bibliografia historii Śląska za lata 1945–1975, Wrocław/Warszawa/Kraków/Gdańsk/Łódź 1981.

Gottschalk, Joseph/Grünewald, Johannes/Steller, Georg (Bearb.): Gottfried Ferdinand Buckisch, Schlesische Religions-Akten 1517 bis 1675, Teil 1: Einführung, Köln/Wien 1982 (= Forschungen und Quellen zur Kirchen- und Kulturgeschichte Ostdeutschlands, Bd. 17/I), S. 1–92 [Bibl. zur schles. Kirchengeschichte].

Handbuch der historischen Stätten: Schlesien. Hrsg. v. Hugo Weczerka, Stuttgart 1977, S. 608–639.

Heitmann, Margret: Bibliographie zur Geschichte der Juden in Schlesien. Unter Mitarbeit v. Harald Lordick [u. a.], München [u. a.] 1995 (= Bibliographien zur deutsch-jüdischen Geschichte, Bd. 6).

Irgang, Winfried: Quellen und Literatur zur mittelalterlichen Geschichte Schlesiens in Auswahl, in: Geschichte Schlesiens, Bd. 1: Von der Urzeit bis zum Jahre 1526. Hrsg. v. Ludwig Petry, Josef Joachim Menzel u. Winfried Irgang, Sigmaringen ^{5}1988, S. 480–510.

Irgang, Winfried/Petry, Ludwig: Schlesien [Bearbeitungsschluß 1960, mit Nachträgen bis 1983], in: Dahlmann-Waitz. Quellenkunde der deutschen Geschichte. Bibliographie der Quellen und der Literatur zur deutschen Geschichte. Hrsg. v. Hermann Heimpel u. Herbert Geuss, Stuttgart ^{10}1984, Abschnitt 115.

Krallert-Sattler, Gertrud: Kommentierte Bibliographie zum Flüchtlings- und Vertriebenenproblem in der Bundesrepublik Deutschland, in Österreich und in der Schweiz, Wien 1989 (= Abhandlungen zu Flüchtlingsfragen, Bd. 20).

Kubiček, Jaromír: Bibliografie novin a časopisů na Moravě a ve Slezsku v letech 1918–1945, Brno 1989.

Matwijowski, Krystyn: Polish Post-war Studies of Silesia's Modern History (16th–18th Century), in: Annales Silesiae 17 (1988), S. 79–98.

Oberschlesische Bibliographie. Bearb. v. Hans Bellée u. Lena Bellée-Vogt, Bd. 1: Text, Bd. 2: Register, Leipzig/Oppeln 1938 (ND Wiesbaden 1978–1980).

Ost- und südostdeutsche Heimatbücher und Ortsmonographien nach 1945. Eine Bibliographie zur historischen Landeskunde der Vertreibungsgebiete. Bearb. v. Wolfgang Kessler, München [u. a.] 1979, S. 95–140.

Ostdeutsches Kulturgut in der Bundesrepublik Deutschland. Ein Handbuch der Sammlungen, Vereinigungen und Einrichtungen mit ihren Beständen. Bearb. v. Wolfgang Kessler, München [u. a.] 1989, S. 213–299.

Peters, Irmtrud: Bibliographie der schlesischen Friedrich-Wilhelms-Universität zu Breslau, in: Jahrbuch der Schlesischen Friedrich-Wilhelms-Universität zu Breslau 6 (1961), S. 150–192.

Pohl, Dieter: Die Grafschaft Glatz (Schlesien) in Darstellungen und Quellen. Eine erweiterte Bibliographie, Modautal 1995 (= Geschichtsquellen der Grafschaft Glatz. Reihe C: Archive und Bibliotheken).

Schlenger, Herbert: Schlesien, in: Bibliographie zur Städtegeschichte Deutschlands. Hrsg. v. Erich Keyser, Köln/Wien 1969 (= Veröffentlichungen der internationalen Kommission für Städtegeschichte), S. 319–333.

Schlesien. Ein Bücherverzeichnis und Führer zu Schlesiens Volk, Land und Leben. Hrsg. v. Alfred Kloß, Breslau 1933.

Schlesien als Aufgabe interdisziplinärer Forschung. Hrsg. v. Lothar Bossle, Gundolf Keil, Josef Joachim Menzel u. Eberhard Günter Schulz, Sigmaringen 1986 (= Schlesische Forschungen, Bd. 1).

Schlesische Bibliographie. Hrsg. v. d. Historischen Kommission für Schlesien: Bd. 1: Viktor Loewe: Bibliographie der Schlesischen Geschichte; Bd. 2: Ernst Boehlich: Bibliographie der Schlesischen Vor- und Frühgeschichte; Bd. 3/1–2: ders.: Bibliographie der Schlesischen Volkskunde; Bd. 4: Bibliographie der Schlesischen Botanik; Bd. 5: Ferdinand Pax/Hildegard Tischbierek: Bibliographie der Schlesischen Zoologie; Bd. 6/1: Herbert Gruhn: Bibliographie der schlesischen Kunstgeschichte; Bd. 6/2: Johannes Hübner: Bibliographie des schlesischen Musik- und Theaterwesens, Breslau 1927–1934.

Schlesische Periodica und Serien. Ein Beitrag zu einem Verzeichnis deutscher, polnischer, tschechischer und wendischer (sorbischer) Adressbücher, Almanache, Berichte, Jahrbücher, Kalender, Schriftenreihen, Schulschriften, Zeitschriften und Zeitungen über Schlesien und seine Grenzgebiete. Bearb. v. Herbert Rister, Bde. 1–2, Wiesbaden 1975.

Silesiographia. Stand und Perspektiven der historischen Schlesienforschung. Hrsg. v. Matthias Weber und Carsten Rabe. Festschrift für Norbert Conrads zum 60. Geburtstag, Würzburg 1998 (= Wissenschaftliche Schriften des Vereins für Geschichte Schlesiens, Bd. 4).

Slezsko v dějinách českého státu. Stav a úkoly výzkumu, Opava 1991 (= Práce Slezského ústavu ČSAV v Opavě, Bd. A 40).

Stan i potrzeby śląskoznawczych badań humanistycznych. Hrsg. v. Kazimierz Bobowski, Ryszard Gładkiewicz u. Wojciech Wrzesiński, Wrocław/Warszawa 1990.

Zeitschrift des Vereins für Geschichte <und Altertum> Schlesiens 1855–1943, Schlesische Geschichtsblätter 1908–1943. Gesamtinhaltsverzeichnis. Bearb. v. Wolfgang Kessler, Hannover 1984 (= Schlesische Kulturpflege, Bd. 1).

Das in deutscher Sprache publizierte Schrifttum zur schlesischen Landesgeschichte wird regelmäßig in den Zeitschriften Archiv für Kirchengeschichte Böhmens-Mährens-Schlesiens, Berichte und Forschungen, Jahrbuch der Friedrich-Wilhelms-Universität zu Breslau, Jahrbuch für die Geschichte Mittel- und Ostdeutschlands und Zeitschrift für Ostmitteleuropa-Forschung bibliographisch erfaßt.

2. Zeitschriften und Jahrbücher

Annales Silesiae, Wrocław, Bd. 1 (1960) ff.

Archiv für Kirchengeschichte von Böhmen – Mähren – Schlesien, Königstein/Taunus, Bd. 1 (1967) ff.

Archiv für schlesische Kirchengeschichte, Breslau/Hildesheim, Bd. 1 (1936) ff.

Berichte und Forschungen. Jahrbuch des Bundesinstituts für ostdeutsche Kultur und Geschichte, München, Bd. 1 (1993) ff.

Časopis Slezského zemského muzea, Série B – vědy historické [Bde. 1 (1951) – 39 (1990): Časopis Slezského muzea], Opava, Bd. 40 (1991) ff.

Jahrbuch der Schlesischen Friedrich-Wilhelms-Universität zu Breslau, Würzburg, Bd. 1 (1955) ff.

Jahrbuch für die Geschichte Mittel- und Ostdeutschlands [Bd. 1 (1952): Jahrbuch für Geschichte des deutschen Ostens], Berlin, Bd. 2 (1953) ff.

Jahrbuch für schlesische Kirchengeschichte [Bde. 1 (1882) – 19 (1927): Correspondenzblatt des Vereins für Geschichte der Evangelischen Kirche in Schlesien; 20 (1929) – 31 (1941): Jahrbuch des Vereins für Schlesische Kirchengeschichte. Korrespondenzblatt; 32 (1953) – 38 (1959): Jahrbuch für schlesische Kirche und Kirchengeschichte], Breslau/Liegnitz/Ulm/Düsseldorf, Bd. 1 (1882) ff.

Kwartalnik Opolski, Opole, Bd. 1 (1955) ff.

Mitteilungen der Schlesischen Gesellschaft für Volkskunde, Breslau, Bde. 1 (1894) – 37 (1938).
Oberschlesisches Jahrbuch, Berlin, Bd. 1 (1985) ff.
Ostdeutsche Wissenschaft. Jahrbuch des Ostdeutschen Kulturrates, München, Bde. 1–22 (1954–1964).
Schlesien. Eine Vierteljahresschrift für Kunst, Wissenschaft und Volkstum, Neumarkt-Opf./Würzburg/Regensburg/Nürnberg, Bd. 1 (1956) ff.
Śląski kwartalnik historyczny Sobótka [Bde. 1 (1946) – 11 (1956): Sobótka. Kwartalnik poświęncone dziejom Śląska], Wrocław, Bd. 1 (1946) ff.
Ślajskie studia historyczno-teologiczne, Katowice, Bd. 1 (1968) ff.
Slezský sborník. Acta Silesiaca [Bde. 1 (1878) – 40 (1935): Věstník Matice Opavské], Opava, Bd. 1 [= 41] (1936) ff.
Studia Śląskie, Opole, Bde. 1 (1949) – 4 (1952); N. F. Bd. 1 (1958) ff.
Zeitschrift des Vereins für Geschichte und Landeskunde Mährens [Bde. 1 (1897) – 3 (1899): Zeitschrift des Vereines für die Geschichte Mährens und Schlesiens; 4 (1900) – 43 (1941): Zeitschrift des Deutschen Vereines für die Geschichte Mährens und Schlesiens], Brünn, Bde. 1 (1897) – 46 (1944).
Zeitschrift des Vereins für Geschichte Schlesiens [Bde. 1 (1855–56) – 39 (1905): Zeitschrift des Vereins für Geschichte und Alterthum Schlesiens], Breslau, Bde. 1 (1855–56) – 77 (1943).
Zeitschrift für Geschichte und Kulturgeschichte Schlesiens [Bde. 1 (1905–06) – 12 (1917): Zeitschrift für Geschichte und Kulturgeschichte Österreichisch-Schlesiens], Troppau, Bde. 1 (1905–06) – 20 (1930–33).
Zeitschrift für Ostmitteleuropa-Forschung [Bde. 1 (1952) – 43 (1994): Zeitschrift für Ostforschung. Länder und Völker im östlichen Mitteleuropa], Marburg/Lahn, Bd. 44 (1995) ff.

3. Quellensammlungen und Kartenwerke

Acta Capituli Wratislaviensis 1500–1562. Die Sitzungsprotokolle des Breslauer Domkapitels in der ersten Hälfte des 16. Jahrhunderts. Bearb. v. Alfred Sabisch, Bde. 1/I–II–2/I–II, Köln/Wien 1972–1976 (= Forschungen und Quellen zur Kirchen- und Kulturgeschichte Ostdeutschlands, Bde. 10/I–II, 14/I–II).
Acta Publica. Verhandlungen und Correspondenzen der schlesischen Fürsten und Stände [1618–1629]. Hrsg. v. Hermann Palm (Bde. 1–4) u. Julius Krebs (Bde. 5–8), Breslau 1865–1906.
Anders, Eduard: Historischer Atlas der Evangelischen Kirchen in Schlesien, Groß Glogau 1845.
Atlas československých dějin. Bearb. v. Jaroslav Purš [u. a.], Praha 1965.
Atlas des Erzbistums Breslau (Preußischer Anteil). Mit einem Vorwort v. Kurt Engelbert, Breslau 1937 [1938].
Atlas historyczny Polski. Hrsg. v. Władysław Czapliński u. Tadeusz Ładogórski, Warszawa/Wrocław [10]1990 [[1]1967].
Atlas Östliches Mitteleuropa. Hrsg. v. Theodor Kraus, Emil Meynen, Hans Mortensen u. Herbert Schlenger, Bielefeld 1959 [dort auch: Quellen und Literatur, S. 1–19].
Atlas zur Geschichte der deutschen Ostsiedlung. Bearb. v. Wilfried Krallert unter Mitarbeit v. Walter Kuhn u. Ernst Schwarz, Bielefeld/Berlin/Hannover 1958 (= Monographien zur Weltgeschichte, N. F. Bd. 4).
Barran, Fritz R.: Städte-Atlas Schlesien, Leer 1993.
Codex diplomaticus nec non epistolaris Silesiae. Kodeks dyplomatyczny Śląska. Zbiór dokumentów i listów dotyczących Śląska [971–1227], Bde. 1–3. Hrsg. v. Karol Maleczyński, Wrocław 1951–1964.
Codex diplomaticus Silesiae, Bde. 1–36, Breslau 1857–1933.
Darstellungen und Quellen zur schlesischen Geschichte, Bde. 1–39, Breslau 1906–1941.
Dolny Śląsk w świetle dokumentów niemieckich z lat 1926–1939. Bearb. v. Karol Fiedor, Wrocław/Warszawa/Kraków 1963 (= Documenta Silesiae, Bd. 2).
Geschichtlicher Atlas von Schlesien. Hrsg. v. d. Historischen Kommission für Schlesien. Beihefte, Bd. 1: Friderizianische Siedlungen rechts der Oder bis 1800 auf Grund der Aufnahmen von Hammer und v. Massenbach. Bearb. v. Herbert Schlenger, Breslau [2]1985 [[1]1933].
Geschichtsquellen der Grafschaft Glatz, Bde. 1–5. Hrsg. v. Franz Volkmer u. Wilhelm Hohaus, Habelschwerdt 1883–1891.
Geschichtsquellen der Hussitenkriege. Hrsg. v. Colmar Grünhagen, Breslau 1871 (= Scriptores rerum Silesiacarum, Bd. 6).
Hempel, Karl Friedrich: Die Breslauer Revolution. Bearb. v. Norbert Conrads, in: Denkwürdige Jahre 1848–1851, Köln/Wien 1978 (= Veröffentlichungen aus den Archiven Preußischer Kulturbesitz, Bd. 13), S. 1–94.

Lehns- und Besitzurkunden Schlesiens und seiner einzelnen Fürstenthümer im Mittelalter, Bde. 1–2. Hrsg. v. Colmar Grünhagen u. Hermann Markgraf, Leipzig 1881–1883 (= Publicationen aus den k. preußischen Staatsarchiven, 7, 16) (ND Osnabrück 1965).
Oberschlesien-Atlas. Hrsg. v. Walter Geisler, Breslau 1938.
Powstania śląskie i plebiscyt w dokumentach i pamiętnikach. Wybor tekstów. Bearb. v. Franciszek Hawranek, Opole 1980.
Pusch, Oskar: Die Breslauer Rats- und Stadtgeschlechter in der Zeit von 1241 bis 1741 Bde. 1–5, Dortmund 1986–1991 (= Veröffentlichungen der Forschungsstelle Ostmitteleuropa an der Universität Dortmund. Reihe B, Bde. 33, 35, 38, 39, 41).
Quellen und Darstellungen zur schlesischen Geschichte, Kitzingen-Main/Würzburg, Bd. 1 (1951) ff.
Quellenbuch zur Geschichte der evangelischen Kirche in Schlesien. Hrsg. v. Gustav Adolf Benrath, Ulrich Hutter-Wolandt, Dietrich Meyer, Ludwig Petry u. Horst Weigelt, München 1992 (= Schriften des Bundesinstituts für ostdeutsche Kultur und Geschichte, Bd. 1).
Regesty śląskie [1343–1359], Bde. 1–5. Hrsg. v. Kazimierz Bobowski [u. a.], Wrocław [u. a.] 1975–1992.
Schlesische Kirchen- und Schulordnungen von der Reformation bis ins 18. Jahrhundert. Hrsg. v. Hans Jessen u. Walter Schwarz, Görlitz 1938 (= Quellen zur Schlesischen Kirchengeschichte, Bd. 1).
Schlesischer Sprachatlas. Hrsg. v. Ludwig Erich Schmitt, Bd. 1: Günter Bellmann unter Mitarbeit v. Wolfgang Putschke u. Werner Veith: Laut- und Formenatlas; Bd. 2: Günter Bellmann Wortatlas, Marburg/Lahn 1965–1967 (= Deutscher Sprachatlas. Regionale Sprachatlanten, Bd. 4).
Schlesisches Urkundenbuch, bisher Bde. 1–5, Bd. 1: 971–1230. Bearb. v. Heinrich Appelt, Wien/Köln/Graz 1971; Bd. 2: 1231–1250. Bearb. v. Winfried Irgang, Wien/Köln/Graz 1977; Bd. 3: 1251–1266. Bearb. v. dems., Köln/Wien 1984; Bd. 4: 1267–1281. Bearb. v. dems., Köln/Wien 1988; Bd. 5: 1282–1290. Bearb. v. dems., Köln/Weimar/Wien 1993.
Scriptores rerum Silesiacarum oder Sammlung schlesischer Geschichtsschreiber, Breslau 1835–1902; Bde. 1–17.
Śląsk w pierwszej połowie XIX wieku. Wybór źródeł, Bd. 1: Śląsk w latach 1806–1847; Bd. 2: Śląsk w latach 1848–1850. Hrsg. v. Wacław Długoborski u. Kazimierz Popiołek, Wrocław 1957.
Studia i materiały z dziejów Śląska. Hrsg. v. Kazimierz Popiołek, Bd. 1 ff., Wrocław [u. a.] 1957 ff.
Urkunden und erzählende Quellen zur deutschen Ostsiedlung im Mittelalter, Bd. 1: Mittel- und Norddeutschland, Ostseeküste; Bd. 2: Schlesien, Polen, Böhmen-Mähren, Österreich, Ungarn-Siebenbürgen. Hrsg. v. Herbert Helbig u. Lorenz Weinrich, Darmstadt [3]1984 [[1]1968]–1970 (= Ausgewählte Quellen zur deutschen Geschichte des Mittelalters. Freiherr vom Stein-Gedächtnisausgabe, Bde. 26a–b), Schlesien Bd. 2, S. 68–205.
Wirtschafts- und verkehrsgeographischer Atlas von Schlesien. Hrsg. v. Walter Geisler, Breslau 1932.
Źrodła do dziejów powstań śląskich [1918–1921], Bde. 1–3. Hrsg. v. Kazimierz Popiołek, Wrocław/Warszawa/Kraków 1963–1974.
Zwischen Oder und Riesengebirge. Schlesische Karten aus fünf Jahrhunderten. Bearb. v. Klaus Lindner unter Mitarbeit v. Lothar Zögner, Berlin 1987 (= Staatsbibliothek Preußischer Kulturbesitz. Ausstellungskataloge, Bd. 29).

4. Biographische Hilfsmittel und Lebensbilder

Biografický slovník Slezska a severní Moravy. Hrsg. v. Milan Myška [u. a.], Bd. 1 ff., Opava/Ostrava 1993 ff.
Brzoska, Emil: Bischöfe der katholischen Kirche aus Oberschlesien. Beitrag zur Geschichte des kirchlichen Ämterrechts, Augsburg 1965.
Charakterbilder aus dem Clerus Schlesiens. 1832–1881. Hrsg. v. August Meer, Breslau 1884.
Der Adel von Böhmen, Mähren und Schlesien. Genealogisch-heraldisches Repertorium sämtlicher Standeserhebungen, Prädicate, Beförderungen, Incolats-Erteilungen, Wappen und Wappenverbesserungen des gesamten Adels der Böhmischen Krone mit Quellen und Wappen-Nachweisen. Hrsg. v. Adalbert Ritter Král von Dobrá Voda, Prag 1904.
Gottschalk, Joseph: Auswärtige auf dem fürstbischöflichen Stuhl zu Breslau von 1456–1945 und Schlesier als Bischöfe von 1204–1903, in: Neunhundertfünfzig Jahre Bistum Breslau. Hrsg. v. Emil Brzoska, Königstein/Taunus 1951, S. 41–89.
Graetzer, J.: Lebensbilder hervorragender schlesischer Ärzte aus den letzten vier Jahrhunderten, Breslau 1889 [ND Vaduz 1978].

Groß, Herbert: Bedeutende Oberschlesier, Dülmen 1994.
Große Deutsche aus Schlesien. Hrsg. v. Herbert Hupka, München/Wien [2]1979 [[1]1969].
Große Schlesier. Hrsg. v. Wolfgang Schulz, Berlin 1984.
Große Schlesier. Geistestaten – Lebensfahrten – Abenteuer. Hrsg. v. Alfons Hayduk, München [2]1971 [[1]1957] (= Ostlandheimat und weite Welt, Bd. 1).
Grundmann, Günther: Erlebter Jahre Widerschein. Von schönen Häusern, guten Freunden und alten Familien in Schlesien, München 1972.
Grundriß eines Lexikons bildender Künstler und Kunsthandwerker in Oberschlesien. Von den Anfängen bis zur Mitte des 19. Jahrhunderts, Bde. 1–2. Bearb. v. Walter Krause, Oppeln 1933–1935 (= Schriftenreihe der Vereinigung für oberschlesische Heimatkunde, Bd. 8).
Jasiński, Kazimierz: Rodowód Piastów śląskich, Bde. 1–3, Wrocław 1973–1977.
Kastner, Karl: Breslauer Bischöfe, Breslau 1929.
Ludzie śląskiego Kościoła katolickiego. Hrsg. v. Krystyn Matwijowski, Wrocław 1992.
Nowack, Alfons: Lebensbilder schlesischer Priester, Breslau 1928.
Ostdeutsche Gedenktage. Persönlichkeiten und historische Ereignisse. Hrsg. v. d. Kulturstiftung der deutschen Vertriebenen, Bonn, Bd. 1 (1967) ff.
Ostschlesische Porträts. Biographisch-bibliographisches Lexikon von Österreich-Ostschlesien. Bearb. v. Karl Walter Neumann unter Mitwirkung v. Peter Andraschke, Erich Fussek, Herbert Patzelt [u. a.], Bd. 1: A-D, Berlin 1991 (= Schriften der Stiftung Haus Oberschlesien. Landeskundliche Reihe, Bd. 2/1).
Perlick, Alfons: Oberschlesische Berg- und Hüttenleute. Lebensbilder aus dem oberschlesischen Industrierevier, Kitzingen/Main 1953 (= Veröffentlichung der Oberschlesischen Studienhilfe, Bd. 3).
Polski Słownik Biograficzny, Bd. 1 ff. [1993 bis Buchst. Sap, Bd. 34,4], Kraków [u. a.] 1935 ff.
Schlesische Kirche in Lebensbildern. Hrsg. v. Johannes Gröger, Joachim Köhler u. Werner Marschall, Sigmaringen 1992.
Schlesische Landsleute. Ein Gedenkbuch hervorragender, in Schlesien geborener Männer und Frauen aus der Zeit von 1180 bis zur Gegenwart. Hrsg. v. Karl Gustav Heinrich Berner, Leipzig 1901.
Schlesische Lebensbilder, Bde. 1–6. Bd. 1: Schlesier des 19. Jahrhunderts. Hrsg. v. Friedrich Andrae, Max Hippe, Otfried Schwarzer u. Heinrich Wendt, Sigmaringen [2]1985 [[1]1922]; Bd. 2: Schlesier des 18. und 19. Jahrhunderts. Hrsg. v. Friedrich Andrae, Max Hippe, Paul Knötel u. Otfried Schwarzer, Sigmaringen [2]1985 [[1]1924]; Bd. 3: Schlesier des 17. bis 19. Jahrhunderts. Hrsg. v. Friedrich Andrae, Max Hippe, Paul Knötel u. Otfried Schwarzer, Sigmaringen [2]1985 [[1]1928]; Bd. 4: Schlesier des 16. bis 19. Jahrhunderts. Hrsg. v. Friedrich Andrae, Erich Graber u. Max Hippe, Sigmaringen [2]1985 [[1]1931]; Bd. 5: Schlesier des 15. bis 20. Jahrhundert. Hrsg. v. Helmut Neubach u. Ludwig Petry, Würzburg 1968; Bd. 6: Schlesier des 15. bis 20. Jahrhundert. Hrsg. v. Josef Joachim Menzel u. Ludwig Petry, Sigmaringen 1990.
Schlesische Priesterbilder, Bd. 5. Hrsg. v. Joseph Gottschalk, Aalen/Württ. 1967.
Schlesisches Geschlechterbuch, Bde. 1–4 (= Deutsches Geschlechterbuch. Genealogisches Handbuch bürgerlicher Familien, Bde. 73, 112, 153, 178); Bd. 1. Hrsg. v. Bernhard Koerner u. Ernst von Hoffmann, Görlitz 1931; Bd. 2. Hrsg. v. dens., Görlitz 1941; Bd. 3: Hrsg. v. Kurt Puschmann, Limburg an der Lahn 1970; Bd. 4: Hrsg. v. dems., Limburg an der Lahn 1978.
Schmitt, Georg: Schlesien, wenn ich dein vergäße... Leben und Werk schlesischer Menschen, Gelsenkirchen-Buer 1951.
Śląski słownik biograficzny, Bde. 1–3. Hrsg. v. Jan Kantyka u. Władysław Zieliński, Katowice 1977–1981.
Stammfolgen Schlesischer Adelsgeschlechter, Bd. 1. Bearb. v. Hans Friedrich von Ehrenkrook u. Carola von Ehrenkrook, Görlitz 1941.
Stammtafeln der schlesischen Fürsten bis zum Jahre 1740. Hrsg. v. Hermann Grotefend, Breslau [2]1889 [[1]1876].
Stamm- und Übersichtstafeln der schlesischen Piasten. Auf Grund von H. Grotefends Stammtafeln der schlesischen Fürsten bis zum Jahre 1740. Hrsg. v. Konrad Wutke. Nebst einem Verzeichnis der Breslauer Bischöfe von J. Jungnitz, Breslau 1910–11.

II. Gesamtdarstellungen und Überblickswerke

1. Geschichte der Deutschen in Ostmitteleuropa

Conze, Werner: Ostmitteleuropa. Von der Spätantike bis zum 18. Jahrhundert. Hrsg. v. Klaus Zernack, München 1992.

Deutsche im europäischen Osten. Verständnis und Mißverständnis. Hrsg. v. Friedhelm Berthold Krause u. Bernhard Stasiewski, Köln/Wien 1977 (= Studien zum Deutschtum im Osten, Bd. 13).

Deutsche im Osten. Geschichte, Kultur, Erinnerungen. Hrsg. v. Deutschen Historischen Museum Berlin, München/Berlin 1994.

Die deutsche Ostsiedlung des Mittelalters als Problem der europäischen Geschichte. Hrsg. v. Walter Schlesinger, Sigmaringen 1975 (= Vorträge und Forschungen, Bd. 18).

Die Deutschen und ihre östlichen Nachbarn. Ein Handbuch. Hrsg. v. Viktor Aschenbrenner, Ernst Birke, Walter Kuhn u. Eugen Lemberg, Frankfurt am Main/Berlin/Bonn/München 1967

Die Ostgebiete des Deutschen Reiches. Hrsg. v. Gotthold Rhode, Würzburg ^{3}1956 [^{1}1955].

Dralle, Lothar: Die Deutschen in Ostmittel- und Osteuropa. Ein Jahrtausend europäischer Geschichte, Darmstadt 1991.

Gause, Fritz: Deutsch-slavische Schicksalsgemeinschaft. Abriß einer Geschichte Ostdeutschlands und seiner Nachbarländer, Würzburg ^{3}1967 [^{1}1952].

Higounet, Charles: Die deutsche Ostsiedlung im Mittelalter, Berlin 1986.

Kuhn, Walter: Geschichte der deutschen Ostsiedlung in der Neuzeit, Bd. 1: Das 15. bis 17. Jahrhundert (Allgemeiner Teil), Bd. 2: Das 15. bis 17. Jahrhundert (Landschaftlicher Teil), Köln/Graz 1955–1957 (= Ostmitteleuropa in Vergangenheit und Gegenwart, Bde. 1/I–II).

Müller-Sternberg, Robert (unter Mitarbeit von Werner Nellner): Deutsche Ostsiedlung – eine Bilanz für Europa, Bielefeld 1969.

Stökl, Günther: Osteuropa und die Deutschen. Geschichte und Gegenwart einer spannungsreichen Nachbarschaft, Stuttgart ^{3}1982 [^{1}1967].

Wandycz, Piotr S.: The price of freedom. A history of East Central Europe from the Middle Ages to the present, London/New York 1992.

Wippermann, Wolfgang: Der »deutsche Drang nach Osten«. Ideologie und Wirklichkeit eines politischen Schlagwortes, Darmstadt 1981 (= Impulse der Forschung, Bd. 35).

2. Geschichte der schlesischen Territorien und Städte

Bartsch, Heinrich: Die Städte Schlesiens (in den Grenzen von 1937). Daten und Fakten zu ihrer landes-, kultur-, wirtschafts- und sozialgeschichtlichen Bedeutung, Frankfurt am Main ^{2}1983 [^{1}1977].

Biermann, Gottlieb: Geschichte der Herzogthümer Troppau und Jägerndorf, Teschen 1874.

Biermann, Gottlieb: Geschichte des Herzogthums Teschen, Teschen ^{2}1894 [^{1}1863].

Birke, Ernst: Schlesien, in: Geschichte der deutschen Länder (»Territorien-Ploetz«), Bd. 1: Die Territorien bis zum Ende des alten Reiches, Bd. 2: Die deutschen Länder vom Wiener Kongreß bis zur Gegenwart. Hrsg. v. Georg Wilhelm Sante, Würzburg 1964–1971, hier Bd. 1, S. 582–619, Bd. 2, S. 186–244.

Blaschke, Julius: Geschichte der Stadt Glogau und des Glogauer Landes, Glogau 1913 (ND Hannover 1982).

Boras, Zygmunt: Książęta piastowscy Śląska, Katowice ^{3}1982 [^{1}1974].

Borngräber, Joachim: Schlesien. Ein Überblick über seine Geschichte, Bad Reichenhall [um 1959] (= Schriften des Kulturwerkes der vertriebenen Deutschen, Bd. II/1).

Conrads, Norbert (Hrsg.): Schlesien, Berlin 1994 (= Deutsche Geschichte im Osten Europas, Bd. 3).

Eberlein, Hellmut: Schlesische Kirchengeschichte, Goslar ^{3}1952 (= Das Evangelische Schlesien, Bd. 1).

Franzkowski, Joseph: Geschichte der freien Standesherrschaft, der Stadt und des landrätlichen Kreises Groß-Wartenberg, Groß-Wartenberg 1912.

Fuhrmann, Horst: »Fern von gebildeten Menschen«. Eine oberschlesische Kleinstadt [Kreuzburg] um 1870, München 1989.

Geschichte Schlesiens, Bd. 1: Von der Urzeit bis zum Jahre 1526. Hrsg. v. Ludwig Petry, Josef Joachim Menzel u. Winfried Irgang, Sigmaringen ^{5}1988, Bd. 2: Die Habsburger Zeit 1526–1740. Hrsg. v. Ludwig Petry u. Josef Joachim Menzel, Sigmaringen ^{2}1988.

Glogau im Wandel der Zeiten. Bearb. v. Werner Bein, Johannes Schellakowsky u. Ulrich Schmilewski, Würzburg 1992.

Grünhagen, Colmar: Geschichte Schlesiens, Bd. 1: Bis zum Eintritt der habsburgischen Herrschaft 1527; Bd. 2: Bis zur Vereinigung mit Preussen (1527 bis 1740), Gotha 1884–1886.

Haeusler, Wilhelm: Geschichte des Fürstenthums Oels bis zum Aussterben der Piastischen Herzogslinie, Breslau 1883.

Hartmann, Franz: Geschichte der Stadt Münsterberg in Schlesien von ihrer Gründung bis zur Gegenwart, Münsterberg 1907.

Heinrich, Arthur: Geschichte des Fürstentums Sagan, Teil 1: bis zum Ende der sächsischen Herrschaft im J. 1549, Sagan 1911.

Historia Śląska, Bde. 1/1–1/4: do roku 1763, Bde. 2/1–2/2: 1763–1850, Bde. 3/1–3/2: 1850–1918. Hrsg. v. Karol Maleczyński [u. a.], Wrocław [u. a.] 1960–1985.

Historja Śląska od najdawniejszych czasów do roku 1400, Bde. 1–3. Hrsg. v. Stanisław Kutrzeba [u. a.], Kraków 1933–1939.

Hutter-Wolandt, Ulrich: Die evangelische Kirche Schlesiens im Wandel der Zeiten. Studien und Quellen zur Geschichte einer Territorialkirche, Dortmund 1991 (= Veröffentlichungen der Forschungsstelle Ostmitteleuropa an der Universität Dortmund, Bd. B/43).

Irrgang, Werner: Neuere Geschichte der Stadt Brieg 1740–1980, Goslar 1980.

Juhnke, Richard: Wohlau. Geschichte des Fürstentums und des Kreises, Würzburg 1965 (= Ostdeutsche Beiträge, Bd. 35).

Knötel, Paul: Geschichte Oberschlesiens, Kattowitz 1906.

Kopiec, Jan: Dzieje Kościoła katolickiego na Śląsku Opolskim, Opole 1991 (= Encyklopedia wiedzy o Śląsku).

Kuhn, Walter: Geschichte der deutschen Sprachinsel Bielitz (Schlesien), Würzburg 1981 (= Quellen und Darstellungen zur schlesischen Geschichte, Bd. 21).

Landwehr von Pragenau, Moritz: Geschichte der Stadt Teschen. Bearb. v. Walter Kuhn, Würzburg 1976 (= Quellen und Darstellungen zur schlesischen Geschichte, Bd. 18).

Marschall, Werner: Geschichte des Bistums Breslau, Stuttgart 1980.

Neisse. Das Schlesische Rom im Wandel der Jahrhunderte. Bearb. v. Werner Bein, Vera u. Ulrich Schmilewski, Würzburg 1988.

Neubach, Helmut: Kleine Geschichte Schlesiens, Bonn 1990 (= Kulturelle Arbeitshefte, Bd. 24).

Oberschlesien im Überblick. Hrsg. v. Helmut Neubach u. Waldemar Zylla, Dülmen/Westf. 1986 (= Oberschlesische Schriftenreihe, Bd. 15).

Ostdeutsche Geschichts- und Kulturlandschaften, Teil 1: Schlesien. Hrsg. v. Hans Rothe, Köln/Wien 1987 (= Studien zum Deutschtum im Osten, Bd. 19/I).

Petry, Ludwig: Dem Osten zugewandt. Gesammelte Aufsätze zur schlesischen und ostdeutschen Geschichte. Festgabe zum fünfundsiebzigsten Geburtstag. Hrsg. v. Norbert Conrads u. Josef Joachim Menzel, Sigmaringen 1983 (= Quellen und Darstellungen zur schlesischen Geschichte, Bd. 22).

Popiołek, Kazimierz: Historia Śląska od pradziejów do 1945 roku, Katowice 1972.

Sagan und Sprottau in der schlesischen Geschichte. »Les vues de Sagan«. Hrsg. v. Werner Bein, Würzburg 1992.

Schlesien. Hrsg. v. Günther Grundmann, Berlin/Wiesbaden 1952.

Schölzel, Jürgen: Nimptsch in Schlesien. Vorzeit, Frühzeit, Mittelalter, Marburg/Lahn 1974 (= Wissenschaftliche Beiträge zur Geschichte und Landeskunde Ost-Mitteleuropas, Bd. 94).

Schönaich, Gustav: Die alte Fürstentumshauptstadt Jauer. Bilder und Studien zur Jauerschen Stadtgeschichte, Jauer 1903.

Schoenborn, Heinrich: Geschichte der Stadt und des Fürstentums Brieg. Ein Ausschnitt aus der Geschichte Schlesiens, Brieg 1907.

Schweidnitz im Wandel der Zeiten. Bearb. v. Werner Bein u. Ulrich Schmilewski, Würzburg 1990.

Seidl, Elmar: Das Troppauer Land zwischen den fünf Südgrenzen Schlesiens. Grundzüge der politischen und territorialen Geschichte bis zur Mitte des 19. Jahrhunderts, Berlin 1992 (= Schriften der Stiftung Haus Oberschlesien. Landeskundliche Reihe, Bd. 1).

Śreniowski, Stanisław: Historia ustroju Śląska, Katowice/Wrocław 1948 (= Pamiętnik Instytutu Śląskiego, Bd. II/14).

Triest, Felix: Topographisches Handbuch von Oberschlesien, Bde. 1–2 (ND d. Ausgabe Breslau 1864–1865), Sigmaringen 1984 (= Beiträge zur Geschichte und Landeskunde Oberschlesiens, Bd. 1)

Troppau. Schlesische Hauptstadt zwischen Völkern und Grenzen. Hrsg. v. Ernst Schremmer, Berlin/Bonn 1984 (= Ostmitteleuropäische Geschichte in Bildern und Dokumenten, Bd. 4).
Ulitz, Otto: Aus der Geschichte Oberschlesiens, Bonn ²1962 (= Oberschlesische Schriftenreihe, Bd. 4).
Urban, Wincenty: Zarys dziejów diecezji wrocławskiej, Wrocław 1962.
Weltzel, Augustin: Geschichte der Stadt und Herrschaft Ratibor, Ratibor ²1881 [¹1861].
Wurbs, Gerhard: Ganz am Rande Schlesiens liegt Bielitz, Dülmen 1985.

3. Geschichte der böhmischen Länder und Polens und deren Beziehungen zu Deutschland

Bosl, Karl: Böhmen und seine Nachbarn. Gesellschaft, Politik und Kultur in Mitteleuropa, München/Wien 1976 (= Veröffentlichungen des Collegium Carolinum, Bd. 32).
Breyer, Richard/Nasarski, Peter E./Piekalkiewicz, Janusz: Nachbarn seit tausend Jahren. Deutsche und Polen in Bildern und Dokumenten, Mainz o. J. [um 1975].
Češi a Poláci v minulosti, Bde. 1-2. Hrsg. v. Josef Macůrek [u. a.], Praha 1964–1967.
Česko-polský sborník vědeckých prací, Bde. 1–2. Hrsg. v. Milan Kudělka, Praha 1955 (= Publikace Slezského studijního ústava v Opavě, Bd. 11, 12).
Die Rolle Schlesiens und Pommerns in der Geschichte der deutsch-polnischen Beziehungen im Mittelalter, Braunschweig 1980 (= Schriftenreihe des Georg-Eckert-Instituts für internationale Schulbuchforschung, Bd. 22/III).
Dudík, Beda: Mährens allgemeine Geschichte, Bde. 1–12/II [bis 1350], Brünn 1860–1888.
Evans, Robert J. W.: Das Werden der Habsburgermonarchie 1550–1700. Gesellschaft, Kultur, Institutionen, Wien/Köln 1986 (= Forschungen zur Geschichte des Donauraumes, Bd. 6).
Grundfragen der geschichtlichen Beziehungen zwischen Deutschen, Polaben und Polen. Hrsg. v. Wolfgang H. Fritze u. Klaus Zernack, Berlin 1976 (= Einzelveröffentlichungen der Historischen Kommission zu Berlin, Bd. 18; Publikationen zur Geschichte der deutsch-polnischen Beziehungen, Bd. 1).
Handbuch der Geschichte der böhmischen Länder. Hrsg. v. Karl Bosl, Bd. 1: Die böhmischen Länder von der archaischen Zeit bis zum Ausgang der hussitischen Revolution; Bd. 2: Die böhmischen Länder von der Hochblüte der Ständeherrschaft bis zum Erwachen eines modernen Nationalbewußtseins; Bd. 3: Die böhmischen Länder im Habsburgerreich 1848–1919. Bürgerlicher Nationalismus und Ausbildung einer Industriegesellschaft; Bd. 4: Der tschechoslowakische Staat im Zeitalter der modernen Massendemokratie und Diktatur, Stuttgart 1967–1974.
Handbuch der historischen Stätten Böhmen und Mähren. Hrsg. v. Joachim Bahlcke, Winfried Eberhard, Miloslav Polívka, Stuttgart 1998.
Hoensch, Jörg K.: Geschichte Böhmens. Von der slavischen Landnahme bis ins 20. Jahrhundert, München ²1992 [¹1987].
Hoensch, Jörg K.: Geschichte Polens, Stuttgart ²1990 [¹1983].
Konfessionalisierung in Ostmitteleuropa. Wirkungen des religiösen Wandels im 16. und 17. Jahrhundert in Staat, Gesellschaft und Kultur. Hrsg. v. Joachim Bahlcke und Arno Strohmeyer, Wiesbaden 1999.
Kossmann, Oskar: Polen im Mittelalter, Bd. 1: Beiträge zur Sozial- und Verfassungsgeschichte, Bd. 2: Staat, Gesellschaft, Wirtschaft im Bannkreis des Westens, Marburg/Lahn 1971–1985.
Mandelová, Helena: Europa im späten Mittelalter. Böhmen zur Zeit der Luxemburger Herrscher. Die Entstehung der Länder des Königreiches Böhmen, Brühl 1994.
Nasarski, Peter E. (unter Mitarbeit v. Richard Breyer): Zwischen Ostsee und Waldkarpaten. Deutsch-polnische Begegnungslandschaften im Wandel der Zeiten, Berlin/Bonn 1983.
Odložilík, Otakar: The Hussite King. Bohemia in European Affairs, 1440–1471, New Brunswick/New Jersey 1965.
Prinz, Friedrich: Böhmen im mittelalterlichen Europa. Frühzeit, Hochmittelalter, Kolonisationsepoche, München 1984.
Prinz, Friedrich (Hrsg.): Böhmen und Mähren, Berlin 1993 (= Deutsche Geschichte im Osten Europas, Bd. 2).
Reiter, Norbert: Die polnisch-deutschen Sprachbeziehungen in Oberschlesien, Wiesbaden 1960 (= Veröffentlichungen der Abteilung für slavische Sprachen und Literaturen des Osteuropa-Instituts an der Freien Universität Berlin, Bd. 23).
Seibt, Ferdinand: Deutschland und die Tschechen. Geschichte einer Nachbarschaft in der Mitte Europas, München/Zürich 1993.
Seibt, Ferdinand: Hussitica. Zur Struktur einer Revolution, Köln/Wien ²1990 [¹1965] (= Beihefte zum Archiv für Kulturgeschichte, Bd. 8).

Śląsk, Polska, Niemcy. Hrsg. v. Krystyn Matwijowski u. Wojciech Wrzesiński, Wrocław 1990 (= Acta Universitatis Wratislaviensis, Bd. 1100).
Stände und Landesherrschaft in Ostmitteleuropa. Hrsg. v. Hugo Weczerka, Marburg 1995.
Ständefreiheit und Staatsgestaltung in Ostmitteleuropa. Übernationale Gemeinsamkeiten in der politischen Kultur vom 16.–18. Jahrhundert. Hrsg. v. Joachim Bahlcke, Hans-Jürgen Bömelburg und Norbert Kersken, Leipzig 1996.
Zernack, Klaus: Preußen – Deutschland – Polen. Aufsätze zur Geschichte der deutsch-polnischen Beziehungen. Hrsg. v. Wolfram Fischer u. Michael G. Müller, Berlin 1991 (= Historische Forschungen, Bd. 44).

III. Weiterführende Literatur zu den einzelnen Abschnitten

1. Naturräumliche Gegebenheiten und historische Voraussetzungen

Archeologia Śląska. Hrsg. v. Włodzimierz Hołubowicz. Bd. 1, Wrocław 1957; Bd. 2, Warszawa/Wrocław 1959; Bd. 3, Wrocław 1959 (= Uniwersytet Wrocławski im. Bolesława Bieruta, Seria A. Zeszyty Naukowe, Bde. 8, 18, 19).
Beiträge zur Landeskunde Schlesiens. Vorträge von Martin Schwarzbach, Ferdinand Pax u. Herbert Schlenger, Köln-Braunsfeld 1955 (= Osteuropa und der Deutsche Osten, Bd. II/3).
Cloos, Hans: Der Gebirgsbau Schlesiens und die Stellung seiner Bodenschätze, Berlin 1922.
Czajka, Willi: Der Schlesische Landrücken. Eine Landeskunde Nordschlesiens, Bde. 1-2, Wiesbaden [2]1964 [[1]1931–1939].
Dubowy, Hildegard: Der Chelm, Oberschlesiens Muschelkalkrücken. Eine landschaftskundliche Studie, Breslau 1928 (= Veröffentlichungen der Schlesischen Gesellschaft für Erdkunde, Bd. 8).
Jamka, Rudolf: Pradzieje i wczesne średniowiecze Górnego Śląska ze szczególnym uwzględnieniem obszaru przemysłowego, Katowice 1960 (= Śląski institut naukowy. Biblioteczka wiedzy o Śląsku. Seria archeologiczna, Bd. 1).
Jamka, Rudolf: Pierwsi mieszkańcy Górnego Śląska w świetle badań archeologicznych, Katowice 1965 (= Śląski institut naukowy. Biblioteczka wiedzy o Śląsku. Seria archeologiczna, Bd. 4).
Jażdżewski, Konrad: Urgeschichte Mitteleuropas, Wrocław [u. a.] 1984.
Kleemann, Otto: Die mittlere Bronzezeit in Schlesien. Text, Materialien, Tafeln, Karten [1939], Bonn 1977 (= bonner hefte zur Vorgeschichte, Bde. 12, 13).
Kleemann, Otto: Die Anfänge der Geschichte Schlesiens. Konzept einer landeskundlichen Vorgeschichte, Köln-Braunsfeld 1959 (= Osteuropa und der deutsche Osten, Bd. I/5).
Kostrzewski, Józef: Pradzieje Ślaska, Wrocław/Warszawa/Kraków 1970.
Moździoch, Sławomir: Organizacja gospodarcza państwa wczesnopiastowskiego na Śląsku. Studium archeologiczne, Wrocław/Warszawa/Kraków 1990 (= Polska Akademia Nauk. Oddział we Wrocławiu. Prace komisji archeologicznej, Bd. 8).
Olbricht, Konrad: Schlesien. Grundriss einer Landeskunde, Breslau 1933.
Petersen, Ernst: Schlesien von der Eiszeit bis ins Mittelalter. Einführung in die Vor- und Frühgeschichte des Landes, Langensalza/Berlin/Leipzig 1935.
Roensch, Herbert: Die Landesnatur Schlesiens, Dortmund 1971 (= Veröffentlichungen der Ostdeutschen Forschungsstelle des Landes Nordrhein-Westfalen, Bd. A 19).
Sachs, Arthur: Die Bodenschätze Schlesiens. Erze, Kohlen, nutzbare Gesteine, Leipzig 1906.
Schlesische Landeskunde, Bd. 1: Naturwissenschaftliche Abteilung. Hrsg. v. Fritz Frech; Bd. 2: Geschichtliche Abteilung. Hrsg. v. Franz Kampers, Leipzig 1913.
Uhtenwoldt, Hermann: Die Burgverfassung in der Vorgeschichte und Geschichte Schlesiens, Breslau 1938 (= Breslauer historische Forschungen, Bd. 10) [ND Aalen 1982].
Willner, Gerhard: Aus der Geographie Oberschlesiens, Bonn 1963 (= Oberschlesische Schriftenreihe, Bd. 5).

2. Die schlesischen Landesteile von der Frühgeschichte bis zum Spätmittelalter

Clemens, Bruno: Geschichte des schlesischen Bildungswesens im Mittelalter, Liegnitz 1927 (= Heimatstudien zur Heimatlehre und Heimatkunde, Bd. 3).

Dola, Kazimierz: Wrocławska kapituła katedralna w XV wieku. Ustrój – skład osobowy – działalność, Lublin 1983 (= Katolicki Uniwersytet Lubelski. Rozprawa habilitacyjna. Wydział Teologiczny).

Gieysztor, Alexsander: Kultura Śląska miedzy IX a XIII wiekiem, Katowice 1960 (= Śląski institut naukowy. Biblioteczka wiedzy o Śląsku. Seria historyczna, Bd. 4).

Goerlitz, Theodor: Verfassung, Verwaltung und Recht der Stadt Breslau, Bd. 1: Mittelalter [mehr nicht erschienen]. Hrsg. v. Ludwig Petry, Würzburg 1962 (= Quellen und Darstellungen zur schlesischen Geschichte, Bd. 7).

Grawert-May, Gernot von: Das staatsrechtliche Verhältnis Schlesiens zu Polen, Böhmen und dem Reich während des Mittelalters (Anfang des 10. Jahrhunderts bis 1526), Aalen 1971 (= Untersuchungen zur deutschen Staats- und Rechtsgeschichte, N. F. Bd. 15).

Grüger, Heinrich: Heinrichau. Geschichte eines schlesischen Zisterzienserklosters 1227–1977, Köln/Wien 1978 (= Forschungen und Quellen zur Kirchen- und Kulturgeschichte Ostdeutschlands, Bd. 16).

Grünhagen, Colmar: Die Hussitenkämpfe der Schlesier 1420–1435, Breslau 1872.

Jungandreas, Wolfgang: Beiträge zur Erforschung der Besiedlung Schlesiens und zur Entwicklungsgeschichte der schlesischen Mundart, Breslau 1928 (= Wort und Brauch. Volkskundliche Arbeiten namens der Schlesischen Gesellschaft für Volkskunde, Bd. 17).

Korta, Wacław: Rozwój wielkiej własności feudalnej na Śląsku do połowy XIII wieku, Wrocław/Warszawa/Kraków 1964 (= Monografie Śląskie Ossolineum, Bd. 8).

Kuhn, Walter: Siedlungsgeschichte Oberschlesiens, Würzburg 1954 (= Veröffentlichung der Oberschlesischen Studienhilfe, Bd. 4).

Kuhn, Walter: Beiträge zur schlesischen Siedlungsgeschichte, München 1971 (= Silesia, Bd. 8).

Kuhn, Walter: Neue Beiträge zur schlesischen Siedlungsgeschichte. Eine Aufsatzsammlung, Sigmaringen 1984 (= Quellen und Darstellungen zur schlesischen Geschichte, Bd. 23).

Lodowski, Jerzy: Dolny Śląsk na początku średniowiecza (VI–X w.). Podstawy osadnicze i gospodarcze, Wrocław [u. a.] 1980.

Loesch, Heinrich von: Beiträge zur schlesischen Rechts- und Verfassungsgeschichte, Konstanz/Stuttgart 1964 (= Schriften des Kopernikuskreises, Bd. 6).

Marschall, Werner: Alte Kirchenpatrozinien des Archidiakonates Breslau. Ein Beitrag zur ältesten schlesischen Kirchengeschichte, Köln/Graz 1966 (= Forschungen und Quellen zur Kirchen- und Kulturgeschichte Ostdeutschlands, Bd. 3).

Matuszkiewicz, Felix: Die mittelalterliche Gerichtsverfassung des Fürstentums Glogau, Breslau 1911 (= Darstellungen und Quellen zur schlesischen Geschichte, Bd. 13).

Menzel, Josef Joachim: Jura Ducalia. Die mittelalterlichen Grundlagen der Dominialverfassung in Schlesien, Würzburg 1964 (= Quellen und Darstellungen zur schlesischen Geschichte, Bd. 11).

Menzel, Josef Joachim: Die schlesischen Lokationsurkunden des 13. Jahrhunderts. Studien zum Urkundenwesen, zur Siedlungs-, Rechts- und Wirtschaftsgeschichte einer ostdeutschen Landschaft im Mittelalter, Würzburg 1977 (= Quellen und Darstellungen zur schlesischen Geschichte, Bd. 19).

Mularczyk, Jerzy: Władza książęca na Śląsku w XIII wieku, Wrocław 1984 (= Acta Universitatis Wratislaviensis, Bd. 603; Historia, Bd. 40).

Nowakowa, Janina: Rozmieszczenie komór celnych i przebieg dróg handlowych na Śląsku do końca XIV wieku, Wrocław 1951 (= Prace Wrocławskiego Towarzystwa Naukowego. Seria A, Bd. 43).

Nowogrodzki, Stanisław: Rządy Zygmunta Jagiellończyka na Śląsku i w Łużycach (1499–1506), Kraków 1937 (= Polska Akademia Umiejetności. Wydawnictwa Śląskie. Prace Historyczne, Bd. 2).

Oberschlesien im späten Mittelalter. Eine Region im Spannungsfeld zwischen Polen, Böhmen-Mähren und dem Reich vom 13. bis zum Beginn des 16. Jahrhunderts. Hrsg. v. Thomas Wünsch, Berlin 1993 (= Tagungsreihe der Stiftung Haus Oberschlesien, Bd. 1).

Peterka, Otto: Rechtsgeschichte der böhmischen Länder, Bd. 1: Geschichte des Öffentlichen Rechtes und die Rechtsquellen in vorhussitischer Zeit, Bd. 2: Geschichte des Öffentlichen Rechtes und die Rechtsquellen von der hussitischen Zeit bis zum Theresianischen Zeitalter, Reichenberg 1923–1928.

Pfeiffer, Gerhard: Das Breslauer Patriziat im Mittelalter, Breslau 1929 [ND Aalen 1973] (= Darstellungen und Quellen zur schlesischen Geschichte, Bd. 30).

Pudełko, Janusz: Zagadnienie wielkości powierzchni średniowiecznych miast Śląska, Wrocław 1967 (= Wrocławskie Towarzystwo Naukowe. Rozprawy Komisji historii sztuki, Bd. 5).

Pustejovsky, Otfried: Schlesiens Übergang an die böhmische Krone. Machtpolitik Böhmens im Zeichen von Herrschaft und Frieden, Köln/Wien 1975 (= Forschungen und Quellen zur Kirchen- und Kulturgeschichte Ostdeutschlands, Bd. 13).

Schlenger, Herbert: Formen ländlicher Siedlungen in Schlesien. Beiträge zur Morphologie der schlesischen Kulturlandschaft, Breslau 1930 (= Veröffentlichungen der Schlesischen Gesellschaft für Erdkunde und des Geographischen Instituts der Universität Breslau, Bd. 10).
Silnicki, Tadeusz: Dzieje i ustrój Kościoła katolickiego na Śląsku do końca w. XIV, Warszawa 1953.
Tukay, Heinrich: Oberschlesien im Spannungsfeld zwischen Deutschland, Polen und Böhmen-Mähren. Eine Untersuchung der Kirchenpatrozinien im mittelalterlichen Archidiakonat Oppeln, Köln/Wien 1976.
Zientara, Benedykt: Henryk Brodaty i jego czasy, Warszawa 1975.

3. Schlesien unter dem Hause Habsburg (1526–1740)

Bahlcke, Joachim: Regionalismus und Staatsintegration im Widerstreit. Die Länder der Böhmischen Krone im ersten Jahrhundert der Habsburgerherrschaft (1526-1619), München 1994 (= Schriften des Bundesinstituts für ostdeutsche Kultur und Geschichte, Bd. 3).
Bardong, Otto: Die Breslauer an der Universität Frankfurt (Oder). Ein Beitrag zur schlesischen Bildungsgeschichte 1648–1811, Würzburg 1970 (= Quellen und Darstellungen zur schlesischen Geschichte, Bd. 14).
Boras, Zygmunt: Związki Śląska i Pomorza Zachodniego z Polską w XVI wieku, Poznań (= Uniwersytet Im. Adama Mickiewicza w Poznaniu. Seria historia, Bd. 93).
Conrads, Norbert: Die Durchführung der Altranstädter Konvention in Schlesien 1707–1709, Köln/Wien 1971 (= Forschungen und Quellen zur Kirchen- und Kulturgeschichte Ostdeutschlands, Bd. 8).
Croon, Gustav: Die landständische Verfassung von Schweidnitz-Jauer. Zur Geschichte des Ständewesens in Schlesien, Breslau 1912 (= Codex Diplomaticus Silesiae, Bd. 27).
Eickels, Christine van: Schlesien im böhmischen Ständestaat. Vorgeschichte, Verlauf und Folgen der böhmischen Revolution von 1618 in Schlesien, Köln/Weimar/Wien 1994 (= Neue Forschungen zur Schlesischen Geschichte, Bd. 2).
Engelbert, Kurt: Kaspar von Logau, Bischof von Breslau (1562–1574), Theil 1: Ein Beitrag zur schlesischen Reformationsgeschichte, Breslau 1926 (= Darstellungen und Quellen zur schlesischen Geschichte, Bd. 28).
Hatalska, Marta: Sejmik księstwa opolsko-raciborskiego w latach 1564–1742, Wrocław/Warszawa/Kraków/Gdańsk 1979 (= Prace Opolskiego Towarzystwa Przyjaciół Nauk. Wydział Nauk Historyczno-Społecznych).
Jaeckel, Georg: Geschichte der Liegnitz-Brieger Piasten, Bd. 1: Die geschichtliche Entwicklung bis zu Herzog Georg II. von Liegnitz-Brieg-Wohlau (1547–1586), Bd. 2: Joachim Friedrich von Liegnitz-Brieg-Wohlau (1586–1602) bis zum Ende des Piastengeschlechts, Lorch/Württ. 1980–1982 (= Beiträge zur Liegnitzer Geschichte, Bde. 10, 12).
Jaeckel, Georg: Die Liegnitzer Erbverbrüderung von 1537 in der brandenburgisch-preußischen Politik bis zum Frieden von Hubertusburg 1763, Lorch/Württ. 1988 (= Beiträge zur Liegnitzer Geschichte, Bd. 18).
Jungnitz, Joseph: Martin von Gerstmann, Bischof von Breslau. Ein Zeit- und Lebensbild aus der schlesischen Kirchengeschichte des 16. Jahrhunderts, Breslau 1898.
Karzel, Othmar: Die Reformation in Oberschlesien. Ausbreitung und Verlauf, Würzburg 1979 (= Quellen und Darstellungen zur schlesischen Geschichte, Bd. 20).
Kliesch, Gottfried: Der Einfluß der Universität Frankfurt (Oder) auf die schlesische Bildungsgeschichte, dargestellt an den Breslauer Immatrikulierten von 1506–1648, Würzburg 1961 (= Quellen und Darstellungen zur schlesischen Geschichte, Bd. 5).
Köhler, Joachim: Das Ringen um die Tridentinische Erneuerung im Bistum Breslau. Vom Abschluß des Konzils bis zum Sieg der Habsburger in der Schlacht am Weissen Berg 1564–1620, Köln 1973 (= Forschungen und Quellen zur Kirchen- und Kulturgeschichte Ostdeutschlands, Bd. 12).
Krämer, Christel: Beziehungen zwischen Albrecht von Brandenburg-Ansbach und Friedrich II. von Liegnitz. Ein Fürstenbriefwechsel 1514–1547. Darstellung und Quellen, Köln 1977 (= Veröffentlichungen aus den Archiven Preussischer Kulturbesitz, Bd. 8).
Kwak, Jan: Miasta księstwa opolsko-raciborskiego w XVI–XVIII wieku, Opole 1977.
Lambrecht, Karen: Hexenverfolgung und Zaubereiprozesse in den schlesischen Territorien, Köln/Weimar/Wien 1995 (= Neue Forschungen zur Schlesischen Geschichte, Bd. 4).
McLaughlin, R. Emmet: Caspar Schwenckfeld. Reluctant Radical. His life to 1540, New Haven [u. a.] 1986 (= Yale historical publications. Miscellany, Bd. 134).

Nowogrodzki, Stanisław: Rządy Zygmunta Jagiellończyka na Śląsku i w Łużycach (1499–1506), Kraków 1937 (= Polska Akademia Umiejętności. Wydawnictwo Śląskie. Prace Historyczne, Bd. 2).
Orzechowski, Kazimierz: Ogólnośląskie zgromadzenia stanowe, Warszawa/Wrocław 1979.
Orzechowski, Kazimierz: Rachunki śląskich stanów (1527–1741). Studium źródłoznawcze, Wrocław 1994 (= Acta Universitatis Wratislaviensis, Bd. 1609; Prawo, Bd. 230).
Ptak, Marian: Zgromadzenia i urzędy stanowe księstwa głogowskiego od początku XIV w. do 1742 r., Wrocław 1991 (= Serie uniwersytetu Wrocławskiego. Prawo, Bd. 210).
Rachfahl, Felix: Die Organisation der Gesamtstaatsverwaltung Schlesiens vor dem dreißigjährigen Kriege, Leipzig 1894 (= Staats- und socialwissenschaftliche Forschungen, Bd. 13,1).
Reformation und Gegenreformation in Oberschlesien. Die Auswirkungen auf Politik, Kunst und Kultur im ostmitteleuropäischen Kontext. Hrsg. v. Thomas Wünsch, Berlin 1994 (= Tagungsreihe der Stiftung Haus Oberschlesien, Bd. 3).
Reinkens, Joseph: Die Universität zu Breslau vor der Vereinigung der Frankfurter Viadrina mit der Leopoldina. Festschrift der katholisch-theologischen Facultät, Breslau 1861.
Sabisch, Alfred: Die Bischöfe von Breslau und die Reformation in Schlesien. Jakob von Salza († 1539) und Balthasar von Promnitz († 1562) in ihrer glaubensmässigen und kirchenpolitischen Auseinandersetzung mit den Anhängern der Reformation, Münster/Westf. 1975 (= Katholisches Leben und Kirchenreform im Zeitalter der Glaubensspaltung, Bd. 35).
Velsen, Dorothee von: Die Gegenreformation in den Fürstentümern Liegnitz-Brieg-Wohlau. Ihre Vorgeschichte und ihre staatsrechtlichen Grundlagen, Leipzig 1931 (= Quellen und Forschungen zur Reformationsgeschichte, Bd. 15) (ND New York/London 1971).
Weber, Matthias: Das Verhältnis Schlesiens zum Alten Reich in der Frühen Neuzeit, Köln/Weimar/Wien 1992 (= Neue Forschungen zur Schlesischen Geschichte, Bd. 1).
Weigelt, Horst: Spiritualistische Tradition im Protestantismus. Die Geschichte des Schwenckfeldertums in Schlesien, Berlin/New York 1973 (= Arbeiten zur Kirchengeschichte, Bd. 43).

4. Die preußische Provinz Schlesien (1740–1914)

Bein, Werner: Schlesien in der habsburgischen Politik. Ein Beitrag zur Entstehung des Dualismus im alten Reich, Sigmaringen 1994 (= Quellen und Darstellungen zur schlesischen Geschichte, Bd. 26).
Bleiber, Helmut: Zwischen Reform und Revolution. Lage und Kämpfe der schlesischen Bauern und Landarbeiter im Vormärz 1840–1847, Berlin (Ost) 1966 (= Deutsche Akademie der Wissenschaften zu Berlin. Schriften des Instituts für Geschichte. Reihe II: Landesgeschichte, Bd. 9).
Brilling, Bernhard: Die jüdischen Gemeinden Mittelschlesiens. Entstehung und Geschichte, Stuttgart/Berlin/Köln/Mainz 1972 (= Studia Delitzschiana, Bd. 14).
Conrads, Norbert: Die Durchführung der Altranstädter Konvention in Schlesien 1707–1709, Köln/Wien 1971 (= Forschungen und Quellen zur Kirchen- und Kulturgeschichte Ostdeutschlands, Bd. 8).
Dzieje Górnego Śląska w latach 1816–1947. Hrsg. v. Franciszek Hawranek, Opole 1981.
Dziewulski, Władysław: Dzieje ludności polskiej na Śląsku Opolskim od czasów najdawniejszych do Wiosny Ludów, Opole 1972.
Gerber, Michael Rüdiger: Die Schlesische Gesellschaft für vaterländische Cultur (1803–1945), Sigmaringen 1988 (= Beihefte zum Jahrbuch der Schlesischen Friedrich-Wilhelms-Universität zu Breslau, Bd. 9).
Golachowski, Stefan: Studia nad miastami i wsiamiśląskimi, Opole/Wrocław 1969.
Gröschel, Bernhard: Die Presse Oberschlesiens von den Anfängen bis zum Jahre 1945. Dokumentation und Strukturbeschreibung, Berlin 1993 (= Schriften der Stiftung Haus Oberschlesien. Landeskundliche Reihe, Bd. 4).
Grünhagen, Colmar: Schlesien unter Friedrich dem Großen, Bde. 1–2, Breslau 1890–1892.
Grünhagen, Colmar: Geschichte des Ersten schlesischen Krieges, Bd. 1: Bis zum Abkommen von Klein-Schnellendorf, Bd. 2: Bis zum Friedensschlusse von Breslau, Gotha 1881.
Grundriß zur deutschen Verwaltungsgeschichte 1815-1945, Reihe A: Preußen. Hrsg. v. Walther Hubatsch, Bd. 4: Schlesien. Bearb. v. Dieter Stüttgen, Helmut Neubach u. Walther Hubatsch, Marburg/Lahn 1976.
Hanus, Franciscus: Church and State in Silesia under Frederick II (1740–1786), Washington 1944 (= Texts, documents and studies in medieval and modern church history, Bd. 1).
Hawranek, Franciszek: Polska i niemiecka socjaldemokracja na Górnym Śląsku w latach 1890–1914, Opole 1977.

Herzig, Arno/Sachs, Rainer: Der Breslauer Gesellenaufstand von 1793. Die Aufzeichnungen des Schneidermeisters Johann Gottlieb Klose. Darstellung und Dokumentation, Göttingen 1987 (= Göttinger Beiträge zur Wirtschafts- und Sozialgeschichte, Bd. 12).
Jurek, Piotr: Funkcjonowanie śląskich zgromadzeń stanowych na przykładzie 1715 roku, Wrocław 1992 (= Acta Universitatis Wratislaviensis, Bd. 1469; Prawo, Bd. 218).
Klotz, Ernst Emil: Die schlesische Gutsherrschaft des ausgehenden 18. Jahrhunderts. Auf Grund der friderizianischen Urbare und mit besonderer Berücksichtigung der alten Kreise Breslau und Bolkenhain-Landeshut, Breslau 1932 [ND Aalen 1978] (= Darstellungen und Quellen zur schlesischen Geschichte, Bd. 33).
Kontinuität und Wandel. Schlesien zwischen Österreich und Preußen. Hrsg. v. Peter Baumgart unter Mitwirkung v. Ulrich Schmilewski, Sigmaringen 1990 (= Schlesische Forschungen, Bd. 4).
Kosler, Alois M.: Die Preußische Volksschulpolitik in Oberschlesien 1742–1848, Breslau 1929 (= Einzelschriften zur Schlesischen Geschichte, Bd. 3).
Kroneberg, Lutz/Schloesser, Rolf: Weber-Revolte 1844. Der schlesische Weberaufstand im Spiegel der zeitgenössischen Publizistik und Literatur, Köln 1979.
Leesch, Wolfgang: Die Geschichte des Deutschkatholizismus in Schlesien (1844-1852) unter besonderer Berücksichtigung seiner politischen Haltung, Breslau 1938 (= Breslauer historische Forschungen, Bd. 8).
Marek, Franciszek Antoni: Najdawniejsze czasopisma polskie na Śląsku 1789–1854, Wrocław/Opole 1972.
Meyer, Waldtraut: Gemeinde, Erbherrschaft und Staat im Rechtsleben des schlesischen Dorfes vom 16. bis 19. Jahrhundert. Dargestellt auf Grund von Schöppenbüchern an Beispielen aus Nieder- und Oberschlesien, Würzburg 1967 (= Quellen und Darstellungen zur schlesischen Geschichte, Bd. 12).
Müller, Leonhard: Die Breslauer politische Presse von 1742–1861. Nebst einem Überblick über die Dekade 1861–1871, Breslau 1908.
Müller, Theodor: Die Geschichte der Breslauer Sozialdemokratie, Bd. 1: Bis zum Erlaß des Sozialistengesetzes, Bd. 2: Das Sozialistengesetz, Breslau ^{2}1925 [^{1}1919]—1925 (ND Glashütten 1972).
Negwer, Josef: Geschichte des Breslauer Domkapitels im Rahmen der Diözesangeschichte vom Beginn des 19. Jahrhunderts bis zum Ende des Zweiten Weltkrieges. Hrsg. v. Kurt Engelbert, Hildesheim 1964.
Neubach, Helmut: Parteien und Politiker in Schlesien, Dortmund 1988 (= Veröffentlichungen der Forschungsstelle Ostmitteleuropa an der Universität Dortmund, Bd. B 34).
Orzechowski, Marian/Pabisz, Jerzy/Surman, Zdzisław: Wyniki wyborów parlamentarnych na Śląsku, Wrocław/Warszawa/Kraków 1966 (= Studia i materiały z dziejów Śląska, Bd. 7).
Pater, Mieczysław: Katolicki ruch polityczny na Śląsku w latach 1848–1871, Wrocław 1967 (= Prace Wrocławskiego Towarzystwa Naukowego. Seria A, Bd. 118).
Pater, Mieczysław: Centrum a ruch polski na Górnym Śląsku (1879–1893), Katowice 1971.
Ritscher, Rudolf Martin: Versuch einer Geschichte der Aufklärung in Schlesien während des 18. Jahrhunderts unter besonderer Berücksichtigung der religiösen Aufklärung, phil. Diss. Göttingen 1912.
Rohde, Cäcilia Maria: Die preußische Statistik als Quelle zur schlesischen Landesgeschichte insbesondere zu einem Geschichtlichen Atlas von Schlesien auf der Grundlage der Bevölkerungszählungen von 1816–1910, Frankfurt am Main/Bern/New York/Paris 1990 (= Europäische Hochschulschriften, Bd. III/436).
Schlesien in der Biedermeierzeit. Kultur und Geschichte Schlesiens in der ersten Hälfte des 19. Jahrhunderts. Bearb. v. Elisabeth Trux, Würzburg 1987.
Seng, Ulrich: Die Schulpolitik des Bistums Breslau im 19. Jahrhundert, Wiesbaden 1989 (= Studien der Forschungsstelle Ostmitteleuropa an der Universität Dortmund, Bd. 4).
Tyrowicz, Marian: Udział Śląska w ruchu rewolucyjnym 1846–1849, Warszawa 1949 (= Biblioteka historyczna, Bd. 10).

5. Österreichisch-Schlesien (1740–1914)

Chlebowczyk, Józef: Wybory i świadomość społeczna na Śląsku Cieszyńskim w drugiej połowie XIX wieku. Przyczynek do badań nad kształtowaniem się świadomości i aktywności społecznej w okresie kapitalizmu, Katowice/Kraków 1966.
Chlebowczyk, Józef: Nad Olzą. Śląsk Cieszyński w wiekach XVIII, XIX i XX, Katowice 1971.
d'Elvert, Christian: Die Verfassung und Verwaltung von Oesterreichisch-Schlesien, in ihrer histori-

schen Ausbildung, dann die Rechtsverhältnisse zwischen Mähren, Troppau und Jägerndorf, so wie der mährischen Enklaven zu Schlesien, Brünn 1854 [ND Wien 1970].
Grobelný, Andělín: Češi a Poláci ve Slezsku v letech 1848–1867. Přípravné studie z dějin národního a dělnického hnutí, Ostrava 1958 (= Publikace Slezského studijního ústavu v Opavě, Bd. 25).
Grobelný, Andělín: Slezsko v období národních táborů v letech 1868–1871. Třídně politické a kulturně jazykové zápasy českého a polského obyvatelstva v období zvýšených bojů o česko-německé vyrovnání v rakousko-uherské monarchii, Ostrava 1962.
Heinrich, Albin: Versuch über die Geschichte des Herzogthumes Teschen von den ältesten bis auf gegenwärtige Zeiten, Teschen 1818.
Kapras, Jan: Z dějin českého Slezska, Opava 1922 (= Slezská knihovnička, Bd. 4).
Kudělka, Milan: Češi a Poláci na Těšínsku v době národního obrození. Z dějin slovanské myšlenky, Ostrava 1957 (= Knihovnička historické sekce, Bd. 5).
Michejda, Karol: Dzieje kościoła ewangelickiego w Księstwie Cieszyńskiem, Cieszyn 1909.
Nástin dějin Těšínska. Hrsg. v. Mečislav Borák u. Jan Gawrecki, Ostrava/Praha 1992.
Pallas, Ladislav: Jazyková otázka a podmínky vytváření národního vědomí ve Slezsku, Ostrava 1970.
Patzelt, Herbert: Geschichte der evangelischen Kirche in Österreichisch-Schlesien, Dülmen 1989 (= Schriften der Stiftung Haus Oberschlesien, Bd. 5).
Popiołek, Franciszek: Studia z dziejów Śląska Cieszyńskiego, Katowice 1958.
Popiołek, Franciszek: Dzieje Śląska austryackiego, Cieszyn 1913.
Slezsko. Hrsg. v. Jaroslav Bakala, Petr Koukal u. Jiří Urbanec, Opava 1992.
Vochala, Joža: Rok 1848 ve Slezsku a na severovýchodní Moravě, Brno 1948 (= Minulost kraje, Bd. 2).
Zabawski, Władysław: Droga do ziemi obiecanej. Ruch narodowy na Śląsku Cieszyńskim i udział w nim ewangelików (1848–1920), Cieszyn 1934.
Žáček, Václav: Počátky národního obrození slovanského obyvatelstva ve Slezsku, Ostrava 1959 (= Knihovnička historické sekce, Bd. 7).

6. Schlesien zwischen den Weltkriegen (1914–1939)

Adolf Kardinal Bertram. Sein Leben und Wirken auf dem Hintergrund der Geschichte seiner Zeit, Teil 1: Beiträge. Hrsg. v. Bernhard Stasiewski, Köln/Weimar/Wien 1992 (= Forschungen und Quellen zur Kirchen- und Kulturgeschichte Ostdeutschlands, Bd. 24/1).
Biały, Franciszek: Ruch narodowosocjalistyczny w prowincjach śląskich: początki – postępy – przejęcie władzy, Wrocław 1987 (= Acta Universitatis Wratislaviensis, Bd. 865; Historia, Bd. 56).
Bulla, Siegmund: Das Schicksal der schlesischen Männerklöster während des Dritten Reiches und in den Jahren 1945/46, Sigmaringen 1991 (= Arbeiten zur schlesischen Kirchengeschichte, Bd. 5).
Długajczyk, Edward: Górny Śląsk po powstaniach i plebiscycie, Katowice 1977.
Długajczyk, Edward: Sanacja śląska 1926–1939. Zarys dziejów politycznych, Katowice 1983.
Dobrowolski, Piotr: Ugrupowania i kierunki separatystyczne na Górnym Śląsku i w Cieszyńskiem w latach 1918–1939, Warszawa/Kraków 1972.
Doose, Günther: Die separatistische Bewegung in Oberschlesien nach dem Ersten Weltkrieg (1918–1922), Wiesbaden 1987 (= Studien der Forschungsstelle Ostmitteleuropa an der Universität Dortmund, Bd. 2).
Dzieje ruchu robotniczego na Górnym Śląsku. Hrsg. v. Franciszek Hawranek, Opole 1982.
Ehrenforth, Gerhard: Die schlesische Kirche im Kirchenkampf 1932–1945, Göttingen 1968 (= Arbeiten zur Geschichte des Kirchenkampfes. Ergänzungsreihe, Bd. 4).
Encyklopedia powstań śląskich. Hrsg. v. Franciszek Hawranek [u. a.], Opole 1982.
Falęcki, Tomasz: Powstańcy śląscy 1921–1939, Warszawa 1990.
Greiff, Walter: Das Boberhaus in Löwenberg/Schlesien 1933–37. Selbstbehauptung einer nonkonformen Gruppe, Sigmaringen 1985 (= Quellen und Darstellungen zur schlesischen Geschichte, Bd. 24).
Hauser, Przemysław: Śląsk między Polską, Czechosłowacją a separatyzmem. Walka Niemiec o utrzymanie prowincji śląskiej w latach 1918–1919, Posznań 1991 (= Uniwersytet im. Adama Mickiewicza w Poznaniu. Seria Historia, Bd. 168).
Hawranek, Franciszek: Niemiecka socjaldemokracja w prowincji górnośląskiej w latach 1929–1933, Wrocław/Warszawa/Kraków/Gdańsk 1971.
Hawranek, Franciszek: Polityka Centrum w kwestii górnośląskiej po I wojnie światowej, Opole 1973.
Höltje, Christian: Die Weimarer Republik und das Ostlocarno-Problem 1919–1934. Revision oder Garantie der deutschen Ostgrenze von 1919, Würzburg 1958 (= Marburger Ostforschungen, Bd. 8).

Hornig, Ernst: Die Bekennende Kirche in Schlesien 1933–1945. Geschichte und Dokumente, Göttingen 1977 (= Arbeiten zur Geschichte des Kirchenkampfes. Ergänzungsreihe, Bd. 10).
Jońca, Karol: Polityka narodowościowa Trzeciej Rzeszy na Śląsku Opolskim (1933–1940). Studium polityczno-prawne, Katowice 1970.
Jońca, Karol: Kościoł ewangelicki na Śląsku wobec polityki rasistowskiej NSDAP, Opole 1979 (= Studia Śląskie, Bd. 35).
Karski, Sigmund (unter Mitarbeit von Helmut Neubach): Albert (Wojciech) Korfanty. Eine Biographie, Dülmen 1990 (= Schlesische Kulturpflege. Schriftenreihe der Stiftung Schlesien, Bd. 3).
Krekeler, Norbert: Revisionsanspruch und geheime Ostpolitik der Weimarer Republik. Die Subventionierung der deutschen Minderheit in Polen, Stuttgart 1973 (= Schriftenreihe der Vierteljahrshefte für Zeitgeschichte, Bd. 27).
Łukowski, Stanisław: Zbrodnie hitlerowskie na Śląsku Opolskim w latach 1933–1945, Wrocław/Warszawa/Kraków/Gdańsk 1978 (= Monografie Śląskie Ossolineum, Bd. 30).
Mengel, Thomas: Das Schicksal der schlesischen Frauenklöster während des Dritten Reiches und 1945/46, Köln/Wien 1986 (= Forschungen und Quellen zur Kirchen- und Kulturgeschichte Ostdeutschlands, Bd. 22).
Nationalsozialismus und Widerstand in Schlesien. Hrsg. v. Lothar Bossle, Gundolf Keil, Josef Joachim Menzel u. Eberhard Günter Schulz, Sigmaringen 1989 (= Schlesische Forschungen, Bd. 3).
Oberschlesien im 19. und 20. Jahrhundert. Landschaft – Geschichte – Kultur. Hrsg. v. Werner Bein, Würzburg 1984 (= Schriften zur Schlesischen Landeskunde, Bd. 14).
Przewłocki, Jan: Stosunek mocarstw zachodnieuropejskich do problemów Górnego Śląska w latach 1918–1939, Warszawa/Kraków 1978.
Rechowicz, Henryk: Sejm Śląski 1922–1939, Katowice ^{2}1971.
Roon, Ger van: Neuordnung im Widerstand. Der Kreisauer Kreis innerhalb der deutschen Widerstandsbewegung, München 1967.
Ulitz, Otto: Oberschlesien. Aus seiner Geschichte, Münster ^{3}1971.
Wanatowicz, Maria Wanda: Inteligencja na Śląsku w okresie międzywojennym, Katowice 1986 (= Prace naukowe Uniwersytetu Śląskiego w Katowicach, Bd. 762).
Wrzosek, Mieczysław: Powstania Śląskie 1919–1921. Zarys działań bojowych, Warszawa 1971.

7. Zweiter Weltkrieg, Flucht, Eroberung, Vertreibung

Becker, Rolf Otto: Niederschlesien 1945. Die Flucht – die Besetzung, Bad Nauheim 1968.
Cohn, Willy: Verwehrte Spuren. Erinnerungen an das Breslauer Judentum vor seinem Untergang. Hrsg. v. Norbert Conrads, Köln/Weimar/Wien 1995 (= Neue Forschungen zur Schlesischen Geschichte, Bd. 3).
Die deutschen Vertreibungsverluste. Bevölkerungsbilanzen für die deutschen Vertreibungsgebiete 1939/50. Hrsg. v. Statistischen Bundesamt, Stuttgart 1958.
Die Grafschaft Glatz/Schlesien 1945/1946. Vom Kriegsende bis zur Vertreibung. Hrsg. v. d. Zentralstelle Grafschaft Glatz/Schlesien e. V., Lüdenscheid 1990.
Geflohen und vertrieben. Augenzeugen berichten. Hrsg. v. Rudolf Mühlfenzl, Königstein/Taunus 1981.
Gleiss, Horst W.: Breslauer Apokalypse 1945. Dokumentarchronik vom Todeskampf und Untergang einer deutschen Stadt und Festung am Ende des Zweiten Weltkrieges, Bde. 1–7, Wedel/Holstein 1986–1990.
Gunter, Georg: Letzter Lorbeer. Vorgeschichte. Geschichte der Kämpfe in Oberschlesien von Januar bis Mai 1945, Darmstadt/Augsburg ^{2}1976 [^{1}1974] (= Veröffentlichung der Oberschlesischen Studienhilfe, Bd. 39).
Hillgruber, Andreas: Zweierlei Untergang. Die Zerschlagung des Deutschen Reiches und das Ende des europäischen Judentums, Berlin 1986.
Hornig, Ernst: Breslau 1945. Erlebnisse in der eingeschlossenen Stadt, München 1975.
Łempiński, Zdzisław: Przesiedlenie ludności niemieckiej z województwa śląsko-dąbrowskiego w latach 1945–1950, Katowice 1979.
Lilge, Carsten: Die Entstehung der Oder-Neisse-Linie als Nebenprodukt alliierter Großmachtpolitik während des Zweiten Weltkrieges, Frankfurt am Main [u. a.] 1995 (= Europäische Hochschulschriften, Bd. III/650).
Linek, Bernard: »Odniemczanie« województwa śląskiego w latach 1945–1950 (w świetle materiałow wojewódzkich), Opole 1997.

Lucas-Busemann, Erhard: So fielen Königsberg und Breslau. Nachdenken über eine Katastrophe ein halbes Jahrhundert danach, Berlin 1994.
Madajczyk, Czesław: Polityka III Rzeszy w okupowanej Polsce, Warszawa 1970.
Meine Heimat Schlesien – Die letzten Tage. Tagebücher, Erinnerungen und Dokumente der Vertreibung. Hrsg. v. Herbert Hupka, Augsburg 1990.
Nitschke, Bernadetta: Wysiedlenie ludności niemieckiej z Polski w latach 1945–1949, Zielona Góra 1999.
Pasierb, Bronisław: Migracja ludności niemieckiej z Dolnego Śląska w latach 1944–1947, Wrocław 1969.
Peikert, Paul: »Festung Breslau« in den Berichten eines Pfarrers, 22. Januar bis 6. Mai 1945. Hrsg. v. Karol Jońca u. Alfred Konieczny, Wrocław/Warszawa/Kraków 1993.
Piper, Franciszek: Ilu ludzi gineło w KL Auschwitz, Oświęcim 1992.
Roon, Ger van: Neuordnung im Widerstand. Der Kreisauer Kreis innerhalb der deutschen Widerstandsbewegung, München 1967.
Scholz, Franz: Wächter, wie tief die Nacht? Görlitzer Tagebuch 1945/1946, Eltville ^{2}1987 [^{1}1975].
Schwarz, Wolfgang: Die Flucht und Vertreibung Oberschlesien 1945/46, Bad Nauheim 1965.
Tausk, Walter: Breslauer Tagebuch 1933–1940, Berlin ^{2}1988 [^{1}1975].
Winterhager, Wilhelm Ernst: Der Kreisauer Kreis. Porträt einer Widerstandsgruppe, Berlin 1985.
Wollenberg, Hans-Werner: ... und der Alptraum wurde zum Alltag. Autobiographischer Bericht eines jüdischen Arztes über NS-Zwangsarbeiterlager in Schlesien (1942–1945). Hrsg. v. Manfred Brusten, Pfaffenweiler 1992 (= Bibliothek der Historischen Forschung, Bd. 1).
Wysiedlenia Niemców i osadnictwa ludności polskiej na obszarze Krzyżowa-Świdnica (Kreisau-Schweidnitz) w latach 1945–1948. Wybór dokumentów. Hrsg. v. Karol Jońca, Wrocław 1997.
de Zayas, Alfred M.: Die Anglo-Amerikaner und die Vertreibung der Deutschen, München 1980.

8. Die Schlesier außerhalb Schlesiens nach 1945

Aus Trümmern wurden Fundamente. Vertriebene/Flüchtlinge/Aussiedler – Drei Jahrzehnte Integration. Hrsg. v. Hans Joachim von Merkatz, Düsseldorf 1979.
Bausteine oder Dynamit? Leistung und Förderung der Vertriebenen und Flüchtlinge in der Bundesrepublik Deutschland. Hrsg. v. Heinrich von zur Mühlen, Bielefeld 1974 (= Schriftenreihe des Ostdeutschen Kulturrats, Bd. 13).
Bischof Otto Zänker (1876–1960). Ein Beitrag zur jüngsten Kirchengeschichte Schlesiens und Rheinland-Westfalens. Hrsg. v. Wilhelm Rahe, Ulm 1967.
Bunzel, Ulrich: Schlesien lebt. Zeitungen, Zeitschriften und Rundbriefe der Schlesischen Heimatvertriebenen, Würzburg 1963.
Das Antlitz der Vertriebenen. Schicksal und Wesen der Flüchtlingsgruppen in Selbstdarstellungen. Hrsg. v. Herbert Krimm, Stuttgart 1949.
Die Unverlierbarkeit evangelischen Kirchentums aus dem Osten. Hrsg. v. Gerhard Rauhut, Lübeck 1975 (= Die evangelischen Schlesier, Bd. 3/4).
Die Vertriebenen in Westdeutschland. Ihre Eingliederung und ihr Einfluß auf Gesellschaft, Wirtschaft, Politik und Geistesleben. Hrsg. v. Eugen Lemberg [u. a.], Bde. 1–3, Kiel 1959.
Dzieje Śląska w XX w. w świetle badań młodych historyków z Polski, Czech i Niemiec. Hrsg. v. Krzysztof Ruchniewicz, Wrocław 1998.
Frantzioch, Marion: Die Vertriebenen. Hemmnisse, Antriebskräfte und Wege ihrer Integration in der Bundesrepublik Deutschland, Berlin 1987.
Für unser Schlesien. Festschrift für Herbert Hupka. Hrsg. v. Helmut Neubach u. Hans Ludwig Abmeier, München 1985.
Gröger, Johannes: Schlesische Priester auf deutschen Universitätslehrstühlen seit 1945, Sigmaringen 1989 (= Arbeiten zur schlesischen Kirchengeschichte, Bd. 3).
Kaszuba, Elżbieta: Między propagandą a rzeczywistością. Polska ludność Wrocławia w latach 1945–1947, Warszawa-Wrocław 1997.
Kneip, Matthias: Die deutsche Sprache in Oberschlesien. Untersuchungen zur politischen Rolle der deutschen Sprache als Minderheitensprache in den Jahren 1921–1998, Dortmund 1998 (Veröffentlichungen der Forschungsstelle Ostmitteleuropa an der Universität Dortmund, Bd. B 62).
Kościół katolicki na Dolnym Śląsku w powojennym 50-leciu, Wrocław 1996.
Lehmann, Hans Georg: Der Oder-Neiße-Konflikt, München 1979.
Leonhart, Leonore: Das unsichtbare Fluchtgepäck. Kulturarbeit ostdeutscher Menschen in der Bundesrepublik, Köln/Berlin 1970.

Lis, Michał: Ludność rodzima na Śląsku Opolskim po II wojnie światowej (1945–1993), Opole 1993.
Madajczyk, Piotr: Przyłączenie Śląska Opolskiego do Polski 1945–1948, Warszawa 1996.
Matelski, Dariusz: Niemcy w Polsce w XX wieku, Warszawa-Poznań 1999.
Mende, Erich: Das verdammte Gewissen. Zeuge der Zeit. 1921–1945, München ^{2}1983.
Mende, Erich: Die neue Freiheit. 1945–1961, München 1984.
Mende, Erich: Von Wende zu Wende. 1962–1982, München 1986.
Nahm, Peter Paul: ... doch das Leben ging weiter. Skizzen zur Lage, Haltung und Leistung der Vertriebenen, Flüchtlinge und Eingesessenen nach der Stunde Null, Köln/Berlin 1971.
Osękowski, Czesław: Społeczeństwo Polski Zachodniej i Północnej w latach 1945–1956. Procesy integracji i dezintegracji, Zielona Góra 1994.
Reichling, Gerhard: Die deutschen Vertriebenen in Zahlen, Bd. 1: Umsiedler, Verschleppte, Vertriebene, Aussiedler 1940–1985, Bonn 1986.
Rudolph, Hartmut: Evangelische Kirche und Vertriebene 1945 bis 1972, Bd. 1: Kirchen ohne Land. Die Aufnahme von Pfarrern und Gemeindegliedern im westlichen Nachkriegsdeutschland: Nothilfe – Seelsorge – kirchliche Eingliederung, Göttingen 1984.
Schindler, Karl: Die Entstehung der Eichendorffgilden 1946–1952, München 1978.
Sie hatten alles verloren. Flüchtlinge und Vertriebene in der sojwetischen Besatzungszone Deutschlands. Hrsg. v. Manfred Wille, Johannes Hoffmann u. Wolfgang Meinicke, Wiesbaden 1993 (= Studien der Forschungsstelle Ostmitteleuropa an der Universität Dortmund, Bd. 13).
Michael Sommer, Flüchtlinge und Vertriebene in Rheinland-Pfalz. Aufnahme, Unterbringung und Eingliederung, Mainz 1990.
30 Jahre Landsmannschaft Schlesien - eine Dokumentation, Bonn 1979.
40 Jahre Arbeit für Deutschland - die Vertriebenen und Flüchtlinge. Hrsg. v. Marion Frantzioch, Odo Ratza u. Günther Reichert, Frankfurt am Main/Berlin 1989.

9. Schlesien nach 1945

Anerkannt als Minderheit. Vergangenheit und Zukunft der Deutschen in Polen. Hrsg. v. Hans van der Meulen, Baden-Baden 1994.
Bahr, Ernst / Breyer, Richard / Buchhofer, Ekkehard: Oberschlesien nach dem Zweiten Weltkrieg. Verwaltung – Bevölkerung – Wirtschaft, Marburg/Lahn 1975.
Bahr, Ernst / König, Kurt: Niederschlesien unter polnischer Verwaltung (unter Mitarbeit v. Richard Breyer, Dieter Großmann u. Karl Hartmann), Frankfurt am Main/Berlin 1967 (= Ostdeutschland unter fremder Verwaltung, Bd. 5).
Banasiak, Stefan: Działalność osadnicza Państwowego Urzędu Repatriacyjnego na Ziemiach Odzyskanych 1945–1947, Poznań 1963.
Besier, Gerhard: Altpreußische Kirchengebiete auf neupolnischem Territorium. Die Diskussion um Staatsgrenzen und Kirchengrenzen nach dem Ersten und Zweiten Weltkrieg, Göttingen 1983 (= Kirche im Osten, Bd. 18).
Buchhofer, Ekkehard: Das Oberschlesische Industrierevier (GOP), Köln 1989 (= Problemräume Europas, Bd. 7).
Bunzel, Ulrich: Kirche ohne Pastoren. Die schlesische Kirche nach dem Zusammenbruch von 1945. Erlebnisse und Berichte, Ulm 1965.
Die Evangelische Kirche von Schlesien 1945–1947. Augenzeugen berichten. Hrsg. v. Ernst Hornig, Düsseldorf 1969.
Górny Śląsk - szczególny przypadek kulturowy. Hrsg. v. Mirosława Błaszczak-Wacławik/Wojciech Błasiak/Tomasz Nawrocki, Warszawa 1990.
Grund, Bernhard: Das kulturelle Leben der Deutschen in Niederschlesien unter polnischer Verwaltung 1947–1958, Bonn 1967 (= Bonner Berichte aus Mittel- und Ostdeutschland).
Haemmerlein, Hans-Dietrich: Zwischen Landeskrone und Knappensee. Berichte aus dem Görlitzer Kirchengebiet, Berlin o. J.
Kowalski, Zbigniew: Powrót Śląska Opolskiego do Polski, Opole 1988.
Kultura ludowa śląskiej ludności rodzimej. Bearb. v. Dorota Simonides u. Piotr Kowalski, Wrocław/Warszawa 1991.
Lis, Michał: Polska ludność rodzima na Śląsku po II wojnie światowej, Opole 1991.
Magierska, Anna: Ziemie zachodnie i północne w 1945 roku. Kształtowanie się podstaw polityki integracyjnej państwa polskiego, Warszawa 1978.

Misztal, Jan: Weryfikacja narodowościowa na ziemiach odzyskanych, Warszawa 1990.
Misztal, Jan: Polityka władz polskich wobec stałych mieszkańców ziem odzyskanych w pierwszych latach po zakończeniu drugiej wojny światowej, Gliwice 1991 (= Zeszyty naukowe politechniki śląskiej, Bd. 58).
Neumann, Rudolf J.: Polens Westarbeit. Die polnischen Kultur- und Bildungseinrichtungen in den deutschen Ostgebieten, Bremen 1966.
Ociepka, Beata: Niemcy na Dolnym Śląsku w latach 1945–1970, Wrocław 1992.
Ordylowski, Marek: Życie codzienne we Wrocławiu 1945–1948, Wrocław/Warszawa/Kraków 1991.
Pasierb, Bronisław: Życie polityczne Dolnego Śląska 1945–1950, Warszawa/Wrocław 1979.
Pötzsch, Horst: Umweltkatastrophe in Oberschlesien, Dülmen 1988.
Polska ludność rodzima na Śląsku w okresie Polski Ludowej (materiały z badań nad przeobrażeniami społecznymi i narodowymi na Śląsku, Bde. 1–2. Hrsg. v. Michał Lis, Opole 1988–1989.
Nowak, Edmund: Cień Łambinowic. Próba rekonstrukcji dziejów obozu pracy w Łambinowicach 1945–1946, Opole 1991.
Romanow, Zenon: Ludność niemiecka na ziemiach zachodnich i północnych w latach 1945–1947, Słupsk 1992.
Scholz, Franz: Zwischen Staatsraison und Evangelium. Kardinal Hlond und die Tragödie der ostdeutschen Diözesen. Tatsachen – Hintergründe – Anfragen, Frankfurt am Main [2]1989.
Siebel-Achenbach, Sebastian: Lower Silesia from Nazi-Germany to Communist Poland, 1942–1949, London/New York 1994.
Sitek, Alojzy: Organizacja i kierunki działalności Kurii Administracji Apostolskiej Śląska Opolskiego w latach 1945–1956, Wrocław 1986.
Sitek, Alojzy: Problem przejmowania kościołów ewangelickich przez katolików na Śląsku Opolskim po II wojnie światowej, Opole 1985.
Stoll, Christian Theodor: Die Rechtsstellung der deutschen Staatsangehörigen in den polnisch verwalteten Gebieten. Zur Integration der sogenannten Autochthonen in die polnische Nation, Frankfurt am Main/Berlin 1968.
Ujdak, Małgorzata; Polski Związek Zachodni wobec problemów narodowościowych w latach 1944–1950, Katowice 1988 (= Prace naukowe Uniwersytetu Śląskiego w Katowicach, Bd. 971).
Urban, Thomas: Deutsche in Polen. Geschichte und Gegenwart einer Minderheit, München 1993.

10. Die Wirtschaft Schlesiens

Baier, Roland: Der deutsche Osten als soziale Frage. Eine Studie zur preußischen und deutschen Siedlungs- und Polenpolitik in den Ostprovinzen während des Kaiserreichs und der Weimarer Republik, phil. Diss. Köln/Wien 1980 (= Dissertationen zur neueren Geschichte, Bd. 8).
Chlebowczyk, Józef: Gospodarka Komory Cieszyński na przełomie XVII–XVIII oraz w pierwszej połowie XVIII w., Wrocław/Warszawa/Kraków 1966.
Fuchs Konrad: Schlesiens Industrie. Eine historische Skizze, München 1968.
Fuchs, Konrad: Vom Dirigismus zum Liberalismus. Die Entwicklung Oberschlesiens als preußisches Berg- und Hüttenrevier. Ein Beitrag zur Wirtschaftsgeschichte Deutschlands im 18. und 19. Jahrhundert, Wiesbaden 1970.
Fuchs, Konrad: Wirtschaftsgeschichte Oberschlesiens 1871–1945. Aufsätze, Dortmund 1981 (= Veröffentlichungen der Forschungsstelle Ostmitteleuropa an der Universität Dortmund. Reihe A, Bd. 36).
Fuchs, Konrad: Beiträge zur Wirtschafts- und Sozialgeschichte Schlesiens, Dortmund 1985 (= Veröffentlichungen der Forschungsstelle Ostmitteleuropa an der Universität Dortmund. Reihe A, Bd. 44).
Fuchs, Konrad: Aus Wirtschaft und Gesellschaft. Beiträge zur Geschichte Schlesiens vom 18. bis 20. Jahrhundert, Dortmund 1990 (= Veröffentlichungen der Forschungsstelle Ostmitteleuropa an der Universität Dortmund, Bd. A/50).
Fuchs, Konrad: Gestalten und Ereignisse aus Schlesiens Wirtschaft, Kultur und Politik. Dortmund 1992 (= Veröffentlichungen der Forschungsstelle Ostmitteleuropa an der Universität Dortmund, Bd. A/51).
Haas, Alfons: Schlesiens Landwirtschaft. Ein Gang durch die Geschichte der schlesischen Landwirtschaft von den ersten Anfängen bis zum Leistungsstand bei Beginn des Zweiten Weltkrieges. Eine agrarhistorische und agrargeographische Darstellung, Wolfenbüttel 1981.

Kwasny, Zbigniew: Die Entstehung der oberschlesischen Industrie in der ersten Hälfte des 19. Jahrhunderts, Dortmund 1998 (Veröffentlichungen der Forschungsstelle Ostmitteleuropa an der Universität Dortmund, Bd. B/61).

Magura, Wilhelm: Geschichte der Landwirtschaft Schlesiens. 2000 Jahre Bauernkultur, Hamburg/Berlin 1986 (= Berichte über Landwirtschaft, Bd. 199).

Orzechowski, Kazimierz, Chłopskie posiadanie ziemi na Górnym Śląsku u schylku epoki feudalnej, Opole 1959.

Pierenkemper, Toni: Industriegeschichte Oberschlesiens im 19. Jahrhundert: Rahmenbedingungen, gestaltende Kräfte, infrastrukturelle Voraussetzungen, regionale Diffusion, Wiesbaden 1992.

Popiołek, Kazimierz: Górnośląski przemysł górniczo-hutniczy w drugiej połowie XIX wieku, Katowice 1965.

Pounds, Norman J. G.: The Upper Silesian Industrial Region, Bloomington/Indiana 1957.

Puls, Detlev: Rochaden zwischen Unterwerfung und Widerstand. Oberschlesische Bergarbeiter 1871–1914, Dortmund 1994 (= Veröffentlichungen der Forschungsstelle Ostmitteleuropa an der Universität Dortmund. Reihe B, Bd. 49).

Schofer, Lawrence: The Formation of a Modern Labor Force. Upper Silesia, 1865–1914, Berkeley/Los Angeles/London 1975; dt. u. d. T. Die Formierung einer modernen Arbeiterschaft. Oberschlesien 1865-1914, Dortmund 1983 (= Veröffentlichungen der Forschungsstelle Ostmitteleuropa, Bd. 37).

Seraphim, Peter-Heinz: Die Wirtschaft Ostdeutschlands vor und nach dem Zweiten Weltkrieg, Stuttgart 1952 (= Die deutschen Ostgebiete, Bd. 1).

Wolf, Jürgen Rainer: Steuerpolitik im schlesischen Ständestaat. Untersuchungen zur Sozial- und Wirtschaftsstruktur Schlesiens im 17. und 18. Jahrhundert, Marburg/Lahn 1978 (= Wissenschaftliche Beiträge zur Geschichte und Landeskunde Ostmitteleuropas, Bd. 108).

Wolffsohn, Seew: Wirtschaftliche und soziale Entwicklungen in Brandenburg, Preußen, Schlesien und Oberschlesien in den Jahren 1640–1853. Frühindustrialisierung in Oberschlesien, Frankfurt am Main/Bern/New York 1985 (= Europäische Hochschulschriften, Bd. III/261).

Wysłouch, Seweryn: Studia nad koncentracją w rolnictwie Śląskim w latach 1850–1914, Wrocław 1956.

Ziekursch, Johannes: Hundert Jahre schlesischer Agrargeschichte. Vom Hubertusburger Frieden bis zum Abschluß der Bauernbefreiung, Breslau [2]1927 [[1]1915].

11. Schlesische Alltagskultur und Lebenswelt

Armon, Witold: Historia etnografii polskiej, Wrocław 1973.

Bönisch-Brednich, Brigitte: Volkskundliche Forschung in Schlesien. Eine Wissenschaftsgeschichte, Marburg an der Lahn 1994 (= Schriftenreihe der Kommission für deutsche und osteuropäische Volkskunde, Bd. 68).

Bukowska-Floreńska, Irena: Społeczno-kulturowe funkcje tradyciji w społecznościach industrialnych Górnego Śląska, Katowice 1987.

Drechsler, Paul: Sitte, Brauch und Volksglaube in Schlesien, Bde. 1–2, Leipzig 1903–1906 (= Schlesiens volkstümliche Überlieferungen, Bde. 1–2).

Etnografia Polski. Przemiany kultury ludowej, Bd. 1. Hrsg. v. Maria Biernacka, Bronisława Kopczyńska-Jaworska u. Anna Kutrzeba-Pojnarowa, Wrocław 1976.

Grabowski, Elisabeth: Land und Leute in Oberschlesien, Breslau o. J. [1912].

Grabowski, Elisabeth: Die Volkstrachten in Oberschlesien, Breslau 1935.

Klapper, Joseph: Schlesische Volkskunde auf kulturgeschichtlicher Grundlage, Stuttgart [2]1952 [Breslau [1]1925] (= Schlesisches Volkstum. Quellen und Arbeiten der Schlesischen Gesellschaft für Volkskunde, Bd. 1).

Koch-Schwarzer, Leonie: Zwischen Tradition und Moderne. Das Bild des Bauern bei Christian Garve, Mag.-Arbeit Hamburg 1989.

Kühnau, Richard: Schlesische Sagen, Bde. 1–4, Leipzig 1910–1913 (= Schlesiens volkstümliche Überlieferungen, Bde. 3–6).

Kühnau, Richard: Oberschlesische Sagen geschichtlicher Art, Breslau 1926 (= Schlesisches Volkstum, Bd. 2).

Landeskunde des oberschlesischen Industriegebietes. Ein heimatwissenschaftliches Handbuch. Hrsg. v. Alfons Perlick, Breslau 1943.

Lubos, Arno: Schlesisches Schrifttum der Romantik und Popularromantik, München 1978.

Perlick, Alfons: Sitte und Brauch in Oberschlesien. Ein volkstümlicher Abriß zu ihrer Kenntnis und Pflege, Bonn 1963 (= Oberschlesische Schriftenreihe, Bd. 7).
Peuckert, Will-Erich: Schlesische Volkskunde, Leipzig 1928 (= Deutsche Stämme, Deutsche Lande. Deutsche Volkskunde in Einzeldarstellungen) [ND Frankfurt am Main 1978].
Peuckert, Will-Erich: Volkskunde des Proletariats, Bd. 1: Aufgang der proletarischen Kultur, Frankfurt am Main 1931 (= Schriften des volkskundlichen Seminars der Pädagogischen Akademie Breslau, Bd. 1) [ND u. d. T.: Fuchs, Erich / Peuckert, Will-Erich: Die schlesischen Weber, Darmstadt 1969].
Peuckert, Will-Erich: Schlesiens deutsche Märchen, Breslau 1932 (= Schlesisches Volkstum, Bd. 4) [ND Darmstadt 1972].
Roger, Julius: Pieśni ludu polskiego w Górnym Śląska, Breslau 1863 [ND Opole 1976].
Schlesische Volkslieder und Melodien. Aus dem Munde des Volkes gesammelt. Hrsg v. August Heinrich Hoffmann von Fallersleben u. Ernst Richter, Leipzig 1842 [ND Hildesheim 1973].
Simonides, Dorota: Skarb w garncu. Humor ludowy slowian zachodnich, Opole 1988.
Wasylewski, Stanisław: Na Śląsku Opolskim, Opole 1987.

12. Die Literatur Schlesiens

Aufklärung in Schlesien im europäischen Spannungsfeld. Tradition – Diskurs – Wirkungen. Hrsg. v. Wojciech Kunicki, Wrocław 1996 (= Acta Universitatis Wratislaviensis, Bd. 1747 Germanica Wratislaviensia, Bd. 14).
Barycz, Henryk: Śląsk w polskiej kulturze umysłowej, Katowice 1979.
Czarnecka, Mirosława: Die »verse-schwangere« Elysie. Zum Anteil der Frauen an der literarischen Kultur Schlesiens im 17. Jahrhundert, Wrocław 1997 (= Acta Universitatis Wratislaviensis, Bd. 1882).
Deutsche Barockforschung. Hrsg. v. Richard Alewyn, Köln/Berlin, 1965 (= Neue Wissenschaftliche Bibliothek, Bd. 7).
Fleischer, Manfred P.: Späthumanismus in Schlesien. Ausgewählte Aufsätze, München 1984 (= Silesia, Bd. 32).
Haberland, Detlef: Aspekte der literaturhistorischen Forschungs- und Problemgeschichte Oberschlesiens, in: Silesiographia. Stand und Perspektiven der historischen Schlesienforschung. Hrsg. v. Matthias Weber und Carsten Rabe. Festschrift für Norbert Conrads zum 60. Geburtstag, Würzburg 1998 (= Wissenschafltiche Schriften des Vereins für Geschichte Schlesiens, Bd. 4), S. 351–366.
Heckel, Hans: Geschichte der deutschen Literatur in Schlesien. Bd. 1: Von den Anfängen bis zum Ausgange des Barock, Breslau 1929 (= Einzelschriften zur Schlesischen Geschichte, Bd. 2).
Industrie und Literatur. Beiträge zur oberschlesischen Regionalliteratur. Hrsg. v. Joachim J. Scholz, Berlin 1993 (= Tagungsreihe der Stiftung Haus Oberschlesien, Bd. 2).
Krämer, Wilhelm: Das Leben des schlesischen Dichters Johann Christian Günther 1695–1723. Mit Quellen und Anmerkungen zum Leben und Schaffen des Dichters und seiner Zeitgenossen, Stuttgart [2]1980.
Kühlmann, Wilhelm: Martin Opitz. Deutsche Literatur und deutsche Nation, Herne 1991 (= Martin-Opitz-Bibliothek Herne. Schriften, Bd. 1).
Lubos, Arno: Die schlesische Dichtung im 20. Jahrhundert, München 1961.
Lubos, Arno: Geschichte der Literatur Schlesiens, Bde. 1–3, München 1960–1974.
Lubos, Arno: Schlesisches Schrifttum der Romantik und Popularromantik, München 1978.
Martino, Alberto: Daniel Casper von Lohenstein. Geschichte seiner Rezeption, Bd. 1: 1661–1800, Tübingen 1978.
Mir bleibt mein Lied. Schlesisches Lesebuch. Hrsg. v. Ursula Höntsch, Berlin 1992.
Oberschlesisches Literatur-Lexikon. Biographisch-Bibliographisches Handbuch, Bde. 1–2, Berlin 1990 –1993 (= Schriften der Stiftung Haus Oberschlesien, Literaturwissenschaftliche Reihe, Bde. 1,1–2).
Oberschlesische Literatur 1900–1925. Historischer Umbruch und literarische Reflexion. Hrsg. v. Bernd Witte, Frankfurt/Main u. a. 2000 (= Schriften des Eichendorff-Instituts an der Heinrich-Heine-Universität Düsseldorf, Bd. 1).
Ostdeutsches Lesebuch, Bd. 1: Vier Jahrhunderte deutscher Dichtung – Vom Baltikum bis zum Banat, Bd. 2: Deutsche Dichtung der Jahrhundertmitte vom Baltikum bis zum Banat. Hrsg. v. d. Kulturstiftung der Deutschen Vertriebenen, Bonn 1983–1984.
Rademacher, Gerhard: Von Eichendorff bis Bienek. Schlesien als offene literarische »Provinz«. Studien zur Lyrik schlesischer Autoren des 19. und 20. Jahrhunderts im transregionalen Kontext, Wiesbaden 1993 (= Studien der Forschungsstelle Ostmitteleuropa an der Universität Dortmund, Bd. 9).

Schlesiens Vermächtnis. Ein Lesebuch aus 700 Jahren. Hrsg. v. Wolfgang Eichborn, Wiesbaden 1979.
Schmilewski, Ulrich: Verlegt bei Korn in Breslau. Kleine Geschichte eines bedeutenden Verlages von 1732 bis heute, Würzburg 1991.
Schöpferisches Schlesien. Literatur, Bildende Kunst, Musik. Festgabe zum 70. Geburtstag von Heinrich G. Merkel. Zusammengest. v. Karl Schodrock, Nürnberg 1970.
Seidel, Robert: Späthumanismus in Schlesien. Caspar Dornau (1577–1631). Leben und Werk, Tübingen 1994 (= Frühe Neuzeit, Bd. 20).
Szyrocki, Marian: Andreas Gryphius. Sein Leben und Werk, Tübingen 1964.
Szyrocki, Marian: Die deutsche Literatur des Barock, Stuttgart 1987.
Urbanowicz, Mieczysław: Z dziejów literatury niemieckiej na Śląsku w pierwszej połowie XIX wieku, Wrocław/Warszawa/Kraków 1964 (= Monografie Śląskie Ossolineum, Bd. 7).

13. Die Kunst Schlesiens

Architektura Wrocławia. Hrsg. v. Jerzy Rozpędowski, Bde. 1–4, Wrocław 1995–1998.
Atlas architektury Wrocławia. Hrsg. v. Jan Harasimowicz, Bde. 1–2, Wrocław 1997–1998.
Bukowski, Marcin: Katedra Wrocławska. Architektura. Rozwój – Zniszczenie – Odbudowa, Wrocław/Warszawa/Kraków 1962.
Burgemeister, Ludwig: Der Orgelbau in Schlesien, Frankfurt am Main ^{2}1973 [Breslau ^{1}1925] (= Bau- und Kunstdenkmäler des deutschen Ostens. Reihe C: Schlesien, Bd. 5).
Die Bau- und Kunstdenkmäler Schlesiens, Bde. 1–3. Hrsg. v. Kurt Degen [u. a.], Breslau 1939–1943.
Dziurla, Henryk: Christophorus Tausch uczeń Andrei Pozza, Wrocław 1991.
Grundmann, Günther / Schadendorf, Wulf: Schlesien, München 1962 (= Die Kunst im deutschen Osten, Bd. 4).
Hans Poelzig in Breslau. Architektur und Kunst 1900–1916. Hrsg. v. Jerzy Ilkosz und Beate Störtkuhl, Delmenhorst 2000.
Harasimowicz, Jan: Treści i funkcje ideowe sztuki śląskiej Reformacji 1520–1650, Wrocław 1986.
Kalinowski, Konstanty: Gloryfikacja panującego i dynastii w sztuce Śląska XVII i XVIII wieku, Warszawa/Poznań 1973.
Kalinowski, Konstanty: Barock in Schlesien. Geschichte, Eigenart und heutige Erscheinung, München 1990.
Karłowska-Kamzowa, Alicja: Malarstwo śląskie 1250–1450, Wrocław 1979.
Kloss, Erich: Die schlesische Buchmalerei des Mittelalters, Berlin 1942.
Kutzner, Marian: Cysterska Architektura na Śląsku w latach 1200–1330, Toruń 1969.
Malarstwo śląskie 1520–1620. Ausstellung Wrocław, Muzeum Śląskie Dezember 1966 – März 1967. Bearb. v. Bożena Steinborn, Wrocław 1966.
Mayer, Vera: Holzkirchen. Neuentdeckte Baukultur in Böhmen, Mähren, Schlesien und der Slowakei, Wien/München 1986.
Museum Ostdeutsche Galerie. Gang durch die Sammlung. Gemälde, Skulpturen und Objekte. Bearb. v. Gerhard Leistner, Regensburg 1993.
Museum Ostdeutsche Galerie. Von Chodowiecki bis zur Gegenwart. Eine Auswahl aus der Graphiksammlung. Bearb. v. Ingrid Stilijanov-Nedo, Regensburg 1993.
Oblicza sztuki protestanckiej na Górnym Śląsku. Bearb. v. Weronika Nagengast. Ausstellung Katowice, Muzeum Śląskie 1993, Katowice 1993.
Pokora, Jakub: Sztuka w służbie reformacji. Śląskie ambony 1550–1650, Warszawa 1982.
Schlesiens Kunstdenkmäler. Bildband. Bearb. v. Hans Lutsch u. Josef von Golitschek, Gütersloh 1985.
Schlesiens Kunstdenkmäler. Textband. Bearb. v. Hans Lutsch, Gütersloh 1986.
Sieber, Helmut: Burgen und Schlösser in Schlesien, Frankfurt am Main 1962.
Stange, Alfred: Deutsche Malerei der Gotik. Österreich und der ostdeutsche Siedlungsraum von Danzig bis Siebenbürgen in der Zeit von 1400 bis 1500, München/Berlin 1961 (= Deutsche Malerei der Gotik, Bd. 11).
Szymanski, Beate: Der Architekt Adolf Rading (1888–1957), phil. Diss. München 1992.
Teatr i Mistyka. Rzeźba barokowa pomiędzy Zachodem a Wschodem. Bearb. v. Konstanty Kalinowski. Ausstellung Poznań, Muzeum narodowe w Poznaniu Juni–August 1993, Poznań 1993.
Theatrum vitae et mortis: Graphik, Zeichnung und Buchmalerei in Schlesien 1550–1650. Hrsg. v. Piotr Oszczanowski und Jan Gromadzki, Wrocław 1995.

Tintelnot, Hans: Die mittelalterliche Baukunst Schlesiens, Kitzingen 1951 (= Quellen und Darstellungen zur schlesischen Geschichte, Bd. 1).
Wiese, Erich: Schlesische Plastik von Beginn des 14. bis zur Mitte des 15. Jahrhunderts, Leipzig 1923.
Wiesenhütter, Alfred: Der Evangelische Kirchbau Schlesiens von der Reformation bis zur Gegenwart. Bearb. v. Gerhard Hultsch, Düsseldorf [2]1954 [Breslau [1]1926] (= Das evangelische Schlesien, Bd. 3).
Verzeichnis der Kunstdenkmäler der Provinz Schlesien, Bde. 1–5. Bearb. v. Hans Lutsch, Breslau 1886–1903.

Zeittafel

um 1000 In der literarisch-historischen Überlieferung erscheinen die schlesischen Landesteile erstmals als politische Einheit

1000 Einrichtung einer selbständigen polnischen Kirchenprovinz; ein Bistum Breslau zählt – neben Krakau und Kolberg – zu den neu begründeten Suffraganen von Gnesen

1137 Im Pfingstfrieden von Glatz, der die böhmisch-polnischen Kriege beendet, wird die Südwestgrenze von Schlesien mit der Zugehörigkeit des Glatzer Landes zu Böhmen für lange Zeit festgelegt

1138 Die beim Tode Herzog Bolesławs III. Krzywousty (Schiefmund) von Polen testamentarisch festgelegte Senioratsverfassung – sie erlischt 1202 mit dem Tode des letzten Großfürsten von Krakau – wird zum Ausgangspunkt langwieriger Erbstreitigkeiten in Schlesien

1175 Gründung des Klosters Leubus an der Oder durch Herzog Boleslaus I.; wenige Jahrzehnte später setzt unter Herzog Heinrich I. eine systematische Ansiedlung von Deutschen ein. Die deutschrechtliche Siedlungsbewegung ist um 1300 im wesentlichen abgeschlossen

1202 Der Teilungsvertrag, der das Erbrecht zwischen dem Breslauer und dem Ratiborer Fürstenhaus aufhebt, wird zur Grundlage der eigenständigen Entwicklung des später als »Oberschlesien« bezeichneten Gebietes

1241 Schlacht bei Wahlstatt vor Liegnitz gegen die Mongolen, bei der Herzog Heinrich II. der Übermacht erliegt und fällt

1267 Hedwig von Andechs-Meranien, die Gemahlin Herzog Heinrichs I., wird durch Papst Klemens IV. heiliggesprochen. Die Hedwigsverehrung breitet sich über Schlesien hinaus auch über ganz Polen und Böhmen aus und dringt bis Süddeutschland, Köln und Antwerpen vor

1289 Herzog Kasimir II. von Cosel-Beuthen nimmt als erster schlesischer Herzog die böhmische Lehenshoheit an

1335 Vertrag von Trentschin, in dem der polnische König Kasimir III. der Große alle Ansprüche Polens auf die schlesischen Territorien aufgibt.

1344 Erhebung des Prager Bistums zum Erzbistum. Der Versuch des böhmischen Königs Karl IV., das Breslauer Bistum Prag zu unterstellen, scheitert; seine Zugehörigkeit zur polnischen Kirchenprovinz Gnesen bleibt faktisch bis 1641, formalrechtlich sogar bis 1821 bestehen

1348 Die schlesischen Territorien werden der Böhmischen Krone – zunächst mit Ausnahme des Fürstentums Schweidnitz-Jauer – inkorporiert

1372 Die Verzichterklärung Polens auf die schlesischen Territorien von 1335 wird vom Nachfolger Kasimirs, Ludwig I. dem Großen, nochmals bestätigt

1420 Der Reichstag, den Kaiser Sigismund nach Breslau einberuft, ist der einzige, der jemals östlich von Elbe und Saale abgehalten wird

1422 Mit dem Breslauer Bischof Konrad von Oels ernennt Sigismund erstmals einen Oberlandeshauptmann für Nieder- und Oberschlesien

1427 Die Strehlener Einung der schlesischen Fürsten und Stände schafft eine erste gesamtschlesische politische und militärische Organisation

1428–1433 Bei wiederholten Einfällen der Hussiten werden mehr als 30 Städte und Klöster in Schlesien geplündert und teilweise mehrere Jahre besetzt

1479 Im Frieden von Olmütz werden dem ungarischen König Matthias Corvinus die böhmischen Nebenländer Mähren, Schlesien und beide Lausitzen zugesprochen

1498 Das Große Landesprivileg König Wladislaws bestätigt neben den Freiheiten und Privilegien der schlesischen Fürsten und Stände die Oberlandeshauptmannschaft sowie ein zentrales Ober- oder Fürstenrecht als dauerhafte Institutionen

1512 In seiner »Descripcio tocius Silesie et civitatis regie Vratislaviensis« prägt der Brieger Humanist und Topograph Barthel Stein für den östlichen Teil Oberschlesiens den Begriff »Polonica Silesia«

1523 In Breslau findet die Reformation über Johannes Heß Eingang, der vom Breslauer Rat zum Pfarrer von St. Maria Magdalena ernannt wird

1526 In Liegnitz gründet Herzog Friedrich II. die erste evangelische Universität Europas, die allerdings schon nach drei Jahren wegen innerer Streitigkeiten um theologische Grundsatzfragen und Geldmangels wieder geschlossen wird

1537 Erbverbrüderung zwischen Liegnitz und Kurbrandenburg, auf welcher später unter anderem Preußens Rechtsansprüche auf Teile Schlesiens fußen

1546/47 Der böhmische Ständeaufstand bleibt ohne größere Resonanz in Schlesien

1558 Für Schlesien wird eine eigene, de facto der Wiener Hofkammer unterstehende Kammer in Breslau eingerichtet

1571 Mit den »Gentis Silesiae Annales« des Glogauer Stadtphysikus Joachim Cureus erscheint der erste gedruckte Gesamtentwurf einer Geschichte Schlesiens

1609 Die evangelischen Stände Schlesiens erhalten von Rudolf II. einen königlichen Majestätsbrief für freie Religionsausübung; in einem zweiten Majestätsbrief wird der Bischof von Breslau von der Oberlandeshauptmannschaft ausgeschlossen

1619 Confoederatio Bohemica. Zusammen mit den Ständen der anderen böhmischen Kronländer entwickeln die schlesischen Stände ein ständisch-föderatives Staatsmodell, das den einzelnen Ländern eine eigenständige und gleichberechtigte Stellung verbürgt

1621 Dresdener Akkord. Unter Vermittlung Sachsens stellt Kaiser Ferdinand II. den Rechtszustand von 1618 wieder her und und bestätigt die Privilegien und Freiheiten der schesischen Stände

1629 Nach dem Rücktritt Herzog Georg Rudolfs von Liegnitz und Wohlau verliert das Breslauer Oberamt seinen bisherigen ständischen Charakter und wird eine allein vom Kaiser abhängige Aufsichts- und Verwaltungsbehörde

1633 Die evangelischen Fürsten und Stände Niederschlesiens schließen eine »Konjunktion« mit den evangelischen Schutzmächten Schweden, Brandenburg und Sachsen

1648 In seinem auf Schlesien bezogenen Artikel V bestätigt der Westfälische Frieden im wesentlichen die Religionsregelungen des Prager Friedens von 1635

1664 Nach dem Tod Herzog Georgs III. von Brieg und Liegnitz wird die 1608 gelöste Verbindung zwischen der Breslauer Bischofswürde und der schlesischen Oberlandeshauptmannschaft wiederhergestellt

1675 Mit Herzog Georg Wilhelm von Liegnitz, Brieg und Wohlau stirbt der letzte schlesische Piast

1702 Die in Breslau gegründete Leopoldina, eine Jesuitenuniversität mit einer theologischen und einer philosophischen Fakultät, wird zum geistigen Mittelpunkt gegenreformatorischer Tätigkeit in Schlesien

1707 Mit der im schwedischen Hauptquartier von Altranstädt bei Leipzig vereinbarten Konvention und dem zwei Jahre später in Breslau geschlossenen Ausführungsvertrag erhalten die schlesischen Protestanten eine neue Rechtsgrundlage

1707 Im Zuge der Altranstädter Konvention gründet Kaiser Joseph I. nach dem Vorbild Wiens und Berlins eine adelige Ritterakademie in Liegnitz

1713 »Toleranzpatent« Kaiser Karls VI.; seinem Bemühen, der jüdischen Minderheit in Schlesien durch eine nach Vermögen und Geschlecht gestaffelte Steuer den Aufenthalt zu ermöglichen, blieb der Erfolg jedoch versagt

1740 16. Dezember – Preußische Truppen überschreiten die Grenze nach Schlesien

1740–1742 Erster Schlesischer Krieg. Durch den Breslauer Präliminarfrieden vom 11. 6. 1742 und endgültig durch den Berliner Frieden vom 28. 7. 1742 erhält Preußen sechs Siebentel Schlesiens; die Grenzziehung zwischen Preußisch- und Österreichisch-Schlesien in Oberschlesien zerstört eine jahrhundertealte territoriale Einheit

1744–1745 Zweiter Schlesischer Krieg. Der am 25. 12. 1745 in Dresden ausgefertigte Friedensvertrag garantiert Preußen den Besitz gemäß den drei Jahre zuvor in Breslau und Berlin getroffenen Vereinbarungen

1756–1763 Siebenjähriger Krieg. Der am 15. 2. 1763 auf Schloß Hubertusburg bei Leipzig geschlossene Friede bestätigt den zuvor vereinbarten Gebietsstand und bestätigt Preußen gleichzeitig als neue europäische Großmacht

1779 13. Mai – Der unter Vermittlung Frankreichs und Rußlands im oberschlesischen Teschen geschlossene Vergleich beendet den Bayerischen Erbfolgekrieg

1782 Österreichisch-Schlesien wird im Zuge der Rationalisierungspolitik Josephs II. verwaltungsrechtlich Mähren eingegliedert, der westliche Teil als Troppauer Kreis (bis 1793 mit Sitz in Jägerndorf), der östliche als Teschener Kreis

1790 Gründung der großen, seit 1811 *Königin-Luise-Grube* genannten Kohlengrube bei Zabrze, die den Aufbau des oberschlesischen Industriereviers auf der Grundlage der Steinkohle einleitet

1805 Die in Langenbielau im Kreis Reichenbach gegründeten *Dierig-Werke* werden zum größten Textilunternehmen in Schlesien

1810–1811 Auflösung der Orden und Säkularisation des umfangreichen, rund ein Viertel des Grund und Bodens bildenden katholischen Kirchengutes mit Ausnahme solcher Klöster und Stifte, die sich der Krankenpflege und Erziehung widmen

1811 In Breslau wird die Friedrich-Wilhelms-Universität durch Vereinigung der Reste des alten Jesuitenkollegs und der nach Schlesien verlegten Universität Frankfurt/Oder gegründet, die erste Universität Preußens mit katholischer und evangelischer theologischer Fakultät

1812 Fertigstellung des 1792 begonnenen, für Schiffe bis 100 t Ladung geeigneten Klodnitz-Kanals, der dem oberschlesischen Industrierevier eine Transportmöglichkeit auf dem Wasser von Gleiwitz zur Oder bei Cosel schafft

1813 Im Januar siedelt der preußische König Friedrich Wilhelm III. mit seinem Hof nach Breslau über, wo er am 27. 2. die preußisch-russische Militärkonvention erneuert, am 17. 3. den berühmten Aufruf »An mein Volk« verkündet und am 20. 3. Frankreich den Krieg erklärt

1816 Zum 1. 5. wird die neben neun anderen preußischen Provinzen eingerichtete Provinz Schlesien in die vier Regierungsbezirke Breslau, Liegnitz, Oppeln und Reichenbach (1820 aufgelöst) eingeteilt

1820 20. Oktober – 20. Dezember – Beim Troppauer Fürstenkongreß kommen Monarchen und Thronfolger von Österreich, Rußland und Preußen sowie zahlreiche Diplomaten zum Meinungsaustausch über die revolutionären Ereignisse in Teilen Europas zusammen

1821 16. Juli – Durch die päpstliche Bulle *De salute animarum* wird das Bistum Breslau aus der polnischen Kirchenprovinz Gnesen herausgelöst und unmittelbar der römischen Kurie unterstellt

1822 Das oberschlesische Industrierevier überflügelt das niederschlesische Waldenburger Revier in der Kohleförderung

1842 Inbetriebnahme der ersten schlesischen Eisenbahnstrecke von Breslau nach Ohlau

1844 Der Aufstand der schlesischen Weber Anfang Juni in Langenbielau und Peterswaldau im Kreis Reichenbach, der durch Gerhart Hauptmanns Schauspiel *Die Weber* (1892) und den Zyklus *Der Weberaufstand* (1895–98) von Käthe Kollwitz weit über die Grenzen Schlesiens hinaus Beachtung findet, fordert ein Dutzend Tote

1848 Nach der Februarrevolution in Paris flammen auch in Liegnitz, Görlitz, Schmiedeberg, Münsterberg und Kreuzburg O. S. Unruhen und Bauernaufstände auf

1848 1. Mai – Die Wahlen zu den Nationalversammlungen in Frankfurt am Main und Berlin stoßen in den 39 schlesischen Wahlkreisen nur auf geringe Resonanz

1849 Österreichisch-Schlesien wird verwaltungsrechtlich erneut von Mähren gelöst und gewinnt seine frühere Eigenständigkeit zurück

1860 Der im März in Breslau gegründete liberale *Wahlverein* zeugt vom Wiedererwachen des politischen Lebens in Schlesien

1863 23. Mai – Der *Allgemeine Deutsche Arbeiterverein* (ADAV), Vorläufer der *Sozialdemokratischen Arbeiterpartei* (SDAP), wird als erste sozialistische deutsche Arbeiterpartei von dem gebürtigen Breslauer Ferdinand Lassalle gegründet

1865 24. Februar – In Leipzig entsteht unter Vorsitz von Luise Otto-Peters und der aus Breslau gebürtigen Auguste Schmidt der *Frauenbildungsverein*, der Vorläufer des *Allgemeinen Deutschen Frauenvereins* (ADF)

1894 22. Juni – In Breslau wird die bis 1945 bestehende *Schlesische Gesellschaft für Volkskunde* mit den Vorsitzenden Friedrich Vogt und Wladislaw Nehring gegründet

1903 Adalbert (Wojciech) Korfanty gewinnt den ersten Wahlkreis, Kattowitz-Zabrze, für die polnischen Oberschlesier; der aus Laurahütte stammende Bergmannssohn wird zum führenden Kopf der polnischen Emanzipationsbewegung in Oberschlesien

1909 In Skotschau gründet Josef Kożdon die *Śląska partia ludowa* (Schlesische Volkspartei) als politische Organisationsform und Interessenvertretung der sogenannten Schlonsaken

1910 Bei der Volkszählung, aus der für ganz Schlesien ein Anteil von 23% polnischsprachiger Bevölkerung hervorgeht, geben knapp 53% der Bewohner des Regierungsbezirkes Oppeln als Muttersprache Polnisch an

1911 Gemeinsam mit Adam Napieralski gründet Korfanty die *Stronnictwo Polskie na Śląsku* (Polnische Partei in Schlesien) als Oppositionspartei

1915–1917 Das kaiserliche Große Hauptquartier richtet sich auf Schloß Pleß in Oberschlesien ein, um damit zugleich der in Teschen einquartierten Obersten Heeresleitung Österreich-Ungarns nahe zu sein

1918 Nachdem ein polnischer Nationalrat in Teschen am 31. 10. den Anschluß des gesamten Gebietes an Polen erklärt hatte, rücken vom 23.–30. 1. 1919 tschechische Truppen in das Teschener Schlesien ein

1918 9. November – Der am Tag der Rücktrittserklärung Kaiser Wilhelms II. gebildete Breslauer Volksrat wandelt sich wenig später in den *Zentralrat für die Provinz Schlesien* um und erklärt sich zur höchsten politischen Instanz

1919 Gründung der bis 1945 bestehenden *Arbeitsgemeinschaft für oberschlesische Volkskunde* durch Alfons Perlick

1919 7. Mai – Der den Vertretern der deutschen Regierung in Versailles übergebene Entwurf des Friedensvertrages, nach dem ganz Oberschlesien an Polen abgetreten werden soll, löst eine breite Welle der Empörung aus

1919 14. Juni – Die Siegermächte beschließen, in Oberschlesien – allerdings mit Ausnahme der Kreise Neisse, Grottkau und Falkenberg sowie des westlichen Teils des Kreises Neustadt O. S. – und im niederschlesischen Kreis Namslau eine Abstimmung durchzuführen

1919 August–Mai 1921 – Durch mehrere Aufstände versuchen die Polen unter Führung Korfantys, eine territoriale Entscheidung vor der Durchführung der Abstimmung zu erzwingen; der am 3. 5. 1921 entfesselte dritte polnische Aufstand führt zu erbitterten Kämpfen mit deutschen Selbstschutzverbänden, denen am 21. 5. die Erstürmung des St. Annaberges gelingt

1919 14. Oktober – Errichtung einer eigenständigen Provinz Oberschlesien, deren Verwaltungsaufbau sich allerdings bis 1923 verzögert

1920 11. Februar – Die *Interalliierte Regierungs- und Plebiszitkommission* (IK) übernimmt in Oppeln die Verwaltung des Abstimmungsgebietes

1921 20. März – Abstimmung in Oberschlesien. Bei einer Wahlbeteiligung von 97,8% stimmen 707554 (59,6%) für das Verbleiben bei Deutschland und 478820 (40,4%) für den Anschluß an Polen; im niederschlesischen Kreis Namslau werden 5348 Stimmzettel für Deutschland und 133 für Polen abgegeben

1921 20. Oktober – Den Empfehlungen des Völkerbundes folgend, nimmt der Botschafterrat der alliierten Siegermächte eine Aufteilung Oberschlesiens vor; das an Polen abgetretene Gebiet, eine Fläche von 3213 qkm mit rund 1 Million Einwohner, wird mit dem Ostteil des Teschener Schlesiens zur polnischen Wojewodschaft Schlesien mit Verwaltungssitz in Kattowitz zusammengefaßt

1922 15. Mai – In der auf 15 Jahre abgeschlossenen *Genfer Konvention*, deren insgesamt 606 Artikel zahlreiche verwaltungs-, wirtschafts- und verkehrstechnische Erleichterungen enthalten, verpflichten sich Deutschland und Polen zur Einrichtung eines Minderheitenamtes in Oppeln bzw. in Kattowitz

1922 3. September – Bei einer Volksabstimmung in Oberschlesien über den künftigen staatsrechtlichen Status, an der 74% der Stimmberechtigten teilnehmen, entscheiden sich 513126 (= 91,1%) für einen Verbleib im preußischen Staatsverband, 50400 (= 8,9%) stimmen dagegen.

1923 25. Juli – Mit dem Gesetz über die Gleichberechtigung Niederschlesiens und Oberschlesiens beginnt in beiden Provinzen ein neuer Zeitabschnitt, der durch einen spürbaren Aufschwung der Wirtschaft und eine konstruktive Zusammenarbeit der Parteien gekennzeichnet ist

1925 Helmuth Brückner gründet in Schlesien die *Nationalsozialistische Deutsche Arbeiterpartei* (NSDAP)

1928 1. Dezember – Ende der bisherigen Selbständigkeit des Landes Schlesien innerhalb der Tschechoslowakischen Republik

1933 In Schlesien ist die nationalsozialistische Gleichschaltung im Grunde schon Ende März 1933 besiegelt; im September sind alle zentralen Verwaltungsposten mit linientreuen Parteigenossen besetzt

1933 Im Zuge der Errichtung der sogenannten wilden Lager für politische Häftlinge entsteht mit Breslau-Dürrgoy das erste schlesische Konzentrationslager

1933–1937 Im früheren Abstimmungsgebiet des Regierungsbezirkes Oppeln haben die antijüdischen Gesetze und Verordnungen der Nationalsozialisten – insbesondere das Gesetz zur Wiederherstellung des Berufsbeamtentums vom 7. 4. 1933 und die Nürnberger Gesetze vom 15. 9. 1935 – bis zum Erlöschen der Genfer Konvention am 15. 7. 1937 keine Gültigkeit

1936 1. Oktober – Einrichtung eines Lehrstuhls für *Deutsche Volkskunde und ostdeutsches Volkstum* in Breslau, auf den der gebürtige Bielitzer Walter Kuhn berufen wird
1938 1. April – Nach dem Auslaufen der Genfer Konvention am 15. 7. 1937 werden Niederschlesien und Oberschlesien endgültig zu einer Provinz zusammengelegt
1938 9./10. November – In der »Reichskristallnacht« werden auch in Schlesien zahlreiche Synagogen niedergebrannt, etwa 500 jüdische Geschäfte verwüstet und Tausende von Juden verhaftet
1939 1. September – Der Beginn des Zweiten Weltkrieges durch den deutschen Angriff auf Polen mit dem fingierten Überfall am 31. 8. auf den Rundfunksender von Gleiwitz
1939 8. Oktober – Angliederung von Ostoberschlesien, Teschener Schlesien, Olsa-Gebiet und angrenzenden polnischen Gebieten als Regierungsbezirk Kattowitz an das Reich
1941 13. März – Erlaß über die *Deutsche Volksliste,* die u. a. in Ostoberschlesien eine nationale Selektion der einheimischen Bevölkerung in Deutsche und Polen ermöglichen sollte.
1941 4. Januar – Teilung Schlesiens in eine Provinz Niederschlesien mit den Regierungsbezirken Liegnitz und Breslau und eine Provinz Oberschlesien mit den Regierungsbezirken Oppeln und Kattowitz
1944 26. Juli – Geheimabkommen zwischen der Sowjetunion und dem von ihr abhängigen polnischen Lubliner Kommitee über eine künftige polnische Westgrenze an Oder und Neiße sowie die Vertreibung der Deutschen aus den Gebieten östlich dieser Linie
1945 19. Januar – Sowjetische Truppen überschreiten die Ostgrenze Schlesiens; erst zu diesem Zeitpunkt gestatten die NS-Behörden eine Evakuierung der Bevölkerung
1945 21. Januar – Die polnische Wojewodschaft Schlesien-Dombrowa unter Aleksander Zawadzki wird gebildet
1945 4.–11. Februar – Konferenz von Jalta. Keine Einigung der Alliierten über die künftige deutsch-polnische Grenze
1945 18. März – Sowjetische Militärbehörden übergeben Oberschlesien rechts der Oder an die polnische Verwaltung. Das Oppelner Schlesien wird der Wojewodschaft Schlesien-Dombrowa angeschlossen.
1945 22. März – Verordnung des oberschlesischen Wojewoden Aleksander Zawadzki über die Verifizierung, welche – ähnlich wie die *Deutsche Volksliste* von 1941 – eine Unterscheidung der einheimischen Bevölkerung in Deutsche und Polen ermöglichen sollte
1945 6. Mai – Kapitulation der Festung Breslau. Ein polnisches Gesetz übereignet jegliches bewegliche oder unbewegliche deutsche staatliche oder private Vermögen in den Oder-Neiße-Gebieten dem polnischen Staat. Ein weiteres polnisches Gesetz hebt das organische Statut der Wojewodschaft Schlesien von 1920 auf, welche Grundlage der ostoberschlesischen Autonomie war
1945 Juni/Juli – Erste Vertreibungen aus Schlesien durch polnisches Militär und gleichzeitige Ansiedlung von Polen
1945 6. Juli – Tod Kardinal Adolf Bertrams auf Schloß Johannesberg bei Jauernig. Das Domkapitel wählt am 16. 7. Domdechant Ferdinand Piontek zum Kapitelsvikar
1945 17. Juli–2. August – Potsdamer Konferenz. Die Alliierten unterstellen Schlesien östlich der Lausitzer Neiße bis zur endgültigen Regelung in einem Friedensvertrag mit Deutschland polnischer Verwaltung. Die Ausweisung aller Deutschen aus Polen wird beschlossen
1945 15. August – Der polnische Primas Kardinal August Hlond setzt im nun polnischen Gebiet des Erzbistums Breslau drei polnische Administratoren ein, nachdem er Prälat Piontek zum Amtsverzicht veranlaßt hatte
1945 13. November – Polen richtet ein *Ministerium für die Wiedergewonnenen Gebiete* ein
1945–1949 Nahezu vollständige Vertreibung der Deutschen aus Niederschlesien und eines großen Teils der Deutschen aus Oberschlesien
1949 Gründung der *Landsmannschaft der Oberschlesier*
1950 28. März – Gründung der *Landsmannschaft Schlesien, Nieder- und Oberschlesien* auf Bundesebene
1950 6. Juli – Görlitzer Vertrag. Die Deutsche Demokratische Republik und die Volksrepublik Polen bestätigen die Oder-Neiße-Grenze als unantastbare »Friedens- und Freundschaftsgrenze«. Die Westmächte und die Bundesrepublik Deutschland erkennen das Vertragswerk nicht an
1950 26. Juli – In Niederschlesien werden für die verbliebenen Deutschen deutsche Grundschulen und Kindergärten eingerichtet
1950 5. August – Charta der deutschen Heimatvertriebenen. Die Heimatvertriebenen verzichten auf Rache und Vergeltung, halten aber am Selbstbestimmungsrecht und am Heimatrecht fest

1951 8. Januar – Neues polnisches Staatsangehörigkeitsgesetz, das alle Schlesier mit Ausnahme der anerkannten Deutschen zu Bürgern der Volksrepublik Polen macht

1957 17. April – Gründung der *Deutschen Sozial-Kulturellen Gesellschaft* in Breslau

1957/58 Erste große Aktion Familienzusammenführung. Die meisten anerkannten Deutschen aus Niederschlesien und einige zehntausend Deutsche aus Oberschlesien siedeln in die Bundesrepublik Deutschland aus

1970 7. Dezember – Warschauer Vertrag. Die Bundesrepublik Deutschland bekräftigt, vorbehaltlich einer friedensvertraglichen Regelung für Deutschland als Ganzes, die Unverletzlichkeit der bestehenden Grenzen. Polen läßt im Gegenzug die Ausreise von rund 125000 Deutschen im Rahmen der Familienzusammenführung zu

1972 28. Juni – Aufteilung der alten Erzdiözese Breslau in drei selbständige polnische Bistümer: Erzbistum Breslau, Bistum Oppeln, Bistum Landsberg/Warthe sowie eine Apostolische Administratur Görlitz, die den deutschen Restteil westlich von Oder und Neiße umfaßt

1975 1. Juni – Verwaltungsreform in Polen. Das Territorium Schlesiens wird auf die Wojewodschaften Grünberg, Hirschberg, Liegnitz, Breslau, Waldenburg, Oppeln, Tschenstochau, Kattowitz und Bielitz-Biala aufgeteilt

1975 7. Juli – Urteil des Bundesverfassungsgerichts, daß Gebiete des Deutschen Reiches vom 31. 12. 1937 östlich von Oder und Neiße nicht endgültig fremder Souveränität unterstellt sind

1975 9. Oktober – Ausreiseprotokoll regelt die weitere Aussiedlung von Deutschen aus Polen in die Bundesrepublik Deutschland

1989 4. Juni – Der Oppelner Bischof Alfons Nossol richtet regelmäßige deutschsprachige Messen auf dem St. Annaberg ein

1989 2. November – Begegnung von Bundeskanzler Helmut Kohl und Polens Ministerpräsident Tadeusz Mazowiecki im niederschlesischen Kreisau

1990 16. Januar – Erstmals offizielle Anerkennung deutscher Minderheitenorganisationen in Oberschlesien von seiten des polnischen Staates

1990 14. November – Deutsch-polnischer Grenzvertrag. Die Regierung des am 3. 10. 1990 wiedervereinigten Deutschland bestätigt die polnische Westgrenze an Oder und Lausitzer Neiße

1991 17. Juni – Deutsch-polnischer Vertrag über gute Nachbarschaft und freundschaftliche Zusammenarbeit, der auch die Rechte der deutschen Minderheit in Polen garantiert

1991 27. Oktober – Parlamentswahlen in Polen. Die deutsche Minderheit erringt in Oberschlesien sieben Mandate für den Sejm und einen Vertreter für den Senat

1991 9. November – Überführung der sterblichen Überreste Kardinal Adolf Bertrams in den Breslauer Dom

1992 5. März – Errichtung der Bistümer Gleiwitz und Liegnitz

1993 19. September – Parlamentswahlen in Polen. Die deutsche Minderheit erhält in Oberschlesien vier Abgeordnetenmandate und einen Sitz im Senat

1994 8. Juli – Errichtung des Bistums Görlitz

Mitarbeiter

Joachim BAHLCKE, Dr. phil., geb. 1963 in Göttingen; Studium der Osteuropäischen und Neueren Geschichte und Philosophie in Trier, Freiburg im Breisgau, Wien und Prag; Wissenschaftlicher Mitarbeiter am Geisteswissenschaftlichen Zentrum Geschichte und Kultur Ostmitteleuropas in Leipzig; Lehrbeauftragter an der Humboldt Universität Berlin und an der Universität Leipzig; Forschungen zur Sozial- und Gesellschaftsgeschichte sowie zur Kirchen- und Religionsgeschichte in Ostmitteleuropa (16.–20. Jahrhundert); Veröffentlichungen: Regionalismus und Staatsintegration im Widerstreit. Die Länder der Böhmischen Krone im ersten Jahrhundert der Habsburgerherrschaft 1526–1619 (1994); Mitherausgeber: Ständefreiheit und Staatsgestaltung in Ostmitteleuropa. Übernationale Gemeinsamkeiten in der politischen Kultur vom 16.–18. Jahrhundert (1996); Handbuch der historischen Stätten Böhmen und Mähren (1998); Konfessionalisierung in Ostmitteleuropa. Wirkungen des religiösen Wandels im 16. und 17. Jahrhundert in Staat, Gesellschaft und Kultur (1999); Aufsätze zur vergleichenden Ostmittel- und Südosteuropahistorie, zur historischen Bohemistik und zur Geschichte Altostdeutschlands.

Brigitte BÖNISCH-BREDNICH, Dr. phil., geb. 1960 in Northeim; Studium der Volkskunde, Kunstgeschichte und Ur- und Frühgeschichte in Göttingen; Lehrbeauftragte an der Georg-August-Universität Göttingen; Forschungen zur Auswanderungsgeschichte und zur Kulturgeschichte des 19./20. Jahrhunderts; Veröffentlichungen: Volkskundliche Forschung in Schlesien. Eine Wissenschaftsgeschichte (1994); Aufsätze zur Kulturgeschichte Schlesiens, zur Wissenschaftsgeschichte, zur Geschichte des Reisens und zur Sachkultur des 20. Jahrhunderts.

Reinhard KRÄMER, Dr. phil., geb. 1959 in Marienrachdorf/Westerwald; Studium der Geschichte, Germanistik und Psychologie in Mainz; bis 1996 Wissenschaftlicher Mitarbeiter am Ludwig-Petry-Institut und Lehrbeauftragter an der Johannes-Gutenberg-Universität Mainz; Forschungen zur Geschichte der Arbeiterbewegung unter besonderer Berücksichtigung der deutschen Ostprovinzen; Veröffentlichungen: Gewerkschaftsarbeit in der Krise. Der Deutsche Bauarbeiterverband in den Jahren des Ersten Weltkrieges und der Revolution (1991); Mitautor: Auf der Suche nach Solidarität. Eine Geschichte der internationalen Bau- und Holzarbeiterbewegung (1993); Aufsätze zur Gewerkschaftsbewegung in Oberschlesien.

Andrea LANGER, Dr. phil., geb. 1962 in Mainz; Studium der Kunstgeschichte, Geschichte und Germanistik in Mainz und Würzburg; Wissenschaftliche Mitarbeiterin am Geisteswissenschaftlichen Zentrum Geschichte und Kultur Ostmitteleuropas in Leipzig; Lehrbeauftragte an der Universität Leipzig; Forschungen zur protestantischen Kunst in Schlesien sowie vergleichende kultur- und kunstgeschichtliche Untersuchungen zu ostmitteleuropäischen Residenzen in Spätmittelalter und Renaissance; Veröffentlichungen: Eine Synthese zwischen protestantischem Klassizismus und römisch geprägtem katholischen Barock. Die Gnadenkirche »Zum Kreuze Christi« in Hirschberg (2000); Mitherausgeberin: Metropolen und Kulturtransfer in Ostmitteleuropa (15./16. Jahrhundert): Prag, Krakau, Danzig, Wien (2000); Aufsätze zur Kunst des Spätmittelalters und der Renaissance in Ostmitteleuropa.

Joachim ROGALL, Dr. phil., geb. 1959 in Heidelberg; Studium der Osteuropäischen Geschichte, Mittleren/Neueren Geschichte und Slawischen Philologie in Mainz, Posen und Heidelberg; Leiter des Bereichs Völkerverständigung der Robert Bosch Stiftung Stuttgart; Forschungen zur Geschichte der Deutschen in Polen mit besonderer Berücksichtigung des Posener Landes; Veröffentlichungen: Die Geistlichkeit der Evangelisch-Unierten Kirche in der Provinz Posen 1871–1914 und ihr Verhältnis zur preußischen Polenpolitik (1990); Die Deutschen im Posener Land und in Mittelpolen (1993); Herausgeber: Die Räumung des Reichsgaus Wartheland vom 16. bis 26. Januar 1945 im Spiegel amtlicher Berichte (1993); Land der großen Ströme. Von Polen nach Litauen (1996); Aufsätze zu Aussiedlerfragen, zur schlesischen Zeitgeschichte und zur Geschichte der deutschen Siedlungsgebiete in Ostmitteleuropa.

Matthias WEBER, Dr. phil. habil., apl. Prof. Universität Oldenburg, geb. 1961 in Ludwigsburg; Studium der Germanistik und Geschichte an der Universität Stuttgart; Wissenschaftlicher Mitarbeiter im Bundesinstitut für ostdeutsche Kultur und Geschichte und Lehrbeauftragter an der Carl von Ossietzky-Universität Oldenburg; Veröffentlichungen: Das Verhältnis Schlesiens zum Alten Reich in der Frühen Neuzeit (1992); Die schlesischen Polizei- und Landesordnungen der Frühen Neuzeit (1996); Herausgeber: Deutschlands Osten, Polens Westen. Vergleichende Studien zur historischen Landeskunde (2000); Forschungen zur Frühen Neuzeit unter besonderer Berücksichtigung der Geschichte Schlesiens und Pommerns; weitere Arbeitsschwerpunkte: Geschichte des Heiligen Römischen Reichs Deutscher Nation in der Frühen Neuzeit, Wissenschaftsgeschichte (Geschichte der Geschichtsschreibung).

Abbildungsnachweis

1. Umschlag außen: Jahrhunderthalle Breslau, Privatsammlung Jerzy Ilkosz, Wrocław; 2. Umschlaginnenseite vorn: Zwischen Oder und Riesengebirge. Schlesische Karten aus fünf Jahrhunderten (wie Bibl., S. 325), Nr. 7; Abb. 1: Olbricht, Schlesien. Grundriss einer Landeskunde (wie Bibl., S. 330), S. 106; Abb. 2: wie Abb. 1, S. 13; Abb. 3: Weczerka, Handbuch der historischen Stätten Schlesien (wie

Bibl., S. 322), S. XXIX; Abb. 4: Niederschlesisches Bildarchiv (NS-BA) im Herder-Institut, Marburg an der Lahn, Nr. 55893; Abb. 5: wie Abb. 3, S. XLIII; Abb. 6: Atlas Östliches Mitteleuropa (wie Bibl., S. 324), Tafel XI; Abb. 7: Grundmann, Schlesien (wie Bibl., S. 328), Bild 43; Abb. 8: Walter Bernard, Das Waldhufendorf in Schlesien, Breslau 1931, Tafel 1/1; Abb. 9: Schlenger, Formen ländlicher Siedlungen (S. 43, Anm. 31), Tafel VIII/15; Abb. 10: NS-BA (wie Abb. 4), Nr. 115341; Abb. 11: Kupferstichkabinett Dresden, Sächsische Landesbibliothek Abt. Deutsche Fotothek (SL-DF), Sign. 266781; Abb. 12: Quellenbuch zur Geschichte der evangelischen Kirche in Schlesien (wie Bibl., S. 325), Bild 1; Abb. 13: SL-DF (wie Abb. 11), Sign. 148141; Abb. 14: Grundmann/Schadendorf (wie Bibl., S. 342), Abb. 111; Abb. 15: Bahlcke, Regionalismus und Staatsintegration (wie Bibl., S. 332), S. 355; Abb. 16: Historisches Institut der Tschechischen Akademie der Wissenschaften Prag, Sign. E 527; Abb. 17: Schlesien 20 (1975), vor S. 215; Abb. 18: Conrads, Durchführung der Altranstädter Konvention (wie S. 73, Anm. 52), Abb. 1; Abb. 19: Patzelt, Geschichte der evangelischen Kirche (wie Bibl., S. 335), S. 42; Abb. 20: Der Erste Schlesische Krieg. 1740–1742, Bd. 1: Die Besetzung Schlesiens und die Schlacht bei Mollwitz. Hrsg. v. Großen Generalstabe, Abth. f. Kriegsgeschichte, Berlin 1890 (= Die Kriege Friedrichs des Großen, Bd. 1), vor S. 235; Abb. 21: Zwischen Oder und Riesengebirge. Schlesische Karten aus fünf Jahrhunderten (wie Bibl., S. 325), Nr. 64; Abb. 22: wie Abb. 3, S. LXXI; Abb. 23: Archiv für Kunst und Geschichte (AKG), Berlin, Sign. 1-F40-E1741-1; Abb. 24: Schlesien 20 (1975), vor S. 221; Abb. 25: wie Abb. 12, Bild 17; Abb. 26: Frech/Kampers, Schlesische Landeskunde (wie Bibl., S. 330), Bd. 2, vor S. 93; Abb. 27: Maser/Weiser, Juden in Oberschlesien (wie S. 73, Anm. 61), Teil 1, S. 205, Abb. 2; Abb. 28: Marek, Najdawniejsze czasopisma polskie na Śląsku (wie S. 119, Anm. 105), S. 42; Abb. 29: wie Abb. 28, S. 177; Abb. 30: Schmilewski, Verlegt bei Korn in Breslau (wie Bibl., S. 341), Abb. 1; Abb. 31: Rhode, Die Ostgebiete des Deutschen Reiches (wie Bibl., S. 327), Karte 9; Abb. 32–37: Hawranek, Encyklopedia powstań śląskich (wie S. 151, Anm. 18), S. 35f., 94, 177; Abb. 38: Schlesien 26 (1981), vor S. 95; Abb. 39: Staatsbibliothek Preußischer Kulturbesitz zu Berlin, Haus 2, Sign. Fc 514/24/5-1938; Abb. 40: Schremmer, Troppau (wie S. 153, Anm. 78), S. 115; Abb. 41: Willi Wieczorek, Ostoberschlesien kehrt heim, Berlin o. J., unpag.; Abb. 42: wie Abb. 41, unpag.; Abb. 43: Sammlung Peter Nasarski, Köln; Abb. 44: Heinz Nawratil, Die deutschen Nachkriegsverluste unter Vertriebenen, Gefangenen und Verschleppten. Mit einer Übersicht über die europäischen Nachkriegsverluste, München/Berlin 1986, S. 79; Abb. 45: wie Abb. 43; Abb. 46: Europa und die deutschen Flüchtlinge. Mit Beiträgen v. Gabriele Wülker [u. a.], Frankfurt am Main 1952, Anhang; Abb. 47: Neubach/Zylla, Oberschlesien im Überblick (wie Bibl., S. 328), S. 126; Abb. 48: 40 Jahre Arbeit für Deutschland – die Vertriebenen und Flüchtlinge. Ausstellungskatalog. Hrsg. v. Marion Frantzioch, Odo Ratza u. Günther Reichert, Frankfurt am Main/Berlin 1989, S. 190; Abb. 49: wie Abb. 48; Abb. 50: wie Abb. 48, S. 150; Abb. 51: Jahrbuch Weichsel-Warthe (1994), S. 92; Abb. 52: Ziemie Zachodnie w granicach Macierzy. Hrsg. v. Gerard Labuda, Poznań 1966, Anhang; Abb. 53: Sammlung Joachim Rogall, Meckesheim; Abb. 54–55: Zabytki urbanistyki i architektury w Polsce. Odbudowa i konserwacja, Bd. 1: miasta historyczne. Hrsg. v. Wojciech Kalinowski, Warszawa 1986, S. 354f.; Abb. 56: Gerhard Kaste/Horst Hiller, Liegnitz, die schlesische Gartenstadt, Berlin/Bonn 1992, S. 72; Abb. 57: Oberschlesische Zeitung, Nr. 29 (122) v. 29. 7.–4. 8. 1994, S. 2; Abb. 58: wie Abb. 53; Abb. 59: Oberschlesische Zeitung, Nr. 35 (128) v. 9. 9.–15. 9. 1994, S. 1; Abb. 60: Entwurf Rogall nach Trierenberg, Schlesien heute (wie S. 19, Anm. 15), Anhang; Abb. 61: Fuchs, Vom Dirigismus zum Liberalismus (wie S. 245, Anm. 9), S. 303; Abb. 62: Herder-Institut Bildarchiv (HIB), Marburg an der Lahn, Nr. 4d 5097; Abb. 63: HIB (wie Abb. 62), Nr. 109211; Abb. 64: HIB (wie Abb. 62), Nr. 95659; Abb. 65: Das Bauernhaus in Pommern, Ostpreußen, Westpreußen, Posen und Schlesien, Hannover 1990, S. 72; Abb. 66: Vergnügte und unvergnügte Reisen auf das Weltberuffene Schlesische Riesengebirge [1696–1737]. Schneekoppen-Buch, Bde. 1–2, Hirschberg 1736–1738, Anhang zu Bd. 2, S. 21; Abb. 67: wie Abb. 73, S. 100; Abb. 68: Josef Lanz, Krippenkunst in Schlesien, Marburg an der Lahn 1981, Abb. 30; Abb. 69: Privatphotografie aus Steinau, Kreis Neustadt O. S. (um 1936); Abb. 70: Hans Joachim Helmigk, Oberschlesische Landbaukunst um 1800, Berlin 1937, S. 259; Abb. 71: wie Abb. 70, S. 254; Abb. 72: Zöllner, Briefe über Schlesien (wie S. 273, Anm. 10), Bd. 1, vor S. 168; Abb. 73: Trachtenbilder aus einem deutschen Dorf in Oberschlesien. Hrsg. v. Frieda Kaisig, Hamburg 1920, unpag. (Bl. 13); Abb. 74: Privatphotografie 1941 (B. Bönisch-Brednich); Abb. 75: Prätorius, Daemonologia (wie S. 274, Anm. 54), Frontispiz; Abb. 76: Universitätsbibliothek Heidelberg, Codex Palatinus Germanicus 848; Abb. 77: Biblioteka Narodowa Warszawa, Sign. XVII.3.586 adl; Abb. 78: Württembergische Landesbibliothek Stuttgart, Sign. D. D. qt. 209; Abb. 79: wie Abb. 78, Sign. D. D. oct. 4908; Abb. 80: HIB (wie Abb. 62), Nr. 4d 4346; Abb. 81–88: HIB (wie Abb. 62), Nr. 85337, 86989, 554 03, 54694, 113371, 85200, 9646, 63118; Abb. 89: Bildarchiv Foto Marburg an der Lahn, Nr. Z. 14.378.

Personenregister

Ortsregister

Die Seitenangaben erfolgen jeweils hinter den deutschen Ortsnamen. In Klammern wird an erster Stelle auf den heutigen Ortsnamen (nur für Ostmitteleuropa) verwiesen, an den folgenden Stellen gegebenenfalls auf weitere historische Namensformen. Neben den einzelnen Orten werden in den Fällen, wo im Text allgemein-historische Zusammenhänge beleuchtet und politische Sachverhalte erklärt werden, auch die zum Teil gleichnamigen schlesischen Herzogtümer, Kreise und Regierungsbezirke erfaßt.

336 Seiten, ISBN 3-7844-2754-5

Konrad Löw

Marx & Engels – die Väter des Terrors

Die Verantwortlichen

Marx und Engels haben die kommunistischen Revolutionen, die kommunistischen Taten, die »materielle Gewalt« der Kommunisten bewirkt. Hier nun die Antwort des bekannten Marxismus-Forschers auf die Frage »War der Terror ... etwas radikal Böses oder ein pervertiertes Gutes.« Die Zeit

Langen Müller

Heinz Nawratil
Schwarzbuch
der Vertreibung
1945 bis 1948
Das letzte Kapitel
unbewältigter
Vergangenheit
Universitas

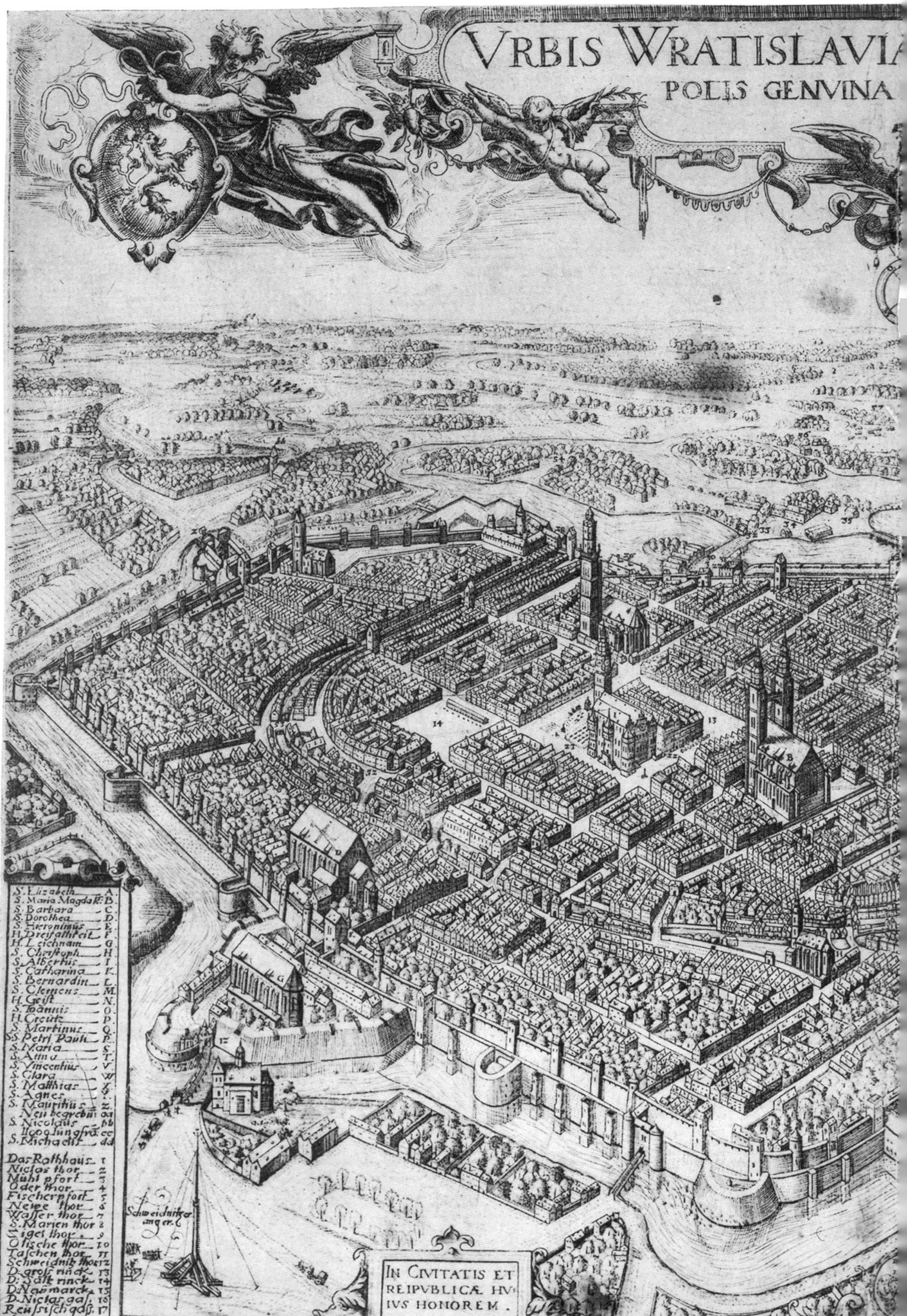
VRBIS WRATISLAVIA
POLIS GENVINA
S. Elizabeth — A.
S. Maria Magdalē — B.
S. Barbara — C.
S. Dorothea — D.
S. Hieronimus — E.
H. Dreifaltikeit — F.
H. Leichnam — G.
S. Christoph — H.
S. Albertus — I.
S. Catharina — K.
S. Bernardin — L.
S. Clemens — M.
H. Geist — N.
S. Joannis — O.
H. Creütz — P.
S. Martinus — Q.
SS. Petri Pauli — R.
S. Maria — S.
S. Attna — T.
S. Vincentius — V.
S. Clara — W.
S. Matthias — X.
S. Agnes — Y.
S. Mauritius — Z.
Neü begrebnī — aa
S. Nicolaus — bb
11000 Jungfrā — cc
S. Michaelis — dd
Das Rathhaus — 1
Niclas thor — 2
Mühl pfort — 3
Oder thor — 4
Fischerpfort — 5
Newe thor — 6
Wasser thor — 7
S. Marien thor — 8
Siget thor — 9
Olische thor — 10
Taschen thor — 11
Schweidnitz thor — 12
D: gross rinck — 13
D: Saltz rinck — 14
D: Nawmarck — 15
D: Niclas gass — 16
Reüsisch gass — 17
Schweidnitzer anger
IN CIVITATIS ET
REIPVBLICÆ HV-
IVS HONOREM.